王安石全集

第三册

周禮新義

三經新義附録

王水照　主編

復旦大學出版社

本書爲國家古籍整理出版專項經費資助項目

本册總目

周禮新義 …………（一）
三經新義附録 …………（六三九）

周禮新義

程元敏 輯録
張鈺翰 校理

出版説明

在三經新義中，周禮新義爲王安石所自著。王安石平生重視周禮，並以周禮爲其主持變法之根本依據。故其自撰之周禮新義，於考察其學術思想及熙寧年間的政治、文化等均有重要意義。然而隨著王安石變法的最終失敗，周禮新義亦逐漸散佚。清乾隆年間纂修四庫全書時，館臣從當時尚存之永樂大典中輯出所見殘文，成周禮新義十六卷、考工記解二卷。後錢儀吉復從前人文獻中輯出部分條目，刊入其所編經苑中。故較尚書、詩經二新義，周禮新義尚爲可讀。然由於種種原因，前人的輯佚不免存在失收、誤收之處。

臺灣學者程元敏先生在四庫本和經苑本的基礎上，搜檢宋代以來各類文獻五百餘種，輯得周禮新義佚文七百餘條，其中多四庫館臣所未見者，成其三經新義輯考彙評之周禮部分，是目前爲止搜羅最爲完備的周禮新義文本。又，張濤博士通過對乾隆年間三禮館所撰三禮義疏稿本的研究，又發掘出其中所收周禮新義佚文二十五條，成新見周禮新義佚文輯考一文（初刊於經學研究論叢，臺灣學生書局，二〇一〇年九月），可補程輯本所未見。

本次王安石全集之周禮新義，徵得二位先生同意，以程元敏先生三經新義輯考彙評之周禮部分爲原本加以整理，並將張濤先生所輯佚文插入相應位置並標以【張補】以示區別。程輯本所附諸論文，格於全集體例，予以删除。謹此説明。

程元敏序

三經新義，宋神宗敕撰，熙寧八年成書，乃王安石一家之學。其中尚書新義、詩經新義，非出一手，獨周禮新義一書，安石親著，故視前二書尤爲重要，治宋學者不可不讀；惜此書久佚。清修四庫全書，館臣周永年等自缺本永樂大典中録出其殘文，今傳寫爲文淵閣四庫全書本周禮新義十六卷附考工記解二卷也。錢儀吉復從宋明人禮籍中輯補多條，於道光間刊入其經苑，同治七年刷行。第余考錢本：所據以刊刻者，爲文淵閣四庫全書本，固不若文淵之善。所據以補輯者才三數書，資料寡少，矧其中尚有明清人書，所載多由宋元人書稗販，錢氏不察；而據宋人書以輯補者尚多失收、短收（其中多屬轉引之周禮新義材料），且頗有譌誤；錢氏又不憚直改原文，甚至將所補輯之佚文嵌入四庫本之中，安置未盡允當，反失大典原載之本真，去安石本書原貌愈遠。安石析字説經，於周禮亦不免，錢氏乃據許叔重説文正之，填注於佚文之内，已乖刻書常格，又或正或否，亦未洽著書體例。鄭宗顔考工記講義，大都解字，承安石學風，卷附周禮新義之後，如明以來目録家所爲可也，乃錢氏將周禮新義佚文羼入鄭講，以鄭講爲王義，令學者迷瞀：錢本誠未善，故新輯本不得不作也。

昔余作尚書、詩經二新義輯考彙評，檢宋史書、宋人文集、筆記、經解總類，見有與周禮新義攸關資料，即隨手鈔集，於時頗有蓄積。洎二書既定稿，遂籌輯周禮新義佚文及評，乃作有系統之蒐集：宋元明人今存周禮專著及三禮合著全檢，宋元明人儀禮、禮記專著擇考，清人周禮專著略考，宋人文集之「論」、「雜著」等部分悉查，元明人文集略查，它如史籍、類書、宋元人筆記及近人（清、民國人）著作亦間加蒐討。一九八三年夏，赴美研習一年，續在異邦各大圖書館訪得元明人周禮專著及它書多種。計檢閱故書都五百餘種，自其中九十五家八十五書中輯獲佚文七百三十八條、諸書所引凡二千三百七十八條次、同佚文十六條次、評論二百十九條，詳引用書目考、諸家評論及載引佚文同佚文按書分條考計。偏及周禮六篇三百六十官中之二百九十三官。詳體製探原。而以衆本周禮新義與文淵本勘校同異者，共八百三十二條每一小註計一條（其中含鄭講一七八條），成周禮新義輯考彙評（下簡稱本書）；佚書燦然大備，安石禮學專著沈湮六百年，自兹復顯於世矣！

本書於文淵本周禮新義佚文全收；含考工記鄭宗顔講義，但標明「鄭講」。經、傳皆加標點。王義佚文雖共鄭講並列，但區分彼此，釐然不雜。從來輯佚者，於轉引資料絶多略而不及，至號稱謹细者尚如此，本書則於諸書直引周禮新義固具收，即所載他人轉引者亦不敢遺棄隻字，視前修爲精！周禮一書，理財居半，安石與友人書言也，考之王臨川集、史乘，載其新法言論，多與周禮地官、泉府等職有關，故茲皆輯爲同佚文。又以它書所載引周禮新義佚文與文淵本比較，前者文字時有超多，爲期所輯周全，雖五、七字之殘碎，亦寶如珠玉，悉爲别立佚文一條，輯收如常。

昔賢引安石佚禮文或同佚文，常挾評語以出，其間以因乘文勢，時加刪略更易，故今欲體察佚文與同佚文原貌，亟需經由評文尋繹；矧諸家之論安石，又關切一代政教學術甚鉅，編分比敘於佚文或同佚文之下，總次於六官之後，便索閱、助討論，故本書輯收後人評文。評語雖時人感慨之辭，亦不欲遺；又無論其評爲直載抑轉引，一概兼收並蓄，如輯佚文之例。

周禮新義鈔本、文淵本、文瀾本，皆直據永樂大典本傳鈔；墨海金壺本、經苑本之刊板，則並傳刻文瀾本，是今存諸本莫非大典本之支流餘裔也。第持一、二兩鈔本及兩刻本與文淵本互校，文辭殊異，多寡互見，隨處而有之。參伍衆本，然後得其正是，此校勘必不可缺，而向之所無有也錢本偶校三數字，固非庸意於著作。。鈔本有孔繼涵朱筆手校此校正鈔工筆誤而已，今併録入，細大不捐大者毋庸贅言。細者如天官敘官「慎簡乃僚」，孔氏於「簡乃」旁校注「柬以」二字；如宰夫「令之」上，孔氏於字側增「禮」字，且加圈圍括於「禮」字外；如大宗伯「和樂」，孔氏於「和」旁注「委」字。。又孔氏間有眉批，稍關安石禮學，亦予輯附，如考工記鍾氏下一段文。以備學者參酌采擇。

本書於經傳標點，參酌沈卓然氏民國二十四年編王安石全集本周官新義臺北河洛圖書出版社影印本，而正其偶疏，改其細碎。其在沈編本以外之經傳及評語之全部標點，自一頓一逗、一言一句之微，皆手自裁定，每有疑或，輒考量再三，然後定點，期文辭因而益加顯豁，義理因而益加明暢。唯傳與評多引故書或宋以後人舊説，判定所引文字之起止甚難，此皆盡量考查原書，然後加單雙引號於上下如佚文七二〇，檢司馬法定；如評七，檢周禮鄭注定；評一二五，檢禮記曲禮與有司徹定。，原引苟有顯誤、至於妨害大義者，則慎加匡正如評三十引管子，誤「帥」爲「師」，即予注出正字。

本書全書包括，從自序以下，依次爲目次、例言、佚文同佚文及評論彙輯、佚文同佚文及評論之部引用書目考、三經新義評論輯類及補遺、周禮新義體製探原、諸家評論及載引佚文同佚文按書分條考計；下又附拙著相關之專文——三經新義板本與流傳一篇。總約四十五萬言，大分爲上下二編。用供方家采擇，且以請正於博雅。

歲在丁卯季秋安徽嘉山程元敏序於臺灣大學中國文學系

例言

一、此書自多書纂輯宋王安石周禮新義下概簡稱新義佚文、安石其它言論之有關新義者，及後人對上述兩類文字之評論，分條明著【佚文】、【同佚文】、【評】。

二、每條佚文或同佚文或評之前，先列與該條相關之周禮本經，頂格書寫。周禮本經，據清文淵閣四庫全書本周官新義下概簡稱文淵本、並參看唐石經本及清嘉慶二十年南昌府學重刊宋本十三經注疏本（臺北藝文印書館影印）定録；唯新義無有，空存經文者，則頗加刪減。文淵本本經，偶有誤字，如宰夫「飱」誤作「飧」、籩人第二「脯」誤作「浦」、大宗伯「防」誤作「淫」、鬯人「蜃」誤作「蜃」、萍氏「氏」誤作「民」、大司徒「壤」下脱「之物」之類，殆館臣訛寫，今皆徑予改正。

三、本書上編六篇十八卷，亦依文淵本所分；卷内大宰（含）以下共三七七官全列，不作章節，但別以四號正體字。

四、佚文次本經之後，低一格書寫，每條皆著【佚文】字樣，惟考工記變作〔安石新義佚文〕，使顯與〔鄭講〕及〔鄭講佚文〕區別。【佚文】下著（　），（　）内數字即該條佚文號碼，（　）下輯録該條新義佚文，佚文下注明此佚文出處，書名及其卷、頁爲常經。出處上下加（　），以資區別。佚文如可能爲原文，加「　」於文之上下；苟度其爲大意，則不加。

五、凡安石言論，考與新義相關者，輯爲「同佚文」——視同新義佚文，著【　】、加（　）、編碼，明源，一若佚文。

六、文淵本殘存之新義佚文全收，佚文下注「（文淵閣四庫全書本周官新義卷某頁某）」。自它書輯獲之佚文，多有超出文淵之外者，亦皆予條列，悉若文淵本之例，注明出處；唯其來源不止一所者，則以「所引爲原文」、「所引較完備」、「據引之書較早」爲優先順位，故此佚文寔據最先注明之書抄録，厥後乃敘列衆書，彼此如有異文，則遂即校説。

七、它書所載新義佚文，有在文淵本之内者，則以文淵本爲原據，取諸本與相比較，提行下一格記附條註於其後，條上編排數碼。其法：如彼此全同，則僅敘明佚文起迄，記衆書之卷頁。如彼此殊異，則既記衆書之卷頁，遂即校記異文；有時彼此異甚，則徑録衆本所載佚文於註内。唯詳解多述新義大意，故即其所引「佚文」有時亦省不録，而祇記其卷頁於此，注曰「幾全同」、「大同」、「略同」、「旨同」。

八、爲配合文淵本佚文段落，有時將它書散引佚文合併爲一條，用便校比，但有併合，並無損益，於各條之下，亦不煩一一記述。

九、本書佚文用文淵本爲底本，以鈔本、墨海本、經苑本及參詳解所述與校勘，有異則於佚文本文下綴數碼，並提行下一格條記於其後，條上亦編排數碼，與前碼相應。佚文一段之中，同一字出現數次，校語又相同，則併數字爲同一條碼，合爲一校。唯文淵本係手鈔，偶有誤書、俗字，若「斂」之作「歛」、「冢」之作「冡」、「宰」之作「宰」、「毆」之作「敺」、「羸」之作「羸」、「穆」之作「穋」、「箬」之作「篛」、「孅」之作「嫩」，皆徑予更正，不煩記校語。

十、佚文「灋」與「法」、「于」與「於」、「脩」與「修」……類字甚多，同一本前後既不一致，各本之間尤多異，故此校但示其大端，不煩一一校記。

十一、各本佚文之校異，一般但引異説，不加論斷，例外如佚文（三六）斷「則」爲「財」之誤、（三四一）斷「問」当作「説」或「云」之類。若確知其爲訛誤，則予以校改。

十二、此書所采輯評文，依傍本經或佚文條録，條上弁以【評】，低二格書寫；其下著（ ），（ ）内實以編碼，更下依次爲評者、時代、姓名。評文、出處；評文原有歲月日者，照録。如評（七八）、（八六）、（九七）、（一九九）。其屬某官通評，繫該官末；其屬爲新義全書之評，則依評者時次，總繫六官之後；體例同。

十三、佚文、同佚文及評，有一條關涉數官或多條佚文者，割裂分繫則破碎大義，故出「互見例」：如佚文（一五三）關涉内小臣與閽人，於閽人下記：「【佚文】⊗見内小臣下佚文第（一五四）。」如同佚文（一一二）條繫泉府下，亦互註於天官敘官及地官司市下。評如條（一〇七），今繫地官末，而於夏官末互註；又如評（三〇），全文繫膳夫下，而關涉大宰、獸人、司市、泉府、司門、司關，亦皆於各篇下註明。又制「參看例」，如評（一二），注曰：「參看膳夫下評第（三八）條。」凡此，皆爲避免復重、便於檢索而作。

十四、本書所據以輯録佚文、采集評論、校勘異文之書，凡引述次數較多者，視便約爲「簡名」，亦以節省文字，如王與之周禮訂義省作訂義之類，詳見佚文同佚文及評論之部引用書目考下。

目録

周禮義序……（二九）
周禮新義　卷一　天官冢宰一……（三一）
大宰……（四四）
周禮新義　卷二　天官冢宰二……（七七）
小宰……（七七）
宰夫……（九二）
周禮新義　卷三　天官冢宰三……（一〇二）
宮正……（一〇二）
宮伯……（一〇六）
膳夫……（一〇八）
庖人……（一一〇）
內饔……（一一四）
外饔……（一一六）
亨人……（一一七）
甸師……（一一七）
獸人……（一三〇）
𩾃人……（一三三）
鼈人……（一三四）
△腊人[一]……（一三五）

〔一〕未见周禮新義佚文同佚文及諸家評論，官名上加「△」號，下悉同。

周禮新義　卷四　天官冢宰四……（一三六）
醫師……（一三六）
食醫……（一三七）
疾醫……（一三八）
瘍醫……（一四〇）
獸醫……（一四三）
酒正……（一四四）
酒人……（一四八）
漿人……（一五〇）
凌人……（一五一）
籩人……（一五一）
醢人……（一五二）
醯人……（一五六）
鹽人……（一五七）
幂人……（一五八）
宫人……（一五九）
掌舍……（一五九）
幕人……（一六〇）
掌次……（一六一）
周禮新義　卷五　天官冢宰五……（一六三）
大府……（一六三）
玉府……（一六六）
内府……（一六九）
外府……（一六九）
司會……（一七〇）
司書……（一七一）
職内……（一七三）
職歲……（一七三）
職幣……（一七四）

司裘……（一七四）
掌皮……（一七六）
内宰……（一七六）
内小臣……（一七九）
閽人……（一八〇）
寺人……（一八一）
△内豎……（一八一）
九嬪……（一八一）
世婦……（一八三）
女御……（一八四）
女祝……（一八五）
女史……（一八五）
典婦功……（一八六）
典絲……（一八六）
典枲……（一八八）
内司服……（一八八）
縫人……（一八九）
染人……（一九〇）
追師……（一九〇）
屨人……（一九一）
夏采……（一九一）
周禮新義　卷六　地官司徒一……（一九三）
大司徒……（一九三）
小司徒……（二〇〇）
鄉師……（二〇四）
鄉老……（二〇六）
鄉大夫……（二〇六）
△州長……（二〇八）
黨正……（二〇八）

族師……（二〇八）
閭胥……（二〇九）
比長……（二〇九）
封人……（二一〇）
鼓人……（二一〇）
△舞師……（二一一）
牧人……（二一一）
△牛人……（二一二）
△充人……（二一二）
載師……（二一二）
△閭師……（二一三）
縣師……（二一三）
遺人……（二一三）
均人……（二一四）
師氏……（二一五）
保氏……（二一六）
司諫……（二一七）
△司救……（二一八）
△調人……（二一八）
媒氏……（二一八）
周禮新義　卷七　地官司徒二……（二二〇）
司市……（二二〇）
質人……（二二一）
廛人……（二二二）
△胥師……（二二四）
△賈師……（二二四）
△司虣……（二二四）
△司稽……（二二四）
△胥……（二二四）

△肆長……（二二五）
泉府……（二二五）
司門……（二五九）
司關……（二六〇）
掌節……（二六〇）
遂人……（二六〇）
遂師……（二六三）
遂大夫……（二六四）
縣正……（二六五）
△鄙師……（二六六）
△酇長……（二六六）
△里宰……（二六六）
△鄰長……（二六六）
旅師……（二六六）
稍人……（二七一）
委人……（二七二）
土均……（二七二）
草人……（二七三）
稻人……（二七三）
△土訓……（二七四）
誦訓……（二七四）
山虞……（二七四）
林衡……（二七六）
川衡……（二七七）
澤虞……（二七七）
迹人……（二七八）
△丱人……（二七九）
角人……（二七九）
羽人……（二七九）
掌葛……（二八〇）

掌染草……（二八〇）
掌炭……（二八〇）
△掌荼……（二八〇）
掌蜃……（二八〇）
囿人……（二八一）
△場人……（二八二）
廩人……（二八二）
舍人……（二八二）
倉人……（二八三）
司禄 闕[一]……（二八三）
△司稼……（二八三）
舂人……（二八三）
饎人……（二八四）
△槀人……（二八四）
周禮新義 卷八 春官宗伯一……（二八六）
大宗伯……（二八九）
小宗伯……（三〇三）
周禮新義 卷九 春官宗伯二……（三〇八）
肆師……（三〇八）
鬱人……（三一一）
鬯人……（三一二）
雞人……（三一三）
司尊彝……（三一四）
司几筵……（三一六）

[一] 原注「闕」，今本周禮有官名，闕其職掌。下皆倣此。

天府……（三一九）
典瑞……（三二〇）
典命……（三二四）
司服……（三二六）
典祀……（三三一）
守祧……（三三一）
世婦……（三三二）
内宗……（三三二）
外宗……（三三三）
冢人……（三三四）
墓大夫……（三三六）
職喪……（三三七）

周禮新義　卷十　春官宗伯三……（三三八）

大司樂……（三三八）
樂師……（三四六）
大胥……（三四七）
小胥……（三四八）
大師……（三四九）
△小師……（三五一）
瞽矇……（三五二）
△眡瞭……（三五二）
典同……（三五二）
△磬師……（三五四）
鍾師……（三五四）
△笙師……（三五四）
鎛師……（三五四）
△韎師……（三五五）
△旄人……（三五五）
籥師……（三五六）

籥章……（三五七）
△鞮鞻氏……（三五九）
典庸器……（三六〇）
△司干……（三六〇）
大卜……（三六〇）
△卜師……（三六四）
△龜人……（三六四）
△菙氏……（三六四）
占人……（三六五）
簭人……（三六六）
占夢……（三六六）
眡祲……（三六八）

周禮新義　卷十一　春官宗伯四

……（三七〇）
大祝……（三七〇）
小祝……（三七六）
喪祝……（三七七）
甸祝……（三七八）
詛祝……（三七九）
司巫……（三七九）
男巫……（三八〇）
女巫……（三八一）
大史……（三八一）
小史……（三八四）
馮相氏……（三八四）
保章氏……（三八五）
內史……（三八七）

外史……（三九一）
御史……（三九一）
巾車……（三九二）
典路……（三九七）
車僕……（三九八）
司常……（三九九）
都宗人……（四〇三）
家宗人……（四〇四）

周禮新義　卷十二　夏官司馬一

……（四〇六）
大司馬……（四〇六）
△小司馬……（四一四）
軍司馬 闕……（四一四）
輿司馬 闕……（四一四）
行司馬 闕……（四一四）
司勳……（四一四）
馬質……（四一六）
量人……（四一六）
△小子……（四一八）
羊人……（四一八）
司爟……（四一九）
掌固……（四一九）
△司險……（四二一）
掌疆 闕……（四二一）
候人……（四二一）
環人……（四二一）
△挈壺氏……（四二三）
射人……（四二三）
服不氏……（四二四）

射鳥氏……（四二四）
羅氏……（四二五）
掌畜……（四二五）
司士……（四二六）
諸子……（四二七）
司右……（四三〇）
△虎賁氏……（四三一）
旅賁氏……（四三一）
節服氏……（四三二）
△方相氏……（四三三）

周禮新義　卷十三　夏官司馬二

……（四三四）
大僕……（四三四）
△小臣……（四三五）
祭僕……（四三六）
御僕……（四三六）
隸僕……（四三八）
弁師……（四三八）
司甲 闕……（四三九）
△司兵……（四三九）
△司戈盾……（四三九）
司弓矢……（四三九）
△繕人……（四四二）
稾人……（四四二）
戎右……（四四二）
齊右……（四四四）
道右……（四四五）
大馭……（四四六）
戎僕……（四四七）

△齊僕……（四四八）
△道僕……（四四八）
田僕……（四四八）
馭夫……（四四八）
校人……（四四九）
趣馬……（四五〇）
△巫馬……（四五一）
牧師……（四五一）
庾人……（四五一）
圉師……（四五二）
△圉人……（四五三）
職方氏……（四五三）
△土方氏……（四五六）
懷方氏……（四五六）
△合方氏……（四五七）
△訓方氏……（四五七）
形方氏……（四五七）
山師……（四五九）
川師……（四五九）
邍師……（四五九）
△匡人……（四六〇）
△撢人……（四六〇）
△都司馬……（四六〇）
△家司馬……（四六〇）

周禮新義　卷十四　秋官司寇一

……（四六一）
大司寇……（四六一）
小司寇……（四七四）
士師……（四八二）

………………………………………（四九〇）
鄉士……………………………（四九〇）
遂士……………………………（四九〇）
縣士……………………………（四九一）
方士……………………………（四九四）
訝士……………………………（四九五）
朝士……………………………（四九五）
司民……………………………（五〇二）
司刑……………………………（五〇三）
司刺……………………………（五〇四）
司約……………………………（五〇五）
司盟……………………………（五〇六）
職金……………………………（五〇七）
司厲……………………………（五〇八）

周禮新義　卷十五　秋官司寇二

犬人……………………………（五〇八）
司圜……………………………（五〇九）
掌囚……………………………（五〇九）
掌戮……………………………（五一〇）
△司隸……………………………（五一一）
△罪隸……………………………（五一一）
△蠻隸……………………………（五一二）
閩隸……………………………（五一二）
△夷隸……………………………（五一二）
貉隸……………………………（五一二）
布憲……………………………（五一三）
禁殺戮……………………………（五一三）
禁暴氏……………………………（五一四）
野廬氏……………………………（五一四）
蜡氏……………………………（五一五）

雍氏……（五一五）
萍氏……（五一六）
司寤氏……（五一六）
司烜氏……（五一七）
條狼氏……（五一八）
脩閭氏……（五二二）
冥氏……（五二三）
庶氏……（五二三）
穴氏……（五二三）
翨氏……（五二四）
柞氏……（五二四）
薙氏……（五二六）
硩蔟氏……（五二七）
翦氏……（五二七）
赤犮氏……（五二七）
蟈氏……（五二七）
壺涿氏……（五二八）
庭氏……（五二九）
△銜枚氏……（五二九）
伊耆氏……（五三〇）
周禮新義　卷十六　秋官司寇三……（五三一）
大行人……（五三一）
小行人……（五三八）
司儀……（五四二）
行夫……（五四六）
環人……（五四七）
象胥……（五四七）
掌客……（五四八）

掌訝……（五五〇）
掌交……（五五一）
掌察闕……（五五二）
掌貸賄闕……（五五二）
朝大夫……（五五三）
都則闕……（五五三）
都士闕……（五五三）
家士闕……（五五三）

周禮新義　卷十七　冬官考工記一

……（五五四）
輪人……（五六三）
輿人……（五六六）
輈人……（五六六）
築氏……（五六九）
冶氏……（五七〇）
桃氏……（五七一）
鳧氏……（五七一）
㮚氏……（五七三）
段氏闕……（五七六）
函人……（五七六）
△鮑人……（五七七）
韗人……（五七七）
韋氏闕……（五七八）
裘氏闕……（五七八）
畫繢……（五七八）
鍾氏……（五八二）
筐人闕……（五八三）
㡛氏……（五八三）

周禮新義　卷十八　冬官考工記二

……（五八五）
玉人……（五八五）
楖人闕……（五八七）
雕人闕……（五八七）
△磬氏……（五八七）
△矢人……（五八七）
陶人……（五八七）
旊人……（五八八）
梓人……（五八八）
廬人……（五九三）
匠人……（五九四）
車人……（五九七）
弓人……（五九八）
附録……（六〇〇）
周禮新義總評……（六〇〇）
佚文同佚文及評論之部引用書目考……（六二三）

周禮義序

敏案：即周禮新義序。

王安石

士弊於俗學久矣，聖上閔焉，以經術造之，乃集儒臣，訓釋厥旨，將播之校學〔一〕，而臣某實董周官〔二〕。惟道之在政事，其貴賤有位，其後先有序，其多寡有數，其遲數有時〔三〕，制而用之存乎法〔四〕，推而行之存乎人。其人足以任官，其官足以行法，莫盛於成周之時〔五〕，其法可施於後世，其文有見於載籍，莫具於周官之書〔六〕。蓋其因習以崇之，庚續以終之，至於後世，無以復加，則豈特文、武、周公之力哉？猶四時之運，晝夜積而成寒暑〔七〕，非一日也。自周之衰，以至於今，歷歲千數

〔一〕「校學」，墨海金壺本（下概省作墨海本）作「學校」。

〔二〕「某」，經苑本作「安石」。

〔三〕「數」，墨海本作「速」。

〔四〕「制」字，清孔繼涵鈔校本（下概簡稱鈔本）作空一格（無文字）。「法」，經苑本皆作「灋」。元敏謹案：周禮新義多用「灋」字，或簡作「法」，以各本與相校，或此簡作而彼繁作，或彼簡作而此繁作，不遍一一校注。

〔五〕「於」，鈔本、墨海本、經苑本皆作「于」，臨川集本作「乎」。

〔六〕「於」，臨川集本作「乎」。

〔七〕「晝夜」，經苑本、臨川集本作「陰陽」。

百矣；太平之遺迹[一]，掃蕩幾盡，學者所見，無復全經。於是時也，乃欲訓而發之，臣誠不自揆，然知其難也；以訓而發之之爲難也[二]，則又以知夫立政造事追而復之之爲難；然竊觀聖上致法就功，取成於心，訓迪在位，有馮有翼，亹亹乎鄉六服承德之世矣。以所觀乎今，考所學於古[三]，所謂見而知之者。臣誠不自揆，妄以爲庶幾焉；故遂昧冒自竭，而忘其材之弗及也。謹列其書爲二十有三卷[四]，凡十餘萬言，上之御府，副在有司，以待制詔頒焉。謹序。（此序作佚文第一條：載文淵閣四庫全書本周官新義卷首，又見清孔繼涵鈔校本、墨海金壺本、經苑本周官新義卷首及四部備要本臨川集卷八四頁一——二載，諸本文字不盡同，詳下校語。又宋王昭禹周禮詳解自序「載原書卷首」：「制而用之」至「足以行法」四句，陰襲安石此序，幾全同；又「道之在政事」至「莫具乎周官之書」，欽定周官義疏卷首，頁十七「王氏安石曰」節取之。）

[一]「迹」，鈔本作「跡」。
[二]經苑本、臨川集本並無「也」字。
[三]「於」，臨川集本作「乎」。
[四]「三」，墨海本、經苑本、臨川集本皆作「二」。

周禮新義　卷一　天官冢宰一

惟王建國，辨方正位，體國經野，設官分職，以爲民極。

【佚文】（二）「晝參諸日景，夜考諸極星，以正朝夕；於是求地中焉〔一〕，以建王國，此之謂辨方。既辨方矣，立宗廟於左，立社稷於右，立朝於前，立市於後，此之謂正位〔二〕。宮門、城闕〔三〕、堂室之類，高下、廣狹之制，凡在國者，莫不有體，此之謂體國。井牧、溝洫、田萊之類，遠近多寡之數，凡在野者，莫不有經，此之謂經野〔四〕。設官，則官府之六屬是也；分職，則官府之六職是也〔五〕。設

〔一〕經苑本無「焉」字。

〔二〕「既辨方」以下：訂義卷一頁二王氏曰，「立宗廟」上有「於是」二字；欽定義疏卷一頁一王氏安石曰，無「既辨方矣」四字，無「此」字，「之謂」作「謂之」。

〔三〕「闕」，鈔本作「闈」，詳解述亦作「闈」（詳下註）。

〔四〕「宮门城闕」以下：詳解卷一頁二、頁三述，「宮門城闕」作「宮城門闈」；訂義卷一頁二王氏曰，同詳解。

〔五〕「設官」以下：詳解卷一頁三述，「屬」上無「六」字；訂義卷一頁二王氏曰，無兩「是也」；欽定義疏卷一頁一—二王氏安石曰，無上「是也」及下「是」字，又「設官」上尚有十二字（詳下佚文）。

官分職，内以治國，外以治野，建置在上，如屋之極，使民於是取中而芘焉〔二〕，故曰『以爲民極』。極之字從木從亟，木之亟者，屋極是也〔三〕。」（文淵閣四庫全書本周官新義卷一，頁一。）

【佚文】（三）「官言所司之人，職言所掌之事。……」（欽定義疏卷一，頁一王氏安石曰，下接「設官則」云云，詳上頁註五；亦見詳解卷一頁三述，兩「言」下並有「其」字。）

【評】（一）清王太岳曰：「義：『宮門、城闈、堂室之類，高下、廣狹之制，凡在國者，莫不有體，此之謂體國。』案：鄭康成注云：『體猶分也。』賈公彦疏云：『分國城之中爲九經九緯、左祖右社之屬。』今云『宮門、城闈之類，莫不有體』，終不如注、疏之説爲長。」（四庫全書考證卷八，頁八。）敏案：彼所謂「義」，「周官新義」之省文，下全同。

【評】（二）清王太岳曰：「又：『極之字從木，從亟，木之極者，屋極是也。』案：安石集字説序云：『聲之抑揚開塞，合散出入；形之衡從曲直，邪正上下，内外左右，皆有自然之義，非私智所能爲。余讀説文，時有所悟，因作字説，以所推經義附之。』則『極字從木從亟』云云，其初本用以解經，其後乃彙爲『字説』也。」（四庫全書考證卷八，頁三八。）

〔二〕「於」，墨海本、經苑本並作「如」。「芘」，經苑本作「庇」，詳解卷一頁三述亦作「庇」。

〔三〕四庫全書總目提要補正（見下「宰夫、上士、中士」下評第三條）引「設官分職」至「如屋之極」及「極之字」至「屋極是也」。

乃立天官冢宰，使帥其屬，而掌邦治，以佐王均邦國。

【佚文】（四）「發露人罪而治之者，邢官之治也；宀覆人罪而治之者，治官之治也；治官尚未及教，而況於刑乎？宰，治官之上也。故宰之字從宀從辠省〔一〕，宀覆人罪之意。宰以治割調和爲事，故共刀匕者謂之宰〔二〕；宰於地特高，故冢謂之宰也〔三〕。山頂曰冢，冢大之上也。列職於王，則冢宰與六鄉同謂之大；百官總焉，則大宰於六卿獨謂之冢〔四〕。以左助之爲佐，以右助之爲佑；地道尊右，而左手足不如右彊，則佐之爲助不如右之力也〔五〕。冢宰於六卿莫尊焉，而曰佐王，則爲其非論道以助王也；作而行之而已。邦亦謂之國，國亦謂之邦。凡言邦國者，諸侯之國也；凡言邦言國者，王國也；亦或諸侯之國。國於文從或從口，爲其或之也，故口之。故凡言國，則以別郊野。邦於文從邑從丰，是邑之丰者。故凡言邦，則以別於邑都，亦或包邑都而

〔一〕「辠」，原作「皋」，據墨海本、經苑本改。

〔二〕「共」，墨海本、經苑本並作「供」。「宰以」以下，訂義卷一頁一王氏曰，「治」作「制」，「事」下無「故」字，「謂」上有「亦」字。

〔三〕「冢謂之宰」，墨海本、經苑本並作「宰謂之冢」，詳解述同文淵本（詳下註）。

〔四〕「宰於地」以下，詳解卷一頁一述略同；訂義卷一頁一王氏曰：「爾雅曰：『山頂曰冢。』冢於地特高，列職於王，則冢宰與六卿同謂之大；百官總焉，則太宰於六卿獨謂之冢。」

〔五〕「右」，墨海本作「佑」，詳解卷一頁四述作「右」。

言焉。凡國有大事，戮其犯命者，則以別於郊故也；國中自七尺以上，則以別於野故也；若國凶荒，令賙委之，則以別於國故也〔一〕；邦中之賦，則以別於甸削縣都故也；令邦移民就穀〔二〕，則以包邑都而言故也。」（文淵閣四庫全書本周官新義卷一，頁一一—一二。）

治官之屬：大宰，卿一人。小宰，中大夫二人。宰夫，下大夫四人，上士八人，中士十有六人，旅下士三十有二人，府六人，史十有二人，胥十有二人，徒百有二十人。

【佚文】（五）「大宰卿，小宰中大夫，則卿上大夫也。王制曰：『諸侯之上大夫卿』，蓋非特諸侯之卿爲然也〔三〕。卿之字從𠂎，𠂎，奏也；從卩，卩，止也；左從𠂎，右從卩，知進止之意。從皀，黍稷之氣也。黍稷地產，有養人之道，其皀能上達，卿雖有養人之道而上達〔四〕，然地類也，故其字如此。夫之字與天皆從一從大；夫者，妻之天故也。天大而無上〔五〕，故一在大上；夫雖一而

〔一〕「國」，經苑本作「邦」。
〔二〕「穀」，墨海本、經苑本並作「穀」。
〔三〕「大宰」至「然也」：詳解卷一，頁五述大同；欽定義疏卷一頁七王氏安石曰，「王制」下無「曰」字，「之卿爲然」四字無。
〔四〕「養人」，墨海本無「人」字，詳解卷一，頁五述有「人」字。
〔五〕「大」，鈔本作「上」。

大，然不如天之無上，故一不得在大上〔一〕。夫，以智帥人者也；大夫，以智帥人之大者也。士之字與工與才，皆從二從丨，才無所不達，故達其上下〔二〕；工具人器而已，故上下皆弗達；士非成才，則宜亦皆弗達；然志於道者，故達其上也。士，事人者也，故士又訓事；事人則未能以智帥人，非人之所事也，故未娶謂之士〔三〕。下士謂之旅，則衆故也。旅之字從於從从，衆矣，則從旌旗指揮故也；從旌旗指揮，則從人而不自用，下士之爲旅，則亦從人而不自用者也〔四〕。府之字從广從付〔五〕，則其藏也，付則以物付之。史之字從中從又，設官分職以爲民中，史則所執在下，助之而已。胥之字從疋從肉，疋則以其爲物下體，肉則以其亦能養人；其養人也，相之而已，故胥又訓相也。卿從皀，胥從肉，皆以養人爲義，則王所建置，凡以養人而已。徒之字從辵從土，徒無車從也；其辵而走，則親土而已，故無車而行謂之徒行也〔六〕。鄭氏以爲府、史、

〔一〕「夫之字與天」至「在大上」，見四庫全書總目提要補正引（詳下評第三條）。
〔二〕「士之字」至「其上下」，見四庫全書總目提要補正引（詳下評第三條）。
〔三〕「娶」，鈔本同，清孔繼涵校（以下概簡作「孔校」）改爲「聚」。
〔四〕鈔本原無「也」字，孔校增。
〔五〕「付」下，墨海本、經苑本並有「广」字；鈔本原無「广」字，孔校增「旃」。
〔六〕「行」，墨海本作「有」。

胥、徒皆其官長所自辟除，蓋自下士以上，皆王命也。而穆王命大僕曰『慎簡乃僚』〔二〕，則雖以王命之，而爲之長者，得簡之也。府、史、胥、徒雖非士，而先王之用人無流品之異，其賤則役於士大夫而不耻，其貴則承於天子而無嫌〔三〕。」（文淵閣四庫全書本周官新義卷一，頁三—四。）

【佚文】（六八）「婚義曰：『天子，三公、九卿三孤六卿、二十七大夫、八十一元士。』卿則上大夫也。周禮纔書卿，了無上大夫；只書中、下大夫。王制曰：『諸侯之上大夫卿。』蓋非特諸侯之卿然也。春秋初，鄭厲公云上大夫之事，見周制尚存。到中間，如晉有上卿，又有上大夫，其制皆變了。自士以上，皆王命也。而穆王命伯冏爲大僕，曰：『慎簡乃僚。』則雖以王命命之，而爲之長者，亦得以簡之也。」（集説卷首下，頁二「凡例」王介甫曰。）

【評】（三三）清胡玉縉曰：「安石之意，本以宋當積弱之後，而欲濟之以富强，又懼富强之説必爲儒者所排擊，於是附會經義，以鉗儒者之口，實非真信周禮爲可行。惟訓詁多用字説，病其牽合。案：晁公武云：『如行青苗之類，皆稽焉；所以自釋其義者，蓋以其所創新法

〔二〕「大」，墨海本作「太」，詳解述作「太」（詳下）。「簡乃」二字旁，鈔本、孔校旁注作「柬以」；詳解述同文淵本（詳下註）。

〔三〕「鄭氏」以下，詳解卷一，頁五述大同。

盡傳著之，務塞異議者之口。』提要實本此，至所謂牽合者，如解『以爲民極』，云：『設官分職，内以治國，外以治野，建置在上，如屋之極。極之字從木從亟：木之亟者，屋極是也。』解上士、中士云：『士之字與工與才，皆從二從一，才無所不達，故達其上下。』解宰夫云：『夫之字與天皆從一從大：夫者，妻之天故也。天大而無上，故一在大上：夫雖一而大，然不如天之無上，故一不得在大上。』諸如此類，極可哂！」（四庫全書總目提要補正卷六。）

【評】（四）宋陳傅良曰：「王金陵論府、史、胥、徒，謂成周用人，流品不分。非也。古人用人無他途，自公卿大夫之子弟，皆養於學宫，以備宿衛，考其德行而升進之；自鄉遂侯國，凡占名數而爲民者，亦攷察於鄉里以擇其天民之秀異者，節級而升之，故受命爲士。儻不由此者，終不得以通籍於仕版。故以天子之子猶不得仕者，記所謂『無生而貴者也』。至於上之不可以爲士，下之不止於爲農，則任以府史之職，司士所謂『以久奠食者』此也。勾須守藏，猶見於春秋之世，蓋不比胥徒之流，更迭爲之，而均謂之庶人近官也。」（經進四篇，載訂義卷一，頁六。）

【同佚文】⊗王安石上（神宗）五事劄子全文見附地官泉府下同佚文第十二條。

宫正，上士二人，中士四人，下士八人，府二人，史四人，胥四人，徒四十人。

宮伯，中士二人，下士四人，府一人，史二人，胥二人，徒二十人。

膳夫，上士二人，中士四人，下士八人，府二人，史四人，胥十有二人，徒百有二十人。

庖人，中士四人，下士八人，府二人，史四人，賈八人，胥四人，徒四十人。

【佚文】（七）「有藏則置府，有書則置史，有徵令之事則置徒，有徒則置胥〔一〕，有市賈之事則置賈。府、史、賈、胥、徒，皆賦禄焉，使足以代其耕；故市不役賈，野不役農，而公私各得其所。」（文淵閣四庫全書本周官新義卷一，頁五。）

【佚文】（八）「……孟子所謂庶人之在官者。」（周官集傳卷一，頁三載劉氏曰引王氏曰上承「置胥」，見本頁註一。）

甸師，下士二人，府一人，史二人，胥三十人，徒三百人。

【佚文】（九）「王藉千畝〔二〕，而甸師徒三百人，則爲其以薪蒸役內外饔之事〔三〕，非特耕耨王藉

〔一〕「有藏」至「置胥」，周官集傳卷一，頁三載劉氏曰引王氏曰，無「徵」字。

〔二〕「藉」，墨海本並作「籍」。

〔三〕「其以」，墨海本、經苑本作「以其」。

故也。」（文淵閣四庫全書本周官新義卷一，頁六。）〔一〕

醫師，上士二人，下士四人，府二人，史二人，徒二十人。

食醫，中士二人。

疾醫，中士八人。

瘍醫，下士八人。

獸醫，下士四人。

【佚文】（一〇）「食疾瘍獸醫，無府史徒者，醫師聚毒藥以供醫事，則有藏矣，故有府；掌醫之致令，而使之分治疾瘍，稽其事，制其食，則其書具有徵令矣〔二〕，故有史有徒。諸醫資藥於醫師，受政令，聽所使治而已，則無所用府史徒矣〔三〕。」（文淵閣四庫全書本周官新義卷一，

〔一〕　全段：訂義卷七，頁一王氏曰，首句無「王」字，「則」字無。又自「徒」以下，亦見欽定義疏卷一，頁十七王氏安石曰，無「則」、「故」二字。

〔二〕　「其書具」，墨海本作「有書且」。

〔三〕　「醫師聚毒」以下：訂義卷八，頁二王氏曰，「其書具有徵」作「有書且有政」，「資」作「毒」，無「而已」二字，「所」字無，「府史徒矣」作「府史胥徒」；欽定義疏卷一，頁十九王氏安石，改易舊本以成文。

頁六—七。)

酒人，奄十人，女酒三十人，奚三百人。

【佚文】(一一)「鄭氏以『奄爲精氣閉藏者』，盖民之有是疾，先王因擇而用焉：，與籧篨蒙繆[一]、戚施直鎛，聾聵司火[二]、瞽矇，修聲同[三]。若以是爲刑人，則國君不近刑人，而况於王乎？若以爲刑無罪之人而任之，則宜先王之所不忍也[四]。奚之字從系從大，盖給使之賤，係於大者故也。」(文淵閣四庫全書本周官新義卷一，頁七。)

【評】(五)宋葉時曰：「周人治内之政詳，凡而設官分職皆以士大夫爲之：，必不得已，而

[一]「繆」，經苑本作「璆」。

[二]「聵」，鈔本原作「瞶」，孔校改作「聵」，經苑本亦作「聵」。

[三]「瞽矇」，經苑本作「矇瞍」。「盖民」以下：周官集傳卷一，頁六—七王氏曰，「盖」上有「奄者」二字，「焉」作「之」，「聵」作「瞶」，「聲」作「磬」；集説卷三，頁十五—十六王介甫曰，「盖」字無，「民」下無「之」字，「焉」作「之」；註疏删翼卷一，頁二六臨川王氏曰，同集説。

[四]「鄭氏」至「不忍也」：禮經會元卷二，頁四一王金陵曰，「鄭氏以」作「鄭氏謂」，「蓋」下有「因」字，「是疾」作「疾」，「而用焉」作「而用之」，「直」作「植」，「鎛」下多「侏儒扶廬」，「聵」作「瞶」，「瞽矇」作「矇瞍」，「若以」下無「是」字，「况」上無「而」字，無「而任之」三字，無「宜」字，「先王」下無「之」字；訂義卷八，頁十八王氏曰，「若以」下無「是」字，「不近」下無「刑人」二字，「况」上無「而」字，「若以爲」無「以爲」二字，末「也」字無。

列在内庭供給内事者，始用奄人。奄之爲言閉也。王金陵曰：『……』愚案：司馬下腐刑，答任安書引景監、趙談等以爲喻。蕭望之奏恭、顯用事，請罷宦官以合古不近刑人之義。則是奄爲刑人矣。周禮掌戮曰：『墨者使守門，劓者使守關，宫者使守内，刖者使守囿，髡者使守積。』先王無絶人之心，未嘗不用刑人也。奄者犯宫刑，漢之所謂宦人也。然則周人果近刑人乎？曰：非也。考之周禮天官之屬，除閽人、寺人、内豎之外，用奄者凡二十九人，其職不過酒人、漿人、籩人、醢人、鹽人、幂人、内司服、縫人而已。内小臣一職，以其掌后服位禮命，故擇奄之賢士爲之。地官之屬，用奄者十有二人，其職不過舂人、饎人、稾人而已。春官之屬，用奄者止八人，其職不過守祧而已。總三官而論之，直四十有九人耳，而其下爲之供給服役者，皆不過女奚之徒。且皆不得預下士之列，獨内小臣一官，言士爾。成周之用奄人，非酒鹽之微，則舂饎之賤，非户庭之隱，則祧廟之幽耳。雖曰刑人，何嘗一日得在君側，而天子與之相近邪？又況守祧，則宗伯統之；舂人等，則司徒統之；酒人等，則太宰統之。其職卑，其數寡，而又臨之以公卿大臣，豈容有不正者得以厠跡於其間哉？周衰入于春秋，勃貂立公子無虧，則奄人預廢立矣。繆賢薦舍人藺相如，則奄人預薦舉矣。恃勢怙寵，竊權弄柄，至漢唐爲甚！弘恭、石顯久典樞機，而張堪、蕭望之不得用；曹節、王甫摇弄國柄，而陳蕃、竇武不得行，則政柄歸奄人矣。魚朝恩管神策兵，吐突承璀爲招討使；韓全義討淮西，賈良國監其軍；高崇文討蜀，劉正亮監其軍，則兵權歸奄人矣。古人以輿臺待奄人，則刑人之用爲無傷；後世以樞筦付奄人，則刑人之用爲有害。士大夫彌縫主闕，沮抑姦謀，必曰天子不近刑人。如曰奄人非刑人，則天子得以親信之矣。漢人所謂『手挾王爵，口含天憲』，唐人所謂『西頭勢重南衙，樞機權重宰相』，尚何足怪也哉！」（禮經會元卷二，頁四一—四三「奄官」目。）

九嬪。

世婦。

女御。

女祝四人，奚八人。

女史八人，奚十有六人。

【佚文】（一二）「九嬪、世婦、女御，皆統於冢宰，則王所以治内，可謂至公而盡正矣。鄭氏曰：『不列夫人於此官者，夫人之於后，猶三公之於王，坐而論婦禮，無官職。』然則九嬪視卿，世婦視大夫，女御視士。視大夫士而不言數者，鄭氏以爲『有婦德則充，無則闕』。然九嬪以教九御〔二〕，則世婦之數不過二十七，女御之數不過八十一也。嬪字從賓，則有賓之義；婦之從帚〔三〕，婦則卑於嬪矣；而御則尤卑，如馬之在御，遲速緩急，唯御者之聽故也。」（文淵閣四庫全書本周官新義卷一，頁十。）〔三〕

【評】（六）宋胡宏曰：「冢宰常以天下自任，故王者内嬖嬪婦敵於后，外寵庶孽齊於嫡，宴遊無度，衣服無章，賜與無節，法度之廢，將自此始；雖在内庭，爲冢宰者真當任其責也。若九嬪之婦法，世婦之宫具，女御之功事，女史之内政，典婦功之女功，乃后夫人之職也，王安石以爲『統於家宰，則王所以治内，可謂至公而盡正矣』。夫順理而無阿私之謂公，由理而無邪曲之謂正；修身以齊家，此王者治國平天下之定理，所自盡心者也。苟身不能齊家，而以付之冢宰，爲王也，悖理莫甚焉，又可謂之公正乎？噫！安石真姦人哉！」（文獻通考卷一八〇，總頁一五五三經籍考七載；周禮翼傳卷二，頁二六—二七亦載：「常」作「當」，「爲王也」作「爲主」。）

〔一〕「然」下，墨海本、經苑本並有「則」字。

〔二〕「之」，經苑本作「字」。

〔三〕全段：文獻通考卷一八〇，總頁一五五三經籍考七載胡宏述王安石以爲、周禮翼傳卷二，頁二七王安石以爲，取大意，詳見下評。

大宰之職，掌建邦之六典，以佐王治邦國：一曰治典，以經邦國，以治官府，以紀萬民；二曰教典，以安邦國，以教官府，以擾萬民；三曰禮典，以和邦國，以統百官，以諧萬民；四曰政典，以平邦國，以正百官，以均萬民；五曰刑典，以詰邦國，以刑百官，以糾萬民；六曰事典，以富邦國，以任百官，以生萬民。

【佚文】（一三）「典之字從冊從丌，從冊，則載大事故也；從丌，則尊而丌之也。則之字從貝從刀，從貝者，利也；從刀者，制也。灋之字從水從廌從去，從水，則水之爲物，因地而爲曲直，因器而爲方圓，其變無常，而常可以爲平；從廌，則廌之爲物，去不直者；從去，則灋將以有所取也。然則典則灋，詳略可知矣。王之治邦國，則班常而已，故以典；典言其大常也。治都鄙，則使有所揆焉，不特班常而已，故以則；使有所揆焉者也〔二〕。治官府，則悉矣，故以灋；灋則事爲之制，曲爲之防，非特使有所揆而已。言治都鄙、官府，則先官府後都鄙者，以大宰所治内外之序爲先後也；言施典則灋及以待邦國、都鄙、官府之治，則先邦國、次都鄙、後官府，以大宰所施所待尊卑之序爲先後也。所治以内外之序爲先後，而先言治邦，則六典以佐王治，非與八灋、八則序先後而言故也。治典曰『以經邦國以紀萬民』者，有經則宜有緯，

〔二〕「焉者」，鈔本、孔校旁注作「而已」。

有紀則宜有綱，經而紀之者，典也；綱而緯之，則存乎其人矣〔一〕。大宰帥其屬以佐王均邦國，而治典以經邦國，治職以平邦國者，蓋治典之爲書，以經邦國而已；治官之屬，推而行之，然後有以平邦國〔二〕。至於均邦國，則王之事，非治典之書所能及，非治官之屬所能專；所謂綱而緯之，存乎其人者此也。治典以紀萬民，治職以均萬民，則亦治典之爲書，以紀萬民而已；治官之屬，推而行之，然後有以均萬民也。大司徒率其屬以佐王安擾邦國，而教典、教職皆曰『以安邦國』，蓋教典之爲書，教官之爲職，止於以安邦國已。至於擾邦國，則王之事也；雖然，王之事，於邦國亦有所不獲擾焉，故曰『以安擾邦國』也。教典以擾萬民，而教職以寧萬民，則亦放典之爲書，以擾萬民而已；教官之屬，以其職推而行之，然後有以寧萬民也。大司馬率其屬以佐王平邦國，政典亦曰『以平邦國』，而政職『以服邦國』，蓋政典之爲書，以平邦國，而王之爲政，亦以平邦國而已〔三〕。至於政職，然後務以服之；務以服之，則官人之事耳，非所以爲王也。政典以均萬民，而政職以正萬民，則亦政典之爲書，以均萬民而已；政官之屬，以其職推而行之，然後有以正萬民也。禮典、禮職，皆『以和邦國，以諧萬民』，蓋禮者，體

〔一〕「有經則」以下，詳解卷一頁六—七述，「存」上無「則」字。
〔二〕墨海本、經苑本並無「有」字。
〔三〕墨海本、經苑本並無「以」字。

也；體定矣，則禮典之爲書，與禮官之爲職，不能有加損也。刑典、刑職，皆『以詰邦國，以糾萬民』，其意亦猶是也。蓋刑者，形也，形成矣〔一〕；則刑典之爲書，刑官之爲職，亦不能有加損也。大宗伯帥其屬以佐王和邦國，又曰『佐王建保邦國』，則王之事，又能建保邦國，非特以和而已。大司寇帥其屬以佐王刑邦國，蓋典與職，能詰邦國而已；能刑，則王之事也。然而又曰『刑邦國，詰四方』，則雖王之事於四方亦有所不獲刑焉，蓋或徒以威讓文詰加之而已〔二〕。事典、事職皆以『富邦國』，蓋事典之爲書，事官之爲職，以富邦國而已。事典則以生萬民，事職皆以養萬民〔三〕，蓋事典之爲書，以生萬民而已；事官之屬，以其職推而行之，然後有以養萬民也。於邦國曰經，於萬民曰紀；於邦國曰安〔四〕，於萬民曰擾〔五〕；於邦國曰和，於萬民曰諧；於邦國曰平，於萬民曰均；於邦國曰詰，於萬民曰糾；於邦國曰富，於萬民曰生。萬民，王所自治也；故其事致詳焉。治典、教典曰官府，禮典、政典、刑典、事典曰百官者，官府言其

〔一〕「形也，形成矣」，經苑本作「侀也，侀成也」。
〔二〕「詰」，墨海本作「誥」。
〔三〕經苑本無「皆」字。
〔四〕「邦」，鈔本原作「萬」，孔校改作「邦」。
〔五〕「民」，鈔本原作「安」，孔校改作「民」。

屬，百官則言六官之屬。天地之官，嫌於不分，故言其屬而已；四時之官，嫌於不通，故言六官之屬也。」（文淵閣四庫全書本周官新義卷一，頁十一—十四。）

以八灋治官府：一曰官屬，以舉邦治；二曰官職，以辨邦治；三曰官聯，以會官治；四曰官常，以聽官治；五曰官成，以經邦治；六曰官灋，以正邦治；七曰官刑，以糾邦治；八曰官計，以弊邦治。

【佚文】（一四）「建官矣，則設屬以佐之，故一曰官屬〔一〕，以舉邦治〔二〕。設屬矣，則分職以治之，故二曰官職，以辨邦治。分職矣，事非一職所能獨治〔三〕，則聯事以供之，故三曰官聯〔四〕，以會官治。六官聯事，則有故常，違而辯焉〔五〕，則以故常聽之而已，故四曰官常，以聽官治。官常以聽百官府之治而已，若夫聽萬民之治，則有八成焉，故五曰官成，以經邦治。以官常、官

〔一〕鈔本原無「一」字，孔校增之。
〔二〕「以」，鈔本原作「二」，孔校改爲「以」。
〔三〕「職」，墨海本作「則」。
〔四〕「建官矣」至「故三曰官聯」，集説卷二，頁十八王介甫曰，無「以舉邦治」、「以辨邦治」八字。
〔五〕「辯」，墨海本、經苑本並作「辨」。

成聽之矣，然後以法正之，故六曰官灋，以正邦治。犯法矣，然後以刑糾之，故七曰官刑，以糾邦治。自官屬至於官刑，皆法而已，徒法不能以自行，必得人焉爲上行法，然後治成；聽官府之六計，則所以進羣吏，使各致其行能爲上行法也，故八曰官計，以弊邦治。官計者，官府之治所成終始也。八灋或言邦治，或言官治者〔二〕，官聯、官常，六官之通治，雖六官之通治，而各致其一官之治，故言官治，與天地二官嫌於不分，故稱官府同意；餘則各一官之治，雖各一官之治，而六官相待而成治，是乃所以爲邦治也。故言邦治，與四時之官嫌於不通，故稱百官同意〔三〕。官聯以會官治，而小宰則以官府之六聯合邦治者，大司徒之職曰『天地之所合也，風雨之所會也』，蓋兩謂之合，衆謂之會，以官府之六聯會官治，則所會者衆矣；以官府之六聯合邦治，則所合者官聯與邦治兩而已。」（文淵閣四庫全書本周官新義卷一，頁十五—十六。）

【佚文】（一五）「八灋惟官聯、官常曰官治者，以官之聯事官之常數特言一官爾，故不言邦而言官也。」（周官集傳卷一，頁十七載歐陽謙之引王氏曰。）

〔二〕「治」，經苑本作「灋」。

〔三〕「八灋或言」以下：詳解卷一，頁十述大同；訂義卷一，頁十二王氏曰：「官常、官聯，雖六官之通治，而各致其一官之治，故言『官治』以別之；餘則雖各致一官之治，六官相待而成，故言『邦治』以包之。」敏案：訂義所引末句，亦見詳解述。

【評】（七）清王太岳曰：「義：『六官聯事，則有故常。』案：鄭注：『官常，謂各領其官之常職，非連事通職所共。』今云『六官聯事，則有故常』，則官常與官聯無分。」（四庫全書考證卷八，頁三八。）

以八則治都鄙：一曰祭祀，以馭其神；二曰灋則，以馭其官；三曰廢置，以馭其吏；四曰禄位，以馭其士；五曰賦貢，以馭其用；六曰禮俗，以馭其民；七曰刑賞，以馭其威；八曰田役，以馭其衆。

【佚文】（一六）「書曰『建邦設都』，春秋曰『齊人伐我西鄙』，都鄙者，以其有邑都焉，故謂之都；以其在王國之鄙也，故謂之鄙[一]。都鄙，王子弟、公卿、大夫所食之采地也[二]。學以致其道者，士也；在所崇養，故以禄位馭之。治以致其事者，吏也；在所察治，故以廢置馭之[三]。言廢常先置者，必有廢也，然後有所置。禮則上之所以制民也，俗則上之所以因乎民也，無所

[一]「書曰」至「故謂之鄙」：訂義卷一，頁十三王氏曰，無「也」字，兩「故謂」並作「則謂」；欽定義疏卷二，頁八王氏安石曰，多加删略。

[二]「都鄙者」以下，詳解卷一，頁十述大同。

[三] 經苑本無「以」字，詳解述有「以」字。「學以致其道者」以下，詳解卷一，頁十二述大同。

制乎民，則致廢而家殊俗；無所因乎民，則民偷而禮不行，故馭其民當以禮俗也。刑所以爲威，而曰刑賞以馭其威者，獨刑而無賞，則有怨而已，豈能使民聽服而畏哉〔一〕？田則上之所以簡衆也，役則上之所以任衆也〔二〕，或曰『馭其民』，或曰『馭其衆』者，言其會而爲用，則曰衆也。凡造都鄙，必先立宗廟、社稷諸神之祀，故一曰祭祀以馭其神〔三〕。宗廟、社稷諸神之祀立矣，然後立廟庭官府〔四〕，施灋則焉，故二曰灋則以馭其官。施灋則矣，然後其違從廢舉可考而廢置也，故三曰廢置以馭其吏。廢置者，所以治之；禄位者，所以待之。治之者政也，待之者禮也，徒治之以政，而不待之以禮，則將免而無耻〔五〕，故四曰禄位以馭其士。有吏士以行灋則，然後政教立，政立則所以富之，富之然後賦貢可足〔六〕，教立則所以穀之，穀之然後禮俗可

〔一〕「畏」，墨海本作「威」，詳解述作「畏」。「獨刑而無賞」以下：詳解卷一，頁十三述略同；訂義卷一，頁十五王氏曰，有「怨而已作，人有怨心」。

〔二〕「田則」以下，詳解卷一，頁十三述大同。

〔三〕「凡造」以下：詳解卷一，頁十一述大同；訂義卷一，頁十四王氏曰，「一曰」作「八則首曰」。

〔四〕「廟庭」，墨海本、經苑本並作「朝廷」，鈔本「庭」作「廷」。

〔五〕「廢置者」以下：集説卷二，頁二一—二二載楊時曰引王介甫曰，原直作王介甫曰，參註疏删翼正。「置者」、「位者」並無「者」字；註疏删翼卷二，頁九同集説引；詳解卷一頁十二述，幾全同。

〔六〕「則然後」以下，詳解卷一，頁十三述大同。

成〔一〕，故五曰賦貢以馭其用，六曰禮俗以馭其民。政教立，然後繼之以刑賞，刑賞則政教之末也〔二〕，故七曰刑賞以馭其威。威立矣，然後衆爲用，故八曰田役以馭其衆。祭祀以馭其神者，其神所享，唯祭祀之從也〔三〕；灋則以馭其官者，其官所守，唯灋則之從也；廢置以馭其吏者，其吏所治，唯廢置之從也〔四〕；禄位以馭其士者，其士所事，唯禄位之從也；賦貢以馭其用者，其上所用，唯賦貢之從也〔五〕；禮俗以馭其民者，其民所履，唯禮俗之從也；刑賞以馭其威者，其民所畏，唯刑賞之從也〔六〕；田役以馭其衆者，其民所會，唯田役之從也。若夫典祀弗舉，淫祠無禁，巫祝費財，妖昏傷民，則非所以馭其神也〔七〕；上不知所制，下不知所守，私義害國，私智非上，則非所以馭其官也；治不時考，政不歲會，勤不保置，怠不患廢，則非所以馭其吏

〔一〕上兩「穀」字，鈔本並作「穀」（字當正作「穀」）。下凡穀从米作穀字者，皆不煩校注。

〔二〕「政教立」以下，詳解卷一，頁十三述大同。

〔三〕「祭祀以」以下：詳解卷一，頁十一述大同；訂義卷一，頁十四王氏曰，「神者」作「神則」，「所」上有「之」字。

〔四〕「廢置以」以下：詳解卷一，頁十二述大同；訂義卷一，頁十四王氏曰，「廢置以」作「以廢置」，「者」作「則」，「其吏所」作「則吏之所」。

〔五〕「賦貢以」以下：訂義卷一，頁十五王氏曰，「用者」作「用則」，「上所」作「上之所」，「也」字無。

〔六〕「刑賞以」以下：詳解卷一，頁十三述大同；訂義卷一，頁十五王氏曰，「者」字無，「其民」作「則民之」，「也」字無。

〔七〕「若夫典祀」以下：詳解卷一，頁十一述無「則」字，無「也」字；訂義卷一，頁十四王氏曰，無「則」字。

也〔一〕；祿不論功，位不議行，貪汙取富，誣僞取貴，則非所以馭其士也；征求無藝，費出無節，奢或僭上，儉或廢禮，則非所以馭其用也〔二〕；人自爲禮，莫能統壹，家自爲俗，無所視效，則非所以馭其民也；刑以幸免，賞以苟得，慢公死黨，畏衆侮上，則非所以馭其威也〔三〕；富貴役貧，豪傑兼衆，使之則怨，作之則懼，則非所以馭其衆也〔四〕。然則八則之於都鄙，曷可少哉？治莫小於都鄙，莫大於天下；都鄙如此，則治天下可知矣〔五〕。」（文淵閣四庫全書本周官新義卷一，頁十六—十九。）

【評】（八）宋楊時曰：「自鄉論秀士，升之於司徒，自司徒而升之於學，曰造士；而後大司樂論造士之秀者，升之司馬，曰進士。則所謂士者，蓋未有祿位也。司馬辨論官材，論定然後官之，任官然後爵之，位定然後祿之。非修之於鄉，升之於司馬，則祿位不可得也，故以祿位馭之。大宰歲終令百官正其治，受其會，聽其致事，而詔王廢置。三歲大計羣吏之治，

〔一〕「治不」以下：詳解卷一，頁十二；訂義卷一，頁十四王氏曰，上並多「若夫」二字，又訂義無「則」字。

〔二〕「征求」以下：詳解卷一，頁十三述，上多「若夫」二字，末「也」作「矣」；訂義卷一，頁十五王氏曰，上多「若夫」二字，「非」上無「則」字。

〔三〕「刑以」以下：詳解卷一，頁十三述，上有「若夫」二字；訂義卷一，頁十五王氏曰，上有「若夫」二字，無「則」字、「也」字。

〔四〕「若夫典祀」以下，欽定義疏卷二，頁十二—十三王氏安石曰，刪易成文。

〔五〕「治莫小」以下，詳解卷一，頁十四述大同。

而誅賞之。則爲吏者，有職任焉，與士異矣，故以廢置馭之；祿位廢置，初不相因也。而王介甫曰〔二〕：『廢置所以治之，祿位所以待之，治之者政也，待之者禮也。徒治之以政，而不待之以禮，則將免而無耻。』失其旨矣。」（周禮義辨，載集説卷二，頁二一—二二；註疏删翼卷二，頁八—九。）

【佚文】（一七）「庶子，國子之未仕者。」（周官集傳卷一，頁二十載歐陽謙之引王氏曰；敏案：此周禮新義，説詳宫伯下佚文第六六條。）

【評】（九）宋歐陽謙之曰：「王氏曰：『……』愚謂：以士對庶，則士爲已命者也。此經馭其士者，都鄙之士也。上文既曰馭其官、馭其吏，此又曰馭其士，信乎爲都鄙言之，則士者公卿大夫之子而已。」（周官集傳卷一，頁二十—二一載。）

以八柄詔王馭羣臣：一曰爵，以馭其貴；二曰祿，以馭其富；三曰予，以馭其幸；四曰置，以馭其行；五曰生，以馭其福；六曰奪，以馭其貧；七曰廢，以馭其罪；八曰誅，以馭其過。

〔二〕「而」，周禮義辨作「與」，下空一格，並從註疏删義改。

【佚文】（一八）「於六典曰『佐王治邦國』，大治，王與大宰共之也〔一〕；於八灋八則直曰『治官府都鄙』，小治，大宰得專之也；於八柄八統曰『詔王馭羣臣萬民』，則是獨王之事也，大宰以其義詔之而已〔二〕。予以馭其幸者，其賢不足爵也，其庸不足禄也，而以私恩施焉〔三〕，故謂之幸。爵以馭其貴，則非王爵之，無貴也〔四〕；禄以馭其富〔五〕，則非王禄之，無富也；予以馭其幸，則非王予之，無幸也；生以馭其福，則非王生之，無福也；奪以馭其貧，則非王奪之，無貧也；置以馭其行，則以置馭之，使有行也；廢以馭其罪，誅以馭其過，則以廢誅馭之，使無罪過也。盖上失其柄，則人以私義自高，而爵不足以貴之；以專利自厚，而禄不足以富之；取予自恣也，則不待王幸之而後予；生殺自恣也，則不待王福之而後生；有行，或以違忤貴勢而廢誅；有罪有過，或以朋比姦邪而見置；則尚何以馭其羣臣哉？八柄與内史同，而内史變誅爲殺，盖誅言其意，殺言其事。大宰大臣，詔王馭羣臣者也，當以道揆，故言其意；内史有司，詔

〔一〕「王」，墨海本、經苑本並無，詳解卷一，頁十四述有。
〔二〕首以下：訂義卷二，頁一王氏曰，「佐王」作「佐在」，「萬」上有「馭」字。
〔三〕「其賢」以下：詳解卷一，頁十五述大同。訂義卷二，頁二王氏曰，僅有「以私恩施焉」，唯下又多六字（詳下佚文）。
〔四〕「非王爵」句，詳解卷一，頁十四述，幾全同。（下「非王禄、非王予、非王生」云云等事，詳解皆略同。）
〔五〕「馭」，鈔本原作「取」，孔校改作「馭」。

王治當守法而已，故言其事。誅又訓責，而知大宰所謂誅爲殺者，以内史見之也〔一〕。誅、殺也，而以馭其過者，廢之，則使被廢者不至於得罪；殺之，則使衆知懼而莫敢爲過失也。大宰八柄之序，先慶賞而後刑威，於慶賞則先重而後輕，於刑威則先輕而後重，勸賞畏刑之意〔二〕。至於内史，則慶賞刑威雜而莫知其孰先，主於守法，而不豫其以道揆之意故也〔三〕。」（文淵閣四庫全書本周官新義卷一，頁十九—二一。）

【佚文】（一九）「……非所以馭之也。」（訂義卷二，頁二王氏曰，上承「施焉」，詳上頁註三。）

以八統詔王馭萬民：一曰親親，二曰敬故，三曰進賢，四曰使能，五曰保庸，六曰尊貴，七曰達吏，八曰禮賓。

〔一〕「蓋誅言」以下：詳解卷一，頁十六；訂義卷二，頁三王氏曰，「蓋」字無，二「當」字並無，「知」上無「而」字。

〔二〕「意」下，墨海本、經苑本並有「也」字。

〔三〕「先慶賞」以下，詳解卷一，頁十六述略同；訂義卷二，頁三王氏曰，「而後」作「後」，「於慶賞則」作「於賞」，「於刑威則」作「於刑」，「畏刑」作「畏威」，「意」下有「也」字，「至於」二字無，「慶賞刑威」作「賞刑」，「其孰先」作「後先者」，「主於守法」作「主以法守」，「豫其」作「預」，「故也」作「也」。

【佚文】（二〇）「馭羣臣曰柄，馭萬民曰統；柄言操此而彼爲用〔一〕，統言舉此而彼從焉〔二〕。親親，孝也，仁也；敬故，仁也，義也；是王之行也，故一曰親親，二曰敬故。進賢、使能，保庸、尊貴、達吏、禮賓，則有政存焉；進賢使能，然後有庸可保也；故三曰進賢，四曰使能，五曰保庸。賢也、能也、庸也，固在所尚，然爵亦天下達尊，故六曰尊貴。尊貴則抑賤，抑賤則吏之志能，嫌不能達，故七曰達吏。自達吏以上，皆内治也。禮賓，則所以接外也，故八曰禮賓。馭以親親，而民莫遺其親〔三〕；馭以敬故，則民莫慢其故；馭以進賢，則民知德之不可不務；馭以使能，則民知能之不可不勉；馭以保庸，則民知功實之不可害；馭以尊貴，則民知爵命之不可陵；馭以達吏，則民知壅蔽不可爲；馭以禮賓，則民知交際當以禮〔四〕。夫八統者各致其事，不相奪也。後世親親也，因或進之；敬故也，因或使之；保庸也，因或尊之，則失是

〔一〕「彼爲用」，經苑本作「爲彼用」，詳解述同文淵本（詳下註）。

〔二〕「柄言」以下：詳解卷一，頁十七述略同；訂義卷二，頁六王氏曰；周官集傳卷一，頁二三載鄭氏曰引王氏曰：「（柄，）言操此以爲用也。」集説卷二，頁二五王介甫曰、註疏刪翼卷二，頁十四臨川王氏曰並引「統言」以下；欽定義疏卷二，頁十八王氏安石曰，「彼爲用」作「用諸彼」。

〔三〕「而」，經苑本作「則」，詳解述亦作「則」（詳下註）。

〔四〕「馭以親親」以下，集説卷二，頁二五王介甫曰，「而民」作「則民」，「際」下有「之」字；註疏刪翼卷二，頁十四臨川王氏曰同集説。詳解卷一，頁十七、十八、十九述，分爲八節，略同。

矣。」（文淵閣四庫全書本周官新義卷一，頁二一——二二。）

以九職任萬民：一曰三農，生九穀；二曰園圃，毓草木；三曰虞衡，作山澤之材；四曰藪牧，養蕃鳥獸；五曰百工，飭化八材；六曰商賈，阜通貨賄；七曰嬪婦，化治絲枲；八曰臣妾，聚斂疏材；九曰閒民，無常職，轉移執事。

【佚文】（二一）「山澤皆虞，而曰『虞衡作山澤之材』者，山虞掌山林之政令，則其政令施於山林〔一〕；川衡掌巡川澤之禁令，則其禁令施於澤矣〔二〕。虞衡，山澤之官，而作山澤之材者，民職也。則此所謂虞衡，言其地之人而已〔三〕。嬪，有夫者也；婦，有姑者也〔四〕。舅歿姑老，則無職矣，故所任者嬪婦而已。九穀言生，草木言毓，鳥獸言養蕃者，九穀不能自生，待三農而後生；草木能自生，而不能相毓，待園圃而後毓；鳥獸能相毓，不能自養蕃，待藪牧而後養蕃。

〔一〕「山林」：鈔本、詳解（詳下註）並作「林衡」；「林」，經苑本作「矣」。

〔二〕「禁」，墨海本、經苑本並作「政」；詳解述作「禁」（詳下註）。

〔三〕「山澤皆虞」至「而已」：詳解卷一，頁二十述，「施於山林」作「施於林衡」，「澤矣」作「澤虞矣」；訂義卷二，頁七王氏曰，「施於山林」作「施於山矣」。

〔四〕「嬪有」以下：詳解卷一，頁二一述；欽定義疏卷二，頁二五王氏安石曰引第一句。

養蕃者，養而後蕃之也；飭化者，飭而後化之也；阜通者，阜而後通之也；化治者，化而後治之也；聚斂者，聚而後斂之也〔一〕。九穀草木山澤之材，人所食用；鳥獸，則其肉以備人食，其羽毛齒牙骨角筋革以備人用，故一曰三農生九穀，二曰園圃毓草木，三曰虞衡作山澤之材，四曰藪牧養蕃鳥獸。百工因山澤之材、鳥獸之物以就民器者也，故五曰百工飭化八材。一人之身，而百工之所爲備，則宜有商賈以資之，故六曰商賈阜通貨賄。任民以男事爲主，强力爲先，嬪婦，女弱也，故七曰嬪婦化治絲枲。臣妾則又賤者，故八曰臣妾聚斂疏材。閒民則八職所待以成事者也，故九曰閒民無常職，轉移執事〔二〕。夫八職之民，其事有時而用衆，則轉移執事曷可少哉？蓋有常以爲利，無常以爲用者，天之道也〔三〕。」（文淵閣四庫全書本周官新義卷一，頁二二—二三。）

以九賦斂財賄：一曰邦中之賦，二曰四郊之賦，三曰邦甸之賦，四曰家削之賦，五曰邦縣之賦，六曰邦都之賦，七曰關市之賦，八曰山澤之賦，九曰幣餘之賦。

〔一〕「九穀不能」以下：詳解卷一，頁二十、二一、二二述八條，略同。
〔二〕「執」，鈔本作「職」，詳解作「執」（詳下註）。
〔三〕「閒民則」以下，詳解卷一，頁二二述大同。

【佚文】（一二二）「下以職共謂之貢，上以取政謂之賦[一]。以九賦斂財賄者，才之以爲利，謂之財；有之以爲利，謂之賄。謂之財賄，則與言貨賄異矣。貨言化之以爲利，則商賈之事也[二]。邦中，王之所邑，其外百里謂之四郊，與邑交故也；又其外百里謂之邦甸，甸法正在是故也；又其外百里謂之家削，家，邑之地，削，小故也[三]；其外百里謂之邦縣，小都之地，取首在下，取首在上，取系在下故也[四]；又其外百里謂之邦都，大都之地，所謂畺地也；小都不謂之都，而謂之縣；大都不謂之畺，而謂之都，相備也。蓋言郊甸削縣，則都爲畺地可知；言都，則郊甸削縣爲鄉遂、公邑、家邑、小都，亦可知也[五]。幣餘者，職幣所謂『斂官府都鄙與凡用邦財者之幣，振掌事者之餘財』是也。餘財邦物而謂之賦者，既以給之矣，於是振之以歸之邦，故亦謂之賦也[六]。」（文淵閣四庫全書本周官新義卷一，頁二四。）

【佚文】（一二三）「關市，邦畿之四面皆有關門及王之市廛三處山澤；山澤之中財物，其民以

[一]「取政」，墨海本、經苑本並作「政取」，詳解述亦作「政取」（詳下註）。
[二]「下以職共」至「事也」，詳解卷一，頁二三述大同。
[三]「故」，墨海本、經苑本並作「地」。
[四] 以上三「取」字：鈔本、詳解卷一，頁二四述皆作「所」；墨海本、經苑本下二「取」字並作「所」。
[五]「大都之地」以下，詳解卷一，頁二四述大同。
[六]「幣餘」以下：詳解卷一，頁二四述略同；欽定義疏卷二，頁三三王氏安石曰，删易成文。

時取之，出税以當賦也。」（集説卷二，頁三二王氏曰；欽定義疏卷二，頁三三王氏安石曰：「山澤之民以其物當邦賦。」蓋據集説。疑並是新義文，宜列「職幣」之前。）

【評】（一〇）宋魏了翁曰：「後鄭謂：賦，口率出泉也。……三代賦字只是頒其式，以任井地所出獻于上，初非計口出泉。……鄭氏以漢法解經，至熙寧而禍不可勝言。」（鶴山大全集卷一〇四，頁十二、十四周禮折衷；欽定義疏卷首，頁二八載魏氏了翁曰：「康成以漢制解經，以賦爲『口率出泉』，三代安有口賦？王介甫用之以誤熙寧，皆鄭注啓之。」係改易周禮折衷此條而成。）

【評】⊗清鄂爾泰曰：安石剥民之政（謂青苗法等），託鄭玄天官太宰「九賦」與地官司門、司關、司市、泉府之注而爲之，詳天官膳夫下評第三〇條。

以九式均節財用：一曰祭祀之式，二曰賓客之式，三曰喪荒之式，四曰羞服之式，五曰工事之式，六曰幣帛之式，七曰芻秣之式，八曰匪頒之式，九曰好用之式。

【佚文】（二四）「祭祀、賓客、喪荒，人治之大者也。祭祀在所尊，賓客在所敬，喪荒在所恤，故一曰祭祀之式，二曰賓客之式，三曰喪荒之式。人治之大廢而弗治，則亡隨其後；羞服器用，將誰使共之〔一〕？匪頒好用，將以誰予？然則羞服、工事、幣帛、芻秣、匪頒、好用之式，宜在祭祀、賓客、喪荒之後矣。羞服之用，急於工事；工事所造，急於幣帛；幣帛之用，貴於芻秣；匪頒好用，則用財之餘事；而好用又不急於匪頒〔二〕；故四曰羞服之式，五曰工事之式，六曰幣帛之式，七曰芻秣之式，八曰匪頒之式，九曰好用之式。大宰以九式均節財用，而小宰執九貢、九賦、九式之貳以均財節邦用〔三〕，司會以九式之灋均節邦之財用者，邦國萬民有餘則多取而備禮焉；不足則少取而殺禮焉；其用財也，令邦國萬民以是爲差，此所謂均財節用。小宰則以貳大宰，制財之多少，與禮之備殺爲職，令邦國萬民以是爲差，則弗豫焉，此所謂均財節邦用。司會則凡在邦國萬民者，皆弗豫也，以灋均節邦之財用而已〔四〕。」（文淵閣四庫全書本周官新義卷一，頁二五—二六。）

【評】（一二）宋楊時曰：「先王所謂理財者，非盡籠天下之利而有之；其取之有道，其用之有節，而各當於義之謂也。取之不以其道，用之不以其節，而不當於義，則非理矣。故周

〔一〕「誰使」，墨海本、經苑本並作「使誰」。
〔二〕首以下，欽定義疏卷二，頁三九王氏安石曰，多所删省改易成文。
〔三〕「財節」，鈔本原作「節財」，孔校乙轉作「財節」。
〔四〕「小宰則以」以下，詳解卷二，頁一述大同。

官以九職任民，而後以九賦斂之。九賦之入，各有所待，不相侵紊，而大宰又以九式節之，下至芻秣、工事、匪頒、好用之微，咸有式焉；雖人主不得而踰也。歲終制國用，則量入以爲出，此之謂制度，有不如式，則大宰得以均節之。所謂『王及后世子不會』者，特有司之事耳。世儒以謂至尊不可以法數制之，非正論也。」（集説卷二，頁三六—三七載，參看膳夫下評第三八條；註疏删翼卷二，頁三十引楊時曰略同。）

以九貢致邦國之用：一曰祀貢，二曰嬪貢，三曰器貢，四曰幣貢，五曰材貢，六曰貨貢，七曰服貢，八曰斿貢，九曰物貢。

【佚文】（二五）「祀貢，凡可以共祭祀之物；嬪貢，凡可以共嬪婦之物；器貢，凡可以爲器之物；幣貢，凡可以爲幣之物；材貢，凡可以爲材之物；貨貢，凡可以爲貨之物；服貢，凡可以爲服之物〔二〕；斿貢，凡可以共燕游之物；物貢，則凡祀、嬪、器、幣、材、貨、服、斿之物皆是也〔三〕。大行人侯服貢祀物，甸服貢嬪物，男服貢器物，采服貢服物，衛服貢材物，要服貢貨

〔二〕首以下，訂義卷二，頁十七—十八王氏曰，上文七「凡可以」句皆有，除後三句各少一「以」字外，餘全同。

〔三〕首以下，詳解卷二，頁四—六分九節述之，幾全同。

物；而九貢一曰祀貢、二曰嬪貢、三曰器貢、四曰幣貢、五曰材貢、六曰貨貢、七曰服貢、八曰斿貢、九曰物貢者，施政之序，上先而下後，内先而外後；以詳責近，以略責遠。上以供祭祀之物，使侯服貢之，則上先下後之意；内以貢嬪婦之物〔一〕，使甸服貢之，則内先外後之意；器服作治之功多，使男服、采服貢之，則以詳責近之意；材貨作治之功少，使衛服、要服貢之，則以略責遠之意〔二〕。先器後服，先材後貨，則亦以遠近爲差。九貢退服在材貨之後者，材貨邦用所通，服則王身所獨；大宰，以道佐王者也，於此又明王者養天下以道，其用材宜後其身之意。幣、斿、物貢，則六服所通，以幣繼嬪器之後，以斿物繼貨物之後〔三〕，則亦各得其所也〔四〕。九賦言斂，九貢言致者，邦國之財不可斂而取也，致之使其自至而已。九賦言財賄，九貢言用者，財賄以斂言也。斂止於王畿〔五〕，則所斂狹矣；用以散言也，散及於邦國，則所散廣矣；大宰事王以道，斂欲狹散欲廣，王之道也。至於司會，以九賦之灋令田野之財用，以九貢之灋致

〔一〕「貢」，墨海本、經苑本並作「供」；詳解述亦作「供」（詳下註）。
〔二〕「使侯服」以下，詳解卷二，頁四—五述略同。
〔三〕「物」，墨海本、經苑本並作「服」。
〔四〕「九貢退服」以下，詳解卷二，頁五—六述大同。
〔五〕「於」，鈔本作于。元敏謹案：周禮新義用介係詞「于」，或作「於」，而各本作「于」或「於」，頗爲參差，示例於此，下不煩一一校注。

邦國之財用，賦貢兼以斂散言，則司會事王以灋，主會其入出而已；取欲狹施欲廣，非其任矣〔一〕。（文淵閣四庫全書本周官新義卷一，頁二六—二七。）

以九兩繫邦國之民：一曰牧，以地得民；二曰長，以貴得民；三曰師，以賢得民；四曰儒，以道得民；五曰宗，以族得民；六曰主，以利得民；七曰吏，以治得民；八曰友，以任得民；九曰藪，以富得民。

【佚文】（二一六）「牧，九州之牧也〔二〕。連率、卒正、屬長、國君，皆以地得民，而獨言牧者，舉尊以見卑也；于上舉尊以見卑，則與舜典舉上帝以見日月星辰同意〔三〕。藪澤，虞之藪也。山澤之虞、川林之衡，皆以富得民，而獨言藪，則舉小以見大也；於下舉小以見大，則與舜典言山川以見大示同意〔四〕。長，都鄙之長，禄而不世，不得有其地，故曰以貴得民而已。師，有德行

〔一〕「九賦言斂」以下，詳解卷二，頁四述大同。

〔二〕「也」，鈔本原作「之」，孔校改作「也」。

〔三〕首以下，詳解卷二，頁六—七述略同。

〔四〕「藪澤虞」以下：詳解卷二，頁九述略同。「山澤」至「見大也」，亦見訂義卷三，頁三王氏曰：「山澤」作「川澤」，「川林」作「山林」，「富」上無「以」字，「也」字無。

以教人者也；儒，以道藝教人者也〔一〕；宗，繼祖者，其族氏之所宗；主，有家者，其臣隸之所主〔二〕。主不得專地，臣隸有治焉，則吏聽之，其貴又不足道也；則其得民，以利而已〔三〕。吏，則凡治民者皆是也〔四〕。友，則學校鄉田相與爲友者也。牧、長，皆君也；師、儒，皆師也；自非君師，則内莫尊於宗，外莫貴於主〔五〕；吏則治之而已，友則任之而已，藪則民利其財而已。自牧至藪，皆有所兩，則民有所繫屬而不散，故多寡、死生、出入、往來，皆可知也〔六〕。夫然後可得而治矣。乃後世九兩廢〔七〕，人得自恣，莫相統壹，而不知所以繫之；故宣王料民於大原，而仲山甫非之也。當是時，上徒欲知民數而不得〔八〕，尚安能得其情而制之乎？民既散矣，則放

〔一〕「師有」以下，詳解卷二，頁七述略同。
〔二〕「主有家」以下：集説卷二，頁四八王介甫曰；註疏删翼卷二，頁四一臨川王氏曰。
〔三〕「主不得」以下：詳解卷二，頁八述，「則其」作「故」。
〔四〕本句，詳解卷二，頁八述略同；訂義卷三，頁三王氏曰：「凡治民皆謂之吏。」
〔五〕「牧長」以下，詳解卷二，頁九述略同。
〔六〕「皆」，經苑本作「舉」。
〔七〕「兩」下，經苑本有「既」字。
〔八〕「徒」，墨海本、經苑本並無「徒」字。

辟邪侈，無不爲也〔一〕，故曾子謂陽膚曰：『上失其道，民散久矣，如得其情，則哀矜而勿喜。』」

（文淵閣四庫全書本周官新義卷一，頁二八—二九。）

正月之吉，始和，布治于邦國都鄙，乃縣治象之灋于象魏，使萬民觀治象，挾日而斂之。

【佚文】（二一七）「正月之吉，始和，布治于邦國都鄙者，歲終令百官府各正其治，受其會，聽其政事〔二〕，于是調制所當改易〔三〕；故正月之吉〔四〕，則始和矣，乃布治于邦國都鄙也。元者，德也；正者，政也；德欲終始如一，故即位之一年，謂之元年；政欲每歲改易，故改歲之一月，謂之正月。正月之吉，則朔月也。朔月謂之吉，則明生之幾故也。三代各有正月，而周以建子之月爲正，夏以建寅之月爲正，夏正據人所見，故謂之人正。授民事則宜據人所見，故周亦

〔一〕「自牧」以下：集説卷二，頁四九王介甫曰，「民有所繫屬」作「民心繫屬」，「皆可知也夫然後可得而治矣」作「皆可得而治矣」，「乃」作「及」，「徒」字無，「不得」作「不可得」；註疏刪翼卷二，頁四一—四二臨川王氏曰同集説；欽定義疏卷二，頁四八王氏安石曰，刪節改易成文。又詳解卷二，頁六述「夫然後」以下，略同。

〔二〕「政」，墨海本、經苑本並作「致」，詳解述亦作「致」（詳下註）。

〔三〕「歲終」以下，詳解卷二，頁九述大同。

〔四〕「故」，鈔本、墨海本、經苑本皆作「至」。

兼用夏時，而以夏之正月爲正歲〔二〕。始和布治，以周之正月，而正歲又觀象灋，則以兼用夏時故也。兼用夏時，而以正月之吉使萬民觀治象，則正歲先王之正也。正月之吉，時王之正也；萬民取正于時王而已；若夫百官，則又當取正于先王也〔三〕。乃縣治象之灋于象魏，使萬民觀治象，挾日而斂之者，以其縣灋示人，如天垂象，故謂之象〔三〕。治象之灋，使民遍行之〔四〕，則宜使民知；故縣于象魏，使民觀之挾日也。正月之吉，言縣于象魏，而不言狥于木鐸；正歲言狥于木鐸〔五〕，而不言縣于象魏，相備也。蓋觀象灋皆縣于象魏，而狥以木鐸，或言狥以木鐸，或言令以木鐸，亦相備也。蓋皆行狥〔六〕，而言令之也。或言象之灋，或言灋之象者〔七〕，觀則以象爲主，用則以灋爲主。以灋爲主，則曰灋象；以象爲主，則曰象灋；或言灋象，或言象

〔二〕「歲」下，經苑本有「也」字。又「三代」以下：集説卷二，頁五十王介甫曰，「而周」作「周」，兩「之月」並無「之」字，「夏正據」至「所見故」二十一字無，「而以」作「以」；註疏刪翼卷二，頁四五臨川王氏曰同集説。

〔三〕「元者」以下：六經天文編卷下，頁七—八「正月正歲」目王氏曰；詳解卷二，頁十述略同。

〔三〕「縣灋示人」以下，欽定義疏卷二，頁四九王氏安石曰。

〔四〕「遍」，墨海本、經苑本並作「徧」。

〔五〕兩「狥于」，墨海本、詳解述（詳下註）並作「徇以」；兩「狥」字，經苑本並作「徇」。

〔六〕上三「狥」字，墨海本、經苑本並作「徇」。

〔七〕「灋之象」，鈔本原作「象之法」，孔校改爲「法之象」。

灋，則亦相備而已。相備而于大宰言萬民則灋，以及萬民爲大事故也〔二〕。」（文淵閣四庫全書本周官新義卷一，頁二九—三一。）

【評】（一三）清王太岳曰：「義：『朔月謂之吉，則明生之幾故也。』案：明生之義，蓋取易大傳『幾者動之微，吉之先見』之義，但以解『朔月謂吉』之義，似涉附會。」（四庫全書考證卷八，頁三八。）

【評】（一四）明王志長曰：「按臨川王氏以爲『三代各有正月，周以建子月爲正，夏以建寅月爲正，周亦兼用夏時，以夏之正月爲正歲。』而柯氏、葉氏則又以正歲蓋指建子之月，而正月則夏正月也。愚按：豳風之詩，凡言月指夏正，凡言日指周正，則紀月似與柯氏、葉氏合。然淩人云：『正歲十有二月，令斬冰。』則正歲又似指夏正月矣。俱存以備參。」（註疏删翼卷二，頁四五—四六。）

乃施典于邦國，而建其牧，立其監，設其參，傅其伍，陳其殷，置其輔；乃施則于都鄙，而建其長，立其兩，設其伍，陳其殷，置其輔；乃施灋于官府，而建其正，立其貳，設其攷，陳其殷，置其輔。

〔二〕「正月之吉言縣于象魏」以下，詳解卷二，頁十一述大同。

【佚文】（二八）「乃施典于邦國〔一〕，乃施則于都鄙，乃施灋于官府者，既以治象示民，於是乃以所建六典、八則、八灋施于邦國都鄙官府也〔二〕。建六典、八則、八灋舊矣〔三〕，于此言乃施，則于是申之，容有所改易故也。蓋大宰是自歲終詔王廢置〔四〕，至是既施典則灋矣〔五〕；則王于邦國、都鄙、官府有廢置焉。自牧長及正至于殷輔，不在所廢，則皆王所建、立、設、傅、陳、置也。苟錯諸地，謂之置；置之成列，謂之陳；使有所傅焉〔六〕，謂之傅；設則設之，而無所立也；立則立之，而無所建也〔七〕；建則作而立之也。牧所謂以地得民者也，監所謂三監也；不言諸侯，則上言牧，下言監，包諸侯矣；參，三卿也；伍，五大夫也；殷，衆士也；輔，輔治者也；長，所謂以貴得民者也；兩，兩也；不謂之貳，則于其長有臣道，與官屬異故也。正，官長

〔一〕首句上，鈔本原有「乃施典于邦國，設其攷，陳其殷，置其輔」十五字，孔校曰：「十五字疑衍。」

〔二〕「八則八灋」，經苑本作「八灋八則」。「既以」以下：訂義卷三，頁四王氏曰，「民」作「人」，「六典八則八灋」作「典法則」。

〔三〕「八則八灋」，經苑本作「八灋八則」。

〔四〕「大」，鈔本作「太」。「是」字，墨海本、經苑本並無。

〔五〕「既」，墨海本、經苑本並作「乃」。

〔六〕「使有所傳焉」，墨海本、經苑本並作「陳有所傳」。

〔七〕「所」，墨海本、經苑本並無。

也；謂之正，則以其屬所取正故也〔一〕；貳，則若小宰之于大宰是也。攷則攷殷輔之治者也。」（文淵閣四庫全書本周官新義卷一，頁三一—三二。）

【佚文】（二九）「貳者，所以副貳於六官，而專達其事之次者。」（訂義卷三，頁六王氏曰；詳解卷二，頁十三述。）

凡治：以典待邦國之治，以則待都鄙之治，以灋待官府之治，以官成待萬民之治，以禮待賓客之治。

【佚文】（三〇）「我之治彼也，以此施焉；故彼之治乎我也，以此待之。」（文淵閣四庫全書本周官新義卷一，頁三二。）〔二〕

祀五帝，則掌百官之誓戒與其具脩。前期十日，帥執事而卜日，遂戒。及執事，眡滌濯；及納亨，贊王牲事；及祀之日，贊玉幣爵之事。祀大神示亦如之，享先王亦如之，贊玉几、玉爵。大

〔一〕「正官」以下，詳解卷二，頁十三述略同；訂義卷三，頁五—六王氏曰，「其屬」作「官屬」。

〔二〕全段：詳解卷二，頁十四，「焉」作「之」；欽定義疏卷二，頁五六王氏安石曰。

朝覲會同，贊玉幣、玉獻、玉几、玉爵。大喪，贊贈玉、含玉。

【佚文】（三一）「大神者，昊天也。夏曰昊天，則帝與萬物相見之時，故王所祀者，昊天而已〔一〕。五帝，則五精之君，昊天之佐也〔二〕。凡在天者，皆神也，故昊天爲大神；凡在地者，皆示也，故大地爲大示。神之字從示從申，則以有所示無所屈故也。示之字從二從小，則以有所示故也〔三〕。效瀍之謂神，言有所示也；有所示則二而小矣。故天從一從大，示從二從小。從二從小爲示，而從一從大不爲神者，神無體也，則不可以言大；神無數也，則不可言一〔四〕。有所示則二而小，而神亦從示者，神妙萬物而爲言，固爲其能大能小，不能有所示，非所以爲神；惟其無所屈，是以異于是也〔五〕。大宗伯言祀大神享大鬼祭大示，而大宰言祀大神示享先王者，大宗伯掌建天神、人鬼、地示之禮，故各正其名、序其位而言之。大宰非禮官也，則其佐王事神示祖考也以道；事神示以道，故大示不謂之祭；事祖考以道，故先王不謂之鬼。謂之

〔一〕首以下，詳解卷二，頁十六述。
〔二〕「五帝」句：詳解卷二，頁十四述，無「則」字；訂義卷三，頁六王氏曰、集説卷二，頁五四—五五王氏曰，並同詳解。
〔三〕「也」，鈔本原無，孔校添。
〔四〕「可」下，墨海本、經苑本並有「以」字。
〔五〕「異于是」，墨海本、經苑本並作「異于示」。

鬼，則正名其爲鬼，而弗以神事之矣；是禮而已，非道也。夫先王之王也，有聖而不可知者；及其死也，亦如斯而已。故詩曰：『三后在天，王配于京。』然通于道乃知其爲神，制于禮則見其爲鬼而已〔一〕。正言祀五帝〔二〕，而以祀大神示，享先王如之者，其所佐則王，其所職則宰，其爲道也，適足以紹上帝而已。以祀大神示，則爲不足，以享先王，則爲有餘；蓋能乂王家，則足以享先王矣。戒，所謂散齋也〔三〕。禮記曰：『七日戒，三日宿。』又曰：『散齋七日以定之，致齋三日以齊之。』齊之之謂齋，定之之謂戒〔四〕。大宰、大宗伯同帥執事而卜日，而大宰獨掌誓者，卜宜與衆占，誓宜聽于一；然戒之日又使大司寇涖誓者，犯誓則施刑故也。大宗伯正掌建邦之天神人鬼地示之禮〔五〕，故宿眡滌濯、涖玉鬯、省牲鑊、奉玉齍；大宰于六官特尊焉，故及執事，然後眡滌濯；及納亨，然後贊王牲事；及祀之日，然後贊玉幣爵之事。六官奉牲，六官之人奉齍，則牲事尊于齍；天地不祼，祼以求神而已；則幣爵之事尊于鬯。大宰贊牲事而

〔一〕「夫先王」以下：詳解卷二，頁十七述，「王也」作「生也」，「乃」作「則」。
〔二〕「正」，經苑本作上。
〔三〕本句，集説卷二二，頁五五王氏曰。
〔四〕「禮記曰」以下：詳解卷二，頁十四述略同；集説卷二二，頁五五王氏曰同；訂義卷三，頁七王氏曰，「禮記曰」作「記云」，「謂齋」作「謂齊」，「謂戒」下又有十二字，詳下佚文。
〔五〕「正」，經苑本作「止」。

不贊齍〔一〕，贊幣爵之事而不贊鬯，則亦以特尊故也。玉幣、玉獻、玉几、玉爵，大朝覲會同之大禮；贈玉、含玉，大喪之大事。贈在含後，而先言贈，則贈事比含尤送終之大者，以其禮事之大，故亦大宰贊之〔二〕。牲事言贊王，其下玉幣爵之事，玉几、玉幣、玉獻，言贊而不言王；則蒙上言王，從可知也。贊牲、贊玉幣爵言事，其下玉几、玉爵玉幣、玉獻，言贊而不言事，則蒙上言事可知也。大宰言贊王玉幣爵之事〔三〕，而小宰言凡賓客贊祼，凡受爵之事，凡受幣之事，則大宰于幣爵之事無所不贊，而小宰所贊，于其受之而已。」（文淵閣四庫全書本周官新義卷一，頁三二—三五。）

【佚文】（三二）「……散齋七日，致齋三日，凡十日也。」（訂義卷三，頁七王氏曰，上承「謂戒」，詳上頁註四；詳解卷二，頁十四述。）

【佚文】（三三）「所作謂之事，所遭謂之故。故，有所因而使然者也。眡治朝言王，而作大事作大事，則戒于百官，贊王命。王眡治朝，則贊聽治。眡四方之聽，亦如之。

〔一〕「贊」，墨海本、經苑本並作「掌」；詳解卷二，頁十六述作「贊」。
〔二〕「贈玉含玉」以下：訂義卷三，頁九王氏曰，「言贈則」作「言贈者」，「贈事」作「贈」。
〔三〕「贊王」，墨海本無「贊」字、經苑本無「王」字。

不言王，則作大事者大宰故也。蓋命者君所出，而事之者臣所作〔一〕，故曰『坐而論道謂之三公〔二〕，作而行之謂之士大夫。』餘官言大事未有言作者〔三〕，則大事獨大宰作之而已。所謂治朝者，聽治之朝也。巡狩四方，則無治朝，故曰聽朝而已。」（文淵閣四庫全書本周官新義卷一，頁三五。）〔四〕

凡邦之小治，則冢宰聽之；待四方之賓客之小治。

【佚文】（三四）「聽邦之小治稱冢宰，則百官總焉故也。既曰『以禮待賓客之治』，又曰『待四方賓客之小治』者，賓客之治，有詔王者矣，八統所謂禮賓是也。若其小治，則大宰專之〔五〕。

〔一〕「之」，墨海本、經苑本無。

〔二〕「三」，墨海本、經苑本並作「王」，詳解述亦作「王」（詳下註）。

〔三〕「言」，墨海本、經苑本並無，詳解述有（詳下註）。

〔四〕全段，詳解卷二，頁十八述略同。

〔五〕「既曰」以下：集説卷二，頁五七—五八王介甫曰，「既曰」作「上文云」，「又曰」作「此又云」，無「矣」字，「大」作「冢」；註疏删翼卷二，頁五九臨川王氏曰同集説，僅「上文云」作「上文」。欽定義疏卷二，頁六四王氏安石曰，「有詔王者矣」作「當詔王」，無「也」字。

言四方，則非特邦國而已；賓客之小治，非特邦國，則餘可知矣〔一〕。此亦于下舉小以見大也，故曰『冢宰統百官，均四海』。」（文淵閣四庫全書本周官新義卷一，頁三六。）

歲終，則令百官府各正其治，受其會，聽其致事，而詔王廢置。三歲，則大計羣吏之治而誅賞之。

【佚文】（三五）「『以八灋治官府』，與施灋于官府，曰官府而已；及歲終，則曰『令百官府各正其治，受其會，聽其致事』者，正其治，受其會，嫌特治官之屬故也。正其治者，爲將受其會，聽其致事，以詔王廢置，故各使之先自正其治也；受其會者，受其一歲功事財用之計；聽其致事者，聽其所致，以告于上之事，則其吏之行治可知矣，于是乎詔王廢置。然此非特爲廢置也〔二〕，歲終，平在朔易之時，亦欲以知所當調制，以待正月之吉布施之也。誅則非特廢之而已，賞則非特置之而已〔三〕。三歲，大計羣吏之治而誅賞之，不言詔王，則歲終廢置尚以詔王，三歲誅賞可知矣〔四〕。大宰以六典佐王治邦國，其職之大者也；以八灋治官府，以八則治都

〔一〕「若其」以下，詳解卷二，頁十九述，幾全同。

〔二〕「爲」，鈔本無，詳解述有（詳下註）。

〔三〕「賞」，鈔本原作「當」，孔校改作「賞」；詳解述亦作「賞」（詳下註）。

〔四〕詳解卷二，頁二十述，幾全同。

鄙，其職之小者也；先自治其職，然後詔王以其職。上則詔王以其職，下則任民以其職；任民以其職，然後民富；民富，然後財賄可得而斂；斂則得民財矣；得而不能理，則非所以爲〔一〕；均節財用，則所以爲義也；治其國有義，然後邦國服而其財可致也；能致邦國之財，然後爲王者之富；富然後邦國之民可聚，聚而無以繫之則散，繫而無以治之則亂。使萬民觀治，冢宰施典、施則、施灋、大祭祀、大朝覲、會同、大喪、大事，至于待賓客之小治，則皆其所以治也；受其會，聽其致事，夫計羣吏之治〔二〕，而詔王廢置誅賞，則其治之所成終始也〔三〕。」（文淵閣四庫全書本周官新義卷一，頁三六—三七。）

【佚文】（三六）「歲終，則百官府各使之先自正其治，然後受其一歲功事則用之計〔四〕，聽其所致以告於上之事。」（集説卷二，頁五八王介甫曰；敏案：與文淵本自「歲終則曰」至「告于上之事」不盡同。）

〔一〕「爲」下，墨海本、經苑本並有「義」字；詳解述亦有「義」字（詳下註）。
〔二〕「夫」，墨海本、經苑本、詳解述（詳下註）皆作「大」；鈔本原作「大」，孔校改作「夫」。
〔三〕「太宰以六典」以下，詳解卷二，頁二十—二一述，幾全同。
〔四〕「則」，當爲「財」之誤。

周禮新義　卷二　天官冢宰二

小宰之職，掌建邦之宮刑，以治王宮之政令，凡宮之糾禁。

【佚文】（三七）「小宰治王宮之政令，而內宰治王內之政令。王內，后宮也；內宰治后宮之政令，故小宰獨治王宮之政令。至于后宮之糾禁，則小宰兼之，故曰『凡宮之糾禁』也。」（文淵閣四庫全書本周官新義卷二，頁一。）〔一〕

掌邦之六典、八灋、八則之貳，以逆邦國、都鄙、官府之治；執邦之九貢、九賦、九式之貳，以均財節邦用。

【佚文】（三八）「操縱之權，上之所專，故于六典、八灋、八則之貳，則曰掌；出納之正〔二〕，下之所守，故于九貢、九賦、九式之貳，則曰執。執則固矣，掌則掌之而已。六典、八灋、八則之

〔一〕全段，詳解卷三，頁一述略同。
〔二〕「正」，墨海本、經苑本並作「政」。

書，大宰與大史作而立之，故大宰曰『掌建邦之六典，以佐王治邦國，以八法治官府，以八則治都鄙』，大史亦曰『掌建邦之六典，以逆邦國之治，掌法以逆官府之治〔一〕，掌則以逆都鄙之治』。夫皆作而立之也，乃獨於六典言建，則舉大以知小故也。司書則正掌其書者也，故司書曰『掌邦之六典、八法、八則』；小宰、司會則副掌其書者也，故小宰、司會皆曰『掌六典、八法、八則之貳，以逆邦國、都鄙、官府之治』也。逆者，有所治正也；有所治正，則逆之矣。所治在大史，則大史之所逆也；所治在司會，則司會之所逆也；所治在小宰，則小宰之所逆也。非大史、司會、小宰所逆，然後大宰以典法則待之〔二〕。其言六典、八法、八則，皆以六典爲先，八法次之，八則爲後者，以應大宰所治之序也。其言邦國、都鄙、官府〔三〕，則以邦國爲先，都鄙次之，官府爲後者，以應大宰所待之序也。至其言九貢、九賦、九式，小宰司會所序先後〔四〕，皆與大宰不同，則大宰以道佐王揆事，使邦國服，然後致其貢物，故序九貢在九式之後；小宰、司

〔一〕「法」，鈔本原作「治」，孔校改作「法」。
〔二〕自首至此，欽定義疏卷三，頁二一—四王氏安石曰，删節舊本爲六十五字，又自「逆者」以下：詳解卷三，頁二一述分二節，全同；訂義卷四，頁二王氏曰，亦全同。
〔三〕「言」，墨海本、經苑本並無，詳解述有（詳下註）。
〔四〕「所」，墨海本作「兩」，詳解述作「所」（詳下註）。

會則以貢賦之法，受其入以式法出之而已，所以致其貢之序，則非所豫也，故以九貢爲先，九賦次之，九式爲後〔一〕。」（文淵閣四庫全書本周官新義卷二，頁一一—一三。）

【評】（一五）宋魏了翁曰：「六典只是國家舊章，上從冊，下從丌。王荆公表内用尊閣字，乃是字書，説典爲尊閣之也。典是定本，六敘、六職等是作職事，故上説經邦國，下説平；上説擾萬民，下説寧。如此推之，皆別是義，用字極嚴。」（周禮折衷，在鶴山大全集卷一〇四，頁二一五。）

以官府之六敘正羣吏：一曰以敘正其位，二曰以敘進其治，三曰以敘作其事，四曰以敘制其食，五曰以敘受其會，六曰以敘聽其情。

【佚文】（三九）「敘，敘其倫之先後也〔二〕。以敘正其位者，以其人之敘正之；以敘進其治者，以其位之敘進之；謂治目有功〔三〕，進使治凡也〔四〕。以敘作其事者，以其位治之敘作之；以敘

〔一〕「其言六典」以下，詳解卷三，頁三述略同。
〔二〕首以下，訂義卷四，頁三王氏曰。
〔三〕「治」，墨海本、經苑本並無。
〔四〕「以其位」以下：訂義卷四，頁四王氏曰，「謂治」作「進之謂若治」。

制其食者，以其治事之敘制之；以敘受其會者[一]，以其治事與食之敘受之；以敘聽其情者，自會以上不得其情，則皆有訟；訟則各以其敘聽之[二]。」（文淵閣四庫全書本周官新義卷二，頁三。）

以官府之六屬舉邦治：一曰天官，其屬六十，掌邦治，大事則從其長，小事則專達；二曰地官，其屬六十，掌邦教，大事則從其長，小事則專達；三曰春官，其屬六十，掌邦禮，大事則從其長，小事則專達；四曰夏官，其屬六十，掌邦政，大事則從其長，小事則專達；五曰秋官，其屬六十，掌邦刑，大事則從其長，小事則專達；六曰冬官，其屬六十，掌邦事，大事則從其長，小事則專達。

【佚文】（四〇）「天地四時之官，各以象類名之，其義甚衆，非言之所能盡；觀乎天地四時，則知名官之意矣。蓋治所不能及，然後教；教所不能化，然後禮；禮所不能服，然後政；政所不能正，然後刑；刑所不能勝，則有事焉；刑之而能勝，則無事矣。事終則有始，不可窮

〔一〕「者」，鈔本無。
〔二〕「自會」以下，訂義卷四，頁五王氏曰，「則皆有」作「而至於」；又末句，亦見集説卷二，頁六四王介甫曰：「亦各以其敘聽之耳。」

也，故以邦事終焉。」（文淵閣四庫全書本周官新義卷二，頁四。）

【評】（一六）清王太岳曰：「義：『蓋治所不能及，然後教。』案：此似用老子『先道而後德』之義，非經之本旨。」（四庫全書考證卷八，頁三九。）

以官府之六職辨邦治：一曰治職，以平邦國，以均萬民，以節財用；二曰教職，以安邦國，以寧萬民，以懷賓客；三曰禮職，以和邦國，以諧萬民，以事鬼神；四曰政職，以服邦國，以正萬民，以聚百物；五曰刑職，以詰邦國，以糾萬民，以除盜賊；六曰事職，以富邦國，以養萬民，以生百物。

【佚文】（四一）「所謂節財用者，非特節邦之財用而已；邦國不敢專利以過制，萬民不敢擅財而自侈，然後財用可節也；故治職以平邦國，以均萬民，然後以節財用。邦國不安，萬民不寧，雖其封域之内，散蕩離析，而不能守也，又安能使賓客懷之？故教職以安邦國，以寧萬民，然後以懷賓客。邦國不和，則無與事其先王；萬民不諧，則無與致其禋祀；故禮職以和邦國，以諧萬民，然後以事鬼神。聚百物，則將求之邦國萬民而已；不能服之正之，則其財豈肯供上之所求？故政職以服邦國，以正萬民，然後以聚百物〔二〕。除盜賊，則令糾守，比追胥而

〔二〕「聚百物則」以下：訂義卷四，頁七王氏曰，「則將求」作「以求」，「以正」作「正」，「然後」作「而後」，末有「也」字。

已；邦國不可詰，則無以令糾守，萬民不可糾，則無以比追胥矣；故刑職以詰邦國，以糾萬民，然後以除盜賊〔一〕。生百物，則將任之邦國萬民而已；不能富之養之，則其力豈能勝上之所任〔二〕？故事職以富邦國，以養萬民，然後以生百物。六職終于以生百物，則事者物之所成終始也〔三〕。」（文淵閣四庫全書本周官新義卷二，頁四—五。）

【佚文】（四二）「教官之屬，以其職推而行之，然後可以寧萬民也〔四〕。」（訂義卷四，頁六王氏曰；詳解卷三，頁七—八述。）

【佚文】（四三）「禮典、禮職，皆以和邦國諧萬民者，蓋禮者，體也。體定則禮典之爲書、禮官之爲職，不能有所加損也〔五〕。邦國不和，則無與事其先王；萬民不諧，則無與致其禋祀；故禮職以和邦國，諧萬民，而後以事鬼神也。」（訂義卷四，頁七王氏曰；欽定義疏卷三，頁十一王氏安石曰，至「損也」止。敏案：以與文淵本「故禮職」比看，頗有異。）

〔一〕「除盜賊則」以下，詳解卷三，頁九述大同。

〔二〕「其力」，墨海本、經苑本並無此二字。

〔三〕「故事職」以下，詳解卷三，頁九述略同。

〔四〕「可」，詳解卷三，頁八作「有」。

〔五〕首以下，欽定義疏卷三，頁十一王氏安石曰，「皆以」作「皆曰」，「蓋」字無。

【佚文】（四四）「刑之不能勝，然後有事。」（鶴山大全集卷一〇九附一一〇，頁四九師友雅言引王介甫以爲：周禮折衷引少「之」字，在鶴山大全集卷一〇四，頁二八荆公謂。）

【評】（一七）宋魏了翁曰：「六官皆有事，大率扶持世界，合有六官，一件少不得。冬官所謂事，此書惜乎不存，疑其盡是營國、授田等事，必有容心去之者。荆公謂：『……』此説未盡。職字之義，則是主此事者，謂之職其實。典是定本職，便是推而行之處。王昭禹解是賊字，非從戎毁，則爲賊乃從刀從戈。」（周禮折衷，在鶴山大全集卷一〇四，頁二八。）

【評】（一八）宋魏了翁曰：「周禮六官皆有事，做箇世界合有箇六官：不是建一官了，方建一官。王介甫穿鑿，如冬官以爲：『……』却未稳。冬官所謂事，竊疑是營國、授田等事，惜書不存。周官與司馬、行司馬、司禄等官，多缺文，大率是班爵、定賦、制軍、分田緊要處分，信孟子所謂『諸侯惡其害己，而去其籍』，誠有此理。如冬官非是偶然亡，必有去之者，到秦又焚之。秦令非博士所藏，天下不容有藏者。到項羽焚咸陽，雖博士所藏，亦亡矣。蕭何所收止圖籍，不及書，後來惠帝除挾書之令，看得來書之亡非盡是秦焚。漢初興時，羽焚咸陽尤盡亡。或以爲吕伯恭亦曾有此説，但未見。」（鶴山大全集卷一〇九附一一〇，頁四九師友雅言。）

以官府之六聯合邦治：一曰祭祀之聯事，二曰賓客之聯事，三曰喪荒之聯事，四曰軍旅之聯事，五曰田役之聯事，六曰斂弛之聯事；凡小事皆有聯。

【佚文】（四五）「祭祀在所尊，賓客在所敬，喪荒在所恤：三者人治之大也。爲人亂之也，故有軍旅之事；軍旅以用衆也，田則簡衆而已，役則任衆而已。斂弛之事比田役爲小，故一曰祭祀之聯事，二曰賓客之聯事，三曰喪荒之聯事，四曰軍旅之聯事，五曰田役之聯事，六曰斂弛之聯事。」（文淵閣四庫全書本周官新義卷二，頁五—六。）〔二〕

以官府之八成經邦治：一曰聽政役以比居，二曰聽師田以簡稽，三曰聽閭里以版圖，四曰聽稱責以傅别，五曰聽禄位以禮命，六曰聽取予以書契，七曰聽賣買以質劑，八曰聽出入以要會。

【佚文】（四六）「聽政役以比居者，比謂國比，居謂民居。聽政役者，欲知其可任與施舍而已，故以國比正之。以國比正之而不服，則又以民居正之。以國比正之，則若後世以五等簿

〔二〕全段，詳解卷三，頁十一—十二述略同。

差役也；以民居正之，則若後世以簿差役，不服，則檢視屋産矣〔一〕。聽師田以簡稽者，簡謂閱而選之，稽謂考而計〔二〕，簡稽則皆有書焉。聽師田者，欲知其車徒之所任，財器之所出而已，故以簡稽聽之也〔三〕。聽閭里以版圖者，版謂人民之版，圖謂土地之圖；閭則六卿所謂五比爲閭〔四〕，里則六遂所謂五鄰爲里〔五〕；聽閭里者，欲知其地域所守，人民所屬而已，故以版圖聽之也〔六〕。聽稱責以傅別者，傅，朝士所謂地傅也，責傅其事者，若今責契立保也〔七〕。別，朝士所謂判書也；判書稱責之要也。別謂人執其一，人執其一，則書其所予之數，使責者執之；書其所償之數，使稱者執之；以其償責或不能一而足故也〔八〕。聽禄位以禮命者，禮有數，命有等，

〔一〕首至此八十七字，訂義卷四，頁十王氏曰七十八字，與之略同，内容亦無出此段之外者，故不煩一一校異。

〔二〕「考」，鈔本、墨海本、經苑本皆作「攷」。「計」下，墨海本、經苑本並有「之」字。

〔三〕「簡謂閱」以下，詳解卷三，頁十二—十三述略同；訂義卷四，頁十一王氏曰，「計」下有「之」字，「則」字無，「聽」字無，「而已」二字無，「也」字無。

〔四〕「卿」，墨海本、經苑本並作「鄉」。

〔五〕「爲里」下，墨海本、經苑本並有「凡」字。

〔六〕「欲知」以下：訂義卷四，頁十一王氏曰：「欲知人民所屬，故以版聽之；欲知地域所守，故以圖聽之。」詳解卷三，頁十三述，兩「知」下各有「其」字，餘同訂義。

〔七〕「責傅其事」以下：訂義卷四，頁十一王氏曰，「責傅其事者」作「責有傅其事者」，「也」字無。

〔八〕「傅朝士」以下：欽定義疏卷三，頁二十王氏安石曰，删節改易成文。又「判書」以下，訂義卷四，頁十一王氏曰，「人執其一則」五字無，「予」作「與」。

禄位視此制之故也〔一〕。聽取予以書契者，書，簡牘而已，契，則取予之要也；契謂人執其一，予者執左，取者執右，合而驗之也。別也、契也，皆要也。稱責爲之別〔二〕，則其用以別爲主；取予謂之契，則其用以合爲主〔三〕。聽賣買以質劑者，質人『大市則以質，小市則以劑』；質則有質其事者，若人市契立見也〔四〕；劑則爲要書而已。聽出入以要會者，月計謂之要，歲計謂之會。八成所序先後〔五〕，蓋或以事之大小，或以治之多寡。」（文淵閣四庫全書本周官新義卷二，頁六—七。）

【佚文】（四七）「（傅別，）即地傅判書也。判書者，著約束文書中，別爲兩，各其一，如今所謂合同分支也。」（鶴山大全集卷一〇四，頁三一周禮折衷荆公謂。）

以聽官府之六計，弊羣吏之治：一曰廉善，二曰廉能，三曰廉敬，四曰廉正，五曰廉灋，六曰

〔一〕「禮有數」以下：訂義卷四，頁十一王氏曰；欽定義疏卷三，頁二一，「制之故也」作「以制」。
〔二〕「爲」，墨海本、經苑本並作「謂」。
〔三〕「合」，經苑本作「契」。「契謂」以下：訂義卷四，頁十二王氏曰，「爲之」作「之謂」，「謂之」作「之謂」，「合」作「契」。
〔四〕「人」，墨海本、經苑本作「今」。
〔五〕「先後」，墨海本、經苑本並作「後先」。

廉辨。

【佚文】（四八）「治汙謂之汙，治荒謂之荒，治亂謂之亂，治擾謂之擾，則治弊謂之弊矣[一]。所謂弊羣吏之治者，治弊之謂也[二]。善其行謂之善，善其事謂之能，能直内謂之敬，能正直謂之正，能守法謂之法，能辨事謂之辨[三]。廉者，察也；聽官府、弊吏治，察此而已[四]。欲善其事，必先善其行；善行宜以德，不宜以僞，直内則所以爲德也；直而不正，非所以成德。正然後能守法，守法則將以行之；行之則宜辨事，辨事則吏治所成終始也[五]。故一曰廉善，二曰廉能，三曰廉敬，四曰廉正，五曰廉法，六曰廉辨。此人之行能，謂之六計者，察其吏治，而知

〔一〕首以下，詳解卷三，頁十五述略同；鶴山大全集卷一〇四，頁三一周禮折衷荆公謂。

〔二〕「所謂弊」以下，欽定義疏卷三，頁二四王氏安石謂「治弊曰弊」。

〔三〕「善其行」以下，鶴山大全集卷一〇四，頁三一周禮折衷荆公謂，「行」作「於」，「善其事」作「善事」；集説卷二，頁六九王介甫曰、註疏删翼卷二，頁八三臨川王氏曰皆有「辨，能辨事」。

〔四〕「廉者」以下：鶴山大全集卷一〇四，頁三一周禮折衷荆公謂。集説卷二，頁六九王介甫曰；註疏删翼卷二，頁八三臨川王氏曰並有「廉者，察也」。欽定義疏卷三，頁二四王氏安石「以廉爲察」。

〔五〕「則」，鈔本作「所」，詳解述作「則」。「欲善其事」以下，詳解卷三，頁十六述，幾全同。

其所以治者行能如此。此聽官府、弊吏治之數也〔二〕，故謂之六計焉〔三〕。」（文淵閣四庫全書本周官新義卷二，頁八。）

【評】（一九）宋魏了翁曰：「字書無弊字，只是敝；敝，斷也，與『一言以蔽之』字同義。廉者，以廉隅、堂廉；謂有分辨界限。鄭、賈、王所謂絜廉與治汙，皆失之，以絜廉加於六者，義皆不通。」（鶴山大全集卷一〇四，頁三一——三二周禮折衷。）

【評】（二〇）清鄂爾泰曰：「王安石謂『治弊曰弊』，與尚書『丕蔽要囚』、春秋傳『蔽罪邢侯』不合。又以廉爲察，尤非。曰聽，則察在其中矣；蓋聽斷乃所以察之也。」（欽定義疏卷三，頁二一四。）

【評】（二一）清王太岳曰：「義：『治亂謂之亂，治擾謂之擾，則治弊謂之弊矣。』案：弊，鄭注云：『斷也。』今曰『治弊謂之弊』，與鄭説異。」（四庫全書考證卷八，頁三九。）

以灋掌祭祀、朝覲、會同、賓客之戒具；軍旅、田役、喪荒亦如之。七事者，令百官府共其財用，

〔二〕「聽」，經苑本作「總」。

〔三〕「此人」之以下，鶴山大全集卷一〇四，頁三一周禮折衷荆公謂，「此人之行能謂之」作「此六行能而謂之」，「故謂之」作「故謂」，「焉」字無。

治其施舍，聽其治訟。

【佚文】（四九）「小宰掌戒而不掌誓，掌具而不掌修。蓋誓聽于一，而修則有所加損；戒與衆共，而具則具之而已。又言以法，則亦不豫道揆故也〔一〕。施惠焉，謂之施；舍政役焉，謂之舍；理其事謂之治，争其事謂之訟。財用出于官府，施舍加于人民，治訟則或以財用之不共，或以施舍之不治，故先言共其財用〔二〕，次言治其施舍，後言聽其治訟〔三〕。」（文淵閣四庫全書本周官新義卷二，頁八—九。）

【評】（一二二）宋魏了翁曰：「荆公常以道揆自居，而元不曉道與法不可離。如舜爲法於天下，可傳於後世，以其有道也；法不本於道，何足以爲法？道而不施於法，亦不見其爲道。荆公以法不豫道揆，故其新法皆商君之法，而非帝王之道。所見一偏，爲害不小。因說永嘉二陳作唐制度紀綱論云：『得古人爲天下法，不若得之於其法之外。』彼謂仁義道德爲法之外事，皆因荆公判道、法爲二，後學從而爲此說。曾於南省試院爲諸公發明之，衆莫不

〔一〕首以下，鶴山大全集卷一〇四，頁三二周禮折衷荆公云，「而具」作「而」。

〔二〕「共」，臨川集卷四，三頁四乞改周禮義誤字劄子曰：「小宰『其財用』，上『其』字，當作『共』。」

〔三〕「施惠」以下，鶴山大全集卷一〇四，頁三三周禮折衷荆公（云），「施惠」作「惠施」，「施舍政」作「施政」。又「理其事」以下，詳解卷三，頁十七述略同；訂義卷四，頁十四王氏曰，「施舍加于」作「而施舍加於」。

伏。如周禮一部三百六十官，甸稍縣都鄉遂溝洫比閭族黨，教忠教孝，道正寓於法中。後世以刑法爲法，故流爲申、商。」（鶴山大全集卷一〇四，頁三三二—三三三周禮折衷，亦載註疏刪翼卷二，頁八四略同。）

【評】（二三）清王太岳曰：「義：『施惠焉，謂之施；舍政役焉，謂之舍。』案：施舍，鄭注云：『不給役者。』今云『施惠焉，謂之施』，則施別爲一事，與鄭説異。」（四庫全書考證卷八，頁三九。）

凡祭祀，贊玉幣爵之事、祼將之事；凡賓客，贊祼；凡受爵之事，凡受幣之事。喪荒，受其含襚幣玉之事。

【佚文】（五〇）「宗廟之祼，求神于陰；賓客之祼，則若今禮飲賓客祭酒也。祼將，祼而將瓚也。喪荒有幣玉，則賻贈賵委之物也。」（文淵閣四庫全書本周官新義卷二，頁九。）〔二〕

〔二〕　全段：周禮折衷荆公（云）（在鶴山大全集卷一〇四，頁三三三），「飲」、末「也」字並無。又「祼將」以下共七字，詳解卷三，頁十七述，「祼將」下有「謂」字；訂義卷四，頁十五王氏曰，「祼將」作「祼謂」；集説卷二，頁七一王氏曰，同文淵本。又「喪荒」以下，亦見訂義卷四，頁十六王氏曰。

月終，則以官府之敘，受羣吏之要。贊冢宰受歲會，歲終，則令羣吏致事。正歲，帥治官之屬，而觀治象之灋，徇以木鐸，曰：「不用灋者，國有常刑。」乃退，以宮刑憲禁于王宮。令于百官府，曰：「各脩乃職，攷乃灋，待乃事，以聽王命。其有不共，則國有大刑。」

【佚文】（五一）「徇以木鐸，文事故也；文事奮木鐸，尚仁故也；武事奮木鐸〔一〕，尚義故也。有令焉，必徇鐸奮之者，蓋將以禁人，則宜使之皆知，不使之不知也〔二〕；及犯令而刑之，則是罔人而已〔三〕。大司徒令于教官曰：『各共爾職，脩乃事〔四〕，以聽王命；其有不正，則國有常刑。』小宰令于百官府曰：『各脩乃職，攷乃灋，待乃事，以聽王命；其有不共，則國有大刑』者，大司徒令于教官，則所謂脩乃事者，自其教官之職事也；小宰以宮刑憲禁令，攷乃法，則所以避禁令也〔五〕；待乃事，則其事有待乎王宮之政令焉故也。共所以事上，正所以臨下；在

〔一〕「木」，墨海本、經苑本並作「金」，詳解述亦作「金」（詳下註）。

〔二〕四庫全書考證卷八，頁三九曰：「義：『有令焉，必循鐸奮之者，蓋將以禁人，則宜使之皆知，不使之不知也。』原本『不使』訛『皆使』，今改。」敏案：文淵本不誤，是已校改本。

〔三〕首以下：詳解卷三，頁十九述略同。又「將以」以下：集說卷二，頁七二王介甫曰，「宜使之」作「宜使人」，「不知也」作「皆知」，「之」、「則是」三字無；註疏刪翼卷二，頁八九臨川王氏曰大同集說。

〔四〕「脩」，鈔本、墨海本、經苑本皆作「修」。元敏謹案：後類此修、脩互出者，概不校注。

〔五〕「避禁令也」，原作「避禁也」，「令」在「也」字下。據墨海本、經苑本改。

宫則戒以不共，在府則戒以不正，亦各其所也。爲宫刑而令獨曰：『國有大刑』，則以宫刑宜嚴于官府。今律宫殿中所坐，比常法有加，亦是意也。小宰先正羣吏，然後可以舉邦治。其舉邦治也，欲人分致其事〔二〕，故分職以辨之；爲其辨之有不能舉也，故又聯事以合之；有辨有合，則官府之治無不舉矣，於是聽萬民之治。所謂羣吏之治者，以聽萬民之治爲主；聽萬民之治矣，于是弊羣吏之治焉。若夫以法掌戒具，贊幣爵、祼將、含襚幣玉之事〔三〕，則皆其分職聯事所治也。至于受羣吏之要，贊冢宰受歲會，令羣吏致事，則所治終焉；觀治象以宫刑憲禁，則所謂終則有始也〔三〕。」（文淵閣四庫全書本周官新義卷二，頁九—十一。）

宰夫之職，掌治朝之灋，以正王及三公、六卿、大夫、羣吏之位，掌其禁令。

【佚文】（五二）「治以致其事者，吏也；謂之三公、六卿、大夫、羣吏之位，則比羣吏〔四〕，非大夫以上也。小宰掌王宫之政令，凡宫之糾禁；而宰夫掌治朝之法，則所謂政也。以正王及三

〔二〕「分」，鈔本、詳解述（詳下註）並作「各」。「分致」，墨海本、經苑本並作「各職」。
〔三〕「幣」，原作「弊」，據墨海本、經苑本、詳解述（詳下註）改。
〔三〕「小宰先正」以下，詳解卷三，頁二十述略同。
〔四〕「比」，墨海本、經苑本並作「此」。

公、六卿、大夫、羣吏之位，掌其禁令，不言政及糾者〔一〕，正治朝之位，則所謂政也；以法正之，則糾在其中矣。」（文淵閣四庫全書本周官新義卷二，頁十一。）

敘羣吏之治，以待賓客之令，諸臣之復，萬民之逆。

【佚文】（五三）「下有事則治乎上，上有事則令乎下。大宰尊于賓客，故大宰以禮待賓客之治；賓客尊于羣吏，故小宰敘羣吏之治以待賓客之令。復，有報乎上也；逆，有言乎上也。上言而令之〔二〕，下聽而行之，所謂順也；下有言乎上，則逆矣。」（文淵閣四庫全書本周官新義卷二，頁十一—十二。）〔三〕

掌百官府之徵令，辨其八職：一曰正，掌官灋以治要；二曰師，掌官成以治凡；三曰司，掌官灋以治目；四曰旅，掌官常以治數；五曰府，掌官契以治藏；六曰史，掌官書以贊治；七曰胥，掌官敘以治敘；八曰徒，掌官令以徵令。

〔一〕「政」，鈔本、詳解卷三，頁二十述，並作「正」。

〔二〕「令」上，鈔本、孔校字側加「禮」字，且圈括於「禮」字之四週；詳解「令」上、「而」下無字（詳下註）。

〔三〕全段，詳解卷三，頁二一述略同。

【佚文】（五四）「掌官府之徵令，辨其八職者，有官府，則有所徵令矣；有徵令，則其所掌治〔一〕，不可以不辨也〔二〕。正，其屬所取正者也；師，則教其屬者也；司，則各自司其職事而已〔三〕；旅，則衆而有所從焉〔四〕。數，一二三四是也；合衆數而爲目，合衆目而爲凡，合衆凡而爲要。要則月計，凡則旬計，目則日計。旬計，則宰夫所謂『旬終正日成』是也。一二三四之數，府史之所掌也，而旅治之；目則旅之所掌也，而司治之；凡則司之所掌也，而師治之；要則師之所掌也，而正治之；此官府之八職也〔五〕，故治至于要而止。若夫會，則正之所掌也，而王治之矣。故大宰受百官府之會，而詔王廢置；廢置在王，則王治之矣。王省惟歲，亦謂此也。凡治官府以法爲主，成則以待萬民之治，常則聽官治而已；故正掌官法，師掌官成，旅掌

〔一〕「其」，墨海本、經苑本並作「有」，詳解述作「其」（詳下註）。

〔二〕「有官府」以下，詳解卷三，頁二一述大同。

〔三〕「各自」，墨海本、經苑本並作「自各」。

〔四〕「正其屬」以下：訂義卷五，頁三—四王氏曰分見四節：「以其屬之所取正，故謂之正。師，其官屬所受教者。司，各自司其職事者。衆有從謂之旅。」

〔五〕「一二三四之數」以下，詳解卷三，頁二四述略同。

官常，司亦掌官法者，正掌官法以正其屬，司掌官法則貳焉而已〔二〕。」（文淵閣四庫全書本周官新義卷二，頁十二—十三。）

掌治灋以考百官府、羣都縣鄙之治，乘其財用之出入。凡失財用物、辟名者，以官刑詔冢宰而誅之；其足用、長財、善物者，賞之。

【佚文】（五五）「不言以法，而言掌治法者，宰夫所攷，雖及百官府、羣都縣鄙之治，然其事則治官之事，其法則治官之法而已；五官所掌〔三〕，攷則弗預也〔三〕。所謂縣者，縣師所掌閒田之縣也〔四〕。宰夫所攷，及于百官府羣都縣鄙，則大宰、小宰所謂官府都鄙，其爲百官府、羣都縣

〔二〕「合衆數」以下，鶴山大全集卷一〇四，頁四十周禮折衷荆公（云）：「合衆凡」作「合衆已」，「旬終」作「旬約」，「日成」下無「是」字，「故治至于要」，「治」下有「之」字，「王省」以下八字無，「貳焉」作「貳之」。又訂義卷五，頁三—四王氏曰（原散爲四節）：「積凡以爲要，要則月計。要則師之所掌而正治之，若夫會，則正之所掌而王治之矣。積日以爲凡，凡，旬計也。宰夫所謂旬終，則正日成是也。官成則師之所掌，以經邦治；凡則司之所掌，而師治之。積數以爲目，目則日計；日計則旅之所掌，而司治之。數則一二三四是也。官常所以聽官治而旅掌之。一二三四之數，則府史之所掌而旅治之。」皆雜見於新義此段之文。

〔三〕「掌」，經苑本作「自」。

〔三〕首以下，詳解卷三，頁二四述大同。

〔四〕「田」，鈔本作空一格（缺字）；詳解述作「田」（詳下註），同文淵本。

鄙可知矣〔一〕。不言會其財用，而曰乘者〔二〕，以一二三四乘之，則謂之乘；總會其數，則謂之會；欲知其總數，則宜言會；欲知其別數，則宜言乘。今此欲知其失財用物、辟名，足用、長財，故言乘其財用之出入也〔三〕。失其所藏之貨賄，則謂之失財；非所用而用焉，則謂之失用；所失之物，非貨賄也，則謂之失物〔四〕；辟名，則其出入名不正而已〔五〕；足用者，用無不足而已；長財，則所藏又有餘焉〔六〕；善物，則所作所受又無不善。夫物有不可謂之財，而財亦

〔一〕「所謂縣者」以下：詳解卷三，頁二四述，「大宰」下無「小宰」二字。又至「之縣也」止，又見訂義卷五，頁五王氏曰，「閒」作「問」。

〔二〕「不言會其財用而曰乘者」，鈔本作「不言會其財用之出入而曰乘其財用之出入者」。

〔三〕「也」，經苑本無。

〔四〕自首至此，欽定義疏卷三，頁四一—四二王氏安石曰，刪易成文。又「不言會」以下：詳解卷三，頁二五述略同；又見載訂義卷五，頁五—六王氏曰（二條），「不言會其財用而曰乘者」作「不言會而言乘者」，「一二三四乘之」作「一二三四計之」，「乘其財用之出入」作「乘其出入」。後三「則謂之」，前二作「謂之」，後一作「而謂之」，「焉」作「之」。又「以一二三四」以下，集說卷二，頁七五—七六王介甫曰：「以一二三四乘之，謂之乘；總會其數，謂之會；欲知其總數，則宜會；欲知其別數，則宜乘。今此欲知其失財用物及足用長財善物，故言乘之。失其所藏之財賄，則謂之失財；非所當用而用之，則謂之失用；所失之物非貨賄，則謂之失物。」略同文淵本，而周禮全經釋原卷二，頁六九王氏曰、註疏刪翼卷三，頁六—七臨川王氏曰，並據集說轉引，或頗有殊異。

〔五〕「其出入名不正」，集說卷二頁七六王介甫曰。

〔六〕「藏」下，墨海本、經苑本並有「者」字。

有物也。言失財用物，則失物非財，以其既言失財故也；言善物，則財亦物也，以其未嘗言善財故也。所誅非特治官之屬也，故曰『以官別詔冢宰而誅之〔一〕』；誅以詔冢宰，則賞可知矣〔二〕。」（文淵閣四庫全書本周官新義卷二，頁十三—十四。）

以式灋掌祭祀之戒具，與其薦羞，從大宰而眡滌濯。

【佚文】（五六）「具與薦羞，則以式掌之；戒與滌濯，則以灋掌之。」（文淵閣四庫全書本周官新義卷二，頁十四。）〔三〕

凡禮事，贊小宰比官府之具。

【佚文】（五七）「小宰以灋掌祭祀、朝覲、會同、賓客之戒具，軍旅、田役、喪荒亦如之。七事者，令百官府共其財用，所謂官府之具者此也。祭祀則吉禮之事也，軍旅、田役則軍禮之

〔一〕「別」，鈔本、墨海本、經苑本、詳解述（詳下註）皆作「刑」。

〔二〕「足用者」以下，詳解卷三頁二五述，幾全同。

〔三〕全段，詳解卷三，頁二五述。

事也〔二〕，喪荒則凶禮之事也〔三〕，所謂凡禮事者此也。」（文淵閣四庫全書本周官新義卷二，頁十四。）

【佚文】（五八）「凡禮事，五禮之事；小宰七禮是已。令百官共其財用，所謂官府之具也。」（集説卷二，頁七七王介甫曰；註疏刪翼卷三，頁八臨川王氏曰略同。）

凡朝覲、會同、賓客，以牢禮之灋，掌其牢禮、委積、膳獻、飲食、賓賜之飧牽，與其陳數。凡邦之弔事，掌其戒令，與其幣器財用，凡所共者。

【佚文】（五九）「牛羊豕謂之牢，米禾薪芻謂之委積，夕食謂之飧〔三〕，牢生可牽謂之牽。牢禮，則大行人掌客牢禮之等數是也〔四〕。牢禮之法，則其掌之又有法焉。委積，則上公五積之

〔二〕首以下，詳解卷三，頁二六述，二「之事也」並作「之事」，「軍旅田役則軍禮」句上有「朝覲、會同、賓客則賓禮之事」十一字。

〔三〕自首至「軍禮之事也」，訂義卷五，頁七王氏曰，全同詳解（已詳本頁註一）；下訂義別有「喪荒則凶禮之事」七字，詳解則無。

〔三〕首以下，詳解述同（詳下註）。

〔四〕「客」，經苑本作「各」。

屬是也〔一〕；膳，則飲膳大牢之屬是也〔二〕；獻，則上介有禽獸之屬是也；飲，則壺四十之屬是也；食，則食四十之屬是也；飧則飧五牢之屬是也；賓之飧牢〔三〕，則有司所共；賜之飧牽，則王所好賜；陳數，則以爵等爲之牢禮之陳數是也〔四〕。」（文淵閣四庫全書本周官新義卷二，頁十五。）

【佚文】（六〇）「牢禮之共膳，則殷膳大牢之屬是也；獻，則上介有禽獻之屬是也；不，則飧五牢之屬是也；飲，則壺四十之屬是也；食，則食四十之屬是也；牽，則牽四十之屬是也；賓之飧牽，則有司所共；賜之飧牽，則王所好賜；陳數，則以爵等爲之。」（鶴山大全集卷一〇四，頁四二周禮折衷荆公云，與文淵本頗殊異。）

【佚文】（六一）「牢禮委積，若大行人五牢五積、四牢四積、三牢三積之屬；膳獻，則殷膳太牢及上介禽獻之屬；飲食，則饗禮九獻、食禮九舉之謂也；賓賜，王所好賜也；陳數，以爵等

〔一〕「公」，鈔本原作「六」，孔校改作「公」，詳解述作「公」（詳下註）。

〔二〕「飲」，墨海本、經苑本、詳解述（詳下註）皆作「殷」。

〔三〕「牢」，鈔本、墨海本、經苑本、詳解述（詳下註）皆作「牽」。

〔四〕首以下：詳解卷三，頁二七述（分散）略同。又「陳數則」以下，訂義卷五，頁八王氏曰，「牢禮之陳數是也」作「牢禮所陳之數」。

爲牢禮之數。」（集説卷二，頁七七王介甫曰；註疏删翼卷三，頁九臨川王氏曰；欽定義疏卷三，頁四五載王氏安石曰，僅「賓賜」等共七字。）

大喪、小喪，掌小官之戒令，帥執事以治之；三公、六卿之喪，與職喪帥官有司而治之；凡諸大夫之喪，使其旅帥有司而治之。

【佚文】（六二一）「與職喪帥官有司而治之，則帥宰夫職喪之屬官與其府史治之；使其旅帥有司而治之，則使宰旅帥其府史治之。」（文淵閣四庫全書本周官新義卷二，頁十五。）

歲終，則令羣吏正歲會；月終，則令正月要；旬終，則令正日成，而以攷其治。治不以時舉者，以告而誅之。

【佚文】（六二二）「告或以告于上，或以告于下，故不言所詔，而曰『以告而誅之』，以告而誅之者，不待三歲大計而誅之者也。」（文淵閣四庫全書本周官新義卷二，頁十六。）〔一〕

〔一〕 全段，詳解卷三，頁二八述大同。自第二「以告而」以下：訂義卷五，頁十王氏曰，第二「誅之者」作「誅者」；欽定義疏卷三，頁四七王氏安石曰：「以告而誅之，不待三歲大計。」

正歲，則以灋警戒羣吏，令脩宮中之職事。書其能者與其良者，而以告于上。

【佚文】（六四）「宮正稽其功緒，糾其德行，歲終會其行[二]，然後宰夫得以攷其會，而正歲書其能者良者，以告于上。良者書之，賢可知矣。」（文淵閣四庫全書本周官新義卷二，頁十六。）[三]

[二] 「行」下，墨海本、經苑本、詳解述（詳下註）皆有「事」字。

[三] 全段：詳解卷三，頁二八述，「行」下有「事」字，「正歲」上無「而」字。訂義卷五，頁十王氏曰，至「告于上」止：「終」下有「則」字，「行」下有「事」字，「告于上」作「詔于上」。欽定義疏卷三，頁四八王氏安石曰，同訂義，唯「則」字無，「詔」作「告」。

周禮新義　卷三　天官冢宰三

宮正，掌王宮之戒令糾禁。以時比宮中之官府、次舍之衆寡，爲之版以待，夕擊柝而比之；國有故，則令宿，其比亦如之。辨外内而時禁，稽其功緒，糾其德行，幾其出入，均其稍食，去其淫怠與其奇衺之民，會其什伍而教之道藝。月終，則會其稍食；歲終，則會其行事。凡邦之大事，令于王宮之官府次舍，無去守而聽政令。春秋，以木鐸脩火禁。凡邦之事，蹕；宮中廟中則執燭；大喪則授廬舍，辨其親疏貴賤之居。

【佚文】（六五）「戒之字從戈從廾，兩手奉戈，有所戒之意；令之字從亼從卪〔一〕，下守以爲節〔二〕，參合乎上之意；糾之字從糸從丩，若糾絲然，糾其緩散之意；禁之字從林從示，示使知阻，以仁芘焉之意。然則戒，戒其怠忽；糾，糾其緩散；令，使爲之；禁，使勿爲也〔三〕。小宰

〔一〕「亼」，經苑本作「人」。
〔二〕「下」，墨海本、經苑本並作「卪」。
〔三〕「戒戒其怠忽」以下：詳解卷三，頁一述略同；訂義卷五，頁十王氏曰，「使爲之」作「使之有爲」，「使勿爲也」作「使之勿爲」；欽定義疏卷四，頁一王氏安石曰，「緩散」作「過惡」，餘同訂義。

掌王宮之政令，凡宮之糾禁，而宮正掌王宮之戒令糾禁，則王宮之政與后室之糾禁，皆非宮正所豫也〔一〕。以時比其宮中之官府次舍之衆寡，則以知其人名數也。次，蓋其所直；舍，蓋其所居；爲之版以待，則版其名數以待戒令及也；夕擊柝而比之，則若今酉點〔二〕；有故則令宿〔三〕，其比亦如之，則若今坐甲；辨外内而時禁，則辨其外内職所當守，法所得至，而時其出入啓閉之禁也〔四〕；稽其功緒，則防其怠；糾其德行，則防其衺〔五〕；幾其出入，則微察其出入〔六〕；均其稍食，則平頒其稍食〔七〕；去其淫怠與其奇衺之民，則凡在宮之民尚然，其吏士可知矣。奇，無常也；衺，不正也；奇則畸於人矣，是以謂之奇也。會其什伍而教之道藝，則會其人以爲伍，合其伍以爲什，使之相保，然後教之道藝也〔八〕。月終，則會其稍食，爲小宰受其

〔一〕「小宰掌」以下，詳解卷四，頁一述，「后室」作「后宮」，無「也」字。

〔二〕「夕擊」以下：詳解卷四，頁一述、訂義卷五，頁十一王氏曰，無「則」、「也」二字。

〔三〕「故」，鈔本作「過」，詳解卷四，頁二述作「故」。

〔四〕「時其」以下：詳解卷四，頁二述，「禁」作「制」，無「也」字；訂義卷五，頁十二王氏曰，無「也」字。

〔五〕「稽其」以下：詳解卷四，頁二述、訂義卷五，頁十二王氏曰，並略同。

〔六〕「微察」句，詳解卷四，頁二述、訂義卷五，頁十二王氏曰，並幾乎全同。

〔七〕「均其」句，訂義卷五，頁十二王氏曰：「均，平頒之也。」

〔八〕「會其人」以下：詳解卷四，頁三述、訂義卷五，頁十三王氏曰，「合」、「教之」並作「會」、「教以」。

月要故也；歲終，則會其行事，爲大宰受其歲會故也〔一〕。凡邦之大事，令于王宮之官府次舍，無去守而聽政令，鄭氏謂『使居其處〔二〕，待所爲』也。春秋，以木鐸修火禁，鄭氏謂『火以春出，以秋入，因天時以戒』也〔三〕。春秋修火禁，則若今皇城四時戒火矣〔四〕。凡邦之事，蹕，鄭氏謂『事，祭事也』，誤矣；凡邦之事，則孰非事也？何特祭祀而已。宮中廟中，則執燭，鄭氏謂『祭社稷五祀於宮中，祭先王先公於廟中，則執燭』，亦誤矣；凡在宮廟中則執燭〔五〕，何特祭社稷五祀先王先公之時〔六〕？凡邦之事，蹕，則以嚴於禁止爲事；宮中廟中執燭，則以明於照察爲事〔七〕。大喪則授廬舍，辨其親疏貴賤之居，則宮正平時以比官府次舍衆寡〔八〕，辨内外爲職故也。言偃曰：『君子學道則愛人，小人學道則易使。』夫惟愛人，然後可使之近君；夫惟易使，

〔一〕「月終」以下：詳解卷四，頁三述，第一「則」字無；訂義卷五，頁十三王氏曰，兩「則」字並無，「稍」字無。

〔二〕「居」，鈔本無。四庫全書考證卷八，頁三九曰：「原本脱『居』字，今據注疏補。」

〔三〕「因」，經苑本作「用」。

〔四〕「春秋修火禁則」以下，訂義卷五，頁十四王氏曰，「則」字無，「矣」作「也」。

〔五〕「則」，墨海本、經苑本並作「皆」。

〔六〕「五」，鈔本作「三」，詳解述作「五」（詳下註）。

〔七〕「凡邦之事蹕」以下：詳解卷四，頁四述略同，欽定義疏卷四，頁八王氏安石曰：「鄭氏謂事爲祭事，未安。曰『凡邦之事』，何特祭祀乎？執燭亦然。」改易舊本本段數語成文。

〔八〕「正」，墨海本、經苑本並作「中」。

然後可責以守衛；則教之道藝，宮正所急也。然欲教之道藝〔一〕，而不先會其什伍，則莫相勸督而務學〔二〕；欲會其什伍，而不先去其淫怠奇衺之民，則或敘胥淪溺而敗類〔三〕；欲去其淫怠，而不稽其功緒，則淫怠與敬孰分？欲去奇衺，而不糾其德行，則奇衺與正孰辨？則稽其功緒，糾其德行，又宮正所先也。以稽其功緒、糾其德行爲先，則不可不致察，幾其出入則所以致察也；以會其什伍、教之道藝爲急，則不可不致養，均其稍食則所以致養也；均其稍食矣，然後稍食可會也；教之道藝矣，然後行事可會也。行事可會矣，然後邦有大事，可責以聽政令而守也；於是無事矣，思患預防而已。」（文淵閣四庫全書本周官新義卷三，頁一一四。）

【評】（二五）宋王十朋曰：「周禮有民火，有公火，司爟掌火之政令，民火也；司烜以夫遂取明火於日，公火也。王氏、賈氏徒見司爟有『季春出火，季秋内火』之文，遂以爲春秋火禁之證，非也。蓋宮正脩火禁於宮中；而出納火者，民火耳。至於司烜中春『脩火禁于國中』，言春而不及秋，以出火爲主耳。宮正脩于宮中也，司烜脩于國中也，宮中非國中之比，

〔一〕「欲」，墨海本、經苑本並無，詳解述（詳下註）亦無。
〔二〕「言偃」以下：詳解卷四，頁三述，幾盡同。
〔三〕「敘胥淪溺」，經苑本作「致淪胥」。

故併及其春秋。」（周禮詳説，載訂義卷五，頁十四。）

宮伯，掌王宮之士庶子，凡在版者。掌其政令，行其秩敘，作其徒役之事，授八次八舍之職事。若邦有大事，作宮衆，則令之。月終，則均秩；歲終，則均敘；以時頒其衣裘，掌其誅賞。

【佚文】（六六）「掌王宮之士庶子，凡在版者，則士，衛士也；庶子，國子之倅，未爲士者也。上言士，下言庶子，則包國子之未爲士者矣〔一〕。掌其政令，則士庶子之政令；行其秩敘，則秩其掌賜〔二〕，敘其事治先後，作其徒役之事，則有役焉，作其徒也〔三〕；授八次八舍之職事，則授其王宮四角四中宿衛之職事也〔四〕。若邦有大事〔五〕，作宮衆，則令之，則所令非特徒役之事而已。月終則均秩，秩，酒秩膳之類，日月有焉，故月終均之；歲終，則均敘，勞逸劇易，宜以歲

〔一〕「則士衛士」以下：詳解卷四，頁五述略同；鶴山大全集卷一〇五，頁六周禮折衷荆公謂，「則士」作「士則」；欽定義疏卷四，頁八—九王氏安石曰，有删節。（參看佚文第一七條）

〔二〕「掌」，墨海本、經苑本並作「賞」。

〔三〕「則有役焉」以下：詳解卷四，頁五述；訂義卷五，頁十五王氏曰，「則」在「作」上。

〔四〕「授其」以下：詳解卷四，頁五述略同；訂義卷五，頁十五王氏曰，無「其王宮四角四中」七字。

〔五〕「事」，鈔本原作「衆」，孔校改作「事」。

時更焉，故歲終均之〔二〕。以時頒其衣裘，則若今賜春冬衣也。掌其誅賞，誅賞士庶子也〔三〕。士庶子非王族，則功臣之世賢者之類，王以自近而衛焉；故君臣國家，休戚一體，上下親而內外察也〔三〕。」（文淵閣四庫全書本周官新義卷三，頁四—五。）

【佚文】（六七）「……依品秩予之。」（集説卷二，頁八七王介甫曰；註疏删翼卷三，頁二六，上承「之類」，詳本頁註一。）

【評】（二六）宋陳瓘曰：「……其可爲古有恭、顯曾害忠臣，便以爲今日之人都無可聽者乎？漢詔公卿子弟爲郎以補宦官之職，侍於殿上，當時謀者正謂其人都不可聽，故欲以此而代彼也。新經義既取其説，而日録又欲變亂舊規，自以爲此乃宗廟社稷長久之計。嗚呼！……安石欲變宿衛之法，先於經義創立新説，然後造爲神考聖訓，謂當急變其法。蓋

〔二〕「秩酒」以下：詳解卷四，頁六述略同；訂義卷五，頁十六王氏曰，二「均」之上並有「則」字，「歲終則均敘」五字無；集説卷二，頁八七王介甫曰，「類」下尚有五字（詳下佚文），「歲終則均敘」五字亦無，「劇易」下有「之敘」二字，「故歲終」下有「則」字；註疏删翼卷三，頁二六介甫王氏曰同集説；欽定義疏卷四，頁十二王氏安石曰，略同訂義。

〔三〕「賞」，鈔本原作「掌」，孔校改作「賞」；詳解卷四，頁六述亦作「賞」。

〔三〕「士庶子非」以下：鶴山大全集卷一〇五，頁六周禮折衷荆公謂；集説卷二，頁八六王介甫曰，「賢」上有「及」字，「休戚一體」作「安危一體休戚一心」；註疏删翼卷三，頁二五臨川王氏曰，「及」作「與」，餘同集説；欽定義疏卷四，頁九王氏安石曰，據集説轉抄，大同；訂義卷五，頁十五王氏曰，自「非王族」起引，無「也」字。

託於先訓，則可以必聖主之遵行；文以經術，則可以禁士大夫之竊議。二者行於前，三衛作於後，漸危根本。……若非陛下守藝祖之宏規，循累朝之成憲，使彼二書之説以敘行之，今日不知其何如矣！」（四明尊堯集卷一，頁八及卷三，頁十九。）

【評】（二七）宋魏了翁曰：「周宮伯，掌王宮之士庶子，凡在版者，燕義云：庶子士之嫡子，亦謂之庶子。蓋公卿大夫之庶子，以士之嫡子配。古者在天子左右，皆公卿大夫士之子。士有新士，有故士；新是初入者，故是元爲士者。漢法：有三署郎，王宮謂之光祿勳；有父任爲郎者，有以貲爲郎者，有山郎者。貲如今通柢擬之類，不是輸資于官。景帝紀：有廉士資筭四萬入官，後來到八式八方納粟爲郎，山郎事見張蒼傳。漢宮制：如未央宮北闕去兩邊皆爲廓署，郎亦取廊之義，而名公卿大夫之子弟皆可爲耶？但漢之公卿子弟，在禁中止見三署郎一項，不見其入官的次序，大率漢任子不立法。弘羊爲御史大夫，爲子求官，貢禹爲御史，子亦無官，又不封國者，父死子爲庶人，位列侯者，有嗣侯支庶則否。武帝用主父偃説，分封諸侯王子弟之後，庶子方有官。」（鶴山大全集卷一〇九附一一〇，頁四七師友雅言。）

膳夫，掌王之食飲膳羞，以養王及后、世子。凡王之饋：食用六穀，膳用六牲，飲用六清，羞用百有二十品，珍用八物，醬用百有二十罋。王日一舉，鼎十有二，物皆有俎，以樂侑食，膳夫授祭，品嘗食，王乃食。卒食，以樂徹于造。

【佚文】（六八）「膳夫授祭者，授王以所祭之物也〔一〕；食有祭，所以仁鬼神，君子無終食之間違仁焉。品嘗食者，養至尊當慎故也，其所防也微矣〔二〕。事君左右，就養有方，則品嘗食，膳夫之事。以樂侑食，卒食，以樂徹于造者，無大喪、無大荒、無大札〔三〕、無天地之烖、無邦之大故，則王可以樂之時，故侑食及徹皆以樂，所謂憂以天下、樂以天下者也。且人之養也，心志和而後氣體從之，食飲膳羞以養氣體也〔四〕；侑徹以樂，則所以和其心志，而助氣體之養焉〔五〕。造，至也；致食於是，然後進而御王；及其卒也，徹於所致而置焉，是之謂徹于造〔六〕。」（文淵

〔一〕「授王」以下，詳解卷四，頁八述；訂義卷六，頁三王氏曰。

〔二〕「品嘗」以下：詳解卷四，頁九述散在兩所；鶴山大全集卷一〇五，頁十二周禮折衷荊公（云），無「者」字；訂義卷六，頁四王氏曰，無「食」字，「慎」作「謹」，「其所防也」作「所防者」。

〔三〕「札」，原作「禮」，鈔本同。據孔校、墨海本、經苑本、詳解述改。

〔四〕「氣」，墨海本、經苑本並無，詳解述有（詳下註）。

〔五〕「無大喪」以下：詳解卷四，頁八述略同；集説卷二，頁九一王介甫曰，自「無大喪」至「大故」作「夫無大喪荒札瘥之烖」，「時」下有「也」字，無「故」字，無「者」字，「以養」作「所以養」，「則所以」作「所以」，「和其心志」作「和平其心也」；註疏刪翼卷三，頁三五臨川王氏曰同集説，僅少一「瘥」字。

〔六〕「造至」以下：詳解卷四，頁九述略同；訂義卷六，頁四王氏曰，無「之」字。

閣四庫全書本周官新義卷三，頁五—六。）

【佚文】（六九）「品嘗食者，每物皆嘗之，養至尊當謹之，其所防微矣。事君就養有方，則此膳夫之事也。造，至也，致食於是，然後進而御王；王已食，徹至故處焉。孔子齊必變食，致養其氣體，所以致精明之至也；夫然可以交神明矣。」（集説卷二，頁九二王介甫曰，元敏案：上文亦多散見詳解卷四，頁九述。）

【評】（二八）清王太岳曰：「義：『造，至也；致食于是，然後進而御王；及其卒也，徹于所致而置焉。』案：鄭注云：『造，作也。』又引鄭司農云：『謂食之故所居處也。』安石用司農説，故云『致食于是，然後進而御王』，郎內則所謂『天子之閣，左達五右達五』也。疏謂二鄭義同，非是。」（四庫全書考證卷八，頁四十。）

【評】（二九）宋魏了翁曰：「王荆公專本此意，以人主當享備物極。至童貫、王黼，專創應奉司，以啓人主侈心，禍至不可勝言。學術誤國，原於康成，先儒未有發此義者。」（鶴山大全集卷一〇五，頁十周禮折衷。）

【評】（三〇）清鄂爾泰曰：「三禮，康成鄭氏之功甚鉅，而其過亦不細。盖王安石所以襲迹於新莽而禍宋者，多依於鄭氏之説也。康成注九賦以爲『口率出泉』，注門關市政以『舉爲官，沒其貨』，注國服爲之息曰：『貸以泉，息以泉。』而安石剥民之政，皆託是而爲之。自康成之注『王日一舉』也，辭不別白，疏者以爲『日舉太牢，共百二十甕之醢、醢』，安石因之，有備物之説。自康成以『王后、世子不會，爲優尊者』，安石倡之，而蔡京、童貫、王黼恣焉，以速北宋之亡。經義之不明，其禍遂至於斯極，可不懼哉！夫口率出泉，漢法也；周官無是也。閭師『掌國中四郊之賦』，而其職曰『任農以耕事，貢九穀；圃、牧、工、商、虞、衡、嬪、婦，各貢其所有之物』，則農自九穀以外，餘七職自所貢之物外，別無所謂賦，明矣。没民之貨，而入於官，漢之亂政也。周官無是也。春秋傳曰：『仲尼使舉是禮也，以爲多文辭。』管子曰：『以時稽師馬牛之肥瘠，其老而死者皆舉之。』則舉乃登諸册籍之謂爾。況質人所稽者，書籍所考者，度量淳制，而曰『犯禁者，舉而罰之』，則舉爲登諸册籍，而不可謂没其貨，決矣。貸民以財，使治産業，而計其贏餘，以收息者，莽之亂政也。周官本有賒而無貸，康成不能辨而謂『貸泉出息，一以園廛郊野受田之地爲差，是爲國服』，以誣聖法，傅莽事，而啓安石之愚迷，不亦悖乎！至於『王日一舉』，舉少牢耳。醢醢六十甕，朔月月半共之，以爲旬有五日之用者耳。大司樂職曰：『王大食，三侑。』則『日一舉之』爲恒食，明矣。若恒食日舉太牢，則朔月月半之大食，何以加焉？王后之膳服不會，飲酒不會，膳禽不會，以具於大宰；羞服之式者，品數有常，無所用其會耳，非縱其欲而不爲之限度也。至於世子，服不敢備，則服會；飲無常期，則飲會；膳無加獻，則禽會；以其有無多少疏數，惟王所命，而無常式故也。其與王后同者，惟朝夕恒膳，品味有常，故無所用其會耳。然如此類者，在鄭氏、賈氏，則訓釋之疎；而在安石，則心術隱微之病也。安石雖於道未有聞焉，而於文則晰矣。其言祁寒暑雨，民猶怨咨也。舍先王思圖民艱之義，而謂民怨不足惜，以惑主聽，而閉民言，則其假周官與注、疏之説，乃明知其非而借之，以售其術耳。是亦不可以無辨也。」（欽定義疏卷首，頁三三—三四。）

【評】（三一一）清鄂爾泰曰：「案：王安石謂『人主當享備物』，以康成注此經辭不别白。而康成之誤，則因醢人職『王舉，則共醢六十罋』；醯人職『王舉，則共醯物六十罋』，遂謂『王日一舉，備用此數』。不知醢、醯二職所共者，共於内饔；内饔則選之，實於豆，以俟饋。内饔職『選百羞醬物珍物以俟饋』是也。則雖日有百二十罋之醬，而饋於王前者，固有數矣。公食『上大夫豆八，庶羞二十』，等而上之，大略可推也。蓋共之數多，饋之數少，則未饋者尚在，無須日月共之，唯膷臐膮胾，日易以鮮耳。在禮，王與后同庖，日中而餕，不敢暴天物也。乃日盡百二十品之羞，罄百二十罋之醢與醯物乎？」（欽定義疏卷四，頁十五—十六。）

【評】（三一二）清鄂爾泰曰：「案：王后、世子之膳不會，非凡用皆不會也。蓋品味有常，不敢以異物共之，無所用其會，非恣其欲而不爲之限度也。故王后之服不會，飲食不會，膳禽不會，皆以有常式也。世子則服不敢侈，多寡唯王命，而服會矣；飲無常期疏數，唯王命，而酒會矣；食無加獻，有無唯王命，而膳禽會矣；唯膳則朝夕有常，故與王后同耳。比事以觀，則其義顯然矣。」（欽定義疏卷四，頁二二六。）

王齊日三舉。

【佚文】（七〇）「孔子齊必變食者，致養其體氣也[一]。王齊日三舉，則與變食同意。孔子之齊[二]，不御于内，不聽樂，不飲酒，不膳葷，喪者，則弗見也，不蠲，則弗見也；蓋不以哀樂欲惡貳其心，又去物之可以昏憒其志意者，而致養其氣體焉；則所以致精明之至也，夫然後可以交神明矣[三]。然此特祭祀之齊，尚未及夫心齊也。所謂心齊，則聖人以神明其德者是也。故其哀樂欲惡，將簡之弗得，尚何物之能累哉？雖然，知致一於祭祀之齊，則其於心齊也，亦庶幾焉。」（文淵閣四庫全書本周官新義卷三，頁六。）

【評】（三三）宋魏了翁曰：「葷，本只是薑桂韭薤之類，今却以薦葷腥，猶國有故，則天子

[一]「體氣」，墨海本作「氣體」。

[二]「孔子」，墨海本作「君子」，詳解述作「孔子」（詳下註）。

[三]「孔子之齊」以下：鶴山大全集卷一〇五，頁十二周禮折衷荊公（云）：「孔子」作「祭祀」，「喪者則弗見也不蠲則弗見也蓋」十三字、「則所以致精明之至也夫」十字並無；欽定義疏卷四，頁二十王氏安石曰，刪易成文。

素服減膳，今却又有素食之説。荆公所謂『宜饗備味，聽備樂』，亦非三代王者之言，此所以開蔡京、王黼輩享上之説。」（鶴山大全集卷一〇五，頁十二周禮折衷。）

【評】（三四）清王太岳曰：「義：『然此特祭祀之齊，尚未及夫心齊也。』案：心齊之義，本莊子；但莊子以不飲酒、不茹葷爲祭祀之齊，與周官『齊日三舉』之齊，義各不同。安石蓋借用。」（四庫全書考證卷八，頁四十。）

【佚文】（七一）「祭祀之齊，不敢御内，不聽樂，不飲酒，不茹葷，凡可以亂其精神者，無不去也。喪者弗見，不蠲則弗見，凡可以褻瀆其志意者，無不去也。夫然後可以交於神明。」（三禮考註卷三，頁十六臨川王氏曰；周禮要義卷四，頁一一二臨川王氏曰，至「無不去也」止，無「敢」字。）

【佚文】（七二）「大喪、大荒，喪荒之大者也。大喪則不舉，大荒則不舉，大札則不舉，天地有烖則不舉，邦有大故則不舉者，王以能承順天地，和理神人，使無災害變故，故宜饗備味〔二〕，聽大喪則不舉，大荒則不舉，大札則不舉，天地有烖則不舉，邦有大故則不舉。

〔二〕「味」，鈔本作「位」，詳解述作「味」（詳下註）；四庫全書考證卷八，頁四十曰：「原本『味』訛『位』，今改。」

備樂；今不能然，宜自貶而弗舉矣。」（文淵閣四庫全書本周官新義卷三，頁七。）〔二〕

【評】（三五）宋魏了翁曰：「王介甫錯看膳夫一義，以爲王者受天下之奉。後王黼等專置應奉司，以爲當受四海九州之奉。不知他經元無此義，獨周禮膳夫一職有備享之事。介甫差處，只爲大荒、大札不舉，今無此可以備享。解經如此，最關利害，政、宣之誤至於亡國，皆膳夫一句誤之。古人只說共儉、菲飲食底事；此一職幾乎開後世人主之心，釋經者不可不嚴哉！」（鶴山大全集卷一〇九附一一〇，頁三七師友雅言。）

【佚文】（七三）「大荒，凶年也。大札，疫癘也。天災者，日月晦蝕也。地裁者，山崩地震川沸也。大故，寇戎之事也。」（三禮考註卷三，頁十六臨川王氏曰。）

王燕食，則奉膳贊祭。

【佚文】（七四）「王舉，則授祭而弗贊；燕食，則授而贊之。贊之則以其祭不如舉之盛，然非祭朝之餘膳也。祭所以致敬也，祭而弗敬，如弗祭；故禮餕餘不祭，奉餘膳而祭，則非所以致

〔二〕　全段：詳解卷四，頁十述略同，鶴山大全集卷一〇五，頁十二周禮折衷荆公（云）：「大荒、大喪、大札、天地有裁、邦有大故不舉者，王以能順承天地，和理神人，使無裁害變故，宜饗備味，聽備樂，今不能然，則宜貶損而不舉。」略同。

敬也。且王舉之饋〔二〕，膳用六牲，而獻人、掌畜以魚鳥共膳，則燕食有魚鳥之膳矣。」（文淵閣四庫全書本周官新義卷三，頁七。）

【佚文】（七五）「餕餘不祭，王之所膳，有魚人辨物以共王膳；掌畜又掌膳獻之鳥，祭其魚鳥歟！」（周禮詳説王氏謂，載訂義卷六，頁五。）

【評】（三六）宋王十朋曰：「燕食謂三飯四飯耳。鄭氏以爲：『奉朝之餘膳，所祭（者）牢肉』也。王氏謂：『……』然王氏之説得矣。鄭氏亦未可非也。玉藻曰：『皮弁以日視朝，遂以食，日中而餕，奏而食。』此謂天子之燕食也。又云：『朝服以食，特牲三俎祭肺，夕深衣，祭牢肉。』此謂諸侯之燕食也。天子言餕，諸侯言祭，天子言日中，諸侯言夕，互文見義耳。蓋殺之序，徧祭之朝，食祭肺，則牢肉亦未及祭也，豈得爲餘物乎？」（周禮詳説，載訂義卷六，頁五。）

【佚文】（七六）「奉膳贊祭，非朝食之餘膳也。祭所以致敬，祭而弗敬，如弗祭；故禮餕餘不祭，奉餘膳而祭，非所以致敬。且王舉之饋，膳用六牲，則燕食亦必有膳矣。」（集説卷二，頁九三王介甫曰；註疏刪翼卷三，頁三八臨川王氏曰。）

〔二〕「王」，墨海本作「正」。

凡王祭祀，賓客食，則徹王之胙俎。

【佚文】（七七）「祭餘謂之胙，胙俎則祭餘之俎也。賓客食，則亦必膳夫授祭，及卒食，又膳夫徹祭餘之俎；則重祭故也。故膳言授祭，於祭祀賓客言徹胙俎，相備也。」（文淵閣四庫全書本周官新義卷三，頁七。）〔一〕

凡王之稍事，設薦脯醢。

【佚文】（七八）「謂之稍，則禮事之略者，故膳夫設薦脯醢而已。」（文淵閣四庫全書本周官新義卷三，頁七。）〔二〕

王燕飲酒，則爲獻主。

【佚文】（七九）「燕飲酒，則主於羣臣亦有賓主之道焉〔三〕，故不可以無獻主；雖然，君臣之

〔一〕全段，詳解卷四，頁十一—十一述略同。

〔二〕全段：詳解卷四，頁十一述略同；欽定義疏卷四，頁二二王氏安石曰，至「略者」止，略同。

〔三〕「主」，墨海本、經苑本、詳解述（詳下註）皆作「王」。

義，不可以燕廢也〔一〕。故使膳夫爲獻主而已。蓋燕飲之禮，惟主於以食飲養賓〔二〕，而膳夫以食飲養王之官也；使所以養王者養賓焉，則王之厚意也〔三〕。」（文淵閣四庫全書本周官新義卷三，頁八。）

【評】（三七）宋楊時曰：「周禮，王燕，則以膳夫爲獻主，説者曰：『君臣之義，不可以燕廢。』是不然。此孟子所謂養君子之道也。禮：受爵於君前，則降而再拜，燕所以待羣臣嘉賓也。而使之有升降拜揖之勞，是以犬馬畜之矣。故以膳夫爲獻主，而主不自獻酧焉，是乃所以爲養君子之道，而廩人繼粟、庖人繼肉之義也。」（龜山集卷十，頁六—七語録。）

【評】⊗清鄂爾泰曰：安石謂王、后及世子之膳不會，因鄭注爲説，已詳上評第三〇條。

【佚文】（八〇）「祭祀之致福者，歸王以其福也；以摯見歸王者〔四〕，以其德也。歸王以其福，掌后及世子之膳羞。凡肉脩之頒賜，皆掌之；凡祭祀之致福者，受而膳之；以摯見者，亦如之。

〔一〕「君臣」以下，龜山集卷十，頁六語録説者曰。
〔二〕「之禮惟主於」，鈔本無此五字；詳解述亦無此五字（詳下註）。
〔三〕首以下，詳解卷四，頁十一述略同。
〔四〕「摯見歸王者」，墨海本、經苑本、詳解述（詳下註）皆作「摯（詳解述作「贄」）見者歸王」。

則愛之至；歸王以其德，則敬之至。且衆歸王以福，而王能享之，所以備多福；衆歸王以德，而王能納之，所以成盛德；故受而膳之。」（文淵閣四庫全書本周官新義卷三，頁八。）〔一〕

歲終，則會；唯王及后、世子之膳，不會。

【佚文】（八一）「所謂不會，非不會其出，不爲多少之計而已。王與后及膳禽飲酒及服皆不會者〔二〕，至尊不可以有司法數制之〔三〕；世子則惟膳正，禮可以不會〔四〕。膳禽則燕食之膳也，與其飲酒及服皆會，則以防荒侈故也。」（文淵閣四庫全書本周官新義卷三，頁八—九。）〔五〕

【評】（三八）宋楊時曰：「周禮『凡用皆會，唯王及后不會』，說者曰：『不得以有司之法制之。』曰：有司之不能制天子也，固矣然。而九式之職，冢宰任之。王恣其費用，有司雖不會，冢宰得以九式論於王矣，故王、后不會，非蕩然無以禁止之也。制之有冢宰之義，而非

〔一〕全段，詳解卷四，頁十二述略同。
〔二〕「及」，墨海本、經苑本並作「之」。
〔三〕龜山集卷十，頁七語録説者曰「不得以有司之法制之」，與此句略同。
〔四〕「可以不」，墨海本、經苑本作「不可以」，詳解同文淵本（詳下註）。
〔五〕全段，詳解卷四，頁十二述略同。

以有司之法故也。」（龜山集卷十，頁七語録。）

庖人，掌共六畜、六獸、六禽，辨其名物。凡其死生鱻薧之物，以共王之膳，與其薦羞之物，及后、世子之膳羞。

【佚文】（八二）「六畜，可畜而養者也；六獸，可狩而獲者也；六禽，可禽而制者也〔一〕。以共王之膳，與其薦羞之物，及后、世子之膳羞，則庖人所共后、世子者〔二〕，膳羞而已；蓋薦則自后、世子之官屬共之〔三〕。膳夫言『掌王之食飲膳羞以養王及后、世子』，其物備衆；而其言薦則曰『王之稍事，設薦脯醢而已』；則薦所共設薄矣。」（文淵閣四庫全書本周官新義卷三，頁九。）〔四〕

共祭祀之好羞，共喪紀之庶羞，賓客之禽獻。

【佚文】（八三）「共祭祀之好羞者，先王、先公及先后、夫人，平生所好，祭祀則特羞之，事亡

〔一〕「禽」，鈔本、墨海本、經苑本、詳解述（詳下註）皆作「擒」。
〔二〕「人」，經苑本無，詳解述有（詳下註）。
〔三〕「官」，鈔本作「宮」，詳解述作「官」（詳下註）。「后世子」之以下，欽定義疏卷四頁二八王氏安石曰，删易舊本而成。
〔四〕全段，詳解卷四，頁十二—十三述，散見數所，首三句全同，餘亦大同。

如存之意。夫齊則思其所嗜，則其祭也，可以不羞其好哉〔一〕！雖然，求所難致，傷財害民，以昭其先之好僻〔二〕，則君子亦不爲也。孔子爲政於魯，先簿正祭器，不以四方之食共簿正，則先王不肯求所難致，以傷財害命可知矣〔三〕。共喪紀之庶羞，共賓客之禽獻〔四〕，則仁喪紀賓客，故使共王膳羞之官共之也。或言喪事，或言喪紀之事。喪事，喪之在我者也；喪紀，喪之在彼者也〔五〕。喪紀之事，喪在彼，而我有事焉者也。喪在彼，我以禮數紀之，故謂之喪紀〔六〕。」

（文淵閣四庫全書本周官新義卷三，頁九—十。）

【評】（三九）宋鄭鍔曰：「祭之日，思其飲食，思其所嗜，乃孝子事死如事生之志也。昔屈到嗜芰，死而其子羞芰，君子皆以爲非。安石乃以共好羞爲昭先人之好僻，殊不知魯之祭

〔一〕首以下：鶴山大全集卷一〇五，頁十五周禮折衷荆公（云），「如存」作「如事存」，「其好」作「其所好」。又至「特羞之」止，欽定義疏卷四，頁二九王安石謂，删約改易爲二句十四字。

〔二〕「以昭」句，周禮全解（載訂義卷六，頁八）述安石云：「共好羞爲昭先人之好癖。」

〔三〕「命」，墨海本、詳解述並作「民」。首以下，詳解卷四，頁十三述略同。

〔四〕「獻」，鈔本作「獸」，孔校改作「獻」。

〔五〕墨海本、經苑本並無「喪紀，喪之在彼者也」八字，詳解述有此八字（詳下註）。

〔六〕「共喪紀」以下：詳解卷四，頁十三—十四述略同。又欽定義疏卷四，頁二九王氏安石曰，約「喪在」以下共十四字爲「喪有禮以紀之，故曰喪紀」十字。

非禮經之正；區區求四方之物以爲美，故孔子正之耳，非所謂先王之好者也。」（周禮全解，載訂義卷六，頁八。）

【評】（四〇）清鄂爾泰曰：「案：王氏安石謂：先祖、先妣平生所好，祭祀則特羞之。王氏昭禹引『文王之菖歜，曾皙之羊棗』以證之，皆非也。屈到嗜芰，有遺命；宗老將薦芰，而屈建命去之。周公乃用此爲祀典乎？」（欽定義疏卷四，頁二九。）

【佚文】（八四）「賓客禽獻，掌客所謂『乘禽九十雙』之屬，所獻禽於賓客之法也。令之則授以此法，使知所獻之物與其數，及其出以給用，受而入之，則亦以法焉。」（集説卷二，頁九六王介甫曰。）

凡令禽獻，以灋授之，其出入亦如之。

【佚文】（八五）「掌客所謂『乘禽於諸侯，各如其命之數』；聘禮所謂『乘禽於客，日如其饔餼之數，士中日，則二雙』，與此官所謂『凡用禽獻』者法也〔二〕。令獻禽〔三〕，則以此法授之，使知所

〔二〕「獻」，鈔本原作「獸」，孔校改作「獻」，詳解述作「獻」（詳下註）。
〔三〕「獻禽」，鈔本原作「禽獸」，孔校改作「獻禽」。詳解述作「禽獻」（詳下註）。

獻之物與其數，及其出以給用，受而入之，則亦以法焉[一]；其法蓋詳矣。如上所言，則其存而可見者爾。」（文淵閣四庫全書本周官新義卷三，頁十。）

凡用禽獻，春行羔豚，膳膏香；夏行腒鱐，膳膏臊；秋行犢麛，膳膏腥；冬行鱻羽，膳膏羶。歲終則會，唯王及后之膳禽不會。

【佚文】（八六）「春行羔豚，夏行腒鱐，秋行犢麛，各行鱻羽，各以其時物所宜[二]。鄭氏以『羽爲雁』，誤矣；謂之羽，豈特雁而已。魚謂之鱻，則以別於鱐故也。膳膏香者，膳用牛膏也；牛，土畜也，方春木用事之時，則宜助養脾故也。膳膏臊者[三]，膳用犬膏也；犬，金畜也，方夏火用事之時，宜助養肺故也。膳膏腥者，膳用雞膏也；雞，木畜也，方秋金用事之時，宜助養

[一] 首以下：詳解卷四，頁十四述大同；又訂義卷六，頁九王氏曰：「掌客聘禮，此禽獻之法也。今禽獸則以此法授之，使知其所獻之物與其數。」大同。

[二] 首以下，詳解卷四，頁十四述，幾全同。

[三] 「臊」，鈔本原作「燥」，孔校改作「臊」，詳解述亦作「臊」（詳下註）。

肝故也。膳膏羶者，膳用羊膏也；羊，火畜也，方冬水用事之時，宜助養心故也〔二〕。」（文淵閣四庫全書本周官新義卷三，頁十一—十一。）

【評】（四一）宋魏了翁曰：「鄭説非，荆公説是。吕成公云：自傳註盛行，人都不看經，亦爲時王所尚，列於學官。科舉以取士，漢、唐以至國初，惟古注是從。如『當仁不讓於師』，寧取落韵，不取違古注。至程、張、歐、蘇方破口斥傳注之泥，前此周易有多少解説，列於學官者，止用王弼。唐人以論語應舉謂之習何論。王子雍排鄭康成，劉鉉排杜元凱，其説甚當，亦何曾行？孔穎達又每科與之辨，又有學究一科，全是念傳注，謂之貼經。」（鶴山大全集卷一〇五，頁十八周禮折衷。）

内饔，掌王及后、世子膳羞之割亨煎和之事。辨體名肉物，辨百品味之物。王舉，則陳其鼎俎，以牲體實之，選百羞、醬物、珍物以俟饋。共后及世子之膳羞，辨腥臊羶香之不可食者：牛夜

〔二〕「膳膏香」以下：詳解卷四，頁十五述，幾全同；鶴山大全集卷一〇五，頁十七—十八周禮折衷荆公（云）：「膳用牛膏，牛，土畜也，春木用事，則助養脾也。膳用犬膏，犬，金畜也，夏火用事，則助養肺也。膳用雞膏，雞，木畜也，秋金用事，宜助養肝也。膳用羊膏，羊，火畜也，冬水用事，宜助養心也。」略同。又牛土畜、犬金畜、雞木畜、羊火畜四節，欽定義疏卷四，頁三十一—三二王氏安石曰分引，略有删易。

鳴，則庮；羊泠毛而毳，羶；犬赤股而躁，臊；鳥皫色而沙鳴，貍；豕盲眡而交睫，腥；馬黑脊而般臂，螻。

【佚文】（八七）「内則以貍爲鬱，則氣無所泄，而其臭惡；蓋鳥皫色而沙鳴，則其臭如之。貍與鬱文雖異，其義一也。先言辨腥臊羶香之不可食者，然後言羊泠毛而毳羶，犬赤股而躁臊，豕盲視而交睫腥，則所謂腥臊羶之不可食者也。」（文淵閣四庫全書本周官新義卷三，頁十一。）

凡宗廟之祭祀，掌割亨之事；凡燕飲食，亦如之；凡掌共羞、脩、刑、膴、胖、骨、鱐，以待共膳。

【佚文】（八八）「凡掌共羞、脩、刑、膴、胖、骨、鱐，以待共膳者，此七物有掌之者，有共之者，有掌而共之者，各掌共其物，以待内饔共膳也。蓋内饔掌王及后世子之膳，則宜選取於羣有司，以備珍膳故也[一]。」（文淵閣四庫全書本周官新義卷三，頁十二。）

凡王之好賜肉脩，則饔人共之。

[一]「此七物」以下：詳解卷四，頁十九述略同；訂義卷六，頁十二王氏曰，「有掌而共之者」六字無，「各掌」下無共字，「備」作「博」（詳解述「備」亦作「博」）。

【佚文】（八九）「饔人者，内饔之屬人也；使内饔共好賜肉脩，則王所好賜，親而私之故也。」（文淵閣四庫全書本周官新義卷三，頁十二。）〔二〕

外饔，掌外祭祀之割亨，共其脯、脩、刑、膴，陳其鼎俎，實之牲體魚腊。凡賓客之飧饔、饗食之事，亦如之。邦饗耆老、孤子，則掌其割亨之事；饗士庶子亦如之。師役則掌共其獻、賜脯肉之事。凡小喪紀，陳其鼎俎而實之。

【佚文】（九〇）「耆老、孤子，蓋所謂死政之老與其孤也〔三〕。外饔言饗耆老、孤子，而士庶子亦如之〔三〕；酒正言饗士庶子，而後言饗耆老、孤子。外饔掌饔，饔以養之爲主。酒正掌酒，酒以禮之爲主〔四〕。」（文淵閣四庫全書本周官新義卷三，頁十二—十三。）

〔二〕　全段：詳解卷四，頁十九述略同；訂義卷六，頁十二王氏曰：「使内饔則親而私之故也，饔人則内饔之屬人也。」集説卷二，頁九九—一〇〇王介甫曰：「王所善而賜之；饔人，内饔之屬人。」（註疏删翼卷三，頁四九臨川王氏曰，自集説轉抄，省前六字。）並略同。

〔三〕　「與」，經苑本作「舉」，詳解述作「與」（詳下註）。

〔三〕　「而」下，鈔本、墨海本、經苑本、詳解述（詳下註）皆有「以」字。「亦」，鈔本、墨海本、經苑本、詳解述（詳下註）皆無。

〔四〕　「外饔言」以下：詳解卷四，頁二十述略同；鶴山大全集卷一〇五，頁一二周禮折衷荆公（云），「而以」作「而」，無「亦」字。

亨人，掌共鼎鑊，以給水火之齊。職外內饔之爨亨煮，辨膳羞之物。祭祀共大羹、鉶羹；賓客亦如之。

【佚文】（九一）「荀況曰：『大饗先大羹，貴飲食之本也。』夫大羹，肉湇也〔一〕，不致五味；凡所以薦鬼神、養賓客，則必共之，非特共之又貴而先之者，古之時禽獸嘗偪人矣，聖人教之田罟，則亦以除患故也。未知火化，非所以養生；脩火之利，則使之免死而已〔二〕。當是時，人知食肉而飲其湇，其相養亦足矣。及至後世，阻威役物〔三〕，暴殄生類，以窮鼎俎之欲，雖聖人復起，亦無如之何矣！則亦因時之宜，爲制貴賤之等，使無泰甚而已。然則庶具百物備者，豈以爲吾心如是而後慊哉？其勢有不得已爾。故每於爲禮本始以示之，使知禮意所尚，在此不在彼也。」（文淵閣四庫全書本周官新義卷三，頁十三。）

甸師，掌帥其屬而耕耨王藉，以時入之，以共齍盛。祭祀共蕭茅，共野果蓏之薦。喪事，代王受眚裁。王之同姓有辠，則死刑焉。帥其徒以薪蒸役外內饔之事。

〔一〕「湇」，墨海本並作「清」，詳解卷四，頁二一述作「湆」。本條下同。

〔二〕「已」，墨海本、經苑本並無。

〔三〕「阻」，墨海本、經苑本並作「恃」。「役」，墨海本作「殁」。

【佚文】（九二）「公田謂之藉，以其借民力治之故也；王所親耕謂之藉，則亦借民力終之故也。王有王之藉，侯有侯之藉，故甸師所耕耨，謂之王藉〔一〕。四海之內，各以其職來祭，而王必親耕以共齍盛者，以爲祭弗自致焉，則猶不祭；以此率天下，則耕與養知勸矣〔二〕。祭祀共蕭茅者，蕭合脂，與黍稷焫之以祭，詩所謂『取蕭祭脂』是也。凡鬼享裸鬯求諸陰，焫蕭求諸陽，索祭祝于祊求諸陰陽之間，遊魂爲變，無不之，無不爲也；故求之不可以一處。茅藉以縮酒者，藉何所不可〔三〕，而必以茅，則其爲體順理直，柔而潔白，承祭祀之德當如此〔四〕。共野果蓏之薦者，爲其非場圃所出，故稱野焉，薦於王藉共之，則盡志而已〔五〕；祭祀則致衆致遠，盡物故也。喪事代王受眚烖者，人曰眚，天曰灾〔六〕，受眚，則以眚爲在己；受烖，則服烖而弗

〔一〕首以下：詳解卷五，頁一述，「王有王之藉侯有侯之藉」十字作「王與諸侯各有藉田」八字；訂義卷七，頁一王氏曰，「治之」下無「故」字，餘同詳解。

〔二〕「與養」，經苑本作「養舉」。

〔三〕「茅藉以縮酒者藉」七字，鈔本作「茅以藉祭祀之物以縮酒（詳解卷五，頁二述同。），藉祭祀之物」十五字。

〔四〕「必以茅」以下：詳解卷五，頁二述，幾全同；訂義卷七，頁二王氏曰，「必以茅」作「必用茅者」，「則其爲」作「謂其」，末有「也」字。又自「茅則」以下：集説卷二，頁一〇六王介甫曰，無「則其爲」三字；註疏删翼卷三，頁五九臨川王氏曰同集説。

〔五〕「爲其非」以下，訂義卷七，頁二王氏曰。

〔六〕「灾」，墨海本、經苑本並作「烖」。

拒；使甸師代，則以方宅喪不可接神，而甸師掌共祭薦之物，神所依故也〔二〕。王之同姓有辠，則死刑焉者，刑于隱也；刑于隱，而必於甸師，則亦以甸師共祭薦之物故也。共祭薦之物，所以事宗廟；宗廟之親，而致死刑焉，則正法然後能保天下國家；能保天下國家，然後宗廟可得而事也。然則親而致死刑，乃所以事宗廟也〔三〕。」（文淵閣四庫全書本周官新義卷三，頁十四—十五。）

【評】（四二）宋魏了翁曰：「王之同姓有罪，則死刑焉，賈氏謂：『絶服之外，同姬姓者。』蓋五服之内，則在議親之辟也。李微之謂此説足以補漢儒之所未及，是爾。至荆公『親而致死刑，乃所以事宗廟』，夫刑於甸師，隱之也，豈有殺其子孫以事祖禰乎？必不然矣！是荆公心術之誤也。」（鶴山大全集卷一〇五，頁二六周禮折衷。）

【佚文】（九三）「有罪謂犯五刑，則刑殺不必市朝。此言死刑焉，謂死及肉刑。」（周官集傳卷三，頁十四載鄭鍔曰引王氏曰。）

〔二〕「受眚」以下：詳解卷五，頁二述，「而甸師」上無「而」字，無「故」字。

〔三〕「刑于隱」以下：詳解卷五，頁三述大同。又「共祭薦」以下：鶴山大全集卷一〇五，頁二五—二六周禮折衷荆公（云），句上有「甸師」二字；註疏删翼卷三，頁六一王荆公謂，同周禮折衷。

獸人，掌罟田獸，辨其名物。名獻狼，夏獻麋，春秋獻獸物。時田則守罟；及弊田，令禽注于虞中。

【佚文】（九四）「冬獻狼、夏獻麋者，冬物成之時，狼殘物之尤者；夏田稼之時，麋害稼之衆者；春秋書『多麋』，爲是故也。各於其尤害物之時，罟而獻之，明設官主，以除民物之害。春秋獻獸物者，雍氏『春令爲阱擭之利於民者』，則春獻獸物亦以除害，與雍氏爲阱擭同意〔二〕。大司馬秋田羅弊，則秋獻獸物，自其用罟之時。及弊田，令禽注于虞中者，令田衆以所獲禽，置虞旗所植之中野；謂之注，則衆赴而投焉，若水之注也。」（文淵閣四庫全書本周官新義卷三，頁十五。）〔三〕

【評】（四三）宋鄭鍔曰：「王安石謂：『冬物成之時，狼害物之尤者；夏田稼之時，麋害稼之衆者，各於害物之時，罟而獻之，明官主以除民之害。』果如此說，則獸人當與秋官冥氏、

〔二〕「冬物成」以下：集説卷二，頁一〇七—一〇八王介甫曰，「爲是故也」作「爲此也」；「春秋獻獸物」以下，作「春秋獻獸物，亦以除民物之害，與雍氏春令爲阱擭之利於民者同意」；註疏删翼卷三，頁六二—六三臨川王氏曰，「尤害物」，無「尤」字，餘同集説。欽定義疏卷四，頁四六—四七王氏安石曰，節取其中兩段，有改易；訂義卷七，頁四載鄭鍔周禮全解引王安石謂，至「民物之害」止，略有删減。

〔三〕全段：詳解卷五，頁三—四散述，略同。又「令田」以下，訂義卷七，頁五王氏曰，「野」字無，「注焉」作「投焉」。

穴氏同科，不當獨列於此。天官自膳夫而下，皆養生之職，則獸人冬夏所獻者，養王之用也。養至尊之禮過，和其陰陽以平其心，則用温涼之膏以救其時氣之過，亦其甚也。又有除物之害必須先時而爲之，若及害物之時，則除之晚矣。王政爲不然。安石之説陋矣。春秋獻獸物，不名其所獻何也？蓋春物方服乳，未可取者，不當獻。秋物已成，苟可獻者，無不用。故不言所獻之名，惟使之因時可獻者則獻矣。」（周禮全解，載訂義卷七，頁四。）

凡祭祀、喪紀、賓客，共其死獸、生獸。凡獸，入于腊人；皮毛筋角，入于玉府。凡田獸者，掌其政令。

【佚文】（九五）「共其生獸，爲或用鮮故也。獸人皮毛筋角，入于玉府，而獻人凡獻征，亦入于玉府者，周之初，園囿沛澤多，而禽獸至，人嘗患其偪矣；唯周有以勝之〔二〕，然後中國之害除，而人更賴其所獲，以共服食器用。然則獸人之官修，寧百姓之大者也。魚之爲物，潛逃微眇，難及以政；方周盛時，乃能使之莘其尾，頒其首，浮沉小大，備得其性，則以有法度加焉而

〔二〕「以」，鈔本原無，孔校增之，詳解述有（詳下註）。

已。然則䱷人之官修，養萬物之悉者也。以獸人之官修，爲寧百姓之大；以䱷人之官修，爲養萬物之悉；故使各入其物于玉府。以爲王者仁民愛物，其施如是，然後可以兼百姓之奉，備萬物之養，以足其燕私玩好之欲也〔一〕。然則冥氏、穴氏、翼氏攻鳥獸之猛，而其所獻皮革齒須及羽翮之類〔二〕，不入于玉府者，冥氏、穴氏、翼氏特除其害〔三〕；獸人凡田之政令掌焉，則所修之利衆，所除之害悉，所賴之獲多，王政及人於是爲大矣〔四〕。」（文淵閣四庫全書本周官新義卷三，頁十六。）〔五〕

【評】（四四）宋魏了翁曰：「荆公專以周禮爲辭，謂『人主可以兼百姓之奉，備萬物之養，

〔一〕「周之初」以下：集説卷二，頁一〇八—一〇九王介甫曰，「園囿」二字無，「至」下有「周」字，「害」作「患」，「耖」作「眇」，「盛」上有「之」字，「以獸人」至「之悉」二十四字無，「使各」作「二官各」；周禮全經釋原卷三，頁十五—十六王氏曰，「唯周」作「唯周公」，「眇」作「耖」，「須」上有「而」字，餘同集説；註疏刪翼卷三，頁六四—六五，「眇」作「耖」，餘同集説。又周禮要義卷四，頁十二王介甫曰，自「沛澤」至「悉者也」：「人嘗」作「周公嘗」，「唯周」作「唯周公」，「害」作「患」，「而人更」作「而更」，「其所獲」三字無，「爲物」二字無，「性」作「情」。又「然後可以兼」以下，鶴山大全集卷一〇五，頁二七—二八周禮折衷荆公謂：「王之設官，能去民物之害，於是可以兼百姓之奉，備萬物之養，以足其燕私玩好之欲也。」大同。

〔二〕「及」，鈔本、詳解述（詳下註）並作「備」。

〔三〕訂義卷七，頁五載周禮全解引王氏謂「除其害則不入于王府」，檃括上二句之文。

〔四〕「政」，鈔本、詳解述（詳下註）並作「施」。

〔五〕詳解卷五，頁四—五述此段文，幾全同。

以足其燕私玩好之欲』，此所以誤天下，而開後來豐亨豫大與享上之侈，卒啓裔夷之禍，可不戒哉！」（鶴山大全集卷一〇五，頁二一八周禮折衷。）

【評】（四五）宋鄭鍔曰：「王者不以一己之私好廢天下之公用。司皮掌裘，羽人、角人皆須皮毛筋角以供邦用，如使盡以入玩好之府，則國家何賴焉？故穴氏、冥氏或言『獻其皮角齒須備』，或言『以時獻其珍異皮革』，皆不言入于玉府，蓋以供邦用也。若夫獸人、魚人皆取於養蕃之地，而非取於山林川澤者，惟此可以供王玩好之用。聖人特於三官言入于玉府，蓋以防人君縱私好以妨國用。王氏何謂除其害則不入王府耶？」（周禮全解，載訂義卷七，頁五。）

【評】⊗清鄂爾泰曰：安石謂王者備萬物之養，受鄭注、賈疏影響，詳膳夫下評第三〇條。

𩾏人，掌以時𩾏爲梁，春獻王鮪。辨魚物，爲鱻薧，以共王膳羞。凡祭祀、賓客、喪紀，共其魚之鱻薧。凡𩾏者，掌其政令；凡𩾏征，入于玉府。

【佚文】（九六）「春獻王鮪，則以其時物。王鮪，鮪之大者，王，大也[一]，故物之大者，多謂之

[一] 「大」下，墨海本、經苑本並有「故」字。

王〔一〕。詩序言『冬薦魚』，而此不言者，𩺰人以時𩺰爲梁，凡祭祀共鱻薨，則冬薦在是矣。」（文淵閣四庫全書本周官新義卷三，頁十七。）

鼈人，掌取互物，以時簎魚鼈龜蜃，凡貍物。春獻鼈蜃，秋獻龜魚；祭祀，共䗪、蠃、蚳，以授醢人。掌凡邦之簎事。

【佚文】（九七）「鼈及龜〔二〕，字乳以夏，而蜃以夏秋；春獻鼈蜃，秋獻龜魚，則避其字乳之時。獻龜以秋者，龜主以卜，全而用之；故取以其堅成之時。魚美於秋冬，而冬爲尤美；不以冬獻〔三〕，則鼈人所獻，以簎得之。故先爲梁之時而獻鼈，尤美於夏；然以避其字乳之時而弗獻；唯王不以飯食之養〔四〕，害仁政之法度，如此然後能率天下之民以成魚麗之功，告神明

〔一〕「王大也」以下：詳解卷五，頁五述大同；訂義卷七，頁六王氏曰，「王」與「大」間有「言」字，無「故」字。

〔二〕「龜」下，經苑本有「魚」字，詳解述同經苑本（見下註）。

〔三〕「冬」，墨海本無，詳解述有（詳下註）。

〔四〕「飯」，墨海本、經苑本並作「飲」，詳解述亦作「飲」（詳下註）。

矣。」（文淵閣四庫全書本周官新義卷三，頁十七。）〔二〕

△腊人敏案：周禮新義佚文同佚文及評論並闕，官名上加△符誌，下皆同。

〔二〕　本段：詳解卷五，頁六，「及鼀」下有「魚」字，「主」作「取」，「取」下無「以」字，「飯」作「飲」，「告」下有「於」字。又欽定義疏卷四，頁五二王氏安石曰，至「爲粱之時而獻」，删潤舊本而成。又至魚麗之功，集説卷二，頁一一一王介甫曰，「及鼀下」有「魚」字，「避」上無「則」字，第二「字乳之時」下有「而弗獻也」四字，下徑接以「唯王不以飲食」一節，「功」下有「也」字；註疏删翼卷三，頁六七臨川王氏曰同集説，但「王」上有「先」字。又「自獻鼀以秋」以下，訂義卷七，頁八王氏曰，「取」下無「以」字，「夏」下無「然」字，「飯」作飲，「後」下無「能」字。

周禮新義　卷四　天官冢宰四

醫師，掌醫之政令，聚毒藥以共醫事。凡邦之有疾病者、疕瘍者，造焉，則使醫分而治之。歲終，則稽其醫事，以制其食：十全爲上，十失一次之，十失二次之，十失三次之，十失四爲下。

【佚文】（九八）「毒，所謂五毒；藥，所謂五藥[一]。歲終，則稽其醫事，以制其食者，醃瘵稱事，然後能者勸，不能者勉[二]；故十全爲上。鄭氏爲『全，猶愈也』[三]。人之疾，固有不可治者，苟知不可治而信，則亦全也，何必愈[四]？」（文淵閣四庫全書本周官新義卷四，頁一。）

〔一〕首以下，詳解卷五，頁八述，兩「所」字並無。

〔二〕「醃瘵」以下：詳解卷五，頁八述；訂義卷八，頁二王氏曰，「不能」上有「而」字；欽定義疏卷五，頁二王氏安石曰，同訂義。

〔三〕「爲」，鈔本、墨海本、經苑本、詳解述（詳下註）皆作「謂」。

〔四〕「鄭氏」以下，詳解卷五，頁八—九述，「爲」作「謂」，「全也」作「全矣」，末多「哉」字。

食醫，掌和王之六食、六飲、六膳、百羞、百醬、八珍之齊。凡食齊，眡春時；羹齊，眡夏時；醬齊，眡秋時；飲齊，眡冬時。凡和：春多酸，夏多苦，秋多辛，各多鹹；調以滑甘。凡會膳食之宜：牛宜稌，羊宜黍，豕宜稷，犬宜粱，鴈宜麥，魚宜苽。凡君子之食，恒放焉。

【佚文】（九九）「凡食齊眡春時，羹齊眡夏時，醬齊眡秋時，飲齊眡冬時者，所御温熱涼寒宜如此；凡和春多酸，夏多苦，秋多辛，冬多鹹，調以滑甘者，春主發散，則宜多酸以收之；夏主解緩，則宜多苦以堅之；秋主揫斂，則宜多辛以散之；冬主堅栗，則宜多鹹以耎之；滑則所以利之，甘則所以緩之，緩之利之，則所以調之也。凡會膳食之宜，牛宜稌，羊宜黍，豕宜稷，犬宜粱，鴈宜麥，魚宜苽者，食物各有所宜也。物之所宜，非適此而已〔二〕；且有所宜，則亦有所畏惡相反當避者矣。其物不可勝言也，言其所嘗食焉〔三〕，則可推類而知矣。君子之食，恒放焉者，温熱涼寒酸苦辛鹹滑甘，與膳食之宜，凡百君子所以自養，恒放王如此；在易之頤，『君子以節飲食』，此之謂節飲食。」（文淵閣四庫全書本周官新義卷四，頁二一）

〔二〕「適」，經苑本作「獨」；「非適」，詳解卷五，頁十一述作「適」。
〔三〕「嘗」，鈔本、墨海本、經苑本、詳解卷五，頁十一述皆作「常」。

疾醫，掌養萬民之疾病。四時皆有癘疾：春時有痟首疾，夏時有痒疥疾，秋時有瘧寒疾，冬時有嗽上氣疾。

【佚文】（一〇〇）「列子曰：『指擿無痟癢。』痟，痛也。素問曰：『冬傷於寒，春必病温；夏傷於暑，秋必痎瘧。』病温，則所謂痟首之疾；痎瘧，則所謂瘧寒之疾。蓋方冬之時，陽爲主於内，寒雖入之，勢未能動；及春，陽出而陰爲内主，然後寒動而搏陽，爲痟首之疾矣。方夏之時，陰爲主於内，暑雖入之，勢未能動；及秋，陰出而陽爲内主，然後暑動而搏陰，爲瘧寒之疾矣〔一〕。痒疥疾，則夏陽溢於膚革，清搏而淫之故也；嗽上氣疾，則冬陽溢於藏府〔二〕，清乘而逆之故也。」（文淵閣四庫全書本周官新義卷四，頁二一—三。）〔三〕

【評】（四六）宋魏了翁曰：「荆公此一節最好，常舉以教醫者。又云：齊侯疥遂痁；本是疥疾，後變而爲痁。梁元帝改疥作痎，以爲初是隔日瘧，後來變痁，非是此便是夏陽溢於膚革，至秋則痁。」（鶴山大全集卷一〇六附一〇七，頁四周禮折衷。）

〔一〕「素問」至「疾矣」：集説卷三，頁六王介甫曰，「病温則」至「疾盖」十九字無，「冬之時」作「冬時」，「爲痟首之疾矣」作「故有痟首之疾」，下又多「痟酸痟也」四字，末「矣」字無；註疏删翼卷三，頁七四臨川王氏曰，據集説而更易數字。

〔二〕「則」，經苑本無字。又「素問」至「藏府」，欽定義疏卷五，頁八王氏安石曰，改删成文。

〔三〕本段：詳解卷五，頁十二—十三述略同；鶴山大全集卷一〇六，頁三周禮折衷荆公（云）「冬之時」作「冬時」。

以五味、五穀、五藥養其病，以五氣、五聲、五色眡其死生。兩之以九竅之變，參之以九藏之動。

【佚文】（一〇一）「素問曰：『氣不足，補之以精[一]；精不足，補之以味。』味，養精者也；穀，養形者也；藥，則療病者也。養精爲本，養形次之，療病爲末，此治之序也[二]。望其氣矣，則又聽其聲；聽其聲矣[三]，則又視其色；視其色矣，則又兩之以九竅之變，參之以九藏之動也。九竅有變，而後占九藏，則診其動於脈，兩之也以陰陽，參之也以陰陽。沖氣，醫經所謂胃氣也。以氣聲色眡死生，不過五，以味穀藥養其病，亦不過五；則物之更王、更相、更廢、更囚、更死，不過五故也[四]。」（文淵閣四庫全書本周官新義卷四，頁三—四。）

凡民之有疾病者，分而治之；死終，則各書其所以，而入于醫師。

【佚文】（一〇二）「醫師言『邦之有疾病』，疾醫言『民之有疾病』，治及民，則餘可知矣。或言

[一] 「氣」、「精」，詳解同（見下註）；經苑本作「形」、「氣」，訂義同（亦見下）。

[二] 首以下：詳解卷五，頁十三述大同。又首至「爲末」止：訂義卷八，頁六王氏曰，「氣」作「形」，「補之以精」作「温之以氣」，「次之」作「爲次」；欽定義疏卷五，頁八—九王氏安石曰，「素問曰」之「曰」無，「爲次」作「次之」，餘同訂義。

[三] 「聽其聲矣」，原無，據鈔本、墨海本、經苑本補，詳解卷五，頁十三述亦有此四字。

[四] 「望其氣」以下，訂義卷八，頁六王氏曰：「望其氣，又聽其聲，又觀其色，以眡其死生，不過五，以味穀藥養其病，亦不過五；則以物之更王、更廢、更囚、更死，不過五故也。」似自本段節抄。

邦，或言民，相備而已。醫師既言『使醫分而治之』，疾醫又言『分而治之』者，醫師分疾病疕瘍，使各治之；而疾醫所治，又各有能故也。至於瘍醫，但言『凡有瘍者，受其藥焉』，則腫瘍、潰瘍、金瘍、折瘍，同科而已〔一〕。獸醫曰『死』，疾醫曰『死終』，終則盡其道而死，所謂『君子曰終』是也。終亦有所以，而非醫之罪也〔二〕；亦書其所以焉，使知如此者〔三〕，在所不治。」（文淵閣四庫全書本周官新義卷四，頁四。）〔四〕

瘍醫，掌腫瘍、潰瘍、金瘍、折瘍之祝藥劀殺之齊。凡療瘍：以五毒攻之，以五氣養之，以五藥療之，以五味節之。凡藥：以酸養骨，以辛養筋，以鹹養脈，以苦養氣，以甘養肉，以滑養竅。凡有瘍者，受其藥焉。

〔一〕「醫師既言」以下，訂義卷八，頁七王氏曰，「既」字無，「又各」作「亦各」，「故也」作「也」，「焉」字無，「金瘍」二字無，「科」作「利」。

〔二〕「死終」以下：鶴山大全集卷一〇六附一〇七，頁五周禮折衷荆公（云）。又自「終則」以下，註疏删翼卷三，頁七六介甫王氏曰。

〔三〕「者」，墨海本、經苑本皆無，詳解述有（詳下註）。

〔四〕本段：詳解卷五，頁十四—十五述，幾全同。又「獸醫」至此，訂義卷八，頁七王氏曰，「死終」作「終」，「而死」下有「者也」，但缺「所謂君子曰終是也」，「罪也」作「罪」，末有「也」字。

【佚文】（一〇三）「腫瘍，聚而不潰；潰瘍，潰而不聚；金瘍，刃創未必折骨[一]；折瘍，折骨未必刃創；腫瘍、潰瘍自内作，而潰瘍爲重；金瘍、折瘍自外作，而折瘍爲重；故先腫瘍，後潰瘍；先金瘍，後折瘍也[二]。素問曰：『上古移精變氣，祝由而已。』醫之用祝尚矣；而瘍尤宜祝，後世有以氣封瘍而徙之者，蓋變氣祝由之遺法也。祝之不勝，然後舉藥[三]；藥之不勝，然後劀；劀之不勝，然後殺[四]。鄭氏謂『殺以藥，食其惡肉』，是也。以五毒攻之者，攻以殺之；以五氣養之者，養以生之；以五藥療之者，療以治之；以五味節之者，節以成之。獨於瘍言以五氣養之者，素問曰：『形不足者，温之以氣；瘍之治，宜以氣。』瘍之治，宜以氣，而其

[一] 「創」，墨海本作「割」，詳解述作「創」，下同。

[二] 首以下：詳解卷六，頁一述，二「刃」字並作「兩」。又至「折骨未必刃創」止：訂義卷八，頁八王氏曰；集説卷三，頁八王介甫曰，兩「刃創」，一作「刃創」、一作「刀傷」；欽定義疏卷五，頁十二王氏安石曰，檃栝爲數句。又墨海本、經苑本並無末「也」字。

[三] 「舉」，錢儀吉校曰：「訂義以王氏説爲己説，此文『舉藥』作『用藥』，今按：『舉』或『與』之誤。」

[四] 「素問」以下：詳解卷六，頁一述大同；訂義卷八，頁八載周禮全解述王安石謂：「疾之惡者，藥或不能攻，則有祝焉。」且云安石「乃引素問上古移精變氣祝由之説以爲證」；集説卷三，頁八王介甫曰，「變氣祝由之遺法也」作「其遺法」，「舉」作「用」，後二「不勝」並無；註疏删翼卷三，頁七七—七八臨川王氏曰同集説；欽定義疏卷五，頁十二王氏安石曰則删易舊本而成。

以五氣養之，反在五毒攻之之後，則必先除其惡，然後可養故也〔二〕。凡療瘍者，五毒、五氣、五味，亦所以療也〔三〕；而獨言以五藥療之，以藥爲主也。疾醫以五味、五穀、五藥養其病，而瘍醫以五藥療之，然後以五味節之者，疾醫所言者養也，且病以治内爲主，故先味而後藥；瘍醫所言者療也，且瘍以治外爲主，故先藥而後味〔三〕。以酸養骨者，骨欲收；以辛養筋者，筋欲散；以鹹養脈者，脈欲耎；以苦養氣者，氣欲堅；以甘養肉者，肉欲緩；以滑養竅者，竅欲利〔四〕。於瘍醫言養骨筋脈氣肉竅〔五〕，則善養此六者〔六〕，瘍無所生也；及其生而治之也，則亦以此養之。」（文淵閣四庫全書本周官新義卷四，頁五—六。）

【評】（四七）宋王與之曰：「愚攷醫之用祝，理或宜然。今世有以氣封瘍而從之者〔七〕，正

〔二〕「以五氣養之者養以生之」以下：詳解卷六，頁一一—一二述略同；訂義卷八，頁八王氏曰，「素問」以上作「以五氣養之，生之也，獨於瘍言」，以下與文淵本大同，唯省略數字；欽定義疏卷五，頁十三王氏安石曰，删易成文。

〔三〕「療」下，經苑本有「之」字。

〔三〕「且病以」以下：詳解卷六，頁二一述；集説卷三，頁九王介甫曰，「且病」作「疾醫」，「所言者療也，且瘍」七字無；周禮全經釋原卷三，頁二六王氏曰、註疏删翼卷三，頁七八介甫王氏曰、欽定義疏卷五，頁十三王氏安石曰皆同集説。

〔四〕「以酸養」以下，鶴山大全集卷一〇六附一〇七，頁六周禮折衷荆公（云）。

〔五〕「養」，墨海本、經苑本並無。

〔六〕「善養」，墨海本有「養」無「善」，經苑本有「善」無「養」。

〔七〕「從」，疑當作「徙」。

祝由之遺法也。祝之不勝，於是用藥；藥或不能去，必劀以刀而去惡血；劀而不愈，必殺之以藥，而食其惡肉。凡四法，各有淺深之度，故言齊。」（訂義卷八，頁八。）

【評】（四八）宋魏了翁曰：「鄭之説牽合，而『滑石』尤誤人，荆公似近之。」（鶴山大全集卷一〇六附一〇七，頁六周禮折衷。）

獸醫，掌療獸病，療獸瘍。凡療獸病，灌而行之，以節之，以動其氣，觀其所發而養之；凡療獸瘍，灌而劀之，以發其惡，然後藥之，養之食之。凡獸之有病者，有瘍者，使療之；死，則計其數，以進退之。

【佚文】（一〇四）「獸言病，而不言疾者，孟子曰：『舜明於庶物，察於人倫。』以爲物之難知，不若人之可察也；唯其不可察也，故病而後可知也。病與瘍以一醫治之，賤畜故也。醫師言稽其醫事，以制其食；獸醫言死則計其數，以進退之〔一〕。制其食，則有進退；進退之，則因亦制其食矣。人言死終，獸言死，則以物之所以死，有不可察故也〔二〕。不稽其全失爲上下，而計

〔一〕「之」，鈔本原無，孔校增；詳解述有（詳下註）。

〔二〕四庫全書考證卷八頁四十曰：「義：『人言死終，獸言死，則以物之所以死，有不可察故也。』原本作『有以物之所以死，不可察』。今據文義改。」

其生死爲進退，則亦以是故也〔二〕。」（文淵閣四庫全書本周官新義卷四，頁六—七。）

【評】（四九）宋李心傳曰：「此醫似專爲牛犬之屬有勞於人者設，馬別有醫，原注：見馬丞職。牲用其全，無所事乎此。」（鶴山大全集卷一〇六附一〇七，頁七周禮折衷引三禮辨。）

酒正，掌酒之政令，以式灋授酒材。凡爲公酒者，亦如之。辨五齊之名：一曰泛齊，二曰醴齊，三曰盎齊，四曰緹齊，五曰沈齊。辨三酒之物：一曰事酒，二曰昔酒，三曰清酒。辨四飲之物：一曰清，二曰醫，三曰漿，四曰酏。掌其厚薄之齊，以共王之四飲三酒之饌，及后、世子之飲，與其酒。

【佚文】（一〇五）「以式法授酒材者，式其給用之式，法其釀造之法。凡爲公酒亦如之者，鄭氏謂『鄉射飲酒，以公事作酒者，亦以式法及酒材授之，使自釀之』也〔三〕。辨五齊之名，三酒之物者，其物之法，其名之義，皆無所經見，不可得而知；然五齊言辨名，三酒言辨物者，五齊以祭，祭則致其義，名，義之所出也；三酒以飲，飲則致其實，物，實之所效也。共王獨三酒，則

〔二〕「醫師言」以下：詳解卷六，頁四述略同；鶴山大全集卷一〇六附一〇七，頁七周禮折衷荆公（云）：「言醫師稽其醫事，以制其食。獸醫言死，則計其數而進退之。人言死終，獸言死，則亦以物之所以死，不可不察也。」似有删略。

〔三〕「授之使」，經苑本作「授使之」。

三酒以飲，五齊以祭故也[二]。言『共王之四飲三酒之饌，及后、世子之飲，與其酒』，則后、世子之飲與酒，共之而已，弗爲之饌也[三]。」（文淵閣四庫全書本周官新義卷四，頁七。）

凡祭祀，以灋共五齊三酒，以實八尊。大祭三貳，中祭再貳，小祭壹貳。皆有酌數。唯齊酒不貳，皆有器量。

【佚文】（一〇六）「凡祭祀必以灋共五齊三酒，以實八尊者，凡天地宗廟社稷諸神之祭祀，皆共五齊三酒，以實尊物，各一尊，凡八尊；而其所實，各以其法也。大祭三貳，中祭再貳，小祭壹貳，皆有酌數者，皆非此八尊所實，齊酒則皆有貳。大祭所酌，度用一尊，則以三尊副之；中祭所酌，度用一尊，則以兩尊副之；小祭所酌，度用一尊，則以一尊副之；而其尊所實，又皆有酌數也。凡有貳者，備乏少也；大祭所貳尤多，則尤致其嚴故也。唯齊酒不貳，皆有器量者，唯所實八尊，五齊三酒，則無尊以副之；而其尊所實，亦皆有器量也。爲其弗酌也，故

[二] 「辨五齊」以下：鶴山大全集卷一〇六附一〇七，頁九—十周禮折衷荆公（云）：「酒之物者」，無「者」字。又「五齊言」以下：訂義卷八，頁十三王氏曰，兩「辨」字無，「者」字無，「名」與「義」、「物」與「實」之間，各有一「者」字，「效」下有「故」字。又「五齊以祭」至「效也」：欽定義疏卷五，頁二十王氏安石曰，删改成文，「祭則致其義」作「祭不致其味」。

[三] 「后世子」以下：詳解卷六，頁六述，「則后世子之飲與酒」八字無；訂義卷八，頁十四王氏曰，同詳解，僅少末「也」字。

有器量而無酌數也。凡祭祀必設此五齊三酒，而弗酌者，以神事焉，故用五齊；以人養焉，故用三酒。備五齊三酒而弗酌，則所以致事養之義，而非以爲味，是所謂禮之敬文也。」（文淵閣四庫全書本周官新義卷四，頁八。）〔一〕

共賓客之禮酒，共后之致飲于賓客之禮，醫、酏、糟，皆使其士奉之。凡王之燕飲酒，共其計，酒正奉之。凡饗士庶子，饗耆老孤子，皆共其酒，無酌數。掌酒之賜頒，皆有灋以行之。凡有秩酒者，以書契授之。酒正之出，日入其成，月入其要，小宰聽之。歲終則會，唯王及后之飲酒不會，以酒式誅賞。

【佚文】（一〇七）「王燕飲酒，共其計者，至尊不可以有司法數制之，故共其計，使知其不節，則自戒也；然則后何以不共其計〔二〕？后，王所帥也，王知自戒，則亦已矣〔三〕。饗士庶子，饗耆老孤子，皆共其酒，無酌數，則王施德惠焉，取醉之而已。掌酒之賜頒，皆有法以行之者，名位

〔一〕　全段，詳解卷六，頁六述大同。
〔二〕　「使知」以下共十八字：鈔本原無，孔校增之，詳解述大致有此十八字（詳下註）。
〔三〕　首以下，詳解卷六，頁七述大同。

不同，禮亦異數故也。凡有秩酒者，有常賜之酒也。鄭氏以王制『九十日有秩』〔一〕，而謂有秩酒者，老臣也；老臣固宜有秩酒，然有秩酒則非特老臣而已。以書契授之者，授以書，使知其所得之數；授以契，使執之取酒也〔二〕。酒正之出，日入其成，月入其要，小宰聽之者，特謹其出，異于餘物，毖酒之意。必使小宰聽之〔三〕，則小宰執九式之貳，掌出納之正，而止其不如法者也〔四〕。以酒式誅賞者，以式計其贏不足、美惡之數，而誅賞也。」（文淵閣四庫全書本周官新義卷四，頁九—十。）

【佚文】（一〇八）「建國，則王立朝，后立市；祭祀，則王耕以供粢盛，后蠶以爲祭服；王獻而后亞祼，王親牽射牲，后親徹豆籩；賓客，則亦王祼獻而后亞獻，則王致酒，后致飲，夫婦相

〔一〕「九」，鈔本作「各」，詳解述作「九」（詳下註）。

〔二〕「執之」下，鈔本、墨海本、經苑本皆有「以」字。「之」，詳解述作「以」。「秩酒者」以下：詳解卷六，頁七—八述大同；訂義卷八，頁十七王氏曰，「有常賜上」無「者」字，「謂」上無「而」字，「則」字無，「以書契授之者授以書」作「授以書者」，「以契下」有「者」字，「執之下」有「以」字。又「有秩酒則」以下：欽定義疏卷五，頁二六王氏安石曰，略同。

〔三〕「者特謹」以下共十九字，墨海本、經苑本並無，訂義卷八，頁十七王氏曰大致有此十九字（詳下註）。

〔四〕「特謹」以下：詳解卷六，頁八述略同；訂義卷八，頁十七王氏曰，「餘」上有「其」字，「意」下有「也」字，「必」下無「使」字，「小宰執九式之貳」七字無，「掌」作「守」，「止」作「正」，末「也」字無；欽定義疏卷五，頁二六王氏安石曰，有刪節，「止」亦作「正」。

成之義也。」（訂義卷八，頁十五王氏曰；詳解卷六，頁六—七述大同。集説卷三，頁十四王介甫曰，「王獻而」作「王獻尸」，「射」字無，「親徹」作「薦徹」，「而后亞獻」作「后亞之」，「則王致酒」，無「則」字。註疏删翼卷四，頁六—七介甫王氏曰，同集説；欽定義疏卷五，頁二四—二五王氏安石曰大同。）

酒人，掌爲五齊三酒。祭祀，則共奉之，以役世婦。共賓客之禮酒、飲酒而奉之。凡事，共酒而入于酒府。凡祭祀，共酒以往，賓客之陳酒，亦如之。

【佚文】（一〇九）「祭祀則共奉之，以役世婦者，世婦掌女宮之宿戒，及祭祀比其具，酒人則共其物，奉其事，以爲世婦役也。共賓客之禮酒、飲酒而奉之者，饗以訓恭儉，故爵盈而不飲，爲禮而已，則禮酒〔一〕，饗酒也；燕以示慈惠〔二〕，故燕謂之飲酒〔三〕，則飲酒者，燕酒也。凡事共酒而入于酒府者，酒正掌辨酒物，及厚薄之齊，故凡事共酒，則入于酒府，酒正眡焉，而後共之；

〔一〕「酒」下，鈔本、墨海本、經苑本皆有「者」字。
〔二〕「惠」，鈔本原無，孔校增；詳解述有（詳下註）。
〔三〕「饗以」以下：詳解卷六，頁九述大同；訂義卷八，頁十九王氏曰「饗酒爲禮而已，故謂之禮酒。燕以示慈惠，故燕酒謂之飲酒」，略同。

酒正言共賓客之禮酒，酒人言共賓客之禮酒〔二〕，飲酒而奉之，凡事共酒，而入于酒府，則酒正之所共者，惟禮酒而已矣。其飲酒則自酒人之所共。酒人之共禮酒，則共之入于酒府；酒正之共禮酒，則眡酒之所入而共之，酒正共之而已，酒人則又奉之也。蓋雖飲酒，亦必酒正眡焉，而後共之，以酒人凡事共酒入于酒府故也。祭祀共酒以往，則自有奉之者，往共其陳而已〔三〕。」（文淵閣四庫全書本周官新義卷四，頁十一—十一。）

【佚文】（一一〇）「饗以訓恭儉，爵盈而不飲，所以爲禮而已，故饗酒謂之禮酒；燕以示慈惠，燕酒謂之飲酒。凡事共酒入于酒府者，入于酒正之府也。酒正掌辨酒物，及厚薄之齊，故凡事之用酒，必酒正眡焉，而後共之；祭祀共酒以往，則自有奉之者，往待其令而已。賓客之陳酒，掌客所謂『壺四十皆陳』之類。」（集説卷三，頁十六—十七王介甫曰；註疏删翼卷四，頁十臨川王氏曰，自首至「飲酒」、自「酒正掌」至「共之」，並同集説，唯「掌」誤作「當」；欽定義疏卷五，頁二八王氏安石曰，亦據集説引，類有異文。敏案：「奉之者」以上略同文淵本，其下大抵爲文淵本所缺者。）

〔二〕「酒人以下」共九字，墨海本、經苑本並無，詳解述有此九字（詳下註）。

〔三〕「凡事共酒而入于酒府者」以下：詳解卷六，頁九述略同。又「祭祀共酒」以下，訂義卷八，頁十九王氏曰，「共其陳」作「待其令」。

漿人，掌共王之六飲：水、漿、醴、涼、醫、酏，入于酒府，共賓客之稍禮；共夫人致飲于賓客之禮，清、醴、醫、酏、糟而奉之。凡飲共之。

【佚文】（一一一）「漿人言掌共王之六飲，水漿醴涼醫酏，入于酒府者，漿人所謂醴，即酒正所謂清，清與醴一物也。言清，則知所謂醴者清；言醴，則知所謂清者醴；必言清，則以醴有清糟，而酒漿所用共王及后、世子者，清醴也。夫人致飲，所謂清醴者此也。漿人不言共后、世子者，水涼自其宮屬共之〔一〕，四飲則酒正共之矣；漿人不共水涼，則與膳夫不共薦同意。水涼無厚薄之齊，又非酒正所共，而亦入于酒府，則以共王亦眡之也。共賓客之稍禮，則若庖人繼肉，廩人繼粟，稍給其物也〔二〕。共夫人致飲於賓客之禮清醴醫酏糟而奉之者，夫人有致飲於賓客之禮，則猶冢宰有好賜予也；蓋上下〔三〕、內外、小大相成焉，禮之所以立也。后致飲〔四〕，則醫酏糟而已，厭於王也；夫人致飲，則又有清醴焉，卑者不嫌，故無厭也。其厭也，乃

〔一〕「宮」，墨海本、經苑本並作「官」，詳解述作「宮」（詳下註）。
〔二〕首以下：詳解卷六，頁九—十略同。
〔三〕「下」，鈔本原作「有」，孔校改作「下」，詳解述作「下」（見下註）。
〔四〕「后」，經苑本作「若」，詳解述作「后」（見下註）。

其所以爲貴也；禮有以少爲貴者，此之謂也〔一〕。」（文淵閣四庫全書本周官新義卷四，頁十一——十二。）

凌人，掌冰。正歲十有二月，令斬冰，三其凌。春，始治鑑。凡外内饔之膳羞鑑焉；凡酒漿之酒醴，亦如之。祭祀，共冰鑑；賓客，共冰；大喪，共夷槃冰。夏，頒冰，掌事。秋，刷。

【佚文】（一一二）「凌人，掌冰。正歲十有二月，令斬冰。三其凌者，凌即冰也；斬之而爲凌〔二〕。三其凌，爲度所用，備消釋也。春，始治鑑者〔三〕，鑑，所以盛冰也；治鑑，非第春而已〔四〕，於是乎始也。」（文淵閣四庫全書本周官新義卷四，頁十二。）

籩人，掌四籩之實。朝事之籩，其實麷、蕡、白、黑、形鹽、膴、鮑魚、鱐；饋食之籩，其實棗、㮚、桃、乾䕩、榛實；加籩之實，蔆、芡、㮚、脯，蔆、芡、㮚、脯；羞籩之實，糗餌、粉餈。凡祭祀，共其

〔一〕「夫人有」以下：詳解卷六，頁十述，「宰」下有「之」字，「乃」下無「其」、「貴」下無「者」字。

〔二〕「而」下，墨海本、經苑本並有「後」字。

〔三〕「鑑者」下，原疊「鑑者」二字，據墨海本、經苑本删。

〔四〕「第」，鈔本作「適」。

籩薦羞之實；喪事及賓客之事，共其薦籩羞籩；爲王及后、世子，共其内羞。凡籩事掌之。

醢人，掌四豆之實。朝事之豆，其實韭菹、醓醢，昌本、麋臡，菁菹、鹿臡，茆菹、麇臡；饋食之豆，其實葵菹、蠃醢，脾析、蠯醢，蜃、蚳醢，豚拍、魚醢；加豆之實，芹菹、兔醢，深蒲、醓醢，箈菹、鴈醢，筍菹、魚醢；羞豆之實，酏食、糝食。凡祭祀，共薦羞之豆實；賓客、喪紀亦如之。爲王及后、世子，共其内羞；王舉，則共醢六十罋；以五齊、七醢、七菹、三臡實之。賓客之禮，共醢五十罋。凡事共醢。

【佚文】（一一三）「朝事之籩豆，以象朝事，其親所進也；饋食之籩豆，以象食時之所進也[一]；加籩加豆，則以象饋之有加[二]；至於羞籩羞豆[三]，則以象養之有羞也[四]。孝子之事其親，欲知

[一]「之」，鶴山大全集卷一〇六附一〇七，頁二五—二七周禮折衷荆公（云）（本段下之校註簡稱折衷）無。首以下：欽定義疏卷五，頁三五、三六王氏安石曰兩條，「食時之」，無「之」字。又「饋食」以下，亦見訂義卷九，頁二王氏曰，「之所進也」作「所進」。

[二]「饋之」下，鈔本原疊「饋之」，孔校删疊。「加籩」以下：訂義卷九，頁三王氏曰，「豆」上、下無「加」、「則」字；欽定義疏卷五，頁三七王氏安石曰，「則」字無，末有「也」字。

[三]「至於」，鈔本、折衷並無。

[四]「羞籩」以下：訂義卷九，頁四王氏曰，「則以象」作「則象其」；欽定義疏卷五，頁三八王氏安石曰，無「則」字。

其養〔一〕；其養也，欲致其盛。既盛〔二〕，以爲未足，則欲備其細；細既備矣〔三〕，以爲是養而已，弗敬不足以爲孝，孝則又欲致其敬〔四〕；既備且致其敬〔五〕，斯可以已矣〔六〕。乃若孝子之心，則又欲致其難，且致其美。夫致其難，且致其美，是亦有力者所易也，則又欲自致焉；服其勤而致新以進之，則所以自致也。朝事之籩，其實麷、蕡、白、黑、形鹽、膴、鮑魚、鱐；朝事之豆，其實韭菹〔七〕、醓醢，昌本、麋臡，菁菹、鹿臡〔八〕、茆菹、麇臡，則所以致其養之盛也。王使周公閱來聘，魯饗有昌歜、白、黑、形鹽，辭曰：『國君文足昭也，武可畏也，則有備物之饗，以象其德，羞嘉穀，鹽虎形。』鹽虎形，則所謂形鹽；昌本，則所謂昌歜；麷、蕡、白、黑，則所謂嘉穀；推公閱

〔一〕「知」，墨海本、經苑本、折衷皆作「致」。
〔二〕「盛」下，經苑本、折衷並有「矣」字。
〔三〕「細」，折衷不疊。
〔四〕「孝」，鈔本、墨海本、經苑本、折衷皆不疊。
〔五〕「且」，墨海本作「具」。
〔六〕「孝子之事其親以下，訂義卷九，頁二王氏曰，多所改易。
〔七〕「韭」，鈔本作「韮」。
〔八〕「菁菹鹿臡」，鈔本原缺，孔校增。

之言，則凡朝事之籩豆，爲致其盛矣〔一〕。饋食之籩，其實棗、栗〔二〕、桃、乾穰、榛實；饋食之豆，其實葵菹、蠃醢，脾析、蠯醢，蜃、蚳醢，豚拍、魚醢；則所以備其細且致其敬也。脾析豚拍，物之小體；蠃蠯蜃蚳及魚〔三〕，則亦皆物之細也；此所以爲備其細。棗、㮚、榛實，女所用摯，以告虔也；此所以謂致其敬〔四〕。桃、乾𧃒，則亦備其細而已〔五〕。加籩之實，蔆、芡、㮚、脯〔六〕；加豆之實，芹菹、兔醢、深蒲、醓醢，箈菹、鴈醢，筍菹、魚醢；所以致其難且致其美也。棗、㮚、桃、乾𧃒、榛實及葵〔七〕，則取諸園圃而足；蔆、芡、深蒲、芹、箈及筍，則取之遠矣；蠃、蠯、蜃、蚳，則可掇也；兔、鴈、魚，則不可以掇而取矣〔八〕；此所以謂致其難〔九〕。葵不若芹之美，桃、乾𧃒不若㮚脯之美，蠃、蠯、蜃、蚳不若兔、鴈、魚之美，此所以爲致其美。盖醢可以爲盛，亦可以

〔一〕「王使周公」以下，訂義卷九，頁二王氏曰，多所更易。
〔二〕「栗」，墨海本、經苑本並作「㮚」。
〔三〕「蠃蠯蜃蚳」，折衷作「蠃蚳蠯蜃」。
〔四〕「謂」，鈔本、墨海本、經苑本、折衷皆作「爲」。
〔五〕「桃乾𧃒榛」以下，訂義卷九，頁二王氏曰，多所更易。
〔六〕「蔆芡㮚脯」，折衷作「蔆芡栗脯」，且疊見。
〔七〕「桃乾𧃒榛實」，折衷作「桃榛𧃒」。
〔八〕「以」，折衷無。
〔九〕「謂」，鈔本、墨海本、經苑本、折衷皆作「爲」。

爲美，故朝事加豆皆以爲實；魚可以爲美，亦可以爲備；𣚍可以爲敬，亦可以爲美，故饋食加籩，皆以爲實也。羞籩之實〔一〕，糗餌、粉餈；羞豆之實〔二〕，酏食、糝食；其穀出於耕耨，而皆用春治煎和之力爲多，而非若菹醢之屬可以久。此所以爲服其勤，而致新以進之，自致之道也〔三〕。凡祭祀，共其籩薦羞之實者，祭祀各有所共常器，籩人共其實而已；喪事及賓客之事，共其薦籩羞籩，則王有喪事，及賓客之事也，非特共實而已，并以籩共之也。醢人言『凡祭祀，共薦羞之豆實，賓客喪紀亦如之』，則非其共王喪事〔四〕，及賓客之事，乃以共喪紀及賓客也。共薦羞之豆實，則共其實而已；籩豆相須而成禮，籩人言共喪事及賓客之事，則醢人亦如之矣；醢人言共賓客喪紀，則籩人亦如之矣。喪事及賓客之事，并器共之，則籩醢之器，正以共王事故也。賓客喪紀，則共實而已。蓋掌客職喪之屬，主其事者，自有器也；籩人言共其籩薦羞之實者，籩人之官〔五〕，以籩名故也；醢人言共薦羞之豆實者，醢人之官，不以豆名故也〔六〕；籩人醢人，

〔一〕「羞籩」，折衷作「籩羞」。
〔二〕「實」，折衷無。
〔三〕「糗餌」以下，訂義卷九，頁四王氏曰，多所改易。
〔四〕「其」，經苑本、折衷並作「以」。
〔五〕「之」，折衷無。
〔六〕「祭祀各有所共」以下、「籩人言共其籩」以下兩段，欽定義疏卷五，頁三九合爲一條，有删易。

皆不言共王及后、世子之内羞，而曰爲王及后、世子共其内羞，則此内羞非共王及后、世子，乃王及后、世子，以此内羞共禮事，而籩人醢人爲之共之也。世婦及祭之日，涖陳女宫之具，凡内羞之物，則内羞所共，爲祭祀矣[二]。」（文淵閣四庫全書本周官新義卷四，頁十三—十六。）[三]

醯人，掌共五齊、七菹凡醯物，以共祭祀之齊菹，凡醯醬之物，賓客亦如之。王舉，則共齊菹醯物六十罋；共后及世子之醬、齊、菹；賓客之禮，共醯五十罋。凡事共醯。

【佚文】（一一四）「醯人所共五齊[三]、七醢、七菹、三臡，皆謂之醬[四]，故醯人王舉則共六十罋，以五齊、七醢、七菹、三臡實之；醯人掌共王五齊、七菹凡醯物，王舉則共齊、菹、醯物六十罋，而膳夫爲之，醬用百有二十罋也。醢人醯人各有五齊、七菹，而醢人謂之齊[五]、菹、醢物，則醯人之齊菹，以醯成之。以醯成之之物，謂之醯物，所謂凡醯物是也；以醯成之之醬，爲之

〔二〕「籩人醢人皆不言」以下，訂義卷九，頁四—五王氏曰，多所更易。又末二字「祀矣」，折衷作「事矣」。

〔三〕鶴山周禮折衷全載此大段文（約千字），而註疏删翼卷四，頁二十—二一臨川王氏曰據之，頗加删削。

〔三〕「醯人」上，欽定義疏有「醢人」二字（詳下註）。「醯」，鈔本原作「醢」，孔校改爲「醯」；墨海本、經苑本亦並作「醯」。「人」下，孔校又增「醯人」二字。

〔四〕首以下，欽定義疏卷五，頁四四王氏安石曰，「醯人」上更有「醢人」二字。

〔五〕「醯」，墨海本、經苑本並作「醢」。

醯醬[二]，所謂凡醯醬之物是也。所謂共后及世子之醬、齊、菹，則凡醯醬、齊、菹也。」（文淵閣四庫全書本周官新義卷四，頁十六—十七。）

【佚文】（一一五）「醯以酸爲尚，然五齊、七菹皆醯物也；醢人職之矣，醯人復共醯何邪？蓋天下之味，不過於禽獸魚蜃之屬，其肉登俎則腐敗隨之，不以鹽醯之，其能久乎？鹽曰鹹鹺，故醢之味專於鹹，鹹非酸不能收，故醢不可以無醯，此醯人之職所以設，而醯之爲用亦不過菹醢之間。」（訂義卷九，頁八王氏曰。）

【佚文】（一一六）「醢人、醯人各有五齊、七菹者，蓋齊、菹有須醬以成者。九醢物，則凡以醯成之物；凡醯醬之物，則凡以醯成之醬也。五齊、七菹、三醬，皆謂之醬。」（訂義卷九，頁八王氏曰，略與文淵本「醢人醯人各有」以下同。）

鹽人，掌鹽之政令，以共百事之鹽。祭祀，共其苦鹽、散鹽；賓客，共其形鹽、散鹽；王之膳羞，共飴鹽；后及世子，亦如之。凡齊事，鬻鹽以待戒令。

[二]「爲」，墨海本、經苑本並作「謂」。

【佚文】(一一七)「苦鹽,鹽之苦者,蓋今顆鹽是也;飴鹽,鹽之甘者〔一〕,蓋今戎鹽是也;散鹽,鹽之散者,蓋今末鹽是也。散鹽不如顆鹽之苦,又不如戎鹽之甘,故不知其味名之,而名其體也〔二〕。言散鹽,則知所謂飴鹽、苦鹽非散矣。賓客形鹽,則備物之饗也;備物之饗,有鹽虎形,以象武之可畏也。鹽可以柔物,而從革之所生,潤下之所作,求其生作之方,則西北也;故以爲虎形,象天事之武〔三〕。朝事之籩,有形鹽,而鹽人不言者,賓客共之,則祭祀從可知也〔四〕。然則祭祀不言共飴鹽者,亦后、世子共之,則祭祀從可知也〔五〕。祭祀共苦鹽,則外盡物故也。」(文淵閣四庫全書本周官新義卷四,頁十七—十八。)

幂人,掌共巾幂。祭祀,以疏布巾幂八尊,以畫布巾幂六彝。凡王巾皆黼。

【佚文】(一一八)「八尊,酒人凡祭祀〔六〕,以五齊三酒所實,設而弗酌,是禮之文也;六彝司

〔一〕「者」,鈔本原無,孔校增。
〔二〕「散鹽鹽」以下:訂義卷九,頁九王氏曰,「不如」上無「散鹽」二字,「戎」作「成」,「知其味」作「以味」,「也」字無。
〔三〕「象武」以下,詳解卷六,頁二十述略同。
〔四〕「朝事」以下:詳解卷六,頁二十述,「也」作「矣」;欽定義疏卷五,頁四六王氏安石曰,無「從」字。
〔五〕「然則祭祀」以下共廿三字,墨海本、經苑本並無,詳解卷六,頁二十述大抵有此廿三字。
〔六〕「人」,墨海本作「正」,詳解卷六,頁二十述亦作「正」。

尊彝所用以祼，是禮之實也；禮之文，成之以質，故以疏布巾冪八尊；禮之質，成之以文，故以畫布巾冪六彝。言疏知畫布之密〔一〕，言畫知疏布之素；質宜疏，文宜縟故也。天事武，故白與黑爲黼，西北方之色也。巾以覆物，宜象天事，故王巾皆黼。」（文淵閣四庫全書本周官新義卷四，頁十八。）

宫人，掌王之六寢之脩。爲其井匽，除其不蠲，去其惡臭。共王之沐浴。凡寢中之事，埽除執燭，共鑪炭，凡勞事。四方之舍事亦如之。

【佚文】（一一九）「王朝有三，寢有六，陰陽之義也。」（文淵閣四庫全書本周官新義卷四，頁十八。）〔二〕

掌舍，掌王之會同之舍。設梐枑再重；設車宫、轅門；爲壇壝宫、棘門；爲帷宫，設旌門；無宫，則共人門。凡舍事則掌之。

〔一〕「言」，鈔本原作「六」，孔校改爲「言」；詳解卷六，頁二一述作「言」。

〔二〕全段：詳解卷七，頁一述「六」下有「者」字；訂義卷九，頁十二王氏曰、集説卷三，頁三十王介甫曰、註疏刪翼卷四，頁二九臨川王氏曰、欽定義疏卷五，頁四九王氏安石曰。

【佚文】（一二〇）「凡此所謂所設所共〔一〕，皆會同之事也。先設梐枑再重，然後設車宮轅門，所以營衛王也〔二〕；爲壇壝宮棘門，則以待合諸侯而命事〔三〕；爲帷宮設旌門，則以待王之舍止；無宮則共人門，謂王不在車宮之中，則以師爲營衛，而共人以爲門也。壇壝宮、帷宮、棘門，則爲之而後成；車宮、轅門、旌門，無所爲也，設之而已；人門，則又不設也，共之而已〔四〕。故曰設車宮，轅門，爲壇壝宮、棘門，爲帷宮、設旌門，無宮，則共人門也。轅門，仰轅以爲門；壇壝宮，爲壇於中，而壝其外也。人門，若今衛士之有行門。」（文淵閣四庫全書本周官新義卷四，頁十九。）

幕人，掌帷、幕、幄、帟、綬之事。凡朝覲、會同、軍旅、田役、祭祀，共其帷幕幄帟綬；大喪共帷幕帟綬；三公及卿大夫之喪，共其帟。

〔一〕「謂」，鈔本、墨海本、經苑本皆作「爲」。
〔二〕「先設」以下，詳解卷七，頁二述大同。
〔三〕「則以」以下：詳解卷七，頁二述大同；訂義卷九，頁十四王氏曰，「則」作「所」。
〔四〕「壇壝宮帷」以下：訂義卷九，頁十四王氏曰，無「宮帷」二字，「宮棘」作「官棘」；欽定義疏卷五，頁五三王氏安石曰同訂義，僅「宮棘」不作「官棘」之異。

【佚文】（一二一）「幕人掌帷、幕、幄、帟、綬之事，鄭氏以爲『王出宮則有是事』，以掌次考之，則王出宮，有掌次掌其法，以待張事；幕人共張物而已。所謂凡朝覲、會同、軍旅、田役、祭祀，共其帷幕幄帟綬之事，則正謂王在宮，非出次之時，謂之掌事，則非特掌其物矣〔二〕。大喪共帷幕帟綬，而不共幄，則王方宅喪，無所事幄，以帷幕帟綬共張喪柩而已〔三〕。」（文淵閣四庫全書本周官新義卷四，頁十九—二十。）

掌次，掌王次之灋，以待張事。王大旅上帝，則張氈案，設皇邸；朝日祀五帝，則張大次、小次，設重帟、重案。合諸侯，亦如之。師田則張幕，設重帟、重案；諸侯朝覲、會同，則張大次、小次；師田，則張幕，設案；孤卿有邦事，則張幕設案。凡喪，王則張帟三重，諸侯再重，孤卿大夫不重。凡祭祀，張其旅幕，張尸次；射則張耦次。掌凡邦之張事。

〔二〕首以下：詳解卷七，頁三—四述略同；欽定義疏卷五，頁五四王氏安石曰：「幕人非特掌其物，又掌其事。」撮述大意而已。

〔三〕「柩」，經苑本作「匶」。「鄭氏」以下：鶴山大全集卷一〇六附一〇七，頁三五周禮折衷荆公（云），「之事」作「是也」，「則正謂王在宮非出次之時」十一字無。又「大喪」以下：詳解卷七，頁四述，「無所事幄」作「無事於幄」；訂義卷九，頁十五王氏曰同詳解。

【佚文】（一一二一）「王大旅上帝，則張氈案設皇邸者，案，蓋所據之案；邸，蓋所宿之邸。今朝宿所次謂之邸，張宿所次謂之邸〔一〕，則邸宿所次也。蓋大旅上帝，則掌舍爲帷宮，而掌次設宿次於宮中〔二〕，宿次之中，則又張氈案〔三〕，謂之皇邸，則或繪、或畫、或染羽以象焉，而其詳莫可得而知也。師田，張幕而不張次，則與衆皆作故也。掌凡邦之張事，則在宮張事，自幕人掌之；掌次所掌，凡在邦而已〔四〕。」（文淵閣四庫全書本周官新義卷四，頁二十一—二二。）

【評】（五〇）宋李心傳曰：「古者天子之待諸侯，用大賓之禮，故其法如此。荆公云：『言掌凡邦之張事，則在宮張事，自幕人掌之；掌次所掌，凡在邦而已。』」（鶴山大全集卷一〇六附一〇七，頁三七周禮折衷載三禮辨，在經文「孤卿有邦事，則張幕設案」下。）

【佚文】（一一二二）「邸，宿次，猶漢時諸侯王侯見天子之邸。」（鶴山大全集卷一〇六附一〇七，頁三六周禮折衷荆公曰。）

〔一〕「張」，墨海本、經苑本並作「朝」。
〔二〕「掌」，鈔本原作「張」，孔校改作「掌」，詳解述亦作「掌」（詳下註）。
〔三〕「蓋大旅」以下，詳解卷七，頁五述大同。
〔四〕「掌凡邦」以下：鶴山大全集卷一〇六附一〇七，頁三七周禮折衷載三禮辨引荆公云：訂義卷九，頁十九王氏曰、詳解卷七，頁七述，「掌之」並作「共之」。

周禮新義　卷五　天官冢宰五

大府，掌九貢、九賦、九功之貳，以受其貨賄之入。頒其貨于受藏之府，頒其賄于受用之府。

【佚文】（一二四）「九功，九職之功也。在大宰曰『九職』，則以任萬民故也；在大府、內府、司會曰『九功』，則大府、內府以受貨賄，司會以令財用也。頒其貨于受藏之府，則將以化之也，故使受藏之府藏之；頒其賄于受用之府，則將以用也[一]，故使受用之府有之[二]；化之之謂貨，有之之謂賄。受藏之府，則若職內掌邦之賦入者是也；受用之府，則若職歲掌邦之賦出者是也[三]。」（文淵閣四庫全書本周官新義卷五，頁一。）

[一]「用」下，墨海本、經苑本、詳解述（詳下註）皆有「之」字。

[二]「頒其貨」以下，詳解卷七，頁八述，幾全同。

[三]「受藏之府」以下：臨川集卷四三，頁四乞改周禮義誤字劄子：「大府『受藏之府，則若職內掌邦之賦入是也；受用之府，則若職歲掌邦之賦出是也』，已上三十字，今欲刪去。」所謂刪去之三十字，詳解卷七，頁八述猶存；並視文淵本少兩「者」字而已。四庫全書考證卷八曰：「案：安石集乞改三經義誤字劄子云：『受藏之府，則若職內掌邦之賦入是也；受用之府，則若職歲掌邦之賦出是也。以上三十字，今欲刪去。』題注下云：『元豐三年八月二十八日奉聖旨，宜令國子監依所奏照會改正。』而永樂大典仍係未改之本，『入』字、『出』字下又多二『者』字。」

凡官府都鄙之吏，及執事者受財用焉。凡頒財，以式灋授之。

【佚文】（一二五）「頒財以式法授之者，以式授之使知所用；以法授之，使知所治。」（文淵閣四庫全書本周官新義卷五，頁一。）

關市之賦，以待王之膳服；邦中之賦，以待賓客；四郊之賦，以待稍秣；家削之賦，以待匪頒；邦甸之賦，以待工事；邦縣之賦，以待幣帛；邦都之賦，以待祭祀；山澤之賦，以待喪紀；幣餘之賦，以待賜予。凡邦國之貢，以待弔用；凡萬民之貢，以充府庫；凡式貢之餘財，以共玩好之用；凡邦之賦用，取具焉。歲終，則以貨賄之入出會之。

【佚文】（一二六）「角人、羽人、掌葛，皆徵財物于農，以當邦賦之政令；則九賦宜皆聽民各以其物當賦，而所以待邦用，宜各因其物之所多，以便出賦之人。關市、邦中，商旅所會，共王膳服及賓客所須，百物珍異于是乎在〔二〕；故關市之賦，以待王之膳服，邦中之賦，以待賓客。關市、邦中，皆商旅所會，而獨以關市待王之膳服，則凶荒札喪，關市無征，而王于是時亦不

〔二〕「須百物」，墨海本作「須者物」，經苑本作「須者百物」，詳解述作「須百物」（詳下註）。

舉，而素服所賦所待，宜各從其類故也〔一〕。喪紀所用葦蒲、蜃物、荼葛、木材之屬，出于山澤爲多，故山澤之賦以待喪紀〔二〕。四郊于國爲近，近者可使輸重，故四郊之賦以待稍秣。邦縣于國爲遠，遠者可使輸輕，故邦縣之賦以待幣帛。稍秣幣帛，夫家而有之，故便其遠近而已。邦都，則其地尤遠，而公卿王子弟所長也〔三〕，王于祭祀，欲致遠物，且獲親貴之助焉，故邦都之賦，以待祭祀。邦甸家削〔四〕，比四郊爲遠，比縣都爲近，匪頒工事，則雜出遠近之物，故家削之賦，以待匪頒，邦甸之賦，以待工事。賜予，則用財之餘事〔五〕，故幣餘之賦，以待賜予〔六〕。凡邦國之貢，以待弔用者，哀邦國之禍裁〔七〕，宜以其所貢焉。凡萬民之貢，以充府庫者，王以治民

〔一〕首以下：集説卷三，頁三八—三九王介甫曰，「宜皆聽」以下共十六字無，「須」下有「者」字，「于是乎在」作「於此乎在故也」，「故關市」以下共十九字無，「關市邦中」上有「夫」字，「服」下有「也」字，「類故也」作「類故耳」；註疏删翼卷四，頁三八臨川王氏曰，同集説，僅「九」作「邦」。

〔二〕「喪紀所用」以下，欽定義疏卷六，頁六王氏安石曰。

〔三〕「長」，經苑本作「食」，詳解述作「長」（詳下註）。

〔四〕「邦甸家削」，經苑本作「家削邦甸」，詳解述同文淵本（詳下註）。

〔五〕「四郊」以下至「以待幣帛」，又自「邦甸家削」至「以待工事」，又「賜予」句八字，皆見訂義卷十，頁三王氏曰，合爲一大段；另一小段，僅「家削」在「邦甸」上，餘悉同文淵本。

〔六〕「關市邦中」以下，詳解卷七，頁九述略同。

〔七〕「哀」，鈔本作「施」。

爲施，民以養王爲報，則充府庫宜以萬民之貢也。凡式貢之餘財，以共玩好之用者，惟玩好之用〔二〕，宜以餘財而已。然待弔用以邦國之貢，而邦國之貢，非特以待弔用；充府庫以萬民之貢，而萬民之貢非特以充府庫；共玩好之用，以式貢之餘財，而式貢之餘財，非特以共玩好之用；蓋大府之藏，凡邦之賦用，取具焉，則九賦之所待，亦猶是也。于玩好之用言共者，式貢之餘財，以待邦之衆，故非以待玩好之用；有玩好之用，則于是共之而已〔三〕。大府所待先後，與九式所序不同，則大府掌財用之官，知以其職嚴事王而已，故以待王之膳服爲先，其餘則雜而無序，與内史八柄莫知先後同意。九式所謂羞服，凡羞服皆在是矣；大府所謂膳服，則唯王之膳服；又其所膳，則六牲而已，羞不與焉。九式所謂芻秣，則非稍也；大府所謂稍秣，則有稍而無芻。芻式所用，則委人所斂是也。」（文淵閣四庫全書本周官新義卷五，頁二—四。）

玉府，掌王之金玉、玩好、兵器，凡良貨賄之藏。共王之服玉、佩玉、珠玉。王齊，則共食玉；大

〔二〕「惟」，鈔本無。
〔三〕「然待弔」以下，詳解卷七，頁十述，幾全同。

喪，共含玉；復衣裳，角枕，角柶。

【佚文】（一二七）「考工記〔一〕：『玉人之事，大圭長三尺，天子服之。』服玉則大圭之屬是也，佩玉則珩璜琚瑀之屬是也，珠玉則珠也、玉也，凡以共王之用者〔二〕，食玉則其食之蓋有法矣。北齊李預嘗得食法，采而食之，及其死也，形不壞而無穢氣。則食玉之所養可知矣〔三〕。」（文淵閣四庫全書本周官新義卷五，頁四。）

【評】（五一）清王太岳曰：「……案：食玉，鄭司農云：『當食玉屑，不過少許，以助精明之養。』此乃引北齊李預事，則後世服食之法，似失經旨。」（四庫全書考證卷八，頁四一。）

【評】（五二）宋魏了翁曰：「鄭：『玉是陽精之純者，食之以禦水氣。』鄭司農云：『王齊當食玉屑。』賈知玉是純陽之精者，但玉聲清，清則屬陽。又案：楚語云：『王孫圉與趙簡子言玉足以庇廕嘉穀，使無水旱之灾則寶之，珠足以禦火則寶之。』服氏云：『珠水精，足以禁

〔一〕「考」，經苑本作「攷」。下「攷」作「考」、或「考」作「攷」者，概不校注。

〔二〕首以下：詳解卷七，頁十二述。又欽定義疏卷六，頁十三王安石以「服玉爲大圭之屬」，合本段「服玉」句五字。又「珠玉」等共七字，亦見訂義卷十頁七王氏曰。

〔三〕「其食之」以下：詳解卷七，頁十二述，「北」上有「昔」字，「嘗」作「常」；訂義卷十，頁八王氏曰，「蓋有法矣」作「有法」，餘同詳解；鶴山大全集卷一〇六附一〇七，頁四三周禮折衷荆公「又舉北齊李預得食玉法」，據出本段。又欽定義疏卷六，頁十四略約王氏安石曰「北齊李預」云云，亦出此節。

火。』如是則玉是火精可知。云食之以禦水氣者，致齊時居於路寢，恐起動多，故須玉以禦水氣也。先鄭『食玉屑』者，研之乃可食。荆公又舉北齊李預得食玉法，益誤矣。」（鶴山大全集卷一〇六附一〇七，頁四三周禮折衷。）

【評】（五三）清鄂爾泰曰：「案：服玉，共於弁師；佩玉，共於春官司服。珠玉，注不言所用，姑從原父；若然，則『服玉』中可以該之。又出此者，或別有他用也。王安石以服玉爲大圭之屬，非也。」（欽定義疏卷六，頁十四。）

掌王之燕衣服，衽席、牀笫凡褻器。若合諸侯，則共珠槃、玉敦。

【佚文】（一二八）「盟必割牛耳，取血相與歃之。牛耳，以示順聽；血，則告幽之物，示信之由中也。珠槃玉敦，蓋歃血之器也。珠，陰精之所化；玉，陽精之所生；以陰陽之精物爲器而使掌王生服死含之物者共焉〔二〕，則示諸侯以信之至也。」（文淵閣四庫全書本周官新義卷五，頁五。）〔三〕

〔二〕「而」，經苑本作「又」，詳解述亦作「又」（詳下註）。

〔三〕本段：詳解卷七，頁十三述略同，鶴山大全集卷一〇六附一〇七，頁四四周禮折衷荆公（云）；訂義卷十，頁八王氏曰，「相與」二字無，「槃」作「盤」，「器」下無「也」字，「而」作「又」，「示」上無「則」字，末「也」字無。

凡王之獻金玉、兵器、文織，良貨賄之物，受而藏之。凡王之好賜，共其貨賄。

【佚文】（一二九）「玉府既言『凡王之好賜，共其貨賄』；内府又言『凡王及冢宰好賜予，則共之』者，凡王以玉府所受好賜，則玉府共之；凡王以内府所受好賜，則内府共之。」（文淵閣四庫全書本周官新義卷五，頁五。）〔二〕

内府，掌受九貢、九賦、九功之貨賄，良兵、良器，以待邦之大用。凡四方之幣獻之金玉、齒革、兵器，凡良貨賄入焉。凡適四方使者，共其所受之物而奉之。凡王及冢宰之好賜予，則共之。

【佚文】（一三〇）「外府待邦之用，則經用而已；内府待邦之大用，則大故大事所用也。凡王及冢宰之好賜予〔三〕，則共之者，冢宰所予，有不可以言賜者，故謂之好賜予。」（文淵閣四庫全書本周官新義卷五，頁六。）

外府，掌邦布之入出，以共百物，而待邦之用，凡有灋者。共王及后、世子之衣服之用。凡祭祀、

〔二〕本段：詳解卷七，頁十三述略同；訂義卷十，頁九王氏曰，下兩「則」字並無，下「凡王」二字無。

〔三〕「王」，墨海本作「玉」。

賓客、喪紀、會同、軍旅，共其財用之幣齎，賜予之財用。凡邦之小用，皆受焉。歲終則會，唯王及后之服不會。

【佚文】（一三一）「使外府共王及后、世子衣服之用者，外府所待邦用皆有法，欲王及后、世子非法弗服故也[一]。詩序曰：『古者長民，衣服不貳，從容有常，以齊其民，則民德歸一矣。』其詩所言，主于都人士女衣服之一而已；然則王及后世子衣服，豈可以非法也[二]？凡祭祀、賓客、喪紀、會同、軍旅，共其財用之幣齎，賜予之財用，疑『財用之』三字爲衍[三]，幣則共以爲禮幣，齎則共以爲行齎。」（文淵閣四庫全書本周官新義卷五，頁六。）

【佚文】（一三二）「百物者，百工之資，凡國家營作器物，以所受之布共給之，有官府之常法者給，非常法者不給。」（周官集傳卷四，頁七王氏曰。）

司會，掌邦之六典、八灋、八則之貳，以逆邦國都鄙官府之治。以九貢之灋，致邦國之財用；以

[一]「共王」以下：集説卷三，頁四六王介甫曰，「衣服之用」四字無，註疏删翼卷四，頁四六介甫王氏曰同集説。又自「外府所待」以下：詳解卷七，頁十五述，「故」字無；欽定義疏卷六，頁二一王氏安石曰，略同。

[二] 訂義卷十，頁十三王氏曰，合「外府所待邦用皆有法」句與「王及后世子衣服」等共二句爲一條。

[三]「疑財用之」，墨海本、經苑本並作「疑之財用」。

九賦之灋，令田野之財用；以九功之灋，令民職之財用；以九式之灋，均節邦之財用；掌國之官府、郊野、縣都之百物財用。凡在書契版圖者之貳，以逆羣吏之治，而聽其會計。以參互攷日成，以月要攷月成，以歲會攷歲成，以周知四國之治，以詔王及冢宰廢置。

【佚文】（一三三）「以三攷之爲參，以兩考之爲互。逆邦國都鄙羣吏之治，而聽其會計；又考其歲月日成，則四國之治皆可知也；然後以所知詔王及冢宰廢置。」（文淵閣四庫全書本周官新義卷五，頁七。）〔二〕

司書，掌邦之六典、八灋、八則、九職、九正、九事，邦中之版，土地之圖，以周知入出百物，以敘其財，受其幣，使入于職幣。凡上之用財用，必攷于司會。

【佚文】（一三四）「九正，九職之正也；九事，九職之事也；正也、事也，與酒誥『有正有事』同義。司書掌九職，則以大計羣吏之治，以知民財、器械、田野、夫家六畜之數故也；掌九正、九事，則以凡稅斂者受法焉，凡邦治攷焉故也；敘其財，則敘掌事者之財，以知其所餘；受其

〔二〕本段：詳解卷七，頁十八及十九（分兩條）述，幾全同；又見鶴山大全集卷一〇六附一〇七，頁五十周禮折衷荆公（云）。

幣，則受官府都鄙，凡用邦財者之幣，使入于職幣；則所餘及幣，皆使入于職幣也〔二〕。」（文淵閣四庫全書本周官新義卷五，頁七—八。）

【佚文】（一三五）「……上之用財，但知多少而闕之，非是會王用也。」（鶴山大全集卷一〇六附一〇七，頁五一周禮折衷荆公〈云〉，上承「入于職幣也」，詳本頁註一。）

三歲則大計羣吏之治，以知民之財器械之數，以知田野夫家六畜之數，以知山林川澤之數，以逆羣吏之徵令。

【佚文】（一三六）「所謂大計羣吏之治，則計其所治民財器械之數孰備孰乏；田野夫家六畜山林川澤之數，孰治孰廢孰登孰耗而已。故大計羣吏之治，則以知民之財器械之數，以知田野夫家六畜之數，以知山林川澤之數；凡在民者，皆知其數，然後知羣吏徵令有當否；知其有當否，然後可得而治正也〔三〕。」（文淵閣四庫全書本周官新義卷五，頁八。）

〔二〕「與酒誥」以下：詳解卷七，頁十九—二十述略同。又「敘其財」以下，鶴山大全集卷一〇六附一〇七，頁五一周禮折衷荆公〈云〉。

〔三〕「凡在民」以下，鶴山大全集卷一〇六附一〇七，頁五二周禮折衷荆公〈云〉。

凡税斂，掌事者受灋焉；及事成，則入要貳焉。凡邦治攷焉。

【佚文】（一三七）「要貳者，物數之要；要，書之貳也。」（文淵閣四庫全書本周官新義卷五，頁八。）〔一〕

職内，掌邦之賦入，辨其財用之物而執其總，以貳官府都鄙之財入之數，以逆邦國之賦用。凡受財者，受其貳令而書之；及會，以逆職歲與官府財用之出；而敘其財，以待邦之移用。

【佚文】（一三八）「執其總者，執邦賦入之總數；受其貳令而書之者，受其副寫之令而籍之。」（文淵閣四庫全書本周官新義卷五，頁九。）〔二〕

職歲，掌邦之賦出，以貳官府都鄙之財，出賜之數，以待會計而攷之。凡官府都鄙羣吏之出財用，受式灋于職歲。凡上之賜予，以敘與職幣授之；及會，以式灋贊逆會。

【佚文】（一三九）「以敘與職幣授之，則禮記所謂『上先下後』也〔三〕。」（文淵閣四庫全書本周

〔一〕本段：詳解卷七，頁二一一述；鶴山大全集卷一〇六附一〇七，頁五二周禮折衷荆公（云），無「者」字。

〔二〕本段，詳解卷七，頁二二一、二二三述（兩條）略同。

〔三〕「禮記」以下，訂義卷十一，頁十王氏曰。

官新義卷五，頁九。）

職幣，掌式灋以斂官府、都鄙與凡用邦財者之幣。振掌事者之餘財，皆辨其物而奠其録，以書楬之，以詔上之小用賜予；歲終，則會其出凡邦之會事，以式灋贊之。

【佚文】（一四〇）「以式灋斂官府、都鄙與凡用邦財者之幣者，以式灋斂官府、都鄙與凡用邦財以爲禮者所受之幣也。」（文淵閣四庫全書本周官新義卷五，頁九。）

司裘，掌爲大裘，以共王祀天之服。中秋獻良裘，王乃行羽物；季秋獻功裘，以待頒賜。

【佚文】（一四一）「致人功焉，故謂之功裘；良裘則非特致人功而已，又其質良也〔二〕；大裘則非特質良而已，又以簡大取名焉。」（文淵閣四庫全書本周官新義卷五，頁九—十。）

王大射，則共虎侯、熊侯、豹侯，設其鵠；諸侯，則共熊侯、豹侯；卿大夫，則共麋侯，皆設其鵠。

〔二〕首以下：訂義卷十一，頁十四王氏曰；欽定義疏卷六，頁四二王氏安石曰，「焉故」二字並無，「則」字並無，又「其質良也」並作「質又良焉」。

【佚文】（一四二）「王大射，則共虎侯、熊侯〔一〕；諸侯，則共熊侯、豹侯者，王及諸侯以正物爲事，正物則以服猛毅爲先，獨王共虎侯，則虎尤猛故也；卿大夫共麋侯者，卿大夫以養人爲事，養人則以除患害爲先故也〔二〕。凡射以服禽獸；服禽獸，然後得其皮以爲裘，故司裘共侯也〔三〕。設其鵠者，鵠棲侯中以爲的者也；鵠之爲物，遠舉而難中，射以及遠中難爲善，故的謂之鵠也〔四〕。」（文淵閣四庫全書本周官新義卷五，頁十。）

大喪，廞裘，飾皮車，凡邦之皮事掌之。歲終則會，唯王之裘與其皮事，不會。

【佚文】（一四三）「掌皮，則斂皮者也，故會其財齎而已；司裘，則用皮者也，故歲終則會其皮〔五〕。」（文淵閣四庫全書本周官新義卷五，頁十。）

〔一〕「熊侯」下，墨海本有「豹侯」，詳解卷八，頁三述亦有「豹侯」二字。

〔二〕「王及」以下：訂義卷十一，頁十五王氏曰，「正物」下無「則」字，「毅」字無。「卿大夫共」以下，訂義作「卿大夫之德，則能養人而已；不能除患，不足以養人」。四庫全書考證卷八頁四曰：「……案：王與之周禮訂義引安石説作『卿大夫之德，則能養人而已；不能除患，不足以養人』。與永樂大典不同，而義皆可通。訂義或別有據，今仍原本。」

〔三〕「凡射」以下：詳解卷八，頁三述大同；訂義卷十一，頁十六王氏曰，末句作「則共侯者，司裘之事」。

〔四〕「設其鵠」以下，詳解卷八，頁三述，幾全同。

〔五〕「終」，經苑本無。

掌皮，掌秋斂皮，冬斂革，春獻之。遂以式灋頒皮革于百工，共其毳毛爲氈，以待邦事。歲終則會其財齎。

【佚文】（一四四）「齎〔一〕，行費也。斂之則用財〔二〕，齎之則有行費矣。」（文淵閣四庫全書本周官新義卷五，頁十一。）

内宰，掌書版圖之灋，以治王内之政令，均其稍食，分其人民以居之。以陰禮教六宫，以陰禮教九嬪，以婦職之灋教九御，使各有屬，以作二事，正其服，禁其奇衺，展其功緒。

【佚文】（一四五）「女御八十一人，每九人則屬一嬪，故謂之九御。」（訂義卷十二，頁三王氏曰；詳解卷八，頁六述。）

【佚文】（一四六）「使各有屬，使屬於九嬪。」（文淵閣四庫全書本周官新義卷五，頁十一。）〔三〕

【佚文】（一四七）「婦職之法，所以事王及后，共祭祀賓客之職法。」（訂義卷十二，頁三王氏曰；欽定義疏卷七，頁四王氏安石曰；詳解卷八，頁六述同，僅少虚字二。）

〔一〕「齎」下，周官總義卷五，頁三一王氏謂有「者」字。
〔二〕「則」下，墨海本有「口」字。
〔三〕詳解卷八，頁六述本段，「使屬」上有「則」字，末有「也」字；又見訂義卷十二，頁三王氏曰。

大祭祀，后祼獻，則贊；瑤爵，亦如之。正后之服位，而詔其禮樂之儀。贊九嬪之禮事，凡賓客之祼獻、瑤爵皆贊。

【佚文】（一四八）「不言后，以上文祼獻、瑤爵言后，從可知也。」（文淵閣四庫全書本周官新義卷五，頁十一。）〔一〕

【佚文】（一四九）「告以出入進止之節，使與禮樂相應。」（訂義卷十二，頁六王氏曰；詳解卷八，頁七述，末有「也」字。）

凡建國，佐后立市，設其次，置其敘，正其肆，陳其貨賄，出其度量淳制，祭之以陰禮。

【佚文】（一五〇）「次，其官之次，則司市所謂『思次介次』是也〔二〕；敘，其地之敘，司市所謂『各於其地之敘』是也；肆，謂陳物之肆，肆長所謂『各掌其肆之政令』是也〔三〕。市，陰也，陰以

〔一〕詳解卷八，頁七述；訂義卷十二，頁六王氏曰。
〔二〕首以下，訂義卷十二，頁七王氏曰。
〔三〕首以下：欽定義疏卷七，頁十王氏安石曰，無「則」字；集説卷三，頁六九王介甫曰、註疏刪翼卷五，頁十三介甫王氏曰：「次，司市所謂『思次介次』；敘，所謂『各於其地之敘』；肆，所謂『各掌其肆之政令』。」有刪節。

作成效法爲事，祭之禮〔一〕，宜象其事焉〔二〕。」（文淵閣四庫全書本周官新義卷五，頁十一—十二。）〔三〕

中春，詔后帥外内命婦，始蠶于北郊，以爲祭服。歲終，則會内人之稍食，稽其功事；佐后而受獻功者，比其小大，與其麤良，而賞罰之。會内宮之財用。

【佚文】（一五一）「内人，王内之人〔四〕。既均其稍食，歲終則會之；既展其功緒，歲終則稽之〔五〕。小大比其制，麤良比其功；制中度，功中程，而又善，則在所賞；制不中度，功不中程，而又惡，則在所罰。會内宮之財用，爲大宰歲終受其會故也。」（文淵閣四庫全書本周官新義卷五，頁十二。）〔六〕

〔一〕「之」下，墨海本有「陰」字，詳解述無「陰」字（詳下註）。

〔二〕「宜」，墨海本、經苑本並作「以」，詳解述作「宜」（詳下註）。

〔三〕本段：詳解卷八，頁八述大同。又「市陰也」以下，亦見訂義卷十二，頁七，無「禮」字。

〔四〕首以下：訂義卷十二，頁八王氏曰；集説卷三，頁七十王介甫曰，末有「也」字。

〔五〕「既均」至「稽之」：訂義卷十二，頁八王氏曰；欽定義疏卷七，頁十一王氏安石曰，首句上有「内人」二字。

〔六〕全段：詳解卷八，頁九述分三條，大同。又自「小大」以下，亦見訂義卷十二，頁八、九分兩條。

正歲，均其稍食，施其功事，憲禁令于王之北宫而糾其守。上春，詔王后帥六宫之人，而生穜稑之種，而獻之于王。

【佚文】（一五二）「稍食，歲終既會之矣，正歲又均焉；功事，歲終既稽之矣，正歲又施焉。」（詳解卷八，頁九述；訂義卷十二，頁九王氏曰；欽定義疏卷七，頁十三王氏安石曰。）

内小臣，掌王后之命，正其服位。后出入，則前驅。若有祭祀、賓客、喪紀，則擯詔后之禮事，相九嬪之禮事，正内人之禮事，徹后之俎。后有好事于四方，則使往；有好令於卿大夫，則亦如之。掌王之陰事，陰令。

【佚文】（一五三）内小臣、閽人二官，奄者、墨者也。王后無外事，以貞潔爲行，若外通諸侯，内交羣下，則將安用君矣。内小臣、閽人者，奄人、墨人也：一掌后之外事，一守宫中門禁。（文獻通考卷一八〇，總頁一五五三經籍七載胡宏引「説者以爲」，「説者」謂安石。）

【評】（五四）宋胡宏曰：「内小臣，掌王后之命，后有好事於四方，則使往；有好令於卿大夫，則亦如之。閽人，掌守王宫中門之禁。説者以爲：二官，奄者，墨者也。婦人無外事，以貞潔爲行，若外通諸侯，内交羣下，則將安用君矣。夫人臣尚無境外之交，曾謂后而可乎？古者不使刑人守門，公家不畜刑人，大夫不養，士遇諸塗弗與之言。周公作立政，戒成王以郵左右綴衣、虎賁，欲其皆得俊乂之人。今反以隱宫刑餘近日月之側，開亂亡之端乎？」（文獻通考卷一八〇，總頁一五五三經籍七載，「説者」謂安石。）

閽人，掌守王宫之中門之禁。喪服凶器不入宫，潛服賊器不入宫，奇服怪民不入宫。

【佚文】（一五四）「孔子見齊衰者，雖少必作，過之必趨，蓋内有感惻，則外爲之變動。喪服凶器不入宫，恐震動至尊〔二〕；潛服賊器不入宫，則嚴禁衛；奇服怪民不入宫，則王宜非禮弗視、非義不聽。」（文淵閣四庫全書本周官新義卷五，頁十三。）〔三〕

【佚文】（一五五）「潛服，則衷甲之類。賊器，器之可以賊人者。不入宫，所以嚴禁衛也；奇服，非法服也；怪民，行怪者也。不入宫，則王宜非禮勿視、非義勿聽也。」（集説卷三，頁七七王介甫曰，註疏删翼卷五，頁二八臨川王氏曰删節集説以成；詳解卷八，頁十二述略同。）

【佚文】（一五六）見内小臣下佚文第一五三條。

【評】⊗宋胡宏曰，見内小臣下評第五四條。

〔二〕首以下，集説卷三，頁七七王介甫曰，「變」作「感」，「恐震動至尊」作「則不欲變動至尊故也」。

〔三〕全段：詳解卷八，頁十二述大同；又見訂義卷十二，頁十四王氏曰。

凡内人，公器、賓客，無帥，則幾其出入。以時啓閉。凡外内命夫命婦出入，則爲之闢。掌埽門庭。大祭祀、喪紀之事，設門燎，蹕宫門、廟門。凡賓客，亦如之。

【佚文】（一五七）「幾，微察之也。」（訂義卷十二，頁十五王氏曰；詳解卷八，頁十二述，旨同。）

【佚文】（一五八）「宫正凡邦之事蹕，明所禁止者廣；閽人蹕宫門廟門，明所禁止者門而已。宫正宫中廟中則執燭，明所照察者内；閽人設門燎，明所照察者門而已。」（訂義卷十二，頁十五王氏曰；詳解卷八，頁十二述。）

寺人……掌内人之禁令。凡内人弔臨于外，則帥而往，立于其前而詔相之。

【張補】「立于其前而詔相之」，異于内小臣之詔、相故也。（鈔本周禮義疏。）

△内豎

九嬪，掌婦學之灋，以教九御。婦德、婦言、婦容、婦功，各帥其屬，而以時御敘于王所。凡祭祀，贊玉齍；贊后薦徹豆籩。若有賓客，則從后；大喪，帥敘哭者，亦如之。

【佚文】（一五九）「大喪，外宗敘内外朝暮哭者[二]，九嬪亦從后，帥之。」（文淵閣四庫全書本周官新義卷五，頁十四。）[三]

【佚文】（一六〇）「（贊玉齍贊后，）下言贊后，則上言贊王，言之序也。」（訂義卷十三，頁三載周禮全解引王安石乃謂；詳解卷八，頁十五述，「贊王」作「贊玉」，餘略同；欽定義疏卷七，頁二七王安石以爲，大旨同。）

【張補】内宰「以陰禮教九嬪，以婦職之法教九御」，而九嬪「掌婦學之法以教九御婦德、婦言、婦容、婦功」者，陰禮，所以成婦學之法者也；婦學，所以行婦職之法者也。「凡祭祀贊玉齍」，故書玉爲王，當從故書以王爲正。下言「贊后薦徹豆籩」，則上言贊玉齍，言之序也。若以爲贊玉齍，則下言贊后，此爲孰贊？贊后，則言「贊后」不當在下；贊王，則不言王，王安知其爲贊王也？「若有賓客之事，則從后；大喪帥敘哭者亦如之」，謂外宗敘内外朝莫哭，則從后帥之也。（鈔本周禮義疏。）

【評】（五五）宋鄭鍔曰：「故書以玉齍爲王齍，王安石用其説，乃謂：『……』以經攷之，大

[二]「内外」，墨海本作「外内」，詳解述作「内外」（詳下註）。

[三] 全段：詳解卷八，頁十五述，多二字；又見訂義卷十三，頁十三王氏曰。

宗伯『奉玉齍』、小宗伯『逆齍』、肆師『表齍盛，告潔』，凡此皆贊王也。禮官當贊王，則九嬪所贊者皆贊后，謂爲贊王，非也。」（周禮全解，載訂義卷十三，頁三。）

【評】（五六）清鄂爾泰曰：「案：王安石用故書贊王齍，以爲：『……』鄭氏鍔辨之，謂大宗伯『奉玉齍』、小宗伯『逆齍』、肆師『表齍盛，告潔』，爲贊王，九嬪所贊爲贊后。似矣，而猶未盡析也。宗伯奉玉齍，兼天神地示言之；若宗廟則攝后耳。后親祭，則后設而九嬪贊焉，無所用宗伯矣，豈可混爲一事乎？贊者，贊其設也。小宗伯之逆，肆師之表告，皆前此之事，不可謂贊。少牢饋食禮：『主婦薦自東房，韭菹、醓醢，坐奠于筵前。主婦贊者一人，執葵菹蠃醢，以授主婦。主婦不興，遂受。陪設于東，韭菹在南，葵菹在北。』此謂贊薦豆籩也。又云：『主婦自東房，執一金敦黍，有蓋，坐設于羊俎之南。婦贊者執敦稷以授主婦，主婦興受，坐設于魚俎南。又興受贊者敦黍，坐設于稷南。又興受贊者敦稷，坐設于黍南。敦皆南首。』此謂贊設黍稷也。九嬪之贊后，蓋亦如是。邦國禮亡，凡喪祭要須據儀禮以推之。安石廢棄儀禮，目所不經，宜其多悖也。」（欽定義疏卷七，頁二七—二八。）

世婦，掌祭祀、賓客、喪紀之事。帥女宮而濯摡，爲齍盛；及祭之日，涖陳女宮之具，凡內羞之物，掌弔臨于卿大夫之喪。

【佚文】（一六一）「世婦視大夫，故使弔臨于卿大夫之喪。」（文淵閣四庫全書本周官新義卷五，頁十四。）[一]

【佚文】（一六二）「籩人、醢人共内羞，世婦涖陳之。」（欽定義疏卷七，頁三十王氏安石曰；詳解卷八，頁十六述曰：「内羞則籩人、醢人爲王及后世子共之，及祭之日，世婦涖陳之。」欽定義疏蓋據以删節成文。）

女御，掌御敘于王之燕寢。以歲時獻功事。凡祭祀，贊世婦。大喪，掌沐浴；后之喪，持翣；從世婦而弔于卿大夫之喪。

【佚文】（一六三）「后之喪，持翣者，女御以蔽飾后爲事故也。」（文淵閣四庫全書本周官新義卷五，頁十四。）[二]

[一] 詳解卷八，頁十六述；訂義卷十三，頁四王氏曰。
[二] 全段：詳解卷八，頁十七述大同；訂義卷十三，頁六王氏曰，「故也」二字無。

女祝，掌王后之内祭祀，凡内禱祠之事。掌以時招、梗、禬、禳之事，以除疾殃。

【佚文】（一六四）「招以招祥，梗以梗災，禬以禬福，禳以禳禍。禬以禬福，而以禱祠者〔一〕，致天神、人鬼、地示、物鬽〔二〕，以禬國之凶荒、民之札喪；則弭凶荒、札喪，所以會福也〔三〕。」（文淵閣四庫全書本周官新義卷五，頁十四。）

女史，掌王后之禮職，掌内治之貳，以詔后治内政。逆内宫，書内令，凡后之事，以禮從。

【佚文】（一六五）「掌内治之貳者，貳内宰之所掌也〔四〕。逆内宫者，治正后宫也〔五〕。以禮從者，以禮籍從焉，詔后故也〔六〕。」（文淵閣四庫全書本周官新義卷五，頁十五。）

〔一〕「禱祠」，經苑本作「神祀」。

〔二〕「鬽」，鈔本作「鬼」。

〔三〕第二「禬以」以下：訂義卷十三，頁七王氏曰：「禬以禬福，禳以禳禍。禬以會福而以神仕者，曰以禬國之凶荒、民之札喪，則弭凶荒、札喪，乃所以會福。」

〔四〕「貳内」以下：詳解卷八，頁十八述；訂義卷十三，頁八王氏曰，末「也」字無。

〔五〕「正后」，經苑本作「后正」。訂義卷十三，頁八王氏曰：「治正后宫。」

〔六〕「以禮籍」以下：詳解卷八，頁十八述；訂義卷十三，頁九王氏曰。

典婦功，掌婦式之灋，以授嬪婦及内人、女功之事齎。凡授嬪婦功，及秋獻功，辨其苦良，比其小大，而賈之；物書而楬之。以共王及后之用，頒之于内府。

【張補】齎，故書爲「資」，當從故書以資爲正。授事者，授某所爲女功之事〔二〕；授資者，授其所以爲女功之資。女功無資，則無以致功故也。内宰先言小大，王制故也〔三〕；典婦功先言苦良，主功故也。（鈔本周禮義疏。）

典絲，掌絲入而辨其物，以其賈楬之。掌其藏與其出，以待興功之時。頒絲于外内工，皆以物授之。凡上之賜予，亦如之。及獻功，則受良功而藏之，辨其物而書其數；以待有司之政令，上之賜予。凡祭祀，共黼畫組就之物，喪紀，共其絲纊組文之物。凡飾邦器者，受文織絲組焉；歲終，則各以其物會之。

【佚文】（一六六）「典絲受良功而不受苦功，典枲受苦功而不受良功，則絲功之苦與麻功之

〔二〕「某」，疑當作「其」。
〔三〕「王」，疑當作「主」。

良，皆典婦功所受也〔二〕。典婦功不受麻之苦功，則典婦功共王及后之用者也，麻之苦功，主共喪服而已；其不受絲之良功，則所以共王及后之用者，特燕私所給，非禮服法物之正也。禮服法物之正，則具於有司之政令，典絲之所藏而待者也；且典絲所共，則祭祀黼畫組就，喪紀組文之物，是乃王所以致美于黼冕〔三〕、致孝于鬼神者也。其受良功，不亦宜乎〔三〕？以其賈楬之，頒絲于外內工，皆以物授之者，防其以賤貿貴〔四〕。凡上之賜予亦如之者，所賜予貴賤不同，授之亦皆以其物也。玉府言『王之好賜』，內府言『王及冢宰之好賜予』，今此言『上之賜予』，則又非特王及冢宰而已〔五〕。」（文淵閣四庫全書本周官新義卷五，頁十五—十六。）

〔二〕首以下：集說卷三，頁九三王介甫曰，「絲功之苦與麻功之良」作「絲之良麻之良」；周禮全經釋原卷三，頁九四王介甫曰，同集說。

〔三〕「黼」，墨海本、經苑本、詳解述（詳下註）皆作「黻」。

〔三〕「且典絲」以下：詳解卷八，頁二十述略同；集說卷三，頁九三王介甫曰，「王所以」作「王之」，兩「于」字並作「乎」，「者」字無；周禮全經釋原卷三，頁九四王介甫曰，倒「致孝乎鬼神」句於「致美乎黼冕」句上，餘同集說；註疏刪翼卷五，頁四四介甫王氏曰，同集說，唯「且」字無，下「黼」字作「黻」。

〔四〕「以其賈楬之……防其以賤貿貴」二句：訂義卷十三，頁十一王氏曰，併連爲一條，「賤」上無「以」字。

〔五〕「特」，經苑本作「獨」，詳解述作「特」（詳下註）。「玉府言」以下，詳解卷八，頁二十述大同。

典枲，掌布緦縷紵之麻草之物，以待時頒功而授齎。及獻功，受苦功，以其賈楬而藏之，以待時頒。頒衣服授之，賜予亦如之。歲終，則各以其物會之。

【佚文】（一六七）「齎，故書爲資，當從故書，以資爲正〔一〕。以待時頒〔二〕，則亦以待興功之時頒之于工。頒衣服授之，則亦以其物授之。賜予亦如之，則亦上之賜予，其不言，則以典絲見之也〔三〕。典絲、典枲，歲終各以其物會之〔四〕，亦防其以賤貿貴也〔五〕。」（文淵閣四庫全書本周官新義卷五，頁十六—十七。）

内司服，掌王后之六服：褘衣，揄狄，闕狄，鞠衣，展衣，緣衣，素沙。辨外内命婦之服：鞠衣，展衣，緣衣，素沙。凡祭祀、賓客，共后之衣服，及九嬪世婦。凡命婦，共其衣服；共喪衰，亦如之。后之喪，共其衣服，凡内具之物。

〔一〕首以下，周官集傳卷四，頁二八王氏曰：「故書齎爲資，當以故書爲正。」詳解卷八，頁二一述徑改「齎」作「資」。

〔二〕「頒」下，經苑本、詳解卷八，頁二一述並有「功」字。

〔三〕「頒衣服」以下：訂義卷十三，頁十三—十四王氏曰：「頒衣服授之，賜予亦如之者，頒衣服賜予，皆以物授之；言賜予而不言上，以典絲見之。」詳解卷八，頁二一述，幾全同訂義。

〔四〕「其」，經苑本無。

〔五〕「典絲典枲」以下，訂義卷十三，頁十二王氏曰，無「亦」、「也」二字。

【佚文】（一六八）「褘衣，繢翬狄於衣；揄狄，繢揄狄於衣；翬狄，則爾雅所謂『素質，五色皆備成章』者也；揄狄，則爾雅所謂『青質，五色皆備成章』者也。素質，義也；青質，仁也；五色皆備成章，禮也；地道尚義，故后服褘衣爲上，揄狄次之。言褘衣則以知揄之爲衣，言揄狄則以知褘之爲狄。闕狄，或謂之屈狄，其名物不可知，知其屈於褘揄而已[一]。鞠衣，則其色象鞠，鞠之華以陰中，其色則陰之盛色；后蠶服鞠衣，則帥外内命婦而蠶，使天下之嬪婦取中焉，后之盛事也。展衣，則以禮見王及賓客之服純白而已，無所用其采色，有誠信之道焉，故謂之展也。緣衣，則燕居及御于王之服，蓋衣正黑而緣以纁[二]，士昏禮所謂『純衣纁袡』是也。純，即緣也，謂之緣，則取於純而以循緣爲義；黑，至陰之正色，而纁有上達之意；婦人以至正爲體，其上達則循緣而已。六服皆以素沙爲裏，則婦之德一，欲其内之純白故也。」（文淵閣四庫全書本周官新義卷五，頁十七—十八。）[三]

縫人，掌王宫之縫線之事，以役女御，以縫王及后之衣服；喪，縫棺飾焉，衣翣柳之材。掌凡内

[一]「闕狄」以下：訂義卷十四，頁一王氏曰，「或」字無，「狄其名物不可知」七字無，「揄」作「狄」。
[二]「蓋衣」句，訂義卷十四，頁二王氏曰：「褖衣之色黑而緣以纁。」旨同。
[三]全段，詳解卷八，頁二一—二四散述，略同。

之縫事。

【佚文】（一六九）「喪縫棺飾焉，衣翣柳之材者，王及后之喪也；蒙上言王及后，從可知也。縫人役女御焉，縫棺飾衣翣柳之材，則女御當以婦事蔽飾王及后故也。」（文淵閣四庫全書本周官新義卷五，頁十八。）

染人，掌染絲帛。凡染，春暴練，夏纁玄，秋染夏，冬獻功。掌凡染事。

【佚文】（一七〇）「夏，五色也。四時之夏，以其文明，故與中國同謂之夏；則五色謂之夏，亦以是故也。」（文淵閣四庫全書本周官新義卷五，頁十八。）〔一〕

追師，掌王后之首服，爲副、編、次，追衡、笄；爲九嬪及外内命婦之首服，以待祭祀賓客，喪紀共笄絰，亦如之。

【佚文】（一七一）「禮記『夫人副禕』，則副配禕衣，首飾之上；昏禮『女次純衣』，則次配緣

〔一〕全段，詳解卷八，頁二一五述大同。

衣，首飾之下；副次所配如此，則編之所配在中矣〔一〕。衡也、笄也，蓋皆以玉爲之，故謂之追。」（文淵閣四庫全書本周官新義卷五，頁十九。）

屨人，掌王及后之服屨，爲赤舄、黑舄、赤繶、黄繶、青句、素屨、葛屨，辨外内命夫命婦之命屨、功屨、散屨。凡四時之祭祀，以宜服之。

【佚文】（一七二）「服屨者，服各有屨也。司服言弁，則曰弁服，弁在服上故也。屨人言屨，則曰服屨，屨在服下故也〔二〕。謂之功屨，則與功裘同義；謂之散屨，則喪屨無約故也〔三〕。」（文淵閣四庫全書本周官新義卷五，頁十九。）

夏采，掌大喪。以冕服復于大祖，以乘車建綏復于四郊。

〔一〕 首以下：詳解卷八，頁二六述略同；集説卷三，頁一〇二王氏曰：「記曰『夫人副褘』，副配褘衣，首飾之上也。昏禮『女次純衣』，則次配純衣，而爲之首飾之下也。然則編之所配在其中歟！故其序如此。」頗異。

〔二〕 「司服」以下：詳解卷八，頁二七述，幾全同；訂義卷十四，頁十王氏曰；欽定義疏卷七，頁五七王氏安石曰，「服上」、「服下」之「服」字並無，兩「故」字無。

〔三〕 「散屨」以下：詳解卷八，頁二七；訂義卷十四，頁十三王氏曰，「喪屨」作「喪記」，「故」字無。

【佚文】（一七三）「謂之夏采者，其復以冕服，備采色焉；且喪則哀素，幸其生，故以采色名官〔一〕。死者，人之窮也；窮則宜反本，故復之于大祖；反本，則無不之也，故復之于四郊〔二〕。夏采掌大喪之復而已，而特置一官，則其兼掌明矣；兼掌則不爲冗，特置則專其事；專其事，則所使復，宜致一故也〔三〕。」（文淵閣四庫全書本周官新義卷五，頁十九。）

〔一〕首以下，訂義卷十四，頁十四王氏曰。

〔二〕首以下，詳解卷八，頁二七—二八。

〔三〕「夏采掌」以下：詳解卷八，頁二八述，「之復」作「之服」。又至「明矣」止，集説卷三，頁一〇六王介甫曰，「而已」、「特」三字無。

周禮新義　卷六　地官司徒一

鄉老，二鄉則公一人。鄉大夫，每鄉卿一人。州長，每州中大夫一人。黨正，每黨下大夫一人。族師，每族上士一人。閭胥，每閭中士一人。比長，五家下士一人。

【佚文】（一七四）「鄉老，公也。尊之於鄉，憲其言行，不累以事，故稱老；鄉老於司徒之官，非屬而無職。」（訂義卷十八，頁九—十王氏曰；詳解卷九，頁三述大同。）

大司徒之職，掌建邦之土地之圖，與其人民之數，以佐王安擾邦國。

【佚文】（一七五）「掌土地之圖，則土會、土宜、土均之法可施，王國之地中可求，邦國之地域可制；掌人民之數，則地守、地職、地貢之事可令，萬民之卒伍可會，都鄙之室數可制；夫然後可以佐王安擾邦國。」（文淵閣四庫全書本周官新義卷六，頁七。）〔二〕

【佚文】（一七六）「即天下土地之圖，大司徒合而圖之。……」（訂義卷十五，頁二王氏曰，下

〔二〕　全段：詳解卷九，頁五述大同；訂義卷十五，頁二王氏曰，兩「掌」字並作「建」；又見欽定義疏卷九，頁一王氏安石曰。

接「建土地之圖」云云，詳上頁註一；詳解卷九，頁五述曰：「邦之土地之圖，即天下土地之圖……大司徒合而圖之，則謂之邦圖也。」）

以天下土地之圖，周知九州之地域廣輪之數，辨其山林、川澤、丘陵、墳衍、原隰之名物；而辨其邦國、都鄙之數，制其畿疆而溝封之；設其社稷之壝，而樹之田主，各以其野之所宜木，遂以名其社與其野。

【佚文】（一七七）「各以其野所宜木，則新甿欲有所植，不謀而知其土壤所宜；公上欲有所斂〔二〕，不視而見其木所出。」（文淵閣四庫全書本周官新義卷六，頁八。）〔三〕

以土會之灋，辨五地之物生：一曰山林，其動物宜毛物，其植物宜皁物，其民毛而方；二曰川澤，其動物宜鱗物，其植物宜膏物，其民黑而津；三曰丘陵，其動物宜羽物，而植物宜覈物，其民專而長；四曰墳衍，其動物宜介物，其植物宜莢物，其民皙而瘠；五曰原隰，其動物宜羸物，其

〔二〕「上」，墨海本作「土」，詳解述作「上」（詳下註）。
〔三〕全段：詳解卷九，頁七述大同；又見訂義卷十五，頁五王氏曰。

植物宜叢物，其民豐肉而庳。

【佚文】（一七八）「鄭氏以虎豹之屬爲臝物，正所謂毛物，臝物宜謂黿蠙之屬[一]；然鄭氏所説出於考工，不知考工所記，何據而然。」（文淵閣四庫全書本周官新義卷六，頁八。）[二]

【評】（五七）清鄂爾泰曰：「案：王氏安石以『臝物爲黿蠙之屬』；或疑黿蠙小蟲，與考工有力而不能走，聲大而宏者不合，非也。考工以脂、膏、臝、羽、鱗分五大獸，此及月令以羽、毛、鱗、介、臝分五蟲，所指各異。如考工則毛物之有脂膏者别屬，其體大而毛淺者爲臝，其介物之内骨外骨、臝物之卻行仄行等，皆屬之小蟲。此以臝物宜原隰，月令以倮蟲屬中央土，自宜以無羽毛鱗介者爲臝。」（欽定義疏卷九，頁八。）

以土宜之灋辨十有二土之名物，以相民宅，而知其利害，以阜人民，以蕃鳥獸，以毓草木，以任土事。

[一]「臝物宜謂」句，欽定義疏卷九，頁八王氏安石以「臝物爲黿蠙之屬」。
[二]全段，訂義卷十五，頁六王氏曰。

【佚文】（一七九）「名[一]，以命其土，即丘陵[二]、墳衍、原隰之屬。」（文淵閣四庫全書本周官新義卷六，頁九。）[三]

【佚文】（一八〇）「……物，所以色其土，則青黎、赤埴、黑墳之屬。」（訂義卷十五，頁十一王氏曰，上接「原隰之屬」云云，詳本頁註三；詳解卷九，頁十三述，無則字，末多「是也」二字。）

【評】（五八）宋楊時曰：「所謂名，青黎、赤埴之類；所謂物，凡動植之類。」（訂義卷十五，頁十一載。）

辨十有二壤之物，而知其種，以教稼穡樹埶。以土均之灋，辨五物九等，制天下之地征，以作民職，以令地貢，以斂財賦，以均齊天下之政。

【佚文】（一八一）「民職、地貢、財賦，則有政矣；然遠近多寡之不均，先後緩急之不齊，非政

[一]「名」下，經苑本有「所」字，詳解述亦有「所」字（詳下註）。

[二]「即」，經苑本作「則」，詳解述亦作「則」（詳下註）。

[三] 全段：詳解卷九，頁十三述，幾全同；訂義卷十五，頁十一王氏曰，「即」作「則」，無「是也」二字，末句下尚有十五字；欽定義疏卷九，頁十四王氏安石曰。

之善，於是乎以均齊天下之政。」（文淵閣四庫全書本周官新義卷六，頁九。）[二]

【佚文】（一八二）「征者，貢賦税斂之總名。」（訂義卷十五，頁十二王氏曰；詳解卷九，頁十四述。）

以土圭之灋，測土深，正日景，以求地中。日南，則景短多暑；日北，則景長多寒；日東，則景夕多風；日西，則景朝多陰。日至之景，尺有五寸，謂之地中；天地之所合也，四時之所交也，風雨之所會也，陰陽之所和也。然則百物阜安，乃建王國焉，制其畿方千里而封樹之。

【佚文】（一八三）「土圭之法，所以度天之高、四方之廣；測土之深，舉測土深，則天與四方可知矣。」（訂義卷十五，頁十三王氏曰；詳解卷九，頁十五述，幾全同。）

【佚文】（一八四）「以日景正其朝，則地之中得矣。以極星正其夕，則天之中得矣。書曰：『自服于土中。』又曰：『其自時配皇天。』則洛邑非特地之中，亦天之中矣。」（六經天文編卷下，頁五「圭景」王氏曰。）

[二] 全段：詳解卷九，頁十五述略同；訂義卷十五，頁十三王氏曰；欽定義疏卷九，頁十六—十七删改以成文。

凡建邦國，以土圭土其地，而制其域：諸公之地，封疆方五百里，其食者半；諸侯之地，封疆方四百里，其食者參之一；諸伯之地，封疆方三百里，其食者參之一；諸子之地，封疆方二百里，其食者四之一；諸男之地，封疆方百里，其食者四之一。凡造都鄙，制其地域而封溝之，以其室數制之：不易之地，家百畮；一易之地，家二百畮；再易之地，家三百畮。乃分地職，奠地守，制地貢，而頒職事焉，以爲地灋而待政令。

【佚文】（一八五）孟子據實封言之，周官則兼附庸言之也。（周禮辨疑王介父以爲，載訂義卷十五，頁十六；詳解卷十頁一述曰：「孟子與書指邦國實封之地而言之也，周官則兼附庸之地而言之也。」旨略同。）

【評】（五九）宋陳汲曰：「王介父以爲……其説是矣，而辨未詳。夫諸侯之得附庸，必其有大功者也。若成王於魯公『錫之山川，土田附庸』；宣王錫韓侯『其追其貊，奄受北國』，因以爲伯；於召公曰『錫山土田，于周受命』而已。孔子曰：『夫顓臾者，昔者先王以爲東蒙主，且在邦域之中矣，是社稷之臣也。』則是顓臾主東蒙地，以附庸而屬於魯。推此而言，魯以侯爵得旁近附庸小國，地則廣矣，故曰『奄有龜蒙，遂荒大東』。然周官所説，亦據有附庸者言之，未必五等諸侯皆然也。上下其制，故分爲五等土耳。若曰『凡諸侯受封者，悉有附庸』，則有功無功者無差等矣。然則天下有附庸諸侯少，而無者多，蓋如是，上之政令有所屬而不煩，下之職貢有所附而不廢。以是言之，凡公、侯得附庸者，必牧伯也；伯、子、男得附庸者，必連帥也。天下諸侯千八百國，統之以二伯，制之以二牧，維之以連帥，上以臨下，尊以統卑，使大國比小國，小國事大國，此周家之盛也。春秋時，自齊、晉之外，魯有郕、鄫，鄭有費、滑，宋有蕭、滕，凡陳、衛等盟會，大國皆統屬諸小國。漢之部刺史，唐之按察使，本朝轉運使副，皆其遺法耳。」（周禮辨疑，載訂義卷十五，頁十六。）

【佚文】（一八六）「頒職事典田之官，各所有掌。」（訂義卷十六，頁三王氏曰。）

頒職事十有二于邦國都鄙，使以登萬民：一曰稼穡，二曰樹藝，三曰作材，四曰阜蕃，五曰飭材，六曰通材，七曰化材，八曰斂材，九曰生材，十曰學藝，十有一曰世事，十有二曰服事。

【佚文】（一八七）「登，言進而成之。九職任萬民，加三事焉〔二〕，所以進而成之也。」（文淵閣四庫全書本周官新義卷六，頁十一。）〔三〕

〔二〕「事」，鈔本原無，孔校增；詳解有（詳下註）。

〔三〕全段：詳解卷十，頁九述，幾全同；又見訂義卷十六，頁十二王氏曰。

小司徒之職，掌建邦之教灋，以稽國中，及四郊都鄙之夫家九比之數，以辨其貴賤、老幼、廢疾，凡征役之施舍，與其祭祀、飲食、喪紀之禁令。

乃頒比灋于六鄉之大夫，使各登其鄉之衆寡六畜車輦，辨其物，以歲時入其數；以施政教，行徵令。

【佚文】（一八八）「凡民數有數之者，閭胥以時數其衆寡是也；有稽之者，鄉師以時稽其夫家衆寡是也。數之，則以所屬之人寡〔一〕；稽之，則以其所屬之人衆。有校而登之者，族師以時屬民，而校登其夫家衆寡是也；有登而不校者，鄉大夫以歲時登其夫家衆寡是也〔二〕；登之而不校〔三〕，則其登之也，因族師之所校而已。」（文淵閣四庫全書本周官新義卷六，頁十三。）〔四〕

【佚文】（一八九）「登者，上其籍也。」（訂義卷十七，頁三王氏曰。）

【佚文】（一九〇）「小司徒使鄉大夫各登其鄉之衆寡，而……」（欽定義疏卷十，頁五王氏安

〔一〕「以」下，墨海本、經苑本並有「其」字。

〔二〕「鄉」，鈔本作「卿」。

〔三〕「者鄉」以下共二十字，墨海本無；「鄉大夫」以下共十四字，經苑本無。

〔四〕全段：訂義卷十七，頁三王氏曰；欽定義疏卷十，頁四—五王氏安石曰，「數之則」至「之人衆」十九字無，「鄉大夫」以上有「小司徒使」云云共十五字（詳下佚文），「以歲時登其夫家衆寡」作「以歲時登之」。

石曰，下接「鄉大夫」云云，詳上頁註四。）

乃均土地，以稽其人民，而周知其數：上地家七人，可任也者，家三人；中地家六人，可任也者，二家五人；下地家五人，可任也者，家二人。凡起徒役，毋過家一人，以其餘爲羨；唯田與追胥竭作。

【佚文】（一九一）「可任者，或家三人，二家五人，家二人；而起徒役，無過家一人[一]。蓋用徒役，不必一時皆徧，計所役久近，取勞佚均而已；不于一役家起二人，所以寬民也[二]。惟田與追胥竭作，則獵取禽獸，與衆同欲；逐伺盜賊，與衆同惡；所役近，且不久故也[三]。」（文淵閣四庫全書本周官新義卷六，頁十三—十四。）

[一] 「無」，墨海本、經苑本並作「毋」；詳解述作「無」（詳下註）。

[二] 首以下：訂義卷十七，頁十王氏曰；詳解卷十一，頁五述，「二家」、「家」二上各有「或」字，「一役家起」作「一家起役」，「所以」上有「則」字。

[三] 「惟田」以下：詳解卷十一，頁五述，「則」作「者」，「久」作「及」；訂義卷十七，頁十王氏曰；欽定義疏卷十，頁十王氏安石曰，刪節成文。

凡用衆庶，則掌其政教，與其戒禁；聽其辭訟，施其賞罰，誅其犯命者。凡國之大事，致民；大故，致餘子。

乃經土地，而井牧其田野：九夫爲井，四井爲邑，四邑爲丘，四丘爲甸，四甸爲縣，四縣爲都；以任地事，而令貢賦，凡税斂之事。

【佚文】（一九二）「田畝有類於井，而公田之中，又鑿井焉，故謂之井田。一井之田九百畝，八家八百畝，公田居中百畝〔一〕，除二十畝，八家分之得二畝半，以爲廬舍，合保城之地二畝半〔二〕，孟子所謂『五畝之宅』是也。公田八十畝，八家耕之，是爲助法。廬舍居中，貴人也；私田環列於公田之外，蓋衛王之意。八家私百畝，至於興兵之際，乃八陣圖之法。」（文淵閣四庫全書本周官新義卷六，頁十四。）〔三〕

【佚文】（一九三）「九夫爲井，則九夫之地所飲同井故也。」（訂義卷十七，頁十三王氏曰。）

〔一〕「中」下，經苑本有「亦」字。

〔二〕「合」，鈔本作「舍」。

〔三〕全段：訂義卷十七，頁十五—十六王氏曰，「居中」下有「亦」字。四庫全書考證卷八，頁四一曰：「義：『至于興兵之際，乃八陣圖之法。』案：地官解義，原本闕，間見于王氏訂義，今以校補。此條語意似未完，或由訂義節録，今無別本可校，姑仍其舊。」

【佚文】（一九四）「民以里居，田井同邑故也。」（訂義卷十七，頁十三王氏曰；錢儀吉曰：「『田井同邑』當作『四井同邑』。」）

【佚文】（一九五）「民以族葬，四邑同丘故也。」（訂義卷十七，頁十三王氏曰。）

【佚文】（一九六）「田包於洫，名之曰甸。」（訂義卷十七，頁十三王氏曰。）

【佚文】（一九七）「未成爲都，故取名於大夫所治縣也。」（訂義卷十七，頁十三王氏曰；詳解卷十一，頁七述大同。）

【佚文】（一九八）「未成爲國，故取名於公卿王子弟所治都也。」（訂義卷十七，頁十三王氏曰；詳解卷十一，頁七述大同。）

凡小祭祀，奉牛牲，羞其肆；小賓客，令野修道委積；大軍旅，帥其衆庶；小軍旅，巡役，治其政令；大喪，帥邦役，治其政教。凡建邦國，立其社稷，正其畿疆之封。凡民訟，以地比正之；地訟，以圖正之。

【同佚文】（一）王安石有關周禮小司徒言論：「禮記王制：『祭祀宗廟之牛，角握。』周禮小司徒『凡小祭祀，奉牛牲』入。古者諸侯五廟，杓祠烝嘗，每廟一太牢；大夫三廟，有天子之大夫，故曰『大夫用索牛』，謂之索者，求得而用之，但不在滌而已。諸侯之祔祭，用太牢，吉祭則少牢，自諸侯與天子之大夫，時祭用牲如此，然則天子之祭用牛可知。」（臨川集卷四二，頁六議郊廟太牢劄子。）

歲終，則攷其屬官之治成而誅賞，令羣吏正要會而致事。正歲，則帥其屬而觀教灋之象，徇以木鐸，曰：『不用灋者，國有常刑。』令羣吏憲禁令，修灋糾職，以待邦治。及大比六鄉四郊之吏，平教治，正政事，攷夫屋，及其衆寡、六畜、兵器，以待政令。

【佚文】（一九九）「攷夫屋，攷其受田之夫、居里之屋；亟其乘屋，令其及時乘之，以正治其怠惰，宜矣。」（訂義卷十七，頁二一王氏曰；詳解卷十一，頁十述略同。）

【佚文】（二〇〇）「攷其衆寡、六畜、兵器，則亦以知登耗有無，以待征役、施舍、誅賞之政令。」（訂義卷十七，頁二一王氏曰；詳解卷十一，頁十述略同。）

鄉師之職，各掌其所治鄉之教，而聽其治。以國比之灋，以時稽其夫家衆寡，辨其老幼、貴賤、癈疾、馬牛之物，辨其可任者，與其施舍者；掌其戒令糾禁，聽其獄訟。大役，則帥民徒而至，治其政令；既役，則受州里之役要，以攷司空之辟，以逆其役事。凡邦事，令作秩敘。

【佚文】（二〇一）「小司徒使登六畜辨其物，而鄉師止辨馬牛之物者，以帥田役爲事，則所須馬牛而已。」（訂義卷十八，頁一王氏曰；詳解卷十一，頁十述，「使」作「所」，「帥田」作「師田」。）

大祭祀，羞牛牲，共茅蒩；大軍旅、會同，正治其徒役與其輂輦，戮其犯命者；大喪，用役，則帥其民而至，遂治之；及葬，執纛，以與匠師御匶而治役；及窆，執斧以涖匠師。

【佚文】（二〇二）「葬而治役，正其挽匶之行列，故執纛以爲儀；已窆而涖匠師，則以防匶之傾虧，使戒飭焉，故執以爲威[一]。」（文淵閣四庫全書本周官新義卷六，頁十六。）[二]

凡四時之田，前期，出田法于州里，簡其鼓鐸旗物兵器，修其卒伍；及期，以司徒之大旗致衆庶，而陳之以旗物，辨鄉邑而治其政令刑禁，巡其前後之屯，而戮其犯命者，斷其爭禽之訟。凡四時之徵令有常者，以木鐸徇於市朝。

【佚文】（二〇三）「市朝，衆所聚之地，使皆聞而知之也。」（文淵閣四庫全書本周官新義卷六，頁十六。）[三]

[一]「執」下，墨海本有「斧」字，詳解述亦有「斧」字（詳下註）。

[二]全段：詳解卷十一，頁十二述略同；訂義卷十八，頁四王氏曰，「虧」作「戲」，「執」下有「斧」字。

[三]全段：詳解卷十一，頁十三述大同，訂義卷十八，頁六王氏曰。

正歲，稽其鄉器，比共吉凶二服，閭共祭器，族共喪器，黨共射器，州共賓器，鄉共吉凶禮樂之器；若國大比，則攷教、察辭、稽器、展事，以詔誅賞。

【佚文】（二〇四）「（稽器，）稽其足否與良窳。」（訂義卷十八，頁九王氏曰；詳解卷十一，頁十五述，幾全同。）

鄉老敏案：鄉老無專職，詳敘官下佚文第一七四條。

鄉大夫之職，各掌其鄉之政教禁令。正月之吉，受教灋于司徒，退而頒之于其鄉吏，使各以教其所治，以攷其德行，察其道藝。

【佚文】（二〇五）「攷，攷知其實僞；察，察見其精粗。」（文淵閣四庫全書本周官新義卷六，頁十七。）〔一〕

以歲時登其夫家之衆寡，辨其可任者，國中自七尺以及六十，野自六尺以及六十有五，皆征之；

〔一〕全段：詳解卷十一，頁十七述，幾全同；訂義卷十八，頁十三王氏曰；欽定義疏卷十一，頁二王氏安石曰。

其舍者，國中貴者、賢者、能者、服公事者、老者、疾者皆舍，以歲時入其書。

【佚文】（二〇六）「征之者，以其材；舍之者，以其齒。」（文淵閣四庫全書本周官新義卷六，頁十七。）〔二〕

三年，則大比，攷其德行道藝，而興賢者能者，鄉老及鄉大夫帥其吏與其衆寡，以禮禮賓之。厥明，鄉老及鄉大夫羣吏，獻賢能之書于王，王再拜受之，登於天府，内史貳之。退而以鄉射之禮，五物詢衆庶：一曰和，二曰容，三曰主皮，四曰和容，五曰興舞。此謂使民興賢，出使長之；使民興能，入使治之。歲終，則令六鄉之吏皆會政致事。正歲，令羣吏攷灋于司徒，以退，各憲之於其所治之國，大詢于衆庶，則各帥其鄉之衆寡，而致於朝。國有大故，則令民各守其閭，以待政令，以旌節輔令，則達之。

【佚文】（二〇七）「帥其鄉之衆寡，則鄉官咸在焉；若州長則所帥衆，若閭胥則所帥寡。」（文淵閣四庫全書本周官新義卷六，頁十八。）〔三〕

〔二〕全段：詳解卷十一，頁十七述；又見訂義卷十八，頁十三王氏曰。

〔三〕全段：詳解卷十一，頁二一述，幾全同；又見訂義卷十八，頁十八王氏曰。

△州長

黨正，各掌其黨之政令教治。及四時之孟月吉日，則屬民而讀邦灋，以糾戒之；春秋祭禜，亦如之。國索鬼神而祭祀，則以禮屬民而飲酒于序，以正齒位：壹命齒于鄉里，再命齒于父族，三命而不齒。凡其黨之祭祀、喪紀、昏冠、飲酒，教其禮事，掌其戒禁。凡作民而師田行役，則以其灋治其政事。歲終，則會其黨政，帥其吏而致事。正歲，屬民讀灋，而書其德行道藝，以歲時涖校比。及大比，亦如之。

【佚文】（二〇八）「歲屬其民者五。」（臨川集卷四三，頁四乞改周禮義誤字劄子：「黨正『歲屬其民者四』，『四』當作『五』。」四庫全書考證卷八，頁四一曰：「案安石集乞改三經義誤字劄子云：『黨正「歲屬其民者四」，「四」當作「五」。』今地官原本闕，附訂於此。」）

族師，各掌其族之戒令政事。月吉，則屬民而讀邦灋，書其孝弟睦婣有學者。春秋祭酺，亦如之。以邦比之灋，帥四閭之吏，以時屬民而校，登其族之夫家衆寡，辨其貴賤、老幼、廢疾可任者，及其六畜車輦。五家爲比，十家爲聯；五人爲伍，十人爲聯；四閭爲族，八閭爲聯；使之相保相受，刑罰慶賞，相及相共，以受邦職，以役國事，以相葬埋。若作民而師田行役，則合其卒伍，簡其兵器，以鼓鐸旗物，帥而至，掌其治令、戒禁、刑罰。歲終，則會政致事。

【佚文】（二〇九）「以伍聯伍，故謂之令〔一〕。」（文淵閣四庫全書本周官新義卷六，頁十九。）〔二〕

閭胥，各掌其閭之徵令。以歲時各數其閭之衆寡，辨其施舍。凡春秋之祭祀、役政、喪紀之數，聚衆庶；既比，則讀灋，書其敬、敏、任、恤者，凡事，掌其比觵撻罰之事。

比長，各掌其比之治。五家相受，相和親，有辠奇衺，則相及。徙于國中及郊，則從而授之；若徙于他，則爲之旌節而行之；若無授無節，則唯圜土内之。

【佚文】（二一〇）「經於鄉大夫曰『政教禁令』，州長曰『教治政令』，黨正曰『政令教治』，族師曰『戒令政事』，閭胥曰『閭之徵令』，比長曰『比之治』，命官之意，其輕重皆在一字間也。政令爲重，禁令次之，戒令又次之，徵令爲下。鄉大夫、州長，詳於教而兼政；黨正、族師，詳於政而兼教；閭胥則承上之政教，而掌其政令耳〔三〕；比長，則並無所爲令矣。」（文淵閣四庫

〔一〕「令」，經苑本作「合」。
〔二〕全段：訂義卷十九頁十三王氏曰，「令」作「合」；又見欽定義疏卷十一頁三二王氏安石曰。
〔三〕「政」，經苑本作「徵」。

全書本周官新義卷六，頁二十。）〔二〕

封人，掌設王之社壝，爲畿封而樹之。凡封國，設其社稷之壝，封其四疆。造都邑之封域者，亦如之；令社稷之職。凡祭祀，飾其牛牲，設其楅衡，置其絼，共其水槀；歌舞牲，及毛炮之豚。凡喪紀、賓客、軍旅、大盟，則飾其牛牲。

【佚文】（二一一）「封人，言掌設王之社壝，封疆而樹之；則以飾土事爲職，故使之飾牛牲，以牛土畜故也。」（文淵閣四庫全書本周官新義卷六，頁二十。）〔三〕

鼓人，掌教六鼓四金之音聲，以節聲樂，以和軍旅，以正田役。教爲鼓，而辨其聲用：以雷鼓鼓神祀，以靈鼓鼓社祭，以路鼓鼓鬼享，以鼖鼓鼓軍事，以鼛鼓鼓役事，以晉鼓鼓金奏，以金錞和鼓，以金鐲節鼓，以金鐃止鼓，以金鐸通鼓。凡祭祀百物之神，鼓兵舞帗舞者。凡軍旅，夜鼓鼜；軍動，則鼓其衆。田役亦如之。救日月，則詔王鼓；大喪，則詔大僕鼓。

〔二〕全段，欽定義疏卷十一，頁一一—一二王氏安石曰，「在」字無，「政令耳」作「徵令耳」。

〔三〕全段，訂義卷二十，頁三王氏曰。

【佚文】（二一二）「以錞和鼓，蓋鼓則進；進則爲陽用事之時，陰出佐之而已。」（宣和博古圖卷二六，頁二七王安石釋周官鼓人云。）

【評】（六〇）宋王黼等曰：「按：虎，西方義獸，金屬也，故於錞有之。王安石釋周官鼓人云：『……』然則取義獸者，其在茲歟！」（宣和博古圖卷二六，頁二七。）

△舞師

牧人，掌牧六牲，而阜蕃其物，以共祭祀之牲牷。凡陽祀，用騂牲，毛之；陰祀，用黝牲，毛之；望祀，各以其方之色牲，毛之。凡時祀之牲，必用牷物。凡外祭毀事，用尨可也。凡祭祀，共其犧牲，以授充人繫之。凡牲不繫者，共奉之。

【佚文】（二一三）「共奉之，則非特共其牲，又奉其事。」（文淵閣四庫全書本周官新義卷六，頁二一一。）〔二〕

〔二〕全段：詳解卷十二，頁二十述；訂義卷二十，頁十三王氏曰。又「非特」以下，亦見欽定義疏卷十二，頁十七王氏安石曰，無上「其」字。

△牛人

△充人

載師，掌任土之灋，以物地事，授地職，而待其政令。以廛里任國中之地，以場圃任園地，以宅田、士田、賈田任近郊之地，以官田、牛田、賞田、牧田任遠郊之地，以公邑之田任甸地，以家邑之田任稍地，以小都之田任縣地，以大都之田任畺地。凡任地，國宅無征，園廛二十而一，近郊十一，遠郊二十而三，甸、稍、縣、都，皆無過十二，唯其漆林之征，二十而五。凡宅不毛者，有里布；凡田不耕者，出屋粟；凡民無職事者，出夫家之征；以時徵其賦。

【評】（六一）宋陳傅良曰：「或問：載師凡地以何人耕？曰：只是使食公田之稅耳。且如古人以公田養士大夫之家；仕宦於朝，則有常禄，禄食如漢餐錢之類。漢雖關内侯，亦未嘗有地，如二千石以下，皆受穀於司農，掌金穀之淵。唐室無賦禄之制，但令以房廊錢自給。當時雖有促錢令史，終唐之世，賦禄不能定。其實封有户者，亦不過幾人。至太祖始立禄格，如俸錢。供給錢者，皆王介甫始制，此事最是；然其無收處，却令州縣供給錢，仰給於公使庫。公使庫不能辨此，其勢只得將軍資庫錢制而用之。如此立法，是教天下之人，將軍資公使庫合而爲一也。」（訂義卷二一，頁五—六載。）

△閭師

縣師，掌邦國、都鄙、稍甸、郊里之地域，而辨其夫家人民田萊之數，及其六畜車輦之稽。三年大比，則以攷羣吏，而以詔廢置。若將有軍旅、會同、田役之戒，則受灋于司馬，以作其衆庶，及馬牛車輦；會其車人之卒伍，使皆備旗鼓兵器，以帥而至。凡造都邑，量其地，辨其物，而制其域。以歲時徵野之賦貢。

【佚文】（二一四）「人民在夫家六畜之中，則是民之隸也；質人所謂『人民』同意。」（訂義卷二一，頁十五王氏曰；詳解卷十三，頁六述大同。）

【佚文】（二一五）「車有車之卒伍，若司右所謂『合車之卒伍』是也。人有人之卒伍，若小司徒所謂『會萬民之卒伍』是也。」（訂義卷二一，頁十六王氏曰；詳解卷十三，頁六述。）

遺人，掌邦之委積，以待施惠；鄉里之委積，以恤民之囏阨；門關之委積，以養老孤；郊里之委積，以待賓客；野鄙之委積，以待羈旅；縣都之委積，以待凶荒。凡賓客、會同、師役，掌其道路之委積。凡國野之道：十里有廬，廬有飲食；三十里有宿，宿有路室，路室有委；五十里有市，市有候館，候館有積。凡委積之事，巡而比之，以時頒之。

【佚文】（二一六）「恤民之囏阨，則司救所謂『歲時有天患民病，以節巡國中及郊野，而以王命施惠』也；國及郊野，以鄉里爲中，故恤民之囏阨，宜以鄉里之委積。」（訂義卷二一，頁十九王氏曰；詳解卷十三，頁七—八述略同。）

【佚文】（二一七）「廬，小室。十里，可以飲食而息焉。」（訂義卷二一，頁二一王氏曰；詳解卷十三，頁八—九述，「室」下有「焉」字。）

【佚文】（二一八）「三十里，則可以宿焉，故爲大室。」（訂義卷二一，頁二一王氏曰；詳解卷十三，頁九述。）

【佚文】（二一九）「五十里，則四旁皆可以日中至焉，故有市也，可以候賓旅而館之焉。」（訂義卷二一，頁二二王氏曰；詳解卷十三，頁九述大同。）

均人，掌均地政，均地守，均地職，均人民、牛馬、車輦之力政。凡均力政，以歲上下：豐年，則公旬用三日焉；中年，則公旬用二日焉；無年，則公旬用一日焉。凶札，則無力政，無財賦；不收地守地職，不均地政。三年大比，則大均。

【佚文】（二二〇）「地政，上所以正下〔二〕；地守、地職，下所以供上。人民、牛馬、車輦之力政，則征于地守、地職之人而已。」（文淵閣四庫全書本周官新義卷六，頁二四。）〔三〕

【佚文】（二二一）「（無財賦，）荒政所謂薄征。」（訂義卷二一，頁二四王氏曰；詳解卷十三，頁十一述，末有「也」字。）

【佚文】（二二二）「（不收地守、地職，）荒政所謂散利也。」（訂義卷二一，頁二四王氏曰；詳解卷十三，頁十一述。）

師氏，掌以媺詔王，以三德教國子：一曰至德，以爲道本；二曰敏德，以爲行本；三曰孝德，以知逆惡。教三行：一曰孝行，以親父母；二曰友行，以尊賢良；三曰順行，以事師長。居虎門之左，司王朝；掌國中失之事，以敬國子弟。凡國之貴遊子弟學焉。凡祀祭、賓客、會同、喪紀、軍旅，王舉，則從；聽治亦如之。使其屬帥四夷之隸，各以其兵服守王之門外，且蹕。朝在野外，則守内列。

〔二〕「正」，墨海本作「征」，詳解述作「正」（詳下註）。

〔三〕全段：詳解卷十三，頁九述；訂義卷二一，頁二王氏曰，「政」作「征」。

【佚文】（二二三）「師氏、保氏『凡祭祀、賓客、會同、喪紀、軍旅，王舉則從，聽治亦如之』。則是詔爝諫惡之官，無適而非從；夫然後王無一爝之弗爲，無一惡之弗去。」（文淵閣四庫全書本周官新義卷六，頁二四。）[一]

【佚文】（二二四）「王唯無惡而有爝，則四夷服而爲役可責以守禦也。」（訂義卷二二，頁八王氏曰；詳解卷十三，頁十四述。）

【佚文】（二二五）「有天地此有男女，豈以女子而可無敬乎？古者設師傅保姆之官以教六宮，故葛覃之有師氏，宋姬之待傅姆，民間之有女師：主女教也。」（詩經世本古義卷五，頁十九—二十王安石曰。）

保氏，掌諫王惡，而養國子以道，乃教之六藝：一曰五禮，二曰六樂，三曰五射，四曰五馭，五曰六書，六曰九數。乃教之六儀：一曰祭祀之容，二曰賓客之容，三曰朝廷之容，四曰喪紀之容，五曰軍旅之容，六曰車馬之容。

【佚文】（二二六）「先王本道以達爲藝，緣道而制爲儀。」（文淵閣四庫全書本周官新義卷六，

〔一〕　全段：訂義卷二二，頁八王氏曰；詳解卷十三，頁十四述，「非從」作「不從也」，「夫」字無。

頁二五。)〔一〕

【佚文】(二二七)「道與之才，先王達之以爲藝；道與之貌，先王制之以爲儀。」(訂義卷二二，頁九—十王氏曰；詳解卷十三，頁十六。)

凡祀祭、賓客、會同、喪紀、軍旅，王舉則從，聽治亦如之。使其屬守王闈。

【佚文】(二二八)「師氏未有職而詔之，故曰『掌以媺詔王』；保氏有惡而後諫，故曰『掌諫王惡』〔二〕；師氏、保氏，皆使其屬守，則亦有保之名焉，守事非其身之所任矣〔三〕。」(文淵閣四庫全書本周官新義卷六，頁二五。)

【佚文】(二二九)「(闈，)旁出之小門。」(詳解卷十三，頁十七述；訂義卷二二，頁十一王氏曰。)

司諫，掌糾萬民之德，而勸之朋友，正其行而强之道藝，巡問而觀察之。以時書其德行道藝，辨

〔一〕全段，欽定義疏卷十三，頁三一王氏安石曰。

〔二〕首以下：詳解卷十三，頁十一述，「師氏」下有「於王」二字；訂義卷二二，頁九王氏曰；欽定義疏卷十三，頁二八王氏安石曰，「有惡」上有「遇」字。

〔三〕「師氏保氏」以下：詳解卷十三，頁十七述，無「矣」字；又見訂義卷二二，頁十一—十二王氏曰。

其能而可任於國事者。以攷鄉里之治，以詔廢置，以行赦宥。

【佚文】（二二三〇）「知吏之實，故可以詔廢置；知民之實，故可以行赦宥。」（文淵閣四庫全書本周官新義卷六，頁二一五。）〔二〕

△司救

△調人

媒氏，掌萬民之判。凡男女，自成名以上，皆書年月日名焉；令男三十而娶，女二十而嫁。凡娶判妻入子者，皆書之。中春之月，令會男女；於是時也，奔者不禁。若無故而不用令者，罰之。司男女之無夫家者，而會之。凡嫁子娶妻，入幣純帛，無過五兩。禁遷葬者與嫁殤者。凡男女之陰訟，聽之于勝國之社，其附于刑者，歸之于士。

【佚文】（二二三一）「婚姻欲致一，故用純色之帛。」（訂義卷二三，頁八王氏曰；詳解卷十三，

〔二〕全段，訂義卷二二，頁十三王氏曰。

頁二一四—二一五述。）

【佚文】（二三二）「天數五，地數五，五位相得，而各有合；五兩，則以天地合數爲之。」（訂義卷二三，頁八王氏曰；詳解卷十三，頁二一五述。）

【佚文】（二三三）「社，陰，故于兹聽〔二〕；訟，神所在也；明當敬而不褻。」（文淵閣四庫全書本周官新義卷六，頁二六。）〔三〕

〔二〕「聽」下，墨海本、經苑本並有「陰」字。

〔三〕全段，訂義卷二三，頁八王氏曰，「訟」上有「陰」字。

周禮新義　卷七　地官司徒二

司市……凡市入則胥執鞭度守門，市之羣吏，平肆、展成、奠賈，上旌于思次，以令市。市師涖焉，而聽大治大訟；胥師、賈師涖于介次，而聽小治小訟。

【佚文】（二三四）「器中度，布帛精粗中數；木中伐，鳥獸魚鱉中殺，此所謂成也。」（訂義卷二三，頁十三王氏曰；詳解卷十四，頁五述，「鳥」作「禽」。）

國君過市，則刑人赦；夫人過市，罰一幕；世子過市，罰一帟；命夫過市，罰一蓋；命婦過市，罰一帷。凡會同、師役，市司帥賈師而從，治其市政，掌其賣儥之事。

【佚文】（二三五）「過市，非所以明遠利也；市人犯刑，以利而已；國君近市，則市人何誅焉？故國君過市，則刑人赦；所謂刑人，亦憲、徇、扑三者而已〔二〕。幕也、帟也、蓋也，皆庇下

〔二〕「扑」，鈔本作「朴」，詳解述作「扑」（詳下註）。

之物，爲上近利，則無以庇下矣。」（文淵閣四庫全書本周官新義卷七，頁二。）〔一〕

【同佚文】⊗王安石上（神宗）五事劄子 全文見地官泉府下同佚文第一二條。

【評】⊗清鄂爾泰曰：安石剥民之政（謂青苗法等），託鄭玄地官司市、泉府、司門、司關與天官大宰「九賦」之注而爲之，詳天官膳夫下評第三〇條。

質人，掌成市之貨賄、人民、牛馬、兵器、珍異。凡賣價者，質劑焉；大市以質，小市以劑。掌稽市之書契，同其度量，壹其淳制，巡而攷之；犯禁者，舉而罰之。凡治質劑者：國中一旬，郊二旬，野三旬，都三月，邦國朞。期内聽，期外不聽。

【佚文】（二三六）「質劑之治，宜以時決，久而後辨，則証逮或已死亡〔二〕，其事易以生僞；故期外不聽，亦所以省煩擾。」（文淵閣四庫全書本周官新義卷七，頁二。）〔三〕

〔一〕全段：詳解卷十四，頁八述略同；訂義卷二三，頁十六王氏曰，「近市」作「近利」。

〔二〕「証」，墨海本、經苑本、詳解述（詳下註）皆作「證」。

〔三〕全段：詳解卷十四，頁十述略同；訂義卷二四，頁二王氏曰；欽定義疏卷十四，頁十九王氏安石曰，「省煩擾」作「杜欺誣」。

廛人，掌斂市：絘布、總布、質布、罰布、廛布，而入于泉府。凡屠者，斂其皮角筋骨，入于玉府。凡珍異之有滯者，斂而入于膳府。

【佚文】（二三七）「皮角筋骨，屠者之餘財也；廛人斂而入于玉府，明所取者非民之正利。」（文淵閣四庫全書本周官新義卷七，頁三。）〔一〕

【佚文】（二三八）「屠者正以肉爲利，皮角筋骨則其餘財，斂而入之于玉府，則明玉府所取非民正利。」（訂義卷二四，頁四王氏曰；詳解卷十四，頁十一述大同。）

【評】（六二）宋陳傅良曰：「王荆公嘗謂：周禮一書，理財居其半。自有周禮以來，劉歆輔王莽專爲理財，至荆公熙寧，亦專理財，所以先儒多疑於周禮。今細考之，亦誠有可疑者。且以廛人一官論之，所謂『絘布』者，鄭氏謂『列肆之税』，即今之房廊錢。所謂『廛布』者，鄭氏謂『諸物邸舍之税』，即今之白地錢。又有『罰布』者，賣買不平之罰；『質布』者，質人巡考犯禁之罰，即今之搭地錢。又有『總布』者，子春謂『無肆立持之税』，若熙寧間不係行錢。人凡屠者，斂皮角筋骨入于玉府，即今所謂納筋骨者。斂珍異之滯者入于膳府，則以供一人之玩好者。德宗宮市之弊，其初只教官與百姓交易，後乃用宦者爲使，買之多

〔一〕全段，欽定義疏卷十四，頁二十王氏安石曰。

不償其本錢。熙寧不係行錢，鄭俠奏議謂：負水拾髮、擔粥提茶，皆有免行。然則廛人之弊，安得不至於此？其他自山虞以至澤虞，自丱人以至掌炭，又有上項征税。如此其未至市肆者，在川則有川禁，澤則有澤禁，金玉鉛錫則有禁，齒革羽毛則有禁，絺紵薪炭則有禁，所以取民者無一不備。與夫司門犯禁之財，司關舉貨之罰，巾車之車，折則入齎，馬質之馬，死則物更。先王所以不與民争利者，全不見於此書。所以王莽用周禮，遂有五均六斡，列肆里區無不征之。荆公用周禮，遂有坊場河渡、白地房廊、搭罰六色、免行市例之類，無所不有，至使周禮之書後人不得嘗試。夫周家之法果如是耶？抑用之者失其實耶？」（載訂義卷二四，頁四—五。）

【同佚文】（三）王安石有關周禮廛人、泉府言論：熙寧五年十一月，「安石曰：『如入内内使省吏人，亦當與增禄。蓋自修宗室條制所減貨務甚多故也』云云，又録廛人象府事白上曰：『此周公所爲也。』上曰：『周公事未能行者豈少？』安石曰：『固未能行者，若行之而便於公私，不知有何不可？而乃變易以從俗流所見。』」（宋會要輯稿卷一四九八九，頁十三食貨五五原注引九朝紀事本末載：此所稱宋會要輯稿卷數，但依原書中縫所載，下皆倣此。）

【同佚文】（四）王安石有關周禮廛人言論：「孟子所謂『市廛而不征，法而不廛』者，先儒以國中之地謂之廛，以周官考之，此説是也。廛而不征者，賦其市地之廛，而不征其貨；法而不廛者，治之以市官之法，而不賦其廛；或廛而不征，或法而不廛。蓋制商賈者惡其盛，盛則人去本者衆；又惡其衰，衰則貨不通；故制法以權之，稍盛則廛而不征，已衰則法而不廛。文王之時，關譏而不征；及周公制禮，則凶荒札喪，然後無征。蓋所以權之也。貢者，夏后氏之法，而孟子以爲不善者，不善非夏后氏之罪也，時而已矣。」（臨川集卷七二，頁五答韓求仁書，亦見四庫全書考證卷八，頁四一—四二引。）

△胥師

△賈師

△司虣

△司稽

△胥

△肆長

泉府，掌以市之征布。斂市之不售，貨之滯於民用者，以其賈買之；物楬而書之，以待不時而買者。買者各從其抵，都鄙，從其主；國人郊人，從其有司；然後予之。凡賒者，祭祀，無過旬日；喪紀，無過三月。凡民之貨者，與其有司辨而授之，以國服爲之息。凡國事之財用，取具焉。歲終，則會其出入，而納其餘。

【佚文】（二三九）「賒謂之賒，則不即入其價也。」（訂義卷二四，頁十一王氏曰；詳解卷十四頁十六述，首句作「賒予之謂之賒」。）

【佚文】（二四〇）「周人國事之財用，取具於息錢。」（宋會要輯稿卷一七五五二，頁三食貨五之三載李常熙寧三年三月奏議引王安石謂：恐非出於新義，姑收置此。）

【佚文】（二四一）「國服爲之息，則民不輕貨矣。」（龜山集卷十三，頁十三—十六神宗日録辨載（周禮）新義。）

【佚文】（二四二）泉府所言國之財用，凡以賒貸之息供之。（木鐘集卷七下，頁四—五周禮説引王、林解。）

【佚文】（二四三）「（泉府斂市之征布，其所得幾何？説者謂：）先王所以變通天下之財者在此。」（周禮義辨，載訂義卷二四，頁十二。）

【佚文】（二四四）以國服爲之息，則各以其所服國事賈物爲息也。若農以粟米、工以器械，皆以其所有也。（詳解卷十四，頁十六述；敏案：考其説略合鄭玄注，安石固踵用鄭注，故輯收於此，意其即述安石之説。）

【佚文】（二四五）「善爲國者，不取於民而財用足。」（周禮全經釋原卷五，頁八八王介甫遂曰；敏案：恐非出於新義，姑收置此。）

【同佚文】（五）王安石有關周禮泉府言論：熙寧二年二月甲子（二十七日）王安石言：「周置泉府之官，以榷制兼併，均濟貧乏，變通天下之財。後世唯桑弘羊、劉晏麄合此意。學者不能推明先王法意，更以爲人主不當與民爭利。今欲理財，則當修泉府之法，以收利權。」（宋史紀事本末卷三六，總頁二六一，參看續資治通鑑長編拾補卷四，頁五及其注。）

【同佚文】（六）王安石有關周禮泉府言論：於是敏案：在熙寧三年正月某日。王安石曰：「（范）鎮所言天子開課場，若非陛下明見周禮有此，則豈得不以爲媿恥？前代人主幾人能以周禮決事，所以流俗之言常勝也。」（宋會要輯稿卷一七五五一，頁四食貨四；敏案：范鎮之言，詳下評文第六三條。）

【同佚文】（七）王安石有關周禮泉府言論：新法云：「周禮泉府以爲，民之貸者有至二十而五，而曰『國事之財用，取具焉』。今者不過三分，即比貨（貸）民取息已不爲多。今常平之物不領於三司，此周公之法，乃不以取具國事之財用，故云公家無所利其入。」（宋會要輯稿卷一七五五二，頁一食貨五載孫覺熙寧三年三月五日奏議引。）

【同佚文】（八）王安石有關周禮泉府言論：制置條例司云：「今按：周禮泉府之官，民之貸者，取民息有至二十，而曰『國事之財用，取具焉』。今常平新法：預俵青苗價錢，但約熟時酌中物價；若熟時物貴，即計量減市價納錢，即是未定，合納實數。故河北提舉官則約束州縣，若情願納錢，不得過三分。至於京西、陝西等路提舉官，則大抵約束不得過二分而已。此蓋爲量減時價指揮，未有約定實數。恐遇納時斛斗價例倍貴，州縣量減錢數不多，卻致虧損百姓。所以有此約束，即非法外擅爲侵刻也。就諸路提舉官所納，惟河北所約分數爲最多，然云不過三分之息；定取三分之息，若物價抵平，即有合納本色，不收其息，或只收一二分息之時。多少相補，比周禮貸民取息立定分數已不爲多。近降指揮，又令諸路預俵價錢，若遇物價極貴，亦不得過二分，即比周禮所取尤少者。」（韓魏公集卷十八，頁二「家傳」載；宋會要輯稿卷一七五五一，頁十載作「周禮泉府之官，民之貸者，承息有至二十而五，而國之財用取具焉。今常平新法：比周禮貸民取息立定分數以下爲多，遇物價極貴，亦不得過二分，即比周禮所取猶少。」又宋會要輯稿卷一七五五一，頁九亦載，略同。）

【同佚文】（九）王安石有關周禮泉府言論：制置條例司云：周禮泉府「國服爲息」之説，謂放青苗錢取利，乃周公太平已試之法。（韓魏公集卷十八，頁五「家傳」載；又具見宋會要輯稿卷一七五五一，頁十一，「謂」作「爲」。）

【同佚文】（一〇）王安石有關周禮泉府言論：制置條例司云：「今按：常平舊法，亦糴與坊郭之人。今若俵散農民有餘，仍不許坊郭之人貸借，是令常平有滯積餘藏，而坊郭之人獨不被賑救乏絶之恩也。周禮設貸民之法，即無都邑鄙野之限。今新法乃約周禮太平已試之法，即非專用陝西青苗條貫也。」（韓魏公集卷十八，頁九「家傳」載；宋會要輯稿卷一七五五一，頁十二食貨四亦載，多所删略。）

【同佚文】（一一）王安石有關周禮泉府言論：制置條例司曰：「言者謂新法不當示之條約，明言利息。本司今按：周官貸民，明言以『國服爲息』，蓋聖人立法，推至信於天下，取之以道，非爲己私，於理何嫌而不可明示條約？」（宋會要輯稿卷一七五五一，頁十食貨四載。）

【同佚文】（一二）王安石有關周禮泉府等言論：「陛下即位五年，更張改造者數千百事，而爲書具，爲法立，而爲利者，何其多也！就其多而求其法最大，其效最晚，其議論最多者，五事也。一曰和戎，二曰青苗，三曰免役，四曰保甲，五曰市易。今青、唐、洮、河幅員三千餘里，舉戎羌之衆二十萬，獻其地因爲熟户，則和戎之策已效矣。昔之貧者，舉息之於豪民；今之貧者，舉息之於官，官薄其息，而民救其乏，則青苗之令已行矣。惟免役也、保甲也、市易也，此三者有大利害焉。得其人而行之，則爲大利；非其人而行之，則爲大害；緩而圖之，則爲大利；急而成之，則爲大害。傳曰：『事不師古，以克永世，匪説攸聞。』若三法者，可謂師古矣。然而知古之道，然後能行古之法，此臣所謂大利害者也。蓋免役之法，出於周官所謂『府史胥徒』，王制所謂『庶人在官』者也。然而九州之民，貧富不均，風俗不齊，版籍之高下不足據，今一旦變之，則使之家至户到，均平如一，舉天下之役，人人用募；釋天下之農，歸於畎畝。苟不得其人而行，則五等必不平，而募役必不均矣。保甲之法，起於三代丘甲，管仲用之齊，子産用之鄭，商君用之秦，仲長統言之漢。而非今日之立異也。然而天下之人，鳧居鴈聚，散而之四方而無禁也者，數千百年矣。今一旦變之，使行什伍相維，鄰里相屬，察姦而顯諸仁，宿兵而藏諸用，苟不得其人而行之，則搔之以追呼，駭之以調發，而民心摇矣。市易之法，起於周之司市、漢之平準，今以百萬緡之錢，權物價之輕重，以通商而貫之，令民以歲入數萬緡息。然甚知天下之貨賄未甚行，竊恐希功幸賞之人，速求成效於年歲之間，則吾法隳矣。臣故曰三法者，得其人緩而謀之，則爲大利；非其人急而成之，則爲大害。故免役之法成，則農時不奪，而民力均矣；保甲之法成，則寇亂息，而威勢彊矣；市易之法成，則貨賄通流，而國用饒矣。」（上（神宗）五事劄子，載臨川集卷四一，頁三—四。敏案：四庫提要卷十九，頁七經部禮類一：「安石神宗時所上五事劄子及神宗日録載安石所引周官及楊時龜山集中所駁『平頒興積』一條，其文皆在地官中。」並參地官旅師下楊時評語等文。）

【同佚文】（一三）王安石有關周禮泉府書論：熙寧五年十一月丁巳（初八日）上謂王安石曰：「市易賣果，寔審有之；即太煩細，令罷之，如何？」安石曰：「市易司但以細民上爲官司科買所困，下爲兼并取息所苦，自投狀。乞借官錢出息，行倉法，供納官果。寔自立法以來販者，比舊皆即得見錢行人，比舊官司兼并所賣十減八九，官中又得好果寔供應，此皆遂人所供狀，及案驗，事寔如此。陛下謂其繁細，有傷國體。臣愚切謂不然，令設官監酒，一升亦賣，設官監商税，一錢亦税，豈非細碎？又不以爲非者，習見故也。臣以謂酒税法如此，不爲非義，何則？自三代之法，固已如此，周官固已似商〔二〕，然不云須幾錢以上乃征之。泉府之法：物貨之不售，貨之滯於民用者，以其價買之，以待買者。亦不言幾錢以上乃買。又珍異有滯者，斂而入於膳府供王膳，乃取市物之滯者。周公制法知此，不以煩碎爲恥者，細大並舉，乃爲政體。但尊者任其大，卑者務其細，此先王之法，乃天地自然之理。如人一身，視聽食息皆在元首，至欲搔痒，則須爪甲；小大所在不同，然亦不可闕如。天地生萬物，一草之細，亦皆有理。

〔二〕敏案：「似」，疑當作「征」。

今爲政，但當論所立法有害於人物與否，不當以其細而廢也。」（宋會要輯稿卷一四九八九，頁十二食貨五五原注引九朝紀事本末載。）

【同佚文】⊗王安石有關周禮廛人、泉府言論，已見廛人下同佚文第三條。

【同佚文】（一四）王安石有關周禮泉府言論：「某啓：示及青苗事，治道之興，邪人不利，一興異論，羣聾和之，意不在於法也。孟子所言利者爲利吾國（如曲防遏糴），利吾身耳；至狗彘食人食則檢之，野有餓莩則發之，是所謂政事。政事所以理財，理財乃所謂義也。一部周禮，理財居其半，周公豈爲利哉？姦人者，因名實之近，而欲亂之以眩上下，其如民心之願何？始以爲不請，而請者不可遏；終以爲不納，而納者不可却；蓋因民之所利而利之，不得不然也。然二分不及一分，一分不及不利而貸之，貸之不若與之，然不與之而必至於二分者，何也？爲其來日之不可繼也，不可繼，則是惠而不知爲政；非惠而不費之道也，故必貸。然而有官吏之俸，輦運之費，水旱之逋，鼠雀之耗，而必欲廣之以待其飢不足，而直與之也，則無二分之息，可乎？則二分者，亦常平之中正也，豈可易哉？公立更與深於道者論之，則某之所論，無一字不合於法；而世之譊譊者，不足言也。因書示及，以爲如何？。」（臨川集卷七三，頁四—五答曾公立書；尚書新義佚文第四八七條節取。）

【同佚文】（一五）王安石有關周禮泉府言論：「（上（神宗）曰：市易賣果子煩細，且令罷却，如何？」）余（王安石）曰：『……臣愚竊謂不然，今設官監酒，一升亦沽，設官監税，一錢亦税，豈非細碎？人不以爲非，習見故也。臣以爲酒税如此，不爲非義，何則？自三代之法固已如此，周官固已征商，然不云幾錢以上乃征之。泉府之法，物貨之不售，貨之滯於民用者，以其價買之，以待不時而買者。亦不言幾錢以上乃買賣。周公制法如此，不以煩細爲恥者，細大並舉，乃爲政體。尊者任其大，卑者務其細，此先王之法，乃天地自然之理。如陛下朝夕檢察市易務事，乃似煩細，非帝王大體，此乃書所謂『元首叢脞』也。』」（龜山集卷六，頁二四—二五「神宗日録」辨，參看上同佚文第一三條。）

【評】（六二）宋范鎮熙寧三年正月曰：「青苗者，唐衰亂之世所爲。青苗在田賤，估其值收，厥未畢而必其償，是盜跖之法也。今以盜跖之法而變唐、虞不易之政，此人情所以不安，而中外驚疑也。迺者，天雨垂，地生毛，天鳴地震，皆民勞之象。惟陛下觀天地之變，罷青苗之舉，歸農田水利於州縣。追還使者，以安民心，而解中外之疑。……伏覩近降中書劄子四十道，散下諸路，約束分給青苗錢，不得抑配大户，並召情願者，特申前詔耳，非臣前所奏之謂也。外議紛紜，皆云自古以來未有天子而開課場者，民雖至愚，不可不畏。乞檢月前二奏，罷青苗錢，追還使者，而歸農田水利差役於州縣，以正綱紀，以息民言。」（宋會要輯稿卷一七五五一，頁三一—四食貨四，參看上同佚文第六條。）

【評】（六四）宋孫覺熙寧三年三月五日曰：「切見制置三司條例司畫一文字，頒行天下，曉諭官吏，使知法意。其凡有七，至於論斂散出入之弊，分城郭田野之民，憂將來之失陷，其利害灼然，人人所能知者。臣皆請置而不論，至於援引經誼，以傅會先王之法，與防微杜漸，將以召怨賈禍者，臣得極爲陛下陳之：……（見上同佚文第七條）臣切以謂：周家綱紀天下，其法至密，小大詳略之殺有條，本末先後之施有序；所治大者，不領其詳；所當後者，不先於本；故其法始於治地，而其效至於天下無一人之獄。此其積累，乃於文王、武王、周公三聖人者，上取堯、舜、夏、商之遺法，損益彌縫之，至是而始備。嗚呼！其亦難成矣哉！周之法如此，其詳且備矣。民之養生喪死者，既已無憾，則又慮夫祭祀、喪紀與夫不可知之乏絶，故爲之立賒貸之法，以陰相之，所以備民之艱難，而示彌縫之至也。賒貸者，不可以徒予，必使以國服輸息，蓋又寓勸生節用之意，以俟其怠惰者耳。若夫國事之財用，取具者，蓋謂泉府所領，若市之不售，貨之滯於民用；有買有予，并賒貸之法而舉之焉。若專取具於泉府，則冢宰九賦之類將安用邪？至於『國服之息』，説者不明先鄭、後鄭各爲一解，康成曰：『於國事受園廛之田，而貸萬泉者，朞出息五百。』又曰：『王莽時，民貸以治産業者，但計贏所得，受息無過歲什一。』康成雖引載師園廛爲比，然卒以莽時爲據。其意蓋謂：周制亦當爾也，不應周公取息反重於王莽之時。夫以王莽貪亂敗亡之法，尚不至於以本計息，奈何謂周禮太平之制，而取息之厚乃至是邪？況載師所任地，自園廛二十而一，至漆林二十而五，其征五等，而漆林之征最重，以其末作妨農，所以抑之使歸本也。今以農民乏絶，將以補耕助斂，乃欲二十而五，以比漆林之征，則是爲本末者無以異，與周禮之意相違甚矣。況周官所載治法甚詳，必欲舉而行之，宜有先於此者，如賒貸之法，劉歆行於新室，已不效矣，莽之亡雖不專以此，然亦亡莽之一道也。故臣謂聖世宜講求先王之法章明較著已試而效者，推而行之，不當取疑文虚説，苟以圖治焉。今以青苗細故，招天下之議，使老臣疎外而不見聽，輔臣遷延而不就職，門下執奏而不肯行，諫官請罪而求去。若此，其事雖善，難以必行，況復疑文虚説若前之云云者哉！乞檢會臣累奏，早賜施行。」（宋會要輯稿卷一七五五二，頁一一二食貨五。）

【評】（六五）宋李常熙寧三年三月曰：「王安石不本仁以出號令，考義以理財賦，而佐陛下爲此病民斂怨之術，黨蔽掊克，小人宣言，取利分數，小大驚疑，遠近騰沸。曾公亮、陳升之、趙抃皆位冠百僚，身輔大政，首鼠厥議，曾無執守。臺諫官或以執事隔絶，或陰竊符同，四海萬里，蒙毒莫訴。臣於安石雖有舊故之義，苟懷私而不言，誰復爲朝廷言者？今不思彊恕改過，捨己取人，而爲君子之道，而遂非喜勝，日與其徒吕惠卿等陰籌竊計，欲文厥過，思以頰舌力奪公議，寧復爲社稷安危慮者？竊聞其以公論者爲同乎流俗，憂國者爲震驚朕師，以百姓愁嘆爲出自兼并之言，以卿士僉議爲生乎怨嫉之口，而又妄取經據傳會其説謂：『……』（見上佚文第二四〇條）上以惑陛下之聰明，下以欺天下之耳目，而貽笑後世，可爲太息！可爲痛悼！臣竊觀周禮所以必貸民者，蓋先王推惻隱以爲政，而盡其回旋曲折之深意也。先王之於民，不使之過幸而苟得，授之田則出税，貸之錢則出息，而不志於息也。今青苗之法，言補助則爲虚名，言斂散則爲徒擾，適所以悞妄費不思之民，使之日入於困窮而已。」（宋會要輯稿卷一七五五二，頁三食貨五之三載。）

【評】（六六）宋李常曰：「條例司始建，已致中外之議，至於均輸、青苗斂散取息，傅會經義，人且大駭。何異王莽猥析周官，片言以流毒天下？」（上疏，載宋史卷三四四，頁六李常傳；文亦略見蘇頌龍圖閣直學士知成都府李公墓誌銘，蘇魏公文集卷五五，頁十八。）

【評】（六七）宋韓琦熙寧三年三月曰：「臣詳制置司疏駁事件，即將臣元奏要切之語多從删去，惟舉其大概，用偏辭曲爲沮難，及引周禮『國服爲息』之説，文其謬妄，上以欺罔聖德，下以愚弄天下之人。……今制置條例司疏駁云：『言者以謂：元降敕命云：公家無所利其入。今河北提舉官乃令取息三分，是與元敕絶相違戾，失信於百姓。本司今按：「……」（見上同佚文第八條）』臣竊以：既立太平之法，必無剥民取利之理。但漢儒以去聖之遠，解釋或有異同耳。按周禮泉府『掌以市之征布。斂市之不售，貨之滯於民用者，以其價買之，物楬而書之，以待不時而買者。各從其抵。』鄭衆釋云：『書其價，楬著其物也。不時買者，謂急求者也。抵，故價也。』臣謂：周制：民有貨在市而無人買，或有積滯而妨民用者，則官以時價買之，書其物價以示民。若有急求者，則以官元買價與之。此所謂王道也。經又云：『凡賒者，祭祀，無過旬日，喪紀，無過三月。』鄭衆釋云：『賒，貰也。以祭祀、喪紀，故從官貰買物。』唐賈公彦疏云『賒與民，不取利』也。經又云：『凡民之貸，與其有司辨之，以國服爲之息。』鄭衆釋云：『貸者，謂從官借本賈也。故有息，使民弗利以其所賈之國所出爲息也。』此所謂王道也。而鄭康成釋云：『以其於國服事之稅爲息也。於國事受園廛之田而貸萬泉者，則朞出息五百。』臣謂：周禮園廛：二十而稅一，近郊十一，遠郊二十而三，甸稍縣都皆無過十二；惟其漆林之征，二十而五：漆林自然所生，非人力所作，故稅重。康成乃約此法，請從官貸錢，若受園廛之地貸萬錢者出息五百。公彦因而疏解謂：『近郊十一者，萬錢朞出息一千；遠郊二十而三者，萬錢朞出息一千五百；甸稍縣都之民，萬錢朞出息二千。』臣謂：如此則須漆林之户取貸，方出息二千五百也。然當時未必如此。今放青苗錢，凡春貸十千，半年之内使令納利二千；秋再放十千，至年終又令納利二千。則是貸萬錢者，不問遠近之地，歲令出息四千也。周禮至遠之地，止出息二千，今青苗取利，尚過周禮一倍。則制置司所言，比周禮貸民取息立定分數已不爲多。亦是欺罔聖聽，自謂天下之人皆不能辨也。且今古異制，貴於便時，周禮所載有不可施於今者，其事非一。若謂泉府一職今可施行，則上言以官錢買在市不售及民閒積滯之貨，候民急求，則依元買價與之，民有祭祀、喪紀，就官中借物，限旬日三月還官，而不取其利。制置司何不將此周公太平已試之法盡申明而行之？豈可獨舉注疏貸錢取息之利事〔二〕，以誑天下之公言哉！鄭康成又注云：『王莽時，貸以治産業者，但計嬴所得，受息無過歲什一。』公彦疏解云：『王莽時，雖計本多少爲定，及其催科，惟所嬴多少。假令萬泉歲嬴萬泉，催一千嬴五本〔三〕。』萬錢歲終嬴得萬錢，只令納一千，若所嬴錢更少，則納息更薄，比今於青苗錢取利尤爲寬少。而王莽之後，上自兩漢，下及有唐，更不聞有貸錢取利之法。今制置司遇堯、舜之主，不以二帝、三王之道上裨聖政，而貸錢取利，更過王莽之時，此天下不得不指以爲非，而老臣不可以不辯也。況今天下田税已重，固非周禮什一之法，則又隨畝更有農具、牛皮、鹽錢、麴錢、鞋錢之類，凡十餘名件，謂之雜錢。每遇夏秋，起納官中，更將紬絹斛斗低估價，例令民將此雜錢折納。又每歲將官鹽散與人户，謂之蠶鹽，令民折納絹帛。更有預買，轉

〔二〕「利」，宋會要作「一」。
〔三〕「本」，宋會要作「千」。

運司和買兩色紬絹。如此之類，不可悉舉。皆周禮田稅什一之外加斂之物，取利已厚，傷農已深，奈何更引周禮『國服爲息』之説，謂：『放青苗錢取利，乃周公太平已試之法。』此則誣汙聖典，蔽惑睿明。……臣竊以：鄉村上三等及城郭有物業人户，非臣獨知，是從來兼并之家，此天下之人共知也。今制置司以爲不是兼并之家者，只要多散青苗錢與之，而得利亦多也。其如元降敕意，本務拯濟困乏，却將錢放與此等人户，則天下明知朝廷專以取利爲意，實傷國體。制置司若謂周官有貸民之法，取之以道，於理無嫌，則今兼并之家例開質庫置課場，若恐取民倍息以傷貧細，則所在皆可，官自開置以抑兼并。然自前世以來，惡其太近衰削，不忍爲之。今青苗錢一事，無近於此乎？……制置司云：『言者以謂：坊郭人户既青苗不可貸借，本司今按：「……」（見同佚文第一〇條）』臣詳制置司此説，尤爲不實。蓋自來常平倉遇歲年不稔，物價稍高，合減元價。出糶之時，其鄉村則逐處多下諸縣，取逐鄉近下等第户姓名印給關子，令收執赴倉。每户糶與三石或兩石以來，所是坊郭，則每日零細糶與浮居人户，每日五勝或一㪷以來，故民受實惠，甚濟饑乏，即未見曾坊郭有物業人户乃來零糴常平倉斛㪷者。此蓋制置司以青苗爲名，欲賸借錢與坊郭有物業之人，以望得利之多，假稱周禮太平已試之法，以謂無都邑鄙野之限，以文其曲説，惟陛下深詳其安。」（韓魏公集卷十八，頁一—九「家傳」；文亦略見宋會要輯稿卷一七五五一，頁一—十三食貨四。敏案：續長編拾補卷七，頁二九：「羣臣言常平章疏，上悉以付安石。安石復言於上曰：『章疏惟韓琦有可辨，餘人絶不盡理，不必辨也。』上然之。」）

【評】（六八）宋楊時曰：「泉府之法，非以取利也。斂市之不售，所以便商賈，使無滯貨，不爲其賤而買之也。以待不時而買者，所以便民，使無乏用，不爲其貴故賣之也。」（載周禮義辨，訂義卷二四頁十。）

【評】（六九）宋楊時曰：「泉府斂市之征布，其所得幾何，説者謂：『……』（見上佚文第二四三條）不知關市待膳服以下，皆經費也。邦之大用，内府待之；小用，外府待之。泉府所謂『國事之財用』者，特内外府之待與夫經費之外者耳。其所用而取具者，亦可知矣。」（周禮義辨，載訂義卷二，四頁十二。）

【評】（七〇）宋楊時曰：「古之爲市也，以其所有易其所無者，有司者治之耳。征商，古無有也，蓋自賤丈夫始恐無一錢亦税也。……榷酤之法，自桑弘羊爲之，當時以爲烹弘羊乃雨，則人情可知矣。以爲因襲之久，國計賴之，未能遽已可也；以爲三代之法已如此，其欺我哉！周官泉府『斂市之不售，貨之滯於民用，以其價買之，以待不時之買者』，所以與通貨賄也。若果子非有不售而滯於民用者，而官皆斂之，此與賤丈夫登龍斷而罔市利者，何異哉？以是爲政體，不亦謬乎！」（龜山集卷六，頁二五—二六神宗日録辨。）

【評】⊗宋楊時論王安石周禮新義地官泉府「國服爲息」之説兩條，詳旅師下評第一〇一條及第一〇二條。

【評】⊗宋晁公武評王安石周禮新義地官泉府(青苗法等)，詳周禮新義總評第一七二條。

【評】(七一)宋唐仲友曰：「本朝熙寧間，更命儒生爲新義，而王安石實董周官，其説多用字説，破碎經義。又因『國服爲息』，始下青苗之令，諸儒非之，於是併疑周官，雖蘇轍之學猶不免。於是後學牽惑義理名數，稍有不合，不加思慮考證，遽以非聖人全書，藉口世之治經者便文決科而已。先王之典，寖以不彰，吁！可嘆已！」(九經發題頁六「周禮」目。)

【評】(七二)宋洪邁曰：「……王安石欲變亂祖宗法度，乃尊崇其言，至與詩、書均匹，以作三經新義，其序略曰：『其人足以任官，其官足以行法，莫盛乎成周之時；其法可施於後世，其文有見於載籍，莫具乎周官之書。自周之衰，以至於今，太平之遺迹，掃蕩幾盡，學者所見，無復全經。於是時也，乃欲訓而發之，臣知其難也；以訓而發之之難，則又以知夫立政造事追而復之之爲難。』則安石所學所行，實於此乎出。遂謂一部之書，理財居其半。又謂泉府『凡國之財用，取具焉。歲終，則會其出入，而納其餘』。則非特摧兼并救貧阸，因以足國事之財用。夫然，故雖有不庭不虞，民不加賦，而國無乏事。其後吕嘉問法之，而置市易，由中及外，害徧生靈。嗚呼！二王託周官之名以爲政，其歸於禍民一也。」（容齋續筆卷十六，總頁一五七—一五八「周禮非周公書」條。）

【評】（七三）宋鄭鍔曰：「後世青苗取息，名曰利之，適以禍之，非周家立法之意。」（周禮全解，訂義卷二四，頁十二載。）

【評】（七四）宋葉時曰：「先王授民以井田，足食也；制商以市廛，通貨也。太宰，阜財之職，而與農穀並任；司徒，通財之事，而與稼穡同頒。誠以食足貨通，而後教化可成也。是以匠人營國，則前朝而後市；内宰建國，則佐后而立市。市者，所以通商賈而阜財也。然而王后有陰陽之別，朝市有義利之分，古人先義而後利，則市之治教、刑政、量度、法令之設，豈無以權衡劑量於其閒邪？司市爲市官之長，故其政令爲詳；質人則掌質劑，即司市之結信也；廛人則掌斂布，即司市之行市也；胥師則掌憲刑禁，即司市之禁僞也；賈師則掌均市價，即司市之成賈也；司虣則掌搏其亂市者，即司市之禁虣也；司稽則搏其犯禁者，即司市之去盜也；胥則執鞭度以守門，肆長則陳貨賄以分肆，即司市之執鞭平肆也；至於泉府一官，乃斂滯貨以利商，貸喪、祭以利民，即司市之同貨斂賒也。其餘司門、司關、掌節等官皆同商賈之往來，察貨賄之出入與夫征禁符節之事，亦即司市之通貨賄以璽節出入者也。然攷其治市之政，大要有三：一曰均通利、二曰禁争利、三曰一起利。朝時而市，商賈爲主，以其市貨之多而可賣價也；日趨而市，百族爲主，以其家貨所出而得賣買也；夕時而市，販夫販婦爲主，以其資商賈百族之貨而得夕賣也。此豈非通民之利，而必使均乎？國君過市，則刑反赦，市非遊觀之地，而國君過焉，必有所規於民，君尊而不可行罰，故使之赦刑人而施惠以爲悦也。夫人過市，則罰一幕，世子過市，則罰一帟，命夫罰蓋，命婦罰帷，以過市而必有罰，況敢與民爲市邪？此豈非争民之利，而必有禁乎？凡市，僞飾之禁，在民、在商、在賈、在工者，皆十有二，此禁僞而除詐也。凡治市之貨賄，六畜珍異，亡者使有；利者，使算；害者，使亡；靡者，使微：此禁物靡而均市也。又豈非民趨末利而必有抑之者乎？昔者神農氏作，日中爲市，致天下之民，聚百物之貨，交易而退，各得其所，此市之所由作也。而聖人必先之以聚人曰財，理財正辭禁民爲非曰義，毋亦曰生財有大道，國當以義爲利，不當以和爲利歟？或者則曰：孟子嘗謂『市廛而不征』，又曰『關市譏而不征』，今考之廛人有市，絘布、總布、質布、罰布、廛布之斂，泉府曰『掌市之征布』，司門曰『譏出入不物者，征其貨賄』，司關曰『司貨賄出入，與其征廛』，是市、廛、門、關有征矣。説者乃謂孟子之説是文王治岐之初政，姑從簡易以便民，至周公，始增其制。豈其然乎？不知先王之制，既稅其物，則必不征其廛，既征其廛，則必不稅其物。一者通融而行，所謂市廛而不征、法而不廛是也。至司門幾出入不物者，正其貨賄，凡財物犯禁者舉之，則司市僞飾之禁也。輕則征，重則舉，不亦宜乎！司關司貨賄之出入，掌其治禁，與其征廛，凡貨不出於關者，舉其貨，罰其人，亦其犯僞飾之禁而不敢從關出入者，輕則出征廛之税，重則行舉没之罰，亦宜也。初豈於商賈之常物，既征之於市廛，又征之於門關乎？後人不明此意，徒見周人有市廛門關之征，遂以四者合取而並行之，商賈之亦重困矣。故戰國之時，亦有知其非義而請輕之，此所以發孟子之論也。故必有關雎、麟趾之意，而後可以行周官之法度；不然則如劉歆之輔王莽，開五均、設六斡，長安、洛陽、邯鄲、臨菑、宛、成都諸處，皆立五均，商市錢府官列肆里區謁舍皆有征，其下騷然受其弊矣。後來王金陵亦以周禮變而爲新法，其害尤甚，欲布變而爲房廊錢，廛布變而爲白地錢，質布變而爲搭罰錢，總布變而爲不係行錢，有如鄭俠奏議所謂『負水給髪，擔粥提茶，皆有免行』。效一廛人之法，而遺害至此，周法果如是邪？又況市易置務，而謂周人之司市，以吕嘉問爲市易官，掊克細民，聚斂滋甚，内帑出錢數百萬以爲本，遣人於嶺南諸處市貨，以壓商旅之利，此與漢人置均輸、唐人置疾足同意爾，是豈司市之法哉！不特此爾，泉府一官，以廛人所斂市布收其不售滯用之貨，以其價買之，使商賈之民不至失利，所以利商民也。物楬而書其價，以待不時而買者，因祭祀、喪紀之費賒而貸者，則亦授之，所以利居民也。恐其不時而買者，有豪民乘急而牟利，則必從其所抵根同，而後予之；又恐其賒而貸者，有姦民不急而妄用，則必與其有司齊認，而後授之，所以防姦民也。若夫賒而貸者則有期，而取償，祭祀無過旬月，喪紀無過三月，以責其必償也。或有稱貸而至久者，則以國服爲之息，謂以國事之所出之税爲息，如載師『園廛二十而一，近郊十一』之類是也。賒則有期以取償，而民不至於泛賒；貸則有税以爲息，而民不至於妄貸，又所以謹民財也。蓋泉府所斂之財，民財也；以其財而濟民急，宜也。此又旅師之『聚耡粟、屋粟、閒粟，乃以質劑致民，平頒其興積；施其惠，散其財，春頒而秋斂之』。蓋旅師所聚之粟，民粟也，以其粟而拯民艱，亦宜也。頒之以春，則民有以濟其乏，而穀不至於騰踊；斂之以秋，當粒米狼戾之時，而不至於太賤傷農。頒言平者，欲其惠利之均也，然旅師不取其息，而泉府則收其息，以貨與粟不同也。鄭康成何据而謂『旅師以國服爲息』，豈有以粟貨民，而可以取息乎？劉歆謂周有泉府之官，收不售與欲得，遂使王莽下開賒貸之詔，月取錢三百，爲害極矣！王金陵又誤此意，乃立青苗之法，春放十千，半年則出息二千，秋再放十千，年終又出息二千，歲息四千，是故周官一倍。而乃以『國服爲息』，藉口青苗之貸，不問其欲否，而概予之，謂爲旅師之平頒；不計其遠近而强責之，謂爲泉府之賒貸。假忠厚之法，以行侵漁之私；切賙恤之名，以濟割剥之害。哀哉！」（禮經會元卷三，頁十六—二二「市治」目。）

【評】（七五）宋葉適曰：「熙寧之大臣，慕周公之理財，爲市易之司，以奪商賈之贏；分天下以債，而取其什二之息，曰此周公泉府之法也。天下之爲君子者，又從而争之曰：此非周公之法也，周公不爲利也。其人又從而解之曰：此真周公之法也，聖人之意，六經之書，而後世不足以知之。以此嗤笑其辨者。然而其法行，而天下終以大弊，故今之君子真以爲聖賢不理財，言理財者，必小人而後可矣。夫泉府之法，『斂市之不售，貨之滯於民用者，以其賈買之；其賒者，祭祀、喪紀皆有數，而以國服爲之息』，若此者，真周公所爲也。何者？當是時，天下號爲齊民，未有特富者也，開闔斂散輕重之權，一出於上，均之田，而使之畊，築之室，而使之居，衣食之具，無不畢與；然而祭祀、喪紀猶有所不足，而取於常數之外。若是者，周公不與則誰與之？將無以充其用而遂與之也。則民一切仰上，而其費無名，故賒而貸之，使以日數償，而以其所服者爲息。且其市之不售，貨之滯於民用者，民不足於此，而上不斂之，則爲不仁。然則二者之法，非周公誰爲之？蓋三代固行之矣。今天下之民，不齊久矣，開闔斂散輕重之權，不一出於上，而富人大賈分而有之，不知其幾千百年也，而遽奪之，可乎？奪之可也，嫉其自利而欲爲國利可乎？嗚呼！居今之世，周公固不行是法矣。夫學周公之法於數千歲之後，世異時殊，不可行而行之者，固不足以理財也。謂周公不爲是法，而以聖賢之道不出於理財者，是足爲深知周公乎？且使周公爲之，固不以自利，雖百取而不害，而況其盡與之乎？然則奈何君子避理財之名，苟欲以不言利爲義，坐視小人爲之，亦以爲當然而無怪也。徒從其後，頻蹙而議之，厲色而争之耳。然則仁者固如是耶？」（水心别集卷二，頁十四—十五進卷財計上。）

【評】（七六）宋陳汲曰：「熙寧間置市易務，且謂成周之市法，内帑出錢數百萬以爲本。市易司遣人於嶺南諸處市貨以壓富商之利。原其意，爲利耳，豈泉府之法哉！」（周禮辨疑，載訂義卷二四，頁十。）

【評】（七七）宋陳埴曰：「（問：泉府『凡民之貸者，以國服爲之息』。蓋民用不足，上之人不與，則無以濟其用；與之不取息，則無以裨有司出入之耗費。但周禮所載入息之數，先儒謂貸萬錢者期出息五百，意者不過二十而取一耳。鄭司農謂：『從官借本賈，而以其所賈之國貸物爲息。』竊謂：周家使民，各以其所服國事貢物爲息，農以粟，工以器，不取民以所無也。苟如司農『貸民本賈』之説，則是上下相率交征利之意。王、林解謂：『……』（見上佚文第二四二條）竊謂：市廛之征布，本以供王膳服，周家却掌之泉府，不妨以此項財與民間通融，其所謂『國之財用』，蓋自取具於市廛之征布耳，豈仰給於息錢乎？惟其昧先王之意，是以王莽舉是制行於漢，王荆公舉是制行於本朝，反爲天下禍，未審周官之法意如何？）以國服爲之息，國服字他無證，二鄭以意説之。大鄭謂：『以物爲息，隨其國之所貨』，其論甚通恕，而無多寡之準，後人無可依據。小鄭謂：『以錢爲息，隨其國之服事而定。』其準即載師『國宅無征，園廛二十而一』，以下等級之數。如此則多寡方有準耳。誠如小鄭所言，則周之貸民有息者，有十二而一者，有二十而三者，最重者不過十之二。青苗取息二分，是以周法至重者爲準。又周法以期而計青苗，則春秋兩度斂散，却成四分取息。又周法止是貸民不足，其予之也，必有司辨之，不敢輕予，恐其有非理之用。青苗則家賦户斂，招誘之不來，則抑配繼之。然則貸民之與聚斂，其意霄壤矣。韓魏公辨此最詳。來問錯認大鄭意，王氏曲説，不在論。」（木鐘集卷七下，頁四—五周禮説。）

【評】（七八）宋真德秀紹定五年閏九月甲戌（二十七日）曰：「周禮之難行於後世也久矣；不惟難行，而又難言。然則終不可行乎？曰：有周公之心，然後能行周禮；無周公之心而行之，則悖矣。然則終不可言乎？曰：有周公之學，然後能言周禮；無周公之學而言之，則戾矣。……自劉歆用之既悖，儒者譁而攻之曰：『周禮不可行也！』吁！歆之王田、安石之泉府，真竊其一二以自蓋爾，安得累吾聖經邪？」（周禮訂義序，載原書卷首。）

【評】（七九）宋魏了翁曰：「周禮國服之法，鄭康成直以王莽二分之息解之。此自康成傳注穿鑿誤引，以禍天下，致得荆公堅守，以爲成周之法。常時諸老雖攻荆公〔二〕，但無敢自鄭

〔二〕敏案：「常」，疑當作「當」。

康成處説破；推原其罪，自鄭康成始。以政事學術誤天下後世，蓋不可不監。後因分韻賦蔣山詩，又發其義。」（鶴山大全集卷一〇九附一一〇，頁二三師友雅言。）

【評】（七九之一）宋魏了翁曰：「連年飲建業，寤寐北山靈。三過又不入，風雨盲其程。一朝決會期，萬籟不敢聲。斷潢捲夕潦，烈巘浮帝青。因思山中人，昔日相熙寧，不知學何事，莽制爲周經！羣公咸其輔，不悟宗康成。相承至章蔡，九州半羶腥。歷年有七十〔二〕，衆寐未全醒。三經猶在校，從祀猶在庭。追惟禍之首，千古一涕零。大鈞窅難問，山雲水泠泠。」（鶴山大全集卷六，頁十三江東漕使兄約遊鍾山分韻得泠字，即上評原注「分韻蔣山詩」；經義考卷一二五，頁一載宋税與權周禮折衷後序亦録此詩；宋元學案補遺卷九八，頁六六載作「遊蔣山詩」，題宋陳汲字及之作，失之。）

【評】（八〇）宋魏了翁曰：「康成以漢制解經，以賦爲口率出泉。三代安有口賦？王介甫用之，以誤熙寧，皆鄭注啓之。傳注之誤，最計利害。又如國服爲息，息字則凡物之生，歇處便生。王介甫引用王莽時事，以證周禮爲二釐取息之制。古人元不取民以錢，土地所産元無錢，誤國甚矣！介甫錯處，盡是鄭康成錯注處，王莽時歲什一之法，法，康成引以注息

〔二〕「有」，税與權周禮折衷後序、宋元學案補遺卷九八並作「百」。

字,介甫渾錯看,可見歐、蘇以前未嘗有人罵古注,想承其誤以至此!」(鶴山大全集卷一〇九附一一〇,頁五十師友雅言。)

【評】(八一)宋王與之曰:『愚案:國服,陳止齋讀『服』如『服公事』之『服』,謂民之貸者,還本之後,更以服役公家幾日爲息。徐牧齋讀『服』如『侯甸服』之服,謂民之貸者,以其服之所出來輸,彼此價直必不等,除得本之外,餘皆爲息。二説俱勝注疏。至李叔寶欲矯責償出息之説,以廛人所征之布貸之於民,使因其所服之業爲生生之計,如農服田野之事,嬪婦服絲枲之事,息者亦如司徒以保息六,養萬民。所以保之使生息,非責其利。此説固好,恐非泉府之所能繼。蓋泉府所征之布,將以斂商賈之滯貨,不時而買者。既楬以元賈,有急而賒者,復償以元直。至於民之稱貸,又以財生息之。則其法窮矣。不如陳及之之説曰:立法不惟以便下,苟下得其利,而官失其物,則非法也。泉府藏物多矣,不賒貸與人,則必至弊壞。歲月既久不可用,賒貸與民,民轉徙於他所,既得其利,異時以元物入官,各貢所有爲息,則官府亦得其便矣。不特是也,周禮凡商賈悉有税,今市泉府物而貸之,則免其税;既免其税,而貢息焉,何不可之有?然必與有司辨而授之者,防民之僞也。世之奸猾無行者,巧僞曲説,至官府而賒貸,官府不知其姦而與之,則異日未必能償。與其有司辨,則不復有此患。凡此等制,得賢而後可行,否則不勝其弊。王荆公、吕嘉問爲市易官,掊克細民，聚斂滋甚，豪商大賈，怨咨盈道。及人有言，則曰『泉府』。嗚呼！吾不知先王之法，使人怨咨而尚不顧哉！」（訂義卷二四，頁十一—十二。）

【評】（八二）元丘葵曰：「抵，本也；即下文主有司也。主者公卿大夫，常在王朝，其都鄙則遺人治之，有司則鄉遂之官。宋熙寧間置市易，且謂成周之市瀍。內帑出錢數百萬以爲本，市易司遣人於嶺南諸處市貨，以壓富商之利，原其意只爲利耳，豈泉府之瀍哉！」（周禮補亡地官，頁四九。）

【評】（八三）元丘葵曰：「賒者，濟其闕乏，取償而不取息。貸者從官借本，不可無息。有司其所屬吏也，辨與之，則其貸民之物，定其價以授之。還本之後，以服役公家數目爲息。國服者，國中自七尺以及六十，野自六尺以及六十有五，皆征之，以供服役，所謂國服爲息者此也。王介甫讀禮不熟，以滋青苗之害，是豈先王立瀍之意哉！」（周禮補亡地官，頁四九。）

【評】⊗元馬端臨論安石據周禮泉府實行青苗等法，詳周禮新義總評第一九三條。

【評】（八四）明方孝孺曰：「以一事之失，而疑先王之政皆不可行；以一人之謬，而疑天下之士皆不可信，此爲治者之大患。車戰，古法也，房琯陳濤之戰以車而敗戰者，遂謂車不可用；自秦以來，不以車戰而喪師殺將者亦多矣，豈皆車之過哉！琯以迂疏妄肆不知人而敗，非車致然也。由琯之所爲，使不以車戰，其能不敗乎？故議琯者，罪琯可也；罪車戰，不可也。先王之政，其詳不可悉知也。周官之所載，詭于聖人之道者雖有之；然遺典大法所以經世淑民者，秩乎明且備，豈後世所能及乎？人見有用之而致亂者，因以爲周官罪，此鄙陋無稽之甚者也。盜竊孔子之履納之，而踰人之墻，履寧有過乎？竊履者可誅耳。王安石之用周官，棄其大者而不行，惟取泉府之一言以傅會其私，卒爲天下禍，此安石之謬也。周官之言利，亦稍密矣，蓋以千里之邦畿，而供天地社稷之祭、車服宫室之用、公卿大夫群臣之禄、諸侯之燕饗、四夷之遺賚，咸出於是，固宜有其法焉。然取民也有制，役民也有節，凶禮則無力政、無財賦、無關門之征，其不厲民以自養亦明矣。安石不師其善者，而泥於『國服爲息』之説，期以富國而國終不能富，周官之法，豈止於此而已乎？爲治有本末，養民有先後，制其産使無不均，詳其教使無不學，文、武、周公之大意也。法古者，亦取其大意所屬而行之，奚患財之不足哉？不治其本，而以理財爲先，此文、武、周公之所誅，而周官之所棄者也。安石不顧而妄行；後世不察，而并罪周官，周官何與焉？自治道之不明，士之自任者鮮矣，自信而不惑者尤鮮也。安石之自任而自信，漢以下儒者皆莫之及，使誠識其大者而行之，其事功豈不甚偉哉！惜其學不知道，而過於自信也。斯民不見先王之治久矣，遇主者，恒患不知道；有其器者，恒患不逢其時。其法存，其人存。苟有遇乎世焉，知周官之果不可行哉！」（遜志齋集卷四，頁三—四雜著：周官二。）

【評】（八五）明何喬新曰：「國服爲息，先儒多以爲貸錢取利，王介甫因其説，遂立青苗之法，天下騷然！胡致堂父子以其病民也，遂力詆周禮非周公之書。噫！以釋經一言之誤，而遺天下之大患，廢聖人之全經，其爲失均矣。」（周禮集註冬官，頁四七。）

【評】（八六）明柯尚遷嘉靖二十五年三月曰：「王介甫自爲周官義十餘萬言，其自序云：『自周衰至今，歷載千數；而太平之遺跡，掃蕩殆盡，學者所見，無復全經。于是乃欲訓而發之爲難，又立政造事追而復之爲尤難也。』可謂有志於是矣。至其所以自釋其義者，未能提綱挈領，乃謂其書理財居半，以其所創新法盡傅著之，務塞異議之口，如青苗之法，證以『國服爲息』之言，其他方田、保甲、市易之類皆稽焉：破壞天下，至今藉口。」（周禮源流敘論，載周禮全經釋原卷首。）

【評】（八七）明柯尚遷曰：「泉府之財，所入者廛人五布而已。今曰『國之財用取具焉』，不知泉府何以供之。王介甫執此遂曰：『……』（見上佚文第二四五條）乃置市易務，出内帑錢數百萬以爲本，遣人諸處市物，以厭富商之利。又官出本賒貸於民，而取其厚息，以資國用。豈非以國之財用取具於泉府之一言乎？蓋所謂財用者，供九賦之一也，具國用者，待王之膳服也。供賦之餘，則斂貨利商也，賒貸利民也。出入有餘，又納於職幣也。具國之財用，如斯而已。介甫讀禮不熟，以成宋人之害。胡氏父子遂力詆周禮非周公之書。噫！以釋經之誤而遺天下之大患，廢聖人之全經，其失均矣。」（周禮全經釋原卷五，頁八八—八九。）

【評】⊗明柯尚遷論王安石誤解「國服爲息」義，乃據以立青苗之法，詳旅師下評第一〇五條。

【評】（八八）明王應電曰：「按：古之市者，以其所有易其所無而已。于後，乃有商焉，注有于無，自物所出之處遷之于所無之地；有賈焉，積盈待乏，自物所多之時藏之，以待空竭之時。故商之爲言，以商計財利爲事也；賈之爲言，以網羅財利得名也。夫以利相交，人己相形，不能無私己之心，故一物也，賣之則欲價多，買之則欲價寡，彼此競爲虚誑，争辨于是乎起。然猶自己之物，弊端未甚也。若商賈則專以牟利爲事，旦暮孳孳，凡可以利己而生息者，無所不至。濫惡僞飾，凡可以欺人而覓利者，無所不爲。至于天患民病，乘急踊價，衆方以爲禍災，而彼獨以爲樂幸。孤寡貧窮假典稱責，此方以爲困苦，而彼乃以爲孳息。又大利所在，則姦盜于是而竊窺；大衆所萃，則奇衺于是而聚集。故可以利民者，莫如市；而爲民害者，亦莫如市也。爲民父母，均吾赤子，可以無處治之瀵與其轉移之方哉！是故肆長陳其貨賄，而美惡不得以混淆；賈師奠其價，而貴賤不得以任意；司稽巡其犯禁，胥師察其飾行儥慝，而詐僞不得以相欺。有胥以掌其坐作出入，則事不亂；有質人以爲之質劑，則人心信服。同度量，一淳制，而物有所準；司虣禁虣亂，司稽執盜賊，而强虢無所容。凡此皆治于未亂之前也。其有犯禁而事覺，梗化而成訟者，小則胥師、賈師聽之，大則市師聽之，則夫民之入市者，交易而退，何有不得其所者哉！至于市中之物，有利于人而不厭其多者，則使之阜；爲害于人而不可有者，則使之無。又有罕用而不可無，宜有而不可多者，故無則使之有，多則使之少。蓋或有無，其征廛或低昂其價直，或予奪其璽節，以示失去取輕重之意，無非欲以利吾赤子而已。然此不過以民間貨物爲轉移之方耳，猶未見夫君民一體之意也。民有貨物，不適于用，市而不售者，雖賤而亦樂輸也，則以其價買之；事居積者，不得抑其價而取焉。及市中既乏，而民欲買者，雖貴而亦樂從也，復以其價賣之。擁富資者，不得高其直而與焉。是以市中無甚賤之物，而民之有貨者不傷；亦無甚貴之物，而民之有需者不困也。然此猶有交易之意也，至于民有喪祭大事，適空乏而不能卒辦，聽其從官賒用，事過即還。蓋民有急而無措，官有餘而不用，賒而與之，有益于彼而無耗于此，易所謂『弗損之益』也。然此猶欲其還也，至于民有極貧者，則遂貸而與之，以其不可以爲繼。故以『國服爲之息』，貸之者，若僨其傭，而不復有所責；服公事者，若還其直，而即無所負。與之而于上無所損，還之而于下亦無所耗，以是而保息乎！貧民市瀍之善，莫有大于是也。後之人心量，既非古人之心量，俗儒或以時政而妄釋經語，纖人或屈聖經以便己私，因有『禁貴價，斂滯貨』之云，遂爲均輸之說。賤則買之，貴則賣之，使富商大賈不得牟大利，人主乃自爲商賈而牟利焉。因『國服爲息』之云，遂有放錢收息之舉，惡豪民之取息病民，人主乃自爲豪民以病民焉。世之人見其害不見其利，遂以謂周禮果若是其病民也夫！小人借聖言以文奸，斯不足責，而俗儒以小知釋經，其罪亦安得而逃諸？」（周禮傳卷二下，頁二二一—二二三。）

【評】（八九）明王應電曰：「凡借財物者，還本物曰稱，取相稱之義；責其必償，故曰稱責也。以他物代還曰貸，故字從代會意，不必其原物也。國服，謂服役于公也。民有貧甚缺用而無措者，從官假物，則貸而與之，然不可爲繼，故計其物之貴賤，使之爲國服役出力以償。但既開此端，則有詐爲貧者，故又必與其有司辨其果貧而後授之，庶不爲所欺也。蓋力者，民之所自有，而無待乎外，公事者，上之所不能無，而必欲假之于民者，貸之而使服公事。上之所以與之者，若假之直；其所以役之者，若收其物。與焉而不損，周焉而可久。下之用物也，若食其力；其服役也，若還其物。用焉有濟于急，還焉無耗于身。所以生息乎貧民，故曰『爲之息』。即大司徒『以保息六，養萬民』之息也。舊説以服爲衣服，猶『齊三服』之云；息爲利息。夫貧者因困乏無措而假貸，乃責其償而復加之息，則貧者反重困矣，惡在其爲民父母乎！昔周世宗有言，民吾子也，惡在責其必償，曾謂周公而反不及耶？害義傷教，莫此爲甚！遂使安石因創爲青苗之瀇，放錢與民，令出息二分；春散秋斂，以爲周公遺灋，用以罔利殃民。卒爲宋室禍基，釋經者其可苟哉！」（周禮傳卷二下，頁二一一。）

【評】（九〇）明王應電作王安石論，目載其周禮傳卷二下，頁二一三「泉府」下。（四庫全書珍本三集本；明嘉靖四十二年刊本卷二下亦載此論目。）

【評】（九一）明唐樞曰：「（問：江陽紀聞辨「口率出泉、抄沒爲奪、國服取息」，非王政。是否？曰：）三者誠是漢法，乃後世之所爲也。故鶴山有云：『王荆公學術誤天下，漢儒學術誤後世。』」（木鐘臺再集周禮因論，頁二四—二五。）

【評】（九二）清鄂爾泰曰：「案：唯祭祀、喪紀而後有賒於官，則他禮事且不聽賒矣。賒之外，安得更有所謂貸哉？以爲貸不滯之貨，則農工之家無所用之；以爲貸之商賈，而聽其轉販，則泉府所斂，專以濟喪祭之匱乏，而都鄙從其主人，國人、郊人從其有司，正恐其轉販也。謂貸以泉布，則先王抑末以歸農，萬無資商賈以陰取其利之道。自王莽貸民以財，使治産業，計贏受息，鄭氏以釋周官，王安石遂立青苗法剥民禍國。陳氏傳良辨注之誤，以爲還本之後，計日服國事以爲息，視鄭氏爲近理。不知周官之法，本有賒而無貸，以莽欲貸民取息，故歆竄此以惑衆耳。司市職『以泉府同貨，而斂賒』，則有斂、有賒而無所謂貸，明矣。周官之法，荒札則賑救之，囏阸則賙恤之，皆蠲上所有以予民。惟旅師積粟，則有春頒秋斂之法，他物無是也。抑貸乃閭里有無相通之稱，至春秋之末，宋、鄭饑，諸大夫助公以私粟假民，然後有貸之名。然宋司城氏貸而不書，則本粟且不收矣。此三語乃莽、歆增竄無疑。」（欽定義疏卷十四，頁二一九—二三十。）

【評】⊗清鄂爾泰曰：安石剥民之政（謂青苗法等），託鄭玄天官太宰「九賦」與地官司市、泉府、司門、司關之注而爲之，詳天官膳夫下評第三〇條。

【評】（九三）清王太岳曰：「泉府『掌以市之征布，斂布之不售，貨之滯於民用者』。案：楊時辨神宗日録云：『周官泉府之法，所以通貨賄也。若果子非有不售而滯於民用者，而官斂之，此與賤丈夫之罔市利何異？』安石乃以爲周公制法如此，細大並舉，乃爲政體，不亦謬乎！」（四庫全書考證卷八，頁四二一。）

【評】（九四）清王太岳曰：「『凡民之貸者，與其有司辨而受之，以國服爲之息。』案：安石與友人論青苗云：『一部周禮，理財居其半。必貸之而後可，以待其饑不足。』此誤解周禮以禍宋之由也。歷代諸儒，皆力辯之。今地官原本闕，其説不可考矣。」（四庫全書考證卷八，頁四二一。）

【評】（九六）清錢儀吉道光二十六七年間曰：「昔王荆文公以周官泉府一言禍宋，迨南渡後，既已罷從祀，斥新經，盡棄其所學，然當時諸儒釋周禮者猶多稱述，知其言固有不可廢者已。」（經苑本周官新義卷首附錢氏「識後」。）

【評】（九七）清伍崇曜咸豐三年冬曰：「王介甫以周官禍宋，人多知之，同時掊擊者紛起。其後推原禍始，咎及是書，遂竟疑周官非姬公作者。然考宋史紀事本末，熙寧二年，介甫參知政事，議行新法，言周置泉府之官，以摧制兼併，均濟貧乏，變通天下之財，後世唯桑弘羊、劉晏粗知此意，嘗脩泉府之法，以收利權。韓魏公謂其妄引周禮以惑上聽，至孫覺稱：『國服之息』，説者不明釋經者，乃引王莽『計贏受息，無過什一』爲據，不應周官取息重於莽時。況國用專取於泉府，則冢宰九賦將安用耶？殆並疑及周官矣。……蓋介甫性情執拗，剛愎自用。其始妄倡富强之説，託之古人，欲以救宋之積弱，而卒不能箝人之口，遂欲著是書以懾服天下萬世。其人本軼材，資稟特異，觀其詩文已可概見。宋稗類鈔稱其燕居默坐，研究經旨。又稱其用意良苦，置石蓮百許枚几案上，咀嚼以運其思，遇盡未及益，即嚙其指，至流血不覺。亦豈盡無所得者？蓋創新法者一事，而著新義者另一事，行新法者一時，而頒新義者又一時，故新法則決不可行，而新義不無可採也。錢辛楣潛研堂文集著論謂『介甫未嘗用周禮』，亦未始無因。欽定周官義疏間採是書，亦以其言不可盡廢耳。……至字説久已爲世詬病，同時張有撰復古編，即以糾其謬。而考工記解多用之，且確知爲鄭宗顔輯，可不附存，以原刻如是，姑仍之。」（周官新義跋，附粤雅堂叢書本原書卷末。）

司門，掌授管鍵，以啓閉國門。幾出入不物者，正其貨賄。凡財物犯禁者，舉之；以其財養死政之老與其孤。

【佚文】（二四六）「司門總統諸門，故掌授管鍵之事。」（文淵閣四庫全書本周官新義卷七，頁四。）[一]

【佚文】（二四七）「授鍵則以司門，總統諸門，故掌授之以啓門也。」（周禮全解王安石謂，載訂義卷二四，頁十三。）

祭祀之牛牲繫焉，監門養之。凡歲時之門，受其餘。凡四方之賓客造焉，則以告。

【佚文】（二四八）「必使監門養牲，則爲其於郊於國各有所近，便於共取；夙夜啓閉，未嘗乏使，便於養視；且衆所出入，其養視不謹，易以幾察故也。然而祀五帝、享先王，不係之門，則其致嚴，又異於此矣。」（訂義卷二四，頁十五王氏曰；詳解卷十四，頁十八—十九述，「乏使」作「乏守」，「幾」作「譏」；欽定義疏卷十四，頁三四王氏安石曰，删節成文。）

【評】⊗清鄂爾泰曰：安石剥民之政（謂青苗法等），託鄭玄地官司市、泉府、司門、司關與

[一] 全段，欽定義疏卷十四，頁三二—三三王氏安石曰。

天官大宰「九賦」之注而爲之，詳天官膳夫下評第三〇條。

司關

【評】⊗清鄂爾泰曰：安石剥民之政（謂青苗法等），託鄭玄地官司市、泉府、司門、司關與天官大宰「九賦」之注而爲之，詳天官膳夫下評第三〇條。

掌節，掌守邦節而辨其用，以輔王命。守邦國者，用玉節；守都鄙者，用角節。凡邦國之使節：山國用虎節，土國用人節，澤國用龍節：皆金也，以英蕩輔之。門關用符節，貨賄用璽節，道路用旌節：皆有期以反節。凡通達於天下者，必有節以傳輔之；無節者，有幾，則不達。

【佚文】（二四九）「門關，則以符合之；貨賄，則以璽驗之；道路，則以旌表之。」（文淵閣四庫全書本周官新義卷七，頁五。）〔一〕

遂人，掌邦之野。以土地之圖經田野，造縣鄙形體之灋：五家爲鄰，五鄰爲里，四里爲酇，五酇

〔一〕全段：詳解卷十四，頁二二述，旨同；訂義卷二四，頁二一王氏曰；欽定義疏卷十四，頁四二王氏安石曰。

爲鄙，五鄙爲縣，五縣爲遂，皆有地域溝樹之，使各掌其政令刑禁。

【佚文】（二二五〇）「其縣鄙之地域有形，其井邑溝涂有體，其所以制而成之則有法。」（訂義卷二五，頁三王氏曰。）

【佚文】（二二五一）「比相保，則鄰亦相保；閭相受，則里亦相受；族相葬，則酇亦相葬矣；黨相救，則鄙亦相救矣；州相賙，則縣亦相賙矣；鄉相賓，則遂亦相賓矣。」（文淵閣四庫全書本周官新義卷七，頁五—六。）[一]

【評】（九八）清王太岳曰：「（首至葬矣，）案：相保、相受、相葬、相救、相賙，見于大司徒之治鄉，遂人初無明文。安石蓋因大司徒之職推之，而意其然耳。」（四庫全書考證卷八，頁四二。）

【佚文】（二二五二）「相保、相受、相葬、相救、相賙、相賓之法，一與六鄉同。」（欽定義疏卷十五，頁二王氏安石曰；錢儀吉曰：「義疏引此……蓋櫽括之詞。」）

以歲時稽其人民，而授之田野，簡其兵器，教之稼穡。凡治野：以下劑，致甿；以田里，安甿；以樂昏，擾甿；以土宜，教甿稼穡；以興耡，利甿；以時器，勸甿；以彊予，任甿。

[一] 全段，訂義卷二五，頁三王氏曰。

【佚文】(二五三)「孟子曰:『唯助爲有公田。』許慎釋耡〔一〕,以『商人七十而耡』,則助、耡一也。興之以助公田〔二〕,則甿得所私焉;所以利之〔三〕。善其器則以勸,謂之時器,則器之用各有時,若耜以耕,銍以穫〔四〕。」(文淵閣四庫全書本周官新義卷七,頁六。)

【評】(九九)清王太岳曰:「(「孟子」至「一也」,)案:鄭注云:『杜子春讀耡爲助。』安石引説文釋興耡,蓋耡、助古今字。」(四庫全書考證卷八,頁四三。)

以歲時登其夫家之衆寡,及其六畜車輦,辨其老幼廢疾與其施舍者,以頒職作事,以令貢賦,以令師田,以起政役。

【佚文】(二五四)「遂人既登其夫家衆寡、六畜、車輦,遂師又以時登;則遂師登之于遂人,遂人登之于小司徒。」(文淵閣四庫全書本周官新義卷七,頁七。)〔五〕

〔一〕「耡」,原作「鋤」,據墨海本、經苑本、詳解述(詳下註)及説文耒部改,四庫全書考證卷八,頁四三亦皆作「耡」,本條下同改。

〔二〕「助」,鈔本無,詳解述有(詳下註)。

〔三〕首以下:詳解卷十五,頁三述略同;又見訂義卷二五,頁六王氏曰。

〔四〕「銍」,鈔本作「鋞」,詳解卷十五,頁三述作「銍」。「善其器」以下,訂義卷二五,頁六王氏曰。

〔五〕全段:詳解卷十五,頁六述,「輦」下有「而」字,末有「也」字;又見訂義卷二五,頁十四王氏曰。

若起野役，則令各帥其所治之民而至，以遂之大旗致之；其不用命者，誅之。

【佚文】（二五五）「鄉師致民，以司徒之大旗；遂人所謂『大旗』，亦司徒之大旗，于是建焉。于遂言遂之大旗，則鄉可知；于鄉言司徒之大旗，則遂亦可知。」（文淵閣四庫全書本周官新義卷七，頁七。）〔一〕

遂師，各掌其遂之政令戒禁。以時登其夫家之衆寡，六畜、車輦，辨其施舍，與其可任者；經牧其田野，辨其可食者；周知其數而任之，以徵財征。

【佚文】（二五六）「經牧其田野，猶小司徒所謂『經土地，而井牧其田野』；不言井，則以下言辨其可食者，周知其數而任之故也。」（文淵閣四庫全書本周官新義卷七，頁八。）〔二〕

凡國祭祀，審其誓戒，共其野牲，入野職、野賦于玉府；賓客，則巡其道脩，庀其委積；大喪，使帥其屬以幄帟先，道野役，及窆，抱磨共丘籠及蜃車之役；軍旅、田獵，平野民，掌其禁令，比敘

〔一〕 全段：詳解卷十五，頁六述略同；訂義卷二五，頁十五王氏曰；欽定義疏卷十五，頁十五王氏安石曰，略改舊本以成文。

〔二〕 全段：詳解卷十五，頁七述，「言」作「文」；訂義卷二五，頁十七王氏曰，首五字無。

其事而賞罰。

【佚文】（二五七）「幕人『大喪共帷幕帟綬』，今此幄帟，非幕人所共矣。道野役，帥以至墓。磨者，適歷。執綍者，名也。丘籠之役，窆復土也；其器曰籠。蜃車，柩路也〔一〕；柩路載柳，四輪迫地而行，有似于蜃，因取名焉。行至壙，乃説，更復載龍輴〔二〕。蜃車，載闉壙之蜃者〔三〕。」（文淵閣四庫全書本周官新義卷七，頁八。）

遂大夫，各掌其遂之政令。以歲時稽其夫家之衆寡，六畜、田野，辨其可任者與其可施舍者，以教稼穡，以稽功事，掌其政令戒禁，聽其治訟。令爲邑者，歲終則會政致事。正歲，簡稼器，脩稼政。三歲大比，則帥其吏而興甿，明其有功者，屬其地治者。凡爲邑者，以四達戒其功事，而誅賞廢興之。

【佚文】（二五八）「明其有功者，則察舉其屬人之有功；屬其地治者，則聯比其地治之職事。」（訂義卷二六，頁三王氏曰；詳解卷十五，頁十一述，無「事」字，「之有功」、「職事」下，各

〔一〕「柩」，經苑本作「匶」，本條下同。
〔二〕首以下，訂義卷二五，頁十九—二十王氏曰。
〔三〕「蜃車」句，又見訂義卷二五，頁二十王氏曰。

有「者也」二字。)

【佚文】(二五九)「凡國之政令,自王達之于大司徒,自大司徒達之于遂人,自遂人達之于遂大夫,自遂大夫達之于爲邑者:此之謂四達。」(訂義卷二六,頁四王氏曰;詳解卷十五,頁十一述,幾全同。)

縣正,各掌其縣之政令、徵比。以頒田里,以分職事,掌其治訟,趨其稼事,而賞罰之。若將用野民,師田、行役、移執事,則帥而至,治其政令;既役則稽功會事而誅賞。

【佚文】(二六〇)「遂官各降鄉一等,其官亦各降焉;故州謂之長,縣與黨同謂之正,鄙與族同謂之師[一]。移執事[二],若遂師所謂『巡其稼穡,而移用其民,以救其時事』也[三]。」(文淵閣四庫全書本周官新義卷七,頁九。)

[一] 首以下:訂義卷二六,頁四王氏曰,「亦各」作「各亦」;欽定義疏卷八,頁二六王氏安石曰,「其官亦各降焉」六字無。

[二] 「移」下,鈔本、孔校增「用」字,詳解述無「用」字(詳下註)。

[三] 「移執事」以下:詳解卷十五,頁十三述,「若」上有「則」字;訂義卷二六,頁五王氏曰。

△鄙師

△酇長

△里宰

△鄰長

旅師，掌聚野之耡粟、屋粟、閒粟而用之，以質劑致民，平頒其興積；施其惠，散其利，而均其政令。凡用粟，春頒而秋斂之。凡新甿之治，皆聽之，使無征役；以地之媺惡爲之等。

【佚文】（二六一）「掌聚野之耡粟、屋粟、閒粟而用之者，聚此三粟而用以頒以施以散也〔二〕。

〔二〕「此」，鈔本初作「州」，孔校改作「此」，詳解述作「此」。「以施」：經苑本無此二字，詳解述有二字。首以下：詳解卷十五，頁十七述，「用」下「以」上有「之」字；訂義卷二六，頁十三王氏曰，「也」字無。

施其惠，若民有艱阨〔二〕，不責其償〔三〕。」（文淵閣四庫全書本周官新義卷七，頁十。）

【佚文】（二六二）「而用之」之「而」，連上「粟」字讀。（訂義卷二六，頁十三述王氏意。）

【評】（一〇〇）宋王與之曰：「（「而用之」之「而」，）鄭氏改『而』爲『若』最無義，王氏連上讀之爲是。」（訂義卷二六，頁十三。）

【佚文】（二六三）「（平頒其興積，）無問其欲否，概與之也，故謂之平。」（龜山集卷六，頁十五神宗日録辨引新義曰，卷十，頁二五語録大同。周禮解卷二，頁九；訂義卷二六，頁十四載陳汲周禮辨疑引介甫「又以」；周禮全經釋原卷十二，頁五六—五七王安石「乃以」皆略同。四庫全書考證卷八，頁四三曰：「案：楊時集辨神宗日録云：『周官「平頒其興積」，新義曰：「無問其欲否，概予之也，故謂之平。」』今地官原本闕，據王氏訂義補，不載此二句。」（敏案：訂義引陳汲周禮辨疑所載安石新義有此二句，四庫考證失考。）

【評】（一〇一）宋楊時曰：「（呈『程顥奏：王廣淵不當妄意迎合俵粟、乞俵絲錢及折税絹作納錢』云云，呈『孫覺劄子：至周公時，天下已無兼并；又公私富實，故爲此法陰相之，不

〔二〕「艱」，經苑本作「囏」，詳解述同文淵本（詳下註）。

〔三〕「施其」以下：詳解卷十五，頁十七—十八述大同；訂義卷二六，頁十三王氏曰，「其償」作「莫償」；欽定義疏卷十六，頁二王氏安石曰。

專用此爲治』。余曰：無兼并，又公私富實，尚須此相民；兼并多，民乏絶者衆，則此法豈可少？且覺言『周公不專用此爲治』，今豈全廢餘事專行此法？又讀至『周公所以取息者，欲民勤生節用，不妄稱貸故也』，余曰：覺言今法，則以爲掊利；言周公之法，則以爲欲民勤生節用，不妄稱貸。若説今法之意如説周法，則今法何由致人異論？又至『象箸玉杯』及『作俑』之説，以爲『今法雖未有害，及至後世，必有剥膚椎髓者』，余曰：此周公所不以爲慮，而孫覺慮後世乃過於周公，此可謂私憂過計也。覺所言無理至多，讀不至終而止。）周官『平頒其興積』，新義曰：『……』則俵粟不取情願，蓋其本旨也。故臺諫首廣淵，不惟不以廣淵爲罪，乃更以爲盡力。夫周官所謂『平』者，豈概與之謂哉！謂無偏陂而已。爲是説者，特矯誣先王之法，以爲己資耳。泉府『凡民之貸者，與其有司辨而授之，以國服爲之息』，蓋貸民所以助不給，田不耕，宅不毛，猶使之出屋粟、里布，則游惰之民自致困乏，與夫實非不給而妄冒稱貸者，有司辨之，宜若弗授也。又以國服爲之息，則民不輕貸矣。莘老所謂『欲民勤生節用不妄稱貸』，未爲過論也。今兼并之家能以其資困細民者，初非能抑勒使之稱貸也，皆其自願耳。然而其求之艱，其出息重，非迫於其急不得已，則人孰肯貸也？今比户之民概與之，豈盡迫於其急不得已哉！細民無遠慮，率多願貸者，以其易得而息輕故也。以易貸之金，資不急之用，至期而無以償，則荷校束手爲囚虜矣。乃復舉貸於兼并之家，出倍稱之息，以還官逋，明年復貸於官，以還私債，歲歲轉易，無窮已也。欲摧兼并，其實助之，興利之源，蓋自茲始。而莘老之比作俑者，亦不爲過論也。余以爲青苗利害，不在願與不願，正在官司以輕息誘致之也。孟子曰：『徒善不足以爲政，徒法不能以自行。』青苗，其意乃在取息而已。行周公之法而無仁心仁聞，是謂徒法。然則周公法、今法，安得不爲異？」（龜山集卷六，頁十三—十六神宗日録辨。）

【評】（一〇二）宋楊時曰：「周官『平頒其興積』，説者曰：『……』故假此爲青苗之法。當春則平頒，秋成則入之，又加息焉。以爲不取息，則舟車之費、鼠雀之耗、官吏之俸給無所從出，故不得不然。此爲之辭耳。先王省耕斂而爲之補助，以救民急而已。方其出也，未嘗望入，豈復求息？取其息而曰『非漁利也』，其可乎？孟子論法以爲：『凶年糞其田而不足，則必取盈焉。使民終歲勤動，不得以養其父母，又稱貸而益之。』是爲不善。今也無問其欲否而頒之，亦無問年之豐凶而必取其息，不然則以刑法加焉。周官之意果如是乎？」（龜山集卷十，頁二五—二六語録。敏案：四庫提要謂楊時所駁「平頒興積」，文在地官中；詳地官泉府下同佚文第一二條王安石上（神宗）五事劄子「愚案」。）

【評】（一〇三）宋胡銓曰：「青苗之法，每歲再行，取二分之息，意謂貸者必窮民，否則大姦猾而富足之家則不願取。夫貸於窮民及姦猾，未必能出息，於是『無問其所欲否而概與之』，則富足之家亦强使貸矣，是惠利未施散，而政令大不均也。」（周禮解卷二，頁九。）

【評】（一〇四）宋陳汲曰：「周家之爲民慮，至矣，歲有凶荒，則有補助之政。旅師實掌其事，平其所興徵者，頒其所積聚者。凡質劑所致者，悉補助之。施其惠，散其利，而均其政令，蓋無有偏黨不均之患矣。此先王所以待凶荒之民，而大司徒十有二教之所謂散利也。鄭氏乃以均其政令爲使之出息，夫豈有補助之政而俾之出息乎？介甫青苗之法，遂取以爲證，又以『平頒爲不問其所欲否而概與之』。殊不知旅師之法，特救荒政耳，意在救民。苟樂歲粒米狼戾，則民自有餘，何至貸於官府哉！青苗之法，每歲再行，取二分之息，意謂貸者必窮民，否則大姦猾而富足之家則不願取。夫貸於窮民及姦猾，則未必能出息，故爲『無問其所欲否而概與之』説，則富足之家亦强使貸矣。」（周禮辨疑，載訂義卷二六，頁十四；宋元學案補遺卷九八，頁六五—六六節載此文。）

【評】（一〇五）明柯尚遷曰：「旅師之設，先王愛民，何其曲盡也。蓋民之離本逐末，則必至於貧，而貧者亦起於怠惰。故逐末與怠惰不抑，概以貧民周恤之，則無所勸戒，僥倖成風矣。故於閒民有罰，謂其逐末也；不耕公田與受田不耕有罰，謂其怠惰也。故皆令其出百畝之税而不免焉，所以抑之。然抑之而不恤之，非仁也，故又立旅師，聚三粟，春頒秋斂而不取息焉。蓋取之也，所以爲義；而頒之也，所以爲仁。仁義兼至，民安有不得其所哉！

然在鄉有泉府，在野有旅師，皆先王立通融之灋爲仁民之政者。泉府『以國服爲息』，所以懲貪；旅師無息，所以補助，豈爲多寡謀哉！鄭康成乃曰『旅師亦以國服爲息』，則『國服』二字既誤解於泉府，又移於旅師，遂致王莽下賒貸之詔，王安石立青苗之法。春放十千，半年則出息二千，秋再放十千，年終又出息二千。乃以『國服』藉口；『不問其所欲而概予』，謂旅師之平頒；不問其遠近而强責，謂泉府之賒貸。何莫非康成之作俑哉！後世常平社倉，亦得泉府、旅師之意，然必合之古制，乃爲無弊也。」（周禮全經釋原卷十二，頁五六—五七。）

【佚文】（二六四）「（散其利，）資之以利本業者，又散以與之。」（訂義卷二六，頁十三王氏曰；詳解卷十五，頁十八述，末有「也」字。）

稍人，掌令丘乘之政令。若有會同、師田、行役之事，則以縣師之灋，作其同徒輂輦，帥而以至，治其政令，以聽於司馬。大喪，帥蜃車與其役以至，掌其政令，以聽於司徒。

【佚文】（二六五）「丘之政令，司徒所掌；乘之政令，司馬所掌；稍人掌令，丘乘之政令耳。丘，言其地；乘，言其賦；所謂同，則丘地也；所謂徒役，輂輦、蜃車，則乘賦也。其作而帥以至，掌其政令，以聽于司馬、司徒，則所謂『令丘乘之政令』也。」（文淵閣四庫全書本周官新義

卷七，頁十一。）〔一〕

委人，掌斂野之賦，斂薪芻。凡疏材木材，凡畜聚之物。以稍聚，待賓客；以甸聚，待羈旅；凡其余聚，以待頒賜。

【佚文】（二六六）「稍聚者，所聚稍給之物；甸聚者，所聚甸賦之物〔二〕；余聚者，所聚經用之餘物；頒則用財之餘事〔三〕，故以余聚待之〔四〕。」（文淵閣四庫全書本周官新義卷七，頁十一。）

土均，掌平土地之政。以均地守，以均地事，以均地貢。

【佚文】（二六七）「均人無所不均，故曰均地政；土均雖有及乎地征，然以土爲主，未及乎均人，故言平土地之政。」（文淵閣四庫全書本周官新義卷七，頁十一。）〔五〕

〔一〕本段：詳解卷十五，頁十九述略同；又見訂義卷二六，頁十六—十七王氏曰。
〔二〕首以下，詳解卷十五，頁二十述；訂義卷二六，頁十九王氏曰。
〔三〕「則」，經苑本作「賜」。
〔四〕「余聚者」以下：詳解卷十五，頁二十—二一略同，兩「余」字並作「餘」；又見訂義卷二六，頁十九王氏曰。
〔五〕全段：詳解卷十六，頁一述，幾全同，「征」作「政」；訂義卷二七，頁一王氏曰。

【佚文】（二六八）「有職必有事，有事必有職。均人，均地職而不均地事，土均，均地事不均地職。均人，均力政不均地貢；土均，均地貢不均力征者，互見也。」（訂義卷二七，頁一王氏曰。）

草人，掌土化之灋以物地，相其宜而爲之種。凡糞種：騂剛用牛，赤緹用羊，墳壤用麋，渴澤用鹿，鹹潟用貆，勃壤用狐，埴壚用豕，彊檕用蕡，輕爂用犬。

【佚文】（二六九）「糞，種以糞糞之；唯用蕡非以糞，而亦謂之糞者，其用之也，亦如以糞糞之。」（訂義卷二七，頁四王氏曰；詳解卷十六，頁三幾全同，「唯」作「性」。）

稻人，掌稼下地。以豬畜水，以防止水，以溝蕩水，以遂均水，以列舍水，以澮寫水，以涉揚其芟作田。凡稼澤，夏以水殄草而芟夷之；澤草所生，種之芒種。旱暵，共其雩斂；喪紀，共其葦事。

【佚文】（二七〇）「（以豬畜水，）待旱也。（以防止水，）待水也。」（訂義卷二七，頁五王氏曰（兩條）；詳解卷十六，頁四大同。）

【佚文】（二七一）「夏以水殄草〔一〕，則以夏水如湯，利以殺草也〔二〕。喪紀共其葦事，葦生下地故也〔三〕。」（文淵閣四庫全書本周官新義卷七，頁十二。）

△土訓

誦訓，掌道方志，以詔觀事；掌道方慝，以詔辟忌，以知地俗。王巡守，則夾王車。

【佚文】（二七二）「以詔觀事。」（臨川集卷四三，頁四乞改周禮義誤字劄子：「誦訓『以詔王觀事』，當去『王』字。」）

山虞，掌山林之政令，物爲之厲，而爲之守禁。仲冬，斬陽木；仲夏，斬陰木。凡服耜，斬季材，

〔一〕「殄」，鈔本初作「珍」，孔校改爲「殄」；詳解述作「殄」（詳下註）。

〔二〕「以」，鈔本初作「之」，孔校改作「以」；詳解述亦作「以」。首以下：詳解卷十六，頁四述，「也」上有「故」字；又見訂義卷二七，頁五—六王氏曰。

〔三〕「喪紀」以下：詳解卷十六，頁五述，「事」下有「則」字；訂義卷二七，頁六王氏曰；欽定義疏卷十六，頁二二王氏安石曰：「葦生下地，故共喪紀之用。」

以時入之。令萬民時斬材，有期日。凡邦工入山林而掄材不禁，春秋斬木，不入禁。凡竊木者，有刑罰。

【佚文】（二七三）「考工記曰：『凡斬轂之道，必矩其陰陽，陽也者，縝理而堅〔一〕；陰也者，疏理而柔；是故以火養其陰而齊諸其陽，則轂雖敝不藃〔二〕。』所謂陽木，則縝理而堅者也；所謂陰木，則疏理而柔者也；疏理而柔，宜以火養，則斬以仲夏，使盛陽暴之，與火養同意。陰木如此，則陽木斬以仲冬，宜矣。」（文淵閣四庫全書本周官新義卷七，頁十二，上承「仲冬宜矣」。）

【佚文】（二七四）「……季，標枝也；蓋因其材而柔焉。」（經苑本周官新義卷七，頁十二。）〔三〕

【佚文】（二七五）斬陽木必以仲冬，以水之盛氣養其堅，以濟諸其陰也；斬陰木必以仲夏，以火之盛氣養其柔，以濟諸其陽也。如此而後用之，則陰陽之氣相濟，而堅者不失於倔強，柔者不失於軟弱矣。（詳解卷十六，頁七，餘見新經。）

〔一〕「縝」，鈔本、經苑本皆作「稹」，下同。
〔二〕「藃」，鈔本、經苑本並作「蔽」，墨海本作「歊」。
〔三〕全段：訂義卷二七，頁十一王氏曰，兩「縝」字並作「稹」，「如」作「知」；欽定義疏卷十六，頁二五王氏安石曰，兩「縝」字亦皆作「稹」，「是故」以下共十八字無，「意」作「義」。

若祭山林，則爲主而脩除，且蹕。若大田獵，則萊山田之野；及弊田，植虞旗于中，致禽而珥焉。

【佚文】（二七六）「蹕，止人犯其祭；虞主山林，掌其政令，且爲之厲禁也。」（文淵閣四庫全書本周官新義卷七，頁十三。）〔一〕

【佚文】（二七七）「脩，脩祭事；除，除地爲墠。」（訂義卷二七，頁十二王氏曰。）

林衡，掌巡林麓之禁令，而平其守，以時計林麓而賞罰之。若斬木材，則受灋于山虞，而掌其政令。

【佚文】（二七八）「澤虞言『使其地之人守其財物』〔二〕，而林衡不言；林衡言『平其守』，而澤虞不言，互見也〔三〕。林之政，山虞掌之〔四〕，川衡掌其巡之禁令而已；然則林衡正於山虞者也，

〔一〕全段，訂義卷二七，頁十二王氏曰。
〔二〕「人」下，經苑本有「而」字。
〔三〕首以下，訂義卷二七，頁十三王氏曰。
〔四〕「掌之」下，鈔本、墨海本、經苑本皆有「林衡掌」云云十七字。敏案：訂義卷二七，頁十二王氏曰；欽定義疏卷十六，頁二九王氏安石曰，亦並正有此十七字，皆詳下佚文。

川衡正於澤虞者也。」（文淵閣四庫全書本周官新義卷七，頁十三—十四。）〔二〕

【佚文】（二七九）「……林衡掌其巡之禁令而已。澤之政，澤虞掌之。」（鈔本；墨海本；經苑本；詳解卷十六，頁十述；訂義卷二七，頁十二王氏曰；欽定義疏卷十六，頁二九王氏安石曰，「山虞掌之」下皆有此十七字，並參看本頁註一。）

川衡，掌巡川澤之禁令，而平其守，以時舍其守，犯禁者，執而誅罰之。祭祀、賓客，共川奠。

【佚文】（二八〇）「澤亦必如此而不言，亦互見也。」（文淵閣四庫全書本周官新義卷七，頁十四。）〔三〕

【佚文】（二八一）「共川奠，共川物之奠也；不言物，以澤虞見之。」（訂義卷二七，頁十四王氏曰；詳解卷十六，頁十大同。）

澤虞，掌國澤之政令，爲之厲禁，使其地之人守其財物，以時入之于玉府，頒其餘于萬民。凡祭

〔二〕「林之政」以下：訂義卷二七，頁十三王氏曰；欽定義疏卷十六，頁二九王氏安石曰，「掌之」下並多十七字（參上註），餘全同。亦見詳解卷十六，頁十述，幾全同訂義。

〔三〕全段：詳解卷十六，頁十述，幾全同；訂義卷二七，頁十四王氏曰。

祀、賓客，共澤物之奠；喪紀，共其葦蒲之事。

【佚文】（二八二）「使其地之人守其財物，則人自爲守；所以澤雖大，莫或害其養蓄〔一〕。山林川澤皆有財物，惟澤入于玉府者，澤物最小也，所以自養取薄，所以養人從厚，夫是之謂王德。又頒其餘于萬民，則雖澤物亦不盡利〔二〕。」（文淵閣四庫全書本周官新義卷七，頁十四。）

若大田獵，則萊澤野；及弊田，植虞旌以屬禽。

【佚文】（二八三）「澤野，所謂藪也。」（文淵閣四庫全書本周官新義卷七，頁十四。）〔三〕

【佚文】（二八四）「或言致禽，或言屬禽，則皆致而屬之。不言珥，以山虞見之。」（訂義卷二七，頁十六王氏曰；詳解卷十六，頁十一述略同，「珥」作「則」。）

迹人，掌邦田之地政，爲之厲禁而守之。凡田獵者受令焉，禁麛卵者與其毒矢射者。

〔一〕首以下，訂義卷二七，頁十五王氏曰。

〔二〕「山林」以下，訂義卷二七，頁十五王氏曰。

〔三〕全段，詳解卷十六，頁十一述；訂義卷二七，頁十五王氏曰。

【佚文】（二八五）「名曰迹人，以迹知禽獸之處，而後可得田而取矣〔一〕。邦田無地，則鳥獸無所生，有地而無政，則其生不能蕃息〔二〕；雖有政，不爲厲禁以守之，則侵地盜物所以干有司者衆矣〔三〕。雖爲厲禁以守之，然雉兔者往焉，亦弗禁也〔四〕。」（文淵閣四庫全書本周官新義卷七，頁十四—十五。）

△卝人

角人，掌以時徵齒角，凡骨物，於山澤之農，以當邦賦之政令。以度量受之，以共財用。

羽人，掌以時徵羽翮之政于山澤之農，以當邦賦之政令。凡受羽：十羽爲審，百羽爲摶，十摶

〔一〕首以下：詳解卷十六，頁十一略同；訂義卷二七，頁十七王氏曰。
〔二〕「不」，鈔本初作「而」，孔校改作「不」；詳解述作「不」（詳下註）。
〔三〕「干」，鈔本初作「於」，孔校改作「于」。
〔四〕「也」，鈔本初作「焉」，孔校改作「也」。又「邦田」以下：詳解卷十六，頁十一略同（末「也」字同文淵本）；又見訂義卷二七，頁十八王氏曰。

爲縳。

掌葛，掌以時徵絺綌之材于山農。凡葛征，徵草貢之材于澤農，以當邦賦之政令，以權度受之。

掌染草，掌以春秋斂染草之物。以權量受之，以待時而頒之。

掌炭，掌灰物炭物之徵令。以時入之，以權量受之，以共邦之用。凡炭灰之事。

【佚文】（二八六）「掌染草至掌蜃，所徵亦必當邦賦之政令，而不言者，則以角人、羽人、掌葛見之。」（文淵閣四庫全書本周官新義卷七，頁十六。）〔二〕

△掌荼

掌蜃，掌斂互物蜃物，以共闉壙之蜃。祭祀，共蜃器之蜃，共白盛之蜃。

〔二〕 全段：訂義卷二八，頁三王氏曰；欽定義疏卷十六，頁三八王氏曰，「之政令」、「則以」五字無，「葛」下有「已」字。

【佚文】（二八七）「用蜃以禦濕，除貍蟲。」（文淵閣四庫全書本周官新義卷七，頁十六。）〔一〕

【評】（一〇六）宋陳汲曰：「凡此，皆民業以自利者也。先王之時，凡民於田税之外，至有趨末作者，一切徵其物，大意欲抑末重本。熙寧間，京師市井凡販賣小民，雖拾髮、鬻薪、提茶等類，悉出免行錢；不出者毋得販鬻市道，其意亦曰抑末作游手之民。然不知先王之世，民無不受田者，雖商賈家亦受田，特減於農民，抑其末作，使反其本，則退有可耕之田，不至失業饑寒。自井田既壞，小民亡立錐之地，勢不免販賣以自資。今而曰抑之歸農，則退豈有可耕之地哉？故重税適所以啓其怨咨之心，饑寒之患，而曰使之務本，惡在其爲政也？介甫常曰：『周禮一書，理財者幾半。周公豈好利者哉！』觀此言，若非爲利，然安在其不爲利也。」（周禮辨疑，載訂義卷二八，頁四—五。）

囿人，掌囿游之獸禁，牧百獸。祭祀、喪紀、賓客，共其生獸死獸之物。

【佚文】（二八八）「獸人共生獸死獸，囿人共生獸死獸之物者，獸人所共，田獵所罟；囿人所

〔一〕 全段：訂義卷二八，頁四王氏曰：欽定義疏卷十六，頁四十王氏安石曰，「蜃」下有「非惟」二字，「除」上有「兼」字。

共，囿游所牧；共其物，若麋膚熊蹯之類〔二〕。」（文淵閣四庫全書本周官新義卷七，頁十六。）

△場人

廩人，掌九穀之數，以待國之匪頒、賙賜、稍食。以歲之上下數邦用，以知足否，以詔穀用，以治年之凶豐。凡萬民之食食者：人四鬴，上也；人三鬴，中也；人二鬴，下也。

【佚文】（二八九）「民之食，可以鬴計者，校登夫家、貴賤、老幼、廢疾之數，觀稼省斂，稽比財物，其法詳也。」（文淵閣四庫全書本周官新義卷七，頁十七。）〔三〕

舍人，掌平宫中之政，分其財守，以灋掌其出入。凡祭祀，共簠簋，實之陳之。賓客亦如之，共其禮，車米、筥米、芻禾；喪紀，共飯米、熬穀。以歲時縣種稑之種，以共王后之春獻種。掌米粟之出入，辨其物；歲終，則會計其政。

〔二〕首以下，訂義卷二八，頁六王氏曰。又「共其」以下，欽定義疏卷十六，頁四一王氏安石曰。

〔三〕全段，訂義卷二八，頁九王氏曰；欽定義疏卷十六，頁四四王氏安石曰。

【佚文】（二九〇）「既共簠簋之器，又以饎人所共之實，實之陳之也。」（訂義卷二八，頁十二王氏曰。）

倉人，掌粟入之藏，辨九穀之物，以待邦用。若穀不足，則止餘灋用，有餘則藏之，以待凶而頒之。凡國之大事，共道路之穀積食飲之具。

【佚文】（二九一）「法式所用，有雖不足不可以已者；有待有餘然後用者；所謂餘法用，則待有餘而後用者。」（文淵閣四庫全書本周官新義卷七，頁十七。）〔二〕

司禄闕　敏案：原注「闕」；今本周禮有官名，闕其職掌，下皆倣此。

△司稼

舂人，掌共米物。祭祀，共其齍盛之米；賓客，共其牢禮之米。凡饗食，共其食米。掌凡米事。

〔二〕全段：詳解卷十六，頁十九述，末有「也」字；訂義卷二八，頁十三王氏曰，「而後用」作「而餘用」。

饎人，掌凡祭祀，共盛；共王及后之六食。凡賓客，共其簠簋之實；饗食，亦如之。

【佚文】（二九二）「舂人，舂穀以爲米；饎人，炊米以爲食〔一〕；其職事相成，故舂人祭祀共齍盛之米，饎人祭祀共盛；舂人賓客共牢禮之米，而饎人共其簠簋之實；饎人共王及后之六食，饔飧亦共簠簋之實〔二〕，而舂人不言共米，則以言祭祀、賓客，從可知也。」（文淵閣四庫全書本周官新義卷七，頁十八。）〔三〕

【佚文】（二九三）饎之字從食從熙，或又從喜，則陰以陽熙而爲喜也。舂與饎其事相成。（詳解卷十六，頁二一一段末云：餘見新傳。）

△槁人

地官總論

【評】（一〇七）清紀昀曰：「安石神宗時所上五事劄子，及神宗日録載安石所引周官，及

〔一〕首以下，詳解卷十六，頁二一一述。
〔二〕「饔」，經苑本作「饗」。
〔三〕全段，訂義卷二八，頁十七王氏曰，「共米」作「其米」。

楊時龜山集中所駁『平頒興積』一條，其文皆在地官中。今永樂大典闕地官、夏官二卷，其説遂不可考。然所佚適屬其瑕纇，則所存者益不必苛詆矣！」（四庫提要卷十九，頁七禮類一周官新義十六卷附考工記解二卷下。）

周禮新義　卷八　春官宗伯一

惟王建國，辨方正位，體國經野，設官分職，以爲民極。乃立春官宗伯，使帥其屬，而掌邦禮，以佐王和邦國。禮官之屬：大宗伯，卿一人。小宗伯，中大夫二人。肆師，下大夫四人，上士八人，中士十有六人，旅下士三十有二人，府六人，史十有二人，胥十有二人，徒百有二十人。

【佚文】（二九四）「凡有族則有祀，祀則有宗：宗，典祀者也。宗伯掌天神、人鬼、地示之禮，故謂之宗〔一〕；在四時之官爲長，故謂之伯。」（文淵閣四庫全書本周官新義卷八，頁一。）〔二〕

【評】（一〇八）宋鄭鍔曰：「近世王安石云：『……』然宗伯所主，何獨祭祀之禮哉？自四方言之，東者歲之始；自四時言之，春者時之始。宗伯於四時之官獨爲長，故以伯稱之。春秋之際，魯有夏父弗忌爲宗人，蓋周之舊也。」（訂義卷二九，頁一載。）

〔一〕「宗典」以下，訂義卷二九，頁一載周禮全解引王安石云，「祀」下有「禮」字，「地示」在「人鬼」之上。

〔二〕全段，詳解卷十七，頁一述大同。

守祧，奄八人，女祧每廟二人，奚四人。

【佚文】（二九五）「守廟祧，而名之曰守祧；守祧〔一〕，則廟可知矣。」（文淵閣四庫全書本周官新義卷八，頁二一。）〔二〕

典同，中士二人，府一人，史一人，胥二人，徒二十人。

【佚文】（二九六）「典律同，而名之曰典同；典同，則律可知矣。」（文淵閣四庫全書本周官新義卷八，頁二二。）〔三〕

典庸器，下士四人，府四人，史二人，胥八人，徒八十人。

【佚文】（二九七）「征伐所得之器，而謂之庸器者，庸，民功也；則征伐之功，凡以爲民，非利

〔一〕鈔本於「守祧」二字不疊。

〔二〕全段：詳解卷十九，頁二一述曰：「守廟兆而名之曰守，非守兆則廟可知矣。」欽定義疏卷十七，頁七王氏安石曰，「矣」字無。

〔三〕全段，集説卷五，頁三七王介甫曰。

其器故也。」（文淵閣四庫全書本周官新義卷八，頁四。）〔一〕

大卜，下大夫二人；卜師，上士四人；卜人，中士八人，下士十有六人，府二人，史二人，胥四人，徒四十人。

【佚文】（二一九八）「大卜以下大夫爲之，而其官屬甚衆；蓋先王重其事故也〔二〕。大卜掌其法，龜人辨其名物體色，攻之取之以其時，上春則釁之，而祭祀先卜〔三〕；及其卜也，卜師又辨其左右、上下、陰陽，授命龜者，而詔相之，其爇燋以明火。其占也：君占體，大夫占色，史占墨，卜人占坼〔四〕。既事，則繫幣以比其命；歲終，則計其占之中否；先王用卜如此，故卜可恃以知吉凶。夫木之有火，明矣，不致一以鑽之，則不出；龜亦何異於此？」（文淵閣四庫全書本周官新義卷八，頁五。）

〔一〕　全段：集説卷五，頁四八—四九王介甫曰；註疏刪翼卷十一，頁二八臨川王氏曰，「而」字無；三禮纂註卷二，頁十二王氏曰，「則」字無，「爲民」下有「而已」二字，「故」字無，末句下更有「此非所作之樂，特縣以陳功器，以華國也」十六字。

〔二〕　首以下，詳解卷二二，頁二述，「屬」下有「爲」字。

〔三〕　「祭」，鈔本無。

〔四〕　「坼」，鈔本作「拆」。

男巫，無數；女巫，無數，其師中士四人，府二人，史四人，胥四人，徒四十人。

【佚文】（二九九）「神降之然後[一]，在男曰巫，在女曰覡，故不豫爲員數[二]。」（文淵閣四庫全書本周官新義卷八，頁六。）

大宗伯之職，掌建邦之天神、人鬼、地示之禮，以佐王建保邦國。

【佚文】（三〇〇）「大宗伯之禮，或以神、鬼、示爲序，或以鬼、神、示爲序，或以神、示、鬼爲序。以神、鬼、示爲序，定上下也；以鬼、神、示爲序，辨内外也；以神、示、鬼爲序，明尊卑也[三]。定上下然後辨内外，辨内外然後明尊卑，禮之序也。」（文淵閣四庫全書本周官新義卷八，頁八。）

以吉禮事邦國之鬼、神、示：以禋祀祀昊天上帝，以實柴祀日月星辰，以槱燎祀司中、司命、飌師、雨師，以血祭祭社稷、五祀、五嶽，以貍沈祭山林、川澤，以疈辜祭四方百物，以肆獻祼享先

[一]「然」，墨海本、經苑本並無。

[二]「豫」，墨海本、經苑本並作「預」。

[三]「以神鬼示爲序定」以下，欽定義疏卷十八，頁二一—二三王氏安石曰。

王，以饋食享先王，以祠春享先王，以禴夏享先王，以嘗秋享先王，以烝冬享先王。

【佚文】（三〇一）「謂之建邦之天神、人鬼、地示之禮，則禮當自王出故也〔一〕；謂之事邦國之鬼、神、示，則其所事，非特王國而已〔二〕。禋者，意之精也，無事於氣矣；血者，物之幽也，無事於形矣。實柴槱燎，用氣而已；貍沈疈辜，則用形焉〔三〕；氣親上，形親下，則各從其類也〔四〕。柴而實牲，然後槱燎，天祀之所同也；或言實柴，或言槱燎，則相備而已〔五〕。相備而言實柴於上，言槱燎於下，以先後爲尊卑也。山林之受物也，以貍；川澤之受物也，以沈；以貍沈祭焉，則各以其物宜也。四方異體，肆而不全；百物異用，制而不變；以疈辜祭焉，則亦各以其物宜也〔六〕。天祀用物氣而貴精，地祭用物形而貴幽，鬼享用人義而貴時〔七〕。羞其肆而酌獻焉，

〔一〕首以下：集説卷四，頁十二王氏曰；註疏删翼卷十二，頁一王氏曰，並無「故」字。
〔二〕首以下：詳解卷十七，頁二述；「其」上無「則」字；訂義卷二九，頁三王氏曰：「謂之建，則禮當自王出。謂之事，則非特王國而已。」文有删省。
〔三〕「焉」，墨海本無。
〔四〕「則」，墨海本、經苑本並無。
〔五〕「柴而實」以下，訂義卷二九，頁四王氏曰，「則」字無。
〔六〕「山林之受」以下，詳解卷十七，頁四述略同。
〔七〕「天祀用物」以下，詳解卷十七，頁四述。

則以祼享先王，其祼也，猶事生之有饗也；羞其熟而饋食焉，則以食享先王，其食也，猶事生之有食也〔一〕。饗以陽爲主，故禘以夏；食以陰爲主，故祫以冬〔二〕。春物生，未有以享也，其享也，以詞爲主，故春曰祠；夏則陽盛矣，其享也，以樂爲主，故夏曰禴；秋物成，可嘗矣，其享也，嘗而已，故秋曰嘗；冬則物衆，其享也，烝衆物焉，故冬曰烝〔三〕。冬辨於物之時，而以冬祫者，惟辨於物，然後與其合故也。郊血、郊特牲，則天祀非無血，非不用形；王賓殺禋，肅合黍稷，臭陽達於墻屋，則鬼享非無禋，非不用氣，然則祀也、祭也、享也，各有所主而已。祀有昊天，而無五帝；有司中、司命，而無司民、司禄；祭有社稷，而無大示；有五嶽，而無四瀆；有山林川澤，而無丘陵、墳衍，享有先王，而無先公，與大烝之所祭者，則祀典所秩，於此不可勝言也；上下比義，從可知而已〔四〕。」（文淵閣四庫全書本周官新義卷八，頁八—十。）

【評】（一〇九）清王太岳曰：「以禋祀祀昊天上帝，義：『禋者，意之精也，無事于氣矣。』

〔一〕「羞其肆」以下，訂義卷二九，頁七載周禮全解引王安石以謂，「饗也」作「享」。
〔二〕「羞其肆」以下，詳解卷十七，頁五述，第二「事生」作「生事」。
〔三〕「春物生」以下：詳解卷十七，頁五述，幾全同；集説卷四，頁十七王介甫曰，「詞」作「熟」；註疏刪翼卷十二，頁十八臨川王氏曰，「以詞爲主」作「主以詞達誠」，「秋物」下有「初」字，「可嘗矣」作「薦新曰嘗」，「其享也嘗」以下共廿五字作「冬物大備合衆物以享曰烝」；欽定義疏卷十八，頁十三王氏安石曰，殆據刪翼，約爲四句十九字。
〔四〕「而已」，墨海本作「矣」。又「郊血」以下，欽定義疏卷十八，頁十四—十五王氏安石曰，多更易成文。

案：鄭注：『禋之言煙，周人尚臭；煙，氣之臭聞者。』疏云：『尚書洛誥「予以秬鬯二卣，明禋」，注云：「禋，芬芳之祭。」又周語云：「精意以享謂之禋。」』則精意仍藉煙氣之芬芳以達，今云『意之精者，無事于氣』，似不如注、疏之周密。」（四庫全書考證卷八，頁四三。）

【佚文】（三〇二）「禋者，意之精也，意先於氣；血者，氣之盛也，氣先於形。實柴槱燎，用氣而已；貍沈疈辜，則用形焉；氣親上，形親下，則各從其類也。」（欽定義疏卷十八，頁十一王氏安石曰。）

【評】（一〇九之一）宋王十朋曰：「此即王氏之説，雖本於月令，然乃宮中之小祀，豈可與社稷五嶽同科。左氏傳載魏獻子問於蔡墨，以爲社稷五祀誰氏之五官。其説甚明。」（周禮詳説，載訂義卷二九，頁六。）

【評】（一一〇）宋鄭鍔曰：「廟祭之序，始者，王以玉瓚酌鬱鬯獻尸，是爲祼獻。既祼於是迎牲而殺，乃行朝踐之事。朝踐禮畢，乃行饋獻之事。則薦以今世之食，以其序推之，則肆，饋獻也，獻，朝踐也，祼，始祼也。謂之肆者，詩曰『或剥或亨，或肆或將』。剥者，解牲體；肆者，解而陳之俎也。始而祼，以求之中而薦腥，則以神事焉。終而薦熟，則以人養焉。此經乃以肆獻祼爲序，何耶？余攷鄭康成之説云：『於祫逆言之者，與下共文，明六享俱然。祫言肆獻祼，禘言饋食，著有黍稷，互相備。』王安石以謂：『……』然祫以合食爲主，未嘗無食；禘以審禘昭穆爲主，未嘗不祼。祼主於敬，食主於愛，二者亦互見。祠春、禴夏、嘗秋、烝冬之享，時祭之名也。禮不豐不殺，所以稱時。有以少爲貴者，有以多爲貴者，春夏以蒐苗，而奉祭祀時物，方生可獻者寡，故春以祠爲主，夏以樂爲主而已。尚祠者，爲物不足以言詞道意也。尚樂者，陽氣浸盛，樂由陽來也；此所謂以少爲貴也。秋冬以獮狩，而奉祭祀百物，既登可獻者衆，故秋以薦新爲主，冬以備物爲主焉。嘗者，物初成始可嘗，於是而薦新也；烝者，物畢皆可烝，於是而備物也；此以多爲貴者也。」（周禮全解，載訂義卷二九，頁七—八。）

以凶禮哀邦國之憂：以喪禮哀死亡，以荒禮哀凶札，以弔禮哀禍烖，以禬禮哀圍敗，以恤禮哀寇亂。

【佚文】（三〇三）「喪禮、荒禮，以彼喪荒，哀之也；弔禮、禬禮、恤禮，以我弔禬恤，哀之也〔一〕。哭亡謂之喪，死亡斯哭之矣；又亡而草生之謂之荒〔二〕，凶札斯荒矣。禮記曰『反而亡

〔一〕首以下：詳解卷十七，頁六述；訂義卷二九，頁十王氏曰，「荒禮」作「凶禮」，無「恤禮」二字。

〔二〕「又」，鈔本、詳解（詳下註）並作「川」，經苑本作「人」；「草」，鈔本作「艸」。

焉』，失之矣，於是爲甚。始死也，哀其死；既葬矣，則哀其亡焉；弔以慰之，禬以補之，恤以救之〔二〕。寇亂則及事時，故救之；圍敗則在事後〔三〕，故補之而已〔三〕。死亡、凶札、禍烖，天事也；死亡爲重，凶札次之，禍烖爲輕。圍敗、寇亂，人事也；圍敗爲重，寇亂爲輕。此凶禮之序也〔四〕。」（文淵閣四庫全書本周官新義卷八，頁十。）

以賓禮親邦國：春見曰朝，夏見曰宗，秋見曰覲，冬見曰遇，時見曰會，殷見曰同，時聘曰問，殷覜曰視。

【佚文】（三〇四）「以歲譬日，則春朝時也，故春見曰朝；夏則萬物相見，於是時也，有爲之宗也者〔五〕，故夏見曰宗；秋非萬物相見之時，於是見焉，可謂勤矣，故秋見曰覲；冬則物辨矣，莫爲之宗，亦莫之宗，其見也，若邂逅然，故冬見曰遇；時見曰會者，將命以事，召而會之，

〔一〕「哭亡」以下，詳解卷十七，頁六述略同。
〔二〕「則」，墨海本、經苑本並無；詳解述有（詳下註）。
〔三〕「寇亂」以下：詳解卷十七，頁六述，「事時」作「時事」；又見欽定義疏卷十八，頁十七王氏安石曰。
〔四〕「死亡凶札」以下：詳解卷十七，頁六述，末句無「此」、「也」二字；又見欽定義疏十八，頁十八王氏安石曰。
〔五〕「也」，鈔本、墨海本、經苑本並無。

有時而然，故曰時會；殷見曰同者，王不巡狩〔一〕，會而見之，殷國所同〔二〕，故曰殷同；時聘以恩，問之而已，故時聘曰問；殷覜以事，有所察治，故殷覜曰視〔三〕。凡此諸禮，或大或小，或如常禮，惟其時物，故或言大，或言小，或不言大小。」（文淵閣四庫全書本周官新義卷八，頁十一。）

【評】（一一一）清王太岳曰：「秋見曰覲，冬見曰遇，義：『秋非萬物相見之時，于是見焉，可謂勤矣，故秋見曰覲。』案：鄭注云：『覲之言勤也，欲其勤王之事。』此云『非相見之時，故曰覲』，蓋從『秋』字生解，而義反疏。又：『莫爲之宗，亦莫之宗，其見也，若邂逅然，故曰遇。』案：此又因『夏見曰宗』而附會之，亦非本意。」（四庫全書考證卷八，頁四三。）

以軍禮同邦國：大師之禮，用衆也；大均之禮，恤衆也；大田之禮，簡衆也；大役之禮，任衆也；大封之禮，合衆也。

【佚文】（三〇五）「用衆，用其命；恤衆，恤其事；簡衆，簡其能；任衆，任其力；合衆，合其

〔一〕「狩」，鈔本、墨海本、經苑本、詳解述（詳下註）皆作「守」。
〔二〕「所」，鈔本初作「曰」，孔校改爲「所」；詳解述亦作「所」（詳下註）。
〔三〕首以下，詳解卷十七，頁七述略同。

志〔一〕。地有定域，民有常主，則所以合其志也〔二〕。用其命而不知恤其事，恤其事而不知簡其能，簡其能而不知任其力，任其力而不知合其志，非所以爲軍禮。軍禮以用其命爲主，以合其志爲終始〔三〕。」（文淵閣四庫全書本周官新義卷八，頁十一—十二。）

【佚文】（三〇六）「……九伐，有太師焉。地守、地政、地職，有大均焉。城池宫室之工，有大役焉。講武而田，頒國而封，有大田、大封焉。舉皆以車人之什伍行之，以伍兩卒旅之法制之，故曰軍。軍行之以禮，而後衆可用也。大師、大田，大司馬主之。大均、大役、大封，司空主之。司徒率民徒而至，其禮宗伯掌之。」（周禮説卷七，頁七王介甫曰，上承「合衆合其志」，已詳本頁註一。）

以嘉禮親萬民：以飲食之禮親宗族、兄弟，以昏冠之禮親成男女，以賓射之禮親故舊、朋友，以

〔一〕首以下：詳解卷十七，頁八述，於此五「衆」字下各多一「者」字；集説卷四，頁二十王介甫曰、註疏删翼卷十二，頁二四臨川王氏曰並同詳解；周禮説卷七，頁七王介甫曰（下尚有一〇五字，詳下佚文。）、三禮纂註卷三，頁九王介甫曰，五「衆」字各皆作「者」字。

〔二〕「地有」以下：訂義卷三十，頁二王氏曰，上有「合衆者」三字，「則」字無；欽定義疏卷十八，頁二四王氏安石曰，「則」字無。

〔三〕「用其命而」以下：詳解卷十七，頁八述，「爲軍禮」下有「也」字；集説卷四，頁二十王介甫曰、註疏删翼卷十二，頁二四臨川王氏曰，並無「始」字。

饗燕之禮親四方之賓客，以脤膰之禮親兄弟之國，以賀慶之禮親異姓之國。

【佚文】（三〇七）「以飲食之禮親宗族兄弟者，宗族兄弟，飲食之而已，致其愛故也。四方之賓客，則有饗燕之禮焉，致其敬故也[一]。昏冠之禮親成男女者，昏以親之，冠以成之；冠以成之者，男也，而曰親成男女，則男帥女而成之也；成男也，乃亦所以成女，先昏後冠，則親之而後成之。以脤膰之禮親兄弟之國者，與之同福祿也；異姓之國，則不與同福祿矣，故以賀慶之禮親之。親宗族兄弟，然後親成男女，以尊及卑也[二]。親故舊朋友，然後親四方之賓客，以近及遠也。四方之賓客，以禮來接我者也；兄弟異姓之國，則我以禮往加焉。此嘉禮之序也[三]。」（文淵閣四庫全書本周官新義卷八，頁十二—十三。）

以九儀之命正邦國之位：壹命受職，再命受服，三命受位，四命受器，五命賜則，六命賜官，七命

[一]「宗族兄弟飲」以下：訂義卷三十，頁四王氏曰，無兩「故」字，「賓客」上無「之」字，「饗燕」作「燕享」，無「焉」字；集說卷四，頁二二王介甫曰，「賓客」上無「之」字，無「焉」字；註疏刪翼卷十二，頁二七臨川王氏曰，同集說。

[二]「卑」，鈔本初作「單」，孔校改爲「卑」；詳解述作「卑」（詳下註）。

[三]「親宗族」以下：詳解卷十七，頁十述，「親四方」下無「之」字；欽定義疏卷十八，頁三十—三一王氏安石曰，改易舊本數字成義。

賜國，八命作牧，九命作伯。

【佚文】（三〇八）「九儀之命，皆加命也。」（周禮全解王安石云，載訂義卷三十，頁八；詳解卷十七，頁十一述略同。）

【評】（一一二）宋鄭鍔曰：「職服器位皆曰受者，自下言之。命出於上，臣之微者，受之而已，則與官國皆曰賜。自上言之，非天子之賜，則人臣不得而有也。牧與伯皆曰作者，其權重，其勢逼，其位尊，非有人臣所不能爲之功，不可得而作也。王安石云：『九儀之命，皆加命也。』其説是矣。」（周禮全解，載訂義卷三十，頁八。）

【張補】「賜則」者，以爲縣内諸侯賜八側焉，使以治也。君子有行可之仕，有際可之仕，自四命以下言「受」，則容有辭之者矣，於其受之，然後王命成焉；自五命以上言「賜」，則崇德報功有受之而已；牧、伯言「作」，則非若國之爲物也。（鈔本周官義疏。）

以禽作六摯，以等諸臣：孤執皮帛，卿執羔，大夫執鴈，士執雉，庶人執鶩，工商執雞。

【佚文】（三〇九）「其道足以衣被人，而飾之以炳蔚之文章者，孤之事也，故孤執皮帛〔一〕；羣

〔一〕首以下，詳解卷十七，頁十四述大同。

而不黨」，致恭而有禮者[二]，卿之事也，故卿執羔；進不失其時，行不失其序者，大夫之事也，故大夫執鴈；交有時，别有倫，守死而不犯分，而被文以相質者[三]，士之事也，故士執雉；可畜而不散遷者，庶人之事也，故庶人執鶩；可畜而不違時者，工商之事也，故工商執雞。飾羔鴈者以繢，則卿大夫宜亦能衣被人，而有文章故也。」（文淵閣四庫全書本周官新義卷八，頁十三。）

以玉作六器，以禮天地四方：以蒼璧禮天，以黄琮禮地，以青圭禮東方，以赤璋禮南方，以白琥禮西方，以玄璜禮北方；皆有牲幣，各放其器之色。

【佚文】（三一〇）「天之色蒼，則其始事之時；地之色黄，則其終功之時。璧，辟世，萬物親地，而天爲之辟；琮，宗也，萬物祖天，而地爲之宗。以蒼璧禮天，則天以始事爲功；以黄琮禮地，則地以終功爲事。赤，陽之盛色，章，陰之成事，赤璋者，以陽之盛色物之，以陰之成事名之；玄，陽之正色，黄，陰之盛色，玄璜者，以陽之正色物之，以陰之盛色名之。南北者，陰

[二]「而」，鈔本、墨海本、經苑本並作「以」。
[三]「而被」：經苑本無「而」字，墨海本、經苑本「被」並作「披」。

陽之雜故也。青圭則象陽之生而已，白琥則象陰之殺而已，東西陰陽之純故也。以其陽之純，故成象焉〔一〕；以其陰之純，故效法焉。南，陽也，陰居其半，故半圭而已；北，陰也，陽居其半，故半璧而已。皆有牲幣，各放其器之色，則亦各從其類也〔二〕。」（文淵閣四庫全書本周官新義卷八，頁十四。）

以天產作陰德，以中禮防之；以地產作陽德，以和樂防之；以禮樂合天地之化，百物之產，以事鬼神，以諧萬民，以致百物。

【佚文】（三一一）「天產養精，故以作陰德，陰德所以行陰禮者也，以中禮防之，則使其不淫；地產養形，故以作陽德，陽德所以行陽禮者也，以和樂防之，則使其不怠；天地之化，是謂大和，百物之產，則亦天地之和而已〔三〕。中禮和樂〔四〕，所以合之，合而與天地同流，然後可以事鬼神、諧萬民、致百物。」（文淵閣四庫全書本周官新義卷八，頁十五。）

〔一〕「象」，墨海本、經苑本並作「衆」。
〔二〕「其」，墨海本作「共」。
〔三〕「和」，鈔本、孔校於字旁注「委」字。
〔四〕「和樂」，鈔本作「樂和」。

凡祀大神，享大鬼，祭大示，帥執事而卜日，宿眡滌濯，涖玉鬯，省牲鑊，奉玉齍，詔大號，治其大禮，詔相王之大禮。若王不與祭祀，則攝位。凡大祭祀，王后不與，則攝而薦豆籩，徹；大賓客，則攝而載果。

【佚文】（三一二）「大賓客攝而載果者，亦王后不與而攝也。」（文淵閣四庫全書本周官新義卷八，頁十五。）

【佚文】（三一三）「攝而載果者，亦謂王后不預而攝其事。載果，祼鬯載於圭瓚。」（集說卷四，頁三八王介甫曰；註疏删翼卷十二，頁四八臨川王氏曰；詳解卷十七，頁十九述，幾全同。）

【佚文】（三一四）「注以攝祼爲代王，非也；亦謂王后不與而攝其事。」（欽定義疏卷十八，頁四九王氏安石曰。）

朝覲會同，則爲上相；大喪，亦如之；王哭諸侯，亦如之。王命諸侯，則儐。國有大故，則旅上帝及四望。

【佚文】（三一五）「相，相王；儐，儐諸侯。」（文淵閣四庫全書本周官新義卷八，頁十五。）〔一〕

王大封，則先告后土，乃頒祀於邦國、都家、鄉邑。

【佚文】（三一六）「王大封，則先告后土，乃頒祀於都家〔二〕、鄉邑者，建邦國而封之，所謂大封，其頒祀則及其都家與其鄉邑。蓋諸侯之卿〔三〕，與其子弟所食采，亦謂之都，書所謂『簡恤爾都』，左氏傳所謂『邑有先君之主曰都』，是也。言告后土，則告於社可知，后土配食於社者也。不告稷，則大封土事，稷無豫焉〔四〕。禮之道，施報而已，以吉禮事邦國之鬼、神、示，則施報之大者；以凶禮哀邦國之憂，則施報之急者；能務施報，以主天下之平，則能賓諸侯、一天下；有不帥也，軍禮於是乎用矣；無敢不帥〔五〕，然後人得各保其常居，而嘉禮行焉。此五禮

〔一〕全段：詳解卷十七，頁十九述，旨同；訂義卷三一，頁十一王氏曰，「相」、「相」之間及「儐」、「儐」之間，並各有「者」字，兩「儐」字並作「擯」。

〔二〕「於」下，墨海本、經苑本並有「邦國」二字。

〔三〕「卿」，經苑本作「鄉」。

〔四〕「豫」，墨海本、經苑本並作「與」。

〔五〕「帥」，鈔本初作「師」，孔校改爲「帥」。

之序也。禮之行，有以賢治不肖，有以貴治賤[二]，正之以九儀，則尚賢以治不肖，貴貴以治賤也；等之以六瑞，則又各使之上同；等之以六摯，則又各使之自致；人各上同而自致，則禮出於一，而上下治。外作器，以通神明之德；內作德，以正性命之情[三]；禮之道，於是爲至；禮至矣，則樂生焉，以禮樂合天地之化、百物之産，則宗伯之事，於是爲至。夫然後可以相王之大禮，而攝其事；贊王之大事，而頒其政。」（文淵閣四庫全書本周官新義卷八，頁十六—十七。）

小宗伯之職，掌建國之神位，右社稷，左宗廟。兆五帝於四郊，四望、四類亦如之。兆山川、丘陵、墳衍，各因其方。掌五禮之禁令與其用等。辨廟祧之昭穆，辨吉凶之五服，車旗宮室之禁。掌三族之別，以辨親疏，其正室皆謂之門子，掌其政令。毛六牲，辨其名物，而頒之於五官，使共奉之。辨六齍之名物與其用，使六宮之人共奉之。辨六彝之名物，以待果將；辨六尊之名物，以待祭祀、賓客。掌衣服、車旗、宮室之賞賜。掌四時祭祀之序事與其禮。若國大貞，則奉玉帛以詔號；大祭祀，省牲，眡滌濯；祭之日，逆齍，省鑊，告時於王，告備於王。凡祭祀、賓客，以時

[二]「以」，鈔本無。
[三]「情」，墨海本、經苑本並作「精」。

將瓚果。詔相祭祀之小禮，凡大禮，佐大宗伯。賜卿大夫士爵，則儐。小祭祀，掌事如大宗伯之禮；大賓客，受其將幣之齎。若大師，則帥有司而立軍社，奉主車。若軍將有事，則與祭有司將事於四望。若大甸，則帥有司而饁獸於郊，遂頒禽。大烖，及執事禱祠於上下神示。王崩，大肆，以秬鬯渳；及執事涖大斂小斂，帥異族而佐；縣衰冠之式于路門之外，及執事眡葬獻器，遂哭之；卜葬兆，甫竁，亦如之；既葬，詔相喪葬之禮；成葬而祭墓，爲位。凡王之會同軍旅、甸役之禱祠，肄儀，爲位。國有禍烖，則亦如之。凡天地之大烖，類社稷宗廟，則爲位。凡國之大禮，佐大宗伯；凡小禮，掌事如大宗伯之儀。

【佚文】（三一七）「右，陰也，地道之所尊，故右社稷；左，陽也，人道之所鄉，故左宗廟；位宗廟於人道之所鄉，則不死其親之意〔二〕。兆五帝於四郊，尊之也；兆山川、丘陵、墳衍，各因其方，賓之也。以尊而遠之也，知宗廟之爲親；以賓而外之也，知社稷之爲主。各於其郊，各因其方，則猶鬼、神、示之居以方類也。辨廟祧之昭穆者，昭以察下爲義，穆以敬上爲義。正室謂之門子者，以其當室，故謂之正室；以其當門，故謂之門子。毛六牲，辨其名物，而頒之

〔二〕首以下：詳解卷十八，頁一述略同。又見集説卷四，頁三七王介甫曰；註疏刪翼卷十二，頁五一—五二介甫王氏曰；欽定義疏卷十九，頁一王氏安石曰。

於五官，使共奉之者，六牲，天產故也。辨六齍之名物，使六宫之人共奉之者，六齍，地產故也。辨六彝之名物以待祼將，辨六尊之名物以待祭祀、賓客者，尊彝皆以待祭祀、賓客。於彝言祼將，於尊言祭祀賓客，相備而已〔一〕；言彝祼將，則尊酌獻可知也〔二〕。尊酌以獻，居其所而爵者從之，故謂之尊；彝酌以祼，求諸陰而已，陰有常而無變，故謂之彝。冪人先尊後彝，彝卑而尊尊故也；今此先彝者，以言其用，用則先彝矣。若國大貞，則奉玉帛以詔號者，大貞，卜大事而貞之，貞與書所謂『我二人共貞』同義。饁獸於郊者，還舍於郊，以獸饁田衆也；言獸，則饁衆宜用大焉。小宗伯之職，始於建社稷宗廟諸神之祀，節莫差於僭，僭莫重於祀，故以季氏而旅於泰山〔三〕，孔子病之，掌五禮之禁令，與其用等，則以防僭故也。用等之不同，有尊卑焉，於是乎辨廟祧之昭穆；有貴賤焉，於是乎辨五服、車旗、宫室之禁；有親疏焉，於是乎掌三族之別，以辨親疏、尊卑、貴賤。親疏分守以明，然後人得保其祭祀；祭祀有宗，所謂門子是也，於是乎掌門子之政令；門子以族得民者也，得其門子，斯得其民矣；得其民，然後

〔一〕「而已」，墨海本、經苑本並作「也」。
〔二〕「尊彝」以下：集説卷四，頁四九王介甫曰，「相」作「之」；周禮全經釋原卷六，頁六二王氏曰，「待」作「用」，「言祼將」作「言果將」；又見註疏删翼卷十二，頁七二王介甫曰。
〔三〕「季氏」下，鈔本、孔校增五字，詳下佚文。

王之禮有與共其物，奉其事，於是乎辨牲齍尊彝之名物，以待祭祀、賓客；上有以共其物、奉其事，則下亦宜有焉，於是乎掌衣服、車旗、宮室之賞賜，上下皆有以共其物、奉其事，則以時秩其事〔二〕、用其禮而已，於是掌四時祭祀之序事與其禮〔三〕；用其禮，則亦有序事矣，既建社稷宗廟諸神之祀，於是乎詔號；既辨六牲之名物，於是乎省牲；既辨六齍之名物，於是乎逆齍；若夫滌濯省鑊、告時告備，則各附其事時言之而已；既辨六尊六彝之名物〔三〕，於是乎將瓚果〔四〕；若夫爵之事，則有宰尸之，故不列於此；既掌四時祭祀之序事與其禮，於是乎詔相大祭祀之小禮；凡大事佐大宗伯，小祭祀掌事如大宗伯之禮；既掌衣服、車旗、宮室之賞賜，於是乎王爵卿大夫則儐，儐列於小祭祀掌事之上，則小祭祀之禮卑於爵卿大夫故也；既待賓客以六彝，以時將瓚果；於是乎受大賓客，將幣之齎；禮之道，務施報而已，受將幣之齎，則邦國享王，而施報之禮成矣；大師大甸大烖之禮，則以待變事而已；大肆斂葬喪祭之禮，則

〔二〕「其」，鈔本原無，孔校增之。
〔三〕「是」下，鈔本、墨海本、經苑本皆有「乎」字。
〔三〕「六尊」，墨海本、經苑本並無。
〔四〕「果」，墨海本、經苑本作「祼」。下文「以時將瓚果」同。

以待終事而已；夫禮以事天地鬼神，建保邦國，防害弭灾爲終始[二]，故以禱祠及類肆儀爲位終焉。又曰『凡國之大禮，佐大宗伯；小事，掌禮如大宗伯之儀』[三]，則事多故矣、禮多儀矣；惟其時物也，小宗伯之禮事，不盡於上所言，故凡以該之。」（文淵閣四庫全書本周官新義卷八，頁十八—二一。）

【佚文】（三一八）「……之爲不善也。」（鈔本，上承「季氏」，見頁三〇五註三。）

[二]「害弭灾」：「害」，鈔本作「患」；「害」、「灾」：墨海本作「思」、「災」，經苑本作「患」、「災」。

[三]「小事掌禮」，墨海本、經苑本、詳解卷十八，頁八述皆作「小禮掌事」。

周禮新義　卷九　春官宗伯二

肆師之職，掌立國祀之禮，以佐大宗伯。立大祀用玉帛牲牷，立次祀用牲幣，立小祀用牲。以歲時序其祭祀，及其祈珥。

【佚文】（三一九）「祈〔一〕，大祝所謂『六祈』〔二〕；珥，若小子所謂『珥于社稷』。」（文淵閣四庫全書本周官新義卷九，頁一。）〔三〕

大祭祀，展犧牲，繫于牢，頒于職人。凡祭祀之卜日，宿爲期，詔相其禮；眡滌濯，亦如之。祭之日，表齍盛，告絜；展器陳，告備；及果，築鬻，相治小禮，誅其慢怠者。

【佚文】（三二〇）「職人者，謂職其事之人；展器陳者，器及陳皆展之。小宗伯告備于王，則

〔一〕「祈」下，經苑本有「若」字，詳解述亦有「若」字（詳下註）。

〔二〕首以下：集説卷四，頁五五王介甫曰，「大祝」作「太祈」，句末有「也」字；註疏刪翼卷十二，頁八一介甫王氏曰，末有「也」字。

〔三〕全段，詳解卷十八，頁九述旨同。

肆師告備于小宗伯矣〔一〕。禮有告具，有告備；具則有所不備焉，備則非特具而已〔二〕。」（文淵閣四庫全書本周官新義卷九，頁一〇。）

掌兆中、廟中之禁令。凡祭祀禮成，則告事畢；大賓客，涖筵几，築鬻，贊果將；大朝覲，佐儐，共設匪甕之禮；饗食，授祭，與祝侯禳于畺及郊。

【佚文】（三二一）「事畢于禮成，故禮成則告事畢〔三〕。授祭，授賓祭也；蓋王祭則膳夫授之，侯以候之，禳以卻之，于畺，及郊，則遠或至畺，近止于郊。」（文淵閣四庫全書本周官新義卷九，頁一一。）

大喪，大渳以鬯，則築鬻，令外內命婦序哭；禁外內命男女之衰不中灋者，且授之杖。凡師甸，用牲于社宗，則爲位；類、造上帝，封于大神，祭兵于山川，亦如之。

〔一〕「小宗伯告」以下，欽定義疏卷十九，頁三二王氏安石曰，「矣」作「也」。

〔二〕「展器陳」以下：詳解卷十八，頁十述，幾全同；訂義卷三三，頁四王氏曰，「者」下有「則」字，「小宗伯告」以下共十七字無，「具則」作「其」，「焉」作「者」。

〔三〕首以下，詳解卷十八，頁十述；訂義卷二三，頁四王氏曰。

【佚文】（三二二）「鄭氏謂『社，軍社；宗，遷主』。遷可以謂之祖，亦可以謂之宗；謂之宗，則以其繼太祖故也。類、造蓋皆祭名〔一〕。封于大神，則巡守方岳，因高封之。柴，祭天也。祭兵于山川〔二〕，若武成『告所過名山大川』〔三〕。類、造，在行始；封及祭兵，在行後，此其言之序。」（文淵閣四庫全書本周官新義卷九，頁二一。）

凡師不功，則助牽主車。

【佚文】（三二三）「師以民用命有功，以神依之爲助；不功，則掌邦政與立國祀者任其事，故大司馬奉主車，肆師助牽焉〔四〕。」（文淵閣四庫全書本周官新義卷九，頁二一。）〔五〕

凡四時之大甸獵，祭表貉，則爲位。嘗之日，涖卜來歲之芟；獮之日，涖卜來歲之戒；社之日，

〔一〕「類造」句：詳解卷十八，頁十二述；集説卷四，頁五七王介甫曰；註疏刪翼卷十二，頁八五介甫王氏曰，皆無「蓋」字。
〔二〕「兵」，墨海本無。
〔三〕「祭兵于」以下：訂義卷三三，頁七王氏曰；集説卷四，頁五八王介甫曰；註疏刪翼卷十二，頁八五臨川王氏曰。
〔四〕「焉」，原作「馬」，據墨海本、經苑本改。
〔五〕全段，詳解卷十八，頁十二述略同。

涖卜來歲之稼。若國有大故，則令國人祭；歲時之祭祀，亦如之。凡卿大夫之喪，相其禮。凡國之大事，治其禮儀，以佐宗伯；凡國之小事，治其禮儀，而掌其事，如宗伯之禮。

【張補】貉，師祭，蓋表而祭之，故謂之祭表貉。嘗，嘗穀之祭，芟以作田，故于嘗卜之；獮教治兵，戒兵事，故于獮卜之；社祭土，示稼、土事，故于社卜之。芟除害，戒防患，稼興利，此其言之序。（鈔本周官義疏。）

【佚文】（三二四）「國人遭故〔二〕，及歲時祭祀〔三〕，皆待上令，則其祀事節矣。」（文淵閣四庫全書本周官新義卷九，頁三。）

鬱人，掌祼器。凡祭祀、賓客之祼事，和鬱鬯，以實彝而陳之。凡祼玉，濯之陳之，以贊祼事。詔祼將之儀與其節。凡祼事沃盥，大喪之渳，共其肆器；及葬，共其祼器，遂貍之。大祭祀，與量人受舉斝之卒爵而飲之。

【佚文】（三二五）「與量人受舉斝之卒爵而飲之者，舉斝，禮記所謂『舉斝角，詔妥尸』也；卒

〔二〕「人」，墨海本、經苑本並作「之」。

〔三〕「及」，墨海本、經苑本並作「其」。

爵，若儀禮所謂『皇尸卒爵』也；斝，先王之爵，唯王禮用焉[一]。于舉斝也，量人與鬱人受其卒爵而飲之也，受舉斝之卒爵而飲之，明與之同其事，則與之同其福[二]；必與量人者，鬱人贊祼，量人制從獻之脯燔故也。」（文淵閣四庫全書本周官新義卷九，頁三。）

鬯人，掌共秬鬯而飾之。凡祭祀、社壝，用大罍；禜門，用瓢齎；廟，用脩；凡山川四方，用蜃。凡祼事，用概；凡疈事，用散。大喪之大渳設斗，共其釁鬯；凡王之齊事，共其秬鬯；凡王弔臨，共介鬯。

【佚文】（三二六）「雩禜所以除害，門所以禦暴；除害禦暴皆所以養人。甘瓢則有養人之美道，以之爲瓢，又中虚爲善容，亦有門之象。易以艮爲門闕，八音以艮爲瓢爵之意。」（周禮全解王安石云，載訂義卷三三，頁十三；詳解卷十八，頁十五述，略同。）

【評】（一一三）宋鄭鍔曰：「王安石云：『……』無乃穿鑿之甚！觀祭天用瓦秦瓦甒，又用瓢爵，記禮言器用陶瓢，以象天地之性，物莫足以稱天地之德，故貴全素而用陶瓠，此所謂

[一] 「卒爵」以下，訂義卷三三，頁十一王氏曰，「也」上有「是」字，「斝」下有「者」字，又「斝先」以下文在「卒爵」之上。

[二] 首以下：詳解卷十八，頁十四述大同。又「明與」以下，訂義卷三三，頁十二王氏曰，「則」作「必」，「福」下有「也」字。

大罍則瓦甒之類，用瓢齎則瓠之類：皆質而已。」（周禮全解，載訂義卷三三，頁十三—十四。）

【佚文】（三三七）脩，飾也。（周禮全解王安石「以」，載訂義卷三三，頁十四；詳解卷十八，頁十五—十六述。）

【評】（一一四）宋鄭鍔曰：「攷宗廟之中尊，盛五齊三酒，不盛秬鬯。凡此所言祼器，非廟中之彝，改字爲卣，非也。王安石以脩爲飾之義，是。」（周禮全解，載訂義卷三三，頁十四。）

【佚文】（三三八）「大喪之大渳設斗，共其釁鬯者，設斗爲渳也；共其釁鬯，則既以鬯渳，又以釁〔二〕。」（文淵閣四庫全書本周官新義卷九，頁四。）

雞人，掌共雞牲，辨其物。大祭祀，夜嘑旦以嘂百官。凡國之大賓客、會同、軍旅、喪紀，亦如之。凡國事爲期，則告之時。凡祭祀，面禳釁，共其雞牲。

【佚文】（三三九）「辨其物，鄭氏謂『陽祀用騂，陰祀用黝』。夜嘑旦以嘂百官，鄭氏謂『警使

〔二〕「共其釁鬯則」以下，訂義卷三三，頁十五王氏曰，無「則」字。

夙興』。」（文淵閣四庫全書本周官新義卷九，頁四。）〔二〕

【佚文】（三三〇）「雞於十二辰屬酉，於二十八宿屬昴，而反列於春官，蓋雞之爲物，向陰伏，向陽鳴，主於司晨。日之晨猶歲之春，則雞東方之畜。」（周禮全解王安石「謂」，載訂義卷三三，頁十六。詳解卷十八，頁十六述，幾全同。）

【評】（一一五）宋鄭鍔曰：「王安石謂：『……』余以易之八卦觀之，巽爲雞，巽，東南也。五行東方之木爲皃，皃不恭是謂不肅，厥咎狂，時則有雞禍。蓋雞有冠距，文武之皃，故不爲威儀皃。氣毀則木不曲直，雞禍應之。此雞爲東方之畜，列於春官。」（周禮全解，載訂義卷三三，頁十六。）

司尊彝，掌六尊、六彝之位，詔其酌，辨其用與其實。春祠、夏禴，祼用雞彝、鳥彝，皆有舟，其朝踐用兩獻尊，其再獻用兩象尊，皆有罍，諸臣之所昨也；秋嘗、冬烝，祼用斝彝、黄彝，皆有舟，其朝獻用兩著尊，其饋獻用兩壺尊，皆有罍，諸臣之所昨也。凡四時之間祀、追享、朝享，祼用虎彝、蜼彝，皆有舟，其朝踐用兩大尊，其再獻用兩山尊，皆有罍，諸臣之所昨也。

〔二〕　全段，詳解卷十八，頁十七述略同。

【佚文】（三三一）「朝踐者，籩人、醢人所謂『朝事』也。踐，踐籩豆，詩所謂『籩豆有踐』是也。再獻者，籩人、醢人所謂『饋食』也。以朝事爲初獻，則饋食爲再獻矣。朝獻，即朝踐也，以籩豆言之則曰踐，以爵言之則曰獻，相備也。饋獻，即再獻也，以序言之則曰再，以物言之則曰饋，亦相備而已〔一〕。間祀、追享、朝享，禘祫也。禘祫，非四時常祀也，故謂之間祀；禘及祖所自出，故謂之追享；祫自喪除朝廟始，故謂之朝享；彝皆有舟，尊皆有罍，爲酒戒也。罍爲雲靁之象焉，故謂之罍；舟所受過量則沉溺〔二〕，靁能作陽氣以澤物，然作而不節，更以害之。」（文淵閣四庫全書本周官新義卷九，頁五。）

【評】（一一六）清王太岳曰：「義：『朝獻，即朝踐也，以籩豆言之則曰踐，以爵言之則曰獻，相備也。』案：鄭注云：『變朝踐爲朝獻者，尊相因也。』王義似較注説爲直截。」（四庫全書考證卷八，頁四四。）

凡六彝、六尊之酌，鬱齊獻酌，醴齊縮酌，盎齊涗酌，凡酒脩酌。大喪，存奠彝；大旅，亦如之。

〔一〕首以下：訂義卷三四，頁三王氏曰，「朝事也」作「朝事」，「有踐是也」作「有踐」，「饋食也」作「饋食」，「再獻矣」作「再獻」，「朝踐也」作「朝踐」；欽定義疏卷二十，頁十五王氏安石曰，多所刪易。

〔二〕「彝皆有舟」以下：詳解卷十八，頁二十述，「戒也」上同，其下略同。

【佚文】（二三二）「縮酌，以茅縮而後酌也；涚酌，以酒涚而後酌也；鬱齊，不縮也，獻之而已，故曰獻酌；醴齊，不涚也，縮之而已〔一〕，故曰縮酌；盎齊，不脩也，涚之而已，故曰涚酌。」（文淵閣四庫全書本周官新義卷九，頁五。）〔二〕

【評】（一一七）明王志長曰：「愚按：酒以濁爲尊，貴其初也，故鬱齊不縮，醴齊不涚，盎齊涚以清酒。凡酒以水，則愈清而愈遠於初矣。金陵王氏數語，絶可味。鄭氏註『獻酌』，太鑿，此漢儒之陋。」（註疏删翼卷十二，頁一一五。）

司几筵，掌五几五席之名物，辨其用與其位。凡大朝覲、大饗射，凡封國命諸侯，王位設黼依，依前南鄉，設莞筵紛純，加繅席畫純，加次席黼純，左右玉几。祀先王、昨席，亦如之。諸侯祭祀席，蒲筵繢純，加莞席紛純，右彫几；昨席，莞筵紛純，加繅席畫純。筵國賓于牖前，亦如之，左彤几；甸役，則設熊席，右漆几。凡喪事，設葦席，右素几；其柏席用萑，黼純。諸侯則紛純，每敦一几。凡吉事，變几；凶事，仍几。

〔一〕「鬱齊」以下：欽定義疏卷二十，頁二二王氏安石曰，略加删省。

〔二〕全段：集説卷四，頁七二—七三王介甫曰，「茅縮」、「酒涚」各下有「之」字，「故曰獻酌」、「故曰縮酌」、「不脩也」、「故曰涚酌」十五字無，「涚」之上有「則」字；註疏删翼卷十二，頁一一五介甫王氏曰，同集説。

【佚文】（三三二）「莞筵紛純，皆成以全體，道之質也；繅席，則加藻飾焉，而畫純，則雜衆色以章之〔一〕，德之文也；次席，則以次列成文，黼純，則以斷割爲義，事之制也。左右玉几，則左右所馮皆德焉，王德備此，故大朝覲〔二〕、饗射、封國命諸侯，祀先王受酢，壹用此而已〔三〕。蒲筵，則以柔從爲體；繢純，則采物有所受之。以柔從爲體，則雖貴而不矯；采物有所受之，則雖富而不溢，此諸侯所以保其國，而爲祭主也〔四〕。加莞席紛純，則致道之質焉，所以祀也；莞席紛純，加繅席畫純，則致道之質，以成祀事。成德之文，以受酢福，致道之質，則信由中出〔五〕。成德之文，則禮自外作〔六〕，故筵國賓于牖前，亦如之也〔七〕。夫承賓事之大，則猶承神也，故大饗之禮，唯不入牲，他皆如祭祀；而大賓客不見凶服，刑人則亦如祭祀焉，用其至故也。然祭祀及昨異席，則其致道也，僅成祀而已；無黼依，無次席黼純，則離於事，然後能致道，非

〔一〕「衆」，墨海本、經苑本並作「種」。詳解述同文淵本（詳下註）。
〔二〕「大」，經苑本作「夫」，詳解述作「大」（詳下註）。
〔三〕首以下，詳解卷十九，頁一—二述略同，「王德」作「玉德」。
〔四〕「蒲筵」以下，詳解卷十九，頁二述略同。
〔五〕「成德」以下共十七字：經苑本無，詳解述有此十七字（詳下註）。
〔六〕「文則禮」三字：經苑本無，詳解述有此三字（詳下註）。
〔七〕「莞席紛純加」以下，詳解卷十九，頁二述，幾全同。

王德矣。夫繢純，繢而後純，則以諸侯采物有所受之；畫純，純而後畫，而諸侯昨席用焉；則諸侯雖以謹席爲孝〔一〕，亦制節故也。右彫几，則以義爲主，彫，刻制之文，所以成義，義，陰也，故右几。左彤几，則以禮爲主，彤，文明之物，所以合禮，禮〔二〕，陽也，故左几。筵國賓不設几，則几尊者所馮，嫌以尊加焉；祭祀，則不嫌故也。甸役設熊席，則用毅以蒞衆也；右漆几，則漆貞固之物，貞固所以幹事，幹事，知也，知，陰也，故右几〔三〕。」（文淵閣四庫全書本周官新義卷九，頁六—七。）

【佚文】（三三四）諸侯左彤几，爲祭祀之時下筵，國賓則不設几。（周禮詳説王氏「以」，載訂義卷三四，頁十二；詳解卷十九，頁二述同。）

【評】（一一八）宋王十朋曰：「王氏以『……』。曾不知鬼神之几居右，人道之几居左。如以左彤几以待鬼神，則上文之諸侯祭祀右彤几；如以左彤几爲諸神之所句憑，而用於祭祀之間，是非所以禮鬼神。然則彤几用之於筵賓者，正所以待賓也。」（周禮詳説，載訂義卷三四，頁十二。）

〔一〕「席」，經苑本作「度」。
〔二〕鈔本初無下一「禮」字，孔校增叠之。
〔三〕「右漆几」以下，詳解卷十九，頁三述大同。

天府，掌祖廟之守藏與其禁令。凡國之玉鎮、大寶器藏焉。若有大祭、大喪，則出而陳之；既事藏之。凡官府鄉州及都鄙之治中，受而藏之，以詔王察羣吏之治。上春，釁寶鎮及寶器。凡吉凶之事，祖廟之中，沃盥執燭。季冬，陳玉，以貞來歲之媺惡。若遷寶，則奉之。若祭天之司民司禄，而獻民數、穀數，則受而藏之。

【張補】大寶鎮、寶器，非以道勝淫不能伐而俘之，非以德服天下不能受其獻也。故爲之先者，以能傳其所寶爲榮；爲之後者，以能守其所傳爲善。「若有大祭、大喪，出而陳之；既事，藏之」，則示能傳其所寶，守其所傳也。夫政刑之不明，始于不能察群吏之治，馴致大壞，則諸侯將有問鼎輕重大小如楚子者，群臣將有竊寶玉大弓如陽虎者。「詔王察群吏之治」，則以人事預防其壞亂；「上春釁寶鎮及寶器」，則以神事時禦其災害。凡此，所以守其所傳也。然守之太至，不知先王特以與民同好，則爲有累物之行，而無勝物之智。「凡吉凶之事祖廟之中沃盥執燭」則有因以警戒焉。沃盥所以爲潔，潔則無累物之行；執燭所以爲明，明則有勝物智。惟無累物之行，有勝物之智，乃能與民同患。「季冬陳玉以貞來歲之媺惡」，則與民同患也。能與民同患，則器寶有常奉，雖遷而弗失也。故于是言「若遷寶則奉之」；若祭天司民、司禄，獻民數、穀數，受而藏之」，則守器之本，于是乎在矣。無民孰與生穀，無穀孰與養民，無民孰與守器？民也，穀也，天寔有司之者，則夫人之所爲，凡以奉成天之所爲而已。吾何容心哉！

然則謂之天府，可知也已。（鈔本周官義疏。）

典瑞，掌玉瑞、玉器之藏，辨其物名與其用事，設其服飾。王晉大圭，執鎮圭，繅藉五采五就，以朝日。公執桓圭，侯執信圭，伯執躬圭，繅皆三采三就；子執穀璧，男執蒲璧，繅皆二采再就；以朝、覲、宗、遇、會、同于王。諸侯相見亦如之。瑑圭、璋、璧、琮，繅皆二采一就，以覜聘。四圭有邸，以祀天旅上帝。兩圭有邸，以祀地旅四望。裸圭有瓚，以肆先王，以裸賓客。圭璧，以祀日月星辰。璋邸射，以祀山川，以造贈賓客。土圭，以致四時日月，封國則以土地。珍圭，以徵守，以恤凶荒。牙璋，以起軍旅，以治兵守。璧羨，以起度。駔圭、璋、璧、琮、琥、璜之渠眉，疏璧琮以斂尸。穀圭，以和難，以聘女。琬圭，以治德，以結好。琰圭，以易行，以除慝。大祭祀、大旅，凡賓客之事，共其玉器而奉之。大喪，共飯玉、含玉、贈玉。凡玉器出，則共奉之。

【佚文】（三三五）「故書珍爲鎮，當從故書以鎮爲正。王晉大圭，執鎮圭〔二〕，繅藉五采五就，以朝日者，圭之所象，道之用也；大圭杼上，終葵首，則其用也，即其體而已，此其所以爲大

〔二〕此春官典瑞經文「珍圭以徵守」云云，詳解卷十九，頁九曰：「玉人曰：『鎮圭尺有二寸，天子守之。』鎮圭，玉瑞也，其體足以鎮四方。……」是昭禹從新義以「珍」當作「鎮」。四庫全書考證卷八，頁四四曰：「晉大圭，執鎮圭，義：『故書珍爲鎮，當從故書以鎮爲正。』案：鄭注：『故書鎮作瑱，瑱讀爲鎮。』此云『珍爲鎮』，與今注本不同，或別有所據。今仍原本。」

也，故王晉之；晉之，服之也；鎮圭，則四方鎮焉，萬物養焉，仁而已，故王執之；繅藉，則內玉之貞剛，而以柔順藉焉，五采，則備德之文；五就，則成德之事；以朝日，則王之朝日，猶諸侯之相見也。諸侯相見，以朝、覲、宗、遇、會、同於王之器，則王之朝日，以祀天旅上帝之器宜矣；言以朝日，則以祀天旅上帝可知也〔一〕。公執桓圭，則以仁爲體，彊直有以立，上承而不下芘之〔二〕，德歸之上；其立也，不孤焉，公之所執也。侯執信圭，則以仁爲體，尊而不詘；伯執躬圭，則以仁爲體，卑而不信；繅皆三采三就，則德之殺也。子執穀璧，則以善養人而已；男執蒲璧，則以順安人而已；繅皆二采再就，則德之殺也。以朝、覲、宗、遇、會、同于王，而諸侯相見亦如之，則君子自敵以上，皆用其至焉。瑑圭、璋、璧、琮，繅皆二采一就，以覜聘者，圭、璋、璧、琮皆瑑焉，則異於禮神之物〔三〕；二采，則非二采不成爲德；一就，則覲成事而已〔四〕；頫聘，臣之禮故也。四圭有邸，則四圭而宿一邸也；兩圭有邸，則兩圭而宿一邸也；祼圭有瓚，則以圭爲柄也；圭璧，則以璧爲邸也。璋邸射，則璋宿于邸，若射之貫焉。日月星辰以璧

〔一〕「也」，鈔本作「矣」。又「大圭杼」以下，詳解卷十九，頁五—六述略同。
〔二〕「芘」，經苑本作「庇」。
〔三〕「異」，鈔本初作「禮」，孔校改爲「異」；詳解卷十九，頁七述作「異」。
〔四〕「覲」，墨海本、經苑本、詳解卷十九，頁七述皆作「僅」。

爲邸，則四圭邸璧，可知也；四圭邸璧，則兩圭邸琮，可知也；兩圭邸琮，則璋邸琮，亦可知也。自山川以上，皆稱祀，神之也；神之，則其器所象〔一〕，皆其所託而宿，故稱邸焉。圭璧不言邸，而知其爲邸，則以璋邸知之也。四圭所象，則天之利用無所不達；兩圭所象，則地之和用能地而已〔二〕；圭所象，則陽之生物；璋所象，則陰之成事。若射之貫，則山川通氣故也。旅上帝，旅四望，則會而旅焉，故所象與天地同德；國主山川而保之，故造贈賓客，與山川同物也。祼圭有瓚，以肆先王，則羞其肆而祼焉，猶賓客之祼也；圭以致其用，瓚以贊其事〔三〕，祼非正禮故也。土圭以測土深，故謂之土圭，以致四時日月，則冬夏以致日，春秋以致月；封國以土地，則度地之廣袤焉。鎮圭，王瑞也，四方鎮焉，萬物養焉，故以徵諸侯，以恤凶荒。牙璋所象，陰之成事，而有噬嗑之用焉，故以起軍旅，以治兵守。璧羨，爲璧而羨之也；以起度，則度尺以爲度。度在樂，則起於黄鍾之長；在禮，則起於璧羨，先王以爲度之不存，則禮樂之

〔一〕「象」，鈔本原作「衆」，孔校改爲「象」；詳解卷十九，頁七述作「象」。
〔二〕「地」，墨海本、經苑本並作「載」。
〔三〕「贊」，鈔本原作「瓚」，孔校圈删其偏旁「王」字，爲「贊」；詳解卷十九，頁七述作「贊」。

文熄，故作此，使天下後世有考焉〔一〕。駔圭、璋、璧、琮、琥、璜之渠眉，疏璧琮以斂尸，則六物皆爲渠眉，璧琮文疏焉〔二〕，左右手足腹背〔三〕，各以其物，會而斂也。穀圭，蓋如穀璧之文，以善爲義，故以和難，以聘女；琬圭，蓋圓其鋭，以順爲義，故以治德，以結好；琰圭，蓋剡其末，有戈兵之象，故以易行，以除慝；易行，則威讓文告而已；除慝，則有誅伐之事焉。」（文淵閣四庫全書本周官新義卷九，頁九—十一。）

【佚文】（三三六）「民也、穀也、器也，在人而已，而所以制其生死，所以制其豐凶，天實有司之者焉。司民，所以制民之生死也；司禄，所以制穀之豐凶也。必祭之者，王之祈於天以求福之助者，乃所以爲守器之成。終成始者，與民數有登下，穀數有多寡，既祭，司民、司禄而後獻其數於王，王受而藏之於天府，所謂天實司之也。然則天府之所掌，豈徒然哉！凡以奉承天之所爲而已。則自天佑之，吉無不利，其於守器也何有？」（詳解卷十九，頁五，首句上新

〔一〕「焉」，墨海本作「意」，詳解卷十九，頁九述作「焉」。「度在樂」以下：訂義卷三五，頁八—九王氏曰，「度」、「在」二字間有「之」字，「禮樂」上無「則」字，「焉」字無；欽定義疏卷二十，頁四四王氏安石曰，「則禮」作「恐禮」，「熄」作「息」，「焉」字無。

〔二〕「文」，經苑本作「又」，詳解卷十九，頁九述亦作「又」。「六物皆」以下，訂義卷三五，頁九王氏曰，「文」作「又」。

〔三〕臨川集卷四三，頁四乞改周禮義誤字劄子：「典瑞『手足腹背』，『手』當作『首』。」四庫全書考證卷八，頁四四曰：「案：安石集乞改三經義誤字劄子云『典瑞「手足腹背」，「手」當作「首」』。今永樂大典仍係未改本，作『手』字。」

經云。）

【佚文】（三三七）邸，猶邸宿之邸。夫天地皆稱祀，神之也；神之，則其器所象皆其所托而宿，故稱邸焉。祀天謂圜丘之祀，大神也；旅上帝，則五帝在焉。祀地，謂方澤之祭，大示也；旅四望，則五岳四瀆在焉。以其及衆神，故謂之旅。然天地之神妙，物而不可測，其見於外，皆其用之所寄；倏然而有，忽然而無，豈其常哉！先王所以祀之者，亦相其用而已。四圭以璧爲邸，兩圭以琮爲邸，則璧、琮以象天地之體。其出也，由體以起用；其藏也，攝用以歸體，如斯而已。（詳解卷十九，頁七，段末云餘見新經。）

典命，掌諸侯之五儀、諸臣之五等之命：上公九命爲伯，其國家、宮室、車旗、衣服、禮儀，皆以九爲節；侯、伯七命，其國家、宮室、車旗、衣服、禮儀，皆以七爲節；子、男五命，其國家、宮室、車旗、衣服、禮儀，皆以五爲節。王之三公八命，其卿六命，其大夫四命；及其出封，皆加一等，其國家、宮室、車旗、衣服、禮儀，亦如之。

【佚文】（三三八）「公、侯、伯、子、男之命，以九、以七、以五，皆陽數，人君故也；公、卿、大夫之命，以八、以六、以四，皆陰數，人臣故也；自三命以下，則已卑，故雖陽數，亦以命人臣而

已。」（文淵閣四庫全書本周官新義卷九，頁十二。）〔一〕

【佚文】（三三九）「自三命以下，則已卑，故雖言數，亦以命人臣。如王之上士三命，下士一命；公、侯、伯之卿三命，其士一命；子、男之大夫一命，皆陽數，無所嫌焉。三公八命，加一等，則九命而爲上公。卿六命，加一等，則七命而爲侯伯。大夫四命，加一等，則五命而爲子男。蓋近於王則其勢有所屈，遠于王則其勢有所伸者。不言孤，則孤與卿同六命矣。」（詳解卷十九，頁十三，首句上新經云；集說卷四，頁九一—九二王氏曰，自「三公八命」以下；「六命加一等」之「等」作「命」，「伸者」作「伸故也」。「則孤與卿」，無「孤」字。餘同詳解。註疏刪翼卷十三，頁二二一—二二二王氏曰，「六命加一命」之「一命」作「一等」，餘同集說。）

凡諸侯之適子，誓於天子，攝其君，則下其君之禮一等；未誓，則以皮帛繼子男。公之孤四命，以皮帛眂小國之君；其卿三命，其大夫再命，其士一命，其宮室、車旗、衣服、禮儀，各眂其命之數。侯、伯之卿大夫士，亦如之。子、男之卿再命，其大夫一命，其士不命，其宮室、車旗、衣服、禮儀，各眂其命之數。

〔一〕全段：集說卷四，頁九二王介甫曰，無「而已」二字；註疏刪翼卷十三，頁二二二臨川王氏曰，同集說。

【佚文】（三四〇）「適子攝其君，則君或多疾故也。孤執皮帛，諸侯之適子，未誓，則以皮帛繼子、男。公之孤，以皮帛眡小國之君，摯用帛，唯此而已。然書所謂『三帛』者，此歟〔一〕？其士不命，而曰『各眡其命之數』，蓋雖不命，亦眡一命之數焉。」（文淵閣四庫全書本周官新義卷九，頁十二—十三。）〔二〕

司服，掌王之吉凶衣服，辨其名物與其用事。王之吉服，祀昊天、上帝，則服大裘而冕；祀五帝，亦如之；享先王，則衮冕；享先公，饗射，則鷩冕；祀四望、山川，則毳冕；祭社稷五祀，則希冕；祭羣小祀，則玄冕。

【佚文】（三四一）「祀昊天上帝，則大裘而冕，祀五帝亦如之者，大裘無經緯之文，無繪繡之功，其色則復乎至幽而已；羣而不黨，則又由天道而公焉；致恭以有禮，則事至尊之道也，故以祀昊天爲稱。祀五帝，則如之而已〔三〕。五帝之爲德，則既有所分矣，裘不可徒服，蓋亦服

〔一〕「歟」，經苑本、詳解述（詳下註）並作「與」。
〔二〕全段，詳解卷十九，頁十三—十四述略同。
〔三〕「則」，墨海本、經苑本、詳解述（詳下註）皆作「亦」。

衮，故禮記言『郊之祭，王被衮以象天』也〔一〕。冕後方而前圓，後印而前俛〔二〕，玄表而朱裏，後方者，不變之體；前圓者，無方之用；印而玄者，升而辨於物；俛而朱者，降而與萬物相見；曰冕，則以其於萬物相見名之也〔三〕。夫璧以圓爲體，而冕以方爲體者，以方爲體，則以圓爲用；以圓爲體，則以鋭爲用；以鋭爲用，非道之全也，故執之而已。享先王，則衮冕，享先公饗射，則鷩冕，祀四望、山川，則毳冕，祭社稷五祀，則希冕，祭羣小祀，則玄冕者，各稱其事而已。先公之尊也，而所服止於鷩冕，非卑之於先王；以爲祭則各以其服授尸，尸服如是，而王服衮以臨之，則非所以爲敬，故弗敢也〔四〕。祭社稷五祀，所服止於希冕，則亦非卑之於饗射也；以爲社稷五祀之所上，止於利人，故衣粉米而已。以書考之，古人之象，凡十二章；蓋一陰一陽之謂道，道之在天，日月以運之，星辰以紀之；其施於人也，仁莫尚焉，無爲而仁者，山也；仁而不可知者，龍也；仁藏於不可知，而顯於可知者，禮也；禮者，文而已，其文可知者，華蟲也；凡此皆德之上，故繪而在上。宗彝，則虎蜼之彝，虎，義也；蜼，智也；象之於宗彝，

〔一〕「大裘」以下，詳解卷十九，頁十五述略同。
〔二〕「印」字，經苑本、詳解述（詳下註）皆作「仰」。下同。
〔三〕「冕後方」以下，詳解卷十九，頁十六述略同。
〔四〕「先公之尊」以下，詳解卷十九，頁十六述，幾全同；欽定義疏卷二一，頁十三王氏安石曰，有删易。

則又以能常奉宗廟爲孝焉〔二〕。柔順清潔，可以薦羞者藻；昭明齊速，可以亨飪者火〔三〕；藻也，火也，則所以致其孝。米，養人也，粉之然後利散而均焉。養人而已，而無斷以制之，非所謂知柔剛，黼則所以爲斷也；用斷不可以無辨，黻則所以爲辨也；凡此皆德之下，故絺繡而在下。然辨物者，德之所以成終始也。至周登三辰於旗，而登龍於山，則作服九章而已；蓋於是時，其爲王也純矣〔三〕，則其於天道也，志之而已。衮冕則九章之服，公所服也；而王亦服焉，故文從公衣而音從，音從〔四〕，上下通也。鷩冕，則七章之服，蓋自華蟲而下，故謂之鷩也；毳冕，則五章之服，蓋自虎蜼而下，故謂之毳也；希冕則三章之服，蓋其章粉米而已，故謂之希；玄冕，則裳黻而已，其章不足道也，故稱衣之玄焉。凡六冕之服，其衣皆玄，其裳皆纁，德成而上，事成而下之意；以玄爲德，則非所以接事也〔五〕。」（文淵閣四庫書本周官新義卷九，頁十三—十五。）

〔二〕「宗彝則虎」以下：詳解卷十九，頁十六述，旨同；訂義卷三八，頁五：「荆公問字當作「説」或「云」之類。宗彝象孝。」（參看後評第一一九條）。

〔三〕「亨」，鈔本作「享」，墨海本、經苑本並作「烹」。

〔三〕「王」，經苑本作「正」。

〔四〕上兩「音」字，經苑本並作「章」。

〔五〕「所」，墨海本、經苑本並無。

【佚文】(三四二)「饗射亦用鷩冕者，饗射殺於朝覲，故朝覲服衮，而饗射服鷩。」(欽定義疏卷二一，頁十三王氏安石曰，上承「非敬也」，參看頁三二七註四。)

【評】(一一九)「(荆公問當作「云」『宗彝象孝』，)象者奚取於虎蜼？文公曰：虎，義也；蜼，知也。義以制事，知以察物，然後可以保宗廟，故取於虎蜼。」(載訂義卷三六，頁五。)

凡兵事，韋弁服；眡朝，則皮弁服；凡甸，冠弁服；凡凶事，服弁服；凡弔事，弁經服。

【佚文】(三四三)「韋弁，違物性而制之，質而已矣，故兵事韋弁服；其染赤爲之，則以宣布著盡爲義[二]。皮弁，順物性而制之，文質具焉，故眡朝皮弁服；其用鹿皮爲之，則以知接其類爲義。冠弁，玄冠也，兵則有事矣，故尚赤；甸則未有事，故尚玄。」(文淵閣四庫全書本周官新義卷九，頁十五—十六。)

【評】(一二〇)宋鄭鍔曰：「韋弁服者，爵弁也。康成引左氏『韎韋之跗』注爲證。韎者，染赤色；以赤色之韋爲弁，亦服赤色之衣裳。……禮圖畫爵弁，其制如冕，但無旒爲異。陸佃以謂：『弁如兩手相合，冕而俛，則弁之首舉矣。』王安石曰：『韋弁，違物性而制之，質

[二] 首以下，周禮詳説引王安石曰(訂義卷三六，頁六載)，無「矣故兵事韋弁服」七字。

而已。其染赤爲之，則以宣布著盡爲義。』儒者皆以爲赤色多矣。詩曰：『韎韐有奭，以作六師。』正謂兵服。赤色，兵事之弁用，韋則皮之已熟者，其性柔順，師衆以順爲武也。赤者，南方色；火烈不可向邇，其威赫然，故以赤爲服也。」（周禮全解，載訂義卷三六，頁六—七。）

凡喪，爲天王，斬衰；爲王后，齊衰。王爲三公六卿，錫衰；爲諸侯，緦衰；爲大夫、士，疑衰；其首服皆弁絰。大札、大荒、大烖，素服。

【佚文】（三四四）「爲天王斬衰者，王臣及諸侯也；謂之天王，則以王爲天故也；明不以王爲天，則弗服矣。故諸侯之大夫，自天其君，則爲王緦衰而已。」（文淵閣四庫全書本周官新義卷九，頁十六。）〔二〕

公之服，自衮冕而下，如王之服。侯伯之服，自鷩冕而下，如公之服。子男之服，自毳冕而下，如侯伯之服。孤之服，自希冕而下，如子男之服。卿大夫之服，自玄冕而下，如孤之服；其凶服，

〔二〕全段，詳解卷十九，頁十八述：「謂之天王」以下全同；其上，取大意。

加以大功、小功。士之服，自皮弁而下，如大夫之服；其凶服，亦如之；其齊服有玄端、素端。凡大祭祀、大賓客，共其衣服而奉之。大喪，共其復衣服、斂衣服、奠衣服、廞衣服，皆掌其陳序。

【張補】「公之服自衮冕而下如王之服」，而鄭氏謂公衮無升龍，誤矣。卿大夫之凶服，「加以大功小功」，則無緦矣。孤與諸侯則又無大功小功矣。蓋或制一國之命，或與其君共政，習之如是，然後貴足以臨賤，義足以勝恩。（鈔本周官義疏。）

典祀，掌外祀之兆守，皆有域，掌其禁令。若以時祭祀，則帥其屬而脩除，徵役于司隸而役之；及祭，帥其屬而守其厲禁而蹕之。

【佚文】（三四五）「鄭氏謂『外祀所祀於四郊，域兆表之域』，守，則守其兆域也。」（文淵閣四庫全書本周官新義卷九，頁十七。）[一]

守祧，掌守先王、先公之廟祧，其遺衣服藏焉。若將祭祀，則各以其服授尸；其廟，則有司脩除之；其祧，則守祧黝堊之；既祭，則藏其隋與衣服。

[一] 全段，詳解卷十九，頁二十述略同。

【佚文】（三四六）「其遺衣服藏於廟祧，若將祭祀，則各以其服授尸，所以依神。」（訂義卷三六，頁十三王氏曰；詳解卷十九，頁二一述。）

【佚文】（三四七）「隋肉謂之隋，隋蓋尸祭之餘。」（訂義卷三六，頁十四王氏曰；詳解卷十九，頁二一略同。）

【張補】其遺衣服藏於廟祧，「若將祭祀則各以其服授尸」者，所以依神。「其廟則有司修除之，其祧則守祧黝堊之」者，遠廟爲祧，有司不復修除，守祧黝堊而已，去事有漸故也。「藏其隋」者，墮肉謂之隋，隋蓋尸祭之餘。（鈔本周官義疏。）

世婦，掌女宮之宿戒；及祭祀，此其具。詔王后之禮事。帥六宮之人，共齍盛；相外内宗之禮事。大賓客之饗食，亦如之。大喪，比外内命婦之朝莫哭不敬者，而苛罰之。凡王后有摻事於婦人，則詔相。凡内事有達於外官者，世婦掌之。

内宗，掌宗廟之祭祀，薦加豆籩；及以樂徹，則佐傳豆籩。賓客之饗食，亦如之。王后有事，則從；大喪，序哭者。哭諸侯，亦如之。凡卿大夫之喪，掌其弔臨。

【佚文】（三四八）「世婦言『掌弔臨于卿大夫之喪』，則王或使焉，乃往；内宗言『凡卿大夫之喪，掌其弔臨』，則凡喪皆往；亦同族故也〔一〕。」（文淵閣四庫全書本周官新義卷九，頁十七—十八。）

外宗，掌宗廟之祭祀，佐王后薦玉豆，眡豆籩；及以樂徹，亦如之。王后以樂羞齍，則贊。凡王后之獻，亦如之。王后不與，則贊宗伯。小祭祀，掌事；賓客之事，亦如之。大喪，則敘外內朝莫哭者；哭諸侯，亦如之。

【佚文】（三四九）「內宗同族，故薦加豆籩；外宗族異，故佐贊后及宗伯而已〔二〕。內宗大喪序哭者，則與宮中之哭者序焉；外宗敘內外朝莫哭者，則敘內女外婦之序哭也〔三〕。世婦言『掌弔臨于卿大夫之喪』，則王或使焉，乃往；內宗言『凡卿大夫之喪，掌其弔臨』，則凡喪皆往矣；掌弔臨，則亦同族故也〔四〕。」（文淵閣四庫全書本周官新義卷九，頁十八。）

〔一〕首以下：詳解卷二十，頁三述略同；又見訂義卷三七，頁四王氏曰。又「卿大夫之喪掌」以下：集說卷四，頁一〇九王介甫曰，無「則凡喪皆往」五字；註疏刪翼卷十三，頁五二介甫王氏曰，同集說。

〔二〕首以下，詳解卷二十，頁三述略同。

〔三〕「內宗大喪」以下：詳解卷二十，頁三述，「則」、「敘」間有「大喪」二字，「也」上有「者」字；訂義卷三七，頁六王氏曰，末「也」字無。

〔四〕此本「世婦言」以下共四十七字：墨海本、經苑本並無；而其中四十二字，彼二本則見於上「世婦」、「內宗」條下，但「矣掌弔臨則」五字彼二本缺。

冢人，掌公墓之地，辨其兆域而爲之圖，先王之葬居中，以昭穆爲左右。凡諸侯居左右以前，卿大夫士居後，各以其族。凡死於兵者，不入兆域。凡有功者，居前。以爵等爲丘封之度，與其樹數。

【佚文】（三五〇）「死政者，養其老孤，而又饗之，所以勸也；凡死於兵者，不入兆域，則死政與絀焉〔一〕。蓋勸之以明其有義，絀之以明其非孝，欲人兩得之而已〔二〕；必於葬絀之，則父母全而生之，子全而歸之，然後爲孝故也。以昭穆爲左右，各以其族，尚親也；凡死於兵者，不入兆域，尚德也；凡有功者居前，尚功也；以爵等爲丘封之度，與其樹數，尚貴也；蓋先王所以治死者如此〔三〕。」（文淵閣四庫全書本周官新義卷九，頁十九。）

大喪既有日，請度甫竁，遂爲之尸；及竁，以度爲丘隧，共喪之窆器；及葬，言鸞車象人；及窆，

〔一〕「死政與絀焉」，經苑本作「絀于死政焉」，詳解述作「所以絀之也」（詳下註）。

〔二〕「之」，鈔本無，詳解述有（詳下註）。

〔三〕全段：詳解卷二十，頁四—五述大同。又以「昭穆」以下：集説卷四，頁一一二王介甫曰，「丘封」作「封丘」（詳解作「丘封」），「樹」上無「其」字；周禮全經釋原卷七，頁二二王氏曰，無兩「凡」字，「樹」上無「其」字，「蓋」字無；註疏刪翼卷十三，頁五五—五六臨川王氏曰，「爵」上無「以」字，「樹」上無「其」字；三禮纂註卷三，頁八八王介甫曰，刪節成文；欽定義疏卷二一，頁四六—四七王氏安石曰，同註疏刪翼。

執斧以涖，遂入藏凶器，正墓位，蹕墓域，守墓禁。凡祭墓，爲尸。凡諸侯及諸臣葬於墓者，授之兆，爲之蹕，均其禁。

【佚文】（三五一）「凡祭爲尸，皆取所祭之類，故宗廟之尸，則以其昭穆之同；山林之尸，則以山虞〔一〕；竁墓之尸，則以冢人〔二〕。言鸞車象人者，言之於匶，使知有焉；正墓位，則正其所居左右前後；蹕墓域，則若墓大夫之巡墓厲；守墓禁，則若墓大夫居其中之室以守之〔三〕；授之兆，則死自竁窆；均其禁，則均地守焉〔四〕。」（文淵閣四庫全書本周官新義卷九，頁十九—二十。）

〔一〕臨川集卷四三，頁四乞改周禮義誤字劄子云：「冢人『山林之尸，則以山虞』，已上八字，今欲刪去。」四庫全書考證卷八，頁四四曰：「安石集乞改三經義誤字劄子云：『冢人「山林之尸，則以山虞」，以上八字，今欲刪去。』永樂大典仍係未改本，存此八字。」

〔二〕首以下：詳解卷二十，頁五述，「同」字作「間」字；又見訂義卷三七，頁七—八王氏曰；欽定義疏卷二一，頁四七王氏安石曰。

〔三〕「正墓位」以下：詳解卷二十，頁五述，「後」下、「厲」下並各有「也」字。又兩「墓大夫」句凡二十字，均見訂義卷三七，頁八王氏曰（兩條），「厲」下多「也」字。

〔四〕「授之」以下：詳解卷二十，頁五述略同；訂義卷三七，頁九王氏曰，「死」作「使之」，「地」上有「其」字；欽定義疏卷二一，頁五十王氏安石曰，同訂義，但無「焉」字。

墓大夫，下大夫二人，中士四人，府二人，史四人，胥二十人，徒二百人。敏案：此節經文，原在敘官，移置此，取便參看也。

墓大夫，掌凡邦墓之地域，爲之圖。令國民族葬，而掌其禁令；正其位，掌其度數；使皆有私地域。凡争墓地者，聽其獄訟。帥其屬而巡墓厲，居其中之室以守之。

【佚文】（三五二）「墓大夫徒二百人，豈不多哉〔一〕？然邦墓地域，禁令度數，皆掌焉，帥其屬巡墓厲，而居其中之室以守之；則與夫後世人自求地，家自置守〔二〕，富則僭而不忌，貧則無所於葬〔三〕，掘墓、盜尸、斬木之獄不絶於有司，其爲利害煩省異矣。」（文淵閣四庫全書本周官新義卷九，頁二十。）〔四〕

〔一〕「哉」，墨海本作「者」。

〔二〕「然邦墓地」以下，詳解卷二十，頁六述大同。

〔三〕「於」，經苑本作「歸」。

〔四〕全段：集説卷四，頁一一五王介甫曰，「居」上無「而」字，「於」作「歸」；註疏删翼卷十三，頁六四介甫王氏曰，同集説，唯「尸」作「只」。

職喪，掌諸侯之喪，及卿、大夫、士凡有爵者之喪，以國之喪禮，涖其禁令，序其事。凡國有司，以王命有事焉，則詔贊主人。凡其喪祭，詔其號，治其禮。凡公有司之所共，職喪令之趣其事。

【佚文】（三五三）「有司以王命有事於諸侯，則謂之國有司，言國以別侯國也；以公物共私喪，則謂之公有司，公有司之所共，則非國矣。職喪無三公之喪，則上言諸侯，下言卿大夫[一]。又言凡有爵者，包三公矣[二]。」（文淵閣四庫全書本周官新義卷九，頁二十一—二二。）

〔一〕「夫」下，經苑本有「士」字。

〔二〕「職喪」以下，訂義卷三七，頁十王氏曰，缺「無三公之喪則」六字。

周禮新義　卷十　春官宗伯三

大司樂，掌成均之灋，以治建國之學政，而合國之子弟焉。凡有道者、有德者，使教焉；死則以爲樂祖，祭於瞽宗。

【佚文】（三五四）「言建國之學政者，凡建國則有學焉。禮記曰『於成均，以及取爵於上尊』，又曰『禮在瞽宗』，則成均、瞽宗皆學名。教學之道，成其虧，均其過不及而已，謂之成均，義蓋取此；瞽宗，蓋言主以樂教〔一〕，瞽之所宗。大司樂治建國之學政，則以合國子弟而已，其教則使有道有德者焉；死祭於瞽宗，則主以樂教故也。」（文淵閣四庫全書本周官新義卷十，頁一。）

【評】（一二一）清王太岳曰：「義：『教學之道，成其虧，均其過不及而已，謂之成均，義蓋取此。』案：成均者，成即樂之一成，書云『簫韶九成』是也。均，古韻字，鄭司農云：『均，調也；樂師主調其音。』國語曰：『律所以立，均出度。』是也。此云『成其虧，均其過不及』，

〔一〕「以」，墨海本、經苑本並作「於」；詳解卷二十，頁七述作「以」。

殊乖古訓。」（四庫全書考證卷八，頁四五。）

以樂德教國子：中、和、祗、庸、孝、友。

【佚文】（三五五）「中、庸，三德所謂至德；和，六德所謂和；孝，三德所謂孝；祗，則順行之所成；友，則友行之所成也。行自外作，立之以禮；德由中出，成之以樂；立之以禮，則爲順行、友行；成之以樂，則爲祗德、友德。蓋事師長所以成敬，不言敬而言祗，則敬之在樂，必達而爲祗故也。中所以本道之體，其義達而爲和，其敬達而爲祗，能和能祗，則庸德成焉。庸言之信，庸行之謹，在易之乾所爲『君德』〔一〕，故繼之以孝。孔子曰：『聖人之德，又何以加于孝乎？』友則樂德所成終始，聖人之德，無以加於孝，則孝與聖何以異？曰：聖人之於人道也，孝而已；聖人之於天道，則孝不足以言之。此孝與聖所以異。聖人之德，無以加於孝，而孝於三德爲下，則三德之孝，以知逆惡而已；樂德之孝，成於樂者也，諸侯之孝不豫焉〔二〕，非特以知逆惡已也。」（文淵閣四庫全書本周官新義卷十，頁一—二。）

〔一〕「爲」，鈔本、墨海本、經苑本皆作「謂」。
〔二〕「豫」，墨海本、經苑本皆作「預」。

以樂語教國子：興、道、諷、誦、言、語。

【佚文】（三五六）「道，謂直道其事；諷，所以動之；誦，則以言。」（文淵閣四庫全書本周官新義卷十，頁二。）〔一〕

【張補】興，感動於物而興焉；道，謂直道其事；諷，諷以動之。興、道、諷，樂語之用也。誦，誦人之言；語，答人之言。誦、言、語，樂語之體也（鈔本周官義疏。）

以樂舞教國子：舞雲門、大卷、大咸、大磬、大夏、大濩、大武。

【佚文】（三五七）「先王之樂多矣，大司樂用以教國子，此則六樂而已。雲門、大卷，則所謂雲門；大咸，則所謂咸池；大磬，則所謂九磬；謂之九磬，盖以其九成。」（文淵閣四庫全書本周官新義卷十，頁二。）

以六律、六同、五聲、八音、六舞大合樂，以致鬼、神、示，以和邦國，以諧萬民，以安賓客，以説遠人，以作動物。

〔一〕 全段，訂義卷三八，頁五王氏曰（三條），無「道」、「謂」、「所」三字，「則以」作「人之」。

【佚文】（三五八）「六律、六同，所以考五聲；五聲，所以成八音；八音，所以節六舞；六舞，所以大合樂〔一〕。大合樂，則幽足以致鬼、神、示，明足以和邦國，内足以諧萬民，外足以安賓客，遠足以説遠人，微足以作動物。致鬼、神、示，作樂所先，故易之豫言先王作樂，曰『殷薦之上帝，以配祖考』而已；作動物，則樂之餘事〔二〕。」（文淵閣四庫全書本周官新義卷十，頁三。）

乃分樂而序之，以祭、以享、以祀：乃奏黄鍾，歌大吕，舞雲門，以祀天神；乃奏大簇，歌應鍾，舞咸池，以祭地示；乃奏姑洗，歌南吕，舞大磬，以祀四望；乃奏蕤賓，歌函鍾，舞大夏，以祭山川；乃奏夷則，歌小吕，舞大濩，以享先妣；乃奏無射，歌夾鍾，舞大武，以享先祖。凡六樂者，文之以五聲，播之以八音。

【佚文】（三五九）「分樂而序之，則分律而序之，自黄鍾以至無射；分同而序之，自大吕以至夾鍾；分舞而序之，自雲門以至大武〔三〕；以祭、以享、以祀，則以祭地示，以享人鬼，以祀

〔一〕首以下：詳解卷二十，頁九述；訂義卷三八，頁九王氏曰，無四「所」字。
〔二〕「致鬼」以下，詳解卷二十，頁十述，省「曰」、「而已」三字，「則」作「者」。
〔三〕首以下：詳解卷二十，頁十述大同；訂義卷三八，頁十王氏曰，無首六字，無三「以」字。

天神〔一〕。四望言祀，蓋方望兼上下之神焉。先以祭，次以享，次以祀，則祭享祀雖有所分，至用樂，則於鬼神示，皆備其物、達其義〔二〕、致其道焉。備其物，則祭也；達其義，則享也；致其道，則祀也。先妣在先祖之上，則姜嫄也。姜嫄特祀，其後以爲禖神，禖神而序之先祖之上，則先祖所自出故也〔三〕。分樂以祭、以享、以祀，言所不及者衆；蓋其用也，亦上下比義而已。」（文淵閣四庫全書本周官新義卷十，頁三—四。）

凡六樂者：一變而致羽物，及川澤之示；再變而致蠃物，及山林之示；三變而致鱗物，及丘陵之示；四變而致毛物，及墳衍之示；五變而致介物，及土示；六變而致象物，及天神。

【佚文】（三六〇）「凡此六樂所致，蓋皆合萬物而索饗之之時。天曰神，地曰示，物曰物。所謂土示，則原隰之示；所謂象物，則在天成象者也。羽物輕疾，故致之易；介物重遲，故致之

〔一〕首以下：集説卷五，頁十二王介甫曰：「分樂而序之，以祭、以享、以祀者，分律而序之，自黄鍾至無射；分同而序之，自大吕至夾鍾；分舞而序之，自雲門至大武；以祭地祇，以享人鬼，以祀天神焉。」略同；註疏删翼卷十四，頁二五—二六介甫王氏曰，據集説而省首十二字，「分律」上有「謂」字，「武」作「舞」。

〔二〕「義」，墨海本、經苑本並作「意」。

〔三〕「祖」下，墨海本、經苑本並有「之」字。

難；象物恍惚無形，則其致之尤難；川澤虛，故致之易；墳衍實，故致之難；天神遠人而尊，則其致之尤難；其餘所致先後，蓋其大致如斯而已〔二〕。」（文淵閣四庫全書本周官新義卷十，頁四—五。）

凡樂：圜鍾爲宮，黄鍾爲角，大簇爲徵，姑洗爲羽；靁鼓、靁鼗、孤竹之管、雲和之琴瑟、雲門之舞，冬日至，於地上之圜丘奏之；若樂六變，則天神皆降，可得而禮矣。凡樂：函鍾爲宮，大簇爲角，姑洗爲徵，南吕爲羽；靈鼓、靈鼗、孫竹之管、空桑之琴瑟、咸池之舞，夏日至，於澤中之方丘奏之；若樂八變，則地示皆出，可得而禮矣。凡樂：黄鍾爲宮，大吕爲角，大簇爲徵，應鍾爲羽；路鼓、路鼗、陰竹之管、龍門之琴瑟、九德之歌、九磬之舞，於宗廟之中奏之；若樂九變，則人鬼可得而禮矣。

【佚文】（三六一）「圜鍾〔三〕，正東方之律，帝與萬物相見，於是出焉；天無乎不覆，求天神而

〔二〕「所謂象」以下，欽定義疏卷二三，頁十九王氏安石曰，刪易成義。「羽物」以下：集説卷五，頁十四王介甫曰，「重遲」作「遲重」，「蓋其大致如斯」作「其大略如此」；註疏刪翼卷十四，頁三五臨川王氏曰，同集説，「但其大略如此而已」作「大略如此」。

〔三〕「鍾」，經苑本作「丘」，詳解卷二十，頁十三述作「鍾」。

禮之，則其樂之宫、宜以帝所出之方而已，故以圜鍾爲宫〔二〕。函鍾，西南方之律，萬物於是致養乎地；地無乎不載，求地示而禮之，則其樂之宫，宜以物致養之方而已，故以函鍾爲宫〔三〕。黄鍾，正北方之律也，萬物於是藏焉，死者之所首也；鬼無乎不之，求人鬼而禮之，則其樂之宫，宜以死者所首之方而已，故以黄鍾爲宫〔三〕。三宫如此，其他則蓋以聲類求之〔四〕，各有所宜。天神孤竹之管，則以陽爲奇；地示孫竹之管，則以陰爲重爲小〔五〕。人鬼在宗廟，又致以冬之日至，而陰竹之管，則凡聲，陽也；又用陽竹之管，則純於陽矣，非所以致鬼。於此謂之九磬，蓋宗廟九變，以磬九成故也〔六〕。然則圜丘、方丘，六變、八變，亦各以其樂成歟〔七〕？」（文淵閣四庫全書本周官新義卷十，頁五—六。）

〔一〕首以下，訂義卷三八，頁十四王氏曰，「乎」、「而已」三字無。

〔二〕「函鍾西」以下，訂義卷三八，頁十六王氏曰，「地無乎不載」五字無，無「而已」二字。

〔三〕「黄鍾正」以下，訂義卷三八，頁十七王氏曰，「律」下無「也」字，「則」、「而已」三字無。

〔四〕「蓋」，墨海本、經苑本並無。

〔五〕「孤竹」以下：詳解卷二十，頁十四述略同；集説卷五，頁十七王介甫曰：「孤竹以陽爲奇也，孫竹以陰爲衆爲小也。」亦略同。

〔六〕「九磬」以下，集説卷五，頁十七王介甫曰：「九磬者，宗廟九變，以簫韶九成也。」

〔七〕「歟」，經苑本作「與」。

【佚文】（三六二）「此樂無商者，祭尚柔，商堅剛也。雷鼓、雷鼗皆八面，鼗如鼓而小，持其柄搖之，旁耳還自擊。孤竹，竹特生者。雲和，山名。」（周官集傳卷六，頁二六王氏曰。）

【佚文】（三六三）「聲，陽也，以陰竹，則陰和於陽，所以致鬼。」（周官集傳卷六，頁二七王氏曰。）

凡樂事，大祭祀，宿縣，遂以聲展之。王出入，則令奏王夏；尸出入，則令奏肆夏；牲出入，則令奏昭夏；帥國子而舞。大饗不入牲，其他皆如祭祀。大射王出入，令奏王夏；及射，令奏騶虞。詔諸侯以弓矢舞。王大食，三侑，皆令奏鐘鼓。王師大獻，則令奏愷樂。凡日月食，四鎮五嶽崩，大傀異烖，諸侯薨，令去樂；大札、大凶、大烖、大臣死，凡國之大憂，令弛縣。凡建國，禁其淫聲、遇聲、凶聲、慢聲。大喪，涖廞樂器；及葬，藏樂器，亦如之。

【佚文】（三六四）「憂之日短，則令去樂而已；憂之日長，則令弛縣焉[二]。異，烖異而不大；大烖，大矣而不必異。」（文淵閣四庫全書本周官新義卷十，頁六—七。）

【張補】淫聲不正，過聲不中，凶聲不善，慢聲不肅。（鈔本周官義疏。）

[二] 首以下，詳解卷二十，頁十七述。

樂師，掌國學之政，以教國子小舞。凡舞：有帗舞，有羽舞，有皇舞，有旄舞，有干舞，有人舞。

【佚文】（三六五）「小舞，非大卷、大咸之屬〔一〕；旄舞，則旄人所教之舞；人舞，則手舞而已。」（文淵閣四庫全書本周官新義卷十，頁七。）

教樂儀，行以肆夏，趨以采薺，車亦如之，環拜，以鍾鼓爲節。凡射：王以騶虞爲節，諸侯以貍首爲節，大夫以采蘋爲節，士以采蘩爲節。

【佚文】（三六六）「凡射，王以騶虞爲節者，樂仁而殺以時〔二〕；諸侯以貍首爲節者，樂御而射以禮〔三〕；大夫以采蘋爲節者，樂循法；士以采蘩爲節者，樂不失職，采蘩取不遠於法而已。在諸侯之義，則爲能制節；在士之義，則爲足以循法〔四〕；蓋非先王之法言不敢言，非先王之德行不敢行，非先王之法服不敢服，是爲卿大夫之孝，非士所及，故樂循法者大夫，而樂不失職者士。射，士職也；不言孤卿，則以射人見之。」（文淵閣四庫全書本周官新義卷十，頁

〔一〕「非」，墨海本、經苑本並作「則」。

〔二〕「以騶」以下，詳解卷二十，頁十九述；訂義卷三九，頁七王氏曰。

〔三〕「御」，墨海本、經苑本並作「義」，詳解卷二十，頁十九述作「御」。

〔四〕「以」，鈔本作「於」。

七—八。）

凡樂，掌其序事，治其樂政。凡國之小事用樂者，令奏鍾鼓。凡樂成，則告備。詔來瞽，皋舞；及徹，帥學士而歌徹，令相；饗食諸侯，序其樂事，令奏鍾鼓，令相；如祭之儀。燕射，帥射夫以弓矢舞。樂出入，令奏鍾鼓。凡軍大獻，教愷歌，遂倡之。凡喪，陳樂器則帥樂官；及序哭，亦如之。凡樂官，掌其政令，聽其治訟。

【佚文】（三六七）「禮以陳爲備，樂以奏爲備；故禮則告備而後行禮，樂則樂成而後告備[一]。詔來瞽、皋舞，詔瞽使來，詔舞使緩；令相，令相瞽者，使出。凡喪，陳樂器，則陳而不作，猶大喪之廞焉[二]。」（文淵閣四庫全書本周官新義卷十，頁八。）

大胥，掌學士之版，以待致諸子。春入學，舍采，合舞；秋頒學，合聲。以六樂之會正舞位，以序出入舞者。比樂官，展樂器。凡祭祀之用樂者，以鼓徵學士。序宮中之事。

[一] 首以下，詳解卷二十，頁二十述。
[二] 「詔來」以下，詳解卷二十，頁二十——二一述（散見三條）略同。

【佚文】（二三六八）「以待致諸子者，至則以待之，不至則以致之〔一〕。春入學舍采，則以始入學，禮先師釋菜焉，合舞，則春貌之時故也；秋頒學，則以春始入學，未知其分藝所宜，至秋而可知也，於是分授以所學〔二〕，合聲，則秋言之時也。書曰『詩言志，歌永言，聲依永，律和聲』，樂之聲，以言爲本〔三〕。以六樂之會正舞位，以序出入舞者，則會六樂而舞之，其列衆，其變繁，易亂而難治故也。六樂有文舞焉〔四〕，有武舞焉，征誅揖讓之序盡此矣；蓋其義，則有孔子爲之三月不知肉味者，非窮神知化，孰能究此哉〔五〕？故先王成人終始，于此而已〔六〕。」（文淵閣四庫全書本周官新義卷十，頁八—九。）

小胥，掌學士之徵令而比之，觵其不敬者，巡舞列而撻其怠慢者。正樂縣之位：王宮縣，諸侯軒

〔一〕首以下：詳解卷二一，頁一述略同；訂義卷四十，頁一王氏曰：「其已至者以待之，其不至者以致之。」亦大同。
〔二〕「以春始」下：詳解卷二一，頁一述，「藝」下有「之」字，「而」下有「後」字；集説卷五，頁二八王介甫曰；註疏删翼卷十四，頁七二介甫王氏曰，「藝」下並有「之」字。
〔三〕「書曰」以下：詳解卷二一，頁二述大同；訂義卷四十，頁三述，「樂之聲以言爲本」在「書曰」之上。
〔四〕「樂」，墨海本、經苑本並作「聲」，詳解述作「樂」（詳下註）。
〔五〕「哉」，墨海本、經苑本並作「者」，詳解述作「哉」（詳下註）。
〔六〕「六樂有」以下，詳解卷二一，頁二述，幾全同。

縣，卿大夫判縣，士特縣；辨其聲。凡縣鍾磬，半爲堵，全爲肆。

【佚文】（三六九）「肆師誅其慢怠者[一]，則祭以徵慢爲先；小胥撻其怠慢者，則學以徵怠爲急；祭言誅之，政也；學言撻之，教也[二]；堵言半，半合是以爲宮[三]；肆言全[四]，而後可肆也。鄭氏謂『宮四面，象宮室；軒，去其一面；判，又去其一面』。」（文淵閣四庫全書本周官新義卷十，頁九。）

【佚文】（三七〇）「肆師相祭祀，則誅其怠慢。小胥巡舞列，則撻其怠慢。有司則加呵責，學士則用教刑。」（欽定義疏卷二二，頁五九王氏安石曰。）

大師，掌六律、六同，以合陰陽之聲。陽聲：黃鍾、大簇、姑洗、蕤賓、夷則、無射；陰聲：大呂、應鍾、南呂、函鍾、小呂、夾鍾；皆文之以五聲：宮、商、角、徵、羽；皆播之以八音：金、石、土、

[一]「慢怠」：墨海本、經苑本並作「怠慢」，詳解述作「慢怠」（詳下註）。

[二] 首以下：詳解卷二一，頁三述大同；訂義卷四十，頁四王氏曰，「慢怠者」作「怠慢」，「慢怠」、「怠慢」下並無「者」字，「徵怠」作「徵慢」。

[三] 二「半」字，鈔本原無，孔校於「堵言」下增一「半」字。

[四] 經苑本叠一「全」字。

革、絲、木、匏、竹。教六詩：曰風，曰賦，曰比，曰興，曰雅，曰頌。以六德爲之本，以六律爲之音。

【佚文】（三七一）「風、雅、頌，詩之體；賦、比、興，詩之用；六德，所謂中、和、祗、庸、孝、友也〔一〕。以六德爲之本，故雖變，猶止乎禮義；以六律爲之音，則書所謂『聲依永，律和聲』〔二〕。」（文淵閣四庫全書本周官新義卷十，頁十。）

大祭祀，帥瞽登歌，令奏，擊拊；下管，播樂器，令奏鼓朄。大饗，亦如之；大射，帥瞽而歌射節。

【佚文】（三七二）「登歌下管，則道以無所因爲上，有所待爲下〔三〕。」（文淵閣四庫全書本周官新義卷十，頁十。）

大師，執同律以聽軍聲，而詔吉凶。

〔一〕「六德」以下：詳解卷二一，頁六述；集説卷五，頁三二王氏曰；周禮全經釋原卷八，頁十王氏曰；註疏删翼卷十四，頁九四王氏曰；周禮要義卷八，頁六二王氏曰，皆從詳解輾轉引録，並省「所謂」二字，王氏皆應謂昭禹。

〔二〕「以六德」以下，詳解卷二一，頁七述；訂義卷四十，頁九王氏曰，末並有「也」字。

〔三〕「待」，墨海本、經苑本並作「得」；詳解卷二一，頁七述作「待」。

【佚文】（三七三）「詔吉凶，使知所戒，一體之盈虛〔一〕，通于天地，應于物類〔二〕；故占之以寤卜〔三〕，眡之以祲象，聽之以同律，皆得其祥焉〔四〕。」（文淵閣四庫全書本周官新義卷十，頁十。）

大喪，帥瞽而廞，作匶謚。凡國之瞽矇正焉。

【佚文】（三七四）「史序事，王行見于事，故大史讀誄；瞽掌樂，王德成于樂，故大師作謚〔五〕，謚，成德之名也。」（文淵閣四庫全書本周官新義卷十，頁十一。）〔六〕

△小師

〔一〕「一」，墨海本無，詳解述有（詳下註）。

〔二〕「物類」，墨海本、經苑本並作「萬物」，詳解述作「物類」（詳下註）。

〔三〕「寤」，墨海本、經苑本並作「夢」。

〔四〕「祥焉」：墨海本、經苑本並作「詳」；詳解卷二一，頁七述全段亦作「詳」，其餘大同。又本段亦見於集說卷五，頁三三—三四王介甫曰；周禮要義卷八，頁六二王介甫曰並全同。又見於註疏刪翼卷十四，頁九八臨川王氏曰，「寤」作「寢」；又欽定義疏卷二三，頁二一王氏安石曰：「詔吉凶，使知所戒。天人一理，兆於聲氣，感於物類，故聽之以同律，眡之以祲象，占之以夢卜，皆得其徵焉。」蓋改易舊本成義。

〔五〕首以下，三禮纂註卷二，頁七八王氏曰。

〔六〕全段，集說卷五，頁三四王介甫曰；註疏刪翼卷十四，頁九八臨川王氏曰。

瞽矇，掌播鼗、柷、敔、塤、簫、管、絃、歌，諷誦詩，世奠繫，鼓琴瑟。掌九德、六詩之歌，以役大師。

【佚文】（三七五）「世奠繫，當從故書，（爲）世帝繫，古書有謂之帝繫者。」（集説卷五，頁三五王介甫曰；註疏删翼卷十四，頁一〇二介甫王氏曰；詳解卷二一，頁九述：「世奠繫，當從古書爲世帝係。」）

【張補】瞽矇既掌歌，又掌諷誦，謂諷諫世奠繫也〔二〕。故書爲世帝繫，蓋當從故書爲正。古書有謂之帝繫者，而國語曰「教之世，爲之昭明德而廢幽昏〔三〕」，則世帝繫蓋書名。「誦诗、世帝繫」，則掌誦及世帝繫。（鈔本周官義疏。）

△眡瞭

典同，掌六律六同之和，以辨天地四方陰陽之聲，以爲樂器。凡聲：高聲䃂，正聲緩，下聲肆，陂聲散，險聲斂，達聲贏，微聲韽，回聲衍，侈聲筰，弇聲鬱，薄聲甄，厚聲石。凡爲樂器：以十有二

〔二〕「諫」，疑當作「誦」。
〔三〕「爲」，原作「謂」，「廢」，原作「養」，據國語楚語上改。

律爲之數度，以十有二聲爲之齊量，凡和樂亦如之。

【佚文】（三七六）「數本起於黄鍾，始於一而三之，歷十二辰，而五數備其長，則度之所起；其餘律，皆自是而生[一]；故凡爲樂器，以十二律爲之數度。碮聲生於高，肆聲生於下，甀聲生於薄，石聲生於厚，高下厚薄之所屬所制，則有齊矣；嬴聲生於達，衍聲生於回，筰聲生於侈，鬱聲生於弇，達回侈弇之屬所容，則有量矣；故凡爲樂器，以十有二聲爲之齊量。」（文淵閣四庫全書本周官新義卷十，頁十一—十二。）[二]

【佚文】（三七七）「天地四方各有陰陽之聲，是爲十有二聲；辨十有二聲，雜比而和之，取中聲焉，以爲樂器。」（集説卷五，頁三八王介甫曰；註疏删翼卷十四，頁一一三介甫王氏曰。）

【佚文】（三七八）夫天，陽也；地，陰也。東南方，陽也；西北方，陰也。然陰陽之中，復有陰陽焉，故高聲碮，天之陽也；正聲緩，天之陰也；下聲肆，地之陰也；陂聲散，地之陽也；險聲斂，東方之陰也；達聲嬴，東方之陽也；微聲韽，西方之陰也；回聲衍，西方之陽也；侈

[一]「皆」，墨海本作「則」。

[二] 全段，訂義卷四一，頁四王氏曰，「厚薄」作「薄厚」。

聲筰，南方之陽也；弇聲鬱，南方之陰也；薄聲甄，北方之陰也；厚聲石，北方之陽也。（詳解卷二二，頁十一，云餘見新傳；敏案：此上下文字長，故多加删略。）

△磬師

△鍾師

鍾師，掌金奏。凡樂事，以鍾鼓奏九夏：王夏、肆夏、昭夏、納夏、章夏、齊夏、族夏、祴夏、驁夏。凡祭祀、饗食，奏燕樂。凡射，王，奏騶虞；諸侯，奏貍首；卿大夫，奏采蘋；士，奏采蘩。掌鼙，鼓縵樂。

【張補】名之曰鍾師，所掌金奏，則其樂雖用鼓而以金爲主。（鈔本周官義疏。）

△笙師

△鎛師

鎛師，掌金奏之鼓。凡祭祀，鼓其金奏之樂；饗食、賓射，亦如之；軍大獻，則鼓其愷樂。凡軍之夜三鼜，皆鼓之；守鼜，亦如之。大喪，廞其樂器，奉而藏之。

【佚文】（三七九）「鼓愷樂，掌於鎛師者[一]，鎛師掌金奏之鼓，其所掌樂，以金爲主[二]；軍以金止，既勝矣，欲戢兵之意。」（文淵閣四庫全書本周官新義卷十，頁十三。）[三]

【張補】鼓愷樂，掌於鎛師者，鎛師掌金奏之鼓，其所掌樂以金爲主。軍以金止，既勝矣，欲戢兵之意。所謂王師者，王親伐之師也。蓋非王親伐而奏愷，則非大司樂所令也。大司馬所謂師，則非必王親伐也，然必大司馬帥之矣。王親伐焉，與大司馬之所帥，不嫌非成軍，軍亦不足稱也，故稱師而已。然則樂師、鎛師所謂軍，非必大司馬所帥也。其稱軍，則明非成軍無大獻之禮焉。（鈔本周官義疏。）

△韎師

△旄人

[一]「鎛」，原作「鏄」，據經文及經苑本、詳解述改，下同。
[二]「以」，墨海本、經苑本並無，詳解述有（詳下註）。
[三]全段：詳解卷二一，頁十四述，「軍」下有「以鼓進」三字；訂義卷四一，頁九王氏曰。

籥師，掌教國子舞羽歙籥。祭祀，則鼓羽籥之舞，賓客、饗食，則亦如之；大喪，廞其樂器，奉而藏之。

【佚文】（三八〇）「籥如篴三孔，主中聲而上下，律呂於是乎生。」（文淵閣四庫全書本周官新義卷十，頁十三。）〔二〕

【佚文】（三八一）「大司樂涖廞樂器，涖之而已；眡瞭廞樂器，則廞之者也。笙師、鎛師及此職廞其樂器，則各自廞其官之器，非若眡瞭掌大師之縣者也，故言『其』以別之。」（欽定義疏卷二三，頁五三王氏安石曰。）

【張補】大司樂「大喪涖廞樂器，及葬，藏樂器，亦如之」，則涖之者也；大師「帥瞽而廞」，則帥之者也；小師「與廞」，則與之者也。大師、小師不言樂器，以大司樂見之也，眡瞭「廞樂器，大旅亦如之」，則廞之者也。笙師「廞其樂器，及葬，奉而藏之，大旅則陳之」。鎛師、籥師「廞其樂器，奉而藏之」，則各自廞其官之器，非若眡瞭掌太師之樂者也，故稱其焉。或言「奉而藏之」，或皆不言，則及葬奉而藏之，以笙師見之也。笙師書「大旅，則陳之」，而眡瞭言「大喪廞

〔二〕全段：詳解卷二一，頁十五述略同，「三」作「二」，「中」作「鍾」；訂義卷四一，頁十二王氏曰；集説卷五，頁四五王介甫曰，無「如篴」二字，「律」上有「之」字，「生」下有「樂之本也」四字；註疏刪翼卷十一，頁二七臨川王氏曰，同集説，但「二」作「三」。

樂器，大旅亦如之」，則眡瞭之大旅於喪時，故亦如喪廞焉。廞樂器及葬藏之者，廞爲匶也，故既葬藏之，藏之則所謂弛縣。（鈔本周官義疏。）

籥章，掌土鼓、豳籥。中春，晝擊土鼓，歈豳詩，以逆暑；中秋，夜迎寒，亦如之。凡國祈年于田祖，歈豳雅，擊土鼓，以樂田畯；國祭蜡，則歈豳頌，擊土鼓，以息老物。

【佚文】（三八二）「土鼓，禮記所謂『蒯桴土鼓』〔一〕；豳籥，豳國之籥；王業之起，本於豳；樂之作，本於籥，始於土鼓；逆暑、迎寒、祈年，皆以本始民事。息老物，則息使復本反始，故所擊者土鼓，所歈者豳籥，其章用豳詩焉〔二〕；豳雅、豳頌，謂之雅、頌，則非七月之詩，蓋若九夏亡之矣〔三〕。逆暑、迎寒不言國，而祈年、息老物言國，則祈年息老物通乎下，故言『國』以別

〔一〕「蒯」，經苑本作「蕢」。

〔二〕首以下：訂義卷四一，頁十三—十四王氏曰。又自「王業」以下：集說卷五，頁四六王介甫曰，「樂」上有「而」字，「本於籥」在「始於土鼓」下，無「以」字，「歈」作「吹」；周禮全經釋原卷八，頁二六—二七王氏曰同集說；註疏刪翼卷十五，頁十九臨川王氏曰亦同集說，僅「使」上缺「息」字；詩經世本古義卷一，頁四三王安石云，「迎」作「逆」，「豳籥」作「葦籥」，餘同集說；欽定義疏卷二三，頁五四王氏安石曰，删易成義。

〔三〕「豳雅豳頌」以下，訂義卷四一，頁十五王氏曰。

之〔二〕。」（文淵閣四庫全書本周官新義卷十，頁十三—十四。）

【評】（一一二二）清王太岳曰：「義：『豳雅、豳頌，謂之雅、頌，則非七月之詩，蓋若九夏亡之矣。』案：豳雅、豳頌，先儒分七月之詩以當之。朱子疑即雅之甫田、大田，頌之載芟、良耜。今以爲其詩已亡，以諸經參考之，當從朱子説爲是。」（四庫全書考證卷八，頁四五。）

【佚文】（三八三）「中春晝，書所謂日中，陽於是而分，故逆暑。中秋夜，書所謂宵中，陰於是而分，故迎寒。」（集説卷五，頁四六王介甫又曰；註疏删翼卷十五，頁十八介甫王氏曰；欽定義疏卷二三，頁五五王氏安石曰，兩「而」字並作「乎」。）

【佚文】（三八四）「田祖，禮記所謂先嗇。」（訂義卷四一，頁十五王氏曰；詳解卷二一，頁十七述。）

【佚文】（三八五）「田畯，禮記所謂司嗇；司嗇本始民事，施於有政者。」（訂義卷四一，頁十五王氏曰；詳解卷二一，頁十七述略同；欽定義疏卷二三，頁五五王安石以「田畯爲司嗇」。）

【評】（一一二三）清鄂爾泰曰：「案：王氏安石以『田畯爲司嗇』，非也。司嗇乃后稷，不可以田畯當之。八蜡内有司嗇，又有農，農即田畯。蓋古之始耕田者，先嗇只一，而田畯隨地

〔二〕「逆暑迎寒」以下，訂義卷四一，頁十五王氏曰。

不同，猶國學舍菜之先聖、先師也。」（欽定義疏卷二三，頁五五。）

【佚文】（三八六）教國子吹籥，故名官以籥師。吹籥以爲詩章，故名官以籥章。所謂吹豳詩、吹豳雅、吹豳頌，是皆吹籥以爲詩章也。（詳解卷二一，頁十六餘見新經。）

【張補】中春晝，書所謂日中，陽於是乎分，故逆暑；中秋夜，書所謂宵中，陰於是乎分，故迎寒。陽來而爲復，其往也，爲知險，則氣至而爲主；陰出而爲姤，其藏也，爲知阻，則氣至而爲客。逆暑，主之也；迎寒，客之也。豳詩，七月也。蓋以其詩所言，如授衣、鑿冰之屬，皆先寒暑以戒事。田祖，禮所謂先嗇；田畯，禮記所謂司嗇；老物，老子所謂「物壯則老」司嗇，本始民事，施於有政者。故「龡豳雅，擊土鼓」以樂之。老物於歲功成，復本反始，故「龡豳頌，擊土鼓」以息之。逆暑、迎寒不言國，而祈年、息老物言國，則祈年、息老物通乎下，故言國以别之。豳雅、豳頌，謂之「雅」、「頌」，則非七月之詩，蓋若九夏亡之矣。（鈔本周官新義。）

鞮鞻氏，掌四夷之樂，與其聲歌。祭祀，則龡而歌之，燕亦如之。

【張補】掌夷樂者，有韎師，有旄人，有鞮鞻氏，蓋以其所服、所執、所履名官。祭祀、饗燕用夷樂焉，則中天以下而立，率四海之民服而役之，得其懽心，使鼓舞焉，以承祭祀、共饗燕，君子之所樂也。（鈔本周官義疏。）

典庸器，掌藏樂器、庸器。及祭祀，帥其屬而設筍虡，陳庸器；饗食、賓射，亦如之；大喪，廞筍虡。

【佚文】（三八七）「典庸器而掌藏樂器、設筍虡者，樂凡以象民功，而筍虡則設業焉。」（文淵閣四庫全書本周官新義卷十，頁十四。）〔一〕

△司干

大卜，掌三兆之法：一曰玉兆，二曰瓦兆，三曰原兆，其經兆之體，皆百有二十，其頌，皆千有二百。掌三易之法：一曰連山，二曰歸藏，三曰周易，其經卦皆八，其別皆六十有四。掌三夢之法：一曰致夢，二曰觭夢，三曰咸陟，其經運十，其別九十。以邦事作龜之八命：一曰征，二曰象，三曰與，四曰謀，五曰果，六曰至，七曰雨，八曰瘳。

〔一〕　全段，詳解卷二二，頁一述略同。

【佚文】（三八八）「征，行役、討伐[一]；象，天象變動[二]；與，有所與；謀，有所謀；果，果不；至，至不；雨，雨不；瘳，瘳不。征，事大及衆，故征爲先。瘳，不及衆，私憂而已，故瘳爲後；象，則天事之大；雨，則天事之小；天事之大而在征後，則天道遠人道邇故也；先雨後瘳，則雨及衆故也；與先謀，則有所與之，宜慎甚於有所謀；謀先果至，則果既有爲也，卜其果而已；至，既有行也，卜其至而已。」（文淵閣四庫全書本周官新義卷十，頁十五。）

【佚文】（三八九）「占夢，以歲時日月星辰，則所謂經運；蓋歲時日月星辰之運。」（訂義卷四二，頁四王氏曰；詳解卷二二，頁三一—四述略同；欽定義疏卷二四，頁七王氏安石曰，「則」上有「占六夢之吉凶」六字，「則」下有「此」字。）

以八命者，贊三兆、三易、三夢之占，以觀國家之吉凶，以詔救政。

【佚文】（三九〇）「大卜以龜八命贊易、夢之占[三]，而占人以八筮占頌，則占龜以筮夢合焉，

[一] 以上五字：集説卷五，頁五三王介甫曰：「征，討伐及行役也。」註疏刪翼卷十五，頁二九臨川王氏曰同集説，但「征」下有「謂」字。

[二] 「象天」以下，集説卷五，頁五三王介甫曰。

[三] 「贊」下，墨海本、經苑本並有「兆」字。

故洪範『大疑，謀及卜筮』，兩眡其從違以斷吉凶〔一〕，而武王曰：『朕夢協朕卜，戎商必克。』吉凶之變，休戚之情，見於蓍龜，動於四體。見於蓍龜，故取於朽骨之象，枯莖之數；動於四體，故取於精神之寓，魂氣之交；則龜蓍夢三者，未嘗不相須以爲用焉。洪範『大疑，謀及卜筮』，兩眡其從違以斷吉凶，而武王曰：『朕夢協朕卜，戎商必克〔二〕。』大卜以八命贊三兆、三易、三夢之占，則亦以龜筮夢合而占也。八命者，邦君之八命也。以邦事卜之龜，故用三兆之法以占之；以邦事筮之蓍，故用三易之法以占之；以邦事考之夢，故用三夢之法以占之；作八命，非特占之於蓍〔三〕，亦驗之於筮，叶之於夢而後已，故有贊其占者焉。蓋以三兆、三易、三夢爲正，以言辭之命贊之而已；如是，則國家之吉者可以前知，凶則詔王正厥事，以救之也。所謂救政者，修致以救凶灾也；蓋吉凶之變，雖出乎天〔四〕，而其所以感召之者，實自乎人，知凶而修政以救之，則可以轉禍而爲福矣〔五〕。古之人，固有以人君之言善，而致熒惑之退舍，孰謂

〔一〕「兩」，墨海本皆作「而」，詳解述作「兩」（詳下註）。
〔二〕「洪範」以下共三十字，欽定義疏卷二四，頁九王氏安石曰：「洪範『大疑，謀及卜筮』，兩眡其從違，而武王亦以『朕夢協朕卜』爲言。蓋必三者交相爲占，而吉凶休咎始得而決。」删易成義。
〔三〕「蓍」，墨海本、經苑本並作「龜」，詳解述亦作「龜」（詳下註）。
〔四〕「雖」，鈔本作「雜」，詳解述作「雖」（詳下註）。
〔五〕「而」，墨海本、經苑本並無；詳解述有（詳下註）。

救政之不可爲歟〔二〕？」（文淵閣四庫全書本周官新義卷十，頁十五—十六。）

凡國大貞，卜立君，卜大封，則眡高，作龜；大祭祀，則眡高，命龜。凡小事，涖卜。國大遷，大師，則貞龜；凡旅陳龜。凡喪事，命龜。

【佚文】（三九一）「作龜者，作其兆；命龜者，命以故；貞龜者，貞其兆之吉凶。凡國大貞，卜立君，卜大封，皆卜而貞之；大祭祀，國大遷、大師、凡喪事，皆作而命之；或言作，或言命，或言卜，或言貞，則相備而已〔三〕；國大貞，既言貞矣。卜立君，卜大封，人事，故於是言作龜焉；大祭祀，則聽於神而已，故於是言命龜焉；國大遷、大師，則其事在衆〔三〕，尤須人謀，以貞爲主，故於是言貞龜焉；以貞爲主，故成王征三監、淮夷，而庶邦君越庶士、御事反曰『王害不

〔二〕「歟」，經苑本作「與」。全段：集説卷五，頁五三—五四王氏曰，經文略同，但節目次第見異；周禮全經釋原卷八，頁三四王氏曰，又從集説所引而加改易。又「吉凶之變」以下：詳解卷二二，頁四—五述略同。

〔三〕「則」，墨海本、經苑本並無。

〔三〕「則」，墨海本、經苑本並無。

違卜』也。作龜必眡高者，龜天産，其兆象天事故也〔一〕。凡旅陳龜，蓋陳而弗作〔二〕，與陳樂器同〔三〕。」（文淵閣四庫全書本周官新義卷十，頁十七。）

【佚文】（三九二）「大封，謂封國命諸侯。」（欽定義疏卷二四，頁十王氏安石曰；詳解卷二二，頁五述：「大封以命諸侯，一國之本也。」略同。）

△卜師

△龜人

△菙氏

〔一〕「故」，墨海本、經苑本並無。
〔二〕「弗」，經苑本作「不」。
〔三〕「陳而」以下：訂義卷四二，頁六王氏曰，「弗」作「不」；集説卷五，頁五五王介甫曰；註疏删翼卷十五，頁三一介甫王氏曰，上並更有「陳龜」二字，「弗」並作「不」。

占人，掌占龜，以八簭占八頌，以八卦占簭之八故，以眡吉凶。凡卜簭，君占體，大夫占色，史占墨，卜人占坼。

【佚文】（三九三）「簭有八，故龜有八命：命言所以令龜，故言所以令簭；或言故，或言命，相備也。八簭，則八故之簭；八頌[一]，則八命之頌；八卦，則八簭之卦[二]。卜人，掌占龜也，而以八簭占八頌，以八卦占簭之八故，以眡吉凶，則以簭合而占焉。占體、占色、占墨、占坼，皆占龜，而曰凡卜簭，則簭亦占體故也[三]。詩曰『爾卜爾筮，體無咎言』，筮占體，於此見矣[四]。龜作之而坼，坼而後墨與色可知，卜人先占坼，史占墨次之，大夫占色又次之，衆占備焉，而後君占體，以斷吉凶，事之序也。先言占體，則以尊卑之序言之[五]。」（文淵閣四庫全書本周官新義卷十，頁十八—十九。）

[一]「頌」，墨海本、經苑本作「命」，詳解述作「頌」（詳下註）。

[二]首以下，詳解卷二二，頁九述。

[三]「亦」，墨海本、經苑本並無；詳解述有（詳下註）。

[四]「占體占色」以下：詳解卷二二，頁九述；集説卷五，頁五九王介甫曰，上有「卜以龜，筮以蓍」六字，「於此」作「可」；註疏删翼卷十五，頁四十臨川王氏曰，删略集説成義。

[五]「龜作之」以下：訂義卷四二，頁十三王氏曰，「龜作之」作「作龜之」，無「斷」字。又自「卜人」以下，詳解卷二二，頁九述，「先言」下有「君」字。

凡卜簭，既事，則繫幣，以比其命；歲終，則計其占之中否。

【佚文】（三九四）「繫幣以比其命者，繫幣於龜簭，而書所命以比之；歲終計其占之中否，則以考官占龜矣。」（文淵閣四庫全書本周官新義卷十，頁十九。）〔一〕

簭人，掌三易以辨九簭之名：一曰連山，二曰歸藏，三曰周易；九簭之名：一曰巫更，二曰巫咸，三曰巫式，四曰巫目，五曰巫易，六曰巫比，七曰巫祠，八曰巫參，九曰巫環；以辨吉凶。凡國之大事，先簭而後卜。上春相簭。凡國事共簭。

【佚文】（三九五）「凡國之大事，先簭而後卜者，兼用卜簭，而尊龜焉，故後之〔二〕。上春相簭，則簭亦有㦸惡如龜矣〔三〕。」（文淵閣四庫全書本周官新義卷十，頁十九。）

占夢，掌其歲時，觀天地之會，辨陰陽之氣，以日、月、星、辰占六夢之吉凶：一曰正夢，二曰噩

〔一〕全段，詳解卷二二，頁九—十述略同。
〔二〕「兼用」以下，訂義卷四二，頁十六王氏曰。
〔三〕全段：詳解卷二二，頁十述，幾全同。又「簭亦」以下，集説卷五，頁六一王介甫曰；註疏刪翼卷五，頁四三介甫王氏曰。

夢，三曰思夢，四曰寤夢，五曰喜夢，六曰懼夢。

【佚文】（三九六）「人之精神與天地同流，通萬物一氣也。易曰：『乾道變化，各正性命，保合太和，乃利貞〔一〕。』故占夢掌其歲時，觀天地之會，辨陰陽之氣，以日、月、星、辰占六夢之吉凶。掌其歲時，則掌占夢之歲時而已。寤夢，若狐突夢子申生〔二〕；正夢，鄭氏謂『平安自夢』。」（文淵閣四庫全書本周官新義卷十，頁十九—二十。）

【佚文】（三九七）「……此占夢之所以設也。」（集説卷五，頁六二王介甫曰；註疏删翼卷十五，頁四三—四四臨川王氏曰，上承「利貞」，詳本頁註一。）

季冬，聘王夢，獻吉夢于王，王拜而受之；乃舍萌于四方，以贈惡夢，遂令始難歐疫。

【佚文】（三九八）「問王夢而占之，吉則獻王；不吉，則舍萌于四方以贈焉。吉凶有萌，則見

〔一〕首以下：集説卷五，頁六二王介甫曰；註疏删翼卷十五，頁四三—四四臨川王氏曰，並下尚有八字，詳下佚文。

〔二〕「寤夢」以下：集説卷五，頁六三王介甫曰；註疏删翼卷十五，頁四五介甫王氏曰；訂義卷四一，頁十七王氏曰：「如狐突夢太子申生也。」幾全同。

於夢，故其贈也，舍萌焉。遂令始難歐疫[一]，則内無釁，然後自外至者，可索而歐也[二]。」（文淵閣四庫全書本周官新義卷十，頁二十。）

眂祲，掌十煇之灋，以觀妖祥，辨吉凶：一曰祲，二曰象，三曰鑴，四曰監，五曰闇，六曰瞢，七曰彌，八曰敘，九曰隮，十曰想。掌安宅敘降。正歲，則行事；歲終，則弊其事。

【佚文】（三九九）「物反爲妖，兆見爲祥，吉凶則妖祥之成事。人不安宅，則眂祲掌以灋爲之安宅[三]，又爲敘其妖祥而降之，若保章氏降豐荒之祲象[四]。正歲則行事者，行安宅敘降之事，歲終則弊其事者，弊其正歲所行之事；不言會而言弊，則不可會也，弊之而已[五]。」（文淵閣四庫全書本周官新義卷十，頁二十。）

【佚文】（四〇〇）「氣祥謂之祲，以日傍之氣相侵也。形本謂之象，謂氣在日傍未成形也。

[一]「歐」，鈔本作「歐」，詳解述作「毆」，下同。

[二]「令始」以下，詳解卷二二，頁十二述大同。

[三]「人」以下，訂義卷四二，頁二十王氏曰，「灋」上有「其」字。

[四]「又爲」以下，欽定義疏卷二四，頁三三王氏安石曰：「敘降，若保章氏所謂辨吉凶水旱，降豐凶之祲象。」頗異。

[五]「又爲」以下，詳解卷二二，頁十三述略同。

鑴，如『童子佩鑴』之鑴，謂傍氣刺日也。監，如『王啓監，厥亂』之監，謂雲氣在上而臨日也。闇，謂晝晦或日蝕也。瞢，謂日無光也。彌，如彌縫之彌，謂氣貫日也。敘，如時敘之敘，謂雲有次敘在日上也。隮，如『朝隮于西』之隮，謂虹氣見日傍也。想，謂雜氣有似，可形想也。」（六經天文編卷下，頁十二「十煇」目王氏曰；詳解卷二二，頁十三述，「雲氣在上」作「雲氣在日」，「或」作「成」，「貫日」下無「也」字。）

周禮新義　卷十一　春官宗伯四

大祝，掌六祝之辭，以事鬼、神、示，祈福祥，求永貞：一曰順祝，二曰年祝，三曰吉祝，四曰化祝，五曰瑞祝，六曰筴祝。

【佚文】（四〇一）「順祝，所謂順豐年；年祝，所謂逆時雨、寧風旱；吉祝，所謂祈福祥；化祝〔一〕，謂弭災兵〔二〕、遠辠疾〔三〕；瑞祝，則若金縢『植璧秉圭』；筴祝，則金縢『册祝』是也。遠辠疾，所謂永貞，餘皆所謂祈福祥；而吉祝，則非有所指求，是以爲祈福祥之正。」（文淵閣四庫全書本周官新義卷十一，頁一。）

【評】（一二四）清王太岳曰：「掌六祝之辭，以事鬼神示，祈福祥，求永貞，義：『年祝，所謂逆時雨、寧風旱；瑞祝，則若金縢「植璧秉圭」。』案：鄭註：『年祝，求永貞也；瑞祝，逆時雨、寧風旱也。』疏云：『祈永貞，是命年之事；逆時雨、寧風旱二者，似若天之應瑞，故謂

〔一〕「祝」下，墨海本、經苑本並有「所」字。
〔二〕「弭」，墨海本作「彌」。
〔三〕「化祝」以下，集説卷五，頁六七王介甫曰，「謂」字無，「弭」作「彌」。

之瑞。』據此仍當以註說爲正。」（四庫全書考證卷八，頁四五。）

掌六祈以同鬼、神、示：一曰類，二曰造，三曰禬，四曰禜，五曰攻，六曰說。

【佚文】（四〇二）「類，類上帝之屬；造，造于祖之屬；禬，禬國之凶荒、民之札喪之屬〔一〕；禜，春秋祭禜之屬；攻，以攻禜攻之之屬；說，以攻說禬之之屬。」（文淵閣四庫全書本周官新義卷十一，頁一。）〔二〕

作六辭以通上下、親疏、遠近：一曰祠，二曰命，三曰誥，四曰會，五曰禱，六曰誄。

【佚文】（四〇三）「命、誥、誄，言其事之辭；祠、會、禱，言其辭之事。」（文淵閣四庫全書本周官新義卷十一，頁二。）〔三〕

辨六號：一曰神號，二曰鬼號，三曰示號，四曰牲號，五曰齍號，六曰幣號。

〔一〕「禬國」以下，訂義卷四三，頁三王氏曰。

〔二〕全段，詳解卷二二，頁十五述略同。

〔三〕全段，詳解卷二二，頁十七述。

【佚文】（四〇四）「牲、齍、幣，亦皆爲之號，禮之敬文也。」（文淵閣四庫全書本周官新義卷十一，頁二。）〔二〕

辨九祭：一曰命祭，二曰衍祭，三曰炮祭，四曰周祭，五曰振祭，六曰擩祭，七曰絶祭，八曰繚祭，九曰共祭。

【佚文】（四〇五）「命祭，禮記所謂『若賜之食，而君客之，則命之祭，然後祭』；周祭，禮記所謂『殽之序，徧祭之』；振祭，儀禮所謂『取肝擩于醢，振祭』；擩祭，儀禮所謂『取菹擩於醢，祭于豆間』；絶祭，儀禮所謂『右取肺，左卻手，執本坐，弗繚，右絶末，以祭』；共祭，膳夫、肆師所謂『授祭』；唯衍、炮、繚祭，無所經見，然鄉飲酒禮言『弗繚』，則祭有繚者矣。」（文淵閣四庫全書本周官新義卷十一，頁二。）

【評】（一二五）清王太岳曰：「義：『唯衍、炮、繚祭，無所經見。』案：鄭註：『衍當爲延，炮當爲包，聲之誤也。延祭者，曲禮曰「主人延客祭」是也。包猶兼也，兼祭者，有司徹曰「尸受兼祭于豆祭」是也。』此云『衍、炮之祭，無所經見』，當以康成説有改字之嫌，故不從

〔二〕全段，詳解卷二二，頁十六述略同。

之歟！」（四庫全書考證卷八，頁四五。）

辨九㩜：一曰稽首，二曰頓首，三曰空首，四曰振動，五曰吉㩜，六曰凶㩜，七曰奇㩜，八曰褒㩜，九曰肅㩜，以享右祭祀。

【佚文】（四〇六）「享，尊在已上者；右，尊在已右者。」（文淵閣四庫全書本周官新義卷十一，頁三。）〔一〕

【評】（一一二六）清王太岳曰：「義：『享，尊在己上者；右，尊在己右者。』案：享右祭祀，註云：『享，獻也，謂朝獻饋獻。右讀爲侑，侑勸尸食而拜。』王氏當嫌康成改字，故不從之；然于祭禮反無所據，不如仍從康成之説。」（四庫全書考證卷八，頁四五—四六。）

凡大禋祀、肆享、祭示，則執明水火而號祝。隋釁，逆牲，逆尸，令鍾鼓，右亦如之；來瞽，令臯舞。

【佚文】（四〇七）「號祝，號致焉，而後祝也。執明水火，則明水火之爲物，致潔而清明。大

〔一〕全段，詳解卷二二，頁十七述。

禋祀，致其精以祀也；肆享，致其全以享也；祭示，致其察以祭也；上所致如此，而祀陳信於鬼神，則其所執，宜以至潔而清明。來瞽，則樂師詔之，大祝來之；皋舞，則樂師詔之，大祝令之〔二〕。」（文淵閣四庫全書本周官新義卷十一，頁三。）

【佚文】（四〇八）「明水以鑑，取水於月；明火以燧，取火於日，至潔而清明者也。號六號，祝六祝。」（集説卷五，頁七二王介甫曰；詳解卷二二，頁十八述，幾全同，「燧」作「遂」。）

相尸禮。既祭，令徹。大喪，始崩，以肆鬯渳尸，相飯，贊斂，徹奠。言甸人讀禱，付練祥，掌國事。

【佚文】（四〇九）「言甸人讀禱者，於甸人讀禱，則大祝言於匱，使知焉〔三〕。」（文淵閣四庫全書本周官新義卷十一，頁三。）

國有大故天烖，彌祀社稷禱祠。

〔二〕「來瞽」以下，訂義卷四三，頁八—九王氏曰。

〔三〕「於甸」下：詳解卷二二，頁十九述大同；訂義卷四三，頁九王氏曰。

【佚文】（四一〇）「彌，與小祝所謂『彌裁兵』同義。」（文淵閣四庫全書本周官新義卷十一，頁三。）

大師，宜于社，造于祖，設軍社，類上帝，國將有事于四望，及軍歸獻于社，則前祝。大會同，造于廟，宜于社，過大山川，則用事焉，反行舍奠。

【佚文】（四一一）「大師，先社後祖，陰事也；大會同，先廟後社，陽事也。」（文淵閣四庫全書本周官新義卷十一，頁四。）[一]

建邦國，先告后土，用牲幣，禁督逆祀命者。頒祭號于邦國都鄙。

【佚文】（四一二）「大宗伯言『大封告后土』，今此言『建邦國』，則唯建邦國爲大封矣。逆祀命，謂命之祀而弗祀，非所命而祀焉[二]。頒祭號于邦國都鄙，謂頒其所得用之祭號。」（文淵閣

[一] 全段，詳解卷二二，頁二十述，旨同。

[二] 「逆祀命」以下，欽定義疏卷二五，頁十九王氏安石曰：「命之祀而弗祀，非所命而祀，皆謂之逆祀命。」詳解卷二二，頁二十述同義疏（僅「而祀」下多「焉」字）。

四庫全書本周官新義卷十一，頁四。）〔一〕

小祝，掌小祭祀，將事侯禳禱祠之祝號，以祈福祥，順豐年，逆時雨，寧風旱，彌裁兵，遠辠疾；大祭祀，逆齍盛，送逆尸，沃尸盥，贊隋，贊徹，贊奠。凡事佐大祝。大喪，贊渳，設熬置銘；及葬，設道齎之奠，分禱五祀。大師，掌釁祈號祝。

【佚文】（四一三）「大師，掌釁祈號祝者，左氏傳所謂『軍行祓社釁鼓，祝奉以從』也。」（文淵閣四庫全書本周官新義卷十一，頁四。）〔二〕

有寇戎之事，則保郊祀于社。凡外內小祭祀、小喪紀、小會同、小軍旅，掌事焉。

【佚文】（四一四）「保郊，保神壝之在郊者；社不在郊，無事保，祀之而已。」（文淵閣四庫全書本周官新義卷十一，頁四。）〔三〕

〔一〕全段，詳解卷二二，頁二十述略同。又「頒其」以下，亦見訂義卷四三，頁十一王氏曰；欽定義疏卷二五，頁十九王氏安石曰。

〔二〕全段：詳解卷二三，頁二述，幾全同；訂義卷四三，頁十四王氏曰，「者左氏傳」作「則左傳」，末「也」字無。

〔三〕全段，詳解卷二三，頁二一—三述大同。

喪祝，掌大喪勸防之事。及辟，令啓；及朝，御匶乃奠；及祖，飾棺，乃載，遂御；及葬，御匶出宫，乃代；及壙，説載，除飾。小喪，亦如之。掌喪祭祝號。王弔，則與巫前。

【佚文】（四一五）「勸防，爲行匶也。勸，勸力；防，防傾虧；辟，辟殯；啓，啓菆塗；朝，朝廟；奠，奠匶。以祝御匶，則象其生時[一]；既御匶出宫後，祝代之執事[二]；説載除飾，爲將窆故也。弔用巫祝，臨死者故也。」（文淵閣四庫全書本周官新義卷十一，頁五。）

【張補】出而祖，亦象其生時。御謂之匶，飾謂之棺，則御，御其在棺者，非御棺也，飾，飾其棺而已，非飾匶也。遂御，亦御匶。（鈔本周官義疏。）

掌勝國邑之社稷之祝號，以祭祀禱祠焉。凡卿大夫之喪，掌事而斂，飾棺焉。

【佚文】（四一六）「勝國邑之社稷，喪之類，故喪祝掌其事。」（文淵閣四庫全書本周官新義卷十一，頁五。）[三]

[一]「朝朝廟」以下，訂義卷四三，頁十五王氏曰，「廟」下、「奠匶」下均有「也」字。

[二]「既御」以下，訂義卷四三，頁十五王氏曰。

[三]全段，訂義卷四三，頁十六王氏曰；欽定義疏卷二五，頁三一王氏安石曰。

甸祝，掌四時之田，表貉之祝號。舍奠于祖廟，禰，亦如之。師甸，致禽于虞中，乃屬禽；及郊饁獸，舍奠于祖禰，乃斂禽；禂牲禂馬，皆掌其祝號。

【佚文】（四一七）「舍奠于祖廟，禰亦如之，則出而時田，故舍奠；田亦以遷祖行，則奠以祖爲正，故曰禰亦如之。大祝造于祖，不言廟，今此言廟者，言奠不言廟，則嫌奠于行主而已；及郊饁獸，釋奠于祖禰，不言廟，則亦言禰非行主可知也[一]。凡言師田，師不必田，田不必師，今此言師甸，而其事皆田；又甸祝所掌，則是用師以田而已[二]。小宗伯言頒禽，於此言斂，相備也[三]。禂牲、禂馬，許慎以爲禂禱牲馬之祭，而引詩『既伯既禂』以釋之，今詩『禂』爲『禱』，則禂、禱蓋同義。」（文淵閣四庫全書本周官新義卷十一，頁五—六。）

【佚文】（四一八）甸與田同，以包地而田，則謂之甸。甸祝，掌田之祝號而已，故甸祝名官。貉師，祭也；設表以祭，故謂之表貉。甸所以教戰，春蒐、夏苗、秋獮、冬狩；表貉以祭，甸祝則掌其祝號也。師甸皆以遷祖行，視民以用命也。（詳解卷二三，頁三見新傳。）

[一]「亦」，墨海本作「以」。

[二]「凡言」以下，訂義卷四三，頁十七王氏曰，無「而」、「則」二字，「皆田」作「皆甸」。

[三]「小宗」以下，訂義卷四三，頁十七王氏曰，無「於」、「也」二字。

詛祝，掌盟、詛、類、造、攻、説、禬、禜之祝號。作盟詛之載辭，以敘國之信用，以質邦國之劑信。

【佚文】（四一九）「於人也，盟、詛以要之；於鬼神也，類、造、攻、説、禬、禜以求之〔一〕；民之所不能免也。先王與同患焉，因爲典禮而置官以掌之；弭亂救災，於是乎在矣〔二〕。所載于盟、詛之書，是謂國之信用；有劑焉，以信其約，是謂邦國之劑信。」（文淵閣四庫全書本周官新義卷十一，頁六。）

司巫，掌羣巫之政令。若國大旱，則帥巫而舞雩；國有大烖，則帥巫而造巫恒；祭祀，則共匰主，及道布，及蒩館。凡祭事，守瘞，凡喪事，掌巫降之禮。

【佚文】（四二〇）「帥女巫也，不言女，則以女巫見之〔三〕。造巫恒，造其所禳之恒事也。恒，久也；其所造事，災弭而後止焉，非頃而已〔四〕。巫，神所降，故喪事有巫降之禮焉，盡愛之道

〔一〕「求之」下，墨海本、經苑本並有「此」字。又首以下，欽定義疏卷二五，頁三五王氏曰，增省語氣詞。
〔二〕首以下，訂義卷四三，頁十八王氏安石曰，無「而」字，「弭」作「彌」。
〔三〕首以下，訂義卷四三，頁二十王氏曰，無「則」字。
〔四〕首以下，詳解卷二三，頁四述，幾全同。

也〔一〕。」（文淵閣四庫全書本周官新義卷十一，頁六—七。）

男巫，掌望祀、望衍、授號，旁招以茅，冬堂贈，無方無算；春招弭，以除疾病；王弔，則與祝前。

【佚文】（四二一）「授號者，授祭者以祭號；旁招以茅者，以茅招所祀四方之神，以茅則與藉之用茅同意〔二〕。堂贈，蓋歲有事於堂而贈焉。無方，則唯巫之所之；無算，則唯巫之所用；招，招福祥；弭，弭禍祟〔三〕；於喪祝言王弔，則與巫前，然後知其爲喪祝；於男巫言王弔，則與祝前，然後知其爲男巫。」（文淵閣四庫全書本周官新義卷十一，頁七。）〔四〕

【佚文】（四二二）「弔用巫祝，臨死者故也。」（集說卷五，頁八一王介甫曰；註疏删翼卷十五，頁八一介甫王氏曰。）

〔一〕「巫神所降」以下，訂義卷四三，頁二一王氏曰。

〔二〕「旁招」以下，集說卷五，頁八一王介甫曰。

〔三〕「弭」，鈔本原作「禍」，孔校改作「弭」；詳解述作「止」（詳下註）。「祟」，鈔本原作「崇」，孔校改作「祟」；詳解述作「祟」（詳下註）。

〔四〕全段，詳解卷二三，頁五述略同。

女巫，掌歲時祓除釁浴。旱暵，則舞雩。若王后弔，則與祝前，凡邦之大烖，歌哭而請。

【佚文】（四二三）「女，陰物；舞，陽事；舞女以助達陰中之陽，用巫則以接神故也。國大旱，則旱大矣〔一〕，又徧國焉，故司巫帥舞旱暵則不至是也，故女巫舞之而已〔二〕。歌以致神，哭以祈哀〔三〕。」（文淵閣四庫全書本周官新義卷十一，頁七。）

大史，掌建邦之六典，以逆邦國之治；掌灋，以逆官府之治；掌則，以逆都鄙之治。凡辨灋者，攷焉；不信者，刑之。凡邦國都鄙及萬民之有約劑者藏焉，以貳六官，六官之所登。若約劑亂，則辟灋；不信者，刑之。

【佚文】（四二四）「司約，『掌邦國及萬民之約劑』，『若大亂，則六官辟藏，其不信者殺』。蓋六官所藏約劑，有登于司約而藏焉，大史又藏焉，則以貳六官所藏，及其所登〔四〕。辟灋，啓其

〔一〕「旱大」：鈔本原作「大旱」，孔校乙轉；詳解述作「舞雩」（詳下註）。
〔二〕首以下，詳解卷二二，頁六述略同。
〔三〕「歌以」以下，訂義卷四三，頁二三王氏曰。
〔四〕首以下：詳解卷二三，頁七述，「而藏焉」下有「者」字，無「又」字，「所登」下尚有七字（詳下佚文）；訂義卷四四，頁三王氏曰，「而藏焉」下有「者」字，「所登」下更有七字（亦詳下佚文）。

書。」（文淵閣四庫全書本周官新義卷十一，頁八。）

【佚文】（四二五）「……者，參之攷之故也。」（訂義卷四四，頁三王氏曰，上承「所登」云云；詳解卷二三，頁七述亦有七字，作「者，而參考之故也」。並詳上頁註四。）

正歲年以序事，頒之于官府及都鄙；頒告朔于邦國。閏月，詔王居門，終月。

【佚文】（四二六）「歷日月，以正歲年；正歲年，以序事；序事，以授時；頒之於官府都鄙，授事時也。歲，則馮相氏所謂『十有二歲』；年，則若春秋書年。頒告朔，亦授以事時也；謂之告朔，則諸侯以所頒藏於祖廟，朔月則告廟，而受行之。月日時有常，而置閏無常，無常者變也；一闔一闢，利用出入，有常者待是焉〔一〕。」（文淵閣四庫全書本周官新義卷十一，頁八。）

大祭祀，與執事卜日；戒及宿之日，與羣執事讀禮書而協事；祭之日，執書以次位常；辨事者，攷焉；不信者，誅之。

〔一〕「則諸侯」以下，詳解卷二三，頁八述（二條）略同。

【佚文】（四二七）「辨瀍，辟瀍不信則刑之，尊瀍故也；辨事，則事有大小，不皆刑也。故言誅之而已。」（文淵閣四庫全書本周官新義卷十一，頁九。）

大會同、朝覲，以書協禮事；及將幣之日，執書以詔王。大師，抱天時，與大師同車；大遷國，抱瀍以前。

【佚文】（四二八）「大祭祀，書與羣執事讀禮書而協事；大會同、朝覲，言以書協禮事；祭祀所謂事，即禮事；會同、朝覲所謂書，即禮書；相備而已。」（文淵閣四庫全書本周官新義卷十一，頁九。）

【佚文】（四二九）「（抱天時，）謂抱以知天時之器。」（訂義卷四四，頁八王氏曰；詳解卷二三，頁十述；欽定義疏卷二六，頁八王氏安石曰：「兼抱天時之器。」）

大喪，執瀍以涖勸防；遣之日，讀誄。凡喪事，攷焉。小喪，賜謚。凡射事，飾中；舍算，執其禮事。

【佚文】（四三〇）「鄭氏謂『史讀誄，大師帥瞽作謚，王誄謚，成於天道』。中，形爲閭虎兕鹿之屬，而鑿中以盛算，明善射多算，則能勝物，而制之以爲用。」（文淵閣四庫全書本周官新義卷十一，頁九。）

小史，掌邦國之志，奠繫世，辨昭穆。若有事，則詔王之忌諱。大祭祀，讀禮灋，史以書敘昭穆之俎簋；大喪、大賓客、大會同、大軍旅，佐大史。凡國事之用禮灋者，掌其小事；卿大夫之喪，賜謚讀誄。

【佚文】（四三二）「父謂之昭，子謂之穆；父子相代謂之世，世之所出謂之繫；奠繫世，以知其本所出，辨昭穆，以知其世序〔二〕。鄭氏謂『小史敘俎簋』，以大史與羣執事讀禮灋爲節〔三〕；卿大夫之喪，即大史所謂『小喪』，鄭氏所謂『讀誄』，亦以大史賜謚爲節，事相成。」（文淵閣四庫全書本周官新義卷十一，頁十。）

馮相氏，掌十有二歲、十有二月、十有二辰、十日、二十有八星之位，辨其序事，以會天位；冬夏致日，春秋致月，以辨四時之敘。

〔二〕　首以下：詳解卷二三，頁十一述，兩「繫」字並作「係」。又自「父子」以下，欽定義疏卷二六，頁十二王氏安石曰，末有「也」字。

〔三〕　「灋」，墨海本作「書」，詳解卷二三，頁十一述作「法」。

【佚文】（四三二）「序事〔一〕，春作〔二〕，夏訛，秋成，冬易，厥民析、因、夷、隩之屬，是也；天位，星鳥、星火、星昴、星虛之屬，是也。馮相氏辨而會之，羲、和之事也；而以中士爲之，則世及於此，略天道詳人事矣。」（文淵閣四庫全書本周官新義卷十一，頁十。）〔三〕

保章氏，掌天星，以志星辰日月之變動，以觀天下之遷，辨其吉凶。以星土辨九州之地，所封封域，皆有分星，以觀妖祥。以十有二歲之相，觀天下之妖祥。

【佚文】（四三三）「掌天星者，掌天與星也；所謂日月之變動，五雲之物，十有二風，皆天也〔四〕。遷，亦變動，變動，吉凶之所生；然天不因人不成〔五〕，故仰以志星辰日月之變動，俯以觀天下之遷，辨其吉凶。分星，各有所主；封域，歲無常主，異於分星，故以其相，觀天下之妖祥。」（文淵閣四庫全書本周官新義卷十一，頁—十一。）

〔一〕「序」，鈔本、墨海本、經苑本、詳解述（詳下註）皆作「敘」。

〔二〕「春」下，鈔本有「秋」字，詳解述無「秋」字（詳下註）。

〔三〕全段，詳解卷二三，頁十一—十二述，旨同。

〔四〕首以下，詳解卷二三，頁十二—十三述。

〔五〕「不」，鈔本無，墨海本、經苑本並作「而」。

【評】（一二七）清王太岳曰：「義：『掌天星者，掌天與星也。』案：天之行，及日月之行度，非星無以見，故曰『掌天星』，以志日月星辰之變動。繹經意，似不當分言。」（四庫全書考證卷八，頁四六。）

以五雲之物，辨吉凶、水旱、降豐荒之祲象。以十有二風，察天地之和，命乖別之妖祥。凡此五物者，以詔救政，訪序事。

【佚文】（四三四）「十有二風，風之生於十二辰之位者也。蓋天地六氣，合以生風：艮爲條風，震爲明庶風，巽爲清明風，離爲景風，坤爲涼風，兑爲閶闔風，乾爲不周風，坎爲廣莫風。八風本乎八卦，傳曰『舞以行八風』，謂此也。四維之風兼於其月，故艮爲條風，而立春亦曰條風；巽爲清明風，而立夏亦曰清明風；坤爲涼風，而立秋亦曰涼風；乾爲不周風，而立冬亦曰不周風；故風八變而言之，又謂十二風也。風生於天地之和氣，以風察天地之和，和則無事矣；不和則命乖別之妖祥以告人，而使之知所備焉。乖則異而不同，別則離而不通，萬物之氣故也。」（詳解卷二三，頁十四述；集説卷五，頁九五—九六王氏曰，幾全同；註疏删翼卷十六，頁二六王氏曰，則頗有删節。）

【佚文】（四三五）「十有二風，風之生於十二辰之位者也。盖天地之氣，合以生風，八風本乎八卦：四維之風，兼於其月，故艮爲條風，而立春亦曰條風；巽爲清明風，而立夏亦曰清明風；坤爲涼風，而立秋亦曰涼風；乾爲不周風，而立冬亦曰不周風。故八風變而言之，又謂十二風。」（六經天文編卷下，頁二二六「十二風」目王氏曰。）

【佚文】（四三六）「五雲之物，或兆吉凶，或兆水旱；兆水旱，故以其物降豐荒之祲象，使人知而爲備。氣祥謂之祲，形本謂之象，以風察天地之和，和則無事矣[一]；不和也，則命乖別之妖祥焉，乖別在人，而妖祥先見於風，則亦人與天地同流通、萬物一氣故也。豐荒之祲象言降，乖別之妖祥言命，皆命而降之也。命，謂名言之[二]；救政，救凶荒乖別之政；序事，救政之事，所當先後緩急；詔以詔上，訪以訪下[三]。」（文淵閣四庫全書本周官新義卷十一，頁十一。）

内史，掌王之八枋之灋，以詔王治：一曰爵，二曰禄，三曰廢，四曰置，五曰殺，六曰生，七曰予，

[一]「無」，鈔本原叠二「無」字，孔校删却。

[二]「乖別」以下：見訂義卷四四，頁十九王氏曰，無「而」、「則」二字，「降之也」作「降之」；欽定義疏卷二六，頁二七王氏安石曰：「命謂名言之。」只載此一句。

[三]「救政凶荒」以下：集説卷五，頁九六王介甫曰：「詔以詔上，訪以訪下。救政，凶荒乖別之政，序事，救政之事，所當先後緩急。」註疏删翼卷十六，頁二七介甫王氏曰同集説；欽定義疏卷二六，頁二七王氏安石曰據集説，略加删易。又「詔以」以下，訂義卷四四，頁十九王氏曰。

八曰奪。

【佚文】（四三七）「謂之八枋之法，則其所掌者法而已。」（文淵閣四庫全書本周官新義卷十一，頁十二。）[一]

【佚文】（四三八）夫上下之分，有道揆，有法守；大宰有八柄詔王馭羣臣者，明道揆于上，而所掌者，非特法守而已。内史掌王八枋之法，以詔王治者，謹法守，而下而道揆有不與也。謂之八枋之法，則其所掌者法而已，謂之王之八枋之法，則法當自王出故也。枋亦柄也。大宰言八柄，則以道揆者操之，而惟我所爲，陽之正也。丙之陽，有時也，有方也；其執爲有方，其釋爲有時矣。内史言八枋，則以法守者，其執爲有方矣，非若陽之正、能執而能釋也。大宰言詔王馭羣臣，則疾徐進止制于上，而大宰有同于君道故也。内史言詔王治，而不言羣臣，則以内史者，有司之事，而治則在王；於馭羣臣，非所宜矣。（詳解卷二四，頁一云餘見大宰新傳。）

【佚文】（四三九）「大宰八柄之序，先慶賞而後刑威。於慶賞，則先重而後輕；於刑威，則先輕而後重；勸賞畏刑之意。至於内史，則慶賞、刑威雜而不知其孰先，主於守法，而不預其道揆之

[一] 全段，詳解卷二四，頁一述（參看下條佚文）。

意也。」（集説卷五，頁九八—九九王介甫曰；周禮全經釋原卷八，頁七二王氏曰，「之意至於」作「之意也」，「預」作「與」；註疏删翼卷十六，頁二八介甫王氏曰，「勸」、「畏」作「貴」、「薄」。）

執國灋及國令之貳，以攷政事，以逆會計。掌敘事之灋，受納訪，以詔王聽治。

【佚文】（四四〇）「上以道制之，下守以爲法；上以命使下〔一〕，下稟以爲令〔二〕。敘事，事治先後也。納，納言於上；訪，訪事於下〔三〕；受納，則受其所納之言；受訪，則受其所訪之對。掌敘事之灋，所以詔聽其事；受納訪，所以詔聽其情〔四〕。」（文淵閣四庫全書本周官新義卷十一，頁十二。）

凡命諸侯及孤卿大夫，則策命之。凡四方之事書，内史讀之。王制禄，則贊爲之，以方出之；賞

〔一〕「下」，經苑本作「之」，詳解述亦作「之」（詳下註）。

〔二〕首以下：詳解卷二四，頁一述略同；訂義卷四五，頁二王氏曰，「使下」作「使之」。

〔三〕「敘事」以下：詳解卷二四，頁二述大同；集説卷五五，頁九九王介甫曰，「納」字不疊；註疏删翼卷十六，頁二八臨川王氏曰。

〔四〕「受納訪」句，詳解卷二四，頁二述。

賜亦如之。內史掌書王命，遂貳之。

【佚文】（四四一）「策，竹爲之；方，木爲之；命以爲之節，故以策命之；祿及賞賜，則以仁之，故以方出之；名之曰方，則有義存焉〔一〕。讀四方之事書，次於策命之之後，則事非命不立故也；言書王命，次於方出之之後，則命非祿及賞賜不行故也〔二〕。內史所掌，始於八枋之法，蓋爵祿廢置〔三〕，生殺予奪〔四〕，無道揆，無法守，而枋移於小人，則何法之能立？何令之能行？何治之能聽？雖有爵祿賞賜，適足誘天下而爲邪。讀四方之事書，則以納罔欺而已；書王命而藏之，則以記過惡而已。」（文淵閣四庫全書本周官新義卷十一，頁十二—十三。）

【評】（一二八）宋易祓曰：「王氏新傳曰：『……』固足以發明經旨。又曰：『……』其說牽强，正學者之患。蓋爵命諸侯及孤卿、大夫，與夫讀四方之事書，以至制祿賞賜三者，皆以書而攷，故皆屬於內史。若所謂『內史掌書王命，遂貳之』，乃所以總繳上文。是知內外

〔一〕首以下：周官總義卷十六，頁十七王氏新傳曰，「策」下「竹」上、「方」下「木」上並各有「以」字，「賜」下無「則」字，「存」字無；詳解卷二四，頁二述略同。
〔二〕「讀四方之事書」以下，周官總義卷十六，頁十七王氏新傳又曰，兩「之之」並作「之」。
〔三〕「廢」，鈔本原作「置」，孔校改爲「廢」。
〔四〕「予」，鈔本作「與」。

二史均書命令，外史以令之達於下者爲主，故首言書外令；内史以命之出於上者爲主，故末言書王命。意各有所屬，故爾。」（周官總義卷十六，頁十七—十八。）

外史，掌書外令；掌四方之志，掌三皇五帝之書；掌達書名于四方。若以書使于四方，則書其令。

【佚文】（四四二）「命，後世所謂制也，故内史書之。令，後世所謂詔也，故外史書之。外令，國令也，外史掌書之，而内史執其貳，謂之外令，以別於女史之内令。」（訂義卷四五，頁五王氏曰。）

【佚文】（四四三）「書名者，字也；字所以正名百物，故謂之名。」（訂義卷四五，頁六王氏曰；欽定義疏卷二六，頁三四王氏安石曰。）

【張補】「達書名于四方」者，則書名制於王故也。（鈔本周官新義。）

【佚文】（四四四）先王所以一道德而同風俗者，此其本也。則外史之達書名于四方，又豈有異政殊俗之尚哉！（詳解卷二四，頁三述；敏案：此正熙寧君臣作新經義之主意，昭禹所述，當本安石周禮新義。）

御史，掌邦國、都鄙及萬民之治令，以贊冢宰。凡治者受灋令焉。掌贊書；凡數從政者。

【佚文】（四四五）「（凡數從政者，）若令御史掌班簿。」（集説卷五，頁一〇三王介甫曰：；詳解卷二四，頁四述大同；註疏删翼卷十六，頁三二介甫王氏曰，「令」作「今」。）

巾車，掌公車之政令，辨其用與其旗物，而等敘之，以治其出入。

【佚文】（四四六）「掌公車之政令者，自庶人乘役車以上，皆非私車也。辨其用與其旗物，而等敘之，以治其出入者，等，等其上下：；敘，敘其先後〔一〕：；敘其先後〔二〕，則以治其出入，是故有先路、綴路、次路之名焉〔三〕。」（文淵閣四庫全書本周官新義卷十一，頁十三。）

王之五路：一曰玉路，錫，樊纓十有再就，建大常十有二斿，以祀：；金路，鉤，樊纓九就，建大旂，以賓，同姓以封：；象路，朱，樊纓七就，建大赤，以朝，異姓以封：；革路，龍勒，條纓五就，建大白，以即戎，以封四衛：；木路，前樊鵠纓，建大麾，以田，以封蕃國。

〔一〕「等其」以下，欽定義疏卷二七頁一王氏安石曰。
〔二〕「敘其先後」，墨海本、經苑本、詳解述（詳下註）皆無此四字。
〔三〕「等等」以下：詳解卷二四，頁四述略同，云：「等，謂差其上下：；敘，謂次其先後。則以治其出入，是故有先路、綴路、次路之名焉。」訂義卷四五，頁九王氏曰，同詳解，僅「是」、「焉」二字無。

【佚文】（四四七）「玉，德之美，故以祀；金，義之和，故以賓，同姓以封；象，義之辨，故以朝，異姓以封；革，義之制，故以即戎，以封四衛。蓋革而制之，以扞外蔽内，是乃所謂義之制也；且戎路不革，無以待敵，謂之四衛，固欲其扞外蔽内也。木，仁之質也，故以田，以封蕃國。觀騶虞之詩，則田事貴仁，可知也；蕃國不及以政，則亦仁之而已；且田路不革，無所戎故也。大常，象天有日月焉；大旂，象春有交龍焉；大赤，象夏正南方之物也；大白，象秋正西方之物也；大麾，象冬正北方之物也[一]。玉路，德之美也，大常則以道格之；金路，義之和也，大旂則以仁接之；象路，義之辨也，大赤則以禮示之；革路，義之制也，大白則以義受之；木路，仁之施也，大麾則以知服之。自大旂以下，其以封也，爲賜而已，非諸侯所建，諸侯所建則皆旂而已，亦非所謂大旂也；故此諸旂，義主於王，而皆不以象諸侯之德。言同姓以封，而不言以封同姓；言異姓以封，而不言封異姓[二]；則嫌以賓，獨賓同姓，以朝，獨朝異姓故也。建大麾以田，而司馬辨旂物之用[三]，不言者，司馬所辨教治兵而已；既教治兵，遂以獮

[一] 「太常」以下：集説卷五，頁一〇七王介甫曰；註疏删翼卷十六，頁四一臨川王氏曰；周禮全經釋原卷八，頁七八王氏曰，「南」上無「正」字。

[二] 「言」下，墨海本、經苑本並有「以」字。

[三] 「旂」，墨海本、經苑本並作「旗」。

田，於是建大麾焉〔二〕。」（文淵閣四庫全書本周官新義卷十一，頁十四—十五。）

王后之五路：重翟，錫面朱總；厭翟，勒面繢總；安車，彫面鷖總，皆有容蓋；翟車，貝面組總，有握；輦車，組輓，有翣，羽蓋。

【佚文】（四四八）「后五路，其制皆不可考，然言翟，則必以翟飾；言輦，則必以人輓；自翟車以下，皆有容蓋；自翟車以上，則皆有握；自輦車以上，則皆有翣、羽蓋；服物上得兼下，下不得兼上故也。」（文淵閣四庫全書本周官新義卷十一，頁十五。）

王之喪車五乘：木車，蒲蔽，犬䄙，尾櫜，疏飾，小服皆疏；素車，棼蔽，犬䄙，素飾，小服皆素；藻車，藻蔽，鹿淺䄙，革飾；駹車，萑蔽，然䄙，髤飾；漆車，藩蔽，豻䄙，雀飾。

【佚文】（四四九）「喪車之制，皆不可考，然木車蔽䄙，櫜服皆疏，則必始喪所乘；素車蔽䄙，

〔二〕「麾」，鈔本原作「旄」，孔校改作「麾」。「建大麾」以下，訂義卷四五，頁十二王氏曰，「司馬辨」上無「而」字，「旂」作「旗」。

服皆素，則少變而飾以素，不皆疏矣〔一〕；蓋後車變而彌吉，以至於喪除焉〔二〕。犬禊，則以犬皮爲車幦〔三〕；尾櫜，則以犬尾爲兵櫜；疏飾，則用素而疏；素飾，則變疏而素；小服，則矢服之小者；鹿淺禊，則以鹿之淺毛爲禊；革飾，則又以其革飾焉；然禊，則以然皮爲幦；髹飾，則飾以髹色；豻禊，則以豻皮爲禊；雀飾，則飾以雀色；革不言色，蓋如素車用素髹〔四〕，雀不言物，蓋如藻車用革〔五〕，木車尾櫜。鄭氏以爲始喪，君道尚微，與書以『虎賁百人，逆子釗』同意。蓋素車去櫜，藻車去服，則宅宗久位定矣，浸可以不戎也。犬禊，則始宅宗之時，先王之政不可變，先王之器不可失，當守而已；故禊用犬尾。櫜，則明其爲御之末；小服，則明其爲戒之小；鹿淺禊，則鹿之爲物，知接其類，始喪，則與人辨〔六〕；稍吉，則與人接，其接之淺矣，故禊用鹿淺。然禊，則然之爲物，行有先後，食有長幼，喪事變而彌吉，則將用禮焉，故禊用然。豻

〔一〕「素車」以下，欽定義疏卷二七，頁十三王氏安石曰。
〔二〕「素車」以下，訂義卷四五，頁十六王氏曰，無「焉」字。
〔三〕「幦」，鈔本原作「弊」，孔校改作「幦」。
〔四〕「革不」以下，訂義卷四五，頁十六王氏曰。「髹」下，經苑本有「與」字。
〔五〕「髹雀」以下：訂義卷四五，頁十六王氏曰，「髹雀」作「髹與雀」；欽定義疏卷二七，頁十四王氏安石曰，「髹」下有「與」字。
〔六〕「辨」，鈔本原作「辦」，孔校改作「辨」。

禩，則豻，夷犬也，其守在夷，方喪之時，宅宗而已；將即吉，則王政施焉，將在四夷故禩用豻，禩用豻，則異於犬禩尾櫜遠矣。」（文淵閣四庫全書本周官新義卷十一，頁十六—十七。）

服車五乘：孤乘夏篆，卿乘夏縵，大夫乘墨車，士乘棧車，庶人乘役車。凡良車散車，不在等者，其用無常。凡車之出入，歲終則會之。凡賜，闕之；毀折，入齎于職幣。

【佚文】（四五〇）「夏篆，以采篆飾車也[一]；夏縵，則采而不篆；墨車，則墨而不采[二]；棧車，則無飾矣。考工記曰『棧車欲弇，飾車欲侈』，墨車以上，皆飾車也[三]。役車，鄭氏謂『可載任器以共役』，然謂之乘，則非特以載任器矣[四]。」（文淵閣四庫全書本周官新義卷十一，頁十七。）

【佚文】（四五一）「自役車以上皆有等者，其用固有常，餘或良或散，唯所用而已。」（訂義卷

[一] 首以下，詳解卷二四，頁八述；訂義卷四五，頁十七王氏曰。

[二] 「墨車」以下，訂義卷四五，頁十七王氏曰，無「則」字。

[三] 「棧車則」以下：詳解卷二四，頁八述略同；訂義卷四五，頁十七王氏曰，「記曰」作「記只」；欽定義疏卷二七，頁十六王氏安石曰，「記」下無「曰」字。又「考工」以下，集説卷五，頁一一〇王氏曰。

[四] 「謂之」以下，訂義卷四五，頁十七王氏曰，無「則」、「以」二字。

四五，頁十八王氏曰；集説卷五，頁一一一王介甫曰，「有等」作「在等」，「常」下有「矣」字，「而已」二字無。）

大喪，飾遺車，遂廞之，行之；及葬，執蓋從車持旌；及墓，嘑啓關，陳車。小喪，共匶路與其飾。

【佚文】（四五二）「廞之，於宮；行之，以適墓。」（文淵閣四庫全書本周官新義卷十一，頁十七。）〔二〕

歲時更續，共其弊車。大祭祀，鳴鈴以應雞人。

【佚文】（四五三）「弊則更之，闕則續之；有須弊車爲用，則共之。」（文淵閣四庫全書本周官新義卷十一，頁十七。）

典路，掌王及后之五路，辨其名物，與其用説。若有大祭祀，則出路，贊駕説。大喪、大賓客，亦如之。凡會同、軍旅、弔于四方，以路從。

〔二〕全段：訂義卷四五，頁十九王氏曰；集説卷五，頁一一二王介甫曰，「適」作「道」。

【佚文】（四五四）「出路者，或乘之，或陳之。」（文淵閣四庫全書本周官新義卷十一，頁十八。）〔一〕

車僕，掌戎路之萃，廣車之萃，闕車之萃，苹車之萃，輕車之萃。凡師，共革車，各以其萃；會同亦如之；大喪，廞革車；大射，共三乏。

【佚文】（四五五）「此五車者，皆戎車，故各有萃〔二〕。隊也〔三〕。戎路，所謂革路；廣車，則左氏傳所謂『乘廣』；闕車，則左氏傳所謂『游闕』；輕車，則孫武所謂『馳車』；苹車，蓋輜車有屏蔽者也〔四〕。各以其萃，則其車之萃伍習睦焉〔五〕；言革車，則五戎備廞焉〔六〕。」（文淵閣四庫全書本周官新義卷十一，頁十八。）

〔一〕全段，訂義卷四六，頁一王氏曰。

〔二〕「萃」，經苑本、詳解述（詳下註）並疊二「萃」字。

〔三〕首以下：訂義卷四六，頁三王氏曰，「車」下有「者」字，疊二「萃」字。

〔四〕「蓋」，鈔本原無，孔校增；詳解述有（詳下註）。「苹車」以下，欽定義疏卷二七，頁二二王氏安石曰，「有」上無「之」字，句末無「也」字。

〔五〕首以下：詳解卷二四，頁十—十一述略同。又「各以」以下：訂義卷四六，頁三王氏曰，「則」作「以」，「萃伍習」作「卒伍」；欽定義疏卷二七，頁二四王氏安石曰同訂義，僅「焉」作「也」。

〔六〕「焉」，鈔本初無，孔校增。

【張補】乏，待獲者所庇。於文，反正爲乏。正，受矢者也，乏則反之，故謂之乏。（鈔本周官義疏。）

司常，掌九旗之物名，各有屬，以待國事：日月爲常，交龍爲旂，通帛爲旜，雜帛爲物，熊虎爲旗，鳥隼爲旟，龜蛇爲旐，全羽爲旞，析羽爲旌。

【佚文】（四五六）「自常已下凡九物，而旗居其一，謂之九旗，則猶公、侯、伯、子、男謂之諸侯。旗之名，則旂常旜物之屬〔一〕；旗之物〔二〕，則通帛雜帛之屬〔三〕。各有屬，以待國事，則自王以下，各有屬，建旗，則使其屬視而從焉〔四〕；則凡以待國事，日月爲常，天道之運也；交龍爲旂，君德之用也：能升能降，乃不爲亢〔五〕，故爲交龍焉。通帛爲旜，純赤而已，赤之爲色，宣布著見於文，從亶，義可知矣；雜帛爲物，則兼赤白焉，陰陽之義也。熊虎爲旗，義之屬也，尚毅以

〔一〕「旂常」，墨海本作「常旂」。
〔二〕「旗」，鈔本原作「旂」，孔校改作「旗」。
〔三〕「旗之物」以下，訂義卷四六，頁五王氏曰。
〔四〕「旗之物」以下，欽定義疏卷二七，頁二五—二六王氏安石曰：「旗之物，則通帛雜帛之屬。旗之名，則旗常旜物之屬。自常以下凡九物，而旗居其一，謂之九旗，猶公、侯、伯、子、男通謂之諸侯也。各有屬，則自王以下，其臣民各有屬，建旗則使之視而從焉；待國事，謂國有祭祀、師田、賓客之事。」略同。
〔五〕「不爲」，經苑本作「不能」，墨海本作「能不」。

猛；鳥隼爲旟，禮之屬也，貴摯以速〔一〕；龜蛇爲旐，知之屬也〔二〕，取完以果。夫介，其所以完也；夫螫，其所以果也；全羽爲旞，以全而遂之爲義；析羽爲旌，以析而旌之爲義。」（文淵閣四庫全書本周官新義卷十一，頁十八—十九。）

【評】（一一九）宋歐陽謙之曰：「九旗之物各有屬，若日月之常則屬於王，交龍之旂則屬於諸侯，是矣。餘王氏之説近之。」（周官集傳卷八，頁二三載。）

及國之大閲，贊司馬頒旗物：王建大常，諸侯建旂，孤卿建旜，大夫、士建物，師都建旗，州里建旟，縣鄙建旐；道車載旞，斿車載旌。

【佚文】（四五七）「王建大常，則志天道也；諸侯建旂，則志君德也；孤卿建旜，則亶以事上也。士建物，則士雖賤，亦物其所屬焉；物其所屬，則一陰一陽曷可少哉？然物莫不貴陽而賤陰，則帛之雜，不如通之貴矣。師都建旗，則以毅猛致其義；州里建旟，則以摯速致其禮〔三〕；縣鄙建旐，則以完果致其智。以完果致其智，則所以戡其敵；以摯速致其禮，則所以

〔一〕「摯」，墨海本作「鷙」。
〔二〕「知」，墨海本、經苑本並作「和」。
〔三〕「摯」，墨海本作「鷙」，詳解卷二四，頁十二述作「摯」。本條下同。

衛其上；以毅猛致其義，則所以用其衆。卑而遠者，能戡其敵；貴而近者，能衛其上；爲之將者，能用其衆；軍旅之事，如斯而已。所謂都〔一〕，則孤卿也。三孤一位，而有師、保、傅之名，大舉師〔二〕，則保、傅從之矣，此孤所以謂之師卿；采邑爲都，詩所謂『都人』，則卿之有都者也，此卿所以謂之都。於其事上，則謂之孤卿；於其涖衆，則謂之師都；於其涖軍，則又謂之軍吏〔三〕；大司馬所謂『軍吏載旗』是也，師都建旗，及教治兵，則載旜焉，以軍吏載旗故也。州里，州所里也；五黨爲州，州所建旟，則建於州長之所里，故曰州里建旟，州言里，縣鄙亦各建於其里，可知也。縣，縣正；鄙，鄙師；縣鄙建旐，則遂官降鄉一等故也〔四〕。言州建旟，而不言鄉所建，則鄉大夫卿所謂師都是也；言縣建旐，而不言黨所建，則黨大夫與州長皆中大夫，且縣建旐則遂建旟可知也；言州建旟，而不言黨所建，則黨正與縣正皆下大夫，且州建旟則黨建旐，亦可知也。蓋軍自旅以上，乃有旗，故鄉遂所建，自鄙以上而已。道車載旞，則乘以

〔一〕「謂」下，墨海本、經苑本並有「師」字。
〔二〕「大」，墨海本作「夫」。
〔三〕「師都」至「孤卿也」、「於其」至「軍吏」，訂義卷四六，頁七王氏曰，併聯爲一條：兩「則謂之」及「則又謂之」之三「則」字皆無。
〔四〕「鄉」，墨海本、經苑本並作「卿」。

朝焉，以底天下之道，全而遂之；斿車載旌，則乘以游焉，以閱天下之故，析而旌之；蓋王者朝，無非道也；游，無非事也。旌旞言載，在車故也。自旜以上言建，則凡祭祀、會同、賓客建焉，不必在車，覲禮所謂『上介皆奉其君之旂，置於宫，皆就其旂而立』是也〔二〕。」（文淵閣四庫全書本周官新義卷十一，頁十九—二一。）

皆畫其象焉：官府各象其事，州里各象其名，家各象其號。凡祭祀，各建其旗；會同、賓客，亦如之，置旌門。

【佚文】（四五八）「官府事異，所畫象其事，則足以相別；州里及家，則無異事〔三〕，故所畫象其名號亦如之〔三〕。師都、州里、縣鄙，類也；而州里居中焉，言州里，則師都縣鄙亦象其名，從可知矣。祭祀、會同、賓客，各建其旗者，衆之所會〔四〕，使各視旗而知所從焉〔五〕；置旌門，置之

〔一〕「旌旞」以下，訂義卷四六，頁十王氏曰。

〔二〕「則」，墨海本、經苑本並作「別」，詳解述作「則」（詳下註）。

〔三〕首以下：詳解卷二四，頁十三述大同；訂義卷四六，頁十一王氏曰，「事異」作「異事」，「足」上、「家」下並無「則」字，「故所」作「故於」，「亦如」作「以別」。

〔四〕「會」，墨海本作「謂」。

〔五〕「旗」，鈔本原作「旂」，孔校改作「旗」。「會同」以下，訂義卷四六，頁十一王氏曰。

而已，於是掌舍受而設焉〔一〕。」（文淵閣四庫全書本周官新義卷十一，頁二一。）

大喪，共銘旌，建廞車之旌；及葬，亦如之。凡軍事，建旌旗；及致民，置旗弊之；甸亦如之。凡射，共獲旌；歲時共更旌。

【佚文】（四五九）「軍事則以旌旗作其衆，且有進退，故建之；及致民，則置之而已，無所事建。置者，植之；弊者，仆之〔二〕。歲時共更旌者，敝則更之〔三〕。」（文淵閣四庫全書本周官新義卷十一，頁二二。）

都宗人，掌都宗祀之禮。凡都祭祀，致福于國，正都禮與其服。若有寇戎之事，則保羣神之壝；國有大故，則令禱祠，既祭，反命于國。

〔一〕「置旌」以下，訂義卷四六，頁十一王氏曰。

〔二〕首以下：詳解卷二四，頁十四述大同；欽定義疏卷二七，頁三三王氏安石曰：「置，植之也。軍事建旌旗，使師衆觀之，以爲進退，致民則無所事建，植於其所而已。」改易成義。又「置者」以下，亦見訂義卷四六，頁十二王氏曰。

〔三〕「敝」，鈔本、墨海本、經苑本皆作「弊」。

家宗人，掌家祭祀之禮。凡祭祀，致福。國有大故，則令禱祠，反命；祭亦如之。掌家禮，與其衣服、宮室、車旗之禁令。

【佚文】（四六〇）「都宗人若有寇戎之事，則保羣神之壝者，以其掌都祭祀之禮，故使與小祝保神壝之在外者焉。小祝言保郊，此言保羣神之壝，相備也〔一〕。都宗人正都禮與其服，則家如之矣；家宗人掌家禮與其衣服、宮室、車旗之禁令，則都如之矣。都宗人國有大故，則令禱祠，既祭，反命於國，則家亦如之矣；家宗人國有大故，則令禱祠，反命，祭亦如之，則都亦如之矣。言既祭反命於國，則雖非國故禱祠，亦必命之祭，然後祭〔二〕。」（文淵閣四庫全書本周官新義卷十一，頁二二一—二二三。）

【佚文】（四六一）宗，典祀者也。掌都祭祀之禮，謂之都宗人，則以公卿王子弟所食采謂之大都、小都故也。掌家祭祀之禮，謂之家宗人，則以大夫所食采謂之家邑故也。夫節，莫差于僭；僭，莫僭于祭；故季氏之旅泰山，而孔子病之。則掌祭祀之禮，在所尤謹也。此都宗人、家宗人所以皆先之，以掌祭祀之禮也。祭祀之致福于國者，歸王以其福也。蓋都家之所食，

〔一〕「以其掌」以下：詳解卷二四，頁十五述大同；訂義卷四六，頁十四王氏曰，無「焉」、「羣」二字。
〔二〕此上二十一字（「既祭」以下），訂義卷四六，頁十四王氏曰，「既」作「民」。

其福本于王之所施，則下之報上，于此乎見矣。夫禮所以定尊卑、別貴賤、辨親疏，而明分守也。而僭亂之生，其微常起于衣服之間，則正都禮與其服者，又不可緩也。掌祭祀之禮，斯有以事神矣；正都禮與其服，斯有以治人矣。幽有以事神，明有以治人，則宜若人不能難而天不能災矣。而先王思患而預防之，人難、天災有不能免者，則所以待之有其具矣。……祀所以馭其神，必命之祭然後祭，則祭之命上所出，既祭反命于國，則逆祀命者，蓋無有也。都宗人、家宗人，其典祀一也，言之或詳略互見之而已。（詳解卷二四，頁十四—十五見新傳。）

凡以神仕者，掌三辰之灋。以猶鬼、神、示之居，辨其名物。以冬日至，致天神人鬼；以夏日至，致地示物鬽；以禬國之凶荒、民之札喪。

【佚文】（四六二）「日、月、星謂之三辰，其氣物、時數、升降、出入、往來，鬼、神、示各以象類從焉；故三辰之法，可以猶鬼、神、示之居，辨其名物。」（文淵閣四庫全書本周官新義卷十一，頁二三。）[二]

【張補】以冬至日致天神人鬼，陽故也；以夏至日致地示鬼鬽，陰故也。人鬼爲陽，則以對物鬽故也。人死爲鬼，物死爲物，物出爲鬽。（鈔本周官義疏。）

[二] 全段，欽定義疏卷二七，頁三七王氏安石曰，略加刪易。

周禮新義　卷十二　夏官司馬一

司右，上士二人，下士四人，府四人，史四人，胥八人，徒八十人。

【佚文】（四六三）「人之左手不如右强，故車置勇力之士謂之右。」（訂義卷五一，頁十八王氏曰；詳解卷二七，頁六述，幾全同。）

大司馬……以九伐之灋正邦國：馮弱犯寡，則眚之；賊賢害民，則伐之；暴内陵外，則壇之；野荒民散，則削之；負固不服，則侵之；賊殺其親，則正之；放弑其君，則殘之；犯令陵政，則杜之；外内亂、鳥獸行，則滅之。

【佚文】（四六四）「（眚，）詘其爵命，削其土地，使强更弱，衆更寡，若人之眚瘦然。」（周禮全解，訂義卷四七，頁十一載王氏註；詳解卷二五，頁五述，「强」、「衆」上並有「其」字；集説卷六，頁十七王介甫曰：「眚，若人之瘦眚，使其强更弱，其衆更寡，所以正其馮弱犯寡之罪也。」末句詳解述亦有；註疏删翼卷十八，頁五介甫王氏曰，同集説，僅兩「眚」字並作「眚」。）

【評】（一三〇）宋鄭鍔曰：「王氏本註説眚字，謂：『……』未免與下文『削之』相似。眚宜如易『有眚災』之眚，用兵治之，使若眚災然，不能逃其患也。」（訂義卷四七，頁十一引。）

【佚文】（四六五）「正者，正以服屬之法。」（集説卷六，頁十八王介甫曰；註疏删翼卷十八，頁六臨川王氏曰。）

正月之吉，始和，布政于邦國都鄙，乃縣政象之灋于象魏，使萬民觀政象，挾日而斂之。乃以九畿之籍，施邦國之政職：方千里曰國畿，其外方五百里曰侯畿，又其外方五百里曰甸畿，又其外方五百里曰男畿，又其外方五百里曰采畿，又其外方五百里曰衛畿，又其外方五百里曰蠻畿，又其外方五百里曰夷畿，又其外方五百里曰鎮畿，又其外方五百里曰蕃畿。

【佚文】（四六六）「方千里曰畿，則禹貢所謂『甸服』也；甸服面五百里〔一〕，則爲方千里矣。其外侯畿、甸畿，禹貢所謂『侯服』也；又其外男畿、采畿，禹貢所謂『綏服』也；又其外衛畿、蠻畿，禹貢所謂『要服』也；又其外夷畿、鎮畿，禹貢所謂『荒服』也；又其外蕃畿，在禹貢五服

〔一〕「面」，墨海本作「四」，詳解述作「面」（詳下註）。

之外。」（文淵閣四庫全書本周官新義卷十二，頁七—八。）〔一〕

中春，教振旅，司馬以旗致民，平列陳，如戰之陳。辨鼓鐸鐲鐃之用：王執路鼓，諸侯執賁鼓，軍將執晉鼓，師帥執提，旅師執鼙。卒長執鐃，兩司馬執鐸，公司馬執鐲。

【佚文】（四六七）「春陽用事，非兵之時。」（訂義卷四八，頁一王氏曰；詳解卷二一五，頁九述。）

【佚文】（四六八）「雖如戰之陳，而平列陳，則無事於戰矣。」（訂義卷四八，頁一王氏曰。）

【佚文】（四六九）「鼓，陽也，尊者執之；金，陰也，卑者執之；鐃以止鼓，與陽更用事焉，故卒長執之；通鼓、節鼓，佐陽而已，故兩司馬、公司馬執之〔二〕。謂之公，以別於私；亦稱司馬，所謂家司馬是也〔三〕。」（文淵閣四庫全書本周官新義卷十二，頁八。）

〔一〕　鈔本此段原皆頂格書寫，孔校曰：「此段皆誤高一格。」又全段：訂義卷四七，頁十四王氏曰；欽定義疏卷二一九，頁十三王氏安石曰，「蕃畿」作「蕃服」；詳解卷二一五，頁七述曰：「方千里曰國畿，則禹貢所謂『甸服』也。甸服面五百里，則爲方千里矣。……其外方五百里曰甸畿，則禹貢所謂『侯服』也」。敏案：以上略同文淵本新義至「所謂侯服也」。既而又云：「以下蓋皆見新經。」）

〔二〕　首以下：詳解卷二一五，頁九述，幾全同；訂義卷四八，頁二王氏曰。

〔三〕　「謂之公」以下：詳解卷二一五，頁九述，幾全同；訂義卷四八，頁二王氏曰。

以教坐作、進退、疾徐、疏數之節。遂以蒐田，有司表貉，誓民；鼓遂圍禁，火弊，獻禽以祭社。

【佚文】（四七〇）「社者，土示也。」（訂義卷四八，頁四王氏曰；詳解卷二五，頁十述，無「者」字。）

中夏，教茇舍，如振旅之陳；羣吏撰車徒，讀書契，辨號名之用：帥以門名，縣鄙各以其名，家以號名，鄉以州名，野以邑名，百官各象其事，以辨軍之夜事；其他皆如振旅。遂以苗田，如蒐之灋；車弊，獻禽以享礿。

【佚文】（四七一）「『教茇社』者，教以草舍之法，『撰車徒』所以具之，『讀書契』所以聲之，皆比軍事也。比軍事，爲將茇社焉。」（詩經世本古義卷十七，頁一一二詩經小雅車攻「選徒囂囂」下王安石云。）

中秋，教治兵，如振旅之陳；辨旗物之用：王載大常，諸侯載旂，軍吏載旗，師都載旜，鄉遂載物，郊野載旐，百官載旟，各書其事與其號焉；其他皆如振旅。遂以獮田，如蒐田之灋，羅弊，致禽以祀祊。

【佚文】（四七二）「書詳於畫，既書又畫，使人易辨而已。」（周禮全解王安石謂，載訂義卷四八，頁八。）

【評】（一三二）宋鄭鍔曰：「……凡旗皆謂之載者，言載之於車上也。既有旌旗，又有小徽識之，上各書其事與號以爲別識也。司常謂之畫，此謂之書，王安石謂：『……』余以爲司常指大閱而言，此指治兵而言，大閱畫、治兵書，各有所主，不一法也。」（周禮全解，載訂義卷四八，頁八。）

【佚文】（四七三）「火之利不若車，車之利不若羅。」（訂義卷四八，頁十二王氏曰；詳解卷二五，頁十二述，「羅」下有「之所取」三字，後云「獻禽以下見新經」。）

【佚文】（四七四）天地嚴凝之氣，始于西南；秋則陰用事，兵之時也，故教治兵，所謂「出曰治兵」是也。旗物，以作戰也，故于教治兵，辨旗物之用：日月爲常，天道之運也，王之涖兵，以道而已，故王載大常；交龍爲旂，君德之用也，諸侯之涖兵，以德而已，故諸侯載旂；軍吏，孤卿之爲將者也，以猛毅致其義，故軍吏載旗；師都，孤卿之位衆者也，以衆屬軍吏，故載旜，取其亶以事上而已；鄉遂，則鄉遂之大夫也，以其無所將，故載物，取特物其所屬而已；郊野，則公邑之吏將其衆者也，以完果致其智而已，故載旐；百官，則以其屬衛王焉，以摯速致其禮而已，故載旟；師都、鄉遂無所將而不謂之孤卿大夫，至稱百官焉。（詳解卷二五，頁十一—十二見新傳。）

中冬，教大閱，前期，羣吏戒衆庶，脩戰灋。虞人萊所田之野，爲表；百步則一，爲三表；又五十步，爲一表；田之日，司馬建旗于後表之中，羣吏以旗物鼓鐸鐲鐃，各帥其民而致。質明，弊旗，誅後至者；乃陳車徒，如戰之陳，皆坐；羣吏聽誓于陳前，斬牲以左右徇陳，曰「乃不用命者斬之」。中軍以鼙令鼓，鼓人皆三鼓；司馬振鐸，羣吏作旗，車徒皆作；鼓行鳴鐲，車徒皆行，及表乃止，三鼓摝鐸，羣吏弊旗，車徒皆坐；又三鼓，振鐸作旗，車徒皆作；鼓進鳴鐲，車驟徒趨；及表乃止，坐作如初；乃鼓，車馳徒走，及表乃止，鼓戒三闋。車三發，徒三刺，乃鼓退，鳴鐃且卻，及表乃止，坐作如初。遂以狩田，以旌爲左右和之門，羣吏各帥其車徒，以敘和出，左右陳車徒，有司平之，旗居卒間以分地，前後有屯百步，有司巡其前後，險野人爲主，易野車爲主。既陳，乃設驅逆之車，有司表貉于陳前；中軍以鼙令鼓，鼓人皆三鼓，羣司馬振鐸，車徒皆作。遂鼓行，徒銜枚而進；大獸公之，小禽私之，獲者取左耳。及所弊，鼓皆駴，車徒皆譟；徒乃弊，致禽饁獸于郊，入，獻禽以享烝。

【佚文】（四七五）「羣吏以鼓鐸旗物各帥其民而致，則皆致之大司馬焉，師欲聽於一也。」（集説卷六，頁三三一—三三三王介甫曰；註疏刪翼卷十八，頁二一三臨川王氏曰；詳解卷二五，頁十三—十四述大同。）

【佚文】（四七六）「使民以其死刑誅，不如是之嚴，則民弗爲使矣；然前期戒衆庶，而後至可

誅；既陳而誓，然後不用命者可斬。」（文淵閣四庫全書本周官新義卷十二，頁十。）[一]

【佚文】（四七七）「四時皆教而後田，田習用衆焉，言教而後可用也。」（集説卷六，頁三五王介甫曰；註疏删翼卷十八，頁二七臨川王氏曰。）

【佚文】（四七八）「名旗門曰和，師克在和故也。」（集説卷六，頁三五王介甫曰；詳解卷二五，頁十五述，幾全同。）

【佚文】（四七九）中軍以鼙令鼓者，旅帥執鼙，則鼙卑而有衆執者也。莊子曰：「卑而不可不因者，民也。」中軍所以將衆以鼙令鼓，則明衆卑而不可不因也。徒，故車徒；或作，或行，或坐，或趨，或馳，或走，或誡，或譟，以同欲而行，以異欲而止，凡以因衆而已。鼓人皆三鼓，司馬振鐸，車馳徒走，及表乃止。（詳解卷二五，頁十四見新經。敏案：本段文字甚長，必有非安石新義所有者，故節取如上。）

及師，大合軍，以行禁令，以救無辜，伐有罪。若大師，則掌其戒令，涖大卜，帥執事，涖釁主及軍器；及致，建太常，比軍衆，誅後至者；及戰，巡陳眡事，而賞罰。若師有功，則左執律，右秉鉞，

[一] 全段：詳解卷二五，頁十四述大同；訂義卷四八，頁十五王氏曰。

以先，愷樂獻于社。若師不功，則厭而奉主車。王弔勞士庶子，則相；大役，與慮事，屬其植，受其要，以待攷而賞誅，大會同，則帥士庶子，而掌其政令。若大射，則合諸侯之六耦；大祭祀，饗食，羞牲、魚，授其祭；大喪，平士大夫；喪祭，奉詔馬牲。

【佚文】（四八〇）「鄉師致民，以司徒之大旗；則司馬致民，宜以王之大常矣；凡此皆示其致民之命有所受之也。」（訂義卷四八，頁二二王氏曰；詳解卷二五，頁十七述；欽定義疏卷二九，頁四二王氏安石曰。）

【評】（一三二）清鄂爾泰曰：「案：稍人帥衆而致於大司馬；王親征，則邦國亦以師從。凡帥衆而至者，大司馬皆以致於王，故『建大常』註謂『致民者，鄉師』。非也。役則鄉師致之軍，事則正治其徒役，戮其犯命者而不致也。」（欽定義疏卷二九，頁四二。）

【佚文】（四八一）「右秉鉞，示勝而不忘戰，司馬之事也。」（集説卷六，頁四一王介甫曰；註疏删翼卷十八，頁三六臨川王氏曰；詳解卷二五，頁十七述，幾全同。）

【佚文】（四八二）「（愷樂獻於社，）怒釋而爲愷故也。」（集説卷六，頁四一王介甫曰；詳解卷二五，頁十七述；註疏删翼卷十八，頁三六臨川王氏曰。）

【佚文】（四八三）「大司馬於大役與慮事，欲知其故之可否；屬其植，欲知人之多寡；受其要，欲知其功之等差。事成而攷之，以行誅賞。」（訂義卷四八，頁二四王氏曰；詳解卷二五，頁十八述，幾全同；欽定義疏卷二九，頁四五王氏安石曰自「與慮事」至「等差」，「人」上有「其」字，「等差」作「差等」。）

△小司馬

軍司馬　闕

輿司馬　闕

行司馬　闕

司勳，掌六鄉賞地之灋，以等其功：王功曰勳，國功曰功，民功曰庸，事功曰勞，治功曰力，戰功曰多。凡有功者，銘書於王之大常，祭於大烝，司勳詔之；大功，司勳藏其貳。掌賞地之政令，凡賞無常，輕重眂功。凡頒賞地，參之一食，唯加田，無國正。

【佚文】（四八四）「王有天下，諸侯則有一國，召南言『國君積行累功』，又曰『羔羊，鵲巢之功致』，左傳云『諸侯言時計功』，則功以國功爲主也。」（集説卷六，頁四六王介甫曰；註疏删翼卷十九，頁一臨川王氏曰；詳解卷二六，頁一—二述略同。）

【佚文】（四八五）「（事功曰勞，）事成於勤勞故也。」（集説卷六，頁四六王介甫曰；詳解卷二六，頁一述略同。）

【佚文】（四八六）「（治功曰力，）孔子言『禹盡力溝洫』是也。」（訂義卷四九，頁二王氏曰；詳解卷二六，頁二述大同。）

【佚文】（四八七）「大烝，冬之大享。當是時，百物皆報焉，祭有功宜矣。」（文淵閣四庫全書本周官新義卷十二，頁十一。）〔一〕

【佚文】（四八八）「大功，司勳藏其貳，則治功之約正掌於司約故也。」（集説卷六，頁四七王介甫曰；詳解卷二六，頁二述，幾全同。）

【佚文】（四八九）「事勞若一時有劇易，戰多若一敵有堅脆；若此屬不可爲常，故輕重眡功。」（訂義卷四九，頁三王氏曰；詳解卷二六，頁一、二述大同。）

〔一〕全段：訂義卷四九，頁三王氏曰；集説卷六，頁四七王介甫曰，「享」下有「也」字，「矣」作「也」；註疏删翼卷十九，頁三介甫王氏曰，同集説。

馬質，掌質馬，馬量三物：一曰戎馬，二曰田馬，三曰駑馬，皆有物賈；綱惡馬。凡受馬於有司者，書其齒毛，與其賈。馬死則旬之內更，旬之外入馬耳，以其物更；其外否。馬及行，則以任齊其行；若有馬訟，則聽之。禁原蠶者。

【佚文】（四九〇）「馬質掌成官中市馬之事，如市之有質人。」（集説卷六，頁四八王介甫曰；詳解卷二六，頁三述略同。）

【佚文】（四九一）「每馬則以三物量之，以知其所宜。」（集説卷六，頁四九王介甫曰；註疏刪翼卷十九，頁四王介甫曰；詳解卷二六，頁三述略同。）

【佚文】（四九二）「綱，謂以縻索維之，所以制其奔踶也。」（文淵閣四庫全書本周官新義卷十二，頁十二。）〔一〕

量人，掌建國之灋，以分國爲九州，營國城郭，營后宮，量市朝道巷門渠；造都邑，亦如之；營軍之壘舍，量其市朝州涂，軍社之所里；邦國之地，與天下之涂數，皆書而藏之。凡祭祀、饗賓，制其從獻脯燔之數量；掌喪祭奠竁之俎實。凡宰祭，與鬱人受嘏，歷而皆飲之。

〔一〕 全段：訂義卷四九，頁五王氏曰；詳解卷二六，頁三述，幾全同。

【佚文】（四九三）「受罼，歷而皆飲之，受罼，傳之他器，而皆飲之也。鬱人於祭祀達其氣臭，以始之；量人祭祀制其量數〔一〕，以成之；二者本末相成〔二〕，皆所以致福，而達臭以始之者〔三〕，主王制；量數以成之者，主宰；故鬱人大祭祀與量人受舉罼之卒爵而飲之；量人宰制〔四〕，則與鬱人受罼歷而皆飲之；皆飲，所以致福者盡矣。」（文淵閣四庫全書本周官新義卷十二，頁十二。）〔五〕

【評】（一三三）清王太岳曰：「義：『受罼，傳之他器，而皆飲之也。』案：歷字，疏謂『鬱人與量人歷皆飲之也』，考之少牢饋食、有司徹諸禮，亦無『傳之他器』之文。王氏不知何據。又夏官，永樂大典原闕，今據王氏訂義校補。」（四庫全書考證卷八，頁四六。）

【佚文】（四九四）「……交神以德者也。……事神以禮者也。」（集説卷六，頁五二；周禮全經釋原卷九，頁六五；註疏删翼卷十九，頁九，上承「始之」、「成之」，詳本頁註二。）

〔一〕「人」下，經苑本有「於」字。

〔二〕「鬱人」以下：集説卷六，頁五二王介甫曰，「始之」、「成之」下各多六字（詳後佚文）；註疏删翼卷十九，頁九介甫王氏曰，同集説；周禮全經釋原卷九，頁六五王氏曰，「二者」作「二官」，句末有「焉」字，餘同集説。

〔三〕「臭」，經苑本作「氣臭」。

〔四〕「制」，墨海本作「祭」。

〔五〕全段，訂義卷四九，頁九王氏曰，「始之量人」下有「於」字。

【評】（一三四）宋鄭鍔曰：「祭祀之時，又有宰制之禮。量人掌量數，亦得以飲福。記曰：『宗廟之内敬矣！君親牽牲，夫人贊幣而後；君親制祭，夫人薦盎』：此諸侯之禮也。陸佃推制祭之節，謂：諸侯有享牛無求牛，故制祭在迎牲之後。天子有二牛，故祼獻則制祭。諸侯之制，祭則謂之制；天子之制，祭則謂之宰；異其文者，所以別尊卑也，其義一耳。當宰制之時，尸既即席，祝乃舉斝角詔妥尸詑事。則量人與鬱人受舉斝之餘瀝，而皆飲之，所以受神之福也。鬱人之言與此同，鬱人掌䢿以求神，交神以德也；量人制其量數，事神以禮也；事之如此，其受福也宜均，故同飲其斝歷焉者，無餘之意，以見其受福之盡也。先儒與王安石皆以宰爲冢宰，失之遠矣。」（周禮全解，載訂義卷四九，頁九。）

△小子

羊人，掌羊牲，凡祭祀，飾羔。祭祀，割羊牲，登其首。凡祈珥，共其羊牲；賓客，共其灋羊。凡沈辜侯禳釁積，共其羊牲。若牧人無牲，則受布于司馬，使其賈買牲而共之。

【佚文】（四九五）「飾羔，若禮所謂『飾羔鴈者以繢』也[一]；灋羊，謂牢禮之灋所用也[二]。」（文淵閣四庫全書本周官新義卷十二，頁十三。）

司爟，掌行火之政令，四時變國火以救時疾。季春出火，民咸從之；季秋内火，民亦如之。時則施火令。凡祭祀，則祭爟。凡國失火，野焚萊，則有刑罰焉。

【佚文】（四九六）「舉火曰爟，祭祀用爟，故祭焉。」（文淵閣四庫全書本周官新義卷十二，頁十三。）[三]

掌固，掌脩城郭、溝池、樹渠之固，頒其士庶子，及其衆庶之守；設其飾器，分其財用，均其稍食，任其萬民，用其材器。凡守者，受灋焉，以通守政。有移甲與其役財用，唯是得通；與國有司帥

[一] 首以下：詳解卷二六，頁六述，幾全同；訂義卷四九，頁十二王氏曰；欽定義疏卷三十，頁十五王氏安石曰：「禮記：飾羔鴈者以繢。」删易而成。

[二] 「灋羊」以下：詳解卷二六，頁六述，幾全同；訂義卷四九，頁十二王氏曰；集説卷六，頁五四王介甫曰；註疏删翼卷十九，頁十一—十二介甫王氏曰，並「羊」下有「賓客」二字，無「謂」字、「也」字。

[三] 全段：詳解卷二六，頁八述，「用」作「司」；訂義卷四九，頁十五王氏曰。

之，以贊其不足者；晝三巡之，夜亦如之；夜三鼜以號戒。

【佚文】（四九七）「古者有城守則樹焉，國語所謂『城守之木』是也；有溝涂則樹焉，司險所謂『設國之五溝、五涂而樹之，以爲阻固』是也。司險樹之，掌固修之。」（訂義卷五十，頁一王氏曰；詳解卷二六，頁八述，幾全同；欽定義疏卷三十，頁二十王氏安石曰，自「司險所謂」至末，略依訂義。）

【佚文】（四九八）「士者，公卿大夫之適而已命者也；庶子者，國子之倅而未命者也；衆庶，則其地之人民遞守者也。夫士庶子所使帥衆庶而頒其守，則遠近均焉，勞逸更焉〔二〕。分其財用，以給守事；均其稍食，以養守者〔三〕。」（文淵閣四庫全書本周官新義卷十二，頁十三—十四。）

【佚文】（四九九）「……公卿大夫涖職於内，而子弟守固於外，休戚一體之道也。」（欽定義疏卷三十，頁二一王氏安石曰，上承「勞逸更焉」，詳本頁註一；此廿二字，蓋約取王昭禹説，見詳解卷二六，頁八。）

〔二〕首以下：詳解卷二六，頁八，「士者」作「士謂」，「適」作「適子」，「庶子者」作「庶子謂」，「其地」作「守其地」，「遞守者也」四字無，「夫士庶子」上有「聽」字；訂義卷五十，頁一王氏曰。又「頒其守」以下，欽定義疏卷三十，頁二一王氏安石曰，末「焉」字無，作「勞逸更」，其下更有廿二字，詳下佚文。

〔三〕「分其」以下：訂義卷五十，頁二王氏曰。

△司險

掌疆　闕

候人，各掌其方之道治與其禁令，以設候人。若有方治，則帥而致于朝；及歸，送之于竟。

【佚文】（五〇〇）「方各設其人，以候有方治者，致之送之。」（文淵閣四庫全書本周官新義卷十二，頁十四。）〔二〕

環人，掌致師，察軍慝，環四方之故；巡邦國，搏諜賊，訟敵國，揚軍旅，降圍邑。

【佚文】（五〇一）「搏諜賊以下〔三〕，皆環人巡邦國之事。」（文淵閣四庫全書本周官新義卷十二，頁十四。）〔三〕

〔一〕全段：訂義卷五十，頁六王氏曰。

〔二〕「以」，鈔本原無，孔校增。

〔三〕全段：訂義卷五十，頁八王氏曰，「搏諜賊」作「自此」。

△挈壺氏

射人，掌國之三公、孤卿、大夫之位：三公北面，孤東面，卿大夫西面；其摯：三公執璧，孤執皮帛，卿執羔，大夫鴈；諸侯在朝，則皆北面，詔相其灋。

【佚文】（五〇二）「三公執璧，則以有君之體，而不致其用也。」（文淵閣四庫全書本周官新義卷十二，頁十五。）〔一〕

若有國事，則掌其戒命，詔相其事，掌其治達。

【佚文】（五〇三）「射之爲道，和以直達，有括則不至，治達如之；故掌治達者，在射人也。」（文淵閣四庫全書本周官新義卷十二，頁十五。）〔二〕

以射灋治射儀：王以六耦射三侯，三獲三容，樂以騶虞，九節五正；諸侯以四耦射二侯，二獲二

〔一〕全段：詳解卷二六，頁十三述，「以」下有「其」字；訂義卷五十，頁十一王氏曰。

〔二〕全段：詳解卷二六，頁十三—十四述；訂義卷五十，頁十二王氏曰。

容，樂以貍首，七節三正；孤卿大夫以三耦射一侯，一獲一容，樂以采蘋，五節二正；士以三耦射豻侯，一獲一容，樂以采蘩，五節二正。若王大射，則以貍步，張三侯；王射，則令去侯，立于後，以矢行告；卒令取矢。祭侯，則爲位；與太史數射中；佐司馬治射正。

【佚文】（五〇四）司裘之虎侯、熊侯、豹侯，即射人之三侯；司裘之熊侯、豹侯，即射人之二侯；司裘之麋侯，即射人之一侯。（周禮詳説荆公以，載訂義卷五十，頁十四；詳解卷三六，頁十四—十五述曰：「三侯，熊、虎、豹也；二侯，則無虎；一侯，則麋而已。」）

【評】（一三五）宋王十朋曰：「荆公以……陸農師謂：『王射三侯，於侯内，以五采畫正；諸侯二侯，以三采畫正；卿大夫一侯，以二采畫正。』其説皆失之。司裘所言者，大射也。射人所言者，賓射也。梓人曰『張皮侯而棲鵠』，則大射之侯也。又曰『張五采之侯』，則賓射之侯也。又曰『張獸侯』，則燕射之侯也。司裘言侯而及鵠，射人言侯而及正。……射人所謂三侯，當如康成謂『五正三正二正之侯也』。諸侯二侯，即三正二正之侯也。卿大夫一侯，則二正而已。若以司裘之熊侯、豹侯而降殺之，則梓人所謂皮侯與五采之侯何别乎？若謂天子之侯皆五正，則是天子與諸侯、卿大夫射，而同其侯矣。臣下與天子角勝負，可乎？當從康成之説，謂異其侯。蓋上得以兼下，下不得以僭上也。」（周禮詳説，訂義卷五十，頁十四載。）

【佚文】（五〇五）「侯而祭之，則神無不在，而君子無所不用其至。」（文淵閣四庫全書本周官新義卷十二，頁十六。）〔一〕

服不氏，掌養猛獸而教擾之。凡祭祀，共猛獸；賓客之事，則抗皮；射，則贊張侯，以旌居乏而待獲。

【佚文】（五〇六）「抗皮、贊張侯、待獲，皆服不服之意，故服不氏掌之。」（文淵閣四庫全書本周官新義卷十二，頁十六。）〔二〕

射鳥氏，掌射鳥。祭祀，以弓矢敺烏鳶。凡賓客、會同、軍旅，亦如之。射，則取矢，矢在侯高，則以并夾取之。

【佚文】（五〇七）「先王置官，大抵兼職，射鳥氏雖無所兼，其所射以共賓祭膳獻〔三〕，亦足以償祿矣。使敺烏鳶，以并夾取矢，雖若不急，然上下無乏事，則以事爲之制故也。」（文淵閣四

〔一〕全段：詳解卷二六，頁十五述；訂義卷五十，頁十七王氏曰。
〔二〕全段：詳解卷二六，頁十六述；訂義卷五十，頁二一王氏曰。
〔三〕「賓祭」，墨海本、經苑本並作「賓客」。

庫全書本周官新義卷十二，頁十六。）〔一〕

【佚文】（五〇八）掌畜，供膳獻之鳥，則射鳥氏掌射鳥，亦以共膳獻之用也。然掌畜以養鳥而共之，射鳥氏以射鳥而共之。烏善污人，敺之所以致潔；鳶善取物，敺之所以去害，故祭祀、賓客、會同、軍旅，皆敺之也。射則取矢，蓋以射爲事故也。并夾，則鍼矢之器也，故矢在侯高，則以并夾取之矣。（詳解卷二六，頁十七新經云云。）

羅氏，掌羅烏鳥。蜡則作羅襦。中春，羅春鳥，獻鳩，以養國老，行羽物。

掌畜，掌養鳥而阜蕃教擾之。祭祀，共卵鳥；歲時貢鳥物，共膳獻之鳥。

【佚文】（五〇九）「共卵及鳥物，與獸同義，翠腎羽翮之屬是也〔二〕。」（文淵閣四庫全書本周官新義卷十二，頁十七。）〔三〕

〔一〕全段：訂義卷五十，頁二二王氏曰。
〔二〕「羽」，鈔本初無，孔校增。
〔三〕全段：訂義卷五十，頁二四王氏曰（二條）。

司士，掌羣臣之版，以治其政令。歲登下其損益之數，辨其年歲，與其貴賤，周知邦國、都家、縣鄙之數，卿、大夫、士、庶子之數，以詔王治；以德詔爵，以功詔禄，以能詔事，以久奠食，唯賜無常。

【佚文】（五一〇）「賜出於王之恩，恩有厚薄，賜有多寡，又何常之有？且賜而有常，則無以作福矣[一]。」（文淵閣四庫全書本周官新義卷十二，頁十七。）[二]

正朝儀之位，辨其貴賤之等：王南鄉；三公北面，東上；孤東面，北上；卿大夫西面，北上；王族故士、虎士，在路門之右，南面東上；大僕、大右、大僕從者，在路門之左，南面西上。

【佚文】（五一一）「鄉明以聽天下者，王也，故南鄉；面王而答之者，公也，故北面；孤，佐王者也[三]，故東面；卿大夫，佐王者也，故西面；王族故士、虎士、大僕、大右、大僕從者，則從王者也，

〔一〕「則」下，經苑本有「辟」字，詳解述亦有「辟」字（詳下註）。
〔二〕全段：詳解卷二七，頁二述大同；訂義卷五一，頁四王氏曰，「則」下有「辟」字。
〔三〕「佐」，墨海本、經苑本並作「佑」。

故南面，順王所嚮焉〔二〕。三公東上，則北面以左爲右故也〔三〕。自孤以下，皆以近尊爲上〔三〕；公以下，皆言面，王獨言嚮〔四〕，不斥其體，尊故也。」（文淵閣四庫全書本周官新義卷十二，頁十七—十八。）〔五〕

【佚文】（五一二）「所謂治朝也，若朝士之位與此不同者。彼外朝之法，聽獄弊訟，詢衆庶之朝也。……」（集説卷七，頁五王介甫曰；註疏刪翼卷二十，頁五—六臨川王氏曰，並下接「鄉明」云云，已詳本頁註五。）

諸子，掌國子之倅，掌其戒令與其教治，辨其等，正其位。國有大事，則帥國子而致於大子，惟所

〔二〕「嚮」，鈔本、墨海本、經苑本皆作「向」。

〔三〕「左」，經苑本作「東」。

〔三〕首以下：訂義卷五，頁五王氏曰。又「王族」以下，欽定義疏卷三一，頁五王氏安石曰，「左」作「東」，「故也」作「也」，「以下」作「而下」，「尊」作「王」。

〔四〕「嚮」，墨海本作「鄉」。

〔五〕全段：集説卷七，頁五王介甫曰：「鄉明以聽天下者王，故王南鄉；鄉王而答之者三公，故三公北面；孤，佑王者也，故東面；卿大夫，佐王者也，故西面；王族故士、虎士、大僕、大右、大僕從者，則從王者也，順王所鄉，故南面；三公東上則北面，以東爲右故也；自孤以下，則皆以近尊爲上；公以上皆言面，王獨言鄉，不斥其體，尊故也。」略同。文亦見註疏刪翼卷二十，頁五—六臨川王氏曰，「爲右」下無「故」字，「孤以下」之「下」作「上」，「公以上」作「公以下」，餘同集説。

用之。若有兵甲之事，則授之車甲，合其卒伍，置其有司，以軍灋治之；司馬弗正，凡國正弗及。

【佚文】（五一三）「上文言國子之倅，而下言帥國子致於太子，則諸子掌國子及其倅，非特倅也。」（集説卷七，頁九王介甫曰；註疏删翼卷二十，頁十四—十五王介甫氏曰，「帥」作「師」。）

【佚文】（五一四）「司馬弗正，國正弗及，則是諸子正之，大子用之而已〔二〕。」（文淵閣四庫全書本周官新義卷十二，頁十八。）〔三〕

【佚文】（五一五）掌國子之倅，而名官謂之諸子者，蓋公、卿、大夫、士之子，自其衆而言之，則謂之諸子也。國子之教，師氏掌其正者也，諸子則掌其倅而已。蓋國子之適，則爲正，而其庶之介於適者，則謂之倅也。掌其戒令，則所謂「國有大事，則帥國子而致於太子，惟所用之。甲兵之事，則授之車甲，合其卒伍」，是也。掌其教治，則所謂「使之修德學道，以攷其藝，而進退之」，是也。辨其等，所以明貴賤也；正其位，所以明上下也。公、卿、大夫則聽於王者也，其子則聽於太子者也。故國有大事，則帥國子而致於太子，惟所用之也。所謂國之大事，不

〔二〕「大」，經苑本作「太」，詳解卷二七，頁四述亦作「太」。

〔三〕全段：訂義卷五一，頁十四王氏曰，「大」作「太」；集説卷七，頁十一王介甫曰；註疏删翼卷二十，頁十七臨川王氏曰，「國」上並有「凡」字、「大」作「太」。

必甲兵之事也；若有甲兵之事，則授之以車，而合其事之卒伍，授之以甲，而合其人之卒伍。置其有司，則若伍之有長、司馬之有公也。以軍法治之，則其坐作、其賞罰，若軍旅之事而已（詳解卷二七，頁四新傳云云。）

大祭祀，正六牲之體。凡樂事，正舞位，授舞器。大喪，正羣子之服位。會同、賓客，作羣子從。凡國之政，事國子，存遊倅，使之脩德學道，春合諸學，秋合諸射，以攷其藝而進退之。

【佚文】（五一六）「國子服政，故事之遊倅，弗服政，故存之而已。」（周禮全解王安石謂，載訂義卷五一，頁十六。）

【評】（一三六）宋鄭鍔曰：「先儒謂：政事者，徭役之事；國子存遊倅者，言有事之時，此國子存遊暇無事之倅中，使脩德學道。竊疑『存』字之義未通。近世王安石謂：『……』以『凡國之政』爲一句，『事國子』爲一句，『存遊倅』爲一句，穿鑿尤甚！要知爲國家，其政事之時，爲國子者當有事焉，或唯太子之命是從，或授甲車以從軍，國子於是時不得以自暇也。若夫未仕之庶子，則不與事矣。其爲學不可以或廢也。於國子中存其遊倅，使之脩德學道也。遊倅者，未仕之倅，遊如逸遊之游，見其無事之意。」（周禮全解，載訂義卷五一，頁十六。）

【佚文】（五一七）「春合諸學，則修德學道也；秋合諸射，則以待兵甲之事也。」（集説卷七，頁十二介甫曰；註疏刪翼卷二十，頁十九介甫王氏曰。）

司右，掌羣右之政令。凡軍旅、會同，合其車之卒伍，而比其乘，屬其右。凡國之勇力之士，能用五兵者屬焉，掌其政令。

【佚文】（五一八）「車之卒伍，車僕所謂車之萃也。」（訂義卷五一，頁十八王氏曰；詳解卷二七，頁六述，「車僕」上有「則」字。）

【佚文】（五一九）「比其乘，則比其乘之馬，使齊力；屬其右，則屬其右之人，使同心〔二〕；先王既合萬民之卒伍，以時習之，皆使知戰〔三〕。又屬勇力之士，能用五兵者於司右，使掌其政令，則軍旅之事，有選鋒以待敵，齊民得免死焉；無事之時，武夫皆寓於官府，無所舊其私鬬

〔二〕首以下：詳解卷二七，頁六述，幾全同；訂義卷五一，頁十九王氏曰；集説卷七，頁十三王介甫曰；註疏刪翼卷二十，頁二十王介甫氏曰，並兩「別」字皆作「者」。

〔三〕「戰」下，經苑本有「矣」字。

矣〔二〕。」（文淵閣四庫全書本周官新義卷十二，頁十九。）

【佚文】（五二〇）羣右之長，所以謂之司右也。羣右，齊右、道右也，司右則掌其政令焉。政以正之，令以使之，車之卒伍，則車僕所謂「車之萃」也。車之萃，則有卒伍焉。……凡國之勇力之士，能用五兵者屬焉，則以車右必任勇力之士故也。五兵，則司兵所謂之「五兵」是也。蓋凡用五兵，遠則弓矢射之，近則矛者句之，句之矣，然後殳者擊之，戈戟者刺之。五者相須以爲用矣。（詳解卷二七，頁六述新經云云。）

△虎賁氏

旅賁氏，掌執戈盾，夾王車而趨，左八人，右八人，車止則持輪。凡祭祀、會同、賓客，則服而趨；喪紀，則衰葛執戈盾；軍旅，則介而趨。

【佚文】（五二一）「旅賁，則王衛之尤親者。王吉服，則亦吉服；王凶服，則亦凶服；王戎

〔二〕「先王」以下：訂義卷五一，頁十九王氏曰；集説卷七，頁十四王介甫曰；周禮全經釋原卷十，頁十三王氏曰；註疏删翼卷二十，頁二十王介甫氏曰，皆「戰」下有「矣」字，「使」上有「而」字，「寓」作「制」。

服，則亦戎服〔二〕；亦與王同其憂樂也。」（文淵閣四庫全書本周官新義卷十二，頁二十。）〔三〕

【佚文】（五二二二）「持輪，所以爲安也。」（訂義卷五一，頁二一王氏曰；詳解卷二七頁七述。）

節服氏，掌祭祀、朝覲，衮冕六人，維王之大常。諸侯則四人，其服亦如之。郊祀，裘冕，二人執戈，送逆尸，從車。

【佚文】（五二二三）掌祭祀、朝覲，衮冕六人，維王之大常，諸侯則四人，其服亦如之，而其官名之曰節服氏者，蓋中而不可不高者，德也；節而不可不積者，禮也。由禮之升而藏焉，則爲道之一，爲德之高；由道之降而顯焉，則爲禮之節。建常以象道，服衮以象德者，外王之禮也。若夫内聖之道，則蕩然無執，而人以維之，道之所以不散也。故大常者，王建之，而維之者，在節服氏。衮冕六人，維王之大常，而諸侯則四人，其服亦如之也。所謂「諸侯則四人，其服亦如之」者，亦如諸侯之服也。然王則六人，諸侯則四人者，以禮言之，則諸侯當殺於王；以理言之，則六者水之成數，所以爲智也，四者金之生數，所以爲義也。降而絀，絀而生智，惟王則

〔二〕「王吉服」以下，集説卷七，頁十七王介甫曰；註疏刪翼卷二十，頁二三王介甫氏曰。
〔三〕全段：詳解卷二七，頁七述大同；訂義卷五一，頁二二王氏曰。

爲智之至，故維太常者以六人，取其智之成也。君德本於仁，而仁必制之以義，諸侯於義，爲未至焉，故維其旂者以四人，以其非義之成也。以道觀之，則何貴何賤，是謂反衍；維之以人，則遂分貴賤也。上德不德，是以有德，取節於彼，則不自有其貴也。通乎此，則先王制禮之意，豈不微哉！（詳解卷二七，頁八新經云云。）

△方相氏

周禮新義　卷十三　夏官司馬二

大僕，掌正王之服位，出入王之大命；掌諸侯之復逆。王眡朝，則前正位而退；入亦如之。

【佚文】（五二四）「王眡朝，眡治朝也。」（文淵閣四庫全書本周官新義卷十三，頁一。）〔一〕

建路鼓于大寢之門外，而掌其政，以待達窮者與遽令；聞鼓聲，則速逆御僕與御庶子。祭祀、賓客、喪紀，正王之服位，詔灋儀，贊王牲事。王出入，則自左馭而前驅。

【佚文】（五二五）「窮者，欲速達〔二〕，甚于遽令〔三〕。王之牲事，以事鬼神，苟外不能治其人，內不能治其身〔四〕，雖日用牲祭，鬼神猶弗享也；大臣衆矣，所與治其人，莫尊於大宰；近臣衆

〔一〕全段：詳解卷二七，頁九；訂義卷五二，頁二王氏曰；集説卷七，頁二四王氏曰，皆無「也」字。又見註疏刪翼卷二十，頁二六王氏曰。

〔二〕「欲」下，經苑本有「其」字；詳解述無「其」字（詳下註）。

〔三〕首以下：詳解卷二七，頁十述大同，「窮」上有「先」字；訂義卷五二，頁三王氏曰；欽定義疏卷三一，頁三二王氏安石曰，「窮」上並有「先」字。

〔四〕「治」，經苑本作「正」。

矣，所與正其身，莫親於大僕；故贊牲事，以此兩官〔二〕。」（文淵閣四庫全書本周官新義卷十三，頁一。）

【佚文】（五二六）「路鼓四面，示欲四方無所不達。大寢之門外，自外至者莫近焉，則欲其聞之速也。先言窮者，則欲其速達，甚於遽令。」（集説卷七，頁二四—二五王介甫曰；詳解卷二七，頁十述略同；註疏删翼卷二十，頁二七臨川王氏曰，「窮者」作「窮之」；「先言窮者」以下，參看本頁註一。）

【佚文】（五二七）祭祀，吉禮之事也。賓客，賓禮之事也。喪紀，凶禮之事也。事既不同，王之服位亦異。故大僕正之，詔法儀；法見于度數者，儀見于動容者，皆大僕以言告之也。贊王牲事，謂祭祀王射牲與割牲之事也。（詳解卷二七，頁十新經云云。）

△小臣

〔二〕「王之牲」以下：訂義卷五二，頁四王氏曰。集説卷七，頁二五王介甫曰；註疏删翼卷二十，頁二八臨川王氏曰，「治其身」之「治」並作「正」；「大宰」作「太宰」。

祭僕，掌受命于王，以眡祭祀，而警戒祭祀有司，糾百官之戒具；既祭，帥羣有司而反命，以王命勞之；誅其不敬者。大喪，復于小廟。凡祭祀，王之所不與，則賜之禽；都家亦如之。凡祭祀致福者，展而受之。

【佚文】（五二八）「肆師誅其慢，慢謂不肅也；祭祀誅其不敬，則非不肅之謂也〔一〕。祭僕掌受命于上〔二〕，以眡祭祀；隸僕掌五寢掃除糞洒之事，王皆以故習而親焉故也。既置夏采掌復復之正事〔三〕，又以二僕參焉，復盡愛之道，求所以生之不以方而已〔四〕。」（文淵閣四庫全書本周官新義卷十三，頁二一。）

御僕，掌羣吏之逆，及庶民之復，與其弔勞。大祭祀，相盥而登；大喪，持翣，掌王之燕令，以序守路鼓。

【佚文】（五二九）「御僕，掌萬民之逆。」（臨川集卷四三，頁四乞改周禮義誤字劄子：「御僕

〔一〕首以下：詳解卷二七，頁十三述，「祀」作「僕」；又見訂義卷五二，頁十王氏曰。
〔二〕「掌」，墨海本、經苑本並無。「上」，墨海本作「王」。
〔三〕「復復」，墨海本、經苑本「復」字並不叠。
〔四〕「祭僕」以下，訂義卷五二，頁十一王氏曰，「復之」作「復」。

『掌萬民之復』，『復』當作『逆』。」四庫全書考證卷八，頁四六曰：「義：『庶民之復，大司寇所謂「遠近惸獨老幼之欲有復于上」者。』案：安石集乞改三經義誤字劄子云：『御僕「掌萬民之復」，「復」當作「逆」。』今原本闕夏官，此據王氏訂義補録，無此六字。然考經文，仍當作『復』，不當作『逆』。」）

【佚文】（五二九之一）「庶民之復，大司寇所謂『遠近惸獨老幼之欲有復于上』者〔一〕；故大僕言『建路鼓以待達窮者，聞鼓聲則速逆御僕』也。」（文淵閣四庫全書本周官新義卷十三，頁三二。）〔二〕

【佚文】（五三〇）「王盥而登，御僕相之。」（訂義卷五二，頁十二王氏曰。）

【佚文】（五三一）僕，臣之附屬于尊者，如馬之在御，遲速緩急唯御者之聽，故以御僕名官。掌羣吏之逆者，羣吏自士以下言之也。若宰夫之言三公、六卿、大夫，然後言羣吏之位是也。宰夫掌治朝之法，故敘羣吏以待諸臣之復、萬民之逆；大僕掌王之大命，故掌諸侯之復逆；小臣掌王之小命，故掌三公、孤卿之復逆；御僕掌守路鼓達下情，故掌羣吏之逆。……大祭

〔一〕「者」下，經苑本有「也」字。

〔二〕全段：詳解卷二七，頁十四述略同；訂義卷五二，頁十二王氏曰。集説卷七，頁二九王介甫曰；註疏删翼卷二十，頁三七王介甫氏曰，並「大司」上有「即」字，「欲」上無「之」字，「上者」下有「也」字。

祀相盥而登者，相盥非沃也，若儀禮所謂「奉槃授巾」是也。登，謂爲王登牲體于俎也。（詳解卷二七，頁十三—十四新經云云。）

隸僕，掌五寢之埽除糞洒之事。祭祀，脩寢；王行，洗乘石。掌蹕宫中之事。大喪，復于小寢、大寢。

【佚文】（五三二）「王者七廟，而云五寢者，蓋二祧將毀，先除其寢，去事有漸故也。鄭氏謂『唯祧無寢』是也；以文、武爲二祧，則誤矣。禮記以『遠廟爲祧』，當此時，文、武最爲近廟，豈宜稱祧，又不設寢乎？然則二祧，其高祖之父與其祖歟？」（集説卷七，頁二九—三十王介甫曰；註疏删翼卷二十，頁三八王介甫氏曰。詳解卷二七，頁十四述，無「鄭氏」以下共十八字，又無「當此時」以下共十八字，餘大同集説。）

弁師，掌王之五冕，皆玄冕，朱裏延紐；五采繅十有二就，皆五采玉十有二，玉笄，朱紘。諸侯之繅斿九就，瑉玉三采，其餘如王之事，繅斿皆就，玉瑱，玉笄。王之皮弁，會五采玉璂，象邸玉笄。王之弁經，弁而加環經。諸侯及孤卿大夫之冕，韋弁、皮弁、弁經，各以其等爲之，而掌其禁令。

【佚文】（五三三）「五采，備采也；十有二就，備數也；玉十有二，備物也〔二〕；玉笄貫其上，以象德也。」（文淵閣四庫全書本周官新義卷十三，頁三。）〔三〕

司甲 闕

△司兵

△司戈盾

司弓矢，掌六弓、四弩、八矢之灋，辨其名物，而掌其守藏與其出入。中春獻弓弩，中秋獻矢箙，及其頒之：王弓、弧弓，以授射甲革、椹質者；夾弓、庾弓，以授射豻侯、鳥獸者；唐弓、大弓以授學射者、使者、勞者。其矢箙，皆從其弓。凡弩，夾、庾利攻守，唐、大利車戰野戰。凡矢，枉

〔二〕首以下，集説卷七，頁十三二王介甫曰；註疏删翼卷二一，頁四王介甫曰，並無「就」字。

〔三〕全段：詳解卷二七，頁十五述，幾全同；訂義卷五二，頁十五。

矢、絜矢利火射，用諸守城車戰；殺矢、鍭矢，用諸近射田獵；矰矢、茀矢，用諸弋射。恒矢、庳矢，用諸散射。天子之弓，合九而成規；諸侯，合七而成規；大夫，合五而成規；士，合三而成規。句者謂之弊弓。

【佚文】（五三四）「謂之夾，以其射至弱，必夾而輔之，然後可用；謂之庾，如露積之庾，須臾而爲廩，非可以爲久也。」（周禮全解王安石云，載訂義卷五三頁六；詳解卷二八，頁三，第一「夾」下、「庾」下並有「則」字。）

【評】（一三七）宋鄭鍔曰：「弓有强弱，事有難易，而射有遠近，須與人射，宜各因事而量。其所當用，則人與弓相得，射可以必中。何則？弓有王、有弧、有夾、有庾、有唐、有大，六者不同。有射甲革、椹質者，有射豻侯、鳥獸者，有學射者、使者、勞者。事既難易，則所射有遠近，詎可以苟頒乎？攷之考工記，謂：往體寡，來體多者，曰王弓、弧弓。其弓往體寡則反而曲，來體多則正而長，名曰王，其爲天子之所用也。名曰弧，其法天之弧星也。其弓至强，以射堅可也。故頒之以授射甲革、椹質者。甲革，説者謂即革車也，然左傳曰：『楚潘尫之黨，與養由基蹲甲而射之，徹七札焉。』禮記曰：『貫革之射息。』康成於此註謂爲革甲。又於弓人註曰：『革謂干、盾。』國語亦有『三革』之制，則甲革者，甲與革也。質，正也；植椹以爲射正，荀子曰：『質的張而弓矢至焉。』圉師云：『射則充椹質。』甲革、椹質，堅而難入，必用强弓以射之。然此下文『澤，共射椹質之弓矢』，非射於澤宮不用椹質矣。澤宮者，將祭而擇士先習射於此也。試弓習武，宜用至强之弓，而射至堅之物，『往體多，來體寡』，曰夾庾。庾字，師儒相傳讀爲庚。考工記作庾，説者謂：夾則能衛人，恃之而後保；庾則能濟人，待之而後藏。王安石云：『……』此皆取庾廩之義，似失之鑿。然師儒相傳爲夾、庚者，豈非以其弱必夾而後用，以其不可久必庚易而用歟？庚有庚易之義，如干日之庚；庚有變意，易所謂先庚、後庚是也。夾、庾往體多，則弓反而直；來體少，則弓正而短，合五而成規者也。豻侯，士所射之侯，所謂『干五十』者是也。豻侯五十步，可謂近矣。射鳥獸亦近而後得，故止用弱弓而已。往體、來體，若一曰唐、大强弱適中之弓，合七而成規也。惟强弱適中，故學射者用之。初學用中，而後習强弱皆可也。使者奉君命而行，有或遠、或近之差，勞者從國事而有功，有或難、或易之效，故授之以此，取其中也。以彫弓、彤弓、盧弓推之，則王弧者，彫弓也；唐、大者，彤弓也；夾、庾者，盧弓也。惟唐、大可以頒之使者、勞者，故詩以彤弓錫有功諸侯，平王以彤弓錫晉文侯，襄王以彤弓賜晉文公，則唐、大之爲彤弓可知矣。士用夾、庾，而荀卿曰『大夫黑弓』，則夾、庾之黑爲盧弓，可知矣。』（周禮全解，載訂義卷五三，頁五—六。）

△繕人

槀人，掌受財于職金，以齎其工。弓六物，爲三等；弩四物，亦如之；矢八物，皆三等；箙，亦如之。春獻素，秋獻成，書其等以饗工。乘其事，試其弓弩，以下上其食，而誅賞；乃入功于司弓矢，及繕人。凡齎財與其出入，皆在槀人，以待會而攷之，亡者闕之。

【佚文】（五三五）「木高則氣澤不至而槀；弓矢之材，以木之槀者爲之。」（周禮全解王安石云，載訂義卷五三頁十三；詳解卷二八，頁六述。）

【評】（一三八）宋鄭鍔曰：「此官掌以財給弓矢之工而以槀名官，先儒云：箭幹謂之槀，其字當作笴而音舸；此槀字音杲，乃禾稈也。王安石云：『……』其説求之太過！今欲從先儒箭幹之義，以舸音讀之。」（周禮全解，載訂義卷五三，頁十三。）

【佚文】（五三六）「入于繕人，則共王用也。」（文淵閣四庫全書本周官新義卷十三，頁五。）〔二〕

戎右，掌戎車之兵革使；詔贊王鼓；傳王命于陳中。會同，充革車；盟則以玉敦辟盟，遂役

〔二〕全段，詳解卷二八，頁七述；訂義卷五三，頁十五王氏曰。

之，贊牛耳桃茢。

【佚文】（五三七）「戎右與君同車，在車之右，執戈盾備非常，并充兵中役使，故云掌之。」（文淵閣四庫全書本周官新義卷十三，頁五。）〔二〕

【佚文】（五三八）贊牛耳，取其順聽也。（孫公談圃卷中，頁五荆公言；詳解卷二八，頁八述略同。集説卷七，頁四六王氏曰；周禮傳卷四下，頁十三王氏曰；註疏删翼卷二一，頁二四王氏曰，皆略同。）

【佚文】（五三九）「牛耳，尸盟者所執。」（困學紀聞卷四，總頁三八六周禮義云；詳解卷二八，頁八述，「尸」作「主」。集説卷七，頁四六王氏曰；註疏删翼卷二一，頁二四王氏曰，亦並同。周禮傳卷四下，頁十三王氏曰，「尸」作「司」，餘同。）

【評】（一三九）宋孫升曰：「（公曰：荆公三經，學者以爲如何？）余曰：荆公學尤邃於理，非後生所易知，故學者又爲穿鑿，所謂秦有司負秦法度也。然荆公亦有所失，如周官言『贊牛耳』，荆公言『取其順聽』。不知牛有耳而無竅，本以鼻聽。……昔曾有人引一牛與荆公辨之。……公曰然。」（孫公談圃卷中，頁五。）

〔二〕全段：詳解卷二八，頁八述略同；訂義卷五三，頁十五王氏曰。

【評】（一四〇）宋王應麟曰：「孫君孚談圃謂：『……』今按：周禮義云：『牛耳，尸盟者所執。』無順聽之説。蓋荆公聞而知之。」（困學紀聞卷四，總頁三八六。）元敏謹案：翁元圻註云：「閻按：『尸盟者所執五字，用鄭註。』方樸山云：『知之當作改之。』繼序按：『以埤雅證之，則引牛與荆公辯者，乃陸農師也。順聽之説，本之孔仲達禮記正義，如何肯改？今王氏（與之）訂義、陳氏（友仁）集説尚載荆公原文，厚齋但就一處覽之，故以爲無其説耳。』」元圻按：『陸農師埤雅云：「戎右曰『贊牛耳桃茢，牛耳無竅，以鼻聽也。盟者聽於人神，故執牛耳，（而）正以不聽爲戎。』」』」）

齊右，掌祭祀、會同、賓客，前齊車。王乘，則持馬；行，則陪乘。凡有牲事，則前馬。

【佚文】（五四〇）「金路以賓，而謂之齊車者，王敬賓事如祭故也。」（文淵閣四庫全書本周官新義卷十三，頁六。）〔一〕

【佚文】（五四一）「……齊，正所以承祭祀……」（集説卷七，頁四七王介甫曰，上承「齊車」，

〔一〕 全段：詳解卷二八，頁八述，「而」作「亦」。訂義卷五四，頁一王氏曰；集説卷七，頁四六—四七王介甫曰，「而」作「亦」，「車」下無「者」字，「敬賓」下無「事」字，又多一句（詳下佚文）。

詳上頁註一；詳解卷二八，頁八述作「齊所以承祭祀」，但句在「金路以賓」之上。）

道右，掌前道車。王出入，則持馬陪乘，如齊車之儀。自車上，諭命于從車；詔王之車儀；王式，則下前馬；王下，則以蓋從。

【佚文】（五四二）「齊右〔一〕，王弗乘則前馬〔二〕，方乘則持馬，既乘而行則陪乘〔三〕，三者皆與齊右同〔四〕。」（文淵閣四庫全書本周官新義卷十三，頁六。）

【佚文】（五四三）「象路以朝夕燕出入，而謂之道車；王朝夕燕出入，無非道之故也。」（集説卷七，頁四八王介甫曰；註疏刪翼卷二一，頁二五王氏介甫曰。詳解卷二八，頁九述，幾全同。）

〔一〕「齊」，墨海本作「道」，詳解述作「齊」（詳下註）。

〔二〕「弗」，經苑本作「未」，詳解述作「弗」。「馬」，經苑本作「車」，詳解述亦作「車」（詳下註）。

〔三〕首以下：詳解卷二八，頁九述略同；訂義卷五四，頁一王氏曰。欽定義疏卷三一，頁三十王氏安石曰，「齊右」二字無，「弗」作「未」，「前馬」作「前車」，「既」作「已」，「行」上有「將」字。

〔四〕「三」以下，詳解卷二八，頁九述；訂義卷五四，頁二王氏曰。

大馭，掌馭玉路以祀，及犯軷。王自左馭，馭下祝；，登，受轡；，犯軷，遂驅之。及祭，酌僕；，僕左執轡，右祭兩軹，祭軓乃飲。凡馭路，行以肆夏，趨以采薺；，凡馭路儀，以鸞和爲節。

【佚文】（五四四）「有軌也。」（臨川集卷四三，頁四乞改周禮義誤字劄子：「大馭『有軓也』，『軓』當作『軌』。」四庫全書考證卷八，頁四七曰：「祭軓乃飲，案：安石乞改三經義誤字劄子云：『大馭「有軓也」，「軓」當作「軌」。』今原本闕夏官，然考鄭注：『故書軓爲軋，杜子春云：軓當作軋，車前軾也。』則仍當作軓，不當作軌。」）

【佚文】（五四五）「僕，大僕祭祀則贊牲事；，既祭，王使馭酌焉，明與之並受福也。」（周禮全解王安石謂，載訂義卷五四，頁四；，集說、註疏刪翼並引，略同，詳下佚文。）

【評】（一四二）宋鄭鍔曰：「……其祭軷之時，使人酌酒以飲僕，僕併轡執於左手，以右手持酒而祭兩軹與軓……言車之行皆係於軹與軓也，右者用力之地，既祭乃飲，受神之福也。王安石乃謂：『……』不知四路皆有僕，此無玉路之僕而有大馭，則所謂僕者、玉路之僕，故先儒云僕即大馭也。」（周禮全解，載訂義卷五四，頁四。）

【佚文】（五四六）「書曰：『僕臣正，厥后克正。』蓋僕正王服位，以招贊，擯相前驅爲職。王有行也，僕爲之節；，王有爲也，僕爲之道；，故祭祀則贊牲事，既祭則王使馭酌焉，明與之並受福也。」（集說卷七，頁五十王介甫曰；，註疏刪翼卷二一，頁二七王氏介甫曰，「招」作「詔」。）

【佚文】（五四七）五路以玉路爲大，故掌馭玉路以祀，其官謂之大馭也。及犯軷者，謂王出郊以祀，故有犯軷之事也。蓋行山曰跋，王將出，封土以爲山而祭之，驅車轢之而去，喻无險難也。王自左馭下祝登受轡犯軷，遂驅之也。（詳解卷二八，頁十新傳云云。）

【佚文】（五四八）夫王雖侔神天，而宰制禍福，然王之所以有福而無禍者，亦未始不本於神天之所爲，故出户而巫覡有事，出門而宗祝有事，則幽闇之中固有默相之者矣。及既祭也，王使馭酌僕，僕左執轡右祭兩軹，軹謂兩轊也。又祭軓，軓謂軾前也。祭軹與軓既畢，然後飲，則僕雖與馭並受其福，而其所以受福者，亦固有道矣。（詳解卷二八，頁十新傳云云。）

戎僕，掌馭戎車；掌王倅車之政，正其服。犯軷如玉路之儀；凡巡守，及兵車之會，亦如之。掌凡戎車之儀。

【佚文】（五四九）「（田車之副，謂之佐者，）如衆臣之佐其君。」（訂義卷五四，頁六王氏曰；詳解卷二八，頁十一述。）

【佚文】（五五〇）「（道車之副，謂之貳者，）若世子之貳其父，有故乃攝而代之。」（訂義卷五四，頁六王氏曰；詳解卷二八，頁十一述大同。）

△齊僕

△道僕

田僕，掌馭田路，以田以鄙。掌佐車之政，設驅逆之車，令獲者植旌；及獻比禽。凡田，王提馬而走，諸侯晉，大夫馳。

【佚文】（五五一）「提，節之；晉，進之；馳，則亟進之。尊者安舒，卑者戚速。」（文淵閣四庫全書本周官新義卷十三，頁七。）〔一〕

馭夫，掌馭貳車、從車、使車，分公馬而駕治之。

【佚文】（五五二）「貳車，副車、從車，謂屬車也；使車，謂使者所乘之車〔二〕。」（文淵閣四庫全

〔一〕　全段：訂義卷五四，頁十王氏曰；周禮說卷十一，頁二八王安石曰；欽定義疏卷三二，頁三九王氏安石曰。集說卷七，頁五四王介甫曰，「戚速」作「速疾」。註疏刪翼卷二一，頁三一臨川王氏曰；周禮輯註卷十三夏官二，頁二一朱筆眉註王安石曰，「戚速」並作「速戚」。詳解卷二八，頁十三述作「戚速」，同文淵本。

〔二〕　「謂」，墨海本、經苑本並無；詳解述有（詳下註）。

書本周官新義卷十三，頁七。）[一]

校人，掌王馬之政。辨六馬之屬：種馬一物，戎馬一物，齊馬一物，道馬一物，田馬一物，駑馬一物。凡頒良馬而養乘之：乘馬一師四圉，三乘爲皁，皁一趣馬；三皁爲繫，繫一馭夫；六繫爲廄，廄一僕夫；六廄成校，校有左右。駑馬，三良馬之數；麗馬一圉，八麗一師，八師一趣馬，八趣馬一馭夫。天子十有二閑，馬六種；邦國六閑，馬四種；家四閑，馬二種。凡馬，特居四之一。春祭馬祖，執駒；夏祭先牧，頒馬，攻特；秋祭馬社，臧僕；冬祭馬步，獻馬，講馭夫。凡大祭祀、朝覲、會同，毛馬而頒之；飾幣馬，執扑而從之。凡賓客，受其幣馬；大喪，飾遺車之馬，及葬，埋之；田獵，則帥驅逆之車。凡將事于四海山川，則飾黃駒。凡國之使者，共其幣馬。凡軍事，物馬而頒之。等馭夫之祿，官中之稍食。

【佚文】（五五三）「攻特者，駒之不可習者，廋人攻之矣；及成馬而不可習，則校人攻之[二]。

[一] 全段：詳解卷二八，頁十三述，「副車」下、「乘之車」下並有「也」字；訂義卷五四，頁十王氏曰。又欽定義疏卷四二，頁四十王氏安石曰，自「從車」以下亦載，「使」上無「謂」字。

[三] 首以下：訂義卷五五，頁七王氏曰；欽定義疏卷三二，頁四八王氏安石曰，並「馬」作「焉」。

臧僕，臧簡馭者簡其臧，亦簡其或不臧〔二〕。」（文淵閣四庫全書本周官新義卷十三，頁八。）

【佚文】（五五四）「講馭夫者，五馭之法，講其藝也。」（集説卷七，頁六二王介甫曰；註疏删翼卷二一，頁三八王介甫氏曰。詳解卷二八，頁十六述，「之」作「有」。）

【評】（一四二）宋陳汲曰：「周制：甸出革車一乘、馬四匹，則是馬亦民自備也。校人云『凡軍事，物馬而頒之』者，亦頒於官府，共軍事者耳。不然，校人六厩，凡三千四百匹，安能及庶民乎？自井田既壞，凡征戰，則國家賦馬與民。漢時，大僕牧師諸苑三十六所，分布西北邊，養馬三十萬頭。武帝時，天下亭亭有馬。自是以來，未嘗俾民自養馬也。雖唐府兵之制，有井田遺意，而當給馬者，予其直市之，每匹予錢二十五千，刺史折衝果毅歲閱，不任戰事者鬻之，以其錢更市，不足則一府共之。熙寧間，介甫罷祖宗馬監，令民自養馬，每一都限馬十五匹，十五年而足，謂之保馬。郡縣苟阿上意，不二三年而足，於是天下騷然病矣。」（周禮辨疑，載訂義卷五五，頁九—十。）

趣馬，掌贊正良馬，而齊其飲食，簡其六節。掌駕説之頒；辨四時之居治，以聽馭夫。

〔二〕「臧僕」以下：詳解卷二八，頁十六述，末有「也」字；又見訂義卷五五，頁七王氏曰。

【佚文】（五五五）「趣馬，下士阜一人〔一〕，繫一馭夫〔二〕，則下士一人〔三〕。」（文淵閣四庫全書本周官新義卷十三，頁七。）

△巫馬

牧師，掌牧地，皆有厲禁而頒之。孟春焚牧，中春通淫，掌其政令。凡田事，贊焚萊。

【佚文】（五五六）「頒其地于牧人。」（文淵閣四庫全書本周官新義卷十三，頁八。）〔四〕

廋人，掌十有二閑之政教，以阜馬，佚特，教駣，攻駒，及祭馬祖，祭閑之先牧，及執駒，散馬耳，圉馬。正校人員選。馬八尺以上爲龍，七尺以上爲騋，六尺以上爲馬。

〔一〕首以下：詳解卷二八，頁十四述；訂義卷五五，頁三王氏曰。

〔二〕「夫」，經苑本作「大」，詳解述作「夫」。

〔三〕「一」，墨海本、經苑本並作「八」，詳解述作「一」。

〔四〕全段：詳解卷二九，頁二述，末有「也」字；又見訂義卷五五，頁十二王氏曰。

【佚文】（五五七）「致以正之，教以導之[一]，皁馬者，養馬而皁之，既皁矣，又佚特以蕃之；既蕃矣，又教駣以成之；攻駒，則不可教者，及其未駣，攻之也[二]；圉馬，則成馬而圉之，圉馬以校人執駒爲節也[三]。正其員，使員稱馬數；正其選，使選惟其能[四]；小大異名，使各從其類，以待乘頒，及以爲種[五]。」（文淵閣四庫全書本周官新義卷十三，頁八—九。）

【佚文】（五五八）下士閑二人，掌十有二閑之政教，而名官曰廋人者，廋，隱也，以閑者馬之所隱故也。掌十有二閑之政教，則致以正之，教以導之也。（詳解卷二九，頁二見新經。）

【佚文】（五五九）謂之「閑之先牧」，則始爲閑以養馬者也；與校人所謂「夏祭先牧」異矣。（詳解卷二九，頁二見新經。）

圉師，掌教圉人養馬：春，除蓐，釁厩，始牧；夏，庌馬；冬，獻馬。射則充椹質，茨牆則翦闔。

[一] 首以下，詳解卷二九，頁二述云見新經，末有「也」字；訂義卷五五，頁十三王氏曰。

[二] 「皁馬」以下：詳解卷二九，頁二述云見新經，略同；訂義卷五五，頁十三王氏曰。

[三] 「圉馬則」以下，訂義卷五五，頁十三王氏曰。

[四] 「正其」以下，訂義卷五五，頁十四王氏曰。

[五] 「小大」以下：詳解卷二九，頁三述云見新經，「名」作「同」，下又有「則」字，末有「也」字；訂義卷五五，頁十四王氏曰。又自「使各」以下，亦見欽定義疏卷三二，頁五九王氏安石曰。

【佚文】（五六〇）「次草謂之茨，詩曰『牆有茨』；苫謂之薍，以剉草爲苫。」（文淵閣四庫全書本周官新義卷十三，頁九。）[一]

△圉人

職方氏，掌天下之圖，以掌天下之地。辨其邦國、都鄙、四夷、八蠻、七閩、九貉、五戎、六狄之人民，與其財用、九穀、六畜之數要，周知其利害；乃辨九州之國，使同貫利。

【佚文】（五六一）「掌天下之圖，以掌天下之地，則所掌非特圖也，又掌其地焉。」（文淵閣四庫全書本周官新義卷十三，頁九。）[二]

東南曰揚州，其山鎮曰會稽，其澤藪曰具區，其川三江，其浸五湖，其利金錫竹箭，其民二男五女，其畜宜鳥獸，其穀宜稻。

[一] 全段：詳解卷二九，頁三述大同；訂義卷五五，頁十五王氏曰。

[二] 全段：訂義卷五六，頁一王氏曰。詳解卷二九，頁四述；集説卷七，頁七十王氏曰；註疏删翼卷二一，頁四六臨川王氏曰；三禮纂註卷六，頁二七王氏曰，皆同（僅首句上多「職方氏」三字）。

正南曰荆州，其山鎮曰衡山，其澤藪曰雲瞢，其川江漢，其浸潁湛，其利丹銀齒革，其民一男二女，其畜宜鳥獸，其穀宜稻。

河南曰豫州，其山鎮曰華山，其澤藪曰圃田，其川滎雒，其浸波溠，其利林漆絲枲，其民二男三女，其畜宜六擾，其穀宜五種。

正東曰青州，其山鎮曰沂山，其澤藪曰望諸，其川淮泗，其浸沂沭，其利蒲魚，其民二男二女，其畜宜雞狗，其穀宜稻麥。

河東曰兖州，其山鎮曰岱山，其澤藪曰大野，其川河泲，其浸盧維，其利蒲魚，其民二男三女，其畜宜六擾，其穀宜四種。

正西曰雍州，其山鎮曰嶽山，其澤藪曰弦蒲，其川涇汭，其浸渭洛，其利玉石，其民三男二女，其畜宜牛馬，其穀宜黍稷。

東北曰幽州，其山鎮曰醫無閭，其澤藪曰貕養，其川河泲，其浸菑時，其利魚鹽，其民一男三女，其畜宜四擾，其穀宜三種。

河内曰冀州，其山鎮曰霍山，其澤藪曰楊紆，其川漳，其浸汾潞，其利松柏，其民五男三女，其畜宜牛羊，其穀宜黍稷。

正北曰并州，其山鎮曰恒山，其澤藪曰昭餘祁，其川虖池嘔夷，其浸淶易，其利布帛，其民二男三女，其畜宜五擾，其穀宜五種。

乃辨九服之邦國：方千里曰王畿，其外方五百里曰侯服，又其外方五百里曰甸服，又其外方五百里曰男服，又其外方五百里曰采服，又其外方五百里曰衛服，又其外方五百里曰蠻服，又其外方五百里曰夷服，又其外方五百里曰鎮服，又其外方五百里曰藩服。凡邦國千里，封公以方五百里，則四公；方四百里，則六侯；方三百里，則七伯；方二百里，則二十五子；方百里，則百男；以周知天下。

凡邦國，小大相維，王設其牧，制其職，各以其所能；制其貢，各以其所有。王將巡守，則戒于四方曰：「各脩平乃守，攷乃職事，無敢不敬戒，國有大刑。」及王之所行，先道，帥其屬而巡戒令。王殷國，亦如之。

【佚文】（五六二）「九州之序，禹貢始於冀，次以兗，而終於雍，職方始於揚，次以荆，而終於并者，蓋禹貢言治水之序，職方言遠近之序。治水自帝都而始，然後順水性所便，自下而上，故自兗至雍而止；以遠近言之，則周之化自北而南，以南爲遠，故關雎、鵲巢之詩，分爲二南，漢廣亦言文王之道被于南國，德化所及，以遠爲至故也。始於揚州，則以揚在東南〔二〕，次以

〔二〕「揚」，鈔本原作「楊」，孔校改作「揚」；詳解述作「揚」。

荆，則以荆在正南，終於并，則以并在正北，先遠而後近也。」（文淵閣四庫全書本周官新義卷十三，頁十二。）〔一〕

【佚文】（五六三）「然涇、漳之屬，後世更引以浸焉，則民之利固有先王未之盡者；變而通之，存乎其時而已。」（訂義卷五六，頁五「其浸五湖」王氏曰；詳解卷二九，頁七述首、二兩句。）

△土方氏

懷方氏，掌來遠方之民，致方貢，致遠物，而送逆之，達之以節；治其委積、館舍、飲食。

【佚文】（五六四）「逆送之〔二〕，以爲之禮；達之節，使無留難；治其委積、館舍、飲食，使有所資賴；此所以懷之也。」（文淵閣四庫全書本周官新義卷十三，頁十三。）〔三〕

〔一〕　全段：訂義卷五六，頁二五王氏曰；欽定義疏卷三三，頁五二王氏安石曰，「雍職方」下有「則」字，「而始」作「始」，「周之化」作「周之德化」，「自北」作「自西北」，「故關雎」至「所及」共二十七字無，「遠爲至」、「至」上有「難」字，「次以荆」下無「則」字；詳解卷二九，頁七述，幾全同（僅增多虚字數文）。詳解此文，集説卷七，頁八一王氏曰；周禮要義卷十一，頁三八王氏曰，皆傳述其説，「王氏」並謂昭禹也。

〔二〕　「逆送」，墨海本作「送逆」，詳解述亦作「送逆」（詳下註）。

〔三〕　全段：詳解卷二九，頁十一述，「節」上有「以」字；又見訂義卷五七，頁八王氏曰。

△合方氏

△訓方氏

形方氏，掌制邦國之地域，而正其封疆，無有華離之地，使小國事大國，大國比小國。

【佚文】（五六五）「華，與『爲國君削爪者華之』同義。」（文淵閣四庫全書本周官新義卷十三，頁十三。）[一]

【佚文】（五六六）「華與『天子副瓜者華之』之『華』同義。敏案：參上條佚文。地雖分析，亦當連亘不絶，爲一國之界，故不可華絶而不屬者爲離。一國之地，當自爲封疆，若有國在此，而地斗絶在彼，則不能相統攝矣，故不可離。其所以便地不華離者，蓋使小國近大國事之以自立，大國近小國比之以自固。然非形方氏制其地形使各相聯屬，雖欲使小大相事相比，不相侵其疆埸，亦不可得也。」（周禮全解王安石云，載訂義卷五七，頁十一—十二。）

[一] 全段：墨海本、經苑本並無此十二字；鈔本亦原無此十二字，孔校增，「爪」作「瓜」；欽定義疏卷三三，頁六七王氏安石曰，「與」下有「記」字，「無」者字；又十二字亦略見周禮全解引，詳下佚文條。

【佚文】（五六七）「正其封疆，無有華離之地，則小國易以守，大國難爲侵；人各有土宇，可以無交矣。」（訂義卷五七，頁十二王氏曰；亦略見集説、註疏删翼，詳下條佚文。）

【佚文】（五六八）「析而不絶爲華，絶而不屬爲離。」（下云「正其封疆，使無有華離之地，則小國易以守，大國難以侵；人各有其土宇而無交争矣」。則亦略見上條佚文。集説卷七，頁九二王介甫曰；註疏删翼卷二一，頁七二臨川王氏曰，「争」下多「之患」二字；詳解卷二九，頁十四述大同。）

【佚文】（五六九）邦國之地域，小大、廣狹各有形體，先王設官以制其形體，故謂之形方氏。大司徒「凡建邦國，以土圭土其地，而制其域」：自諸公而下，遞至於子男，其封疆各有多寡之數。形方氏又「掌制邦國之地域，而正其封疆」，則形方氏之所掌，凡以成大司徒之所建而已。謂之正其封疆，則非特制之地域而已。又正之使各止於一，而無侵土攘奪也。（詳解卷二九，頁十三—十四見新傳。）

【評】（一四三）明王志長曰：「愚按：註、疏釋『華離』，義似太鑿。王明齋云：『華者，分析如華瓣也。』正與介甫『析而不絶』解合。然形如華瓣則易侵，而勢若犬牙則難動，又何也？意威福之柄，所以親諸侯者，固別有所操與！」（註疏删翼卷二一，頁七三。）

山師，掌山林之名，辨其物與其利害，而頒之于邦國，使致其珍異之物。

川師，掌川澤之名，辨其物與其利害，而頒之于邦國，使致其珍異之物。

【佚文】（五七〇）「稻人『澤草所生，種之芒種』，所謂利有如此者，非特中人用而已。王孫滿曰：『夏之方有德也，鑄鼎象物，百物而爲之備，使民知神姦；故民入川澤山林，不逢不若，魑魅魍魎[二]，莫能逢之。』所謂害有如此者，非特毒物，及螫噬之蟲獸而已。」（文淵閣四庫全書本周官新義卷十三，頁十三—十四。）[三]

【佚文】（五七一）山林、川澤皆有虞衡，而山師、川師又設於夏官者，則以其所掌有及於邦國故也。（詳解卷二九，頁十四，段末新經云云。）

邍師，掌四方之地名，辨其丘陵、墳衍、邍隰之名，物之可以封邑者。

【佚文】（五七二）大司徒辨山林、川澤、丘陵、墳衍、原隰之名；而辨其邦國、都邑之數，而溝

[二]「魑魅魍魎」，經苑本作「螭魅罔兩」。

[三]全段：訂義卷五七，頁十二王氏曰。欽定義疏卷三三，頁六八王氏安石曰，「稻人」下有「職」字，「非特」下有「如註云」三字，「王孫」上有「國語」二字，「所謂害有如此者」七字無，「而已」作「也」。

封之，而邊師所掌如此，亦以輔成司徒之事而已。（詳解卷二九，頁十四，段末新經云云；三禮纂註卷六，頁三五王氏曰，「大司徒」作「大司空」，「川」作「山」，「司徒」作「司空」，餘略同。）

【佚文】（五七三）「辨其名，以知平陂燥濕；辨其物，以知其肥磽媺惡。」（集說卷七，頁九五王介甫曰；註疏删翼卷二一，頁七四王介甫曰；三禮纂註卷六，頁三五王氏曰。欽定義疏卷三三，頁六九王氏安石曰，「知其」之「其」字無。）

△匡人

△撢人

△都司馬

△家司馬

【評】⊗清紀昀曰，見地官總評第一〇七條。

周禮新義　卷十四　秋官司寇一

萍氏，下士二人，徒八人。

【佚文】（五七四）「萍之浮物〔二〕，不沈溺，又勝酒，故掌國之水禁；幾酒，謹酒，禁川游者，謂之萍氏。」（文淵閣四庫全書本周官新義卷十四，頁三。）〔三〕

大司寇之職，掌建邦之三典，以佐王刑邦國，詰四方。

【佚文】（五七五）「邦國，刑之所加，故曰刑邦國；四方，則有威讓之令，有文告之辭，布令陳辭，而又不至，則又增修于德而已，故曰詰四方。」（文淵閣四庫全書本周官新義卷十四，頁六。）〔三〕

〔一〕「浮」，經苑本作「爲」。

〔二〕全段：詳解卷三二，頁七述旨同；欽定義疏卷三四，頁十七王氏安石曰，「浮」作「爲」，無「禁川游者」四字。

〔三〕全段，詳解卷三十，頁二述，幾全同，「國刑」作「國政」。

一曰刑新國，用輕典；二曰刑平國，用中典；三曰刑亂國，用重典。

【佚文】（五七六）「刑新國，用輕典，則教化未明，習俗未成，以柔乂之也；刑平國，用中典，則教化已明，習俗已成，以正直乂之也；刑亂國，用重典，則頑昏暴悖，不可教化，以剛乂之也；故書云：『惟敬五刑，以成三德。』」（文淵閣四庫全書本周官新義卷十四，頁六。）〔一〕

以五刑糾萬民：一曰野刑，上功糾力；二曰軍刑，上命糾守；三曰鄉刑，上德糾孝；四曰官刑，上能糾職；五曰國刑，上愿糾暴。

【佚文】（五七七）「野刑爲事，故上功糾力，力所以致功；軍刑爲政，故上命糾守，守所以致命；鄉刑爲教，故上德糾孝，孝所以致德；官刑爲治，故上能糾職〔二〕，職所以致能；國刑，刑也〔三〕，故上愿

〔一〕全段：詳解卷三十，頁三述大同；訂義卷五八，頁二一—三王氏曰：「用輕典，以柔乂之；用中典，以正直乂之；用重典，以剛乂之。書曰：『惟敬五刑，以成三德。』」約文成義；欽定義疏卷三五，頁二王氏安石曰，亦省約成文，幾全同訂義。

〔二〕「上」，經苑本作「土」，詳解卷三十，頁三述作「上」。

〔三〕「國刑刑也」，墨海本作「國刑爲□」，經苑本作「國刑刑所」。

糾暴，失愿而暴〔一〕，刑所取也〔二〕。然則刑無爲禮乎？曰：禮之施萬民者〔三〕，在教而已，自野刑序之，以至于國，則與書序『蠻夷猾夏，寇賊姦宄』同意〔四〕。」（文淵閣四庫全書本周官新義卷十四，頁六—七。）

以圜土聚教罷民。凡害人者，寘之圜土，而施職事焉，以明刑恥之；其能改者，反于中國，不齒三年；其不能改而出圜土者，殺。

【佚文】（五七八）「凡害人者，謂有過失，而麗于法者也。其獄謂之圜土，則有生養之意也；其人謂之罷民，則不自强以禮故也。施職事焉，則使知自强；以明刑恥之，則使知自好。其能改者，反于中國，不齒三年者，寘之圜土，外之于中國也；故其能改而反也，謂之反于中國。

〔一〕「失」，墨海本作「夫」，詳解述作「失」（詳下註）。

〔二〕首以下：訂義卷五八，頁三王氏曰；欽定義疏卷三五，頁四王氏安石曰，删略成文。

〔三〕「施」下，墨海本、經苑本並有「在」字；詳解述有「於」字（詳下註）。

〔四〕「故上愿」以下，詳解卷三十，頁三述略同。

其收之也，三讓而罰，三罰而歸之圜土；及與其能改〔一〕，亦不可以一年而足〔二〕，故不齒三年，三年無違，則亦久矣，于是以倫類序之〔三〕。其不能改而出圜土者，殺，則上所以宥而教之至矣〔四〕，既不能改，又逃焉，殺之義也。先王之于民也，德以教之，禮以賓之，仁以宥之，義以制之，善者怙焉，不善者懼焉；故居則易以治，動則易以服〔五〕。」（文淵閣四庫全書本周官新義卷十四，頁七—八。）

以兩造禁民訟，入束矢於朝，然後聽之；以兩劑禁民獄，入鈞金，三日，乃致于朝，然後聽之。

【佚文】（五七九）「以兩造禁民訟者，訟以兩造聽之，而無所偏受〔六〕，則不直者自反，而民訟

〔一〕「反」，經苑本作「反」，詳解述作「及」。「與其能改」，墨海本作「其與能改」，詳解述作「與其能改」（詳下註）。

〔二〕「年」，四庫全書考證卷八，頁四七曰：「義：『亦不可以一年而足，故不齒三年。』原本脱上『年』字，今據經文增。」「足」，經苑本作「定」，詳解述作「足」（詳下註）。

〔三〕「其收」以下：詳解卷三十，頁三—四述大同，「一年」作「一日」；欽定義疏卷三五，頁七王氏安石曰，多所删略。

〔四〕「上」，經苑本作「土」。

〔五〕「先王」以下，集説卷八，頁十五王介甫曰；註疏删翼卷二三，頁七臨川王氏曰。

〔六〕「受」，經苑本作「愛」，詳解述作「受」（詳下註）。

禁矣〔二〕；入束矢于朝，然後聽之者，以束矢自明其直，然後聽，蓋不直則入其矢，亦所以懲其不直〔三〕。以兩劑禁民獄者，獄以兩劑聽之，而無所偏信，則不直者自反，而民獄禁矣〔三〕。入鈞金，三日，乃致于朝，然後聽之者，以鈞金自明其不可變，然後聽，蓋不借則入其金，亦所以懲不信。獄必三日然後聽，則重致民于獄也〔四〕。獄必以劑，則訟至于獄，無簡不聽，非特劑而已，舉劑以見類焉。」（文淵閣四庫全書本周官新義卷十四，頁八。）

以嘉石平罷民。凡萬民之有罪過，而未麗於灋，而害於州里者，桎梏而坐諸嘉石，役諸司空：重罪，旬有三日坐，朞役；其次，九日坐，九月役；其次，七日坐，七月役；其次，五日坐，五月役；其下罪，三日坐，三月役；使州里任之，則宥而舍之。

【佚文】（五八〇）「嘉，合禮之善也；以嘉石平罷民，罷民不能自强以禮故也。萬民之有罪

〔二〕「以兩造聽」以下，訂義卷五八，頁六王氏曰，無「以」字。

〔三〕「以兩造聽」以下，詳解卷三十，頁四述大同。

〔三〕「以兩劑聽」以下，詳解卷三十，頁四述，「禁」上有「自」字；訂義卷五八，頁六王氏曰，「無」上缺「而」字，「禁」上有「自」字。

〔四〕「必三」以下：詳解卷三十，頁四述大同；訂義卷五八，頁六王氏曰，「然後聽則」作「而後聽者」，「也」字無。

過，而未麗于法，而害于州里者，則司救所謂『衺惡』也；凡害人者，則司救所謂『過失』是也；過失不謂之罪，而得罪反重于衺惡，則爲其已麗于法故也；惟其過失，是以未入于刑，不虧其體，而以圜土教之也。衺惡謂之罪，而得罪反輕於過失，爲其未麗於法故也；坐諸嘉石，使自反焉，且以恥之，役諸司空，則以彊其罷故也〔一〕。重罪旬有三日坐，朞役；其次九日坐，九月役；其次七日坐，七月役；其次五日坐，五月役；其下罪，三日坐，三月役；則報之各稱其罪之輕重〔二〕。使州里任之，則宥而舍之，則無任者，終不舍焉，是乃所以使州里相安也〔三〕。先王善是法，以爲其刑人也，不虧體；其罰人也，不虧財；非特如此而已，司空之役不可廢也。與其徭平民而苦之，孰若役此以安州里之爲利也〔四〕？」（文淵閣四庫全書本周官新義卷十

〔一〕「萬民」以下：集說卷八，頁十七—十八王介甫曰，「人者」下無「則」字，「過失」下無「是」字，「已麗于法」下無「故」字，「以圜上」無「而」字，「未麗于法故」作「及麗於法」。周禮全經釋原卷十一，頁八王介甫曰；註疏刪翼卷二三，頁十一臨川王氏曰，並「及麗」作「未麗」，餘並同集說。又欽定義疏卷三五，頁九—十王氏安石曰，於舊本大加刪易成章。

〔二〕「報之各稱」：「報」，經苑本作「役」。「各」，鈔本原作「名」，孔校改作「各」。此四字，墨海本作「各報之稱」。

〔三〕「無任」以下，欽定義疏卷三五，頁十王氏安石曰，略據舊本成義。

〔四〕「州里任」以下：集說卷八，頁十八王介甫曰，「所以」二字無，「以爲」作「以治」；註疏刪翼卷二三，頁十一臨川王氏曰，「以治」作「以爲」，餘同集說；周禮全經釋原卷十一，頁八—九王介甫曰，刪易集說成義。又自「先王善」以下：訂義卷五八，頁七王氏曰，「善」作「著」，「其刑」、「其罰」之「其」字並無，「徭」作「淫」，末「也」字無。

四，頁九。）

【評】（一四四）清王太岳曰：「義：『嘉，合禮之善也。』案：嘉石，鄭注爲『文石也』，王氏説似非本意。」（四庫全書考證卷八，頁四七。）

【佚文】（五八一）易曰「嘉會足以合禮」，則嘉者，合禮之善也。罷民不能自强以禮，坐諸嘉石，以辨治之，則使之自省，而克己復禮也。圜土之聚民，謂之害人，則以其已麗於法也。嘉石之平罷民，謂其有罪過，而未麗於法，則其得罪差輕於圜土。（詳解卷三十，頁五段末云餘見新傳。）

以肺石達窮民。凡遠近惸獨老幼之欲有復於上，而其長弗達者，立於肺石三日，士聽其辭，以告於上，而罪其長。

【佚文】（五八二）「肺之情憂[一]，其竅爲鼻，以肺石達窮民，則以其憂在內不能自達故也[二]；非此疾也，不爲窮民。以大僕觀之，則欲其速達，甚于遽令，然而立于肺石三日，然後聽，則又

[一]「肺之情憂」：經苑本作「肺在五藏，其情爲憂」；詳解述幾全同經苑本，作「肺之在五臟，其情爲憂」（詳下註）。

[二] 首以下：詳解卷三十，頁五述略同；訂義卷五八，頁八王氏曰：「肺在五臟，其情爲憂，其竅爲鼻。窮民以憂在內而不能自達，則立於肺石而達之。」大同經苑本。

惡民之瀆其上〔一〕，民瀆其上，憒眊而不渫，雖誠無告，反不暇治矣〔二〕。」（文淵閣四庫全書本周官新義卷十四，頁十。）

【評】（一四五）清王太岳曰：「義：『肺之情憂，其竅爲鼻。』案：鄭註：『肺石，赤石也。』王氏之説，亦非本意。」（四庫全書考證卷八，頁四七。）

【佚文】（五八三）「謂之窮民，其惸獨無功可誣，其老無力可侮，其幼無知可罔：非此族也，不爲窮民〔三〕以大僕觀之……瀆其上也〔四〕。民瀆於告，上煩于聽，其誠無告者，反無以信于上矣。」（欽定義疏卷三五，頁十一——十二王氏安石曰。）

正月之吉，始和，布刑於邦國都鄙；乃縣刑象之灋於象魏，使萬民觀刑象，挾日而斂之。凡邦之大盟約，涖其盟書，而登之于天府；大史、内史、司會及六官，皆受其貳而藏之。

〔一〕「其」，墨海本、經苑本並無。「以大僕」以下，欽定義疏卷三五，頁十一王氏安石曰，末有「也」字。

〔二〕「以大僕」以下：集説卷八，頁十九王介甫曰，「觀」之下無「則」字，「聽」下有「之」字，「民瀆其上」四字無，「憒眊」作「潰⿰月毛」，上又多「則上」二字；註疏删翼卷二三，頁十二臨川王氏曰同集説，僅「⿰月毛」作「眊」之異耳。

〔三〕敏案：以上亦略見詳解卷三十，頁五述。

〔四〕敏案：上共三十五字，同文淵本，已詳本頁註一。

【佚文】（五八四）「凡邦之大盟約，大司寇涖其盟書者，刑一成而不可變，盟約如之；且違焉，則刑所取也〔一〕。登之于天府者，謹藏之也；大史〔二〕、内史、司會及六官，皆貳而藏之者，各以考事焉〔三〕，非特備失亡而已〔四〕。」（文淵閣四庫全書本周官新義卷十四，頁十。）

【佚文】（五八五）「……刑官之事……」（集説卷八，頁二一王介甫曰；註疏删翼卷二三，頁十四介甫王氏曰，上承「刑（之）所取」，下接「也」字，詳本頁註四。）

凡諸侯之獄訟，以邦典定之；凡卿大夫之獄訟，以邦灋斷之；凡庶民之獄訟，以邦成弊之。

【佚文】（五八六）「諸侯强大，其獄訟難定，故言以邦典定之〔五〕；卿大夫親貴，其獄訟難斷，

〔一〕「刑所取也」，經苑本作「刑之所取」，詳解卷三十，頁六述作「刑所取」。

〔二〕「大」，詳解述作「太」（詳下註）。

〔三〕「考事焉」：「考」下，墨海本有「其」字；「考事焉」，經苑本作「其事攷焉」，詳解述作「攷事焉」（詳下註）。

〔四〕「涖其」以下：集説卷八，頁二一王介甫曰，「約」作「要」，「刑所取也」作「刑之所取刑官之事」（四字别列爲佚文，見下），「登」下無「之」字，「府」下無「者」字，「考事焉」作「其事攷焉」；註疏删翼卷二三，頁十四介甫王氏曰同集説，「之者」作「之也」，「攷焉」作「攷之」。又自「大史」以下：亦見詳解卷三十，頁六述大同；訂義卷五八，頁九王氏曰，無「及六官」三字，「皆貳」作「皆受其貳」；欽定義疏卷三五，頁十三王氏安石曰同訂義，僅少一「者」字。

〔五〕首以下，詳解卷三十，頁七述云見新經，幾全同。

故言以邦法斷之；若夫庶民，患其情僞難弊而已，故言以邦成弊之。」（文淵閣四庫全書本周官新義卷十四，頁十一。）

大祭祀，奉犬牲。

【佚文】（五八七）「犬，金畜也，秋官羞之，則各從其類也〔一〕，因致其義焉〔二〕；奉不可變之義，一于所事，致其守禦〔三〕，以佐大事者，大司寇之職也。小司寇小祭祀奉犬牲，士師刉珥奉犬牲〔四〕，與此同義，所任有小大而已〔五〕。」（文淵閣四庫全書本周官新義卷十四，頁十一。）

若禋祀五帝，則戒之日，涖誓百官，戒于百族。

〔一〕首以下：詳解卷三十，頁七述新經云云：「奉犬牲各從其類。」略同。集説卷八，頁二二王介甫曰；註疏删翼卷二三，頁十五介甫王氏曰，並無「則」字。
〔二〕「因」，鈔本原作「固」，孔校改爲「因」。
〔三〕「守」，墨海本、經苑本並作「所」。
〔四〕「珥」，鈔本原作「珥」，孔校改爲「珥」。
〔五〕「小司寇」以下：集説卷八，頁二二王介甫曰；註疏删翼卷二三，頁十五介甫王氏曰，並「士」作「上」，「與此同義」四字無，「所」上有「則」字。

【佚文】（五八八）「涖誓而戎焉，則制百官百族于刑之中，義也[一]；謂之禋祀，則致意之精焉，刑官佐王事上帝，如斯而已。天、地二官，不言禋，則所以佐王事上帝，有大于此者[二]，此無所事意，不期精粗焉。」（文淵閣四庫全書本周官新義卷十四，頁十一。）

【佚文】（五八九）「誓百官」之誓、「戒于百族」之戒，互文見義。（集説卷八，頁二三載王先生（十朋）曰引荆公謂：詳解卷三十，頁七述新經云：「於百官言誓，於百族言戒，亦互見也。」旨同。）

【評】（一四六）宋王十朋曰：「百官者，百執事也。百族者，王之族姓也。族姓之與於祭，則爲重於百官矣，故戒百官於庫門之内，而戒百姓於太廟之内，所以辨親疎也。然祭之前期十日，有戒、有誓，曰誓，則重於戒矣；大宰云『掌百官之誓戒與其具脩』，小宰云『以法掌祭祀之戒具』，小宰言戒而不及誓，言具而不及脩，則是誓之爲重於戒明矣。夫祭莫重於齊，齊莫重於誓戒，誓百官者，大宰也，涖于誓者，大司寇也，夫豈以大司寇之涖大宰哉？涖百官之聽誓於大宰者耳！賈氏以爲：大司寇不得涖太宰，遂以爲太宰特掌其誓，而誓者

〔一〕首以下，詳解卷三十，頁七述新經云云略同。

〔二〕「天地」以下：詳解卷三十，頁七述大同；訂義卷五八，頁十王氏曰，「天」上有「於」字，「不」作「未嘗」，「大于此者」作「在於此」。

乃餘小官。失之矣。百官言誓，而百族言戒，則又知百族不預於執事，有預於從祭，此所以不聽誓而聽戒也。荆公謂『互文見義』，又失之矣！」（集説卷八，頁二二一—二二三載王先生曰。）

【佚文】（五九〇）若禋祀五帝，則戒之日，涖誓百官，戒於百族者，精意以享，謂之禋；戒之日，謂散齋也；百官，則凡百官府之執事者，皆是也；百族，則凡百官之族姓與祭者，皆是也。太宰之祀五帝，則戒百官，大司寇涖之而已；至於百族，則大司寇又戒之也。吾王方致其精意，以交乎神，則百官之執事、百族之於祭，可不致其嚴乎？記曰「獻命庫門之内」，戒百官也；太廟之命，戒百姓也，所謂百姓則百族也。……夫精禋之所盡，主之心進於道矣；誓戒之所嚴，臣之心進於禮矣。誓之至矣，有不用誓者，則司寇之刑從而加其慢誓者焉；戒之至矣，有不用戒者，則司寇之刑從而加其弛戒焉。……且夫莫親於王，猶親立於澤中以聽誓戒，況夫卑之爲臣屬者乎？莫卑於遂師，於祭祀且猶審其誓戒，況夫貴之爲官族者乎！惟其如是，然後可以佐王之禋祀也。……太宰稱祀，而司寇稱祭之日者，宰，天官，以道佐王事神，故稱祀；刑，制人之形焉，故稱祭。奉其明水火者，明水，謂以鑒取水於月也；明火，謂以燧取火於日也。（詳解卷三十，頁七—八新經云云。）

及納亨，前王，祭之日，亦如之，奉其明水火。凡朝覲、會同，前王；大喪，亦如之；大軍旅，涖戮于社。凡邦之大事，使其屬蹕。

【佚文】（五九一）「及納亨，前王，祭之日，亦如之者，於是也〔一〕。治官以宰制斟酌贊王，而刑官先焉，俾王從欲以治，則刑先之故也〔二〕。司寇稱祭之日，而宰稱祀，則宰，天官也〔三〕，故稱祀；司寇，秋官也，制物之形焉，故稱祭。明水火之爲物，潔而清明之至也；清以察理之在我，明以燭事之在物，潔以革汙穢而除之〔四〕，刑官所以格上帝，于是爲至。朝覲、會同，前王，大喪亦如之，則與大祭祀前王同義〔五〕。大軍旅，涖戮于社，則涖戮、刑官之事也〔六〕；蹕者止人，使毋敢干焉，刑官之事也。小司寇國之大事，使其屬蹕，則事在國中而已；大司寇邦之大事，使其屬蹕，則事之所在，通國野焉〔七〕。」（文淵閣四庫全書本周官新義卷十四，頁十二。）

〔一〕「於是也」：墨海本、經苑本作「亦前王也」；詳解述作「方是時也」（詳下註）。

〔二〕首以下，詳解卷三十，頁八述略同。

〔三〕鈔本原無「也」字，孔校增。

〔四〕「革汙穢」，墨海本、經苑本並作「藏穢汙」，詳解卷三十，頁八述同文淵本。

〔五〕「朝覲」以下，詳解卷三十，頁八述，無「則」字。「義」下，墨海本、經苑本並有「也」字。

〔六〕「大軍」以下：詳解卷三十，頁八述略同。又「則涖」句，亦見訂義卷五八，頁十二王氏曰，無「則」、「也」二字。

〔七〕「小司寇」以下：詳解卷三十，頁八述略同；訂義卷五八，頁十二王氏曰；欽定義疏卷三五，頁十七王氏安石曰。

小司寇之職，掌外朝之政，以致萬民而詢焉：一曰詢國危，二曰詢國遷，三曰詢立君。其位，王南鄉，三公及州長、百姓北面，羣臣西面，羣吏東面。小司寇擯，以敘進而問焉，以衆輔志而弊謀。

【佚文】（五九二）「國危、國遷、立君，大事也；有疑焉，則所謂大疑，故致萬民而詢焉。三公，鄉老也，上言三公，中言州長，下言百姓，則鄉官皆在此矣〔一〕；上言萬民，下言百姓，則詢備矣〔二〕。其言百姓，猶洪範之言庶人；其首萬民，則猶洪範之言庶民也。百姓北面，答君也；三公及州長北面，帥民也〔三〕；羣臣西面、羣吏東面，則左右其事而已〔四〕；民爲貴，于是見矣。小司寇擯，以敘進而問焉，以衆輔志而弊謀，則以王志而輔之衆〔五〕，以衆謀爲稽，而弊之

〔一〕「三公鄉老」以下：集説卷八，頁二五王介甫曰；註疏删翼卷二三，頁二十介甫王氏曰；欽定義疏卷三五，頁十九王氏安石曰，「皆在」下有「於」字。周禮全經釋原卷十一，頁十三王氏曰「皆在此矣」作「俱在矣」。

〔二〕「三公鄉老」以下，訂義卷五九，頁二王氏曰，無「也」字，「官」作「百」，「此」字無，「詢備矣」作「相備也」。

〔三〕「帥」，墨海本作「神」。

〔四〕「百姓北面」以下：集説卷八，頁二五王介甫曰；註疏删翼卷二三，頁二十介甫王氏曰；欽定義疏卷三五，頁十九王氏安石曰，「則左右其事而已」作「則相爲左右也」。

〔五〕「以王志而輔之衆」：墨海本「之」字無；經苑本此七字作「以王志爲主而輔之以衆」。

於王也〔二〕。」（文淵閣四庫全書本周官新義卷十四，頁十三。）

【佚文】（五九三）王朝有三：有内朝，有治朝，有外朝。外朝在庫門之外，而致萬民以詢事之朝也：詢者，偏咨之謂也。洪範曰：「汝則有大疑，謀及乃心，謀及卿士，謀及庶人，謀及卜筮。汝則從，龜從，筮從，卿士從，庶人從，是之謂大同。」則所謂致萬民而詢者，卿士庶人無不在也。詢及於庶民，則其謀也偏矣，故以致萬民爲主也。國危，則謀安矣，若周公之討亂是也；國遷，則謀居矣，若盤庚之遷都是也；立君，則謀嗣矣，若文王舍伯邑考立武王是也。（詳解卷三十，頁八—九新經云云。）

以五刑聽萬民之獄訟，附于刑，用情訊之；至于旬，乃弊之，讀書則用灋。凡命夫命婦，不躬坐獄訟；凡王之同族，有罪不即市。

【佚文】（五九四）「以五刑聽萬民之獄訟者，聽獄訟當知罪所麗故也。知罪所麗，則姦民有可刺之實，不能以巧免；愚民有可宥之情，知所以出之焉。附于刑，用情訊之者，既得其情〔三〕，罪

〔二〕「而」，鈔本原無，孔校增。「小司寇」以下：詳解卷三十，頁九述新經云云略同。又「以王志」以下：訂義卷五九，頁三王氏曰：欽定義疏卷三五，頁十九王氏安石曰，並「王志」下有「爲主」二字，「輔之」下有「以字」，無「也」字。

〔三〕「者既得」三字，墨海本無。

附于刑矣；則用情訊之，恐其惟從非從也。至于旬，乃弊之者，慎用刑也，與書『要囚，服念五六日，至于旬時，丕蔽要囚』同義。讀書則用法者，弊其罪，則讀其服罪之書，讀其服罪之書，則用法而已〔二〕，不以意爲輕重。訊用情，則民得自盡；弊用法，則吏無所肆焉。凡命夫命婦不躬坐獄訟者，貴貴也；凡王之同族，有罪不即市者，親親也；貴貴、親親，如此而已，豈以故撓法哉〔三〕？」（文淵閣四庫全書本周官新義卷十四，頁十三—十四。）

【佚文】（五九五）五刑，則司刑所謂墨也、劓也、宫也、剕也、殺也。聽訟，則其是非曲直能審能克也。能聽獄訟，然後於有罪者而麗之於法，以附於刑也。既得其罪，附於刑矣，又從而用情以訊之，恐其非心服而從也。（詳解卷三十，頁九新經云云。）

以五聲聽獄訟，求民情：一曰辭聽，二曰色聽，三曰氣聽，四曰耳聽，五曰目聽。

【佚文】（五九六）「聽獄訟，求民情，以訊鞫作其言，因察其視聽氣色，以知其情僞，故皆謂之

〔二〕「弊其罪」以下，周官集傳卷九，頁十六王氏曰：「弊其罪，則讀其伏罪之書，乃用法也。」大同。

〔三〕「命夫」以下：集説卷八，頁二七王介甫曰；註疏删翼卷二三，頁二二介甫王氏曰，並無「凡」字；周禮全經釋原卷十一，頁十四王氏曰，多所删易；欽定義疏卷三五，頁二二王氏安石曰，「貴貴也」、「親親也」作「貴之也」、「親之也」。

聲焉。言而色動、氣喪、視聽失，則其僞可知也〔一〕，然皆以辭爲主，辭窮而情得矣；故五聲以辭爲先，氣、色、耳、目次之。」（文淵閣四庫全書本周官新義卷十四，頁十四。）〔二〕

以八辟麗邦灋，附刑罰：一曰議親之辟，二曰議故之辟，三曰議賢之辟，四曰議能之辟，五曰議功之辟，六曰議貴之辟，七曰議勤之辟，八曰議賓之辟。

【佚文】（五九七）「出命制節，以治人罪，謂之辟。八辟有議，則非制于法而已，故稱辟焉；王所以馭萬民者，有八統，故其用刑有八辟。麗邦法，附刑罰，則若今律稱在八議者，亦稱定行之律也〔三〕。謂之議，則刑誅赦宥未定也〔四〕；然以皋陶爲士，瞽瞍殺人，而舜不敢赦，則其議

〔一〕首以下，欽定義疏卷三五，頁二三王氏安石曰。

〔二〕全段，集說卷八，頁二八王介甫曰；註疏刪翼卷二三，頁二三介甫王氏曰，並「氣色」作「色氣」。

〔三〕「行」，墨海本、經苑本並作「刑」。

〔四〕「王所以」以下：集說卷八，頁二八王介甫曰，「用刑」作「用法也」，「麗」上有「以八辟」三字，「稱」字無，「行」作「刑」。「又謂之議」以下：註疏刪翼卷二三，頁二三介甫王氏曰；欽定義疏卷三五，頁二六王氏安石曰，「未」上有「尚」字，下猶有十四字（詳下佚文）。

之大概可知矣〔二〕。」（文淵閣四庫全書本周官新義卷十四，頁十四—十五。）

【佚文】（五九八）「……必情法兩伸而無所偏橈焉，可知矣。」（欽定義疏卷三五，頁二六王氏安石曰，上接「未定也」，詳上頁註四。訂義卷五九，頁六云王氏以「法之不可撓於己私」，乃約取大意。）

【評】（一四七）宋王與之曰：「皋陶以公而守天下之法，舜以私而伸人子之情，彼此輕重各得其宜。如王氏以『法之不可撓於己私』，是申、商刑名之學；劉氏謂當以親故宥之，又幾於任情而廢法：皆知有一而不知有二。故王族有罪，不免于刑者，法也；刑于甸師，不與衆同者，情也。後世待宗族之恩薄，至殺人反不加罪，是未嘗以己恩厚其親，徒以人命私其親也，其悖先王之情與法矣。」（訂義卷五九，頁六—七。）

【佚文】（五九九）親，謂王之親族也；故，謂王之故舊也；賢，謂有德行者也；能，謂有道藝者也；功，謂臣之有大功者也；貴，謂臣之有爵位也；勤，謂羣吏之勤於事者也；賓，謂四方之賓客者也。以王之親故，則不可以衆人同例；以國之賢能，則不可以與庸常同科；有功，

〔二〕「謂之議」以下：訂義卷五九，頁六王氏曰，「未」上有「特」字，「舜」上無「而」字，「其」上無「則」字，無「大概」二字；詳解卷三十，頁十一述略同。

則或可以掩過；在貴，則不可以遽凌辱；吏之勤勞，則不可以沮抑；吏之尊貴，則宜有以優異：此所以用八辟以議之也。（詳解卷三十，頁十，首句上新經云云。）

以三刺斷庶民獄訟之中：一曰訊羣臣，二曰訊羣吏，三曰訊萬民。聽民之所刺宥，以施上服下服之刑。

【佚文】（六〇〇）「聽民之所刺宥，以施上服下服之刑，則刺宥聽命而已[一]；訊羣臣、訊羣吏，則臣吏能循民志而達之者也。」（文淵閣四庫全書本周官新義卷十四，頁十五。）

及大比，登民數，自生齒以上登于天府；內史、司會、冢宰貳之，以制國用。

【佚文】（六〇一）「及大比，登民數，自生齒以上登于天府者，生齒則有食之端，有食之端，則將任之以職；故自生齒以上登其數，登于天府[二]，則寶而藏之。內史、司會、冢宰貳之，以制國用者，國用以賦斂制之，賦斂多寡，以民制之故也。」（文淵閣四庫全書本周官新義卷十四，

[一]「命」，墨海本作「民」。

[二]「登」，墨海本無，詳解述有（詳下註）。

頁十五。)〔一〕

【佚文】(六〇二)「民輕犯法多由於貧,民之貧以賦斂之重,賦斂之重以國用之靡,故使刑官獻民數而内史司會冢宰以制國用也。」(欽定義疏卷三五,頁二八王氏安石曰;詳解卷三十,頁十一述,大意相同。)

小祭祀,奉犬牲。凡禋祀五帝,實鑊水;納亨,亦如之。

【佚文】(六〇三)「曰以木爨火,亨飪也;實鑊水〔二〕,則濟以木爨火之事而成之,秋官之屬也。」(文淵閣四庫全書本周官新義卷十四,頁十六。)

【佚文】(六〇四)大司寇大祭祀,奉犬牲,故小司寇小祭祀,奉犬牲。(詳解卷三十,頁十二新經云云。)

大賓客,前王而辟;后、世子之喪,亦如之;小師涖戮。凡國之大事,使其屬蹕。孟冬,祀司民,

〔一〕全段,詳解卷三十,頁十一述略同。

〔二〕「實」,鈔本作「寔」,詳解卷三十,頁十二述作「實」。

獻民數於王；王拜受之，以圖國用，而進退之。

【佚文】（六〇五）「内史、司會、冢宰制國用，王圖國用，而進退之者，圖，圖其大計；制，事爲之制〔一〕；雖事爲之制〔二〕，而進退之則斷于王焉。言圖制國用于此，則民之犯刑，以其貧而已；民之貧，以上賦斂之多而已；賦斂之多，以不知圖國用制之而已〔三〕。」（文淵閣四庫全書本周官新義卷十四，頁十六。）

歲終，則令羣士計獄弊訟，登中于天府；正歲，帥其屬而觀刑象，令以木鐸，曰：「不用灋者，國有常刑。」命羣士，乃宣布于四方，憲刑禁，乃命其屬入會，乃致事。

【佚文】（六〇六）「中，獄訟之中；中，言事實之書也〔四〕。天府謂之治中，告天謂之升中，與此同義。」（文淵閣四庫全書本周官新義卷十四，頁十六。）

〔一〕「爲」，墨海本、經苑本並無，詳解述有。首以下，詳解卷三十，頁十二述略同。

〔二〕「雖事爲之制」，鈔本無；詳解卷三十，頁十三述，同文淵本。

〔三〕「民之貧」以下，詳解卷三十，頁十三述略同。

〔四〕首以下：詳解卷三十，頁十三述，「中」字不叠；訂義卷五九，頁十一王氏曰，「中」字不叠，無「也」字；欽定義疏卷三五，頁二三王氏安石曰：「中謂獄訟事實之書。」陳栝大義。

【佚文】（六〇七）「官以歲終入其書，獨司寇以正歲入之，所以謹其始。」（周官總義卷二一，頁二二五王氏謂；詳解卷三十，頁十四述，幾全同。）

【評】（一四八）宋易祓曰：「此經與小宰之『帥屬觀治象』、小司徒之『帥屬觀教象』同意。然特憲禁令于王宮與六鄉、四郊而已。若司寇之職，本以刑禁詰四方，故宣布而憲于四方焉，乃命其屬入會致事者，王氏謂：『……』非也。乃者，繼事之辭；令羣士，乃宣布于四方，以終歲期之。至大宰受會之時，乃命其屬入會，乃致事，所以紀小司寇一職之終也。」（周官總義卷二一，頁二二五。）

士師之職，掌國之五禁之灋，以左右刑罰：一曰宮禁，二曰官禁，三曰國禁，四曰野禁，五曰軍禁，皆以木鐸徇之于朝，書而縣于門閭。

【佚文】（六〇八）「五禁之法，以左右刑罰，爲以五禁左右之[一]。五刑，自野以及國；而五禁[二]，自宮以及軍；則禁欲其毋犯而已，此其所以異于刑也。」（文淵閣四庫全書本周官新義

[一]「爲」，墨海本、經苑本並作「謂」。
[二]「而」，墨海本、經苑本並無。

卷十四，頁十七。）

以五戒先後刑罰，毋使罪麗于民：一曰誓，用之于軍旅；二曰誥，用之于會同；三曰禁，用諸田役；四曰糾，用諸國中；五曰憲，用諸都鄙。

【佚文】（六〇九）「以五戒先後刑罰者，以刑罰爲中。以五戒先後之〔二〕，若盤庚上篇，則以誥先之也；若盤庚下篇，則以誥後之也〔二〕。誓誥，則若湯誓之於伐桀，洛誥之於營周，爲一事〔三〕、施一時而已，故曰用之於軍旅，用之於會同，禁、糾、憲，則所用非特一事一時〔四〕，故曰用諸田役，用諸國中，用諸都鄙。毋使罪麗於民，則軍旅爲大，會同次之，田役次之；國中、都鄙則戒之於無事之時，先國中，後都鄙，與五禁先近後遠同義〔五〕。」（文淵閣四庫全書本周官新義卷十

〔一〕「五戒」，鈔本無，詳解述有「五戒」二字（詳下註）。

〔二〕首以下：詳解卷三十，頁十四—十五述新經云云，大同。又自「先後」以下：訂義卷六十，頁三王氏曰；欽定義疏卷三五，頁三八王氏安石曰，無「先後之」三字，第二「若」字無，兩「也」字無，而「若盤庚上篇」之前有十四字（詳下佚文）。

〔三〕「事」，鈔本原作「時」，孔校改作「事」。

〔四〕「一事一時」，墨海本、經苑本並作「一時一事」。

〔五〕「毋使」以下：詳解卷三十，頁十五述略同。又此段文，墨海本作「則戒之於無用之時。旅爲大，會同次之，田役次之，國中都鄙，則戒之於無用之時。先國中，後都鄙，與五禁先近後遠同義」；經苑本同墨海本，唯「旅」上有「軍」字。

四，頁十七。）

【佚文】（六一〇）「先者引而導之也，後者隨而相之也。……」（欽定義疏卷三五，頁三八王氏安石曰，下接「若盤庚上篇」云云，詳上頁註二。）

【佚文】（六一一）禁，止使勿爲，施於未然之前；戒，敕其怠忽，施於事爲之際。……五戒，先之則引而導之，使民無退而麗乎刑罰也。以五戒後之，則引而導之，使民無進而麗乎刑罰也，如此則固無麗罪之民矣。誓若湯誓、泰誓之類，誥若康誥、洛誥之類，禁若遂人之田役、掌其禁令，糾若刑典之糾萬民也，憲若布憲掌邦之刑禁是也。（詳解卷三十，頁十四—十五新經云云。）

掌鄉合州黨族閭比之聯，與其民人之什伍，使之相安相受，以比追胥之事，以施刑罰慶賞。

【佚文】（六一二）「掌鄉合州黨族閭比之聯，與其民人之什伍者〔二〕，以比合比，以伍合伍〔三〕，使之相聯也。使之相安相受，以比追胥之事，以施刑罰慶賞者，去其害人者，則使之相安；使

〔二〕「民人」，墨海本、經苑本作「人民」；詳解卷三十，頁十五述同。
〔三〕「伍」，墨海本作「五」；詳解卷三十，頁十五述作「伍」。

州里任焉，而舍之，則使之相受；相安相受，然後可以比追胥之事，以施刑罰慶賞，則廢事者施刑罰；有功者施慶賞〔一〕。士師掌刑，使之相安而已；若夫使之相保，則有教存焉，非士師所及也〔二〕。」（文淵閣四庫全書本周官新義卷十四，頁十八。）

掌官中之政令，察獄訟之辭，以詔司寇斷獄弊訟，致邦令。

【佚文】（六一三）「掌官中之政令者，其政令施于其官府之中而已；致邦令者，有邦令，則致之于官府、邦國、都鄙也。」（文淵閣四庫全書本周官新義卷十四，頁十八。）〔三〕

掌士之八成：一曰邦汋，二曰邦賊，三曰邦諜，四曰犯邦令，五曰撟邦令，六曰爲邦盜，七曰爲邦朋，八曰爲邦誣。

〔一〕「賞」下，墨海本、經苑本並有「蓋」字。

〔二〕「廢事者」以下：詳解卷三十，頁十五—十六述之，大同；集說卷八，頁三八王氏曰，「賞」下有「也」字，「掌刑」作「賞刑」，「使之相安」上有「故」字，末「也」字無，餘同文淵本；註疏删翼卷二三，頁三三王氏曰，同集說。

〔三〕全段：詳解卷三十，頁十六述略同；訂義卷六十，頁四—五王氏曰，「官中」作「管中」，「者有邦令」四字無，後一「官府」二字無；欽定義疏卷三五，頁四三王氏安石曰：「致邦令，致之於鄉遂及都鄙。」檃栝成文。

【佚文】（六一四）「邦汋，汋邦事輕重緩急所在[一]，而爲鄉背出入者也[二]；邦賊，則是爲邦賊而已；爲邦盜，則是爲邦盜者也，非邦盜而已。亂之初生，以有邦汋，邦汋之不治，失政刑矣。宄自内作而爲賊，姦自外來而爲諜，固其所也。賊諜爲害大矣，然未如犯邦令之甚；令不行，則其害非止賊諜。犯邦令之不治，則撟邦令者至焉；撟邦令之不治，則爲邦盜者至焉。易所謂『上慢下暴，盜思伐之』者也。然爲邦盜者，中無主，不至爲邦朋；爲邦誣，則盜之所主也。邦朋非邦誣不立，則邦誣非邦朋不成，惡直醜正，相與爲比[三]；守正特立之士，不容于時，而有大物者，無與昭姦，此綱紀所以壞，大盜所以作。然不知禍本在此[四]，而以危亡爲兢兢，亦難以祈無事矣。故事之八成，其序如此。」（文淵閣四庫全書本周官新義卷十四，頁十八—十九。）

【評】（一四九）宋陳瓘曰：「……而安石所撰士師『八成』義，以謂：『……』蔡卞繼述之説，其本在此。守此意者，謂之守正，不然則指爲邦朋；立此説者，謂之特立，不然則指爲流俗。……」（四明尊堯集卷四，頁二一七。）

[一]「汋」，鈔本原不疊，孔校增之；詳解述有兩「汋」字（詳下註）。
[二] 首以下，詳解卷三十，頁十六述大同。
[三]「比」下，鈔本有「而妙功」三字。
[四]「守正」以下：四明尊堯集卷四，頁二一七安石以謂：「守正特立之士，以邦朋、邦誣而不容于時，此禍本之所在，而大盜之所以作也。」與此節文大義相契。

若邦凶荒，則以荒辯之灋治之；令移民通財，糾守緩刑。

【佚文】（六一五）「有移民通財，糾守緩刑之事，則因有辯矣，故有荒辯之法焉〔一〕。大行人言『若國凶荒，命賙委之』，則命諸侯相賙委，故言國〔二〕；小司寇言『若邦凶荒，以荒辯之法治之』，則凶荒偏邦，然後以荒辯之法治之，故言邦〔三〕。荒政無糾守，而有去幾；今此無去幾，而有糾守；王責諸侯以守，故可以去幾；邦國爲王守，則有糾守而已〔四〕。」（文淵閣四庫全書本周官新義卷十四，頁十九—二十。）

【佚文】（六一六）「……以別邦焉。……以別都邑焉。」（鈔本孔校增（散見兩處）；墨海本、經苑本「邦」並作「都」；詳解卷三十，頁十七述「都邑」作「邑都」。）

凡以財獄訟者，正之以傅別約劑。

【佚文】（六一七）「以此正獄訟，則民知無傅別約劑之不可治，皆無敢苟簡於其始，訟之所由

〔一〕首以下，詳解卷三十，頁十七述大同。

〔二〕「言國」下：墨海本、經苑本並別有四字；鈔本孔校增；詳解卷三十，頁十七述亦並另有四字：皆詳下佚文。

〔三〕「言邦」下：墨海本、經苑本、鈔本孔校增並別有五字；詳解卷三十，頁十七述亦另有五字：亦皆詳下佚文。

〔四〕「荒政」以下，詳解卷三十，頁十七述。

省也〔一〕;孔子『聽訟,吾猶人也』〔二〕,故於訟,欲作事謀始;始之不謀,及其卒也,雖聖人亦未如之何矣。」(文淵閣四庫全書本周官新義卷十四,頁二十。)

若祭勝國之社稷,則爲之尸。

【佚文】(六一八)「滅亡,刑之類也。」(文淵閣四庫全書本周官新義卷十四,頁二十。)

王燕出入,則前驅而辟;祀五帝,則沃尸,及王盥,洎鑊水。

【佚文】(六一九)「沃尸及王盥,所以致潔除污穢。」(訂義卷六十,頁九王氏曰。)

【佚文】(六二〇)「洎鑊水者,續司寇之事而終之。」(文淵閣四庫全書本周官新義卷十四,頁二十。)〔三〕

〔一〕「民知」以下:詳解卷三十,頁十七述略同。訂義卷六十,頁七王氏曰;欽定義疏卷三五,頁四七王氏安石曰,「始」下有「此」字。

〔二〕「孔子」,墨海本、經苑本並作「子曰」。

〔三〕全段,詳解卷三十,頁十八述略同。

【張補】於此不言禋，則禋非士師所及也。沃尸及王盥，以潔除污穢，相天及王事者也。「洎鑊水」者，續司寇之事而終之。（鈔本周官新義。）

凡刉珥，則奉犬牲；諸侯爲賓，則帥其屬而蹕于王宮；大喪，亦如之。

【佚文】（六二一）「大小司寇使其屬，則弗親蹕也；士師帥其屬，則親蹕矣。大司寇蹕邦事，小司寇蹕國事，故士師蹕王宮而已。」（文淵閣四庫全書本周官新義卷十四，頁二—二一。）〔二〕

大師，帥其屬而禁逆軍旅者，與犯師禁者而戮之。歲終，則令正要會；正歲，帥其屬而憲禁令于國，及郊野。

【佚文】（六二二）「雖大師然，然所禁而戮〔三〕，非但大師也。」（文淵閣四庫全書本周官新義卷十四，頁二一。）

〔二〕　全段：集説卷八，頁四二王介甫曰；註疏刪翼卷一三，頁三九介甫王氏曰，並無「則親」之「則」字；周禮全經釋原卷十一，頁二四王氏曰，兩「則」字並無；欽定義疏卷三五，頁五一王氏安石曰：「大司寇、小司寇皆言使帥其屬，不親帥也。士師言帥其屬，則親帥矣。」刪易成文。

〔三〕　「所」，墨海本、經苑本並作「犯」。

周禮新義　卷十五　秋官司寇二

鄉士，掌國中，各掌其鄉之民數，而糾戒之，聽其獄訟，察其辭，辨其獄訟，異其死刑之罪而要之，旬而職聽于朝；，司寇聽之，斷其獄，弊其訟于朝，羣士、司刑皆在，各麗其法，以議獄訟；，獄訟成，士師受中，協日刑殺，肆之三日；，若欲免之，則王會其期。大祭祀、大喪紀、大軍旅、大賓客，則各掌其鄉之禁令，帥其屬夾道而蹕。三公若有邦事，則爲之前驅而辟；，其喪亦如之。凡國有大事，則戮其犯命者。

遂士，掌四郊，各掌其遂之民數，而糾其戒令，聽其獄訟，察其辭，辨其獄訟，異其死刑之罪而要之，二旬而職聽于朝；，司寇聽之，斷其獄，弊其訟于朝，羣士、司刑皆在，各麗其法，以議獄訟成，士師受中，協日就郊而刑殺，各於其遂，肆之三日；，若欲免之，則王令三公會其期。若邦有大事，聚衆庶，則各掌其遂之禁令，帥其屬而蹕。六卿若有邦事，則爲之前驅而辟；，其喪亦如之。凡郊有大事，則戮其犯命者。

縣士，掌野，各掌其縣之民數，糾其戒令，而聽其獄訟，察其辭，辨其獄訟，異其死刑之罪而要之，三旬而職聽于朝；司寇聽之，斷其獄，弊其訟于朝，羣士、司刑皆在，各麗其法，以議獄訟；獄訟成，士師受中，協日刑殺，各就其縣，肆之三日，若欲免之，則王命六卿會其期。若邦有大役，聚衆庶，則各掌其縣之禁令。若大夫有邦事，則爲之前驅而辟，其喪亦如之。凡野有大事，則戮其犯命者。

【佚文】（六二三）「鄉士掌國中，各掌其鄉之民數者，通掌國中，而分掌其鄉焉〔一〕。鄭氏謂『鄉士八人，四人而分掌三鄉』也〔二〕；遂士掌四郊，而各掌其遂之民數者，通掌四郊，而分掌其遂也〔三〕；縣士掌野，而各掌其縣之民數者，通掌野，而分掌其縣也〔四〕。所謂四郊，非鄉地；所謂野，非遂地；蓋所謂公邑之在郊野者焉〔五〕。而於鄉士言糾戒之，遂士、縣士言糾其戒令者，鄉治詳，故鄉士不特糾之而已，又戒焉；縣、遂治略，故遂士、縣士無所戒也，違其遂、縣吏之

〔一〕「各掌」以下：詳解卷三一，頁二述，「焉」作「也」。又「通掌」以下：訂義卷六一，頁一王氏曰，「通」上有「鄉士」二字，「焉」作「也」；集説卷八，頁四六王介甫曰，「中」下有「之獄」二字，「焉」作「也」。

〔二〕「分掌」，經苑本作「各主」。

〔三〕「通掌西郊」以下：詳解卷三一，頁二述；集説卷八，頁四六王介甫曰，「郊」下有「之獄」二字。

〔四〕「各掌其縣」以下，詳解卷三十，頁二述。

〔五〕「所謂四郊」以下：詳解卷三一，頁二述；訂義卷六一，頁五王氏曰，「蓋」下無「所謂」二字，「焉」字無。

戒令〔一〕，則糾之而已〔二〕。異其死刑之罪而要之者，死刑之罪定而又要之，若今責伏辨矣〔三〕。鄉士旬而職聽于朝者，慎用刑故也；遂士二旬，縣士三旬，則以遠也〔四〕。羣士、司刑皆在，各麗其法，以議獄訟者，羣士、司刑各有所掌，若司刑掌五刑之法，司刺掌三刺、三赦、三宥之法，又或掌官法〔五〕，或掌官成，或掌官常，故各麗其法也〔六〕。士師受中，協日刑殺者，獄訟成，而上其中于士師，士師受之，然後協日刑殺也；鄉士刑殺，不言所就，以縣士、遂士推之，就國中明矣。鄉士若欲免之，則王會其期者，王親會其期，聽而議之也；遂士王令三公會其期，縣士王

〔一〕「令」下，墨海本、經苑本並有「焉」字；詳解述無「焉」字（詳下註）。

〔二〕「鄉士言糾」以下：詳解卷三一，頁二一—三述略同；訂義卷六一，頁五王氏曰，「遂士縣士言」作「而遂士言」，「故遂士縣士」、「遂縣吏之」九字皆無。

〔三〕「死刑之罪定」以下，訂義卷六一，頁二王氏曰。

〔四〕「鄉士旬」以下：訂義卷六一，頁五王氏曰，「鄉士」下有「一」字，「朝」下無「者」字，「慎」作「謹」，無「故」字，「遂士」、「縣士」下並多「以」字，「則以遠也」作「則遠故也」；集説卷八，頁四八王介甫曰，「三旬」下有「都三月」三字，「則以遠也」作「則遠故也」。

〔五〕「又」，墨海本、經苑本並無；詳解述有（詳下註）。

〔六〕「羣士司刑」以下：詳解卷三一，頁三述，無「或掌官成」四字。又自「若司刑」以下：亦見訂義卷六一，頁二王氏曰，「成」作「威」，「故」、「也」二字無；欽定義疏卷三六，頁三王氏安石曰，删易成章，「麗其法」下有「使罪與法相應」六字。

命六卿會其期〔一〕，則遠故也〔二〕。六卿言命，三公言令，則六卿任事，王親命之而已。三公尊，不任事，書命以令焉。鄉士，三公有邦事，則爲之前驅而辟；遂士，六卿有邦事，則爲之前驅而辟；縣士，大夫有邦事，則爲之前驅而辟；爲尊者辟行人，使避也〔三〕。公卿大夫教治政事所自出，非刑官先而辟焉，則有所不行〔四〕；其喪亦如之者，則喪終事也。」（文淵閣四庫全書本周官新義卷十五，頁二一—四。）

【評】（一五〇）清王太岳曰：「義：『死刑之罪定而又要之，若今責伏辨矣。』案：伏辨，疑是宋時文書中語；鄭註云：『若今劾矣』，劾，亦漢法也。」（四庫全書考證卷八，頁四七。）

【佚文】（六二四）「士師爲王前驅，鄉士爲三公前驅，遂士爲六卿前驅，縣士爲大夫前驅。今鄉士以王會其期，遂士以三公會其期，縣士以六卿會其期，至於大夫，則不復會其期。此所會之期，以尊者爲先，可知矣。」（訂義卷六一，頁六王氏曰。）

〔一〕「卿」，鈔本作「鄉」，詳解卷三一，頁三述作「卿」。本條下文之「六卿」，詳解述同，鈔本皆作「六鄉」。

〔二〕「遂士王令」以下：集説卷八，頁五十王介甫曰。註疏删翼卷二三，頁四五介甫王氏曰，「六卿」下無「會其期」三字。

〔三〕「辟爲」以下，集説卷八，頁五二王介甫曰，「使避也」作「無使干也」。

〔四〕「公卿大夫」以下，詳解卷三一，頁三述，幾全同。

方士，掌都家，聽其獄訟之辭，辨其死刑之罪而要之，三月，而上獄訟于國。

【佚文】（六二五）「方士三月而上獄訟于國，鄭氏謂『變朝言國，以其自有君異之』也。」（文淵閣四庫全書本周官新義卷十五，頁四。）

司寇聽其成于朝，羣士、司刑皆在，各麗其法，以議獄訟；獄訟成，士師受中，書其刑殺之成，與其聽獄訟者。凡都家之大事，聚衆庶，則各掌其方之禁令。

【佚文】（六二六）「司寇聽其成于朝，則獄訟成，而後上于國也；既成而後上于國；而于羣士、司刑麗法以議〔一〕，又言獄訟成者，前所謂成，都家聽斷之成也；後所謂成，司寇、羣士、司刑聽議之成也〔二〕。書其刑殺之成，與其聽訟獄者，鄭氏謂『備反復有失實者〔三〕。』」（文淵閣四庫全書本周官新義卷十五，頁四。）

〔一〕「議」，鈔本原作「義」，孔校改作「議」，詳解述亦作「議」（詳下註）。

〔二〕首以下：詳解卷三一，頁四述。又自「既成」以下，亦見欽定義疏卷三六，頁十四王氏安石曰。又自「又言」以下，亦見訂義卷六一，頁九王氏曰，「者」字無。

〔三〕「復」，墨海本、經苑本並作「覆」。

以時修其縣法；若歲終，則省之而誅賞焉。凡都家之士所上治，則主之。

【佚文】（六二七）「以時修其縣法，若歲終則省之而誅賞焉者，省蓋巡而視之，與『省方』同義。鄭氏謂『縣法，縣師之職也』；方士歲時修此法，歲終則又省之而誅賞焉。」（文淵閣四庫全書本周官新義卷十五，頁五。）

訝士，掌四方之獄訟，論罪刑于邦國。凡四方之有治於士者，造焉；四方有亂獄，則往而成之。邦有賓客，則與行人送逆之；入于國，則爲之前驅而辟；野亦如之；居館，則帥其屬而爲之蹕；誅戮暴客者，客出入，則道之；有治，則贊之。凡邦之大事，聚衆庶，則讀其誓禁。

【佚文】（六二八）「訝士掌四方之獄訟，故邦有賓客，則與行人送逆之；入于國，則爲之前驅而辟；野亦如之，居館，則帥其屬而爲之蹕也。」（文淵閣四庫全書本周官新義卷十五，頁五。）〔二〕

朝士，掌建邦外朝之法：左九棘，孤卿大夫位焉，羣士在其後；右九棘，公侯伯子男位焉，羣吏

〔二〕　全段，詳解卷三一，頁五述大同。

在其後；面三槐，三公位焉，州長、衆庶在其後；左嘉石，平罷民焉；右肺石，達窮民焉。

【佚文】（六二九）「右公侯伯子男，尊故也；羣吏在其後，則外朝聽獄弊訟之朝也，故治事者在焉；面三公位焉，州長、衆庶在其後，則答王故也。棘之爲木也，其華白，義行之發也〔一〕；其實赤，事功之就也；束在外，所以待事也。槐之爲木也，其華黄，中德之暢也；其實玄，至道之復也；文在中，含章之義也〔二〕。右窮民，則不傲無告〔三〕，故右焉。司士以正朝儀之位，辨貴賤之等爲職，故其序朝位，先尊後卑；朝士以掌建外朝之法爲職〔四〕，故其序朝位，先卑後尊；先卑後尊，則先法之所制者〔五〕。」（文淵閣四庫全書本周官新義卷十五，頁六。）

【評】（一五一）清王太岳曰：「義：『棘之爲木也，其華白，義行之發也；其實赤，事功之就也。槐之爲木也，其華黄，中德之暢也；其實玄，至道之復也。』案：此義涉乎鑿。」（四庫全書考證卷八，頁四七。）

〔一〕「行」，鈔本原作「竹」，孔校改爲「行」；詳解述作「行」（詳下註）。

〔二〕「含」，鈔本作「舍」，詳解述作「含」。「棘之」以下，詳解卷三一，頁六述大同。

〔三〕「傲」，鈔本、墨海本並作「慠」。

〔四〕「建外朝」：墨海本作「建邦外朝」，經苑本作「建外邦」，詳解述同文淵本（詳下註）。

〔五〕「司士」以下，詳解卷三一，頁六述，末無「也」字。

帥其屬，而以鞭呼，趨且辟；禁慢朝、錯立、族談者。

【佚文】（六三〇）「以鞭呼，趨且辟，呼朝者使趨焉，又爲之辟也〔一〕。呼、趨，則戒以肅，辟則使人避焉〔二〕；禁慢朝錯立族談者，朝當如此。故孔子在朝廷，便便言，唯謹爾；孟子不踰階而揖，不歷位而言。」（文淵閣四庫全書本周官新義卷十五，頁六。）

凡得獲貨賄、人民、六畜者，委于朝，告于士，旬而舉之；大者公之，小者庶民私之。

【佚文】（六三一）「易得曰得〔三〕，難得曰獲；獲，伺度而得之也。人民在貨賄之後，盖奴虜之亡者〔四〕。市民所會，伺察者衆，故曰獲〔五〕；『貨賄六畜，其亡必得〔六〕』，故曰得；『舉之，民無私焉〔七〕』，

〔一〕首以下，集説卷八，頁五六王氏曰。

〔二〕首以下，訂義卷六二，頁四王氏曰：「以鞭呼趨，則呼朝者，使趨戒以肅也，辟則使人避焉。」大旨同。

〔三〕「曰」下，鈔本原有「難」字，孔校删之。

〔四〕「虜」，墨海本作「擄」。

〔五〕「獲」，經苑本無，詳解述亦無（詳下註）。

〔六〕「得」，鈔本原無，孔校增；詳解述有「得」字（詳下註）。

〔七〕「焉」下，墨海本、經苑本、詳解述（詳下註）又叠「民無私焉」四字；鈔本原不叠，孔校增而叠之。

則亦市之爲治，欲民不以無故得利也〔一〕。三日而舉之，則民所會也，其求宜速。朝之所委，則亡不必得，故小者使民私焉，使民私焉，則亦朝之爲治，欲不盡利以遺民也〔二〕。求者或遠，則待之宜緩，故旬而舉之。市不言獲人民，則市之所會，幾察者衆，非亡民所赴也。」（文淵閣四庫全書本周官新義卷五，頁七。）

【佚文】（六三二）「市所得貨賄、六畜，皆舉之而得者，無私焉。以民之所會，其求必速，即終無求者，亦藏於官以待之，不可使民無故而得利也〔三〕。委於朝，旬而不求者，則終無求者矣，故使庶民得私其小者，又所以興起其善心，而無或隱匿也。」（欽定義疏卷三六，頁二三一—二四王氏安石曰，與文淵本殊異。）

凡士之治，有期日：國中一旬，郊二旬，野三旬，都三月，邦國朞；期内之治聽，期外不聽。

〔一〕「市民所會」以下，詳解卷三一，頁七述略同。
〔二〕「利」，墨海本、經苑本並作「力」。
〔三〕首以下四十七字，錢儀吉曰：「義疏引王氏此註……案：王氏以司市之文與此職相比爲説，此以上皆釋司市『凡得貨賄六畜者，三日而舉之』之義。」

【佚文】（六三三）「民之所急，宜以時治；苟爲不急，又在期外，亦可以已矣〔一〕。夫獄訟追證，無罪之民豫受其弊，則其不急，豈可長哉？」（文淵閣四庫全書本周官新義卷十五，頁七。）

凡有責者，有判書以治，則聽。

【佚文】（六三四）「有判書以治，則聽者，以責與人，必使有判書，其抵冒而訟，有判書，則爲之聽治焉。」（文淵閣四庫全書本周官新義卷十五，頁七。）

凡民同貨財者，令以國法行之；犯令者，刑罰之。

【佚文】（六三五）「凡民同貨財者，令以國法行之；犯令者，刑罰之者，刑罰其犯令者而已，不誅同財之人也；若貨不出于關，而舉其貨〔二〕，罰其人，所謂國法也。二人同財，而一人犯此令，則并舉其貨焉，是焉令以國法行之。若夫罰，則施犯令者一人而已〔三〕。」（文淵閣四庫全書本周官新義卷十五，頁八。）

〔一〕首以下，詳解卷三二，頁七述。

〔二〕「舉」，鈔本原作「齊」，孔校改作「舉」，詳解述作「舉」（詳下註）。

〔三〕「若貨」以下，詳解卷三二，頁八述略同。

凡屬責者，以其地傅，而聽其辭。

【佚文】（六三六）「以責屬人，必使有傅，傅必有地著，其相抵冒而訟，以其地傅來，乃爲之聽治；屬責而無傅，有傅而無地著，不知所在，不可追證，則弗聽也。」（文淵閣四庫全書本周官新義卷十五，頁八。）〔一〕

凡盜賊軍，鄉邑及家人殺之，無罪；凡報仇讎者，書於士，殺之無罪。若邦凶荒、札喪、寇戎之故，則令邦國、都家、縣鄙慮刑貶。

【佚文】（六三七）「軍，謂衆；攻圍鄉邑及家，則人得殺之〔二〕。仇讎之罪，已書於士而得，則士之所殺也；已書於士而不得，則罪不嫌于不明，故許之專殺也〔三〕。思患曰慮，慮刑則非特緩刑而已。若荒政除盜賊〔四〕，費誓『無餘刑非殺』，則以災寇之故，有加急焉，故令慮以制之。慮貶，則用財當貶於平時，然欲適宜，則亦不可以無慮也。」（文淵閣四庫全書本周官新義卷十

〔一〕全段：訂義卷六二，頁六王氏曰。又「以其」以下，亦見詳解卷三一，頁八述，幾全同。

〔二〕「攻圍」以下：周禮全解王安石以爲，載訂義卷六二，頁七；詳解卷三一，頁八，略同。

〔三〕「已書於士而得」以下，欽定義疏卷三六，頁二七王氏安石曰大同。

〔四〕「若」，鈔本原作「荒」，孔校改爲「若」。

五，頁八—九。）

【評】（一五二）宋鄭鍔曰：「軍，謂屯爲軍旅以攻圍人也。盜賊或羣輩軍屯於鄉邑，至於犯及家人，其熾如此。凡能殺之者，皆無罪。王安石乃以爲『……』其意謂既圍鄉邑矣，又及吾之私家，故人殺之無罪，然與下殺之無罪爲不叶，良由考之不詳，强爲之説。」（周禮全解，載訂義卷六二，頁七。）

【同佚文】（一六）王安石有關周禮朝士言論：或問復讎。對曰：「非治世之道也。明天子在上，自方伯諸侯以至于有司，各修其職，其能殺不辜者少矣。不幸而有焉，則其子弟以告于有司；有司不能聽，以告于其君；其君不能聽，以告于方伯；方伯不能聽，以告于天子；則天子誅其不能聽者，而爲之施刑於其讎。亂世則天子、諸侯、方伯皆不可以告，故書説紂曰：『凡有辜罪，乃罔恒獲；小民方興，相爲敵讎。』蓋讎之所以興，以上之不可告，辜罪之不常獲也。方是時，有父兄之讎，而輒殺之者，君子權其勢恕其情而與之，可也。故復讎之義，見於春秋傳，見於禮記，爲亂世之爲子弟者言之也。春秋傳以爲父受誅，子復讎，不可也；此言不敢以身之私，而害天下之公。又以爲父不受誅，子復讎，可也；此言不以有可絶之義，廢不可絶之恩也。周官之説曰：『凡復讎者，書于士，殺之無罪。』疑此非周公之法也。凡所以有復讎者，以天下之亂，而士之不能聽也；有士矣，不使聽其殺人之罪以施行，而使爲人之子弟者讎之；然則何取於士而禄之也！古之於殺人，其聽之可謂盡矣；猶懼其未也，曰『與其殺不辜，寧失不經』。今書于士，則殺之無罪，則所謂復讎者，果所謂可讎者乎？庸詎知其不獨有可言者乎？就當聽其罪矣，則不殺於士師，而使讎者殺之，何也？故疑此非周公之法也。或曰：『世亂而有復讎之禁，則寧殺身以復讎乎？將無復讎而以存人之祀乎？』曰：『可以復讎而不復，非孝也；復讎而殄祀，亦非孝也；以讎未復之恥，居之終身焉，蓋可也。讎之不復者，天也；不忘復讎者，己也；克己以畏天，心不忘其親，不亦可矣？』」（臨川集卷七十，頁一一二復讎解。）

司民，掌登萬民之數，自生齒以上，皆書於版。辨其國中，與其都鄙，及其郊野；異其男女；歲登下其死生。及三年大比，以萬民之數詔司寇；司寇及孟冬祀司民之日，獻其數于王；王拜受之，登于天府，内史、司會、冢宰貳之，以贊王治。

【佚文】（六三八）「於小司寇言内史、司會、冢宰貳民數，制國用，王受民數，圖國用，而進退之，而於司民云内史、司會、冢宰貳之，以贊王治者，司民，掌民數之官也〔二〕，生齒之不蕃，至於

〔二〕「内史司會冢宰貳」以下，詳解卷三一，頁九述大同。

具禍以爊，則以王無陪無卿〔一〕，無義治之，非特爲貧故也。」（文淵閣四庫全書本周官新義卷十五，頁九。）〔二〕

司刑，掌五刑之法，以麗萬民之罪：墨罪五百，劓罪五百，宫罪五百，刖罪五百，殺罪五百。若司寇斷獄弊訟，則以五刑之法詔刑罰，而以辨罪之輕重。

【佚文】（六三九）「先王之懲民也，以讓爲不足，然後罰〔三〕；以罰爲不足，然後獄之圜土，役之司空；以獄而役之爲不足，然後墨；以墨爲不足，然後劓；以劓爲不足，然後宫；以宫爲不足，然後刖；以刖爲不足，然後殺。墨、劓、官、刖、殺，棄人之刑也〔四〕；以殺爲不足，則又有

〔一〕「以」，墨海本無。

〔二〕全段：集説卷八，頁六一王介甫曰，「圖」下無「國」字，「云」作「言」，「齒」下無「之」字，「無義治之」四字缺；周禮要義卷十二，頁二五同集説，僅「進退」之下無「而」字；欽定義疏卷三六，頁三十—三一王氏安石曰：「小司寇職，王受民數以圖國用，而此言以贊王治，蓋生齒不蕃，以王無陪無卿。政教不修，所以治官治民者，多失其道，非特爲貧故也。」「政教」以下共十五字（字旁有△者），清臣增飾之辭，其餘隱栝舊本成章；錢儀吉亦曰：「蓋閏色之詞，非本文。」

〔三〕「罰」，鈔本原作「罪」，孔校改爲「罰」。

〔四〕「以墨」以下，詳解卷三二頁十述，幾全同。

奴其父母妻子者〔一〕，奴其父母妻子，非刑之正也〔二〕，故不列于此〔三〕。」（文淵閣四庫全書本周官新義卷十五，頁十。）

司刺，掌三刺、三宥、三赦之法，以贊司寇聽獄訟：壹刺曰訊羣臣，再刺曰訊羣吏，三刺曰訊萬民；壹宥曰不識，再宥曰過失，三宥曰遺忘；壹赦曰幼弱，再赦曰老旄，三赦曰惷愚。以此三法者，求民情，斷民中，而施上服下服之罪，然後刑殺。

【佚文】（六四〇）「不識、過失、遺忘，致慎則或可以免焉，故宥之而已；幼弱、老旄〔四〕、惷愚，則非人之能爲也，故赦之。惷愚，惷而愚也；孔子曰：『古之愚也直，今之愚也詐而已。』所謂惷愚，則異乎今之愚矣；蓋愚而非惷，幼而不弱，老而不旄，則不在所赦矣〔五〕。以此三法者，求民情，斷民中，而施上服下服之罪，然後刑殺者，罪在所刺，則下刑有適重而上服；罪在所

〔一〕「其」，墨海本、經苑本並作「人」。
〔二〕「正」，鈔本原作「政」，孔校改作「正」。
〔三〕「列」，墨海本作「刺」。
〔四〕「旄」，鈔本、墨海本、經苑本、詳解卷三一，頁十一述皆作「耄」。下同。
〔五〕「愚而」以下：詳解卷三一，頁十一述，幾全同；訂義卷六三，頁二王氏曰，「愚而非惷」在「老而不旄」之下，「旄」作「耄」。

宥，則上刑有適輕而下服。以三法者求民情，然後斷民中；斷民中，然後施罪；施罪定矣，然後刑殺；若在所赦，則赦之矣[一]。」（文淵閣四庫全書本周官新義卷十五，頁十—十一。）

司約，掌邦國及萬民之約劑；治神之約爲上，治民之約次之，治地之約次之，治功之約次之，治器之約次之，治摯之約次之。

【佚文】（六四一）「治神之約，謂若『魯用郊』之屬；治民之約，謂若『分衛以匕族』之屬；治地之約，謂若『取於相土之東都，以會王蒐』之屬[二]；治功之約，謂若『虢叔、虢仲，勳在王室，藏在盟府』之屬；治器之約，謂若『魯得用四代之器』之屬[三]；治摯之約，謂若『公孫黑使强委禽』之屬[四]；凡此諸治，皆有許與之約焉，不信而訟，則司約掌之[五]。」（文淵閣四庫全書本周官新義卷十五，頁十一。）

[一] 「矣」，墨海本無。
[二] 「若」下，經苑本有「衛取」云云共十一字（詳下佚文）。「王」下，經苑本有「之東」二字。
[三] 「之」，經苑本作「服」，詳解述作「之」（詳下註）。
[四] 首以下：詳解卷三一，頁十二述，幾全同。又自「若魯」以下，亦見欽定義疏（二條）卷三六，頁四十王氏安石曰，「之器」作「服器」，「治摯之約」作「摯約」。
[五] 「凡此」以下，訂義卷六三，頁四王氏曰。

【佚文】（六四二）「……衛取於有閻之土以共王職，取於相之東土以會王之東蒐之屬是也。」（欽定義疏卷三六，頁三九王氏安石曰，上承「地之約謂若」，「衛取」以下共十一字（有△者）文淵本無，唯經苑本亦有，見上頁註二；「取於相」共十六字，與文淵本略同。）

凡大約劑，書於宗彝；小約劑，書於丹圖。若有訟者，則珥而辟藏；其不信者，服墨刑。若大亂，則六官辟藏；其不信者，殺。

【佚文】（六四三）「珥而辟藏，重其事〔二〕；六官辟藏，則以盟約，六官皆受其貳藏之故也。」（文淵閣四庫全書本周官新義卷十五，頁十二。）〔三〕

司盟，掌盟載之法。凡邦國有疑，會同，則掌其盟約之載，及其禮儀，北面詔明神；既盟，則貳之；盟萬民之犯命者，詛其不信者，亦如之。凡民之有約劑者，其貳在司盟；有獄訟者，則使之盟詛。凡盟詛，各以其地域之衆庶，共其牲而致焉；既盟，則爲司盟共祈酒脯。

〔二〕首以下，訂義卷六三，頁五王氏曰，「事」下有「也」字。
〔三〕全段，詳解卷三一，頁十二述略同。

【佚文】（六四四）「謂之明神〔一〕，則宜鄉明者也，故北面詔之〔二〕；質于明神以相要者，民之所不免也。先王因以覆盟詛爲大戮，而躬信畏以先之；至其成俗，盟邦國不協，與民之犯命，而詛其不信者，有獄訟者，使之盟詛；弭亂息争，豈小補哉〔三〕？及後世王迹熄，慢神誣人，實倍其上，神亦既厭，莫之顧省；則區區牲血酒脯，不足以勝背誕之衆矣。蓋治有本末，本之不圖，無事於末；故君子屢盟，詩以爲『亂是用長』；鄭伯詛射潁考叔者，傳以爲失政刑矣。」（文淵閣四庫全書本周官新義卷十五，頁十二。）

職金，掌凡金玉錫石丹青之戒令；受其入征者，辨其物之媺惡，與其數量，楬而璽之；入其金錫于爲兵器之府；入其玉石丹青于守藏之府；入其要。掌受士之金罰貨罰，入于司兵；旅于上帝，則共其金版；饗諸侯，亦如之。凡國有大故，而用金石，則掌其令。

【佚文】（六四五）「士之金罰，蓋所謂『金作贖刑』；而司寇無金贖之法，或者掌貨賄有焉。」（文淵閣四庫全書本周官新義卷十五，頁十三。）

〔一〕「明神」，墨海本、經苑本皆作「神明」，詳解述作「明神」（詳下註）。下同。
〔二〕首以下，詳解卷三一，頁十三述。
〔三〕「先王因以」以下，詳解卷三一，頁十三述略同。

司厲，掌盜賊之任器貨賄；辨其物，皆有數量，賈而楬之，入于司兵。其奴：男子入于罪隸，女子入于舂槀。凡有爵者，與七十者，與未齔者，皆不爲奴。

【佚文】（六四六）「其奴，男子入于罪隸，則爲隸民焉；女子入于舂槀，則以役舂人槀人之事。凡有爵者〔一〕、七十者與未齔者，皆不爲奴〔二〕，則鄭氏謂『奴從坐，没入縣官者』是也。蓋盜賊之罪，有殺不足以懲之者，所謂『無餘刑非殺』也。」（文淵閣四庫全書本周官新義卷十五，頁十三。）

犬人，掌犬牲，凡祭祀，共犬牲，用牷物；伏瘞，亦如之。凡幾珥沈辜，用駹可也。凡相犬、牽犬者屬焉，掌其政治。

【佚文】（六四七）「犬人掌犬牲，而凡相犬牽犬者屬焉，掌其政治，則并掌田犬矣〔三〕。鄭氏謂『伏，伏犬，以車轢之；瘞，地祭也』。」（文淵閣四庫全書本周官新義卷十五，頁十三—十四。）

〔一〕「者」下，經苑本有「與」字。
〔二〕首以下，詳解卷三一，頁十五述，「事」下有「也」字。
〔三〕「掌其」以下，訂義卷六三，頁十一王氏曰，「矣」字無。

司圜，掌收教罷民。凡害人者，弗使冠飾，而加明刑焉；任之以事，而收教之。能改者，上罪，三年而舍；中罪，二年而舍；下罪，一年而舍。其不能改而出圜土者，殺；雖出三年，不齒。凡圜土之刑人也，不虧體；其罰人也，不虧財。

【佚文】（六四八）「司寇謂之聚教，而司圜謂之收教，則致其詳焉。」（文淵閣四庫全書本周官新義卷十五，頁十四。）〔一〕

掌囚，掌守盜賊。凡囚者：上罪，梏拲而桎；中罪，桎梏；下罪，梏；王之同族，拲；有爵者，桎；以待弊罪。及刑殺，告刑于王，奉而適朝，士加明梏，以適市而刑殺之。凡有爵者，與王之同族，奉而適甸師氏，以待刑殺。

【佚文】（六四九）「掌囚，凡囚皆守焉；而特言盜賊者，盜賊必囚而守之故也〔二〕。梏在脰，桎在足，拲在手，左氏傳『子蕩以弓梏華弱于朝』，則梏在脰明矣〔三〕。明梏，著其罪于梏〔四〕，猶明

〔一〕全段，詳解卷三一，頁十六述旨同。

〔二〕「之」，鈔本無，詳解述有。首以下：詳解卷三一，頁十六述大同；欽定義疏卷三七，頁四王氏安石曰，有所更易。

〔三〕「梏在脰」以下：訂義卷六四，頁二王氏曰；欽定義疏卷三七，頁四—五王氏安石曰，「左」下無「氏」字。

〔四〕「于」，墨海本、經苑本並無。

刑也。」（文淵閣四庫全書本周官新義卷十五，頁十四。）

掌戮，掌斬殺賊諜而搏之。凡殺其親者，焚之；殺王之親者，辜之。凡殺人者，踣諸市，肆之三日，刑盜于市。凡罪之麗於法者，亦如之；唯王之同族與有爵者，殺之于甸師氏。凡軍旅、田役，斬殺刑戮，亦如之。

【佚文】（六五〇）「斬殺賊諜而搏之者，已得則斬殺之，未得則搏之。凡殺其親者，焚之者，賊仁莫甚焉故也；殺王之親者，辜之者，賊義莫甚焉故也〔一〕。刑盜于市，凡罪之麗于法者，亦如之者，所謂刑人于市，非特于衆棄之〔二〕，亦以人之犯刑皆以趨利爲本〔三〕，正以趨利犯刑〔四〕，則唯盜而已，故特言刑盜于市也〔五〕。」（文淵閣四庫全書本周官新義卷十五，頁十五。）

〔一〕首以下，詳解卷二一，頁十七述新傳云云略同。

〔二〕「于」，墨海本、經苑本並作「與」。

〔三〕「趨」，鈔本、墨海本並作「趍」。本條下同。

〔四〕「犯」，鈔本原作「祀」，孔校改作「犯」。

〔五〕「刑盜于市凡」以下：集説卷八，頁八二王介甫曰，「于衆」作「與衆」，末「也」字無；註疏删翼卷二四，頁三四介甫王氏曰，同集説，僅「法」下無「者」字。又「人之」以下，亦見訂義卷六四，頁四王氏曰，「爲本正以」、「則」五字無，「故特言刑盜于世也」作「故盜言刑于世」。

【佚文】（六五一）殺而辱之謂之戮，殺而辱之，豈特惡其害人哉？將以懲衆而生之，故以下士二人充其職，而名官謂之掌戮。掌斬殺賊諜而搏之，賊，害人者，諜，反間者，斬殺皆棄人之刑也。或斬以分其體，或殺而使之死，亦稱其罪而已。（詳解卷三一，頁十七新傳云云。）

墨者，使守門，劓者，使守關；宮者，使守内；刖者，使守囿；髡者，使守積。

【佚文】（六五二）「墨者使守門，劓者使守關，皆無妨無禁禦故也〔二〕。劓罪重，故遠之。刖者使守囿，則妨於禁禦，可使牧禽獸而已。髡者使守積，則王族無宮，髡之而已；使守積，積在隱故也。」（文淵閣四庫全書本周官新義卷十五，頁十五。）〔三〕

△司隸

△罪隸

〔二〕「無」，墨海本、詳解述（詳下註）並作「於」；鈔本原作「無」，孔校改爲「於」。經苑本無「此」字。

〔三〕全段，詳解卷三一，頁十七—十八述新傳云云，略同。

△蠻隸

閩隸，掌役畜養鳥，而阜蕃教擾之；掌子，則取隸焉。

【佚文】（六五三）「掌役畜養鳥，役於掌畜也〔二〕。」（文淵閣四庫全書本周官新義卷十五，頁十六。）〔三〕

△夷隸

貉隸，掌役服不氏，而養獸而教擾之，掌與獸言。其守王宮者，與其守厲禁者，如蠻隸之事。

【佚文】（六五四）「不言阜蕃，猛獸非阜蕃之物。」（文淵閣四庫全書本周官新義卷十五，頁十六。）〔三〕

〔一〕「掌」，鈔本原無，孔校增；詳解述有「掌」字（詳下註）。

〔二〕全段：詳解卷三一，頁二十述，「役於」上有「則」字。又「役於」以下：訂義卷六四，頁九王氏曰，「役於」上有「役則」二字；欽定義疏卷三七，頁十三王氏安石曰，末「也」字無。

〔三〕全段：詳解卷三一，頁二十述大同；訂義卷六四，頁十王氏曰，「非」下有「所」字。

布憲，掌憲邦之刑禁。正月之吉，執旌節以宣布于四方，而憲邦之刑禁，以詰四方邦國，及其都鄙，達于四海。凡邦之大事，合衆庶，則以刑禁號令。

【佚文】（六五五）「宣布于四方者，以宣布，故言四方，與詩『四方于宣』同義。以詰四方邦國，及其都鄙，則詰及邦國之都鄙，非特邦國而已；達於四海，則四方之遠，極于四海。凡邦之大事，合衆庶，則以刑禁號令，謂于邦有大事，鄉合州黨族閭比之聯。與其民人之什伍，則以刑禁號令焉[一]。」（文淵閣四庫全書本周官新義卷十五，頁十七。）

禁殺戮，掌司斬殺戮者。凡傷人見血而不以告者，攘獄者，遏訟者，以告而誅之。

【佚文】（六五六）「掌司斬殺戮者，謂非以法斬殺戮者司之，以告而誅之也[二]。傷人見血而不以告者，攘獄者，遏訟者，謂有司宜告，而不以告，宜授，而攘遏之；見傷而不自言，與獄訟而見攘遏，非善良則窮弱[三]，侵善良，抑窮弱，刑禁所爲設也。」（文淵閣四庫全書本周官新義卷十五，頁十七。）

[一]「以詰」以下：詳解卷三二，頁一述略同。又「鄉合」以下，訂義卷六五，頁二王氏曰，「鄉」上有「謂」字。

[二] 首以下，詳解卷三二，頁二述，「而」下有「後」字。

[三]「善良」，墨海本、經苑本並作「良善」，詳解卷三二，頁二述作「善良」。

禁暴氏，掌禁庶民之亂暴力正者，撟誣犯禁者，作言語而不信者，以告而誅之。凡國聚衆庶，則戮其犯禁者以徇。凡奚隸聚而出入者，則司牧之，戮其犯禁者。

【佚文】（六五七）「力正，謂人言不可聽，不可從，以力正之，使聽而從焉。士昏禮曰：『父西面戒之，必有正焉。』與此正同義。政之不明也，以下之難知；政之不行也，以下之難制[一]。撟誣作言語而不信，下之難知者也；暴亂力正犯禁，下之難制者也。上之所誅，於是爲急；誅庶民如此[二]，則自上可知矣。」（文淵閣四庫全書本周官新義卷十五，頁十八。）

野廬氏，掌達國道路，至於四畿；比國郊及野之道路，宿息、井、樹。若有賓客，則令守涂地之人聚欜之；有相翔者，誅之。凡道路之舟車轚互者，敘而行之。凡有節者及有爵者，至則爲之辟；禁野之横行徑踰者，凡國之大事，比修除道路者。掌凡道禁。邦之大師，則令掃道路，且以幾禁行作不時者、不物者。

【佚文】（六五八）「三十里有宿，宿有路室，所謂宿也；十里有廬，廬有飲食，所謂息也[三]。

[一]「政之不明」以下，詳解卷三二，頁三述。
[二]「此」，鈔本原作「之」，孔校改作「此」。
[三]首以下：詳解卷三二，頁四述；「食」下有「則」字；又見訂義卷六五，頁四王氏曰。

橫行，謂不由道徑；徑踰〔一〕，謂不由橋梁。國之大事，則在國中而已；邦之大師，則通國野焉〔二〕。」（文淵閣四庫全書本周官新義卷十五，頁十八。）

蜡氏，掌除骴。凡國之大祭祀，令州里除不蠲；禁刑者、任人及凶服者，以及郊野。大師、大賓客，亦如之，若有死於道路者，則令埋而置楬焉，書其日月焉，縣其衣服任器於有地之官，以待其人。掌凡國之骴禁。

【佚文】（六五九）「任人，謂司圜任之以事之人。大賓客，亦令州里除不蠲，禁刑者、任人及凶服者，以及郊野，則承事如祭，有齊敬之心焉〔三〕。」（文淵閣四庫全書本周官新義卷十五，頁十九。）

雍氏，掌溝瀆澮池之禁，凡害于國稼者。春，令爲阱擭溝瀆之利於民者；秋，令塞阱杜擭。

〔一〕「徑徑」，鈔本原作「往往」，孔校改作「徑徑」；詳解述「徑」字不疊（詳下註）。

〔二〕「橫行」以下：詳解卷三二，頁四述略同。又「國之」以下，亦見訂義卷六五，頁六王氏曰，「國」之上有「言」字，「大師」作「大事」。

〔三〕「則承」以下，訂義卷六五，頁七王氏曰，「則」上有「大賓客」三字。

【佚文】（六六〇）「害於國稼，謂害國及稼；不言野而言稼，蓋野之禁唯稼而已。」（文淵閣四庫全書本周官新義卷十五，頁十九。）〔二〕

禁山之爲苑，澤之沈者。

【佚文】（六六一）「沈，酖也。禁山之爲苑，不使民專利；禁澤之沈者，惡其所害衆。」（文淵閣四庫全書本周官新義卷十五，頁十九。）

萍氏，掌國之水禁，幾酒，謹酒，禁川游者。

【佚文】（六六二）「幾酒，微察其不節也；謹酒，謹制其無度也。」（文淵閣四庫全書本周官新義卷十五，頁十九。）〔三〕

司寤氏，掌夜時。以星分夜，以詔夜士夜禁；禦晨行者，禁宵行者、夜遊者。

〔二〕全段，詳解卷三二，頁六述，幾全同。
〔三〕全段，詳解卷三二，頁七述大同。

【佚文】（六六三）「詩曰『肅肅宵征，抱衾與裯〔一〕』，則宵非中夜矣；詩曰『夜如何其，夜鄉晨』〔二〕，則自宵以至於晨，皆所謂夜時。禦晨行者，則禦使須明而行；禁宵行者，則禁之使止也〔三〕；禁夜遊者，則遊非其時，雖不行，亦禁焉。」（文淵閣四庫全書本周官新義卷十五，頁二十。）

司烜氏，掌以夫遂取明火於日，以鑒取明水於月，以共祭祀之明齍明燭，共明水。凡邦之大事，共墳燭庭燎。中春，以木鐸脩火禁于國中。軍旅，脩火禁；邦若屋誅，則爲明竁焉。

【佚文】（六六四）「明燭，以明火爲燭；明齍，以明水爲齍〔四〕。鄭氏謂『取火于日，取水於月，欲得陰陽之潔氣也』。墳燭，大燭。屋誅，蓋舉家得罪而誅者也〔五〕。明竁，蓋楬其罪於竁上，

〔一〕「裯」，鈔本同，孔校改作「禂」，墨海本、經苑本並作「禂」。

〔二〕「曰」，墨海本、經苑本並無。

〔三〕「禦晨」以下：集說卷九上，頁十三王介甫曰；註疏删翼卷二五，頁十四介甫王氏曰，「宵行」下無「者」字。

〔四〕首以下，註解卷三二，頁八述，幾全同。

〔五〕「屋誅」以下：詳解卷三二，頁九述曰：「屋誅，謂舉家受誅也。」周官總義卷二三，頁十九王氏謂：「屋誅者，舉家受誅。」並同旨。

若明刑、明梏〔一〕。」（文淵閣四庫全書本周官新義卷十五，頁二十。）

【評】（一五三）宋易祓曰：「屋誅者，王氏謂『舉家受誅』，忍哉！戰國參夷之誅，止及親屬，而不及臣妾，孰謂先王而行此不仁之政？蓋謂王族及有爵者，不加明刑，而罄于甸師氏；謂甸師誅之於屋，非刑於市者。然先王貴貴、親親之義，雖不明其刑，而未嘗不明於竄。竄謂壙埋之地，楬其罪於竄上，而屬於司烜氏，以明爲義故爾。」（周官總義卷二三，頁十九—二十。）

條狼氏，掌執鞭以趨辟。王出入，則八人夾道；公，則六人；侯、伯，則四人；子、男，則二人。凡誓，執鞭以趨於前，且命之：誓僕右曰殺，誓馭曰車轘，誓大夫曰敢不關、鞭五百，誓師曰三百，誓邦之大史曰殺，小史曰墨。

【佚文】（六六五）「掌執鞭以趨辟者〔二〕，趨而避也。條狼主誓者，掌辟之官，以禁止爲事故也〔三〕。

〔一〕「明竄」以下，詳解卷三二，頁九述，末有「焉」字。
〔二〕「以趨」，原作「趨以」，據周禮經文、墨海本、經苑本及詳解卷三二，頁九述改。「趨」，鈔本作「趍」，下「趨而」之「趨」字同。
〔三〕「止」，鈔本作「正」，詳解述作「止」。「條狼」以下，詳解卷三二，頁十—十一述，「者」作「以」。集説卷九上，頁十六王介甫曰；註疏刪翼卷二五，頁十七王介甫氏曰，並「狼」下有「氏」字。

誓僕右者，爲僕爲右誓其屬也〔二〕；誓馭者，爲馭誓其屬也；僕右曰殺，馭曰車轘，則軍旅之事，僕右之政，當如此。誓大夫曰敢不關，鞭五百，則大夫不掌軍政，當豫聞而已，故誓之事，曰敢不關；誓之刑，曰鞭五百。師誓其屬曰三百，則所誓樂人而已。大史曰殺，則大軍旅，抱天時從焉，誓其屬不可以不嚴；小史曰墨，則佐大史而已。於大史曰邦之大史，則明此所爲誓，皆王宮〔三〕；于史稱邦，則師以上皆可知也。」（文淵閣四庫全書本周官新義卷十五，頁二一一。）

【佚文】（六六六）刑不上大夫，而此云「鞭五百」者，誓其大夫之屬。（周禮詳説王氏以爲，載訂義卷六五，頁十五；詳解卷三二，頁十述曰：「誓大夫曰『敢不關、鞭五百』；刑不上大夫，則亦爲大夫誓其屬也。」大同。集説卷九上，頁十七引王氏曰，「上大夫」前多「及」字；註疏删翼卷二五，頁十八引王介甫氏曰，皆録詳解文；王氏謂昭禹，作介甫者誤。）

【評】（一五四）宋王十朋曰：「刑不上大夫，此云『鞭五百』，王氏以爲誓其大夫之屬，鄭氏以爲誓大夫。以文攷之，何大夫之屬之有？然鄭氏以爲：誓者，出軍及將祭祀之時，但師

〔二〕「誓僕右」以下：詳解卷三二，頁十述大同。集説卷九上，頁十六王介甫曰；註疏删翼卷二五，頁十七王介甫氏曰，「爲僕」下無「爲」字（詳解述亦無）。

〔三〕「宮」，墨海本、經苑本並作「官」。

與大史、小史主禮樂之事。謂祭祀時耳，曾不謂皆誓之於軍也。大師職云『大師執同律以聽軍聲』，是軍之有大師也；大史職云『大師，抱天時，與大師同車』，是軍之有大史也；小史云『大軍旅，佐大史』，是軍之有小史也。僕右與馭數者，亦以大夫爲之。案：戎僕，中大夫也；戎右，亦中大夫也；大師，下大夫也；大史，亦下大夫也。六誓之中，惟小史爲中士，五以職名，一以官名者，謂大夫之銜命出使，以官不以職也，故以下大夫命之。刑不上大夫，而誓之嚴如此，軍事以嚴終也，甘誓可見矣。軍國異容，非祭祀之誓。祭祀之誓，大宰掌之，大司寇涖之，何與條狼氏？」（周禮詳說，載訂義卷六五，頁十五。集說卷九上，頁十七載王先生曰；註疏删翼卷二五，頁十七—十八王先生曰，並略同訂義所載。）

【佚文】（六六七）（誓僕右、誓馭、誓大夫、誓師、誓大史，）皆誓其屬也。（周官總義卷二三，頁二二王氏新傳以爲；集説卷九上，頁十七載王先生曰引王氏以爲；註疏删翼卷二五，頁十七—十八載王先生曰引王介甫以爲，並旨同。）

【評】（一五五）宋易祓曰：「士師之五戒，『一曰誓，用之於軍旅』，此所以有軍旅之誓。條狼氏『執鞭以趨於前』，與上經之『執鞭以趨辟者』不同：上經『執鞭以趨辟者』，重主威也；此『執鞭以趨於前且命之』者，重軍事也。蓋軍中之羣吏，犯難赴敵，於是乎在，則其聽誓於陳前者，不得不嚴。其告戒之旨，車莫先於僕右，謂其右於戎車者，皆勇力之士，或不用命，則勇力無所施，此晉合諸侯，而楊干亂行於曲梁，魏絳爲之戮其僕，正爲是也，故誓僕右曰殺；然車尤聽命於其馭，馭者驅馳不及，則車之進退無所用其力，此晉使張骼、輔躒救鄭〔二〕，近禁師，其馭不告而馳之，幾以不免，是馭之能危之也，故誓馭曰車轘；以至大夫、大師、大史、小史皆有誓。且史掌禮，師掌樂，初何關乎軍旅？記謂『刑不上大夫』，則大夫何與乎軍旅之瀍？王氏新傳於此數者，皆以爲『誓其屬』，然經無誓屬之明文。鄭氏謂：『出軍及祭祀之時，出軍之誓，誓左右及馭師、樂師也，大史、小史主禮事者。』曾不知皆誓之於軍旅者也。今攷大師職曰『大師，執同律以聽軍聲，而詔吉凶』，是軍旅有取於大師之職也；大史職曰『大師，抱天時，與大師同車』，是軍旅有取于大史之職也；小史職曰『大軍旅，佐大史』，是軍旅有取於小史之職也。然師、史、右、馭數職，亦以大夫爲之。按：戎僕，中大夫；戎右，亦中大夫；大師，下大夫；大史，亦下大夫。六誓之中，惟小史爲中士；其五者皆職名，而其大夫獨以官名，則知非右、馭、師、史之爲大夫者，是必大夫之銜命以官，不以職者也。何以知之？以經文『敢不關』而知之。蓋大夫受命出疆，事得專行，不必關白於君，若御命於軍中，則非出疆之比，關白而後往，則無專輒敗慮之事，故誓大夫曰『敢不

〔二〕「輔」原作「趙」，據周禮訂義卷六五及左傳襄公二十四年改。

闕、鞭五百』。誓師曰三百，誓邦之大史曰殺，誓小史曰墨，以其用灋次序而論，則墨輕於鞭三百，鞭三百輕於鞭五百，鞭亦輕於殺。所謂殺者，寘之於死而已；若轘，則以車裂之，不止於殺焉。所以爲輕重不同，何也？車之進退，主於馭；馭不職，則敗國事，此其罪之所以爲最重；僕掌侍衛之事，右掌擊刺之事，大史掌占驗之事，一或不職，皆足以悮軍事，此其罪之所以爲重；至於大夫，御命而失其職，其罪次之；大師，聽軍聲而失其職，其罪又次之；小史，官卑而聽不專，其失職又次之。輕重不同，各有攸當。使羣吏之聽誓者，各以其職而共王命，此軍旅之所以無不勝也。」（周官總義卷二三，頁二一一—二一三。）

脩閭氏，掌比國中宿互𣚍者，與其國粥，而比其追胥者，而賞罰之，禁徑踰者，與以兵革趨行者，與馳騁于國中者。邦有故，則令守其閭互，唯執節者不幾。

【佚文】（六六八）「國粥，謂行粥物于國中者，市官所不治，故脩閭氏比之〔二〕；不言禁橫行，則國中故也。」（文淵閣四庫全書本周官新義卷十五，頁二一一。）

〔二〕首以下：詳解卷三二，頁十述，「行」作「待而」。訂義卷六五，頁十六王氏曰；集說卷九上，頁十八介甫曰，「行」下有「而」字；註疏刪翼卷二五，頁十九王介甫謂，「謂」作「爲」，無「行」字。

【評】（一五六）明王志長曰：「按：王介甫謂：『……』粥物者何與於追胥乎？宜從註。」（註疏刪翼卷二五，頁十九。）

冥氏，掌設弧張，爲阱擭，以攻猛獸，以靈鼓敺之，若得其獸，則獻其皮革齒須備。

【佚文】（六六九）「設弧以射之，設張以伺之，爲阱擭以陷之，以靈鼓敺之，則使趨所陷焉。」（文淵閣四庫全書本周官新義卷十五，頁二二。）〔二〕

庶氏，掌除毒蠱。以攻説禬之，嘉草攻之，凡敺蠱，則令之比之。

【佚文】（六七〇）「以攻説禬之，則用祝焉；以嘉草攻之，則用藥焉。」（文淵閣四庫全書本周官新義卷十五，頁二二。）〔三〕

穴氏，掌攻蟄獸。各以其物火之，以時獻其珍異皮革。

〔二〕　全段，詳解卷三二，頁十一述大同。
〔三〕　全段，詳解卷三二，頁十二述（分兩節）。

【佚文】（六七一）「其攻之也，以其所嗜誘之，以火熯而出之。」（訂義卷六六，頁三王氏曰；詳解卷三二，頁十二述。）

翨氏，掌攻猛鳥。各以其物爲媒而掎之，以時獻其羽翮。

【佚文】（六七二）「各以其物爲媒而掎之者，媒之以其類也。攻猛鳥以除人物之害焉，非特利其羽翮而已〔一〕；孟子曰：『鳥獸之害人者消，然後人得平土而居之。』」（文淵閣四庫全書本周官新義卷十五，頁二二。）〔二〕

【佚文】（六七三）「……則正以除害爲主也。」（集説卷九上，頁二三王介甫曰，上接「居之」，詳本頁註二；亦見周禮全經釋原，少一字；註疏删翼，並已見本頁註二。）

柞氏，掌攻草木及林麓。夏日至，命刊陽木而火之；冬日至，令剥陰木而水之；若欲其化也，則

〔一〕「攻猛鳥」以下，註釋古周禮卷五，頁三十王氏曰，無「焉」字。

〔二〕全段：詳解卷三二，頁十二述略同。又「攻猛鳥」以下：集説卷九上，頁二三王介甫曰，「居之」下有八字，詳下佚文；周禮全經釋原卷十一，頁六九王介甫曰，據集説，少「特」字，又「居之」下亦有七字（比集説少一「害」字）；註疏删翼卷二五，頁二一介甫王氏曰，少「攻猛鳥」以下共十字，又「羽翮」上多「皮革」二字，餘同集説。

春秋變其水火。凡攻木者，掌其政令。

【佚文】（六七四）「先王之於林麓也，設虞衡爲厲禁以掌之，又置柞氏攻之者，欲其材木爲用，則設官爲厲禁以養蓄之；欲其地宅民稼穡，則刊剥而化之。『帝省其山，松柏斯兑，柞棫斯拔』，則虞衡之官修焉；『作之屏之，其菑其翳；修之平之，其灌其栵』，則柞氏之職用焉。」（集説卷九上，頁二二一—二二三王介甫曰；周禮全經釋原卷十，頁八五—八六王介甫曰；周禮要義卷十二，頁四一王介甫曰「「材木」誤爲「材用」」。註疏删翼卷二五，頁二三臨川王氏曰；周禮説卷十三，頁十一—十二臨川王氏曰，並無「也設虞」以下共十七字。三禮纂註卷五，頁四六王氏曰，「則設官」作「則乃設官」，「養蓄」作「蓄養」，餘同註疏删翼。三禮編繹卷十五，頁十九臨川王氏曰，「平」作「屏」，餘同註疏删翼。欽定義疏卷三七，頁三九王氏安石曰，據註疏删翼而有所删易。）

【張補】陽木也，而以至陽之日火之，則不勝其陽，而死且不肆焉；陰木也，而以至陰之日剥而水之，則不勝其陰，而死且不肆焉。冬水之矣，至春而火之，夏火之矣，至秋而水之，則其蘖薄于陰陽相沴之氣，化而爲土。（鈔本周官義疏，上接「則柞氏之職用焉」。）

【佚文】（六七五）「（若欲其化也，則春秋變其水火，）其蘖薄於陰陽相沴之氣，化而爲土矣。」（訂義卷六六，頁五王氏曰；詳解卷三一，頁十三述，「沴」作「殄」；欽定義疏卷三七，頁三九王氏安石曰，幾全同訂義。）

薙氏，掌殺草，春始生而萌之，夏日至而夷之，秋繩而芟之，各日至而耜之；若欲其化也，則以水火變之。掌凡殺草之政令。

【佚文】（六七六）「春始生而萌之，則始生而夷之，不能使其不生，故萌之而弗治焉；夏日至而夷之，則生氣極矣，於是乎可夷；秋繩而芟之，則夷而又生，生而芟之也；冬日至，則生氣復之時，於是耜之，則不復生矣。若欲其化也，則以水火變之者，月令所謂『燒薙行水也，於是草化焉』；鄭氏謂『含實曰繩』，蓋以繩爲𦜖〔一〕。」（文淵閣四庫全書本周官新義卷十五，頁一二三。）

【評】（一五七）清王太岳曰：「義：『「夷而又生，生而芟之也。」鄭氏謂「含實曰繩」，蓋以繩爲𦜖。』案：鄭註『含實曰繩』，釋文云：『繩音孕，𦜖，古孕字。』王氏『夷而又生』云，蓋不從鄭說。」（四庫全書考證卷八，頁四八。）

〔一〕「𦜖」，鈔本原作「𦛗」，孔校改作「𦜖」。又全段，詳解卷三二，頁十三—十四述略同。

哲蔟氏，掌覆夭鳥之巢。以方書十日之號，十有二辰之號，十有二月之號，十有二歲之號，二十有八星之號，縣其巢上，則去之。

【佚文】（六七七）「盖日辰月歲星之神，凡有氣形者制焉；故書其號焉，可以勝夭。」（文淵閣四庫全書本周官新義卷十五，頁二二三。）〔一〕

翦氏，掌除蠹物。以攻禜攻之，以莽草熏之；凡庶蠱之事。

赤犮氏，掌除墻屋。以蜃炭攻之，以灰洒毒之；凡隙屋除其貍蟲。

【佚文】（六七八）「貍蟲亦有害人者〔二〕，故除之。」（文淵閣四庫全書本周官新義卷十五，頁二二三。）〔三〕

蟈氏，掌去鼃黽，焚牡蘜，以灰洒之，則死；以其煙被之，則凡水蟲無聲。

〔一〕全段：詳解卷三二，頁十四述，無「焉」字；訂義卷六六，頁八王氏曰，無「盖」字。

〔二〕「蟲」，原作「蠱」，據墨海本、經苑本、詳解述（詳下註）改。

〔三〕全段：詳解卷三二，頁十五述，末多「矣」字；又見訂義卷六六，頁九王氏曰。

【佚文】（六七九）「去鼃黽，使水蟲無聲，亦置官者，養至尊，具官備物焉；且先王之齋，去樂以致一，方是時也，蟲之怒鳴，安可以弗除？除則宜有掌之者矣。」（文淵閣四庫全書本周官新義卷十五，頁二四。）

【佚文】（六八〇）蟈，國虫也。尊者所居，惡其聒焉，故置官以去之，而謂之蟈氏。（詳解卷三二，頁十五新經云云。）

壺涿氏，掌除水蟲。以炮土之鼓敺之，以焚石投之。若欲殺其神，則以牡橭午貫象齒而沈之，則其神死，淵爲陵。

【佚文】（六八一）「除水蟲殺淵神，爲其有害人者；今南方有所謂淵神者，民犯之，能出爲祟〔二〕。」（文淵閣四庫全書本周官新義卷十五，頁二四。）

【佚文】（六八二）「聖人變化驅除之術，非深窮物理之生克，孰能與於此？」（三禮編繹卷十五，頁二十臨川王氏曰；詳解卷三二，頁十六述曰：「聖人所以變化驅除之術，非夫深窮物理之所以相治相克者，孰能與於此？」殆三禮編繹之所據以轉録者，未必定爲安石之説也。）

〔二〕「今南」以下：集説卷九上，頁二八—二九王介甫曰；註疏删翼卷二五，頁二七臨川王氏曰。「祟」，鈔本作「祟」。

庭氏，掌射國中之夭鳥。若不見其鳥獸，則以救日之弓與救月之矢射之；若神也，則以大陰之弓與枉矢射之。

【佚文】（六八三）「鳥獸言夜射，則神以晝射矣[二]。嘗用此救日月焉，故其精氣足以勝夭。鄭氏謂『太陰之弓[三]，救月者也；枉矢，救日者也』。」（文淵閣四庫全書本周官新義卷十五，頁二四。）

【佚文】（六八四）「詳觀周禮所載道路、溝澮，一草木、一鳥獸、一昆蟲，小小利害，或興或除，而地官、秋官之職分矣。凡所興利，以地官主之；凡所除害，以秋官主之。」（訂義卷六六，頁十二王氏曰；欽定義疏卷三四，頁二四王氏安石曰：「周禮所掌道路、溝澮、草木、鳥獸、昆蟲爲民利害者，無微不察。凡興利皆以地官主之，凡除害皆以秋官主之。」略同訂義。）

△銜枚氏

[二] 首以下，訂義卷六六，頁十三王氏曰。

[三] 「太」，墨海本、經苑本並作「大」，詳解卷三二，頁十六述作「太」。

伊耆氏，掌國之大祭祀，共其杖咸；軍旅，授有爵者杖，共王之齒杖。

【佚文】（六八五）「杖咸，鄭氏謂『去杖以函盛之，既事乃受[一]』；共王之齒杖，鄭氏謂『王所以賜老者之杖』；唯大祭祀共杖函，蓋非大祭祀，則杖於朝者弗豫焉[二]。」（文淵閣四庫全書本周官新義卷十五，頁二五。）

[一]「乃」，鈔本原作「太」，孔校改爲「乃」。「受」，墨海本作「授」。

[二]「豫」，墨海本、經苑本並作「預」，詳解述作「與」。「非大」以下：詳解卷三二，頁十八述大同；欽定義疏卷三七，頁四七王氏安石曰，「豫」作「預」，末「焉」字無。

周禮新義　卷十六　秋官司寇三

大行人，掌大賓之禮及大客之儀，以親諸侯。春朝諸侯，而圖天下之事；秋覲，以比邦國之功；夏宗，以陳天下之謨；冬遇，以協諸侯之慮；時會，以發四方之禁；殷同，以施天下之政；時聘，以結諸侯之好；殷覜，以除邦國之慝；間問，以諭諸侯之志；歸脤，以交諸侯之福；賀慶，以贊諸侯之喜；致禬，以補諸侯之烖。

【佚文】（六八六）「冬遇所協之慮，時聘所結之好，間問所諭之志，歸脤所交之福，賀慶所贊之喜，致禬所補之烖，邦國之君而已，故稱諸侯；秋覲所比之功，殷覜所除之慝，臣民豫焉[一]，非特諸侯，故稱邦國；時會所發之禁，非特一國，故稱四方；春朝所圖之事，夏宗所陳之謨，殷同所施之政，非特一方，故稱天下[二]。慮，慮患也；圖，謀事也；謀成焉，謂之謀[三]；事成焉，謂之功。諸侯之慮協，然後天下之事可圖；天下之事可圖，然後天下之謨成而可陳；謨

[一]「豫」，墨海本、經苑本並作「預」。
[二] 首以下，欽定義疏卷三八，頁十王氏安石曰，「福」作「禮」，「豫」作「預」。
[三]「謀」，墨海本作「謨」。

成而可陳，然後邦國之功成而可比。先事後功，功以成事故也；先謀後慮，終則有始故也〔一〕。慝，陰姦也〔二〕，故除之以殷覜而已。言歸脤而不及膰，則膰有事而執焉〔三〕，因以賜之，非大行人之所歸也；言致禬而不及弔，言禬而弔可知也；言諸侯而不言兄弟，則兄弟乃大宗伯以禮親焉，大行人親諸侯而已〔四〕。唯春朝圖事，不言以，則春朝朝禮之正，非適爲圖事也〔五〕。」（文淵閣四庫全書本周官新義卷十六，頁一——二。）

以九儀辨諸侯之命，等諸臣之爵，以同邦國之禮，而待其賓客。上公之禮：執桓圭九寸，繅藉九寸，冕服九章，建常九斿，樊纓九就，貳車九乘，介九人，禮九牢；其朝位，賓主之間九十步，立當車軹，擯者五人；廟中將幣三享，王禮再祼而酢，饗禮九獻，食禮九舉；出入五積，三問三勞。諸侯之禮：執信圭七寸，繅藉七寸，冕服七章，建常七斿，樊纓七就，貳車七乘，介七人，禮七

〔一〕「先事後功」以下，詳解卷二三，頁二述。
〔二〕「姦」，墨海本、經苑本並作「毒」。
〔三〕兩「膰」字，鈔本初並作「皤」，孔校並改作「膰」。
〔四〕「言歸脤」以下：欽定義疏卷二八，頁十王氏安石曰，改易潤色成文。又末「大行人親諸侯而已」八字，鈔本原無，孔校增。
〔五〕「唯春朝」以下，詳解卷二三，頁二述，幾全同。

牢；朝位，賓主之間七十步，立當前疾，擯者四人；廟中將幣三享，王禮壹祼而酢，饗禮七獻，食禮七舉；出入四積，再問再勞。諸伯：執躬圭；其他皆如諸侯之禮。諸子：執穀璧五寸，繅藉五寸，冕服五章，建常五斿，樊纓五就，貳車五乘，介五人，禮五牢；朝位，賓主之間五十步，立當車衡，擯者三人；廟中將幣三享，王禮壹祼不酢，饗禮五獻，食禮五舉，出入三積，壹問壹勞。諸男：執蒲璧；其他皆如諸子之禮。凡大國之孤：執皮帛，以繼小國之君；出入三積，不問壹勞；朝位當車前，不交擯；廟中無相，以酒禮之；其他皆眂小國之君。凡諸侯之卿，其禮各下其君二等；以下，及其大夫士，皆如之。

【佚文】（六八七）「三公八命，出封加一命，則謂之上公〔二〕；自上公以下，皆謂之建常，所建斿數不同，而皆象其道故也〔三〕。上公朝位，賓主之間九十步，立當車軹，擯者五人；侯伯朝位，賓主之間七十步，立當前疾，擯者四人；子男朝位，賓主之間五十步，立當車衡，擯者三

〔二〕　首以下共十四字：臨川集卷四三，頁四乞改周禮義誤字劄子：「大行人『三公八命，出封加一命，則謂之上公』，已上十四字，今欲刪去。」詳解卷三三，頁四述新經云云；訂義卷六七，頁八王氏曰，並有此十四字，唯「一命」並作「一等」。四庫全書考證卷八，頁四八曰：「案：安石集乞改三經義誤字劄子云：『大行人「三公八命，出封加一命，則謂之上公」，已上十四字，今欲刪去。』永樂大典仍係未改本。」

〔三〕　「謂之建」以下：詳解卷三三，頁四述新經云云：「謂之建常，以象其道故也。」訂義卷六七，頁九王氏曰，同詳解（僅少一「故」字）。

人；則尊者舒而縟〔一〕，卑者慼而略故也〔二〕。王禮，再祼一祼而酢，則祼賓而酢王也；一祼不酢，則有禮而無報，爲若不敢當焉，卑故也〔三〕。饗禮，九獻、七獻、五獻，則主於飲，故以獻爲節；食禮，九舉、七舉、五舉，則主於食〔四〕，故以舉爲節〔五〕。大國之孤，朝位當車前，不交擯，廟中無相，則彌蹙而略矣〔六〕；以酒禮之，則祼如祭祀，非禮人君弗用也〔七〕。」（文淵閣四庫全書本周官新義卷十六，頁三—四。）

【佚文】（六八八）「公侯伯子男位有遠近，立有前後，擯有多寡，則尊者舒而縟，卑者蹙而略故也。」（周官集傳卷十一，頁十三王氏曰。敏案：疑爲約取新義「上公朝位」至「略故也」而成章。）

【佚文】（六八九）傳曰「名位不同，禮亦異數」，蓋人非禮不立，禮非儀不行。禮寓於刑名度

〔一〕「縟」，墨海本作「緝」。

〔二〕「慼」，墨海本作「戲」，經苑本作「蹙」。「上公朝位」以下：集説卷九上，頁三八；註疏删翼卷二五，頁三七臨川王氏曰，並兩「朝位賓主之間」共十二字皆無，「衡」上並無「車」字，「慼」一作「蹴」、一作「蹙」。

〔三〕「一祼不酢」以下，欽定義疏卷三八，頁十九王氏安石曰，「者」字無，「若」上無「爲」字。

〔四〕「主」，墨海本作「王」。

〔五〕「一祼不酢」以下，集説卷九上，頁三九王介甫曰；註疏删翼卷二五，頁三八臨川王氏曰，並「若」上無「爲」字。

〔六〕「慼」，墨海本作「戲」。

〔七〕「大國」以下：詳解卷二三，頁五述新經云云，大同。又自「以酒禮」以下，集説卷九上，頁四十王介甫曰，「則祼」作「以祼」，「弗」作「不」。

數之間，於儀則爲體；儀見于周旋動容之際，于禮則爲用，先王以其用而合其體，故以九儀辨諸侯之命，等諸臣之爵，以同邦國之禮，而待其賓客。公侯伯子男之君，其命者五；孤卿大夫士之臣，其爵者四；以儀而辨其命、等其爵，故曰「九儀，諸侯之命」。諸侯之爵不同也，而謂之同邦國之禮者比之，謂以不同同之也。出于上，下聽而守之者，命也。資于尊，所入小而人所奉者，爵也。有命然後有爵，則命尊于爵矣，故諸侯則言命，于諸臣則言爵，與大宗伯言「王命諸侯，則儐」、小宗伯則言「王賜卿大夫爵，則儐」同意也。……上公九命，故其禮以九爲節；侯伯七命，故其禮以七爲節；子男五命，故其禮以五爲節；公侯伯子男所建，皆龍旗。……上公立當車軹，先儒謂轂末，車轅北向，在西邊也。侯伯立當前疾，先儒謂駟馬車轅前，若輈人所謂輈深四尺七寸、軾前曲木是也。衡謂在輈下，車軛兩服之領前是也。（詳解卷三三，頁四新經云云。）

邦畿方千里，其外方五百里，謂之侯服，歲壹見，其貢祀物；又其外方五百里，謂之甸服，二歲壹見，其貢嬪物；又其外方五百里，謂之男服，三歲壹見，其貢器物；又其外方五百里，謂之采服，四歲壹見，其貢服物；又其外方五百里，謂之衛服，五歲壹見，其貢材物；又其外方五百裏，謂之要服，六歲壹見，其貢貨物；九州之外，謂之蕃國，世壹見，各以其所貴寶爲摯。

【佚文】（六九〇）「謂之服，謂之蕃國，人爲之名而已。人爲之名，故可謂之蠻服，亦可以謂之要服；可謂之夷、鎮、蕃服，亦可謂之蕃國，而與夏服異名也。」（文淵閣四庫全書本周官新義卷十六，頁四。）

王之所以撫邦國諸侯者：歲，徧存；三歲，徧覜；五歲，徧省；七歲，屬象胥，諭言語，協辭命；九歲，屬瞽史，諭書名，聽聲音；十有一歲，達瑞節，同度量，成牢禮，同數器，修灋則；十有二歲，王巡守殷國。

【佚文】（六九一）「歲，徧存，使問而存之也。三歲，徧覜，使問而視之也。五歲，徧省，使巡而察之[一]。七歲，屬象胥，諭言語，協辭命者，象胥主譯其言，譯其言然後言語可諭；書語可諭[二]，然後亂命可協也。九歲，屬瞽史，諭書名，聽聲音者，瞽主樂，史主書，諭書名，故屬史；聽聲音，故屬瞽；諭之聽之，則亦協之而已；或言協，或言聽諭，相備也；先瞽而後聲音，後史而先書名，則明聲音、書名無所先後。十有一歲，達瑞節，同度量，成牢禮，同數器，修灋則者，瑞節所以

[一]「之」下，墨海本、經苑下並有「也」字。
[二]「語」，鈔本原作「諭」，孔校改爲「語」。

達四方而交之，度量所以同四方而一之；以交之也，故成其牢禮；以一之也，故同其數器；則尊卑異數，貴賤異用[二]，而同乎王之所制；道有升降，禮有損益，則王之所制，宜以時修之，修灋則爲是故也；言語辭命，以聲音、書名爲本；書名、聲音，以度量、灋則爲主；度量、灋則，王之所制也；書名雖未之有，可以義制；聲音雖未之有，可以理作；故王所以一天下，始於言語、辭命，中於書名、聲音，終於度量、灋則。十有二歲，王巡守殷國，則親出而省焉；或巡守，或殷國，其出而省焉，一也[三]。及夫世喪道失，道德之意毁於書名之不達，禮樂之數熄於度量之不存，則先王所以諭而同之，可謂知要矣。」（文淵閣四庫全書本周官新義卷十六，頁五一六。）

【佚文】（六九二）「諭言語所以使之相通，協辭命所以使之相交。」（欽定義疏卷三八，頁二七王氏安石曰；亦見詳解卷三三，頁七，幾全同。）

【佚文】（六九三）「王巡守則諸侯各朝於方岳，王不巡守則會諸侯而殷見。……」（集説卷九上，頁五二王介甫曰；註疏刪翼卷二五，頁五三臨川王氏曰；詳解卷三三，頁七述，並下接「或巡守」，詳本頁註二。）

[二]「用」，墨海本、經苑本並作「器」；鈔本原作「同」，孔校改爲「用」。

[三]「或巡守」之上，尚有二十二字（詳下佚文）；又「或巡守」以下至此：均見集説卷九上，頁五二王介甫曰；註疏刪翼卷二五，頁五三臨川王氏曰。詳解卷三三，頁七述，「國」作「見」。

凡諸侯之王事，辨其位，正其等，協其禮，賓而見之；若有大喪，則詔相諸侯之禮；若有四方之大事，則受其幣，聽其辭。凡諸侯之邦交，歲相問也，殷相聘也，世相朝也。

【佚文】（六九四）「曰凡諸侯之邦交，歲相問也，殷相聘也，世相朝也者，諸侯睦，則王室無事矣。」（文淵閣四庫全書本周官新義卷十六，頁六。）

小行人，掌邦國賓客之禮籍，以待四方之使者。令諸侯：春入貢，秋獻功，王親受之，各以其國之籍禮之。

【佚文】（六九五）「令諸侯，春入貢，則朝正之時也；秋獻功，則歲成之時也。各以其國之籍禮之，則嘗所以禮之國各籍焉以爲故常〔一〕，左氏傳曰〔二〕：『非禮也，勿籍。』〔三〕」（文淵閣四庫全書本周官新義卷十六，頁六。）

〔一〕「所以」，經苑本作「以所」。

〔二〕「傳」，墨海本、經苑本並無。

〔三〕「各以」以下，訂義卷六八，頁一王氏曰，「籍禮」下無「之」字，「所以」作「以所」，「各」作「名」。集説卷九下，頁一一二王介甫曰；註疏刪翼卷二六，頁一臨川王氏曰，並無「氏」字。欽定義疏卷三八，頁三二王氏安石曰，「嘗」作「常」，「所以」作「以所」，無「氏」字。

凡諸侯入王，則逆勞于畿；及郊勞、眂館、將幣，爲承而擯。凡四方之使者，大客則擯，小客則受其幣，而聽其辭。使適四方，協九儀。賓客之禮，朝、覲、宗、遇、會、同，君之禮也；存、覜、省、聘、問，臣之禮也。

【佚文】（六九六）「凡四方之使者，大客則擯。鄭氏謂『擯而見之王，使得自言』。小客則受其幣，而聽其辭，鄭氏謂『聽之以入告』。」（文淵閣四庫全書本周官新義卷十六，頁七。）〔二〕

達天下之六節：山國，用虎節；土國，用人節；澤國，用龍節；皆以金爲之。道路，用旌節；門關，用符節；都鄙，用管節；皆以竹爲之。成六瑞：王用瑱圭，公用桓圭，侯用信圭，伯用躬圭，子用穀璧，男用蒲璧。

【佚文】（六九七）「玉節守邦國，非其所達。」（訂義卷六八，頁四王氏曰。）

【佚文】（六九八）「邦節先門關後道路，則以自內達外言之；天下之節，先道路後門關，則以自外達內言之。」（訂義卷六八，頁四王氏曰；欽定義疏卷三八，頁三七—三八王氏安石曰，無兩「則」字。）

〔二〕全段，詳解卷三三，頁九述略同。

【佚文】（六九九）「此惟上所制，期無失節而已，故以竹爲之。」（訂義卷六八，頁四王氏曰；詳解卷三三，頁十述新經云，幾全同。）

【佚文】（七〇〇）朝、覲、宗、遇、會、同，諸侯以禮致其敬于王，皆國君之事，故曰君之禮也。存、頫、省、聘、問，王以禮致其愛于諸侯，王使臣之事，故曰臣之禮也。掌節言「凡邦國之使節」，則使邦國者所執，王官所掌之節也，小行人所達，謂之天下之節，則所謂龍節、人節、虎節、管節，邦國、都鄙使者所執，非王官所掌邦節也。都鄙用管節，而掌節不言都鄙之管節，則使都鄙者無節矣，以旌節行之而已。虎節、人節、龍節，皆以金爲之，金不可變爲義故也。（詳解卷三三，頁九—十，段末新經云云。）

【佚文】（七〇一）「上有以合驗乎下，下有以合驗乎上，則瑞成矣。」（文淵閣四庫全書本周官新義卷十六，頁七。）〔一〕

【張補】謂之天下之節，則非王官所掌邦節也。以金爲之，金不可變故也。以竹爲之，竹有自然之節故也。爲尊者將命，則以不可變爲義，非爲尊者將命，則唯上所制，期無失節而已。不言璽節，則貨賄非其所豫，不言玉節、角節，則守邦國都鄙，非其所達。邦節先門關後道路，則

〔一〕全段，詳解卷三三，頁十述。

以自内達外言之，天下之節先道路後門關，則以自外達内言之。（鈔本周官義疏，與程輯六九七至七〇〇條互有詳略。）

合六幣：圭以馬，璋以皮，璧以帛，琮以錦，琥以繡，璜以黼，此六物者，以和諸侯之好故。

【佚文】（七〇二）「圭以象陽生物，馬，陽物也，乾之所爲，故合圭以馬；璋，章也，文明之方所用；皮，有文焉，合璋而不以合琮[一]，則自然之文，非所以合琮，故合琮以錦也；琥，象陰之效法，故合琥以繡；璜，方之所用也，故合璜以黼。」（文淵閣四庫全書本周官新義卷十六，頁七—八。）

【張補】故合璋以皮。璧象天，天事質，故合璧以帛；琮象地，地事文，故合琮以錦。皮有文焉。（鈔本周官義疏，上接程輯七〇二條「皮有文焉」，下接「而不以合琮」。）

【佚文】（七〇三）六幣皆諸侯所用以享也。蓋君子雖不可以貨取，然亦不可以虚拘，有物而無誠，則禮有所不行，謂之貨取可也；有誠而無物，則情有所不伸，謂之虚拘可也。故諸侯之致享，内盡其誠心，外備其禮物，而行人所以合六幣也。兩謂之合，圭以馬、璋以皮、璧以帛之

[一]「璋」，鈔本原無，孔校增。

屬，皆兩相合也。（詳解卷三三，頁十新經云云。）

若國札喪，則令賻補之；若國凶荒，則令賙委之；若國師役，則令槁禬之；若國有福事，則令慶賀之；若國有禍烖，則令哀弔之；凡此五物者，治其事故。及其萬民之利害，爲一書；其禮俗、政事、教治、刑禁之逆順，爲一書；其悖逆、暴亂、作慝，猶犯令者，爲一書；其札喪、凶荒、厄貧，爲一書；其康樂、和親、安平，爲一書；凡此五物者，每國辨異之，以反命于王，以周知天下之故。

【佚文】（七〇四）「治五物事故，亦反命于王，以周知天下之故；故於萬民之利害稱及焉。」（文淵閣四庫全書本周官新義卷十六，頁八。）〔一〕

司儀，掌九儀之賓客擯相之禮，以詔儀容、辭令、揖讓之節。將合諸侯，則令爲壇三成，宮旁一門。

【佚文】（七〇五）「爲壇三成，則爲三等焉，所謂『公于上等，侯伯于中等，子男于下等』是也〔二〕。

〔一〕全段，詳解卷三三，頁十二述，無「治」字。

〔二〕首以下：詳解卷三三，頁十三述略同；訂義卷六八，頁十二王氏曰；欽定義疏卷三九，頁二王氏安石曰，多所删易。

宮旁一門〔一〕，則覲禮所謂『四門』是也〔二〕。」（文淵閣四庫全書本周官新義卷十六，頁八。）

詔王儀，南鄉見諸侯，土揖庶姓，時揖異姓，天揖同姓；及其擯之，各以其禮；公於上等，侯伯於中等，子男於下等，其將幣，亦如之；其禮，亦如之；王燕，則諸侯毛。

【佚文】（七〇六）「鄭氏謂『土揖，下手揖之〔三〕；時揖，平手揖之；天揖，舉手揖之』〔四〕。言毛與言齒異〔五〕，齒尚長，毛尚老；朝尊而公之，故尚貴；燕親而私之，故尚老。」（文淵閣四庫全書本周官新義卷十六，頁九。）

凡諸公相爲賓：主國五積，三問，皆三辭；拜受，皆旅擯；再勞，三辭；三揖，登，拜受，拜送。主君郊勞，交擯三辭，車逆拜辱，三揖，三辭；拜受，車送，三還，再拜。致館，亦如之；致飧，如

〔一〕「旁」，鈔本原作「門」，孔校改爲「旁」，詳解卷三三，頁十三述作「旁」。

〔二〕「宮旁」以下，詳解卷三三，頁十三—十四述略同。

〔三〕「下」，鈔本作「不」，詳解述作「下」（詳下註）；四庫全書考證卷八頁四八曰：「義：『鄭氏謂土揖，下手揖之。』案：『下』，原本訛『不』，據鄭註『土揖推手小下之也』，今改。」

〔四〕首以下，詳解卷三三，頁十四述。

〔五〕「言」，墨海本、經苑本並無。

致積之禮。及將幣，交擯三辭；車逆拜辱，賓車進，答拜；三揖，三讓，每門止一相，及廟，唯上相入；賓三揖，三讓；登，再拜授幣，賓拜送幣；每事如初，賓亦如之。及出；車送，三請，三進；再拜，賓三還，三辭，告辟。致饔餼，還圭，饗食，致贈，郊送，皆如將幣之儀。賓之拜禮，拜饔餼，拜饗食，賓繼主君，皆如主國之禮。諸侯、諸伯、諸子、諸男之相爲賓也，各以其禮相待也，如諸公之儀。

諸公之臣，相爲國客，則三積，皆三辭，拜受。及大夫郊勞，旅擯，三辭；拜辱，三讓；登聽命下拜，登，受；賓使者如初之儀。及退，拜送；致館如初之儀。及將幣，旅擯，三辭；拜逆，客辟；三揖；每門止一相，及廟，唯君相入；三讓，客登；拜，客三辟；授幣，下；出，每事如初之儀。及禮，私面；私獻，皆再拜稽首，君答拜。出，及中門之外，問君，客再拜對；君拜，客辟而對；君問大夫，客對；君勞客，客再拜稽首；君答拜，客趨辟。致饔餼，如勞之禮；饗食，還圭，如將幣之儀。君館客，客辟；介受命，遂送，客從拜辱于朝。明日，客拜禮賜，遂行，如入之積。凡侯伯子男之臣，以其國之爵，相爲客而相禮，其儀亦如之。

凡四方之賓客，禮儀、辭命、餼牢、賜獻，以二等，從其爵而上下之。凡賓客送逆同禮。凡諸侯之交，各稱其邦而爲之幣，以其幣爲之禮。凡行人之儀，不朝不夕不正其主面，亦不背客。

【佚文】（七〇七）「每門止一相，爲將致敬於廟故也；及廟，唯上相入，則致敬故也〔一〕；每門止一相，唯君相入，則客相不入焉〔二〕。客再拜稽首，君答拜，則拜而不稽首，主君而客臣故也〔三〕。賓繼主君，皆如主國之禮，則賓所以繼主君〔四〕，無過不及焉；凡諸侯之交，各稱其邦而爲之幣，爲之禮，則主君所以禮賓，亦無過不及焉。夫邦國之君臣，相爲賓客，而先王設官焉，問勞贈送，物爲之數，拜揖辭受，事爲之節。觀春秋之時，一言之不讎，一拜之不中，而兩國爲之暴骨，則周官圖民禍難，豈爲不豫哉〔五〕？不朝不夕，不正其主面，亦不背客者，鄭氏謂『不正東鄉〔六〕，不正西鄉，嘗視賓主之間〔七〕，得兩鄉之而已〔八〕。』」（文淵閣四庫全書本周官新義卷十

〔一〕首以下：訂義卷六八，頁十九王氏曰，「一相」下有「則」字，「於廟」下無「故也」二字。

〔二〕首以下，詳解卷三三，頁十八述略同。

〔三〕「答」，原作「客」，據孔校及詳解述亦改。「客再拜」以下：詳解卷三三，頁十八述大同。又「自君答」以下，訂義卷六八，頁二七王氏曰，「拜而」二字無，「主」上有「以」字。

〔四〕「則」，墨海本、經苑本並作「而」；詳解述作「則」（詳下註）。

〔五〕「爲不」，墨海本、經苑本作「不爲」，詳解述作「爲不」。「則賓所以」以下：詳解卷三三，頁十九略同。又「自邦國之君」以下，欽定義疏卷三九，頁二五王氏安石曰，「而先王設官焉」作「先王設官以掌其禮」，「爲之節」下多十一字（詳下佚文），「拜」作「揖」，「爲之暴骨」作「因之起釁」，「圖民禍難」作「之圖民禍患」。

〔六〕「謂」，鈔本初作「爲」，孔校改爲「謂」。

〔七〕「嘗」，墨海本、經苑本、詳解述（詳下註）皆作「常」。

〔八〕「不朝不夕」以下，詳解卷三三，頁十九述大同。

六，頁十一—十二。）

【佚文】（七〇八）「……此邦國之君臣所以相親也。」（欽定義疏卷三九，頁二五王氏安石曰，上承「爲之節」，詳上頁註五；此十一字亦見詳解卷三三，頁十九述。）

行夫，掌邦國傳遽之小事，媺惡而無禮者。凡其使也，必以旌節；雖道有難，而不時，必達。居於其國，則掌行人之勞辱事，焉使則介之。

【佚文】（七〇九）「（焉使則介之，）故書『夷使則介之』，當從故書爲正；夷使，使四夷也。」（鈔本周官新義卷十六。）〔二〕

【評】（一五八）宋劉迎曰：「司隸掌役國中之辱事與役其煩辱之事，今行夫以下士三十二人爲之，則掌行人之勞辱之事，俾凡有使則爲之介紹，而或先或後，亦其職也。先儒改『焉』爲『夷』，謂『四方夷之使則介之』。經言『凡其使也，必以旌節』，初無使四夷之文，況經謂『傳王之言，而説諭焉，書其日月焉』，皆以『焉』爲文，不知先儒何苦改經文，而好異説如

〔二〕全段：鈔本無此條十九字，孔校增之。詳解卷三四，頁一述曰：「焉，故書作夷。……夷使則介之者，謂行人若使於四夷，行夫則爲之介也。」大同；訂義卷六九，頁一先儒謂（先儒謂鄭衆及王安石），大同，詳下評文。

此！」（訂義卷六九，頁一載。敏案：批評先儒鄭衆，而安石從鄭，故亦即評王。）

環人，掌送逆邦國之通賓客，以路節達諸四方；舍則授館，令聚欜，有任器，則令環之。凡門關無幾，送逆及疆。

【佚文】（七一〇）「曰邦國之通賓客，謂諸侯賓客之往來者〔二〕。路節，鄭氏謂『旌節也』。」（文淵閣四庫全書本周官新義卷十六，頁十一。）

象胥，掌蠻夷閩貉戎狄之國使，掌傳王之言，而諭説焉，以和親之。若以時入賓，則協其禮，與其辭言傳之；凡其出入送逆之禮節、幣帛、辭令，而賓相之。凡國之大喪，詔相國客之禮儀，而正其位。凡軍旅、會同，受國客幣，前賓禮之。凡作事，王之大事，諸侯；次事，卿；次事，大夫；次事，上士；下事，庶子。

【佚文】（七一一）「職方氏言『四夷、八蠻、七閩、九貉、五戎、六狄皆其圖地，掌于職方，而可

〔二〕「通賓客」以下：詳解卷三四，頁二述大同；欽定義疏卷三九，頁十六王氏安石曰，「之」作「取道」（詳解述亦同）。

辨數要』者也〔一〕；象胥言『掌蠻夷閩貉戎狄之國使』，而不言其國數，則所職非特職方可辨數要之國也〔二〕。不謂之入王，而謂之入賓，則或非王政所加焉〔三〕。凡作事，作四夷之事也，王之大事諸侯〔四〕，故彤弓廢，則諸夏衰矣。次事上士，下事庶子，則下事有中士下士，以庶子包之也〔五〕。」（文淵閣四庫全書本周官新義卷十六，頁十二。）

掌客，掌四方賓客之牢禮、餼獻、飲食之等數，與其政治。王合諸侯而饗禮，則具十有二牢，庶具百物備；諸侯長，十有再獻。王巡守殷國，則國君膳以牲犢，令百官，百牲皆具；從者：三公，眡上公之禮；卿，眡侯伯之禮；大夫，眡子男之禮；士，眡諸侯之卿禮；庶子，壹眡其大夫之禮。凡諸侯之禮：上公五積，皆眡飧牽；三問，皆脩；羣介，行人、宰史，皆有牢；飧五牢、食四十、

〔一〕首以下，詳解卷三四，頁三述，「其」作「有」。
〔二〕首以下：詳解卷三四，頁三述略同；訂義卷六九，頁三王氏曰，無「掌于職方而」五字，「掌蠻夷閩貉戎狄之」八字無，「之國」上有「其」字，「所職」作「所掌」，末「也」字無。
〔三〕「不謂之」以下，詳解卷三四，頁三述；集說卷九下，頁三一王介甫曰；註疏刪翼卷二六，頁三六臨川王氏曰，並末有「故也」二字。
〔四〕「凡作事」以下，詳解卷三四，頁三述，幾全同。
〔五〕「包」，鈔本原無，孔校增；詳解卷三四，頁四述有「包」字。

簠十、豆四十、鉶四十有二、壺四十、鼎簋十有二、牲三十有六，皆陳；饔餼九牢，其死牢，如飧之陳；牽四牢、米百有二十筥、醯醢百有二十罋、車皆陳；車米眂生牢，牢十車，車秉有五籔；車禾眂死牢，牢十車、車三秅；芻薪倍禾，皆陳；乘禽日九十雙，殷膳大牢；以及歸，三饗、三食、三燕；若弗酌，則以幣致之；凡介、行人、宰史，皆有飧饔餼，以其爵等爲之牢禮之陳數，唯上介有禽獻；夫人致禮，八壺、八豆、八籩，膳大牢，致饗，大牢，食大牢；卿皆見，以羔膳大牢。侯伯四積，皆眂飧牽，再問皆脩；飧四牢、食三十有二、簠八、豆三十有二、鉶二十有八、壺三十有二、鼎簋十有二、腥二十有七，皆陳；饔餼七牢，其死牢，如飧之陳；牽三牢、米百筥、醯醢百罋，皆陳；米三十車、禾四十、車芻薪倍禾，皆陳；乘禽日七十雙，殷膳大牢；三饗、再食、再燕；凡介、行人、宰史，皆有飧饔餼，以其爵等爲之禮，唯上介有禽獻；夫人致禮，八壺、八豆、八籩，膳大牢，致饗大牢；卿皆見，以羔，膳特牛。

子男三積，皆眂飧牽；壹問以脩；飧三牢、食二十有四、簠六、豆二十有四、鉶十有八、壺二十有四、鼎簋十有二、牲十有八，皆陳；饔餼五牢，其死牢，如飧之陳；牽二牢、米八十筥、醯醢八十罋，皆陳；米二十車、禾三十車、芻薪倍禾，皆陳；乘禽日五十雙，壹饗、壹食、壹燕；凡介、行人、宰史，皆有飧饔餼，以其爵等爲之禮，唯上介有禽獻；夫人致禮，六壺、六豆、六籩，膳眂致饗親見；卿皆膳特牛。

凡諸侯之卿、大夫、士，爲國客，則如其介之禮以待之。凡禮賓客，國新，殺禮；凶荒，殺禮；札喪，殺禮；禍烖，殺禮；在野、在外，殺禮。凡賓客死，致禮以喪用；賓客有喪，惟芻稍之受；遭主國之喪，不受饗食，受牲禮。

【佚文】（七一二）「言王合諸侯而饗禮，遂言王巡狩殷國，國君膳以牲犢，禮務施報故也。上公牲三十有六，侯伯腥二十有七[一]，子男牲十有八；牲[二]，即牲之腥者，或言牲，或言腥，互見[三]。先王制賓客之禮，有餘勿過是也。國新、凶荒、札喪、禍烖、在野外，則殺焉；制其正，不制其殺，則禮之本寧儉而已[四]。」（文淵閣四庫全書本周官新義卷十六，頁十四—十五。）

掌訝，掌邦國之等籍，以待賓客。若將有國賓客至，則戒官脩委積，與士逆賓於疆，爲前驅而入；及宿，則令聚欜；及委，則致積；至于國賓入館，次于舍門外，待事于客；及將幣，爲前驅；至于朝，詔其位；入，復；及退，亦如之。凡賓客之治，令訝，訝治之。凡從者出，則使人道

[一] 「三十有六」、「二十有七」，墨海本、經苑本並無「有」字；詳解述同文淵本（詳下註）。

[二] 「牲」，經苑本作「腥」，詳解述作「牲」（詳下註）。

[三] 「見」下，經苑本有「也」字。又自「上公」以下：詳解卷三四，頁八述，末有「也」字；集説卷九下，頁三八王介甫曰，「互見」作「互備也」。又自「牲即」以下，亦見訂義卷六九，頁十王氏曰，「牲即」之「牲」作「腥」，末無「也」字。

[四] 「國新凶」以下，詳解卷三四，頁十述略同。

之；及歸，送亦如之。凡賓客，諸侯，有卿訝；卿，有大夫訝；大夫，有士訝；士皆有訝。凡訝者，賓客至而往，詔相其事，而掌其治命。

【佚文】（七一三）「至于朝，詔其位，入，復；退亦如之者〔一〕，退亦入復，若孔子所謂『賓不顧』矣。」（文淵閣四庫全書本周官新義卷十六，頁十五。）〔二〕

掌交，掌以節與幣，巡邦國之諸侯，及其萬民之所聚者；道王之德意志慮，使咸知王之好惡，辟行之；使和諸侯之好，達萬民之説；掌邦國之通事，而結其交好。

【佚文】（七一四）「以幣者，掌邦國之通使事，而結其交好故也，此其官所以謂之掌交與？道王之德意志慮，則與撢人之誦王志異矣。」（文淵閣四庫全書本周官新義卷十六，頁十六。）〔三〕

以諭九税之利，九禮之親，九牧之維，九禁之難，九戎之威。

〔一〕「者」，墨海本、經苑本並無。

〔二〕全段，詳解卷三四，頁十一述大同。又自「退亦入」下，集説卷九下，頁四八王介甫曰：「及退，亦復于王，若孔子所謂『賓不顧矣』，是也。」

〔三〕全段，詳解卷三四，頁十二述（分散）略同。

【佚文】（七一五）「九税，九職之税；九禮，九儀之禮；九禁，九伐之禁；九戎，九伐之戎。蓋方其制軍詰禁，則爲九禁；及其致戎事焉，則爲九戎〔一〕。諭九税之利，使知藝極〔二〕；諭九禮之親，使知分守；諭九牧之維，使知聽令；諭九禁之難，使知辟禁；諭九戎之威，使知免兵。於無事之時，使人焉和邦國而諭之，折衝消萌多矣；不知出此，而恃威讓、文告、征伐之施焉，則非所謂『爲大于其細，圖難于其易』也〔三〕。」（文淵閣四庫全書本周官新義卷十六，頁十六。）

【佚文】（七一六）「首九禁又言九戎者……」（欽定義疏卷三九，頁四九王氏安石曰，下接「方其」云云，詳本頁註一。）

掌察　闕

掌貨賄　闕

〔一〕「戎」，經苑本作「伐」。又「方其」以下：欽定義疏卷三九，頁四九王氏安石曰，「方其」之上尚有八字（詳下佚文），「其致戎事焉」作「及致討伐」。

〔二〕「極」，墨海本作「樹」。

〔三〕「諭九税」以下：集説卷九下，頁五十—五一王介甫曰，「極」作「種」；註疏删翼卷二六，頁五五臨川王氏曰，「藝極」作「樹藝」，「和」作「好」；周禮全經釋原卷十一，頁一〇三—一〇四王介甫曰，據集説而大加删易。

朝大夫，掌都家之國治。日朝以聽國事故，以告其君長；國有政令，則令其朝大夫。凡都家之治於國者，必因其朝大夫，然後聽之；唯大事弗因。凡都家之治，有不及者，則誅其朝大夫；在軍旅，則誅其有司。

【佚文】（七一七）「掌都家之國治者，都家有治於國，則朝大夫掌之[一]；在軍誅其有司者[二]，鄭氏謂『有司都家司馬』。」（文淵閣四庫全書本周官新義卷十六，頁十七。）

都則　闕

都士　闕

家士　闕

[一]「都家有」以下，詳解卷三四，頁十五，幾全同；訂義卷六九，頁二四王氏曰。
[二]「軍」下，墨海本、經苑本並有「旅」字，詳解卷三四，頁十五述亦有「旅」字。

周禮新義　卷十七　冬官考工記

國有六職，百工與居一焉。或坐而論道，或作而行之；或審曲面埶，以飭五材，以辨民器；或通四方之珍異以資之；或飭力以長地財；或治絲麻以成之。

【佚文】（七一八）「民器各有宜，不可以不辨。」（周禮全解王安石以，載訂義卷七十，頁四；詳解卷三五，頁三述曰：「民器各有宜焉，不可以不辨。」）

【佚文】（七一九）「治絲爲帛，治麻爲布。」（訂義卷七十，頁四王氏曰；詳解卷三五，頁三述曰：「治絲而成之以爲帛，治麻而成之以爲布。」）

【鄭宗顏考工記講義，下簡稱鄭講。】（一）「有職者當聽上，所聽乎上者言，所以爲言者音，音之所不能該，則聽無與焉，奚所受職？不通乎此，乃或失職，則傷之者至矣〔二〕。工興事造業，不能上達，故不出上一，百官謂之百工者，以其如之故書〔三〕。當其聯事合志，則謂之百僚；當

〔二〕「至」，鈔本、墨海本、經苑本皆作「重」。
〔三〕「故書」，墨海本、經苑本並作「故也」。

其分職率屬，則謂之百官；當其興事造業，則謂之百工。」（文淵閣四庫全書本周官新義附卷上，頁一。）

坐而論道，謂之王公；作而行之，謂之士大夫；審曲面埶，以飭五材，以辨民器，謂之百工；通四方之珍異以資之，謂之商旅；飭力以長地財，謂之農夫；治絲麻以成之，謂之婦功。

【鄭講】（二）「韓非曰：『自營爲厶，背厶爲公。』王公之公，人臣尊位，故以自營爲戒[一]。公又訓事，公雖尊人，亦事人，亦事事。易曰：『地勢坤。』太下則爲勢衰，太高則爲勢危。坴，睦也[二]，高而平，得埶者也；坴，睦也，彼已睦矣，合而成埶，得埶而弗失者，善其埶故也。或又从力，以力爲勢，斯爲下。从辛者[三]，商以遷有資無爲利，下道也，干上則爲辛焉；从内者，以入爲利；从口者，商其事；故爲商賈、商度、宮商之字；商爲臣，如斯而已。於飭能力者[四]，飭

[一]「戒」，墨海本作「成」。
[二]「睦」，墨海本、經苑本並作「陸」。
[三]按，「辛」當作「辛」。
[四]「飭」，墨海本、經苑本並作「食」。

也；農致其爪掌，養所受乎天五者〔二〕，故从臼，从囟；欲無失時，故从辰；辰，地道也。農者，本也，故又訓厚；濃，水厚；醲，酒厚；襛，衣厚。永木上〔三〕，屮極矣，則別而落，無以下冂焉〔三〕。麻，木榖也；其屮不一，卒於披而別之〔四〕。男服尚之，於廟、於庭、於序、於府，皆广也。王后之六服〔五〕，或素〔六〕、或沙，皆絲；絲，陽物也，故陰尚之。六冕，皆麻；麻，陰物也，故陽尚之。糸〔七〕、幺〔八〕，可飾物，合糸爲絲，無所不飾焉；凡从糸，不必絲也。」（文淵閣四庫全書本周官新義附卷上，頁二一。）

知者創物，巧者述之，守之世，謂之工；百工之事，皆聖人之作也。爍金以爲刃，凝土以爲器，作

〔二〕「五」，墨海本、經苑本並作「工」。
〔三〕「永木」，經苑本無「永」字；「木」，墨海本作「土」，經苑本作「東」。「上」字之後，經苑本有「土」字。
〔三〕「冂」，鈔本原作「門」，孔校改爲「冂」；墨海本作「囗」。
〔四〕「卒」，鈔本同，孔校改爲「辛」。
〔五〕「六」字下，鈔本有「、、」，是叠一「六」字。
〔六〕「或素」下，鈔本原叠「或素」二字，孔校删去。
〔七〕「糸」，原作「系」，據墨海本、經苑本改。本條下同改。
〔八〕「幺」，墨海本作「分」。

車以行陸，作舟以行水，此皆聖人之所作也。

【鄭講】（二）「知如矢直，可用勝物，然必欲使之，非不疾而速，不行而至，是智之事而已」；所謂良知，以直養之，可以命物矣。知，智之事，故其字通於智，禮从豆，用於交物故也。則知从矢，亦用于辨物〔一〕。智者，北方之性也。刀用于當斂之時，雖殺不過也；用于方發之時，則爲創焉。創則懲矣，故又爲『予創若時』之字。倉言發，刀言制，故又爲『創業垂統』之字。愴，心若創焉，愴重陰。創物，工則欲巧，巧者善僞在所丂焉。作者交錯而難知，述者分辨而宜審；辨矣，然後杀以述之，杀察本末〔二〕，述，則述其末而已〔三〕。凡作無常，一有一亡，是唯人爲，道實無作〔四〕。金性悲，悲故慘聚；得火而樂，樂故融釋。凡物凝止慘聚，火爍之而爲樂，焮之而爲欣。刀，制也；能制者刀，所制者非刀也。刀以用刃爲不得已，欲戾右也；于用刃也，乃爲戾左。刃，刀之用〔五〕，刃又戾左焉，刃矣。重陰則凝，凝則疑；易曰：『履霜堅冰，陰始凝也。』」

〔一〕「辨」，鈔本作「辦」。
〔二〕「杀」，墨海本、經苑本並作「知」。
〔三〕「則述」下，鈔本原又有「則述」二字，孔校删去。
〔四〕「實」，鈔本作「寔」。
〔五〕「刀」，鈔本原作「刃」，孔校改爲「刀」。

（文淵閣四庫全書本周官新義附卷上，頁三—四。）

天有時，地有氣，材有美，工有巧，合此四者，然後可以爲良。材美工巧，然而不良，則不時，不得地氣也。橘踰淮而北爲枳，鸜鵒不踰濟，貉踰汶則死，此地氣然也。鄭之刀，宋之斤，魯之削，吳、粵之劍，遷乎其地，而弗能爲良，地氣然也。燕之角，荊之幹，妢胡之笴，吳、粵之金錫，此材之美者也。天有時以生，有時以殺；草木有時以生，有時以死；石有時以泐，水有時以凝，有時以澤，此天時也。

【鄭講】（四）「時以日爲節，度數所自出，當時爲是，是在此所〔一〕，故時又訓此。又作旨日〔二〕，有爲之焉，人以爲時，以有之也，故曰時無止。有陰气焉，有陽气焉，有沖气焉，故从一〔三〕。起于西北，則無動而生之也；卬左低右〔四〕，屈而不直，則氣以陽爲主，有變動故也。又爲气與之

〔一〕「所」，墨海本、經苑本並作「也」。
〔二〕「旨」，墨海本、經苑本並作「止」。
〔三〕「一」，墨海本、經苑本並作「乙」。
〔四〕「卬」，鈔本作「印」，孔校於「印」字旁註「卬」字。

气者[二]，气以物與所賤也；天地陰陽沖气，與萬物有气之道。又爲气索之气者，萬物資焉，猶气也；其得之有量。或又从米，米，食氣也；孔子曰：『肉雖多，不使勝食氣。』夫米殘生傷性，不善自養，而又養人爲事；氣若此，斯爲下。」（文淵閣四庫全書本周官新義附卷上，頁四—五。）

凡攻木之工七，攻金之工六，攻皮之工五，設色之工五，刮摩之工五，摶埴之工二。攻木之工：輪、輿、弓、廬、匠、車、梓，攻金之工：築、冶、鳧、㮚、段、桃，攻皮之工：函、鮑、韗、韋、裘，設色之工：畫、繢、鍾、筐、㡛，刮摩之工：玉、楖、雕、矢、磬，摶埴之工：陶、旊。

【鄭講】（五）「从工者[三]，若所謂『攻金之工，攻木之工』是也；从攴者，若所謂『鳴鼓而攻之』是也。」（文淵閣四庫全書本周官新義附卷上，頁五。）

有虞氏上陶，夏后氏上匠，殷人上梓，周人上輿。

[二]「與」，墨海本作「興」。
[三]「从工」之上，經苑本有「攻」字。

【鄭講】（六）「依阜爲之，勹缶屬焉。陶勹陰陽之氣，憂樂無所泄如之，故皆謂之陶。」（文淵閣四庫全書本周官新義附卷上，頁五。）

故一器而工聚焉者，車爲多。車有六等之數：車軫四尺，謂之一等；戈柲六尺有六寸，既建而迆，崇於軫四尺，謂之二等；人長八尺，崇於戈四尺，謂之三等；殳長尋有四尺，崇於人四尺，謂之四等；車戟常，崇於殳四尺，謂之五等；酋矛常有四尺，崇於戟四尺，謂之六等；車謂之六等之數。

【佚文】（七二〇）「五兵之用，遠則弓矢射之，近則矛者勾之，然後殳者擊之，戈戟刺之。司馬法曰：『弓矢圍，殳矛守，戈戟助；凡用此者，皆長以衛短，短以捄長。』令此戈殳矛戟皆置之車傍；不言弓矢，則乘車之人佩之。」（訂義卷七十，頁十八王氏曰；詳解卷三五，頁十一述此説略同；註疏删翼卷二七，頁十五王氏曰，略本詳解。）

【鄭講】（七）「車从三，象三材；从口，利轉；从〔二〕，通上下。乘之莫擊之而專，則轉；或乙

〔二〕「从」下「通」上，經苑本有「丨」。

之，則軏〔一〕；或叕之，則輟；于所俞，則輸；其載，臣道也；輖，往而可復周者也；輹，復也；轐，僕也；軨，令也。亼以爲卪者〔二〕；軫，旗斿之所㐱也。夫軫之方也，以象地也〔三〕，方，地事也，方而不運，故物㐱焉；與車相收也，故軫訓收，琴所謂軫，與琴相收，故曰軫。軾，所憑撫以爲禮，式之者也；有式則有几，軌于用式〔四〕，則爲之先。軜，載欲準，行欲利，以需爲病，以覆爲戒；又作𨏥，兩車也，兩戈也，兵車于是爲連也。軌行無窮也〔五〕，而車之數窮于此。輿〔六〕，有臼之乎上，有廾之乎下，君子所乘，烝徒從焉，故輿又訓衆；作車者自輿始，故輿又訓始。轛，對乘者〔七〕；乘者，君子也，宜能立式者對焉。輪，一畐一虛，一有一無，運而無窮，無作則止，所謂輪者，如斯而已。輻，畐者也；實輪而湊轂，致福之道也。軸，作止，由之者也；轉當

〔一〕「軏」，墨海本作「軌」。
〔二〕「亼」，墨海本、經苑本並作「亼」。
〔三〕「也」，墨海本、經苑本並無。
〔四〕「軌」，墨海本作「軓」。
〔五〕「軌」，鈔本作「軓」，孔校改爲「軌」。
〔六〕「輿」，墨海本、經苑本並作「與」。
〔七〕「者」，墨海本、經苑本並無。

轂之先，而致用焉，慧也〔一〕；轂以虚受〔二〕，慧以實受福。轂者穀〔三〕，善心也；軏者軏〔四〕，善首也。載者輿，運者輪，服者輈，軏無任焉〔五〕，而持其先〔六〕，出其上。輗則有大焉，所謂能兒子者也。元不足以名之。輈也，車所以冒難而桀也，爲之纆固，孜此木也。輻有軹不出於轂〔七〕，若賢而非賢也；輢有軹不入于軾，若轛而非轛也。轂有口，所以爲利轉，至軹而窮焉，是皆宜只者也。輮，柔木以爲固抱也。輢，兵所倚也，衆亦倚焉。車有六等之數，兼三材而兩之。較，效此者也，故君子倚焉。」（文淵閣四庫全書本周官新義附卷上，頁六—七。）

凡察車之道，必自載於地者始也；是故察車自輪始，凡察車之道，欲其樸屬而微至，不樸屬，無以爲完久也；不微至，無以爲戚速也。輪已崇，則人不能登也；輪已庳，則於馬終古，登阤也。

〔一〕「慧」，墨海本、經苑本皆作「彗」。本條下同。
〔二〕「受」下，經苑本有「福」字。
〔三〕「穀」，鈔本作「轂」。
〔四〕「軏者軏」三字，鈔本作「軓」一字。
〔五〕「軏」，鈔本原作「軓」，孔校於「軓」字旁注「軌」字。
〔六〕「持」，鈔本作「捋」。
〔七〕「有」，鈔本、墨海本、經苑本皆作「者」。下「輢有」之「有」，上三本亦作「者」。

故兵車之輪，六尺有六寸；田車之輪，六尺有三寸；乘車之輪，六尺有六寸。六尺有六寸之輪，軹崇三尺三寸也，加軫與轐焉，四尺也；人長八尺，登下以爲節。

【鄭講】（八）「度土高深用仞，人以度之，刃以志之，考工記曰：『人長八尺，登下以爲節。』」

（文淵閣四庫全書本周官新義附卷上，頁八。）

輪人，爲輪，斬三材，必以其時；三材既具，巧者和之。轂也者，以爲利轉也；輻也者，以爲直指也；牙也者，以爲固抱也。輪敝，三材不失職，謂之完。望而眡其輪，欲其幎爾而下迆也；進而眡之，欲其微至也；無所取之，取諸圜也。望其輻，欲其揱爾而纖也；進而眡之，欲其肉稱也；無所取之，取諸易直也。望其轂，欲其眼也；進而眡之，欲其幬之廉也；無所取之，取諸急也。眡其綆，欲其蚤之正也；察其菑蚤不齵，則輪雖敝，不匡。凡斬轂之道，必矩其陰陽。陽也者，積理而堅；陰也者，疏理而柔；是故以火養其陰，而齊諸其陽，則轂雖敝不藃。轂小而長則柞，大而短則摯，是故六分其輪崇，以其一爲之牙圍；參分其牙圍，而漆其二；椁其漆內，而中詘之，以爲之轂長；以其長爲之圍，以其圍之防，捎其藪。五分其轂之長，去一以爲賢，去三以爲軹。容轂必直，陳篆必正，施膠必厚，施筋必數，幬必負幹。既摩，革色青白，謂之轂之善。參分其轂長，二在外，一在內，以置其輻。凡輻，量其鑿深，以爲輻廣。輻廣而鑿淺，則是以大扤，雖有良工，莫之能固；鑿深而輻小，則是固有餘而强不足也。故竑其輻廣，以爲之弱，則雖有重任，轂不折，參分其輻之長，而殺其一，則雖有深泥，亦弗之溓也。參分其股圍，去一以爲骹圍。揉輻必齊，平沈必均，直以指牙，牙得則無槷而固，不得則有槷，必足見也。六尺有六寸之輪，綆參分寸之二，謂之輪之固。凡爲輪，行澤者欲杼，行山者欲侔。杼以行澤，則是刀以割塗也，是故塗不附；侔以行山，則是搏以行石也，是故輪雖敝，不甐於鑿。凡揉牙，外不廉而内不挫，旁不腫，謂之用火之善。是故規之，以眡其圜也；萬之，以眡其匡也；縣之，以眡其輻之直也；水之，以眡其平沈之均也；量其藪以黍，以眡其同也；權之，以眡其輕重之侔也；故可規、可萬、可水、可縣、可量、可權也，謂之國工。

【佚文】（七二一）「槸其漆内，而中詘之，以爲長，則長短得矣。將論轂圍，而先牙圍者，轂之小大長短，以牙圍爲法。凡輪牙之底，踐地而行，固無事漆；牙之兩旁與土相摩，亦不必漆；漆者，指牙之兩旁而言，非計其踐地。」（訂義卷七一，頁六王氏曰。）

【佚文】（七二二）「防者，二分之一也。圍既三尺二寸矣，取其四分之一以除藪，則藪凡八寸矣。然下文賢徑六寸五分寸之二，與此藪徑三寸九分寸之五，然後小大相稱以爲八寸，恐小大不等矣，則防當爲三分之一。」（周禮全解王氏謂，載訂義卷七一，頁六；詳解卷三五，頁十六述，略同。）

【評】（一五九）宋鄭鍔曰：「……鄭氏謂圍之防爲二分寸之一，以其藪徑三寸九分寸之五也。王氏取繫辭之防爲説，謂：『……』從鄭説可也。」（周禮全解，載訂義卷七一，頁六。）

【佚文】（七二三）「謂之軹者，蓋轂以利轉，至軹而窮焉，有宜只之意。」（訂義卷七一，頁七王氏曰；詳解卷三五，頁十七述曰：「軹者，蓋轂有圍以利轉，至軹而窮焉，有宜只之意。」）

【鄭講】（九）「規成圓〔一〕，圓〔二〕，天道也，夫道也，規形而下者，於天道爲不居；性之圓。爲覺，在形而下者，於天道爲不足；性之圓爲覺，在形而下，則爲見；規所正，在器而已。榘从木者〔三〕，一曲一直而成，方生於木之曲直。从矢者，方生直也；从巨者，五寸盡天下之方器之巨者。巨以工，則榘工所用；巨以半口〔四〕，則榘與規異。」（文淵閣四庫全書本周官新義附卷上，頁十。）

輪人，爲蓋，達常圍三寸；桯圍倍之，六寸；信其桯圍，以爲部廣；部廣六寸，部長二尺，桯長倍

〔一〕「圓」，經苑本作「圜」。本條下「性之圓」之「圓」，該本皆作「圜」。

〔二〕「圓」，墨海本作「圜」。

〔三〕「从」，墨海本作「以」。

〔四〕「以」，經苑本作「从」。

之；四尺者二。十分寸之一，謂之枚，部尊一枚；弓鑿廣四枚，鑿上二枚，鑿下四枚；鑿深二寸有半，下直二枚，鑿端一枚。弓長六尺，謂之庇軹；五尺，謂之庇輪；四尺，謂之庇軫；參分弓長，而揉其一；參分其股圍，去一以爲蚤圍；參分弓長，以其一爲之尊。上欲尊，而宇欲卑；上尊而宇卑，則吐水疾而霤遠。蓋已崇，則難爲門也；蓋已卑，是蔽目也；是故蓋崇十尺。良蓋弗冒弗紘，殷畝而馳不隊，謂之國工。

輿人，爲車，輪崇，車廣，衡長，參如一，謂之參稱。參分車廣，去一以爲隧；參分其隧，一在前，二在後，以揉其式；以其廣之半，爲之式崇；以其隧之半，爲之較崇；六分其廣，以一爲之軫圍；參分軫圍，去一以爲式圍；參分式圍，去一以爲較圍；參分較圍，去一以爲軹圍；參分軹圍，去一以爲轛圍。圜者中規，方者中矩，立者中縣，衡者中水，直者如生焉，繼者如附焉。凡居材，大與小無并；大倚小則摧，引之則絶。棧車欲弇，飾車欲侈。

輈人，爲輈，輈有三度，軸有三理；國馬之輈，深四尺有七寸；田馬之輈，深四尺；駑馬之輈，深三尺有三寸。軸有三理：一者，以爲媺也；二者，以爲久也；三者，以爲利也。軓前十尺，而策半之。凡任木：任正者，十分其輈之長，以其一爲之圍；衡任者，五分其長，以其一爲之圍；小於度，謂之無任。五分其軫間，以其一爲之軸圍；十分其輈之長，以其一爲之當兔之圍；參分其兔圍，去一以爲頸圍；五分其頸圍，去一以爲踵圍。

凡揉輈，欲其孫而無弧深。今夫大車之轅摯，其登又難；既克其登，其覆車也必易；此無故，惟轅直，且無橈也。是故大車，平地，既節軒摯之任；及其登阤，不伏其轅，必縊其牛；此無故，唯轅直且無橈也。故登阤者，倍任者也，猶能以登；及其下阤也，不援其邸，必緧其牛後；此無故，唯轅直，且無橈也。是故輈欲頎典。輈，深則折，淺則負；輈注則利準，利準則久，和則安。輈欲弧而無折，經而無絶；進則與馬謀，退則與人謀，終日馳騁，左不楗；行數千里，馬不契需；終歲御，衣衽不敝；此唯輈之和也。勸登馬力，馬力既竭，輈猶能一取焉。良輈環灂，自伏兔不至軏七寸，軏中有灂，謂之國輈。

輈之方也，以象地也；蓋之圜也，以象天也；輪輻三十，以象日月也；蓋弓二十有八，以象星也；龍旂九斿，以象大火也；鳥旟七斿，以象鶉火也；熊旗六斿，以象伐也；龜蛇四斿，以象營室也；弧旌枉矢，以象弧也。

【佚文】（七二四）「桯立於下，蓋之材賴之以呈露，故謂之桯。」（訂義卷七一，頁十六王氏曰；詳解卷三六，頁一述，「桯」下有「者」字，「於」作「乎」，「露」作「焉」，末有「也」字。）

【鄭講】（一〇）「穴有穹者，陶穴是也；弓有穹者，若蓋弓是也。椽，緣也；相抵如角，故又謂之桷；自極衰之，故又謂之榱；聯屬上比，爲上庇下，下有僚之義，故又謂之橑；蓋弓如之，故亦曰橑。龍旂九斿〔一〕，以象大火；鳥旟七斿，以象鶉火；熊旂六斿〔二〕，以象伐；龜蛇四斿〔三〕，以象營室。旐，卑者所建，兵事兆於此；龜蛇，北方物所兆也。旟，所帥衆有與也；鳥隼，南方爲有與焉。旗〔四〕，軍將所建衆期焉；其得天數，乃可期物。熊虎，西方止而左右，物所期也。旂，人君所建以帥衆，則宜有義辨焉。夫旗，熊虎也，故宜以知變爲義；夫旂，龍也，故宜以義辨爲言。」（文淵閣四庫全書本周官新義附卷上，頁十二—十三。）

攻金之工：築氏，執下齊；冶氏，執上齊；鳧氏，爲聲；㮚氏，爲量；段氏，爲鎛器。桃氏，爲刃。金有六齊：六分其金，而錫居一，謂之鍾鼎之齊；五分其金，而錫居一，謂之斧斤之齊；四分其金，而錫居一，謂之戈戟之齊；參分其金，而錫居一，謂之大刃之齊；五分其金，而錫居二，謂之削殺矢之齊；金錫半，謂之鑒燧之齊。

〔一〕「斿」，墨海本作「旒」。

〔二〕「旂」，墨海本作「旗」；鈔本原作「旂」，孔校改作「旗」。

〔三〕「蛇」，鈔本作「虵」。本條下同。

〔四〕「旗」，經苑本並作「旂」。下文「夫旗」之「旗」，經苑本亦作「旂」；鈔本原作「旂」，孔校改爲「旗」。

【鄭講】（一一）「鼎以木巽火，日二氣而飪之〔一〕，所謂鼎盛者，以取新爲義〔二〕；所謂鼎鼎者，其重如此。凡任用兵，遠則弓矢者射之，近則矛者句之；句之矣，然後殳者擊之，戈戟者刺之。弓象弛弓之形，欲有武而不用。从一，不得已而用，欲一而止。矢从入，從睽而通也；从入，欲覆入之；从一，與弓同意。覆入之爲上，睽而通，其次也；一而止，又其次也；睽而不能通，斯爲下。誓謂之矢，激而後發，一往不反如此。矢，又陳也，用矢則陳焉。矛句而冂焉，必或尸之〔三〕；右持而句，左亦戾矣。殳，右擊人，求己勝也；然人亦丿焉。戈，兵至于用戈，爲取小矣；从一，與弓同意。戟，戈類，兵之健者。」（文淵閣四庫全書本周官新義附卷上，頁十三—十四。）

【佚文】（七二五）「合六成規，取乎地數之中。惟成爲能無窮，惟中爲能有常。書爲不刊之典，削所以載制其書，豈可苟哉？合六成規所以稱其書也。」（周禮全解王安石云，載訂義卷七

築氏，爲削，長尺博寸，合六而成規；欲新而無窮，敝盡而無惡。

〔一〕「日」，墨海本、經苑本並作「曰」。

〔二〕「爲」，鈔本作「謂」。

〔三〕「尸」，鈔本同，孔校改爲「卩」。

三，頁三；詳解卷三六，頁十四述，略同。）

【評】（一六〇）宋鄭鍔曰：「取六削而周環以合之，欲其成規，取諸圜也。蓋削者，曲刀也，其形偃曲如弓之反張而爲之也。其形曲，則過乎曲不可也；不及乎曲，亦不可也。合六削而圜，然後其曲爲得中。此蓋言其制作之法、其度當如是耳。王安石云：『……』是亦衍説。」（周禮全解，載訂義卷七三，頁三。）

【鄭講】（一二）「工𣪠木，築有節；又作篁，以畐土焉。」（文淵閣四庫全書本周官新義附卷上，頁十四。）

冶氏，爲殺矢，刃，長寸，圍寸；鋌十之，重三垸；戈，廣二寸，内倍之，胡三之，援四之，已倨，則不入；已句，則不決；長内，則折前；短内，則不疾。是故倨句外博，重三鋝。戟，廣寸有半寸，内三之，胡四之，援五之。倨句中矩，與刺重三鋝。

【鄭講】（一三）「金以陰凝，冶以陽釋之，使唯我所爲，能冶物者也[一]。所謂『冶容』，悦而散，

[一] 首以下，詳解卷三六，頁十四曰：「蓋金以陰凝，冶以陽釋之，使惟我所爲以成物者也。」幾全同。鄭講殆陰本詳解，而詳解蓋述安石新義之説焉。

若金之治。」（文淵閣四庫全書本周官新義附卷上，頁十四—十五。）

桃氏，爲劍，臘，廣二寸有半寸，兩從，半之；以其臘廣爲之莖圍，長倍之；中其莖，設其後；參分其臘廣，去一以爲首，廣而圍之。身長，五其莖長，重九鋝，謂之上制，上士服之；身長，四其莖長，重七鋝，謂之中制，中士服之；身長，三其莖長，重五鋝，謂之下制，下士服之。

【鄭講】（一四）「劍鍛者[一]，歛其刃焉；服者，又欲歛而不用[二]。」（文淵閣四庫全書本周官新義附卷上，頁十五。）[三]

鳧氏，爲鍾，兩欒謂之銑。銑間謂之于，于上謂之鼓，鼓上謂之鉦，鉦上謂之舞，舞上謂之甬，甬上謂之衡；鍾縣謂之旋，旋蟲謂之斡，鍾帶謂之篆，篆間謂之枚，枚謂之景，于上之攠，謂之隧。十分其銑，去二以爲鉦，以其鉦爲之銑間；去二分以爲之鼓間，以其鼓間謂之舞脩，去二分以爲舞廣；以其鉦之長，爲之甬長；以其甬長爲之圍，參分其圍，去一以爲衡圍；參分其甬長，二在

[一]「鍛」，墨海本、經苑本並無；詳解有（詳下註），蓋述安石之説者。
[二]「歛」，鈔本作「劍」，孔校改作「歛」，詳解作「歛」（詳下註）。
[三]全段，詳解卷三六，頁十六曰：「劍……鍛者斂其刃焉；服者，又從斂而不用。」幾全同。鄭講殆本詳解爲説。

上，一在下，以設其旋。薄厚之所震動，清濁之所由出，侈弇之所由興，有説：鍾已厚，則石；已薄，則播；侈，則柞；弇，則鬱；長甬，則震。是故大鍾，十分其鼓間，以其一爲之厚；小鍾，十分其鉦間，以其一爲之厚；鍾大而短，則其聲疾而短聞；鍾小而長，則其聲舒而遠聞。爲隧，六分其厚，以其一爲之深而圜之。

【佚文】（七二六）「（欒，）鍾上羽，其聲從紐，欒是紐貌，如詩素冠『棘人欒欒兮』，彼注云：『欒欒，瘦瘠貌。』蓋鍾兩角處尖細，故曰欒。」（訂義卷七三，頁十王氏曰。）

【佚文】（七二七）（長甬則震，）聲震而遠聞。（周禮全解王安石以爲，載訂義卷七三，頁十五；詳解卷三七，頁四述，同。）

【評】（一六一）宋鄭鍔曰：「以其鉦之長爲之，甬長則鍾柄亦聲之所寓，不可失之太長；太長則聲必震震掉也，言其動搖不定也。王安石以爲『……』失之。」（周禮全解，載訂義卷七三，頁十五。）

【鄭講】（一五）「鳧有不可畜者，能反人也，爲得已焉；有可畜者，不能已也，爲戾右焉。鍾，金爲之；鼓，壴則用焉。鼓从支〔二〕，鍾从種者，種以秋成，支以春始，支作而散，無本不立；種

〔二〕「支」，經苑本皆作「支」。

止而聚，乃終于播，而後生焉〔一〕。鼓又从攴，攴，擊也〔二〕。鍾又或从重〔三〕，國語曰『鍾尚羽』，樂器重者從細。鍾鼓皆壴而攴焉，于鼓从壴、从攴〔四〕，則鼓以作爲事；于鍾从金、从重，則皆其體也。止爲體，作爲用；鼓以作，故凡作樂皆曰鼓。鍾，訓聚，止而聚故也。鼓又作喜，喜者，作也；作已，而古有承之者〔五〕。柞氏，攻木者也；虞衡作之而有，柞氏攻之而亡。柞木有實而無華，有華而無實。柞〔六〕，又栩也；實染乃見，亦一有一亡也。所謂鍾侈則柞，乍作而止，聲一而已柞也。春秋外傳曰：『革木一聲。』」（文淵閣四庫全書本周官新義附卷上，頁十六。）

㮚氏，爲量，改煎金錫，則不秏；不秏，然後權之；權之，然後準之；準之，然後量之。量之以爲鬴，深尺，内方尺而圜其外；其實一鬴，其臀一寸，其實一豆，其耳三寸。其實一升，重一鈞；其

〔一〕「後」，鈔本無。
〔二〕「攴攴」，鈔本、墨海本並作「支支」。
〔三〕「鍾」，原作「種」，據墨海本、經苑本及下文改。「重」，墨海本、經苑本並作「童」。
〔四〕「攴」，經苑本皆作「支」。
〔五〕「古」，墨海本、經苑本並作「鼓」。
〔六〕「柞」，鈔本原作「栩」，孔校改作「柞」。

聲中黃鍾之宫，概而不稅。其銘曰：「時文思索，允臻其極；嘉量既成，以觀四國；永啓厥後，茲器維則。」凡鑄金之狀，金與錫，黑濁之氣竭，黃白次之；黃白之氣竭，青白次之；青白之氣竭，青氣次之，然後可鑄也。

【佚文】（七二八）「内方而外圓，則天地之象。一寸三寸，則陰陽奇耦之義。」（訂義卷七四，頁二王氏曰；詳解卷三七，頁五述略同；而註疏删翼卷二八，頁十三王氏曰本之。）

【鄭講】（一六）「从木者，陰所能㮚，以陽而已；从口、从重入，陰疑陽也；从一，从丨，陽戰而丨也；卜則勝陰〔一〕，故一上右。㮚，北方果〔二〕，縮而㮚者〔三〕。木兆于西方，故桃从兆；至東方生子，故李从子；至南方子成適口，故杏从口；北木本實〔四〕，故㮚木在下，木在下〔五〕，東南未盛〔六〕，故李杏木在上；西，木配也，故桃木在左。木巽曲直，木之巽以行權，萑上下觀以知

〔一〕「卜」，鈔本、墨海本、經苑本皆作「丨」。
〔二〕「方」，墨海本作「右」。
〔三〕「㮚者」，墨海本、經苑本作「果者也」。「㮚者」下，鈔本有「也」字。
〔四〕「木」，鈔本作「本」，經苑本作「方」。
〔五〕「木在下」三字之前，鈔本孔校增一「北」字。「木在下」三字，經苑本無。
〔六〕「未」，經苑本作「木」。

輕重〔一〕。水至平準，致一可準。釜有承之者，無事於是，父道也，尚其道，故金在下。鬲有足，鬴無足〔二〕，以鬲視鬴〔三〕，爲有父用焉。重一鈞，鈞輕重之鈞〔四〕，均，均遠近多少之均〔五〕；量所概，水所溉，盡而有繼，手所概，亦盡而有繼。税有程也，有稱也；悦然後取，則民得説焉，故又通於駕説之字〔六〕。从日，日可量也；从土，土可量也；从凵，凵而出，乃可量；从宀，宀而隱〔七〕，亦可量也；从口、从十，可口而量以有數也；十上出口，則雖在數有不可口而量者。詩曰『天生烝民，有物有則』，是非人爲也，若具之爲利也。書曰『知人則哲，明哲實作則』，是則人爲也，若夫刀之爲制也，以有則也者，則有則之也者，故又爲不重則不威之則。七月之律，謂之夷則，陰夷物，以未及中爲則〔八〕，故至酉告酷焉。又作鼑，鼎者，器也；有則焉〔九〕；刀者，

〔一〕「萑」，墨海本、經苑本並作「權」。
〔二〕「無」，墨海本、經苑本並作「有」。
〔三〕「鬴」下，鈔本原有「丨」，孔校删去。
〔四〕「鈞鈞」，墨海本、經苑本並作「均均」。
〔五〕「均均」，鈔本、墨海本、經苑本「均」字皆不叠。「之均」，經苑本作「之鈞」。
〔六〕「説」下，墨海本、經苑本並有「量」字。
〔七〕「宀宀」，鈔本、墨海本、經苑本皆作「冂冂」。
〔八〕「未及」，墨海本、經苑本並作「及未」。「中」，經苑本作「申」。
〔九〕「則」，墨海本、經苑本並作「制」。

制也，作則焉。又作劃者，天也，人也，皆有則也。」（文淵閣四庫全書本周官新義附卷上，頁十七—十八。）

段氏 闕

函人，爲甲，犀甲七屬，兕甲六屬，合甲五屬。犀甲壽百年，兕甲壽二百年，合甲壽三百年。凡爲甲，必先爲容，然後制革。權其上旅，與其下旅，而重若一；以其長爲之圍。凡甲，鍛不摯，則不堅，已敝則橈。凡察革之道，眡其鑽空，欲其窓也；眡其裏，欲其易也；眡其朕，欲其直也；櫜之，欲其約也；舉而眡之，欲其豐也；衣之，欲其無齘也。眡其鑽空而窓，則革堅也；眡其裏而易，則材更也；眡其朕而直，則制善也；櫜之而約，則周也；舉之而豐，則明也；衣之無齘，則變也。

【鄭講】（一七）「三十年爲一世，則其所因必有革；革之，要不失中而已。治獸皮去其毛〔一〕，謂之革者，以能革其形。革，有革其心，有革其形；若獸，則不可以革其心者。不从世，而从

〔一〕「皮去」，原作「去皮」，據墨海本、經苑本及文義改。

廿、从十者，世必有革，革不必世也。又作革，革有爲也〔一〕，故爪掌焉。」（文淵閣四庫全書本周官新義附卷上，頁十九。）

△鮑人

韗人，爲皐陶，長，六尺有六寸，左右端廣六寸，中尺，厚三寸，穹者三之一，上三正。鼓長八尺，鼓四尺，中圍加三之一，謂之鼖鼓。爲皐鼓，長尋有四尺，鼓四尺，倨句磬折。凡冒鼓，必以啓蟄之日。良鼓，瑕如積環。鼓大而短，則其聲疾而短聞；鼓小而長，則其聲舒而遠聞。

【鄭講】（一八）「韗所治，以軍爲末；謂之韗人，舉末以該之。或作韗〔二〕，亦是意。人各致功，不可齊也；故以磬鼓之〔三〕。音皐則用皋，故皐字从夲〔四〕、从白。夲，進趨也〔五〕；大者得皋，可

〔一〕「革革」，鈔本作「革革」，墨海本、經苑本並作「革革」。
〔二〕「韗」，原作「韗」，據經苑本改。
〔三〕「磬」，墨海本、經苑本並作「磬」。
〔四〕「故」，鈔本原作「欲」，孔校改爲「故」。「夲」，經苑本作「夲」。下同。
〔五〕「趨」，鈔本作「趣」。本條下同。

以進趨矣。皋大者得衆、進趨，陰雖乘焉不能止也，能皋之而已；所謂隰皋，山阪駿疾，皋則皋緩。」（文淵閣四庫全書本周官新義附卷上，頁二十。）

韋氏 闕

裘氏 闕

畫繢之事，雜五色：東方謂之青，南方謂之赤，西方謂之白，北方謂之黑，天謂之玄，地謂之黄。青與白相次也，赤與黑相次也，玄與黄相次也。青與赤謂之文，赤與白謂之章，白與黑謂之黼，黑與青謂之黻，五采備謂之繡。

【鄭講】（一九）「畫，隨其分爲之畫〔一〕，所謂『今女畫』者，自爲分阻，以止之意；所謂繪畫

〔一〕「爲」，墨海本、經苑本並作「謂」。

者〔一〕，蓋始于此義〔二〕。繢，陽也；繡，陰也。凡繡所象皆德，非苟設飾也，使心有肅心焉〔三〕。繢，陽也，施於衣。繪，會五采焉。青，東方也，物生而可見焉，故言生，言色。白，西方也，物成而可數焉，故言入，言數。青生丹，爲出，白受青，爲入；出者，順也；入者，逆也。夫丹所受一，乃木所含而爲朱者也。夫一染而縓，再染而赬，乃白所謂入二者也。坎爲赤，内陽也；乾爲大赤，内外皆陽也；字以火大爲赤〔四〕，外陽也。於赤質其物，故又作烾，炎也，土也，要其末也；色本欲幽，其末在明，故探其本於黑，要其末於烾。至陰之色，乃出於至陽，故火上炎爲黑。天謂之玄，至黑謂之黼，剛柔雜，故从又〔五〕。始乎出而顯，卒乎入而隱〔六〕。入在下，則文在地事也。音變至十〔七〕，則章成矣。剛柔雜於東南，至西南而章成；故畫繪之事，以青赤

〔一〕「繪畫」，墨海本作「繢畫」，經苑本作「畫繢」。
〔二〕「此義」，鈔本作「圍此」；墨海本、經苑本並無「義」字。
〔三〕上「心」字，墨海本、經苑本並作「必」。
〔四〕「以火大」，經苑本作「从大火」。
〔五〕「又」，鈔本、墨海本並作「乂」。
〔六〕「隱」，鈔本作「陰」。
〔七〕「音」，墨海本、經苑本並作「陰」。

爲文，赤白爲章，所謂『煥乎其有文章』，猶畫繪也[一]。斤尸木者，斧而斤繼事[二]，故尸在上[三]，斧於斤有父道焉。其西北爲黼，黼在乾位，則斧有父體矣；黹不一，而止終於甫，黼黻，皆黹也，斧有父體焉，黼有用而已，黻兩己相弗，而以丿爲守[四]。」（文淵閣四庫全書本周官新義附卷上，頁二一一—二一二。）

【鄭講（佚文）】（二二〇）「……黑與青謂之黻，五采備謂之繡。」（鈔本周官新義附卷上，考工記一，上承「爲守」，詳本頁註四。）

土以黄，其象方，天時變；火以圜；山以章；水以龍；鳥獸蛇；雜四時五色之位以章之，謂之巧。

【佚文】（七二九）「爾雅曰山曰[五]：上正章。謂畫山雖畫其章，亦必畫其上正之形；謂畫一

[一]「畫繪」，墨海本、經苑本並作「繪畫」。
[二]「斤尸木者斧而斤」，墨海本、經苑本並作「凡斫木者先斧而斤」。
[三]「尸」，墨海本、經苑本並作「斧」。
[四]「丿」，鈔本無。「爲守」下，鈔本尚有十二字（詳下佚文）。
[五]按，上「曰」字，當作「釋」。

坐山，上頭尖要正。」（蘭江考工記解引王解曰，載訂義卷七五，頁十一；詳解卷三七，頁十四述大旨同；註疏删翼卷二八，頁二七—二八王氏曰略本詳解。）

【評】（一六二）宋趙溥曰：「蓋章是山之草木；星辰，天之章，草木，地之章。畫山雖有形，須畫出草木之文而成章。王解引『爾雅曰……』當亦不必如此説。」（蘭江考工記解引，載訂義卷七五，頁十一。）

【佚文】（七三〇）鳥獸蚍，謂畫在旗上。（蘭江考工記解引王解謂，載訂義卷七五，頁十一；詳解卷三七，頁十四述旨同。）

【評】（一六三）宋趙溥曰：「鳥，鳥隼之屬；獸，熊虎之屬；蚍，龜蚍之屬；注云：『此即華蟲也。』是蟲之有毛鱗文采者，疏云『即是華蟲』，蓋華蟲有生之總名，此言鳥，以其有翼；獸，以其有毛；蚍，以其有鱗；王解謂『畫在旗上』，恐有此理，蓋合九旗所畫之象故也。」（訂義卷七五，頁十一引蘭江考工記解。）

【鄭講】（二一一）「地道得中而芺〔一〕，則其美其見於色如此〔二〕；又作𤆍也〔三〕，盛矣而不可以有行

〔一〕「芺」，墨海本作「黄」，經苑本作「芡」。
〔二〕下「其」字，墨海本、經苑本並作「之」。
〔三〕「𤆍」，經苑本作「𤆍」。

也。黑探其本，𡋯要其末，青推其色，白逆其數，赤質其物，黃正其所，烝期其極。或繇於言，凡有名者，皆言類；或繇於絲，凡有數者，皆絲類。變支此〔一〕；支此者，藏于密，故支在內。戀，心戀焉〔二〕。圜，則可□以爲圜，所冃則罠無所至〔三〕。圜，德之圓也，易曰『蓍之德，圓而神』；圜，器之圜也，易曰：『乾爲圜。』」（文淵閣四庫全書本周官新義附卷上，頁二二一。）

凡畫繢之事，後素功。

【鄭講】（二二一）「素，糸其本也〔四〕；故糸在下，垂爲衣裳，其末也；故垂在上。凡器亦如之，周官『春獻素，秋獻成』。素未受采，故以爲裳素之素；素而已，故又爲素隱之素。」（文閣淵四庫全書本周官新義附卷上，頁二二一—二二三。）

鍾氏，染羽，以朱湛丹秫，三月而熾之，淳而漬之。三入爲纁，五入爲緅，七入爲緇。

〔一〕「支」，經苑本作「攴」。本條下同。
〔二〕「戀焉」下，鈔本孔校旁注曰：「下有缺」。
〔三〕「冃」，經苑本作「□」。「則罠」下，鈔本孔校增一「罠」字。
〔四〕「糸」，原作「系」，據墨海本、經苑本及文義改。

【鄭講】（二一三）「水始事，木生色，每入必變，變至於九，九已無變，故又从木〔一〕，而九在木上。火炎之，木〔二〕，赤黄色也，其熏而黑，則猶纁可上達而爲玄〔三〕。纁，事也；玄，道也。緅，舍纁取玄，可謂知取矣。水色玄，玄有赤黑焉〔四〕，坎爲赤流故也。䋖，从巠，則以陽流而䋖；緇，从甾，則以陰雝而緇，緇則水之所以爲赤者隱〔五〕，田之所以爲黄者廢。」（文淵閣四庫全書本周官新義附卷上，頁二一三。）〔六〕

筐人　闕

㡆氏，湅絲，以涚水漚其絲，七日，去地尺，暴之；晝暴諸日，夜宿諸井，七日七夜，是謂水湅。湅

〔一〕「故」，經苑本作「於」。

〔二〕「火炎之木」：鈔本孔氏於本行下空地校曰：「火炎之本，元作火炎之末。」又「炎」，墨海本、經苑本並作「災」。

〔三〕「猶纁」，鈔本原作「猶獯」，孔校改爲「有纁」。

〔四〕「有」，墨海本、經苑本皆作「又」。

〔五〕「者」，鈔本無。

〔六〕鈔本此段眉校曰：「而爲事則爲出，事違而爲道則爲入。道成而上，事成而下，故緇以爲衣、纁以爲裳。染人掌染絲帛。凡染，春暴練，夏纁玄，鍾氏之所掌者，染羽而已。原注：原□从底本抄。」

帛，以欄爲灰，渥淳其帛，實諸澤器，淫之以蜃；清其灰，而盝之，而揮之，而沃之，而盝之，而塗之，而宿之；明日，沃而盝之，晝暴諸日，夜宿諸井，七日七夜，是謂水湅。

【鄭講】（二一四）「䐉，孰也；羊孰乃可亯。淳，沮厚也；亯物以水爲節，則沮厚，所謂『其民淳』，淳者如物孰沮厚。所謂以欄爲灰，渥淳其帛者，灰渥而孰之也。醇，酒厚也；酒生則清，孰則醇。周禮有『清酒昔酒』，昔酒，則孰之者也。諄，孰言之。」（文淵閣四庫全書本周官新義附卷上，頁二一四。）

周禮新義　卷十八　冬官考工記二

玉人之事，鎮圭尺有二寸，天子守之；命圭九寸，謂之桓圭，公守之；命圭七寸，謂之信圭，侯守之；命圭七寸，謂之躬圭，伯守之；天子執冒四寸，以朝諸侯；天子用全，上公用龍，侯用瓚，伯用將，繼子男執皮帛，天子圭中必。四圭，尺有二寸，以祀天；大圭，長三尺，杼上，終葵首，天子服之；土圭，尺有五寸，以致日，以土地；裸圭，尺有二寸，有瓚，以祀廟；琬圭，九寸而繅，以象德；琰圭，九寸，判規，以除慝，以易行；璧羨，度尺，好三寸，以爲度；圭璧，五寸，以祀日月星辰；璧琮，九寸，諸侯以享天子；穀圭，七寸，天子以聘女。大璋、中璋，九寸，邊璋，七寸，射四寸，厚寸，黄金勺，青金外，朱中，鼻寸，衡四寸，有繅，天子以巡守，宗祝以前馬；大璋，亦如之，諸侯以聘女；瑑圭璋，八寸，璧琮，八寸，以頫聘；牙璋、中璋，七寸，射二寸，厚寸，以起軍旅，以治兵守；駔琮，五寸，宗后以爲權；大琮，十有二寸，射四寸，厚寸，是謂内鎮，宗后守之；駔琮，七寸，鼻寸有半寸，天子以爲權；兩圭，五寸，有邸，以祀地，以旅四望；瑑琮，八寸，諸侯以享夫人；案，十有二寸，棗㮚十有二列，諸侯純九，大夫純五，夫人以勞諸侯；璋邸射，素功，以祀山川，以致稍餼。

【佚文】（七三一）龍瓚將爲雜名，言卑者下尊，以輕重爲差；玉多則重，石多則輕。公侯四玉一石，伯子男三玉二石。（周禮全解載王安石然鄭衆之説，見訂義卷七六，頁四。）

【評】（一六四）宋鄭鍔曰：「天子之裸圭，則全用玉以爲之，龍以前注，瓚以成鬯，將以執持，凡此三者用一玉而俱成，故謂之全。……康成云[一]：全，純色也。其説是矣，乃謂……王安石之説亦然：皆未之思也。」（周禮全解，載訂義卷七六，頁四。）

【佚文】（七三二）「天子平旦而櫛冠，日出而視朝；一物不應，亂之端也；宜兢兢業業以致其謹焉，故執此以爲之戒。」（訂義卷七六，頁五王氏曰；詳解卷三八，頁三述幾全同。集説卷十，頁四王氏曰；註疏删翼卷二九，頁三王氏曰並幾全同。）

【佚文】（七三三）「（穀圭七寸，天子以聘女，）以穀不失性，生生而不窮，故天子以納徵。」（訂義卷七六，頁十王氏曰；詳解卷三八，頁五述略同；集説卷十，頁五王氏曰及註疏删翼卷二九，頁八王氏曰並略同。）

【鄭講】（二一五）「有德此有土，鎮圭尺有二寸，天子守之；命圭九寸，謂之桓圭，公守之；命圭七寸，謂之信圭，侯守之；命圭七寸，謂之躬圭，伯守之；以玉爲之比德也。天子守在四夷，

[一] 敏案：「康成」，誤，當作「先鄭」。

諸侯守在四隣，此土也。」（文淵閣四庫全書本周官新義附卷下，頁二○）

柳人 闕

雕人 闕

△磬氏

△矢人

陶人，爲甗，實二鬴，厚半寸，脣寸；盆，實二鬴，厚半寸，脣寸；甑，實二鬴，厚半寸，脣寸，七穿；鬲，實五觳，厚半寸，脣寸；庾，實二觳，厚半寸，脣寸。

【鄭講】（二六）「鬲獻其氣，甗能受焉。」（文淵閣四庫全書本周官新義附卷下，頁三○。）〔一〕

〔一〕全段，詳解卷三八，頁十三亦見此八字，蓋鄭講之所本。

旊人，爲簋，實一觳，崇尺，厚半寸，脣寸；豆，實三而成觳，崇尺。凡陶旊之事，髻墾薜暴不入市。器中膊，豆中縣；膊崇四尺，方四寸。

【鄭講】（二七）「旊人爲瓦，瓦成有方也〔一〕。觳，窮也；殻窮而通，角窮而已斯爲下。周官掌客諸侯之禮〔二〕，用簠有差，唯簋皆十有二。又公食大夫禮〔三〕，稻粱用簠，則簋常以食日已焉，常以食〔四〕，則有通上下，用簠則簋從之，用簋則簠不從也。簠又内圜，有父之用。簠、簋象龜，示食有節，故皆以竹〔五〕。簠又作匧，簋從焉，夫道也。夫外方，所以正也；内圜，所以應也，父道也，夫道也；内方，所以守也；外圜，所以從也，子道也，妻道也。簋又作匭，日已焉，主以飽饑而已〔六〕。匧、匭皆以虚受物。」（文淵閣四庫全書本周官新義附卷下，頁三—四。）

梓人，爲筍虡，天下之大獸五：脂者、膏者、臝者、羽者、鱗者。宗廟之事，脂者、膏者以爲牲，臝

〔一〕首以下，亦見詳解卷三八，頁十三，僅「方」下多「者」字，餘全同。
〔二〕「禮」，鈔本原作「體」，孔校改爲「禮」。
〔三〕「大夫」下，墨海本、經苑本並有「之」字。
〔四〕「以」，鈔本作「已」。
〔五〕「以」，經苑本作「从」。
〔六〕「饑」，鈔本、墨海本、經苑本皆作「飢」。

者、羽者、鱗者以爲筍簴；外骨、内骨、卻行、仄行、連行、紆行、以脰鳴者、以注鳴者、以旁鳴者、以翼鳴者、以股鳴者、以胸鳴者，謂之小蟲之屬，以爲雕琢；厚脣、弇口、出目、短耳、大胸、燿後、大體、短脰，若是者謂之羸屬，恒有力而不能走，其聲大而宏，有力而不能走，則於任重宜，大聲而宏，則於鍾宜，若是者以爲鍾簴，是故擊其所縣，而由其虡鳴；鋭喙、決吻、數目、顧脰、小體、騫腹，若是者謂之羽屬，恒無力而輕，其聲清陽而遠聞，無力而輕，則於任輕宜，其聲清陽而遠聞，於磬宜，若是者以爲磬虡，故擊其所縣，而由其虡鳴；小首而長，摶身而鴻，若是者謂之鱗屬，以爲筍。凡攫閷援簭之類，必深其爪，出其目，作其鱗之而。深其爪，出其目，作其鱗之而，則於眡必撥爾而怒，苟撥爾而怒，則於任重宜，且其匪色必似鳴矣；爪不深，目不出，鱗之而不作，則必穨爾如委矣，苟穨爾如委，則加任焉，則必如將廢措，其匪色必似不鳴矣。

【鄭講】（二八）「梲[一]，木爲之，中空焉；空[二]，聲之所生。虡，器之所出。旬[三]，均也；宜所

[一]「梲」，鈔本原作「祝」，孔校改爲「梲」。
[二]「空」，鈔本作「控」，四庫全書考證卷八，頁四九：「『空，聲之所生』，原本『空』訛『控』，今改。」
[三]「旬」，墨海本作「甸」。

任均焉〔一〕。栒〔二〕，上版謂之業，則以象業成於上，而樂作於下。膏在肉上，故膏，脂肉雜生，故旨〔三〕。羽左右翼，乃得已焉；左右自飾也，亦以飾物。果羸，於實成也，無所蔽；乚〔四〕，不足於亡者也，於果爲羸矣；裸者如之〔五〕，故又訓裸。五蟲，皆陽物也，羽炎亢乎上，故飛而不能潛；鱗炎舛乎下，故潛而不能飛；龍亦鱗物，然能飛能潛，則唯魚屬爲炎舛乎下，舛乎下，鱗故也。凋草木，生事周矣，重陰凋焉〔六〕，彫以飾之，然亦周其質矣；彫羽物，生事周矣，雕於是時〔七〕，亦搏而彫之。玉謂之彫者，玉，陽物也；彫，陰物也；彫刻制焉，陰物之事。鐻所任，金爲重，虡屬於任重，宜者也；虡在右，能勝也。」（文淵閣四庫全書本周官新義附卷下，頁五—六。）

〔一〕「焉」，鈔本同，孔校改作「也」。
〔二〕「栒」，墨海本作「柏」。
〔三〕「旨」，墨海本、經苑本並作「脂」。
〔四〕「乚」，墨海本作「乙」；鈔本原作「乙」，孔校於「乙」旁注「云」字。
〔五〕「裸」，墨海本、經苑本皆作「裸」，下文「訓裸」之「裸」，二本亦作「裸」。
〔六〕「凋」，墨海本、經苑本皆作「彫」。
〔七〕「雕」，鈔本、墨海本、經苑本皆作「彫」。

梓人，爲飲器，勺一升，爵一升，觚三升；獻以爵而酬以觚，一獻而三酬，則一豆矣；食一豆肉，飲一豆酒，中人之食也。凡試梓飲器，鄉衡而實不盡，梓師罪之。

【鄭講】（二二九）「从尸〔一〕，賓祭用焉；从⿱罒巳，以養陽氣也；从凵〔二〕，所以盛也；从又，所以持也；从尒〔三〕，資於尊，所入小也。又通於雀，雀小隹，爲人所爵；小者之道，又雀，春夏集於人上，人承焉，則以其類去，仁且有禮，則集用義，則與人辨，下順上逆，難進者也，爲所爵者宜如此。觚，言交物無戶〔四〕，其窮爲觚；觶，言用禮無度，其窮爲單；尊者舉觶，故於用禮戒焉。觚又爲擅觚之字〔五〕。觚奇則孤，偶則角，所謂譎觚如此；觶又作觗，於作也窮，於止也時，詩曰：『既醉而出，並受其福。』」（文淵閣四庫全書本周官新義附卷下，頁六。）

梓人爲侯，廣與崇方，參分其廣，而鵠居一焉；上兩个，與其身三；下兩个，半之；上綱與下綱，

〔一〕「从」字之上，經苑本有「爵」字。
〔二〕「从」字之上，經苑本有「爵」字。
〔三〕「从」字之上，經苑本有「爵」字。「尒」，墨海本作「凨」，經苑本作「尒」。
〔四〕「戶」，墨海本、經苑本並作「卩」。
〔五〕「擅」，墨海本、經苑本並作「操」。

出舌尋，縜寸焉。張皮侯而棲鵠，則春以功；張五采之侯，則遠國屬；張獸侯，則王以息燕。祭侯之禮，以酒脯醢，其辭曰：「惟若寧侯，毋或若女不寧侯，不屬于王所，故抗而射女；强飲强食，詒女曾孫，諸侯百福。」

【鄭講】（三〇）「梓榮於丙，至辛而落，正辛之所勝也；又謂之杍，金木子也，正子之所勝也。梓音子，亦爲是故也。又謂之楸，其榮獨夏，正秋之所勝也。侯，内受矢，外厂人，或作𠩺，亦是意。諸侯厂人，爲王受難如此。侯，候也〔一〕，所謂『侯禳』是也。侯，射者所指，故侯爲指詞。鵠遠舉難中，中之則以告，故射侯棲鵠中，則告勝焉。鴳不木處，安矣，又不如燕之燕也。燕嗛土，辟戊己，戊己，二土也；故廿在口上。謂之玄鳥，鳥莫知焉；知，北方性也；玄，北方色，故从北。襲諸人間，故从人。春則戾陰而出，秋則戾陽而蟄，故从八〔二〕，八，陰陽所以分也，故少昊氏紀司分用此。知辟知襲，知出知蟄，若是者可以燕矣。」（文淵閣四庫全書本周官新義附卷下，頁七—八。）

〔一〕「候」，墨海本、經苑本並作「侯」。
〔二〕「从」，墨海本、經苑本並無。

廬人，爲廬器，戈柲，六尺有六寸；殳，長尋有四尺；車戟常，酋矛常，有四尺；夷矛，三尋。凡兵，無過三其身；過三其身，弗能用也，而無已，又以害人。故攻國之兵，欲短；守國之兵，欲長。攻國之人衆，行地遠，食飲飢，且涉山林之阻，是故兵欲短；守國之人寡，食飲飽，行地不遠，且不涉山林之阻，是故兵欲長。凡兵，句兵，欲無彈；刺兵，欲無蜎；是故句兵椑，刺兵摶。毄兵同强，舉圍欲細，細則校；刺兵同强，舉圍欲重，重欲傅人；傅人則密，是故侵之。凡爲殳，五分其長，以其一爲之被而圍之；參分其圍，去一以爲晉圍；五分其晉圍，去一以爲首圍。凡爲酋矛，參分其長，二在前，一在後，而圍之；五分其圍，去一以爲晉圍；參分其晉圍，去一以爲刺圍。凡試廬事，置而摇之，以眡其蜎也；灸諸牆，以眡其橈之均也；横而摇之，以眡其勁也。六建既備，車不反覆，謂之國工。

【鄭講】（三二）「水始一勺，總合而爲川；土始一塊，總合而爲田；虚，總合衆實而授之者也；皿，總合衆有而盛之者也。若虚之無窮，若皿之有量，若川之逝，若田之止，其爲總合，一也[一]。盧者，總合之言，故广从之以爲廬[二]。」（文淵閣四庫全書本周官新義附卷下，頁八—九。）

[一] 首以下，亦見詳解卷三九，頁一述，「授之者」作「受之」，「若田之止」在「若川之逝」之上，餘全同。
[二] 「以」，鈔本、墨海本、經苑本皆無。

匠人，建國，水地以縣，置槷以縣，眡以景，爲規，識日出之景，與日入之景；晝參諸日中之景，夜考之極星，以正朝夕。

匠人，營國，方九里，旁三門；國中九經九緯，經涂九軌；左祖右社，面朝後市，市朝一夫。夏后氏世室，堂脩二七，廣四脩一；五室，三四步，四三尺，九階；四旁，兩夾窻；白盛，門堂，三之二；室，三之一。殷人重屋，堂脩七尋，堂崇三尺，四阿重屋。周人明堂，度九尺之筵，東西九筵，南北七筵，堂崇一筵；五室，凡室二筵。室中，度以几；堂上，度以筵；宫中，度以尋；野，度以步；涂，度以軌。廟門，容大扃七个；闈門，容小扃參个；路門，不容乘車之五个；應門，二徹參个。内有九室，九嬪居之；外有九室，九卿朝焉；九分其國，以爲九分，九卿治之。王宫門阿之制，五雉；宫隅之制，七雉；城隅之制，九雉。經涂九軌，環涂七軌，野涂五軌。門阿之制，以爲都城之制；宫隅之制，以爲諸侯之城制；環涂，以爲諸侯經涂；野涂，以爲都經涂。

【佚文】（七三四）「（面朝後市，）朝，陽事；市，陰事，故前後之次如此。」（寓簡卷二，頁二載侍講引王氏新義。）

【評】（一六五）宋沈作喆曰：「神宗皇帝御經筵，時方講周官，從容問『面朝後市』何義？侍講官以王氏新義對曰：『朝，陽事；市，陰事，故前後之次如此。』上曰：『何必論陰陽？朝者，君子所會；市者，小人所集；義欲向君子而背小人也。』侍臣皆驚歎，蓋上已鄙厭王氏之學矣。」（寓簡卷二，頁二。）

【佚文】（七三五）「門阿長十五丈，高五丈。宮隅長二十一丈，高七丈。城隅長二十七丈，高九丈。城隅高於宮隅，宮隅高於門阿，内外高下之異制。」（訂義卷七八，頁十九—二十王氏曰；集説卷十，頁三三王氏曰：「九丈」作「九丈矣」，「異制」作「制與也」；註疏删翼卷三十，頁十九王氏曰同集説，僅制異作異制。詳解卷三九，頁九述曰：「五堵爲雉，其長三丈，高一丈。……門阿之制五雉，則三丈之長者五。城隅高于宮隅，宮隅高於門阿，則外内高下之制異也。」大旨同訂義所引新義。）

【鄭講】（三二）「工欲善其事〔一〕，必先利其器，匠之負陰者〔二〕，物也；負利者，人也；面朝後市，蓋取諸此。市尚利，朝尚義，尚義而無以帥之，則君子有犯義者矣。尚利而無以帥之，則小人有罔利者矣。夫者，以智帥人者也；市朝一夫，蓋取諸此。」（文淵閣四庫全書本周官新義附卷下，頁十。）

〔一〕「工」，鈔本作「匠」。

〔二〕「匠」，鈔本作「工」。

匠人，爲溝洫，耜廣五寸，二耜爲耦，一耦之伐，廣尺深尺，謂之甽；田首倍之，廣二尺，深二尺，謂之遂；九夫爲井，井間廣四尺，深四尺，謂之溝；方十里爲成，成間廣八尺，深八尺，謂之洫；方百里爲同，同間廣二尋，深二仞，謂之澮；專達於川，各載其名。凡天下之地埶，兩山之間，必有川焉；大川之上，必有涂焉。凡溝逆地防，謂之不行，水屬不理孫，謂之不行；梢溝三十里，而廣倍。凡行奠水，磬折以參伍；欲爲淵，則句於矩。凡溝，必因水埶；防必因地埶；善溝者，水漱之；善防者，水淫之。凡爲防，廣與崇方。其閷參分去一；大防，外閷。凡溝防，必一日先深之，以爲式；里爲式，然後可以傅衆力。凡任索約，大汲其版，謂之無任。葺屋，參分；瓦屋，四分；囷窌，倉城，逆墻六分；堂涂，十有二分；竇，其崇三尺；牆厚三尺，崇三之。

【鄭講】（三三二）「豕八而𣥂，則遂。五溝所謂遂者，水自是而之他，射韝使弦得遂焉〔一〕，故亦曰遂。所謂鄉、遂者，鄉内嚮，遂外遂。夫遂者，火求而應〔二〕，而非生也；遂，直達也。至溝，十百相溝。洫中五溝，如血衂焉〔三〕。洫又作淢，成有一甸〔四〕，淢，口一之。域，土也；淢，水也；

〔一〕「弦」，墨海本、經苑本並作「絃」。
〔二〕「火」，墨海本、經苑本並作「大」。
〔三〕「衂」，墨海本作「𧖱」，經苑本作「衇」。
〔四〕「成」，鈔本原作「或」，孔校改作「成」。「甸」，經苑本作「旬」。

澮，溝遂洫水會焉〔一〕。春秋傳曰：『自參以上，稱澮。』澮又作巜，巜，會而爲川〔二〕；水有屈，屈其流也；集衆流爲川。涂依溝，故从水；有舍有辯者依此〔三〕，故从余。經略道路，以此爲中，謂之五涂，故制字如此。水束之，而漱焉；漱則上欠而爲坎〔四〕，凡漱如之。」（文淵閣四庫全書本周官新義附卷下，頁十一。）

車人，爲耒，庛長尺有一寸，中直者，三尺有三寸；上句者，二尺有二寸。自其庛，緣其外，以至於首，以弦其内，六尺有六寸；與步相中也。堅地，欲直庛；柔地，欲句庛；直庛，則利推；句庛，則利發；倨句磬折，謂之中地。

【鄭講】（三四）「草無實用，於土猶彡，手而除之〔五〕，乃達嘉穀。揉木爲耒，用此故也。」（文淵閣四庫全書本周官新義附卷下，頁十二。）

〔一〕「澮溝」，墨海本作「溝澮」。
〔二〕「而」，墨海本、經苑本並作「以」。
〔三〕「辯」，墨海本作「辨」。
〔四〕「上」，墨海本作「土」。
〔五〕「彡手」，經苑本作「丯耒」。

弓人……凡爲弓，方其峻而高其柎，長其畏而薄其敝，宛之無已，應下柎之弓，末應將興，爲柎而發，必動於閷；弓而羽閷，末應將發。弓有六材焉：維幹强之，張如流水；維體防之，引之中參；維角堂之，欲宛而無負弦；引之如環，釋之無失體如環。材美，工巧，爲之時，謂之參均；角不勝幹，幹不勝筋，謂之參均；量其力有三均，均者三，謂之九和。九和之弓，角與幹權，筋三侔，膠三鋝，絲三邸，漆三斞；上工以有餘，下工以不足。爲天子之弓，合九而成規；爲諸侯之弓，合七而成規；大夫之弓，合五而成規；士之弓，合三而成規。弓長六尺有六寸，謂之上制，上士服之；弓長六尺有三寸，謂之中制，中士服之；弓長六尺，謂之下制，下士服之。

凡爲弓，各因其君之躬、志、慮、血、氣。豐肉而短，寬緩以荼，若是者，爲之危弓，危弓爲之安矢；骨直以立，忿埶以奔，若是者，爲之安弓，安弓爲之危矢；其人安，其弓安，其矢安，則莫能以速中，且不深；其人危，其弓危，其矢危，則莫能以愿中。往體多，來體寡，謂之夾臾之屬，利射侯與弋；往體寡，來體多，謂之王弓之屬，利射革與質；往體來體若一，謂之唐弓之屬，利射深。大和，無灂；其次，筋角皆有灂而深；其次，有灂而疏；其次，角無灂。合灂，若背手文；角，環灂；牛筋，蕡灂；麋筋，斥蠖灂。和弓轂摩，覆之而角至，謂之句弓；覆之而幹至，謂之侯弓；覆之而筋至，謂之深弓。

【佚文】（七三六）「多寡輕重等而後可以謂之均，剛柔强弱稱而後可以謂之和。多寡輕重不均，欲其和不可也；故均者三謂之九和。」（訂義卷八十，頁十六王氏曰。）

【佚文】（七三七）「（覆之而角至，謂之句弓，）至，盡善也。」（訂義卷八十，頁二一王氏曰。）

【佚文】（七三八）「句弓言其體之曲，不若侯弓之能遠；侯弓言其材之遠，不若深弓之爲善；故其序如此。」（訂義卷八十頁二三王氏曰，詳解卷四十，頁十三述，僅兩「不若」並各作「而不若」，餘全同；集説卷十，頁六三—六四王氏曰及註疏删翼卷三十，頁五八王氏曰並同詳解。）

【鄭講】（三五）「睽而孤也，乃用弧焉；音胡，疑辭也。弧，弓也。然周官六弓，有弧弓焉，以授射甲椹質者[二]，睽孤所利，勝堅而已。與王弓同，則王以威天下爲義。」（文淵閣四庫全書本周官新義附卷下，頁十六。）

[二] 「甲」下，經苑本有「革」字。

附録

周禮新義總評

【評】（一六六）宋楊時曰：「觀『盥而不薦，有孚顒若』，誠意所寓故也；古人修身、齊家、治國、平天下，本於誠吾意而已。詩、書所言，莫非明此者；但人自信不及，故無其效，聖人知其效必本於此，是以必由也。或曰：『正心於此，安得天下便平治？』曰：正心一事，自是人未嘗深知之；若深知而體之，自有其效；觀後世治天下，皆未嘗識此。然此亦惟聖人力做得徹，蓋心有所忿懥、恐懼、好樂、憂患，一毫少差，即不得其正；自非聖人，必須有不正處，然有意乎此者，隨其淺深必有見效，但不如聖人之效著矣。觀王氏之學，蓋未造乎此。其治天下，專講求法度，如彼修身之潔，宜足以化民矣，然卒未逮王文正、吕晦叔、司馬君實諸人者，以其所爲無誠意故也。明道常曰：『有關雎、麟趾之意，然後可以行周官之法度。』益深達乎此。因問：『顔子克己，欲正心邪？』曰：然。」（龜山集卷十一，頁十七—十八語録。）

【評】（一六七）宋楊時曰：「自修身推而至於平天下，莫不有道焉，而皆以誠意爲主。苟無誠意，雖有其道，不能行也，故中庸論天下國家有九經，而卒曰『所以行之者一』；一者何？誠而已。蓋天下國家之大，未有不誠而能動者也。然而非格物致知，烏足以知其道哉？大學所論誠意、正心、修身、治天下國家之道，其原乃在乎物格，推之而已。若謂意誠便足以平天下，則先王之典章文物，皆虛器也。故明道先生嘗謂：『有關雎、麟趾之意，然後可以行周官之法度。』正謂此耳。」（龜山集卷二一，頁四—五答學者其一。）

【評】（一六八）宋晁説之曰：「言書者不取正於古文，言詩者既恥言毛氏，而不知齊、魯、韓氏之辨，果以詩爲何詩耶？言周禮者，真以爲周公致太平之書，而不知有六國之陰謀；地不足於封，民不足於役，農不足於賦，有司不足於祭，將誰欺耶？……春秋、孝經，則絶而不言，未爲知本者。」（嵩山集卷十三，頁十五儒言。）

【評】（一六九）宋晁説之曰：「善哉！鄭康成之言曰：『既知今，亦當知古。』蓋今古交相爲質，則取道不遠。或爲高絶不可跂及之論曰：『在古當然，不知古之道，亦何利於今，而必尚之耶？』王莽好空言，慕古法，今豈其遺風耶？」（嵩山集卷十三，頁十五儒言。）

【評】（一七〇）宋胡寅曰：「易、詩、書、春秋，全經也，先賢以之配皇帝王霸，言世之變道之用，不出乎是矣。論語、孟子，聖賢之微言，諸經之管轄也。孝經非曾子所爲，蓋其門人識所聞而成之，故整比章指，又未免有淺近者，不可以經名也。禮記多出于孔子弟子，然必去吕不韋之月令及漢儒之王制，仍博集名儒，擇冠、昏、喪、祭、鄉、相見之經，與曲禮以類相從，然後可以爲一書。若大學、中庸，則孟子之倫也，不可附之禮篇。至于學記、樂記、閒居、燕居、緇衣、表記，格言甚多，非經解、儒行之比，當以爲大學、中庸之次也。禮運、禮器、玉藻、郊特牲之類，又其次也。若周官，則決不出于周公，不當立博士，使學者傳習，姑置之足矣。」（衡麓經説，載宋元學案補遺卷四一，頁四—五。）

【評】（一七一）宋鄭樵（？）曰：「文中子居家，未嘗廢周禮，太宗歎周禮爲真聖作，其深知周禮者歟！若夫後世用周禮，王莽敗於前，荆公敗於後，此非周禮不可行，而不善用周禮者之過也。」（六經奥論卷六，頁三周禮辨。）

【評】（一七二）宋晁公武曰：「新經周禮義二十二卷……王安石介甫撰。……介甫以其書理財者居半，愛之，如行青苗之類皆稽焉，所以自釋其義者，蓋以其所創新法盡傅著之，務塞異議者之口。後其黨蔡卞、蔡京紹述介甫，期盡行之，圜土、方田皆是也。周，姬姓，故其女曰王姬，舍其同姓；其臣如宋、齊之女亦不曰姬，而各氏其姓曰子氏、曰姜氏。趙，嬴姓，京乃令帝女稱帝姬。噫！至於姓亦從焉，何其甚也！久之，禍難兼起，與莽無異，殆書所謂與亂同事者歟！」（郡齋讀書志卷二，頁十—十一。）

【評】（一七三）宋朱熹曰：「彼安石之所謂周禮，乃姑取其附於己意者，而借其名高以服衆口耳，豈真有意於古者哉！若真有意於古，則格君之本、親賢之務、養民之政、善俗之方，凡古之所謂當先而宜急者，曷爲不少留意，而獨於財利兵刑爲汲汲耶！大本不正，名是實非，先後之宜又皆倒置；以是稽古，徒益亂耳！」（朱文公文集卷七十，頁十讀兩陳諫議遺墨。）

【評】（一七四）宋朱熹曰：「（因論易傳，雖無邪心，苟不合正理，則妄也，乃邪心也。或以子路使門人爲臣事爲證。先生曰：如鬻拳强諫之類是也。或云王荆公亦然。曰：）温公忠厚，故稱荆公無姦邪，只不曉事。看來荆公亦有邪心夾雜，他却將周禮來賣弄，有利底事便行之，意欲富國强兵，然後行禮義。不知未富强，人才風俗已先壞了。向見何一之有一小論，稱荆公所以辨得盡，行許多事，緣李文靖爲相日，四方言利害者，盡皆報罷，積得許多弊事，所以激得荆公出來，一齊要整頓過。荆公此意，便是慶曆范文正公諸人要做事底規模，然范文正公等行得尊重，其人才亦忠厚，荆公所用之人，一切相反。」（朱子語類卷七一，頁十六。）

【評】（一七五）宋朱熹曰：「孫爲祖承重，頃在朝，檢此條不見，後歸家檢儀禮疏，説得甚詳；正與今日之事一般。乃知書多看不辨。舊來有明經科，便有人去讀這般書，注疏都讀過。自王介甫新經出，廢明經、學究科，人更不讀書，卒有禮文之變，更無人曉得，爲害不細。」（宋楊復儀禮圖卷十一，頁四十載朱先生曰。）

【評】（一七六）宋陸九淵曰：「公之未用，固有素訾公如張公安道、吕公獻可、蘇公明允者。

夫三公者之不悦於公，蓋生於其氣之所迕。公之所蔽，則有之矣，何至如三公之言哉？英特邁往，不屑於流俗，聲色利達之習，介然無毫毛得以入於其心，潔白之操，寒於冰霜，公之質也；掃俗學之凡陋，振弊法之因循，道術必爲孔、孟，勳績必爲伊、周，公之志也；不蘄人之知，而聲光燁奕，一時鉅公名賢爲之左次，公之得此，豈偶然哉？用逢其時，君不世出，學焉而後臣之，無媿成湯、高宗，君或致疑，謝病求去，君爲責躬，始復視事，公之得君，可謂專矣；新法之議，舉朝讙譁，行之未幾，天下恟恟，公方秉執周禮，精白言之，自信所學，確乎不疑，君子力争，繼之以去，小人投機，密贊其決，忠樸屏伏，憸狡得志，曾不爲悟，公之蔽也；典禮爵刑，莫非天理，洪範九疇，帝實錫之，古所謂憲章法度典則者，皆此理也，公之所謂法度者，豈其然乎？獻納未幾，裕陵出諫院疏與公，評之至簡易之説，曰：『今未可爲簡易；修立法度，乃所以簡易也。』熙寧之政，粹於是矣。釋此弗論，尚何以費辭於其建置之末哉！」（象山先生全集卷十九，頁八—九荆國王文公祠堂記。）

【評】⊗宋洪邁評王安石周禮新義，詳地官泉府下評第七一條。

【評】（一七七）宋葉時曰：「蓋自周衰，道之不行久矣，子思子已逆知後世之不善用周公者也，故曰『待其人然後行』。金陵王氏以儒學相熙寧，而嘗一用周禮，奈何新經行而僻學興，新法立而私意勝；末流之弊，罪有浮於漢儒者。故程明道曰：『有關雎、麟趾之意，而後可行周官之法度。』正爲斯人發也。烏乎！道其不行已夫！後世身君師之責者，有能思周公之所思，行周公之所行，庶乎其可以爲成周之治矣。不然，道之不行而徒法之是任，未可以語周禮。」（禮經會元卷一，頁三一四「論禮經」。）

【評】（一七八）宋葉時曰：「王金陵謂『周禮一書，理財居其半』。今觀周官貨賄之入，不過大宰『九職、九賦、九貢』之目爾。民職所貢有常額，地職所斂有常制，侯貢所致有常法，尚何待於理乎？然則周人理財之道，非見於理財之日，而見於出納之際；非見於頒財之頃，而見於會計之時。考之大府，九賦以待膳服，九事、九貢以待弔用，五事九職之貢，以充府庫，式貢之餘，以共玩好。太宰所以定爲取財之法，取此財也；太府所以分其頒財之府，頒此財也；內府所受，受此財也；司會所計，計此財也；司書所敘，敘此財也。別其爲金玉，則曰貨；別其爲器幣，則曰賄；總而言之，則曰財。周官掌財，固非一職，而斂散出入之權，太府實主之，故入而受之太府也，分而頒之太府也。凡執事者受財用，受於太府也；凡邦之賦用取具焉，取於太府也。以太府爲府官之長，而司貨賄出入之權，則利權不分，斂散得宜，而出入得以通知之矣。向使分掌於諸府，而不專總於一司，則出財者惟以給辦爲能，用財者惟以濟事爲功，而後之不繼不恤也，財如何而不虧哉？然頒其貨於受藏之府，頒其賄於受用之府，鄭氏謂：『受藏若內府，受用若職內。』職內乃司會之屬，非受用之府矣。」（禮經會元卷二，頁二五一二六「財計」。）

【評】（一七九）宋陳傅良曰：「熙寧用事之臣，經術舛駁，顧以『周禮一書，理財居半』之説售富强之術，凡聞基立國之道，斲喪殆盡，而天下日益多故，迄於夷狄亂華，中原化爲左衽。老生宿儒，發憤推咎，以是爲用周禮之禍，抵排不遺力。幸以進士舉猶列於學官，至論王道不行，古不可復，輒以熙寧嘗試之效藉口，則論著誠不得已也。故有格君心、正朝綱、均國勢説各四篇，而爲之序如此。」（止齋集卷四十，頁二一—三進周禮説序。）

【評】（一八〇）宋黄度曰：「周之道，固莫聚于此書，他經其散者也；周之籍，固莫切于此書，他經其緩者也。公卿敬，羣有司廉，教法齊備，義利均等，文、武、周、召之實政在是也。奈何使降爲度數事物之學哉？新昌黄文叔始述五官，而爲之説，亹亹乎孔、孟之以理貫事者，必相發明也；惻惻乎文、武之以己形民者，必相經緯也。滌洗劉歆、蘇綽、王安石之腥穢，而一以性命道德啓後世之公心，雖未能表是心而獨行，猶將合他經而並存也。」（周禮説序，周禮翼傳卷一，頁三六載。敏案：當爲葉適述黄度之説，詳下條評。）

【評】（一八一）宋葉適曰：「周官晚出，而劉歆遽行之，大壞矣！蘇綽又壞矣！王安石又壞矣！千四百年，更三大壞，而是書所存無幾矣。……而書不足也。雖然，以余考之，周之道，固莫聚於此書，他經其散者也；周之籍，固莫切於此書，他經其緩者也。公卿敬，羣有司廉，教法齊備，義利均等，固文、武、周、召之實政在是也。奈何使降爲度數事物之學哉？新昌黄文叔，始述五官，而爲之説，亹亹乎孔、孟之以理貫事者，必相發明也；惻惻乎文、武之以己形民者，必相緯經也。守天下，非私智也；設邦家，非自尊也。養民至厚，取之至薄；爲下甚逸，爲上甚勞；洗滌三壞之腥穢，而一以性命道德起後世之公心，雖未能表是書而獨行，猶將合他經而共存也，其功大矣！」（水心集卷十二，頁十七黄文叔周禮[説]序。）

【評】（一八二）宋鄭伯謙曰：「宋朝王氏，以儒學起相熙、豐，又嘗一用周禮，而計利太卑，求民太甚，其禍甚於劉歆。」（太平經國之書自序，在原書卷首。）

【評】（一八三）宋章如愚曰：「周禮事之最大者，莫如建都封國之制，予既辨其非古矣。至言設官，則更甚也。借謂堯、舜之世，事簡而建官少，周之世，事煩而建官多，夏、商不過倍唐、虞之制，周人亦不過倍夏、商之制，何得與夏、商相去乃數萬倍耶？蓋彼但見成周建官之多，而不計其數，乃其誕謾至此；世儒乃酷信之，不亦傷乎！王氏曰：『王畿受天下財賦，不當以財不足禄爲疑。』不知官冗至此，禄之當以何術？世之陋學，隨人東西，未有如漢鄭氏、近世王氏也。作周禮者，正以欺若人耳。」（山堂考索，載經典稽疑卷下，頁八四—八五，「不亦傷乎」以上亦略見章氏羣書考索續集卷十，頁十一。）

【評】（一八四）宋真德秀曰：「周禮一書，後世假而用之者，王莽也；輕而用之者，蘇綽也；誤而用之者，王安石也。未有能善用之者。竊恐時異勢殊，民情土俗不皆如古，惟精擇其切要者而審行之，則可耳。必執其書而一按其制，其流之弊，安知其不與三子同歸乎？」（三禮考頁一—二「周禮」條。）

【評】⊗宋真德秀評王安石周禮新義，詳地官泉府下評第七八條。

【評】（一八五）宋魏了翁寶慶元年十一月甲申（二十七）曰：「自周衰，諸侯去籍，雖以二代之後，而不足徵，猶賴夫子之所雅言、羣弟子之所記録，故尚有存者。迨是古挾書之令作，而禮再厄，又得河間獻王、二戴、馬、鄭相與保殘補壞，晉、宋、隋、唐諸儒迭爲發揮，三禮得不盡亡。自正義既出，先儒全書泯不復見。自列於科目，博士諸生亦不過習其句讀，以爲利禄計。至金陵王氏，又罷儀禮取士，僅存周官、戴記之科，而士習於禮者滋鮮。就戴記而言，如檀弓、喪禮諸篇，既指爲凶事，罕所記省，則其所業，僅一、二十篇耳。苟不得其義，則又諉曰此漢儒之説也，棄不復講。所謂解説之詳，僅有方（慤）、馬（晞孟）、陳（祥道）、陸（佃）諸家，然而述王氏之説者也。……」（禮記集説序，載宋衛湜禮記集説卷首；又載鶴山大全集卷五四，頁一，幾全同。）

【評】（一八六）宋衛湜寶慶二年至日曰：「近得延平周諝希聖解，一再繙閲，始知陳氏（祥道）、方氏（慤）亦推衍其説者爾。案圖志，希聖又嘗著周禮解，擢熙寧進士第入仕，值新法行，不忍詭隨，賦詩去官。今王文公新傳多採其説而没其姓名，豈忌其人之有傳邪？予既取希聖解增入集説。……」（禮記集説自序，在原書卷首。）

【評】（一八七）宋孫之宏曰：「周官在漢最晚出，孔氏既無明言，孟軻之徒或未之見，疑信猶未決也。不幸劉歆用之而大壞，王安石用之而益壞，儒生學士真以爲無用於後世矣。夫去古遼邈，雖使先王之制爛然在目，固難盡棄今之法而求復其初也。然究觀其書，以道制欲，以義防利，以德勝威，以禮措刑，尊鬼神，敬卜筮，親賓客，保小民，藹然唐、虞、三代極盛之時，非春秋、戰國以後所能髣髴也。學者欲知先王經制之備，捨此書將焉取之！」（載訂義序論頁一—二「序周禮廢興」；亦見欽定義疏卷首，頁十—十一，節録改易。）

【評】（一八八）宋羅大經曰：「王荆公新法煩苛，毒流寰宇，晚歲歸鍾山，作放魚詩云：『物我皆畏苦，捨之寧啖茹。』其與梁武帝窮兵嗜殺，而以麪代犧牲者何殊？余嘗有詩云：『錯認蒼姬六典書，中原從此變蕭疏。幅巾投老鍾山日，辛苦區區活數魚。』」（鶴林玉露卷十五，頁二。）

【評】（一八九）宋陳振孫曰：「愚案：此書多古文奇字，名物度數可攷不誣，其爲先秦古書似無可疑。愚所疑者，邦土、邦事，灼然不同；其他繁碎駁雜，與夫劉歆、王安石一再用之而亂天下，猶未論也。」（直齋書録解題卷二，頁二十禮類周禮十二卷周禮注十二卷下。）

【評】（一九〇）宋陳振孫曰：「周禮詳解……王昭禹撰。近世爲舉子業者多用之，其學皆宗王氏新説。」（直齋書録解題卷二，頁二一禮類周禮詳解下。）

【評】（一九一）宋王應麟曰：「周官……劉歆始用之，蘇綽再用之，王安石三用之：經之蠹也。……程伯子曰：『必有關雎、麟趾之意，然後可以行周官之法度。』儒者知此經者，王（通）、程字而已。」（困學紀聞卷四，總頁三二二三。）

【評】（一九二）元陳友仁至元二十一年曰：「周官六典，周公經制之書也。……愚於此書竊有志焉，然而諸儒訓釋，甲是乙非，無所折衷，學者病之。余友雲山沈君則正謂余曰：『近得集説於霅，手澤尚新，編節條理與東萊詩記、東齋書傳相類，其博雅君子之爲歟？名氏則未聞也。』一日到沈君家取而閲之，如於盆盎中得古罍洗，把玩不忍釋。……於是携其書以歸，是歲留於山前表伯之西榻，就而筆之。訓詁未詳者，則益以賈氏、王氏之疏、説；辨析未明者，則附以前輩諸老之議論。越明年，是書成。非特可以廣其傳，亦予之夙志也。姑敘梗概於卷末。」（周禮集説序，在原書卷首。）

【評】（一九三）元馬端臨曰：「……獨與百姓交涉之事，則後世惟以簡易闊略爲便，而以周禮之法行之，必至於厲民而階亂：王莽之王田、市易，介甫之青苗、均輸是也。後之儒者見其效驗如此，於是疑其爲歆、莽之僞書而不可行，或以爲無關雎、麟趾之意則不能行。愚俱以爲未然。蓋周禮者，三代之法也，三代之時，則非直周公之聖可行，雖一凡夫亦能行之；三代而後，則非直王莽之矯詐、介甫之執愎不可行，而雖賢哲亦不能行。其故何也？蓋三代之時，寰宇悉以封建，天子所治不過千里，公侯則自百里以至五十里，而卿大夫又各有世食禄邑，分土而治，家傳世守。民之服食日用，悉仰給於公上，而上之人所以治其民者，不啻如祖父之於其子孫，家主之於其臧獲。……雖其時所謂諸侯卿大夫者，未必皆賢，然既世守其地，世撫其民，則自不容不視爲一體；既爲一體，則姦弊無由生，而良法可以世守矣。自封建變而爲郡縣，爲人君者，宰制六合，穹然於其上，而所以治其民者，則諉之百官有司郡守縣令。爲守令者，率三歲而終更，雖有龔、黄之慈良，王、趙之明敏，其始至也，茫然如入異境，積日累月，方能諳其土俗，而施以政令，往往朞月之後；其善政方可紀，纔再朞而已。及瓜矣，其有疲懦貪鄙之人，則視其官如逆旅傳舍，視其民如飛鴻土梗，發政施令，不過授成於吏手；既授成於吏手，而欲以周官之法行之，則事煩而政必擾，政擾而民必病。教養之恩惠未孚，而追呼之苛嬈已極矣。是以後之言善政者，必曰事簡。……生乎千載之後，先王之制久廢，而其遺書僅存，乃不察時宜，不恤人言，而必欲行之乎，王介甫是也。介甫所行，變常平而爲青苗，諉曰『此周官泉府之法也』，當時諸賢極力爭之。……左氏傳言：『鄭饑，子皮以子展之命餼國人，粟户一鐘。宋饑，司城子罕請於平公，出公粟以貸，使大夫皆貸，司城氏貸而不書，爲大夫之無者貸，宋無饑人。齊陳氏以家量貸，而以公量收之。』則春秋之時，官之於民，固有賒貸之事也。雖當時未嘗取二分之息，如青苗之爲，然熙寧諸賢所言，非病其取息之多也，蓋以爲貧者願貸，貸無之而不能償，則虧官；富者不願貸，抑配予之，而并令保任貧者，代償所逋，則損民，兩無所益，固不若常平之交手相付，聽從民便之爲簡易兩得也。然左氏所述，鄭、宋、齊之事，謂之善政，以爲美談，未嘗見其有熙、豐之弊，何也？蓋鄭、宋、齊，列國也，其所任者罕氏、樂氏、陳氏，則皆有世食禄邑，與之分土而治者也；介甫所宰者天下也，其所任者六七少年，使者四十餘輩，與夫州縣小吏，則皆干進徇時之徒也。然非鄭、宋、齊之大夫盡賢，而介甫之黨盡不肖也，蓋累世之私土，子人者與民情常親，親則利病可以周知，故法雖繁而亦足以利民；暫焉之承流宣化者，與民情常疏，疏則情僞不能洞究，故法雖簡而猶懼其病民也。以青苗賒貸一事觀之，則知周禮所載，凡法制之瑣碎煩密者，可行之於封建之時，而不可行之於郡縣之後。必知時適變者，而後可以語通經學古之説也。」（文獻通考卷一八〇，總頁一五五四—一五五五經籍考七。）

【評】（一九四）元熊朋來曰：「……王荆公字説，則字皆會意，無所謂六書，故王氏周禮新經至六書無可説。」（熊氏經説卷四，頁十—十一「保氏六書」條。）

【評】（一九五）元何異孫曰：「（問：人以周禮爲太平之書，後世有舉行而不太平者何？對曰：）周公布置規模，尚未施行。公、孤之官，師、保之職，莫可攷矣。所謂太平之治，仁心仁政積累而成，安有舉其纖悉條目、五官紙上之文，直謂太平禮樂在？此劉歆、王安石之見也。唐貞觀府兵、租庸調，略得井田大意，何嘗不太平？程子曰：『有關雎、麟趾之意，而後可以行周官之法度。』旨哉言乎！」（十一經問對卷四，頁十七。）

【評】（一九六）明張瑄成化甲午（十年）夏六月曰：「……夫自周之後，井田壞而兼并之患生，封建廢而縱横之説熾，周官之良法美意蕩然矣。由漢而降，非無善治，然無關雎、麟趾之意，凡稱治者皆苟焉而已。」（題周禮集説後，附原書後，明成化十年福建巡撫張瑄刊本。）

【評】（一九七）明柯尚遷嘉靖二十四年二月曰：「其不行也，我知之矣，心與政離，既荒其原，不明不行，固其所也。況於假而用者王莽，誤而用之者安石乎？」（周禮全經釋原序，載原書卷首。）

【評】⊗明柯尚遷評王安石周禮新義，詳地官泉府下評第八六條。

【評】（一九八）明王應電曰：「世人疑周禮者，率以行之者無效也。夫後世篡奪者祖揖讓，戰争者本放伐，豈堯、舜、湯、武之過哉？王莽動法先聖以文姦，奚止于周禮？安石徒得其糟粕，以便其術，中間良法美意，皆罔然也。以是而呰聖經，不亦異哉！或以『奔者不禁，王及后、世子不會』等語，非周公所作，不知此皆註家解釋之誤耳。故林孝存謂爲黷亂不驗之書，何休以爲六國陰謀之書，今其書見存，黷亂陰謀安在？玩其文義，有能作此者，雖非周公即聖人矣。」（周禮翼傳卷一頁二六—二七「學周禮法」條。）

【評】（一九九）明丁克卿嘉靖四十一年重九日曰：「致堂胡氏（寅）曰：『易、書、詩、春秋，先儒以配皇帝王覇，盖孔、孟之門，經無五、六之稱，後世始以禮、樂與四經爲六，今不宜廢仲尼所親筆之春秋而取劉歆所附益之周禮也。』胡氏此論，盖誤疑周禮非周公之書，且病安石之取周禮而廢春秋爲不可爾。……至於吴氏，可取者無多，但其冬官之補亡、官職之考定，獨能推廣俞庭椿氏『復古』一編之義，則亦不可舍旃。然所定未爲必當而多所難信，是以仍用集説（元陳友仁周禮集説）舊文序次，以附其説於各官之下。及冬官補亡之篇，而不敢遽用其更定之本。……俞、吴二氏，並出臨川，皆欲更定官屬。是必皆有所受，然必姑如俞氏所定，止謂某當歸某，而勿與易置，俟執此以往者臨時酌宜可也。」（周禮要義序，載原書卷首。）

【評】（二〇〇）明丁克卿曰：「新經周禮義二十二卷，宋王安石撰。安石以其書理財者居半，愛之，所以自釋其義。蓋以所創新法皆傳（傳？）著之，務塞議者之口。行之天下，頒之國學，卒以誤國。楊時中立『辨疑』一卷，專攻其書。」（周禮要義卷一，頁十五「周禮諸儒傳註」條。）

【評】（二〇一）明薛應旂曰：「士君子之欲有爲於天下也，莫先乎其所養也；養之至，則有以克其氣質之偏，而盡物情，屈群策，天下之事將無不如吾志之所欲爲矣。故曰君子能通天下之志，是以能成天下之務；否則，雖其志欲爲，其才能爲，其時可爲，而有不駭於安常習故之聽者，幾希！故曰莫之與，則傷之者至矣。嗚呼！此吾所以深惜於介甫者也。介甫何人哉？振古之豪傑也。方其出也，將以堯、舜其君也，將以堯、舜其民也。究其志，直欲親見周禮郁郁之盛，舉宋室於三代之隆。區區漢、唐雜伯、雜夷之治，孔明、魏鄭之臣，蓋未嘗一注念者，此其志何志哉？皋、夔、稷、契乃其所自任也。及觀其試於常而天下仰望，試於鄞而至今便之，此其才足以副乎其志，而要非謄口説者矣。舉而措之天下，宜無難者，況乎以神宗有志之君，而委之專、任之重，此尤千載一時也。雲龍風虎之相從，不是過也。夫何法制一立而朝議沮之，天下怨之，後世唾之？譏訶詘笑，流布汗竹，以至於今之溺舊見、主先入而不原其情者，亦罔不裂眦而羞稱之？是亦非有惡於介甫也，據其當日之迹，真有以僨天下之事也。噫！介甫初欲爲何如人，而乃今一至於此也？良由其涵養之功未至，而偏執以成性也。甚哉！偏之爲害也，惟任己之見、逞己之長而以爲天下之人莫己若也，此所以拂天下之心，而忌且毀者叢集焉，以利其敗也。不知吾實非聖人也，焉能事事之盡善乎？既不能事事盡善，而忌且毀者又從而乘之，由是所行一不得其當，所任一不得其人，而吾以一身處於朝堂之上，而散處於天下者莫肯平心易氣以推行其法，而潎因以滋；將以治天下，適以亂天下，盖理勢之所必至也。向使其留意於身心，研窮於物理，于以克其氣而矯其偏，積誠以動物，從容以俟時，集衆思廣忠益，而吾於其間，若大匠之處群衆中，而呈工獻技者，執繩墨而短長之，則人心必服，輿論必歸，而施爲舉措，夫然後可以遂吾之初心也。程子曰：『有關雎、麟趾之意，然後可以行周官之法度。』正謂此也。奈之何有其志、有其才、有其時，上不得爲皋、夔、稷、契，次不得爲韓、范、富、歐，而成兹一王介甫也。故曰士君子之欲有爲於天下也，莫先乎其所養也。」（方山文録卷十八，頁十八—二十王安石。）

【評】（二〇二）明某氏曰：「金陵王氏以儒學相熙寧，而嘗一用周禮。奈何新經行而僻學興，新學立而私意勝。末流之弊，罪有浮於漢儒者。故程明道曰：『有關雎、麟趾之意，而後可行周官之法度。』正爲斯人發也。」（周禮三註粹抄序「禮經總論」。）

【評】（二〇三）明周夢暘曰：「周禮之隸學官舊矣，考工記之非周禮，亦無所庸置議矣。世儒以耳食，習焉不察，猥曰冬官散見五官中，元不逸，復何所事補綴？於是駢拇枝指眡考工，莫有深惟其妙者。臨川王介甫設經義局，多所訓故，自爲周官義十餘萬言，而不解考工記。新昌黄文叔述五官爲之説，亹亹惻惻，欲以性命道德興起後世，而亦不解考工記。是何幸購求於河間獻王，乃鬱滯於輓近世也，又何幸表章於劉子駿、訓詁於鄭康成，及至宋而棄之如遺也哉！」（考工記輯注，載徐昭慶考工記通卷首。）

【評】（二〇四）明陳仁錫曰：「……王文公又爲新義。……王安石不善讀周禮，胡致堂不讀周禮，正不知作何分別。大抵學者始失于過信，究失于過疑。過信則無書不可讀，過疑則無書足讀，此千古讀書之鑑也。」（周禮五官考頁二一、六。）

【評】（二〇五）明張采曰：「從來用周禮亂天下者，無過王安石，彼嘗著新經周禮義二十二卷。……而楊中立先生亦有周禮辨疑一卷，以攻安石。此二書者，邪正治否，判若蒼素，得此以供採録，則紫陽先生所謂『周禮廣大精密，不可遂云無與心性事也』。迺家之藏書，此二書杳無從索借，則又恥爲經生章句，聊爾姑置。」（周禮合解序，載原書卷首。）

【評】（二〇六）清納蘭成德康熙丙辰（一五年）二月曰：「東嚴（王與之）周禮訂義八十卷，載宋史藝文志。宋之羣儒經義最富，獨詮解周禮者寡，見於志者，僅二十有二家而已。蓋自王安石當國，變常平爲青苗，藉口周官泉府之遺，作新經義，以所創新法盡傅著之，又廢春秋不立學宫，於是與王氏異者多説春秋而罷言周禮，若潁濱蘇氏、五峰胡氏，殆攻王氏而并及于周禮者與？昔之言周禮者，鄭康成信爲周公致太平之迹，陸陲謂爲羣經源本，王仲淹美其經制大備，朱子稱其廣大精密，非聖人不能作，則爲先秦古書無可疑焉者。東嚴之説，謂：周公將整齊六典以爲宅洛計，不幸殁而成王不果遷，規模不獲。究其説本鄭氏注而暢發之，至云：冬官未嘗亡，錯見於五官中，則與臨川俞壽翁合。其編集諸家之説，宋儒自劉仲原父以下凡四十五家，可謂詳且博矣！」（東巖周禮訂義序，載原書卷首。）

【評】（二〇七）清全祖望曰：「……周禮則親出於荆公之筆。蓋荆公生平用功此書最深，所自負以爲致君堯、舜者俱出於此，是固熙、豐新法之淵源也，故鄭重而爲之。……荆公解經，最有孔、鄭諸公家法，言簡意核，惟其牽纏於字説者，不無穿鑿；是固荆公一生學術之祕，不自知其爲累也。而禮記之方（慤）、馬（晞孟）數家亦禀荆公之意而爲之者，至今禮記注中不能廢。……然則去其字説之支離而存其菁華，所謂『六藝不朽之妙』，良不可雷同而詆也，而況是書又荆公所最屬意者乎？」（鮚埼亭集外編卷二三，頁六一七荆公周禮新義題詞。）

【評】（二〇八）清全祖望曰：「荆公三經，當時以之取士，祖述其説以成書者……方性夫（慤）、陸農師（佃）之禮，於今皆無完書；其散見諸書中，皆其醇者也。獨王光遠（昭禹）周禮至今無恙，因得備見荆公以字説解經之略。荆公周禮存於今者五官，缺地、夏二種，得光遠之書足以補之。嘗笑孔穎達於康成依阿過甚，今觀此書亦然。」（鮚埼亭集外編卷二七，頁十五—十六王昭禹周禮詳解跋。）

【評】（二〇九）清程晉芳曰：「熙寧經義局三書，成于荆公父子之手；周官則安石所手裁。……周官舊二十二卷，此吾友周書滄從永樂大典録出者，得十六卷，而地官、夏官缺焉。末附考工記二卷，蓋鄭宗顔輯安石字説爲之；其于周官好以字説牽合，乃王氏説經通病，而發明大義，自有不可泯滅者。」（勉行堂文集卷五，頁十一周官新義跋。）

【評】（二一〇）清紀昀曰：「安石以周禮亂宋，學者類能言之。然周禮之不可行於後世，微特人人知之，安石亦未嘗不知也。安石之意，本以宋當積弱之後，而欲濟之以富强，又懼富强之説，必爲儒者所排擊。於是附會經義，以鉗儒者之口，實非真信周禮爲可行。迨其後，用之不得其人，行之不得其道，百弊叢生，而宋以大壞，其弊亦非真緣周禮以致誤。羅大經鶴林玉露詠安石放魚詩曰：『錯認蒼姬六典書，中原從此變蕭疏。』是猶爲安石所紿，未究其假借六藝之本懷也。因是而攻周禮，因是而攻安石所注之周禮，是寬其影附之巧謀，而科以迂腐之薄譴矣。故安石怙權植黨之罪，萬萬無可辭，安石解經之説，則與所立新法各爲一事。程子取其易解，朱子、王應麟均取其尚書義，所謂言各有當也。今觀此書，惟訓詁多用字説，病其牽合，其餘依經詮義，如所解八則之治都鄙、八統之馭萬民、九兩之繫邦國者，皆具有發明，無所謂舞文害道之處，故王昭禹、林之奇、王與之、陳友仁等注周禮，頗據其説，欽定周官義疏亦不廢采用，又安可盡以人廢耶？」（四庫提要卷十九，頁六—七經部禮類一周官新義考工記解下。）

【評】（二一一）清紀昀曰：「周禮詳解……宋王昭禹撰。……當爲徽、欽時人。今案：其書解惟王建國云『業格於上下謂之王，或而國之謂之國』，解匪頒之式云『散其所藏曰匪，以等級之曰頒，故匪從匸從非，言其分而非藏也。頒從分從頁，言自上而頒之下』，解圃曰『園有衆甫謂之圃』，解鮑魚曰『魚之鮮者，包以致之』，解鱐曰『魚之乾者，肅以致之』，解司徒云『於文，反后爲司，蓋后從一從厂從口，則所以出命，司反之，則守令而已；從一，則所以一衆，司反之，則分衆以治之而已；從厂，則承上世之庇覆，以君天下，司反之則，以君之爵爲執事之法而已』。其附會穿鑿，皆遵王氏字説。蓋當時三經新義列在學官，功令所懸，故昭禹因之不改。然其發明義旨，則有不盡同於王氏之學者：如解泉府，以『國服爲之息』云『各以其所服國事賈物爲息，若農以粟米，工以器械，皆以其所有也。周之衰，不能爲民正田制地，税斂無度，又從而貸之，則凶年饑歲無以爲償矣。下無以償，上之人又必責之，則稱貸之法，豈特無補於民哉？求以國服爲之息，恐收還其母而不得』。蓋已目睹青苗之弊，而陰破其説矣。至其闡發經義，有足訂注、疏之誤者。……故宋人釋周禮者，如王與之訂義、林之奇講義，多引其説，固不得以遵用新説而盡廢之也。」（四庫提要卷十九，頁七—九經部禮類一周禮詳解下。）

【評】（二一二）清紀昀曰：「周禮集説十卷……蓋友仁因宋人舊本重輯也。……所引注、疏及諸儒之説，俱能擷其精粹，而於王安石新經義采摘尤多。蓋安石三經新義雖爲宋人所攻，而周官新義則王昭禹述之於前，林之奇述之於後，故此書亦相承援引，不廢其文也。」（四庫提要卷十九，頁十九—二十經部禮類一周禮集説下。）

【評】（二一三）清紀昀曰：「周禮一書，得鄭注而訓詁明，得賈疏而名物制度考究大備。後有作者，弗能越也。周、張、程、朱諸儒，自度徵實之學必不能出漢、唐上，故雖盛稱周禮，而皆無箋注之專書。其傳於今者，王安石、王昭禹始推尋於文句之閒，王與之始脱略舊文多輯新説。……」（四庫提要卷十九，頁二九經部禮類一周禮注疏删翼下。）

【評】（二一四）清錢大昕曰：「世稱王安石誤用周禮，而宋以亡，非也。安石曷嘗用周禮哉？記云：『經禮三百，曲禮三千。』經禮者，周官也；曲禮者，儀禮也。晉韓宣子觀易象與魯春秋，而知周禮之盡在魯。安石立經義法，廢儀禮、春秋不用，至詆聖人之經爲斷爛朝報，而驅士大夫以習其所爲新經義者，其安且誕如此！安知所謂周禮哉！所以尊周禮者，將以便其新法也。六官之中，大綱細目，無所不備，獨取泉府一官，以證其青苗、市易之法，安石曷嘗用周禮哉？」（潛研堂集卷二，總頁二九王安石論。）

【評】⊗清伍崇曜評安石周禮義，見地官泉府下評第九七條。

【評】（二一五）清甘鵬雲曰：「宋王安石新經周禮義出，當時謂其舉所創新法悉附著之，務塞異議者之口。自後，宗之者，如王昭禹詳解，林之奇、黄裳講義，某氏集説，皆沿其義。龔原至因之，舍春秋而好周禮，撰周禮圖。而攻之者，則有王居正辨學、楊時辨疑之作：此當時周官學中一申駮之公案也。」（經學源流考卷四，頁五周禮學源流第六。）

【評】（二一六）民國梁啓超曰：「……惟周官義乃荆公所手著。……吾嘗竊取讀之，其精要之處蓋甚多，實爲吾中國經學闢一新蹊徑；自漢以迄今日，未有能過之者也。……而學者不察，隨聲附和，肆爲詆排，昌黎所謂『蚍蜉撼大樹，可笑不自量』者，非耶？」（王荆公頁一一四，第十二章荆公之政術［四］教育及選舉。）

【評】（二一七）民國梁啓超曰：「乾隆間，修四庫全書，從永樂大典輯存周官新義一種；公之遺言，始得藉以不墜。吾嘗取而讀之，其所發明甚多，非後儒所能及也。全謝山云：『荆公解經，最有孔、鄭家法，言簡意賅，惟其牽纏於字説者，不無穿鑿。』是猶譽公專（章）句之學而已。夫章句之學，則公之糟粕也。」（王荆公頁一九一，第二十章荆公之學術。）

【評】（二一八）民國錢基博曰：「獨新經周禮義二十二卷，出自安石自爲；雖訓詁多病穿鑿，然依經詮義，如所解八則之治都鄙、八統之馭萬民、九兩之繫邦國者，皆具有發明。後來儒者或訾安石以周禮壞宋，而於是書終不廢采用也。新經既行，誦習者夥，然而闡明其說、著書傳後者，厪見福州陳祥道用之之禮書一百五十卷及王昭禹之周禮詳解四十卷二家而已。」（經學通志頁一四〇——一四一，三禮志第五。）

【評】（二一九）民國沈卓然民國二十四年八月曰：「……安石所學，尤邃於周官；故其新法，實以周官爲本。蓋經術之不明於世也久矣，有人焉，欲以其道舉而張之，推而行之，以躋于治平，以反於文明者；世不能知，則駭然而羣攻之，以爲不可，其言之也成理，其持之也有故，而以經術爲迂闊，非今世之可行；是雖明主，又焉得而不爲之搖乎？此新法之所以旋行而旋廢也。然則於周官新義奚病乎？世既攻其新法矣，則遂斥其書爲不正而廢之；甚謂安石以周官禍宋，比諸王莽。莽雖好周官，然篡竊亂臣；安石則以經術從政，其志欲致宋室於隆平；爲斯言者，又豈萬世之公論也哉？」（周官新義序，載河洛圖書出版社影印本周官新義卷首。）

【評】（二二〇）民國馬宗霍曰：「三禮本徵實之學，漢、唐注、疏，無以上之。然周禮自王荆公作新義，學者多推尋於文句之間，由考證漸變爲論辨。且自朱申以後，苟趣簡易，以敘官爲無用而删之，經遂有目無綱。」（中國經學史頁一三七，第十一篇元明之經學。）

佚文同佚文及評論之部引用書目考

書名	簡名	卷數	作者	著成時代	板本
周官新義附考工記解(考工記解原名考工記講義)	文淵本	十六卷二卷	宋王安石(一〇二一—一〇八六)、鄭宗顔(履歷不詳)	神宗熙寧八年。考工記解不詳。	清文淵閣四庫全書本(此據臺灣商務印書館影印,四庫全書珍本別輯本。)
周官新義附考工記解(考工記解原名考工記講義)	鈔本	十六卷二卷	宋王安石(一〇二一—一〇八六)、鄭宗顔(履歷不詳)	神宗熙寧八年。考工記解不詳。	清孔繼涵乾隆四十二年鈔永樂大典本(有朱筆校點)
周官新義附考工記解(考工記解原名考工記講義)	墨海本	十六卷二卷	宋王安石(一〇二一—一〇八六)、鄭宗顔(履歷不詳)	神宗熙寧八年。考工記解不詳。	墨海金壺本
周官新義附考工記解(考工記解原名考工記講義)	經苑本	十六卷二卷	宋王安石(一〇二一—一〇八六)、鄭宗顔(履歷不詳)	神宗熙寧八年。考工記解不詳。	經苑本
臨川集		一〇〇	宋王安石(一〇二一—一〇八六)		臺灣中華書局四部備要本

續表

書名	簡名	卷數	作者	著成時代	板本
韓魏公集		二十	宋韓琦(一〇〇八—一〇七五)		臺北藝文印書館影印正誼堂全書本
蘇魏公集		七二	宋蘇頌(一〇二〇—一一〇一)		清文淵閣四庫全書本(臺灣商務印書館影印，四庫全書珍本四集本。)
孫公談圃		三	宋孫升(治平二年(一〇六五)進士)		稗海本
四明尊堯集		十一	宋陳瓘(一〇五七—一一二二)	大觀初年(一一〇七頃)	明蕭甫重刊本
宣和博古圖		三十	宋王黼(一〇七九—一一二六)等	大觀初年(一一〇七頃)	臺北新興書局影印明黃氏亦政堂重刻本
龜山集		四二	宋楊時(一〇五三—一一三五)		清文淵閣四庫全書本(臺灣商務印書館影印，四庫全書珍本四集本。)
嵩山集		二十	宋晁説之(一〇五九—一一二九)		臺灣商務印書館影印四部叢刊續編本

書名	簡名	卷數	作者	著成時代	板本
周禮詳解	詳解	四十	宋王昭禹(政、宣間[一一一一—一一二五]人)		清文淵閣四庫全書本(商務印書館影印,四庫全書珍本初集本。)
六經奥論		六	舊題宋鄭樵(一一〇四—一一六二)	宋代末葉	通志堂經解本
周禮解		六	宋胡銓(一一〇二—一一八〇)		朱絲闌舊鈔本
郡齋讀書志		二十	宋晁公武(紹興二年[一一三二]進士)		臺北廣文書局影印清王先謙校刊本
寓簡		十	宋沈作喆(紹興五年[一一三五]進士)		知不足齋叢書本
續資治通鑑長編		五二〇	宋李燾(一一一五—一一八四)		臺北世界書局影印本(新定本,有拾補。)
九經發題		一	宋唐仲友(一一三六—一一八八)		續金華叢書本

續表

書名	簡名	卷數	作者	著成時代	板本
朱文公文集		一〇〇	宋朱熹（一一三〇—一二〇〇）		臺灣中華書局四部備要本
朱子語類		一四〇	宋朱熹（一一三〇—一二〇〇）（宋黎靖德編）		臺北正中書局影明覆刊宋本
象山先生全集		三六	宋陸九淵（一一三九—一一九二）		臺灣商務印書館影印四部叢刊本
容齋續筆		十六	宋洪邁（一一二三—一二〇二）		臺灣商務印書館國學基本叢書本
周官總義		三十	宋易祓（淳熙十一年〔一一八四〕進士）		清文淵閣四庫全書本（臺灣商務印書館影印，四庫全書珍本二集本。）
禮經會元		四	宋葉時（淳熙十一年〔一一八四〕進士）		通志堂經解本
止齋集		五二	宋陳傅良（一一三七—一二〇三）		臺灣商務印書館影印四部叢刊正編本

書名	簡名	卷數	作者	著成時代	板本
水心集、別集		二九 十六	宋葉適(一一五〇—一二二三)		臺灣商務印書館影印四部叢刊初編本 永嘉叢書本
太平經國之書		十一	宋鄭伯謙(寧宗時[一一九五—一二二四]人)		通志堂經解本
儀禮圖		十七	宋楊復(朱熹之弟子)	紹定元年(一二二八)	通志堂經解本
(山堂)羣書考索		二一二	宋章如愚(慶元二年[一一九六]進士)		臺北新興書局影印明正德刊本
木鐘集		十一	宋陳埴(嘉定[一二〇八—一二二四]進士)		清同治六年東甌郡齋重刊本
三禮考		一	宋真德秀(一一七八—一二三五)		學海類編本
鶴山先生大全文集	鶴山大全集	一一〇	宋魏了翁(一一七八—一二三七)		臺灣商務印書館影印四部叢刊初編本
禮記集説		一六〇	宋衛湜(寶慶間[一二二五—一二二七]人)	寶慶二年(一二二六)頃	通志堂經解本

續表

書名	簡名	卷數	作者	著成時代	板本
周禮訂義	訂義	八十	宋王與之	紹定五年（一二三二）	通志堂經解本
鶴林玉露		十六	宋羅大經（南宋晚葉人）	在魏了翁卒之後	上海進步書局校印本
直齋書録解題		二二	宋陳振孫（端平間［一二三四—一二三六］人）		臺北廣文書局影印清武英殿輯永樂大典本
六經天文編		二	宋王應麟（一二二三—一二九六）		臺北文華書局影印元後至元三年慶元路儒學刊本
困學紀聞		二十	宋王應麟（一二二三—一二九六）		臺灣商務印書館國學基本叢書本
宋會要輯稿			宋代多士（清徐松原輯、民國陳垣編）		臺北世界書局據北平圖書館影印本影印本
周禮集説	集説	十一	元陳友仁（宋末元初人）	至元二十一年（一二八四）	清文淵閣四庫全書本（臺灣商務印書館影印，四庫全書珍本四集本。），兼參看明成化十年張瑄刊本。

續表

書名	簡名	卷數	作者	著成時代	板本
文獻通考		三四八	元馬端臨（一二五四—？）	延祐六年（一三一九）以前著成	臺北新興書局影印清武英殿刊本
宋史		四九六	元托克托（一三一四—一三五五）	至正五年（一三四五）	臺北藝文印書館影印清武英殿刊本
熊氏經説		七	元熊朋來（一二四六—一三二三）		通志堂經解本
周禮補亡		六	元丘葵（一二四四—一三三三）	泰定元年	明餘干李緝重刊本
三禮考註		六四	舊題元吴澄（一二四九—一三三三）		明成化九年建昌知府謝士元刊本
十一經問對		五	元何異孫（元初人）		通志堂經解本
周官集傳		十六	元毛應龍（大德間［一二九七—一三〇七］人）		清文淵閣四庫全書本（臺灣商務印書館影印，四庫全書珍本四集本。）

續表

書名	簡名	卷數	作者	著成時代	板本
遜志齋集		二四	明方孝孺（一三五七—一四〇二）		商務印書館四部叢刊本
周禮集註		七	明何喬新（一四二七—一五〇二）		明嘉靖七年褚選刊本
三禮纂註		四九	明貢汝成（一四七六—一五三九）		明萬曆三年宣州刊本
周禮全經釋原		十四	明柯尚遷（一五二八—一五八三）	嘉靖二十四年	清文淵閣四庫全書本（臺灣商務印書館影印，四庫全書珍本三集本。），兼參看明隆慶四年張春宇刊本。
周禮傳周禮翼傳		十二	明王應電	嘉靖三十七年	清文淵閣四庫全書本（臺灣商務印書館影印，四庫全書珍本三集本。），兼參看明嘉靖四十二年刊本。
周禮要義		十四	明丁克卿	嘉靖四十一年	明嘉靖四十一年原刊本

書名	簡名	卷數	作者	著成時代	板本
木鐘臺再集			明唐樞（一四九七—一五七四）		明隆、萬間刊本
方山文録		二二	明薛應旂（嘉靖十四年［一五三五］進士）		明嘉靖三十三年東吳書林校刊本
經典稽疑		二	明陳耀文（嘉靖廿九年［一五五〇］進士）		清文淵閣四庫全書本（臺灣商務印書館影印，四庫全書珍本二集本。）
周禮三註粹抄		不分卷	明某氏		明萬曆十八年余泗泉刊本
考工記通		二	明徐昭慶（萬曆［一五七三—一六二〇］以後人）		明刊本
三禮編繹		二六	明鄧元錫（一五二九—一五九三）		明萬曆三十三年浙江刊本
周禮説		十四	明徐即登		明萬曆間原刊本
宋史紀事本末		一〇九	明陳邦瞻（？—一六二三）		臺北三民書局據排印本影印本

續表

書名	簡名	卷數	作者	著成時代	板本
注釋古周禮		六	明郎兆玉（萬曆［一五七三—一六二〇］進士）		明刻本
周禮五官考		一	明陳仁錫（？—一六三四）		學海類編本
周禮合解		十八	明陳仁錫（同右）撰、明張采（崇禎七年［一六三四］進士）訂定		明刊本
周禮註疏刪翼	註疏刪翼	三十	明王志長（萬曆三十八年［一六一〇］略後舉人）		清文淵閣四庫全書本（臺灣商務印書館影印，四庫全書珍本四集本。）
詩經世本古義		二八	明何楷（崇禎間［一六二八—一六四四］人）		清文淵閣四庫全書本（臺灣商務印書館影印，四庫全書珍本四集本。）
周禮輯注		二十	明陳深		明吴興凌杜若校刊朱墨套印本

續表

書名	簡名	卷數	作者	著成時代	板本
鮚埼亭集外編		五十	清全祖望（一七〇五—一七五五）		商務印書館四部叢刊本
欽定周官義疏	欽定義疏	四八	清鄂爾泰（一六七七—一七四五）等奉敕撰	乾隆十一年編成，十三年刊板。	清文淵閣四庫全書本（臺灣商務印書館影印，四庫全書珍本五集本。）
勉行堂文集		六	清程晉芳（一七一八—一七八四）		嘉慶二十三年至二十五年勉行堂刊本
欽定四庫全書考證	四庫全書考證	一〇〇	清王太岳（一七二二—一七八五）等奉敕撰		清武英殿聚珍版叢書本
四庫全書總目提要	四庫提要	二〇〇	清紀昀（一七二四—一八〇五）等奉敕撰	乾隆四十七（一七八二）年	臺北藝文印書館影印清同光間刊本
潛研堂文集		七十	清錢大昕（一七二八—一八〇四）		臺灣商務印書館國學基本叢書本
宋元學案補遺		一〇〇	清王梓材（一七九二—一八五一）		臺北世界書局影印四明叢書本

續表

書名	簡名	卷數	作者	著成時代	板本
粵雅堂叢書本周官新義跋		一篇	清伍崇曜（一八一〇—一八六三）		清咸豐三年南海伍氏刊粵雅堂叢書本
四庫全書總目提要補正（補正周官新義提要）		一篇	清胡玉縉（一八五九—一九四〇）		一九六七年中國學典館復館籌備處排印本
經學源流考		八	清甘鵬雲（一八六一—一九四〇）	光緒四年	臺北維新書局影印清刻本
王荊公		二十二章	民國梁啓超（一八七三—一九二八）		臺灣中華書局鉛排本
經學通志		八篇	錢基博（一八八七—一九五七）		臺灣中華書局鉛排本
周官新義序		一篇	沈卓然	民國二十四年（一九三五）	臺北河洛圖書出版社影印王安石全集本周官新義卷首載
中國經學史		十二篇	馬宗霍（一八九七—一九七六）	民國二十五年（一九三五）	臺灣商務印書館鉛排本

謹案：右書凡八十二種，及參看明刊本周禮集説、周禮全經釋原及周禮傳周禮翼傳三種。余纂輯周禮新義佚文，與周禮新義攸關之王安石周禮論，及其評論，凡檢閱宋、元、明人文集三百餘種其中「論」、「雜著」部分、史籍、類書及宋、元人筆記等百餘種，又檢宋、元、明人之周禮學專著（含三禮學合著中之周禮）現存之全部及清人周禮學專著之少部分，間涉近人著作，亦加采擇，自彼編輯獲材料者，僅上列八十五書。唯已索檢而無獲之周禮學專著，亦應敘其目於下，以備續徵者參看，計有：

（a）宋黄裳周禮義二卷、載所著演山集，又此集又有周禮序一篇、雜説説周禮，皆已查考。俞庭椿周禮復古編一卷、易祓周官總義職方氏注一卷、殆即其周官總義三十卷中之一卷，別行自爲一書者。周必大周禮庖人講義一篇、編入其文忠集内。史浩周官講義存八卷、王炎周禮論一篇、在所著雙溪類稿。林希逸鬳齋考工記解二卷、朱申周禮句解十二卷、元吴澄周禮考註十五卷與（批點）考工記二卷、明王禕周官官名急就章一篇、在所著王忠文集。魏校周禮沿革傳四卷與官職會通一卷、在所著莊渠先生遺書中。陳鳳梧周禮合訓六卷、馮時可周禮筆記六卷、金瑶周禮述註六卷、郭正域批點考工記二卷、林兆珂考工記述註二卷、程明哲考工記纂注二卷、清萬斯大周官辨非一卷、某氏周官集註六卷、有劉寶楠手書題記。明李黼二禮集解、卷一至六周禮。元韓信同三禮圖説二卷、明劉績三禮圖四卷。

（b）專著又有散見於羣經説之中者，計爲：宋程頤伊川經説八卷、吕祖謙麗澤論説集録、卷四，門人集録其周禮説。唐仲友帝王經世圖譜十六卷、多周禮譜。李石方舟經説六卷、葉適習學紀言、卷七説周禮、儀禮二經。項安世項氏家説、卷五説經篇，多説周禮。金王若虚五經辨惑、在所著滹南遺老集中。宋黄榦六經講義、在勉齋集中。彭龜年訓蒙經解、在所著止堂集卷八。楊甲六經圖十卷、張文伯九經疑難存四卷、楊萬里六經論、在誠齋集，卷八四禮論。黄震黄氏日抄、讀禮日抄爲其中之一卷。明吴繼仕七經圖、梁斗輝十三經繹九卷——都三十九書。

又已檢儀禮、禮記及通禮之書，無有所輯，亦宜記目於下，計有：

宋司馬光書儀七卷、陳祥道禮書一五〇卷、鄭居中等政和五禮新儀二二〇卷、不全。鄭樵禮經奥旨一卷、朱熹儀禮經傳通解六十六卷、（明丘濬編）文公家禮儀節八卷及（清李光地輯）朱子禮纂十五卷、李如圭儀禮集釋三十卷與儀禮釋宫一卷、元吴澄儀禮逸經傳二卷與禮記纂言三十六卷與月令七十二候解、明季本讀禮儀圖六卷、黄佐泰泉鄉禮七卷、清徐乾學讀禮通考一二〇卷。——都十五書。

又諸人原有周禮專書，今未見，檢其文集，尚存該著之序者，兹亦特予表出，以便續訪全帙，計有：

宋林之奇拙齋文集、存周禮講義序一篇。宋陳傅良止齋集、存周禮説序一篇。明湛若水甘泉文集、存二禮經傳測序一篇。楊慎升菴集、存周官音詁序一篇。楊守陳楊文懿公文集、存三禮私抄序一篇。王樵方麓集。存周官私録序一篇。——都六書。

又後列諸家，考之經學史，或反安石周禮學，或以新義爲是，或因時代相近，或有周禮專著而今未見，爰求其所著書多爲文集，特加稽討，惜皆無所獲，簡記其目如下：

宋程顥程頤河南程氏遺書、蘇轍欒城集、陸佃陶山集與爾雅新義、胡寅斐然集與讀史管見與崇正辨、胡宏五峰集、王十朋梅溪集、劉荀明本釋、林光朝艾軒集、鄭樵夾漈遺稿、唐仲友説齋集、薛季宣浪語集、尤袤梁谿集、林亦之綱山集、包恢敝帚稾略、王奕玉斗山人集、謝枋得疊山集、熊禾勿軒集、喻良能香山集、馬廷鸞碧梧玩芳集，元吳師道吳禮部集、胡炳文石門集、汪克寬環谷集、梁寅石門集，明宋濂宋學士集、焦竑澹園集、郝敬山草堂集讀書通、王廷相浚川全集、黄潤玉海涵萬象、桑悦桑子庸言、韓邦奇啓蒙意見與苑洛集、唐順之荆川稗、陳仁錫八編經世類纂、朱升朱楓林集、舒芬梓溪文鈔、羅洪先念菴集、蕭𣂏勤齋集。——都四十書。

又文獻載宋、元人周禮學專著，尚約有宋人四十八書、元人六書，今皆佚，無從考索其内容，記數以俟博雅教我。

三經新義附録

程元敏　輯録

出版説明

程元敏先生之三經新義輯考彙評除對三經新義之佚文重加整理之外，復對三經新義之修纂過程及流傳影響予以考辨，成三經新義評論類輯、三經新義評論類輯補遺和三經新義板本與流傳三文作爲全書附録。今人欲全面瞭解三經新義，此三文頗有裨益。故此次王安石全集將此三文附於三經新義之後。特此説明。

目録

附録一　三經新義評論輯類……（六四五）
附録二　三經新義評論輯類補遺……（六九七）
附録三　三經新義板本與流傳……（七〇五）

附録一　三經新義評論輯類

前言

余既輯考王安石尚書新義、詩經新義兩書佚文與並世或後來學者對該兩書之評論，且將評文分别條附於兩書佚文下，或總附於兩書全書之後，復從有宋以迄民國人著作七十六種（書及論文，目見下）中考輯，又得他人綜論三經新義（即尚書新義、詩經新義及周禮新義）之文，類爲二十，凡百七十二條（除同條分别見於兩類或多類者三十二條，實得百四十五條），都三萬餘言。

所收評文，大略依資料著成時代，次其先後；復分别門類，藉觀學術流變，且便學者採擇。其同條評文内容，一類不能涵括者，則分别見收於兩類或多類，其法：祇録該條評文於某類之中，而於相關之他類中，則但列條目，且於此「目」下撮述此條評文之旨要，並注明「詳見某類某條」；既具分類精細之長，又免文字重複。評文條下皆詳注所據以輯收之資料之出處（某書或某文之某卷某頁與原書或原論文板本），用便覆按。偶有考證，一皆隨文附見；不更别爲小注，庶免兩檢之煩。

本編採收綜評三經新義之文所據之書及論文目，兹依本編採收先後爲序，備列於下：

續資治通鑑長編、吕氏童蒙訓、欒城遺言、嵩山集、龜山集、朱子語類、黄氏日抄、宋元學案、王荆公、宋元學案補遺、曲洧舊聞、老學菴筆記、箋注王荆文公詩、鶴林玉露、鮚埼亭集外編、四庫全書總目提要、王荆公年譜考略、經學歷史、王安石經學概論初稿（論文）、王安石政略、西溪集、（韓）南陽集、十駕齋養新録、却掃編、皇朝道學名臣言行外録、困學紀聞、王荆公年譜、宋代政教史、默堂文集、樂菴語録、嘉祐集、忠肅集、東坡外制集、西臺集、斐然集、東萊集、朱文公文集、桐江集、宋論、潛研堂文集、宋稗類鈔、三朝名臣言行録、元城語録解、四明尊堯集、靖康要録、宋史、（汪）文定集、御批歷代通鑑輯覽、孫公談圃、澠水燕談録（皇朝類苑載）、建炎以來繫年要録、捫蝨新話、皇宋中興兩朝聖政、密齋筆記、龍門子凝道記、中國經學史、蘆川歸來集、東坡志林、河南邵氏聞見後録、四朝名臣言行録别集、續明道雜志、拙齋文集、三朝名臣言行後録、東坡集、後山談叢、豫章文集、名臣碑傳琬琰集、文獻通考、經學源流考、王安石評傳、浄德集、莊簡集、四朝聞見録、通鑑長編紀事本末、尚書全解、王安石。——凡書七十五部、論文一篇。

另本編據以考證之書，則有：

文昌雜録、臨川集、（黄）豫章集、東都事略、宋史。——凡五書。

一、總類

（一）宋李燾續資治通鑑長編：「余中、……朱服、……邵剛、……葉唐懿、……葉杕、……練亨甫，……並充國子監修撰經義所檢討。上初疑杕等未稱職，王安石曰：『今乏人檢討文字，若修撰即自責成呂惠卿。』上乃許之。」（卷二四四，頁八，繫熙寧六年四月十九日壬辰下，臺北世界書局影印本［新定本，有拾補］。）

（二）宋御史中丞蔡承禧熙寧八年十月初二日庚寅曰：「陛下令（呂惠卿）撰經義，惠卿豈不知其弟升卿之不才，不可以當此，苟欲其弟夤緣以得美官，即令撰進。敏案：謂詩序義解。其文之紕繆，不可以言，臣別有疏論列。敏案：承禧論呂升卿詩序義解疏，今未見。」（載宋李燾續資治通鑑長編卷二六九，頁六。）

（三）宋蹇序辰紹聖四年七月十三日甲子曰：「按：（蔡）肇本從王安石學，及元祐間，羣姦用事，凡安石所論著建立，悉遭詆毀。肇於此時，不能守節顧義，遂附會軾、轍，忘其舊學。」（載宋李燾續資治通鑑長編卷四八九，頁十三。）

（四）宋呂本中曰：「滎陽公（呂希哲）嘗說，王介甫解經，皆隨文生義，更無含蓄。學者讀之，更無可以消詳處，更無可以致思量處。」（呂氏童蒙訓卷中，頁六，昌平叢書本。）

（五）宋蘇籀編欒城遺言曰：「公（蘇轍）讀新經義，曰：『乾纏了濕纏，做殺也不好。』謂介甫曰：『色取仁而行違，居之不疑，乃仲尼所謂「聞者」也。』」（頁六—七，百川學海本。）

（六）宋吕本中曰：「（陳瓘）又説，學者非特習於誦數，發於文章而已，將以學古人之所爲也。自荆公之學興，此道壞矣。」（吕氏童蒙訓卷下，頁二一。）

（七）宋晁説之元符三年四月十九日乙卯奏議曰：「臣頃爲蔡州學官，王安禮爲臣言，神宗皇帝天度高遠，常患三經義未副其意，宣諭異日當别刊修。則今日承學之士于三經義兢兢惟謹，不敢低昂一語者，未必當神宗之意也。況三經義行之數年後，王安石乃自列其説之非是者，奏請刊去，不知古人設諸日月不刊之書，其如是乎？如其歲歲改易不已，則學者無乃徒費年月乎？若夫神宗患當時文章不足用，至于再三，而思得人，則又中外之所著聞也。」（嵩山集卷一，頁三八—三九，臺灣商務印書館影印四部叢刊續編本。）

（八）宋楊時紹興四年曰：「某近著三經義辨，正王氏之學繆戾處方就，俟脱藁納去取正左右，庶可傳後學也。」（龜山集卷二十，頁十九答胡康侯其十四書，臺灣商務印書館影印四庫全書珍本四集本。）

（九）宋朱熹曰：「嘗見韓無咎説，高麗入貢時，神宗喻其進先秦古書；及進來，内有六經不曾焚者。神宗喜，即欲頒行天下。王介甫恐壞他新經，遂奏云：『真僞未可知，萬一刊行後，爲他所欺，豈不傳笑夷夏？』神宗遂止。本亦不傳。以某觀之，未必有是事。蓋招徠高麗時，介甫已不在相位。且神宗是甚次第剛明，設使所進，直有契于上心，亦豈介甫所能止之？又記文昌雜録中説，高麗所進孝經門原註：上下一二句，記未真。緯經，只是讖緯之書，必無進先秦古書之事。但嘗聞尤延之云：孟子『仁也者人也』章下，高麗本云『義也者，宜也；禮也者，履也；智也者，知也；信也者，實也。合而言之道也。』此説近是。」（朱子語類卷一三三，頁五一—六，李儒用慶元五年聞録，臺北正中書局影明覆刊宋本。敏案：宋龐元英文昌雜録［學津討原本］卷六，頁八—九記周顯德六年高麗遣使獻別敘孝經一卷、越五孝經新義八卷、皇靈孝經一卷、孝經雌圖三卷；殆皆緯書。文昌雜録且云：「熙寧中，王徽病，醫官馬世長往治之，歸得東觀漢記七册，彼亦自無完本。」）

（十）宋黃震曰：「進字説劄子、改三經誤字劄子，皆無義理。公自沉溺，罔覺耳。」（黄氏日抄卷六四，頁八讀文集六王荆公文，臺灣商務印書館影印四庫全書珍本二集本。）

（十一）清黃宗羲等宋元學案曰：「祝常……登進士第，王安石深器之。時有詔解三經義，先生屢出正義，反覆辯難之，遂忤安石，出令平陽。」（卷一，頁三十安定學案，臺北世界書局排印本。）

（十二）民國梁啓超曰：「熙、豐、元祐之間攻荆公，只攻其新法，未嘗攻其學術；後此洛、蜀分黨，其餘波及於臨川。楊時著三經義辯十卷，專攻三經新義；又爲書義辯疑一卷，專攻王雱（字元澤）。……元澤爲助公著經義之人，故攻公之學術者，必攻元澤，此亦當然，無足怪者。但悍然犯周官造言之刑，所謂小人而無忌憚者，不意講學大儒而爲之也。」（王荆公總頁一八四第十九章「荆公之家庭」，臺灣中華書局排印本。）

二、王安石經學淵源

（一）宋陳師錫與陳瑩中書曰：「安石之學，本出於刑名度數；性命道德之説，實生於不足。解經奥義，皆原出於鄭康成、孔穎達，旁取釋氏，表而出之。後學不考其本，因受其欺耳。」（清王梓材宋元學案補遺卷九八，頁五一—五二載，臺北世界書局影印四明叢書本。）

（二）宋朱弁曰：「本朝談經術，始於王軫大卿，著五朝春秋行於世。其經術傳賈文元，□文元其家壻也。荆公作神道碑略云此一事。介甫經術，實文元發之，而世莫有知者。當時在館閣談經術，雖王公大人莫敢與争鋒，惟劉原父兄弟不肯少屈。東坡祭原父文特載其事，有『大言滔天，詭論滅世』之語，祭文宣和以來始得傳於世。」（曲洧舊聞卷二，頁八—九，知不足齋叢書本。）敏案：臨川集卷八七賈魏公神道碑記賈昌朝著春秋要論十卷，其夫人爲王軫之女，第未明言昌朝經術傳自軫，亦不載「王介甫經術，自文元發之」。）

（三）宋陸游曰：「先左丞言：『荆公有詩正義一部，朝夕不離手，字太半不可辨。世謂荆公忽先儒之説，殆不然也。』」（老學菴筆記卷一，頁七，稗海本。）

（四）宋朱熹等評王安石説經多出先儒。（詳見六、「三經新義援異端入注」類第二十五條。）

（五）宋李壁曰：「元祐史官謂，慶曆前學者尚文詞，多守章句注疏之學，至敞始異諸儒之説，後王安石修經義，盖本於敞，如『伊尹相湯伐桀，升自陑』之説之類，經義多勦取之。史官之言，良不誣也。此據楊時龜山説，今附此。」（箋註王荆文公詩卷四三，頁四「經局感言」注，臺北廣文書局影印元刊本。）

（六）宋羅大經曰：「荆公少年，不可一世士，獨懷刺候濂溪，三及門而三辭焉，荆公恚曰：『吾獨不可自求之六經乎？』乃不復見。」（鶴林玉露卷十五，頁八，稗海本。）

（七）清全祖望曰：「荆公解經，最有孔、鄭諸公家法，言簡意核，惟其牽纏於字説者，不無穿鑿；是固荆公一生學術之祕，不自知其爲累也。」（鮚埼亭集外編卷二三，頁六荆公周禮新義題詞，商務印書館四部叢刊本。）

（八）清紀昀曰：「吴曾能改齋漫録曰：『慶曆以前，多尊章句註疏之學，至劉原甫爲七經小傳，始異諸儒之説。王荆公修經義，蓋本於原甫。原註：讀書志亦載此文，以爲元祐史官之説。』晁公武讀書志亦證以所説『湯伐桀，升自陑』之類，與新義同，爲王安石勦取敞説之證。……其（劉敞）説亦往往穿鑿，與安石相同，故流俗傳聞，致遭斯謗。然考所著弟子記，排斥安石，不一而足，實與新學介然異趣。且安石剛愎，亦非肯步趨於敞者。……謂安石之學由於敞，則竊鈇之疑矣。」（四庫全書總目提要卷三三，頁八—九七經小傳三卷下，臺北藝文印書館影印清同、光間刻本。）

（九）清蔡上翔王荆公年譜考略曰：「度正撰周濂溪年譜：『……據唐氏左編邢恕云：「茂叔聞道甚蚤。王安石爲江東提點刑獄時，已號爲通儒。茂叔遇之，與語連日夜，安石精思至忘寢食。」』是此語實始於邢恕，而度氏特從而采之。恕亦程門弟子也。……真西山書荆公推命對後曰：『荆公之學問源流，不得而考，然於濂溪周子，蓋嘗接其餘論。退而思之，至寢忘食〔二〕，不可不謂其不嘗親有道者。而考其生平之言，無一與周子合，亦獨何哉？』真氏蓋本之年譜所載，而詬厲又加甚焉者也。羅景綸（大經）鶴林玉露（卷十五）曰：『荆公少年，不可一世士，獨懷刺候濂溪，三及門而三辭焉，荆公恚曰：「吾獨不可自求之六經乎？」乃不復見。』嗚呼！一以

〔二〕按，「寢」、「忘」二字當乙轉。

爲不見，一以爲既見，是何其言之異也？……吾竊以爲二子之言皆妄也。……。」（總頁一三六，臺北洪氏出版社據排印本影印本。）

（十）清皮錫瑞曰：「宋劉敞、王安石諸儒，其先皆嘗潛心注疏，故能辨其得失。」（經學歷史頁二六五經學積衰時代，臺北藝文印書館據排印本影印本。）

（十一）民國徐振亞民國二十四年曰：「四庫總目提要則力辨其誣，謂：『其説（亦）往往穿鑿至則竊鈇之疑矣。』是則荆公之學，係出自當時環境，非淵源於劉敞明矣。」（王安石經學概論初稿「溯源第一」，載學藝雜誌第十四卷七號，民國二十四年九月出版。）

（十二）民國熊公哲曰：「……于此有不可不注意之一事焉，即三經新義是也，此亦介甫變易士習之大端，而諸賢之所動色而争也。……劉更生申詩義，固嘗有新序之文矣，而……以意逆志，籀經中之義藴而發揮之，其後如王肅、王弼，號爲篤守古學，然實雜以新意。介甫之新義，亦所謂以意逆志者也。熊氏原注：按介甫新義，多取于劉敞七經小傳。蓋自慶曆後，諸儒務以發明經旨爲事，不復拘守漢、唐傳注。困學紀聞及能改齋漫録皆言慶曆以上談經者守訓詁，自七經小傳、三經新義出，而稍尚新奇，此經學上一大變革也。」（王安石政略卷四，總頁一三六——一三七興建學校釐革貢舉之政策下——選舉，臺灣商務印書館影印人人文庫本。）

三、王安石之經術

（一）宋沈遘撰三司度支判官祠部員外郎直集賢院同脩起居注王安石可刑部員外郎餘如故制：「惟爾安石，經明行修，秉君子之節材劇志，大通聖人之方，信其可以任重而致遠。」（西溪集卷六，總頁四八—四九，臺灣商務印書館影印四部叢刊續編本。）

（二）宋韓維撰除王安石制曰：「具官王安石……惟民式瞻，實朕攸倚。刺六經而考制，允協厥中。」（南陽集卷十五，頁八—九，臺灣商務印書館影印四庫全書珍本二集本。）

（三）宋韓維撰工部郎中知制誥王安石可舊官服闋制：「具官某，學通經術，行應法義。」（南陽集卷十六，頁十。）

（四）明應雲鸑謂王安石學本經術，才弘經濟，而文章與韓、歐等共爲七大家。（詳見二十、「王安石解經之文章」類第二條。）

（五）清錢大昕曰：「王安石與子雱，皆以經術進，當時頌美者多以爲周、孔，或曰孔、孟，范鏜爲太學正，獻詩云：『文章雙孔子，術業兩周公。』安石大喜，曰：『此人知我父子。』原註：「見李壁注王詩。」雱死，安石題其祠堂云：『斯文實有寄，天豈偶生才？一日鳳鳥去，千秋梁木摧。』是真以孔聖比其子矣。……」（十駕齋養新録卷七，總頁一六〇「王安石狂妄」條，臺灣商務印書館國學基本叢書本。)

四、王安石説經棄舊務新

(一)宋晁説之曰:「貞觀中,詔脩五經正義成,用以取士,而兩漢以來諸儒之説存而傳者,十不二三。逮今新義之行於有司,所謂二三之傳者,亦不知何在矣。可不惜哉!」(嵩山集卷十三,頁二三「儒言棄舊」條。)

(二)宋王闢之評王學末流務爲新奇。(詳見九、「關於三經新義『穿鑿附會』」類第五條。)

(三)宋王居正評王安石説經務爲新奇。(詳見十三、「三經新義與字説相牴牾」類第一條。)

(四)宋徐度曰:「方王氏之學盛時,士大夫讀書求義理,率務新奇。然用意太過,往往反失於鑿。有稱老杜禹廟詩最工者,或問之,對曰:『「空庭垂橘柚」,厥包橘柚錫貢也。「古屋畫龍蛇」,謂驅龍蛇而放之菹也。』此皆著禹之功也,得不謂之工乎?」(却掃編卷中,頁六—七,學津討原本。)

(五)宋吕祖謙曰:「……前輩之守注、疏,如此其嚴。至王荆公始以注、疏不可用,作三經說，令天下非從三經者不預選。」（熊公哲王安石政略卷四，總頁一四一興建學校釐革貢舉之政策下——選舉引。）

（六）宋劉清之常歎曰：「介甫不憑注、疏，欲修聖人之經；不憑今之法令，欲新天下之法，可謂知務。第出於己者，反不逮舊，故上誤裕陵，以至于今。後之君子，必不安於註、疏之學，不必局於法令之文。此二者既正，則人才自出，治道自舉。」（載宋李幼武纂集皇朝道學名臣言行外録卷十四，頁六，臺北文海出版社影印本。）

（七）宋王應麟曰：「自漢儒至於慶曆間，談經者，守訓故而不鑿。七經小傳出，而稍尚新奇矣；至三經新義行，視漢儒之學若土梗。古之講經者，執卷而口說，未嘗有講義；元豐間，陸農師在經筵，始進講義。自時厥後，上而經筵，下而學校，皆爲支流曼衍之詞，說者徒以資口耳，聽者不復相問難，道愈散而習愈薄矣。陸務觀曰：『唐及國初，學者不敢議孔安國、鄭康成，況聖人乎？自慶曆後，諸儒發明經旨，非前人所及，然排繫辭，毁周禮，疑孟子，譏書之胤征、顧命，黜詩之序，不難於疑經，況傳注乎？』斯言可以箴談經者之膏肓。」（困學紀聞卷八，總頁七七四「經說」門，臺灣商務印書館國學基本叢書本。）

（八）清李紱曰：「荆公父子著三經新義，糠粃百家，盡廢先儒之說，黜春秋不得列學官，目爲斷爛朝報，其非聖無法甚矣。」（載清顧棟高王荆公年譜卷下，頁三十引，求恕齋叢書本。）

（九）清紀昀曰：「蓋（陳）祥道與陸佃皆王安石客。原註：案祥道爲王安石之徒，見晁公武讀書志祥道「論語解」條下。安石説經，既創造新義，務異先儒，故祥道與陸佃排斥舊説。」（四庫全書總目提要卷二二，頁十二經部禮類四「陳祥道禮書一百五十卷」下。）

（十）民國徐振亞民國二十四年曰：「……疑古之風既熾，治學之道乃新，勢所必然。荆公生丁斯會，承其時蔽，於經則有易解二十卷、洪範傳一卷、詩經新義三十卷、禮記要義二卷、孝經義一卷、論語解十卷、孟子解十卷、周禮新義二十二卷。徐氏自註：「酌取宋元學案新學略馮雲濠案語、四庫總目提要。」……皆隨文生意，不落漢、唐窠臼，何焯比之王弼。徐氏原註：「見困學紀聞卷一易王介甫易義翁註。」」（王安石經學概論初稿「溯源第一」，載學藝雜誌十四卷七號。）

（十一）劉伯驥曰：「王氏新經義，捨棄向來相傳之訓詁，力破傳統，而用己意解釋，刺激學術界極大。自王氏之學興，學者偃然以學術自高。」（宋代政教史總頁一一七四，第五章學藝（一），丁、王學解經，臺灣中華書局鉛排本。）

五、王安石解經不見道

（一）宋楊時元祐元年曰：「朝廷議更科舉，遂廢王氏之學。敏案：未嘗詔廢，楊時誇大其辭。往往前輩喜攻其非，然而真知其非者或寡矣。某嘗謂，王金陵力學而不知道，妄以私智曲説眩瞀學者耳目，天下共守之非一日也。今將盡革前習，奪其所守，吾畏學者失其故步，將有匍匐不歸者矣！」（龜山集卷十七，頁一—二答吴國華。）

（二）宋楊時評王安石説經不知道。（詳見六、「三經新義援異端入注」類第五條。）

（三）宋陳淵曰：「以此兩書敏案：謂楊時與給事之書及答蕭子莊書。之詞觀之，則三經義辨用之於王氏，豈無意乎？又豈止爲解釋文義之不當，遂欲求勝乎？誠以道術所在，萬世所待以開明者，不可闕耳！今墓志所書，止引朱子發奏疏云『所著三經義辨有益學者』。某之愚見，更欲少賜提掇之，庶幾不與末篇所謂『凡訓釋論撰同爲空言也』如何如何。」（默堂文集卷十七，頁六—七三經義辨止載朱公有益學者之詞，商務印書館四部叢刊三編本。）

（四）宋陳淵與黄用和宗傳曰：「昨朱文言於朝廷，遂蒙宣索三經義辨。既進御，久之，却付秘府收藏。正論未明，學者頗以爲疑，未知他日更有施行否？此書行不行，繫道之存亡，故欲及今傳授以幸天下。若曰爲解釋文義與王氏争當否而已，失其本意矣。頃嘗作書與臨安諸公，反復論此，自愧言輕。近得德久來音，謂獨嘗與吾友論之，他人或不知也，不審亦以僕之所言爲然否？無由請教，臨風但增悵仰。」（默堂文集卷十九，頁十四。）

（五）宋龔昱曰：「王荆公讀盡天下書，只是不曾見道。」（樂菴語録卷四，頁四—五，臺灣商務印書館影印四庫全書珍本别輯本。）

（六）宋朱熹評王安石之學爲不知道。（詳見六、「三經新義援異端入注類」第二十四條。）

（七）宋朱熹曰：「王氏之學都不成物事，人却偏要去學。」（朱子語類卷一三〇，頁六。）

六、三經新義援異端入注

（一）題宋蘇洵辨姦論曰：「今有人，口誦孔、老之言，身履夷、齊之行。收召好名之士、不得志之人，相與造作言語，私立名字，以爲顔淵、孟軻復出，而陰賊險狠與人異趣。……夫面垢不忘洗，衣垢不忘澣，此人之至情也。今也不然，衣臣虜之衣，食犬彘之食，囚首喪面，而談詩、書，此其情也哉！凡事之不近人情者，鮮不爲大姦慝，豎刁、易牙、開方是也。……」（嘉祐集卷十一，頁九，三蘇合集本。）

（二）宋劉摯元祐元年閏二月曰：「今之治經，以應科舉，則與古異矣。以陰陽性命爲之説，以泛濫荒誕爲之辭，專誦熙寧所頒新經、字説，而佐以莊、列、佛氏之書，不可詰之論，争相夸高。」（忠肅集卷四，頁二一論取士并乞復賢良科，臺灣商務印書館影印四庫全書珍本别輯本。）

（三）宋司馬光元祐元年三月曰：「王安石不當以一家私學欲掩蓋先儒，令天下學官講解及科場程試同己者取，異己者黜，使聖人坦明之言，轉而陷於奇僻；先王中正之道，流而入於異端。」（載宋李燾續資治通鑑長編卷三七一，頁六。）

（四）宋蘇軾元祐元年四月撰王安石贈太傅制曰：「具官王安石，少學孔、孟，晚師瞿、聃，罔羅六藝之遺文，斷以己意；糠粃百家之陳迹，作新斯人。」（東坡外制集卷上，頁七，臺灣中華書局四部備要本。）

（五）宋楊時元祐元年曰：「某於程氏之門，所謂過其藩而未入其域者也，安敢自附爲黨與，以攻王氏之學？夫王氏之學，其失在人耳目，誠不待攻，而攻之者，亦何罪耶？……某自惟淺陋，不足取合於世，故未敢輒出所有告語於人，以取譏訕。竊謂於國華忝爲同道，故妄肆狂瞽，瀆聞乎左右，非敢攻人之惡，蓋欲審其是非，以觀朋友之合否耳。然前書所論，謂王氏不知道而已；語人不知道，即謂之攻人之惡，是必譽天下之人爲聖賢然後可也。自守所學，以排異端，即謂之立黨、尚氣相攻，是必無擇是非，一切雷同，然後可也。國華謂王氏固多不中理之言；言有不中理，皆不知道者也。由漢而來，爲傳註者多矣，其言之合道者，亦自過半，然不可果謂之知道者，以不中理者多故也。……國華謂知道與盡道者固異，又曰知道而未盡，則不能無惑，故王氏末年溺於釋、老，又爲字説，此爲大戾。夫知道者果有大戾乎？且王氏奉佛，至舍其所居以爲佛寺，其徒有爲僧者，則作詩以獎就其志，若有羡而不及者。夫佛、儒不兩立久矣，此是則彼非，此非則彼是。又佛之去中國，不知其幾千萬里，正孟子所謂鴃舌之人也，王氏乃不會其是非邪正，尊其人，師其道，是與陳良之徒無以異也，而謂知道者爲之乎？夫所貴乎知道者，謂其能别是非審邪正也；如是非邪正無所分辨，則亦烏在其知道哉！然以其博極羣書，某故謂其力學溺於異端以從佛法，某故謂其不知道。……且古人之於道，蓋有知之未盡、行之未至者，如燕人適越，至吴而止，則可謂行之而未至。觀越之都，望其郛郭城社，而未能究知宗廟之美，則可謂知越而未盡。若夫將適越而北其轅，則不可謂行之未至也；指吴爲越，則不可謂知之未盡也。今王氏所行，皆北其轅者也。尊佛、老爲聖人，是指吴爲越也，烏得謂知之未盡、行之未至耶？……以王氏之博物洽聞，某雖窮日夜之力以終身焉，不敢望其至也。若以知道如王氏而止，則某不敢與聞焉。」（龜山集卷十七，頁二—四與吴國華。）

（六）宋劉摯評王安石晚年溺於佛、老。（詳見九、「關於三經新義『穿鑿附會』」類第二條。）

（七）宋晁説之評王安石三經新義援佛、老、申、韓之説。（詳見十五、「制三經義欲以『一道德同風俗』」類第七條。）

（八）宋晁説之曰：「……是何前人惟故之尚如此，而今人乃新之急邪？若乃其新則有之，蓋贅之以釋、老，而鑿之以申、韓，塗人之耳目，而變易其心思爲己名譽之術，以發身富貴，則新之善矣。嗚呼！先儒之學，止於皇極大中之道，非釋、老、申、韓之清虛刻核、高絕而辨析，則何以爲新，而餌彼薄劣之欲邪？是特有害於其言而已乎！著於政事，吾民將不勝其弊，可不慎哉！或曰陸賈新語、賈誼新書、劉向新序、桓譚新論如之何？曰語之、書之、序之、論之可新也，義則未嘗新。」（嵩山集卷十四，頁十五恥新。）

（九）宋呂大防呂公著神道碑曰：「自熙寧四年始改科舉，罷詞賦等，用王安石經義以取士，又以釋氏之説解聖人之經。學者既不博觀羣書，無修詞屬文之意，或竊誦他人已成之書寫之以干進，由此科舉益輕而文詞之官漸艱其選。先帝以答高麗書不稱旨，故當時以爲言，議者欲以詩賦代經義。公著乃于經義之外益以詩賦，而先經義以盡多士之能。又禁有司不得以老、莊之書出題，而學者不得以申、韓、佛書爲説。」（載宋李燾續資治通鑑長編卷三九四，頁八元祐二年正月戊辰日記事原注引。）

（十）宋畢仲游曰：「……十餘年間，道之破碎益甚。治經者不問經旨之何如，而先爲附會之巧。一章之中有十意，一意之中有十説，至掇昔人之語言，以經相配；取其諧而不問其義理。……今熙寧之舉子，經旨不足以爲奇，反破五經之正論，而强納以佛、老之説；聖人之經旨，幾蕪没而不見。」（西臺集卷五，頁三—四經術詩賦取士議，臺灣商務印書館影印四庫全書珍本別輯本。）

（十一）宋楊時崇寧五年四至六月間曰：「説經義至不可踐履處，便非經義，若聖人之言，豈有人做不得處，學者所以不免求之釋、老，爲其有高明處。如六經中自有妙理，却不深思，只於平易中認了，皆不知聖人將妙理只於尋常事説了。」（龜山集卷十一，頁八語録，臺北學生書局影印清光緒刊本。）

（十二）宋陳師錫等謂王安石解經旁取釋氏。（詳見二、「王安石經學淵源」類第一條。）

（十三）宋陳瓘評王安石悦莊周之寓言。（詳見八、「三經新義分文析義」類第一條。）

（十四）宋胡寅撰追廢王安石配饗詔曰：「王安石……文飾姦説，附會聖經，名師帝王，實慕非、鞅，以聚斂爲仁術，以法律爲德政。」（斐然集卷十四，頁二七，商務印書館影印四庫全書珍本初集本。）

（十五）宋胡寅曰：「王安石以佛、老之似，亂周、孔之實，絶滅史學，倡説虛無，以同天下之習。其習既同，于今五十年，士以空言相高，而不適于實用。」（斐然集卷十六，頁二二上皇帝萬言書。）

（十六）宋王居正謂王安石説經宗尚佛、老。（詳見十三、「三經新義與字説相牴牾」類第一條。）

（十七）宋高宗曰：「安石之學，雜以霸道；取商鞅富國强兵。今日之禍，人徒知蔡京、王黼之罪，而不知天下之亂生於安石。」（宋呂祖謙東萊集卷九，頁五—六王居正行狀載，續金華叢書本。）

（十八）宋陳淵默堂文集「又論龜山墓志中事——攻王氏一章，行狀不載，墓志（敏案：宋胡安國撰，載龜山集卷首。）載之」曰：「公（楊時龜山）嘗爲某言：自佛入中國，聰明辯智之士多爲其所惑，鮮不從者……如王荆公晚年深取其言，自謂已知之，而知有不盡：此非同乎流俗也，蓋其於儒者之道未嘗深造，故溺焉而不自悟耳，是以爲世大害。……某於明道先生哀詞中論世儒之學云：『物我異辨，天人殊觀，中庸高明之學析而爲二，而道因以不行矣。』（敏案：龜山集卷二八哀明道先生文中，未見上述廿五字。）雖王氏復生，不能以口舌解也。其道不然也如此。……故淵嘗竊謂龜山諫省所論王氏一章，正其名爲『邪説』是矣。……」（卷十七，頁六。）

（十九）宋陳淵答廖用中正言曰：「王氏之學，既已膠固入人心髓，不可解矣，而世無大人先生以道自任開迪而訓誘之，又無縉紳大臣以天下後世爲心排斥而禁止之，其人往往隨時所尚以徼利達，口談祖宗之美，而實倍先聖之道者充塞海内，恬無忌憚。間又以邪説自文其誤，以謂輕死節而外美名，吾慮不如莊周；重一身而忘天下，吾慮不如楊朱；同善惡滅禮樂，吾慮不如老聃；樂閒曠避世患，吾慮不如佛之徒：凡此，皆發於王氏，而成於偷安徇利之俗，故天下靡靡日入於衰薄亂亡而不悟。……蓋禍本起於王氏，而今之士大夫皆其末流所教養而成就者也。

以禍易禍，其爲不可亦明矣。故王氏之學，其本不去，去而又不能絶，天下不可爲也。」（默堂文集卷十六，頁十—十一。）

（二十）宋陳淵紹興八年九月曰：「……清虚懲之，遂來釋氏。晉促其祚，梁遽以亡。有好弗稽，復張於唐，韓公憤然，欲火其書；積習既深，弊終弗除。宋興百年，此蠹仍在。衆正彙升，羣邪冰解。訖於荆舒（敏案：王安石封荆國公，又封舒王），謂得其要，引聃援瞿，鑿經談妙。末流滔天，正塗孔堙。帝閔其然，是興二程，天下靡間，内外兩盡，體極無始，而有感應。王氏未衰，此道已行，發其幽光，元祐之仁。」（默堂文集卷二一，頁十祭胡寶學文。）

（二十一）宋胡寅紹興二十四年三月初一日甲寅曰：「自古誓言之法，必觀其事。王氏宗派，效於紹聖、元符、崇、觀、政、宣已來，夫何可掩？試舉其大者，則纘瞿、聃虚空之緒，亂鄒、魯禮義之實；談二帝、三皇之治，濟申、商、韓非之政；……指豐亨盛大之象，肆窮奢極侈之欲；……背違先聖，操心不仁，而精于經義、字説，立乎本朝，據權斷論之大驗也。」（斐然集卷十九，頁二五—二六魯語詳説序。）

（二十二）宋胡寅曰：「自臨川王氏以二教之似亂周、孔之實，天下靡然化之，判心迹，二言行，臨難忘義，見得忘恥，高言大論，詆訾名教。」（斐然集卷十七，頁二寄秦會之。）

（二十三）宋朱熹曰：「至於王氏、蘇氏，則皆以佛、老爲聖人，既不純乎儒者之學矣，原註：

非惡其如此，特於此可驗其於吾儒之學無所得。而王氏支離穿鑿，尤無義味，至於甚者，幾類俳優，本不足以惑衆，徒以一時取合人主，假利勢以行之，至於已甚。……蓋王氏之學，雖談空虛而無精彩，雖急功利而少機變，其極也，陋如薛昂之徒而已。」（朱文公文集卷三十，頁七—八答汪尚書，臺灣中華書局四部備要本。）

（二十四）宋朱熹曰：「王氏之學，正以其學不足以知道，而以老、釋之所謂道者爲道，是以改之而其弊反甚於前日耳。今病於末俗之好奇，而力主文義章句之學，意已稍偏；懲於豐、熙、崇、宣之禍，而以當時舊俗爲極盛至當而不可易，又似大過，且所以論王氏者，亦恐未爲切中其病也。」（朱文公文集卷三四，總頁五四四與東萊論白鹿書院記，臺灣商務印書館影印四部叢刊本。）

（二十五）宋朱熹曰：「閑樂（陳師錫）此書之指，所以罪狀安石者，至深切矣，然考其事不過數條，若曰……學本出於刑名度數而不足於性命道德也，釋經奥義多出先儒而旁引釋氏也。是數條者，安石信無所逃其罪矣。然其所以受病之源，遺禍之本，則閑樂之言有所未及，而其所指以爲說者，亦自不能使人無可恨也。……若夫道德性命之與刑名度數，則其精粗本末雖若有間，然其相爲表裏，如影隨形，則又不可得而分別也。今謂安石之學，獨有得於刑名度數，而道德性命則爲有所不足，是不知其於此既有不足，則於彼也亦將何自而得其正耶？夫以佛、老之言爲妙道，而謂禮法事變爲粗迹，此正王氏之深蔽，今欲譏之，而不免反墮其説之中，則已誤矣，又況其於粗迹之謬可指而言者，蓋亦不可勝數，政恐未可輕以『有得』許之也。……若其釋經之病，則亦以自處太高而不能明理勝私之故，故於聖賢之言，既不能虚心静慮以求其立言之本意，於諸儒之同異，又不能反復詳密以辨其爲説之是非，但以己意穿鑿附麗，極其力之所通，而肆爲支蔓浮虚之説。至於天命人心，日用事物之所以然，既已不能反求諸身以驗其實，則一切舉而歸之於佛、老。及論先王之政，則又騁私意飾姦言，以爲違衆自用、剥民興利、斥逐忠賢、杜塞公論之地。唯其意有所忽而不以爲事者，則或苟因舊説而不暇擇其是非也。閑樂於此，乃不責其違本旨、棄舊説、惑異教、文姦言之罪，而徒譏其奥義多出鄭、孔，意若反病其不能盡黜先儒之説以自爲一家之言者，則又不能無恨者五也。……唯龜山楊氏指其離内外、判心迹，使道常無用於天下，而經世之務皆私智之鑿者，最爲近之。」（朱文公文集卷七十，頁八、十——十一讀兩陳諫議遺墨。）

（二十六）元方回曰：「荆公之學似管仲；管子書今行于世，其所以興利致富强之術，與先王之意相背馳如冰炭矣，而其言語議論，亦時出于先王之緒餘，觀之者以爲此先王之所爲也，而實則不然。荆公説七月之詩，論先王之治，如指諸掌，然卒亂天下者何也？其少也，以文章學問知名，未必有自任治天下之意。文章學問之名既盛，位日以高，主眷日隆，于是一旦以其意治天下，而文之以先王之言，于道理規模，寔未有真見，非若管仲猶有所見于一二也。……荆公之書，往往可觀，勝于管仲，今天下亦不甚宗之。然前輩鉅公，不以其行事廢其立言，或猶有味其説焉，是重可嘆也。管仲明知王、伯之異，急于立功救時，故託王之名，行伯之實，伯功成而王道衰，開天下後世功利之習自管仲始。……荆公者，其心灼然以爲王者之治止于吾所爲，其聚斂也，其用兵也，其疏君子進小人也，自以爲此皆王道也，聖人亦不過如是，則其所見又出管仲下矣。荆公者，尚不識王、伯之分者也。」（桐江集卷二，總頁一四七—一四九讀王荆公詩説跋，臺灣圖書館影印鈔本。）

（二十七）明宋濂評王安石竊佛、老之義以附經。（詳見九、「關於三經新義『穿鑿附會』」類第二十一條。）

（二十八）清王夫之曰：「（王安石）毀先聖之遺書，而崇佛、老也。怨及同産兄弟（殆謂安石弟安國），而授人之排之也。」（宋論卷六，總頁一〇一，臺北文星書店影印本。）

（二十九）清蔡上翔曰：「此敏案：謂蘇軾撰王安石贈太傅制。皆蘇子由中之言，洵爲王公没世之光。『晚師瞿、聃』一語，似不必有。公以經術自命，終生未之有易。蘇、黄二公所著，尤喜説佛，若以此爲定評，不知二公所以自爲又何以云也。」（王荆公年譜考略卷二四，總頁三二四。）

（三十）清錢大昕曰：「予嘗論安石之學，出於商鞅，而鞅之法專而一，安石之法緐而紛，則才已不逮。鞅自言其治之不如三代，而安石藉口講學，動必稱先王，以揜其言利之名，則鞅猶不若是之詐也。此所以敗壞决裂，不如鞅之尚有小效也。范純仁申中書狀，謂其揜堯、舜知人安民之道，講五伯富國强兵之術，尚法令則稱商鞅，言財利則背孟軻。蓋切中安石之病。後之人重其文辭，因欲末減其誤國之罪，如公議何？」（潛研堂文集卷二，總頁三十王安石論，臺灣商務印書館國學基本叢書本。）

七、關於三經新義「邪説害正」

（一）清潘永因編宋稗類鈔曰：「文潞公坐客，有言新義極迂怪者，公笑不答；久之，曰：『頗嘗記明皇坐勤政樓上，見釘鉸者，上呼曰：「朕有一破損平天冠，汝能釘鉸否？」此人既爲完之，上曰：「朕無用此冠，以與汝爲工直。」其人惶恐謝罪，上曰：「俟夜深閉門後獨自戴，甚無害也。」』」（卷六，頁四四，臺北廣文書局影印本。）

（二）宋朱熹編三朝名臣言行録載曰：「先公言，荆公笑道原耽史而不窮經，相見必戲之曰：『道原讀到漢八年未？』而道原歷詆荆公之學，士子有談新經者，道原怒形於色曰：『此人口出妖言，面帶妖氣。』范太史遺事」（卷十四，頁五，臺北文海出版社影印清刊本。）

（三）宋劉安世元城語録解曰：「先生（劉安世）曰：『止如「曰若稽古」字……不知近日士人如何解？』僕（馬永卿）因舉新經以對。先生曰：『此非金陵説乎？非但金陵之説非，而孔氏之説亦非也。』……先生因言及王荆公學問……曰：『金陵亦非常人，其操行與老先生略同。』先生呼温公則曰『老先生』，呼荆公則曰『金陵』：其質朴儉素，終身好學，不以官職爲意，是所同也。但學有邪正，各欲行其所學爾。」（卷上，頁二一—三，臺北藝文印書館影印百部叢書本，宋馬永卿輯、明王崇慶解。）

（四）宋楊時政和元年七月至十月曰：「孟子言『大人正己而物正』，荆公却云『正己而不期于正物，則無義；正己而必期於正物，則無名。』若如所論，孟子自當言『正己以正物』，不應言『正己而物正』矣。物正，物自正也；大人只知正己而已，若物之正，何可必乎？惟能正己，物自然正，此乃『篤恭而天下平』之意。荆公之學，本不知此。」（龜山集卷十三，頁二十一—二二，臺北學生書局影印清光緒刊本。）

（五）宋陳瓘政和元年曰：「（王）雱假詩、書以文其姦，安石託聖訓以肆其詆。三經、日録誣僞相應。蓋雱以易壞之語誣薄成王，所以甚明其聖忠而不可疑也。安石自聖，遂以其悖詐之身僭比周公，而以含糊不分明之語上詆先烈者，不可一一數。繼志述事，事忘追遠；三經包藏之説，日録誣訕之言，其亦忍聞之乎？向使安石不著日録，則私意之在三經及他書者，未盡路也。今日三經、日録前唱後應，枝葉粲然，非無文義，而大理舛逆，奸名犯教。習用其説者，終爲身害。」（四明尊堯集卷四，頁二七—二八，明蕭甫重刊本。）

（六）宋陳瓘政和三年曰：「漢詔公卿子弟爲郎，以補宦官之職，侍於殿上，當時謀者正謂其人都不可聽，故欲以此而代彼也。新經義既取其説，而日録又欲變亂舊規，自以爲此乃宗廟社稷久長之計。嗚呼！……自有經義以來，凡三十餘年，而王氏學術始見窟穴，計謀秘奥，包藏深遠。章惇不知也，蔡京雖凶果敢行，而亦不能深察其謀。主此謀者，蔡卞而已矣。（蹇）序辰、（鄧）洵武，其腹心也，陰挾計數，用新經、日録之術穽人於談笑之中，陷人於簡册之内，使人習之而不覺，信之而不疑，積日累年，然後令人大悔恨也。」（四明尊堯集卷一，頁八。）

（七）宋楊時靖康元年五月初三日戊辰曰：「臣謹按：安石挾管、商之術，飾六藝以文奸言，變亂祖宗法度。……其著爲邪説，以塗學者耳目，敗壞其心術者，不可屢數。姑即其爲今日之害尤甚者一二以明之，則其爲邪説可見矣。……臣伏望睿旨，斷王安石學術之謬……使邪説淫亂，不爲學者之惑，實天下萬世之幸。」（載宋某氏靖康要録卷六，總頁一一五—一一六，商務印書館叢書集成初編本。）

（八）宋陳過庭靖康元年五月初五日庚午曰：「五經之訓，義理淵微，後人所見不同；或是或否，諸家所不能免也。是者必指爲正論，非者必指爲邪説，此乃近世一偏之辭，違萬世之通論。……祭酒楊時，矯枉太過，復論王氏爲邪説，此又非也。」（載宋某氏靖康要録卷六，總頁一一七一—一一八。）

（九）宋馮澥靖康元年五月初十月乙亥曰：「若言者以安石之説爲邪説，則過矣。安石之釋經，固不能無失也。夫孟子所謂息邪説者，謂楊朱、墨翟之言，若以安石之言便同楊、墨之言爲邪説，則復當禁之，此所以起學者之謗，而致爲紛紛也。」（載宋某氏靖康要録卷六，總頁一一二六。）

（十）宋楊時曰（約當紹興四年七、八月）：「老朽文思衰落，重蒙以殿記（敏案：指浦城縣重建文宣王廟記，見龜山集卷二四，頁六—八）見屬，不欲固違厚意，辭鄙意陋，不足以傳遠，徒負愧耳。向在諫垣，嘗論王氏之失，敏案：事在靖康元年五月三日，見靖康要録。太學諸生安於所習，閧然羣起而非之。賴君相之明，卒從之。今雖有定論，學者真知其非者或寡矣。屏居投閑，因摭三經義辨敏案：「辨」字疑衍。有害理處是正之，以示後學，文字多，未暇録去，俟小子早晚帶行過仙邑，可一覽也。」（龜山集卷二一，頁十四答蕭子莊，臺北學生書局影印清光緒刊本。）

（十一）宋楊時紹興四年曰：「三經義辨已成書，俟脱藁即附去以求參訂也。……荆公……所論多邪説，取怨於其徒多矣，此三經義辨蓋不得已也。」（答胡康侯其九、其十一書，龜山集卷二十，頁十六。）

（十二）宋楊時紹興四年曰：「近因閲三經義，見有害義理處，略爲之著論，以正王氏之失。蓋嘗論之於朝……後生晚學未必知其非也。姑欲終此一事，書成未脱稿，欵曲當録以納去，取正左右，庶可傳達也。」（龜山集卷二十，頁十七答胡康侯其十一書。）

（十三）宋楊時曰：「昔王荆公以邪説暴行禍天下三十有餘年，余備位諫省論之……太學諸生薰陶王氏之學久矣，鬨然羣起而非之。賴君相之明，卒從其議。今諸公之言，是非已有定論，則余之言可以傳信矣。」（龜山集卷二六，頁十六—十七題諸公邪説論後。）

（十四）宋陳公輔紹興六年曰：「議者尚謂安石政事雖不善，學術尚可取。臣謂安石學術之不善，尤甚於政事；政事害人才，學術害人心。三經、字説詆誣聖人，破碎大道，非一端也。」（載元托克托宋史卷三七九，陳公輔本傳，臺北藝文印書館影印清武英殿刊本。）

（十五）宋陳淵等論王安石邪説害道。（詳見六、「三經新義援異端入注」類第十八條。）

（十六）宋汪應辰曰：「某連奉手誨，仰荷君子眷眷不忘之意，非言可謝。……安石邪説，一至于此，今其效彌可睹矣，而學者尚未知其然。自新制專尚經術，四方不知朝廷之意，遂謂欲復用安石之學——六經新義，其價倍貴，甚可嘆也。忠宣公（范純仁）決無他意，如平章之言，似亦太過；但其持論，專欲消合黨類，兼收並用，不知其勢亦有未易爲者。……劉道原、蘇子由皆疑周官，子由以爲非周公之全書則可；而道原詆之，過矣。自孟子時固已言諸侯惡其害己皆去其籍矣，則後世所傳，或非全書，但在慎擇之耳。不可盡廢，以爲不然也。晁以道力闢王安石，因安石之尊孟子也；併孟子而非之，不亦過乎？」（文定集卷十六，頁二三—二四與吕逢吉，武英殿聚珍版叢書本。）

（十七）宋朱熹曰：「王介甫三經義，固非聖人意，然猶使學者知所統一；不過專念本經，及看注解，而以其本注之説爲文辭，主司考其工拙，而定去留耳。豈若今之違經背義，恣爲奇説，而無所底止哉！當時神宗令介甫造三經義，意思本好，只是介甫之學不正，不足以發明聖意，爲可惜耳。」（朱子語類卷一〇九，頁三。）

（十八）宋朱熹曰：「自荆公諸人熙、豐間用事，新經、字説之類已壞了人心術。」（朱子語類卷一三二，頁五。）

（十九）清永城等編纂之御批歷代通鑑輯覽曰：「王安石以邪説陷溺人心，禍亂之來，豈無所自？」（卷八二，頁六，龔氏自印本。）

八、三經新義分文析義

（一）宋陳瓘政和元年曰：「（王）雱爲（王）安石畫像贊曰：『列聖垂教，參差不齊；集厥大成，光乎仲尼。』蔡卞書之，大刻于石，與雱所撰諸書經義並行于世。昔以答義應舉，析字談經，方務趨時，何敢立異？……據新經穿鑿之文，以畏憚不改爲非，以果斷變易爲是。按書定計，以使其兄當面贊成，退而竊喜。京且由之而不悟，他人豈測其用心？」（四明尊堯集序，頁六—七。）

（二）宋陳瓘政和三年曰：「雱謂安石，聖道過於仲尼；安石謂小人紛紛，獨賢其子。當是之時，臣以答義應舉，析字談經；患人事之難究，棄而不習。悦莊周之寓言，躋爲聖典。凡安石之身教，王雱之口學，臣皆以爲是也。」（四明尊堯集卷四，頁二九。）

（三）宋楊時曰：「嗚呼！今之士……類皆分文析字，屑屑於章句之末，甚者，廣記問，工言詞，欲誇多鬬靡而已，是烏用學爲哉！」（龜山集卷二五，頁二與陳傳道序，臺北學生書局影印清光緒刊本。）

（四）宋楊時曰：「熙寧更新法度，以經術造士，世儒妄以私智之鑿，分文析字，而枝辭蔓説亂經矣；假六藝之文以濟其申、商之術。一有戾己，則流放竄殛之刑隨其後。」（龜山集卷二四，頁六一南劍州陳諫議祠堂記。）

（五）宋胡寅曰：「臣父子對劄之中，嘗及淵聖嗣位日久而成效未見，宜考古訓以圖功績。若夫分章析句，牽制文義，無益于心術者，非帝王之學。」（斐然集卷十，頁五謝御札促召家君劄子。）

九、關於三經新義「穿鑿附會」

（一）宋孫升孫公談圃曰：「公曰：『荆公三經，學者以爲如何？』余曰：『荆公學尤邃於理，非後生所易知，故學者又爲穿鑿，所謂秦有司負秦法度也。』」（卷中，頁五，百川學海本。）

（二）宋劉摯元祐五年十二月曰：「元祐以來，摯在言路，及主政府，論安石政事，有所更者固不一，而未嘗詆其學；雖有穿鑿，而闡先儒之説亦多；天下公議，不可誣也；但晚年過在溺於釋、老、字説爾。蓋學者隨流泛濫，至於今日之弊，而言者多毀安石，豈安石之學本然哉！」（載宋李燾續資治通鑑長編卷四五三，頁七。）

（三）宋蘇軾謂王安石多思而喜鑿。（詳見十二、「王安石説經多變不定」類第一條。）

（四）宋晁説之謂三經新義溺於傅會穿鑿之論。（詳見十五、「制三經義欲以『一道德同風俗』」類第七條。）

（五）宋王闢之澠水燕談録曰：「荆國王文公以多聞博學爲世宗師……荆公治經尤尚解字，末流務爲新奇，浸成穿鑿。朝廷患之，詔學者兼用舊傳注，不專治新經，禁援引字解。」（載宋江少虞皇朝類苑卷六三，頁一，日本活字本。）

（六）宋畢仲游謂王安石治經附會。（詳見六、「三經新義援異端入注」類第十條。）

（七）宋陳瓘謂新經義穿鑿。（詳見八、「三經新義分文析義」類第一條。）

（八）宋吕本中曰：「（陳瓘）又説，凡欲解經，必先反諸其身而安，措之天下而可行，然後爲之説焉；縱未能盡聖人之心，亦庶幾矣。若不如是，雖辭辯通暢，亦未免乎鑿也。今有語人曰：『冬日飲水，夏日飲湯，何也？冬日陰在外，陽在内，陽在内則内熱，故令人思水；夏日陽在外，陰在内，陰在内則内寒，故令人思湯。』雖甚辯者不能破其説也。然反諸其身而不安也，措之天下而不可行也。嗚呼！學者能如是用心，豈曰小補之哉！」（吕氏童蒙訓卷下，頁二一。）

（九）宋馮澥謂三經新義有穿鑿太過之弊。（詳見十八、「關於三經新義『發明經旨』」類第三條。）

（十）宋楊時謂王安石安以私智穿鑿説經。（詳見八、「三經新義分文析義」類第四條。）

（十一）宋胡寅曰：「（余）既游庠序，方崇忌諱。肆諛諂，歌功頌德，陵跨唐、虞。或道史書及李、杜詩章『亂離』之句，則衆以『謗訕』操切之，纔二十年，川壅大決，睦盜猝興，勢摇嵩岱，然後信王氏學術不本于仁，穿穴碎破以召不仁之禍也。……今皇帝勇智中興，灼知禍敗之釁，本由王氏；以其所學迷誤天下，變亂憲章，得罪宗廟。」（斐然集卷十九，頁二一四—二一五魯語詳説序。）

（十二）元托克托宋史陳淵傳曰：「（紹興九年，）淵面對，因論程頤、王安石學術同異，上曰：『楊時之學，能宗孔、孟，其三經義辨甚當理。』淵曰：『楊時始宗安石，後得程顥師之，乃悟其非。』上曰：『以三經義解觀之，具見安石穿鑿。』淵曰：『穿鑿之過尚小，至於道之大原，安石無一不差。推行其學，遂爲大害。』上曰：『差者何謂？』淵曰：『聖學所傳，止有論、孟、中庸。論語主仁，中庸主誠，孟子主性。安石皆暗其原。……愛特仁之一端，而安石遂以愛爲仁。其言中庸，則謂中庸所以接人，高明所以處己。孟子七篇專發性善，而安石取楊雄善惡混之言，至於無善無惡，又溺於佛，其失性遠矣。』」（卷三七六。）

（十三）宋高宗紹興十二年六月二十二日癸未，因舉子上書乞用三經新義爲言者所論，而言曰：「六經所以經世務者，以其言皆天下之公也；若以私意妄説，豈能經世乎？王安石學雖博而多穿鑿以私意，不可用。」（載宋李心傳建炎以來繫年要録卷一四五，頁二三，臺灣商務印書館影印四庫全書珍本别輯本。）

（十四）宋陳善曰：「山谷嘗有和贈張文潛詩曰：『荆公六藝學，妙處端不朽。諸生用其短，頗復鑿户牖；譬如學捧心，初不悟己醜。玉石恐俱焚，公爲力則否？』元祐諸公惟此一人議論稱自近厚，可想見其遺風。」（捫蝨新話卷一，頁四—五「王荆公新法新經」條，津逮秘書本。黄庭堅豫章集，四部叢刊本，卷二，頁十六有奉和文潛贈無咎篇末多見及以既見君子云胡不喜爲韻即此詩，唯末句作「公爲區別不」。）

（十五）宋陳善曰：「予謂王氏之學率以一字一句較其同異。……迨其末流之弊，學者不勝異説。未論成湯、帝堯，且論『昔在』、『在昔』：諸所穿鑿，類皆如此。予竊不取。」（捫蝨新話卷一，頁三—四「王荆公説新經穿鑿」條。）

（十六）宋龔昱曰：「王氏之學離，伊川之學合。」（樂菴語録卷一，頁七。）

（十七）宋某氏皇宋中興兩朝聖政（繫宋孝宗淳熙五年三月）曰：「先是御史謝廓然言，近來掌文衡者，主王氏之説，則專尚穿鑿；……穿鑿之説興，則日趨於破碎。」（卷五六，頁二，臺北文海出版社影印宛委別藏影宋鈔本。）

（十八）宋朱熹謂王安石之學穿鑿支離。（詳見六、「三經新義援異端入注」類第二十三條。）

（十九）宋朱熹謂王安石釋經以己意穿鑿附麗。（詳見六、「三經新義援異端入注」類第二十五條。）

（二十）宋謝采伯曰：「荆公字説……此許慎説文解字也，但以之解六經、導後學，則穿鑿之論蠭起，豈大儒所爲也？」（密齋筆記卷一，頁十六，臺灣商務印書館影印四庫全書珍本別輯本。）

（二十一）明宋濂龍門子凝道記曰：「金陵之學何如？曰：穿鑿聖經，而附會己說，甚者，竊佛、老之似，以誣吾聖人之教，學顏、孟者固如是乎？又其甚者，一假功利以摇動天下，利源一開，魚爛河決而莫之禁。……曰：然則無一髮可取乎？曰：確執堅信，淡然不爲位勢動，是則何可及也？所惜者，學之疵耳。」（卷下，頁一，金華叢書本。）

（二十二）清全祖望謂王安石解經不無穿鑿。（詳見二、「王安石經學淵源」類第七條。）

（二十三）清紀昀謂王安石解經穿鑿，與劉敞同。（詳見二、「王安石經學淵源」類第八條。）

（二十四）徐振亞謂王安石解經精義勝先儒，不爲支離穿鑿之説。（詳見十八、「關於三經新義『發明經旨』」類第九條。）

（二十五）馬宗霍曰：「神宗時，王安石當國，其立於學官、頒之天下用以取士者，則王氏之新經義也。……解經多援字説爲訓詁，雖富新意，頗傷穿鑿。」（中國經學史頁一一七「宋之經學」，臺灣商務印書館排印本。）

十、王安石解經言語虚浮

（一）宋吕本中曰：「陳瑩中（瓘）説，學者非獨爲己而已也，將以爲人也。自王介甫解經，止尚高論，故使學者棄民絶物。管仲、晏嬰，霸者之佐一也。桓公殺公子糾，管仲不能死；有三歸、反坫，官事不攝，可謂違禮之極矣。崔杼弑君，晏子從容於其間，成禮而後去，可謂有節矣。然孔子之稱晏子，則曰『善與人交，久而敬之』而已。及稱管仲，則曰『如其仁，如其仁』，豈不以管仲功及天下，所濟者廣，而晏子獨養其身而已哉！」（呂氏童蒙訓卷下，頁十九。）

（二）宋朱弁曰：「……予與韓秉則正言論此，秉則曰：『道理之妙，當求於聖人之言。聖人之言具在，六經不可揜也……不知介甫所謂道理果安在？抑六經之外別有道理乎？東坡祭原父文云：「大言滔天，詭論滅世。」蓋指介甫也。介甫當時在流輩中，以經術自尊大，唯原父敢抑其鋒，故東坡特於祭文表之，以示後人。……』時坐客頗衆，莫不以秉則之言爲然。」（曲洧舊聞卷四，頁十一。）

（三）宋朱弁等評王安石說經大言詭論。（詳見二、「王安石經學淵源」類第二條。）

（四）宋陳善曰：「崇、觀三舍，一用王氏之學，及其弊也，文字語言習尚虚浮，千人一律。嘗見人說，當時京師優人有致語云：『伏惟體天法道皇帝，趨時立本相公，惟其所以秀才，和同天人之際、而使之無間者，禁人也。』于時觀者，莫不絶倒。蓋數語皆當時之弊也。」（捫蝨新話卷十一，頁八「崇、觀太學三舍之弊」條。）

十一、王安石解經師心自用

（一）宋蘇軾評王安石經解斷以己意。（詳見六、「三經新義援異端入注」類第四條。）

（二）宋張元幹曰：「嗚呼！自王氏網羅六藝，斷以己意，力行新法，變亂舊章，天下遂多事。已而子壻兄弟，表裏祖述，遺禍無窮。先生獨知尊堯，愛君憂國。先見之明，肇於欲萌；逆料其弊，甚於中的。」（蘆川歸來集卷九，頁六題跋了堂先生文集，臺灣商務印書館影印四庫全書珍本五集本。）

（三）宋黄震曰：「周禮、詩、書三經義序，皆公自主其説；字説序謂知此則於『道德』之意已十九，何過耶！」（黄氏日抄卷六四，頁二二「讀文集六——王荆公文」。）

十二、王安石説經多變不定

（一）宋蘇軾元符三年三月十一日戊寅曰：「王介甫多思而喜鑿，時出一新説，已而悟其非也，則又出一説以解之，是以其學多説。常與劉原父食，輟筯而問曰：『孔子不撤薑食何也？』原父曰：『本草：生薑多食損智，道非明民，將以愚之，孔子以道教人者也，故不撤薑食，所以愚之也。』介甫欣然而笑，久之乃悟其戲己也。原父雖戲言，然王氏之學，實大類此。庚辰三月十一日食薑粥甚美，歎曰：無怪吾愚，吾食薑多矣。因并原父言記之，以爲後世君子一笑。」（東坡志林卷五，頁五—六，稗海本。）

（二）宋邵博曰：「王荆公學務鑿無定論類此，如三經義頒于學官，數年之後，又自列其非是者奏請易去，視古人懸諸日月不刊之説，豈不誤學者乎？」（河南邵氏聞見後録卷二十，頁五，臺北廣文書局影印本筆記三編。）

（三）宋晁説之評王安石經説改易不定。（詳見一、「總類」第七條。）

（四）宋李壁箋註王荆文公詩「寓言十五首之其二」曰：「龜山誌譚勳墓云：『公雅不喜王氏，或問其故，曰：「説多而屢變，無不易之論也。世之爲奸者，借其一説可以自解，伏節死誼之士始鮮矣。」』始余以勳言爲過，今觀此詩，不能無疑。」（卷十五，頁一。按，「譚勳」，東都事略、宋史卷三五七本傳並作「譚世勣」，疑李壁此註脱一「世」字。）

十三、三經新義與字説相牴牾

（一）宋王居正紹興五年曰：「伏蒙聖慈，許臣以舊所著論王安石父子平昔之言不合於道者進呈，得四十二篇，釐爲七卷。一曰蔑視君親，虧損恩義；二曰非聖人，滅天道，詆誣孔、孟，宗尚佛、老；三曰深懲言者，恐上有聞；四曰託儒爲姦，以行私意，變亂經旨，厚誣天下；五曰隨意互説，反覆背違；六曰排斥先儒，經術自任，務爲新奇，不恤義理；七曰三經、字説，自相牴牾。——集而成之，謂之辯學。」（載宋李幼武纂四朝名臣言行録别集卷八，頁二，臺北文海出版社影印清刊本。）

十四、託經義行新法

（一）宋張耒曰：「王荆公行新法，每遣使，其大者曰『察訪』，小至於興水利、種稻田，皆遣使；使者項背相望於道。荆公嘗言讀大、小雅，言周文、武故事，而小雅第二篇便言『皇皇者華，君遣使臣』，故遣使爲先務。」（續明道雜志頁十三，學海類編本。）

（二）宋陳瓘政和元年曰：「安石欲變宿衛之法，先於經義創立新説，然後造爲神考聖訓，謂當急變其法。蓋託於先訓，則可必聖主之遵行；文以經術，則可以禁士大夫之竊議。二者行於前，三衛作於後，漸危根本。……若非陛下守藝祖之宏規，循累朝之成憲，使彼二書之説以敍行之，今日不知其何如矣！」（四明尊堯集卷三，頁十九。）

（三）宋林之奇紹興二十六年—二十九年曰：「王氏三經義，雖其言以孔、孟爲宗，然尋其文索其旨，大抵爲新法之地者十六七；此王氏之私書也，詎可以垂世立教乎？……三經義在孔、孟書中，正所謂邪説詖行淫辭之不可以訓者，仁人君子辭而闢之，若救頭然，尚且懼其有以惑世亂俗，矧又從而倡率之乎？」（拙齋文集卷六，頁一上陳樞密論行三經事，臺灣商務印書館影印四庫全書珍本二集本。）

十五、制三經義欲以「一道德同風俗」

（一）宋司馬光謂王安石以一家私學令天下同己。（詳見六、「三經新義援異端入注」類第三條。）

（二）宋朱熹編三朝名臣言行後録曰：「元祐初，議者争言科舉之弊，請復舊制。公（呂公著）曰：『先帝更新法度，如造士以經術，最爲近古，且仲尼六經何負於後世，特安石課試之法爲謬耳。安石解經亦未必不善，惟其欲人同己爲大繆耳。』」（卷八，總頁六四〇，臺北文海出版社影印清刊本。）

（三）宋蘇軾曰：「文字之衰，未有如今日者也，其源實出於王氏。王氏之文，未必不善也，而患在於好使人同己；……王氏欲以其學同天下。地之美者，同於生物，不同於所生，惟荒瘠斥鹵之地，彌望皆黄茅白葦，此則王氏之同也。近見章子厚言，先帝晚年甚患文字之陋，欲稍變取士法，特未暇耳。」（東坡集卷三十，頁九答張文潛書，臺灣中華書局四部備要本。）

（四）宋蘇籀編欒城遺言曰：「公（蘇轍）言：『吕吉甫、王子韶皆解三經并字説，介甫專行其説，兩人所作皆廢弗用，王、吕由此矛盾。』」（頁五，百川學海本。）

（五）宋蘇籀編欒城遺言曰：「公（蘇轍）讀一江西臨川前輩集，曰：『胡爲竊王介甫説以爲己説？』」（頁五。）

（六）宋陳師道曰：「王荆公改科舉，暮年乃覺其失，曰：『欲變學究爲秀才，不謂變秀才爲學究也。』蓋舉子專誦王氏章句而不解義，正如學究誦註、疏爾。教坊雜戲亦曰：『學詩於陸農師，學易以豉切於龔深之。』蓋譏士之寡聞也。王無咎、黎宗孟皆爲王氏學，世謂黎爲模畫手，一點一畫不出前人；王爲轉般倉，致無贏餘，但有所欠；以其因人成能，無自得也。」（後山談叢卷一，頁十，寶顔堂祕笈本。）

（七）宋晁説之元符三年四月十九日乙卯奏議曰：「今則不然，義理必爲一説，辭章必爲一體，曰是爲一道德。不知道德之一，如其是多忌乎？臣常謂今之學者，三經義外無義理，扇對外無文章，老成者信之。古人謂草野生專自許，不能博究，擇從其善，徒欲父康成兄子慎，寧道孔聖誤，諱言服、鄭非；鄭、服之外，皆讎者矣。正今日之患也。……自更經義以來，授以成書，謂之新經義，唯善其説者，乃中程上第，苟爲參差出入于其間，即不中程式，雖善必黜之。士方爲禄學，無少長賢愚，靡然從之，唯恐不相勝。雖有長才者不得騁，雖有知其牴牾非正者，諱之不敢言。塗人耳目，窒人聰明，溺于傅會穿鑿之論。因使人才闒茸，器識卑下，聞見單陋，不復可得前月瓌奇卓絶之士矣。仍之援釋、老誕謾之説以爲高，挾申、韓刻覈之説以爲理。又使斯士浮僞慘薄，不誠不忠厚，其患豈不大哉！……臣愚少常業於所謂新經義者，元豐中以出身入仕，非不知而妄作也，所以中道而改路者，誠以其學求之古人之書，稽之老成之論而不合故也。（敏案：此下説之指尚書新義之誤三數條，「尚書新義輯考彙評」已分别編收。）」（嵩山集卷一，頁三六—三八。）

（八）宋陳瓘政和元年曰：「臣聞先王所謂道德者，性命之理而已矣，此王安石之精義也：有三經焉、有字説焉、有日録焉，皆性命之理也。蔡卞、蹇序辰、鄧洵武等，用心純一，主行其教，其所謂『大有爲』者，性命之理而已矣；其所謂『繼述』者，亦性命之理而已矣；其所謂『一道德』者，亦以性命之理而一之也；其所謂同風俗者，亦以性命之理而同之也。不習性命之理者，謂之曲學；不隨性命之理者，謂之流俗。黜流俗則竄其人，怒曲學則火其書。故自卞等用事以來，國是者皆出於性命之理，不可得而動摇也。」（四明尊堯集序，頁一。）

（九）宋崔鶠靖康元年六月曰：「王安石著三經之説，用其説者入官，不用其説者斥落，于是天下靡然雷同，不敢可否，陵夷至于今大亂，此『無異論』之大效也。」（載宋某氏靖康要録卷七，總頁一四〇。）

（十）宋胡寅曰：「彼臨川之雄才兮，妄仰儔於伊、皋。偶睿思之有作兮，沕配合其自遭。……惟黄茅與白葦兮，日既淹而就摧。習新説之小生兮，亦寂歷於寒灰。」（斐然集卷一，頁十原亂賦。）

（十一）宋羅從彦曰：「（王安石）興舍法，以經義易詞章，訓釋三經，挽天下學者從之，以爲先王『一道德，同風俗』之意果在於此，鼓之以名，導之以利。當是時也，安石方名重，自謂一世宗師，天下之人，誰不願從？故唱者雷震，應者風靡，遺風餘澤，淪入肌骨不可去，民無有被其澤者。至今野叟能言其非，而誦其説於都人邑士之前，不笑以爲狂，則必怒也，蓋其所以入之者非朝夕也。」（豫章文集卷九，頁八遵堯録別録，臺灣商務印書館影印四庫全書珍本四集本。）

（十二）宋陳公輔紹興六年十二月曰：「自熙、豐以後，王安石之學著爲定論，自成一家，使人同己。蔡京因之，挾紹述之説。於是士大夫靡靡黨同而風俗壞矣。」（載宋李心傳建炎以來繫年要録卷一〇七，頁十八—十九。）

（十三）宋朱熹曰：「陳後山説人爲荆公學，唤作『轉般倉，模畫手』，致無贏餘，但有虧欠。東坡云：荆公之學，未嘗不善，只是不合要人同己。此皆説得未是。若荆公之學是使人人同己俱入於是，何不可之有？今却説『未嘗不善，而不合要人同』，成何説話？若使彌望皆黍稷，都無稂莠，亦何不可？只爲荆公之學，自有未是處耳。」（朱子語類卷一三〇，頁四—五。）

（十四）宋朱熹曰：「時有報行遣試官牽合破碎出題目者，或曰：如此行遣一番也好。曰：某常説，不當就題目上理會，這个都是道術不一所以如此。所以王介甫行三經、字説，説是『一道德，同風俗』，是他真箇使得天下學者盡只念這物事，更不敢别走胡説，上下都有箇據守。若是有才者，自就他這腔子裏説得好，依舊是好文字。而今人却務出暗僻難曉底題目，以乘人之所不知，却如何教他不杜撰，不胡説？……」（朱子語類卷一〇九，頁三—四。）

（十五）宋杜大珪名臣碑傳琬琰集王安石傳曰：「安石提舉修撰經義，訓釋詩、書、周官既成，頒之學官，天下號曰『新義』，……凡以經試於有司，必宗其説，少異，輒不中程。先儒傳注既盡廢，士亦無復自得之學，故當時議者謂王氏之患，在好使人同。」（卷十四，臺北文海出版社影印鈔本。）

（十六）元馬端臨曰：「介甫之所謂『一道德』者，乃是欲以其學使天下比而同之以取科第。夫其書縱盡善無可議，然使學者以干利之故，皓首專門，雷同蹈襲，不得盡其博學詳説之功，而稍求深造自得之趣，則其拘牽淺陋，去墨義無幾矣，況所著未必盡善乎？至所謂學術不一，十人十義，朝廷欲有所爲，異論紛然，莫肯承聽，此則李斯所以建焚書之議也。是何言歟！」（文獻通考卷三一，總頁二九三選舉考四，臺北新興書局影印清武英殿刊本。）

（十七）清甘鵬雲曰：「唐代……專以正義一家之説齊天下，宋亦同病。故蘇軾嘗病王荆公以其學術同天下，崔鶠所謂王安石三經出，天下靡然，無一人敢可否，陵夷至於大亂。然則學術以尚同而衰。」（經學源流考卷八，頁十一唐宋元明羣經總義，臺北維新書局影印本。）

（十八）民國梁啓超曰：「史稱蘇嘉在太學，顔復嘗策問王莽、後周變法事，嘉極論其非，在優等。荆公怒，遂逐諸學官，以李定、常秩同判監事；選用學官，非執政所喜者不與。其後遂頒三經新義云。考荆公平日言論，多以一學術爲正人心之本，則史所云云，諒非誣辭，此實荆公政術之最陋者也。蓋欲社會之進化，在先保其思想之自由，故今世言政治者，無一不以整齊畫一爲貴，而獨於學術則反是；任其並起齊茁，而信仰各從人之所好，則理以辨而愈明，人心之靈，濬之而不竭矣。强束而歸於一，則是敝之也。自漢武帝罷黜百家，而中國學術史上光耀頓減；以荆公之賢，而猶蹈斯故智，悲夫！

「考荆公當時，亦並非於新義之外，悉禁異説，不過大學以此爲教耳。夫既設學校，則必有教者，教者必有其主張之説。學校既爲一國學術所從出，則此説遂若占特別勢力於社會，此亦事勢所必至，無可逃避者……然則是亦不足深爲荆公罪矣。蓋使荆公而禁異説，則爲戕害思想之自由，然公固未嘗禁之，不過提倡己之主張而已。夫學者有其所主張之説，則必欲發揮光大之以易天下，非徒以理不悖，抑責任亦應爾也，於公何尤乎？若夫學者不求自立，而惟揣摩執政之所尚，欲以干祿，此則學者之罪，而非倡新説者之罪也。

「三經新義，自元祐廢黜以後，敏案：時許三經新義與衆説並行，未嘗降詔廢黜，梁啓超説誤。南宋學者抨擊不遺餘力，自是數百年來承學之士羞稱之。……而學者不察，隨聲附和，肆爲詆排，昌黎所謂『蜉蝣撼大樹，可笑不自量』者，非耶？

「荆公未嘗禁人習王氏以外之學説，而反對荆公者，則禁人習王氏學説，然則束縛思想自由、言論自由者，爲荆公耶？爲反對荆公者耶？是又不可不察也。」（王荆公，總頁一一三—一一四，第十二章「荆公之政術（四）教育及選舉」。）

（十九）民國柯昌頤曰：「近人梁啓超嘗著王荆公傳，敏案：「傳」字，柯氏增文。爲翻千古沉冤，獨於此事認爲最陋，且爲之評曰：『欲社會之進化至則是敝之也。』敏案：梁評文已詳上條引述。按：此説良中肯綮，然安石之意，蓋以行新法，須絶異議；絶異議，須一思想。彼固以思想與政令有密切之關係，未有思想紛龐而能政令齊一者。而不知國家政令，正須以人民思想爲基礎；未有思想不自由，而政令能革新者也。」（王安石評傳，總頁一四八，第五節統一思想之實行及其缺點，民國三十六年商務印書館排印本。）

十六、三經新義非苟作

（一）宋朱熹曰：「新經儘有好處，盖其極平生心力，豈無見得著處？」因舉書中改古注點句數處云：「皆如此讀得好，此等文字，某嘗欲看一過，與摭撮其好者，而未暇。」（朱子語類卷一三〇，頁四論本朝人事四。）

十七、三經新義得失參半

（一）宋呂陶元祐元年十月曰：「經義之説，蓋無古今新舊，惟貴其當。先儒之傳注，既未全是，王氏之解，亦未必盡非，善學者審擇而已，何必是古非今，賤彼貴我，務求合於世哉！」（淨德集卷四，頁二請罷國子司業黄隱職任狀，武英殿聚珍版叢書本。）

（二）宋上官均元祐元年十月曰：「安石自爲宰輔，更張政事，誠有不善，至於沉酣六經，貫通理致，學者歸嚮，固非一日，非假勢位貴顯，然後論説行於天下。其於解經，雖未能盡得聖人之意，然比諸儒注、疏之説，深淺有間矣。豈（黄）隱膚陋所能通曉，此中外人士之所共知也。」（載宋李燾續資治通鑑長編卷三九〇，頁二一一—二一二。）

十八、關於三經新義「發明經旨」

（一）宋劉摯評王安石解經多闡先儒之説。（詳見九、「關於三經新義『穿鑿附會』」類第二條。）

（二）宋韓晃等撰韓維行狀曰：「執政（司馬光）議欲廢荆公經義，公（韓維）曰：『安石經義，發明聖人之意，極有高處，不當廢；議與先儒之説並行。』」（南陽集後附録，頁六一七。）

（三）宋馮澥靖康元年五月十三日戊寅曰：「傳注之説，千有餘年，其于聖經，不爲無補，然要之公論，豈無淺漏未盡之處？王安石以名世之學，發明要妙，著爲新經，鏤板太學，頒之天下，學者翕然宗仰，然要之公論，亦有穿鑿太過之弊。新經令學者擇其善而從之，其不善而改之則已矣，何必傳注之是，而新經之非哉！」（載宋某氏靖康要録卷七，總頁一三六。）

（四）宋李光曰：「當陛下初政，偶承乏擢寘言路。……臣今月十七日入臺，伏覩三省降到黄牓一道，臣寮上言，以王安石爲名世之學，發明要妙，著爲新經，天下學者翕然宗師。又言熙寧、元豐間，内外安平，公私充實，法令備具，賦役均平，其意專以王氏之説爲是。公肆誕謾，無復忌憚。……蔡京兄弟，祖述其説，五十年間，搢紳受禍，生靈被害，海内流毒。……幸賴宗廟社稷之靈，上皇悔悟，以祖宗不拔之基全付陛下。今言者又創爲熙、豐之説，以安石爲大賢臣，恐此論一出，流聞四方，鼓惑民聽。人心一失，不可復收，非朝廷之福也。」（莊簡集卷八，頁二一二——二二三論王氏及元祐之學，商務印書館影印四庫全書珍本初集本。）

（五）宋陳善等評王安石六藝之學高處可以不朽。（詳見九、「關於三經新義『穿鑿附會』」類第十四條。）

（六）宋李壁曰：「蘇公子由云『安石以宰相解經，行之於世。至春秋漫不能通，則詆以爲斷爛朝報』。余謂『以宰相解經』五字，似譏公操權勢驅脅世俗，以行其說。然公諸經解妙實多，韓持國（維）輩終推之，何可盡疵哉！」（箋註王荆文公詩卷四三，頁七金陵郡齋詩首句下注。）

（七）宋葉紹翁曰：「哲宗策士，因語近臣曰：『進士試策，文理有過於制科者。』大臣皆熙寧黨，遂力主罷制科議。制科、詞賦既罷，而士之所習者皆三經。所謂三經者，又非聖人之意，惟用安石之說以增廣之，各有套括。於是士皆不知故典，亦不能應詞誥駢儷選。」（四朝聞見録甲集，頁二一二「制科詞賦三經宏傳」條，知不足齋叢書本。）

（八）宋徽宗崇寧四年五月學士院學士（蓋張康國，或鄧洵仁）撰王安石配享孔廟大成殿坐像贊曰：「孔、孟云遠，六經中微。斯文載興，自公發揮；推闡道真，啓迪羣迷，優入聖域，百世之師。」（載宋楊仲良通鑑長編紀事本末卷一三〇，頁三，臺北文海出版社影印清光緒十九年廣雅書局刊本。）

（九）民國徐振亞民國二十四年曰：「大抵荆公解經，隨文生義，言簡意該，慎言闕疑，不爲一切支離穿鑿之説。……有不安者，時加修正，觀其退居金陵，屢上乞改經義劄子可知。而其流傳於世，所以不廢，最大原因，允爲精義迭出，遠勝先儒。……由是言之，荆公諸經義，皆純駁互見，允宜别白論之，以得其情。全是全非，均屬偏見，所謂門户之私，非譚經之正道也。」（王安石經學概論初稿「溯源第一」，載學藝雜誌十四卷七號。）

十九、王安石解經善闕疑

（一）宋林之奇論解尚書大誥，因曰：「王氏解經，每不合於義理者，不旁引曲取以爲之説，至闕之。此王氏之所長也。」（尚書全解卷二七，頁七—八，通志堂經解本。）

（二）民國徐振亞評王安石解經慎言闕疑。（詳見十八「關於三經新義『發明經旨』」類第九條。）

二十、王安石經解之文章

（一）宋吕本中等評王安石解經文辭通暢。（詳見九「關於三經新義『穿鑿附會』」類第八條。）

（二）明應雲鸑嘉靖二十五年九月既望（十六日庚午）曰：「公之文取材百氏，附翼六經，與韓、柳、歐、蘇、曾氏，卓然成七大家；並傳海内，當與日月争光。……公動稽堯、舜，心表天日，乘時遇主，謂周官往軌，運掌可修。……矧公學本經術，才弘經濟，志存周、孔，行比由、夷，固傑然一人豪也。」（王荆公集序，載清蔡上翔王荆公年譜考略卷首一，頁十六。）

（三）民國梁啓超曰：「此（周禮新義、尚書新義、詩經新義）三序者，其文高絜而簡重，其書之内容，亦可以略窺見矣。」（王荆公，總頁一九〇，第二十章「荆公之學術」。）

（四）民國柯敦伯撰王安石曰：「孝宗乾道五年，魏元履請去安石父子祀，朝議未果。至淳熙四年，趙粹中又論之，孝宗以輔臣前後毀譽雖不同，其文章終不可掩；但去王雱。」（頁一三四，臺灣商務印書館萬有文庫薈要本。）

附録二　三經新義評論輯類補遺

初編三經新義評論輯類既就，比又得評論十八條於九書，爰集爲補遺一編，次其後，類例一依初輯。書按采收先後，備目於下：

河南程氏遺書、晁氏客語、明本釋、嵩山集、中國經學史、國史大綱、麗澤論説集録、朱子語類、宋元學案補遺。

一、總類

（一）宋程顥曰：「（伯淳近與吴師禮談介甫之學錯處，謂師禮曰：）爲我盡達諸介甫，我亦未敢自以爲是。如有説，願往復，此天下公理，無彼我，果能明辨，不有益於介甫，則必有益於我。」（河南程氏遺書卷一，頁六，臺灣中華書局四部備要本。）

（二）宋晁説之曰：「王荆公著書立言，必以堯、舜、三代爲則，而東坡所言，但較量漢、唐而已。觀其所爲，又全不相似。」（晁氏客語頁二，百川學海本。）

（三）宋劉荀曰：「（王荊公，）名安石，字介甫，撫州臨川人，後居金陵。著新經、字説，詔以其書立之於學。熙、豐以來，其學盛行，世謂之「臨川學」，又曰「新學」。吕惠卿、蔡京、蔡卞、林希、蹇序辰、楊畏、蔡肇，皆門人之達者也。」（明本釋卷上，頁二十原註「勤者修業之本」目，臺灣商務印書館影印四庫全書珍本別輯本。）

四、王安石説經棄舊務新

（一）宋晁説之曰：「南方之學，異乎北方之學……大抵出於晉、魏分據之後。其在隋、唐間，猶云：爾者不惟其地，而惟其人也。蓋南方北方之强，與夫商人、齊人之音，其來遠矣，今亦不可誣也。師先儒者，北方之學也；主新説者，南方之學也。」（嵩山集卷十三，頁十六儒言，臺灣商務印書館影印四部叢刊續編本。）

（二）宋晁説之曰：「聖人之意，具載於經，天地萬物之理，管於是矣。後世復有聖人，尚不能加毫髪爲輕重，況它人乎？譬如日月光明，莫知其終始，寧辨其新故？彼一己之所謂新者，迺六經之所故有也。尚何矜哉！」（嵩山集卷十三，頁二三儒言。）

（三）日本田成之曰：「……以安石及其子雱、吕惠卿等所作三經新義頒於學官。……新經義影響於宋一般學生不少，因唐作五經正義，故無讀正義以外的東西的人。正義是集漢以來的注疏的，安石等如其名所示，雖是新義，不過是捨却從來所傳的訓詁而下自己一流的解釋而已。總之，安石捨祖先以來的法則，立新法，什麼多（都）喜歡新，且因居於政治上的要路，故對於學界也給與一刺激；破壞傳統，成了宋人底一種時髦了。」（中國經學史，孫俍工譯，頁二三八—二三九，第六章第三節宋底經學，臺北古亭書屋據上海中華書局民國二十四年六月鉛排本影印本。）

（四）錢穆先生曰：「安石新政，雖屬失敗，畢竟在其政制的後面，有一套高遠的理想。……這一種理想，自有深遠的泉源，決不是只在應付現實、建立功名的觀念下所能產生。因此在王安石新政的後面，別有所謂新學。於是有所謂三經新義之頒行。劉静春謂：『王介甫不憑注、疏，欲修聖人之經，不憑今之法令，欲新天下之法，可謂知務。後之君子必不安於注、疏之學，必不局於法令之文。此二者既正，人才自出，治道自舉。』按：宋學實盡於劉之二語。」（國史大綱，頁四一二—四一三，第六編，第三十二章兩宋士大夫的自覺與政治革新運動，編譯館出版，一九五六年臺灣商務印書館排印本。）

五、王安石解經不見道

（一）宋程顥（？）曰：「先生嘗語王介甫曰：公之談道，正如說十三級塔上相輪，對望而談，曰：相輪者如此如此，極是分明。如某則戇直，不能如此。直入塔中，上尋相輪，辛勤登攀，邐迤而上，直至十三級時，雖猶未見相輪，能如公之言，然某却實在塔中，去相輪漸近，要之須可以至也。至相輪中坐時，依舊見公對塔談說，此相輪如此如此。介甫只是說道云：我知有箇道如此如此。只佗說道時，已與道離。佗不知道，只說道時，便不是道也。有道者亦（一作言）自分明，只作尋常本分事說了。孟子言堯、舜性之，舜由仁義行，豈不是尋常說話？至於易，只道箇立人之道曰仁與義，則和性字由字也不消道，自己分明。陰陽剛柔仁義，只是此一箇道理。」（河南程氏遺書卷一，頁四。）

六、三經新義援異端入注

（一）宋晁說之曰：「臣聞：春秋尊一王之法，以正天下之本，與禮之尊無二，上其旨實同。蓋國之于君，家之于父，學者之于孔子，皆當一而不可二者也。是以明王罷斥百家，表章六經，大儒推明孔氏，抑黜百家。今國家五十年來，于孔子之道二而不一矣；其義説既歸之于老、莊，而設科以孟子配六經，其視古之黜百家而專明孔氏六經，不亦異乎！」（嵩山集卷三，頁四六奏審覆皇太子所讀孝經論語爾雅劄子。）

七、關於三經新義「邪説害正」

（一）宋程頤（？）曰：「介甫之學，佗便只是去人主心術處加功，故今日靡然而同，無有異者，所謂一正君而國定也。此學極有害，以介甫才辯遽施之，學者誰能在其右？始則且以利而從其説，久而遂安其學。今天下之新法害事處，但只消一日除了便没事；其學化革了人心，爲害最甚，其如之何？故天下只是一箇風，風如是則靡然無不向也。」（河南程氏遺書卷二下，頁一。）

（二）宋呂祖謙曰：「初學欲求義理，且看上蔡語、闔範、伊川易，研究推索，自有所見。若荆公新説、張綱書、劉君舉詩、耿南仲易、方馬二氏禮記、陳晉之孟子、張子韶論語、呂吉甫莊子，皆不當看也。」（麗澤論説集録卷十，頁二，續金華叢書本。）

（三）宋朱熹（問：「游定夫記程先生語，所謂一物不該，非中也；一事不爲，非中也；一息不存，非中也。何哉？爲其偏而已矣。觀其意，蓋以中爲理，偏爲不周徧之意。一物不該，一事不爲，是説無物不有之意；一息不存，是説無時不然之意。是否？）曰：「便是它説中字不着中之名義，不如此，它説偏字卻是一偏，一偏便不周遍，卻不妨。但定夫記此語不親切，不似程先生每常説話，緣它夾雜王氏學，當時王氏學盛行，熏炙得甚廣，一時名流如江民表、彭器資、鄒道鄉、陳了翁皆被熏染，大片説去。」（朱子語類卷九七，頁二十，臺北正中書局影明覆刊宋本。）

十、王安石解經言語虛浮

（一）宋晁説之曰：「袁紹與曹操論天下形勢，操知袁氏世有河北，未易可圖，欲舍而佗之，則徒視弱，乃出大言曰：『任天下之智力以道，御之無所不可。』是豈操之誠心哉！今談經者不覈其實，喜爲高論大言，一切取勝，皆操之下塵歟！」（嵩山集卷十三，頁十五儒言。）

十五、制三經義欲以「一道德同風俗」

（一）宋晁説之曰：「學者同尊孔氏，法詩、書，躬仁義，不知俗學之目何自而得哉？建隆以來，禮樂文明煥然大備，皆諸儒之力也，誰當其目也耶？如惡其衆而欲致獨，則比屋可封之民爲罪人歟！又或厭其久而欲新之，則日月之出特久矣。後漢治古學貴文章，以章句之徒爲俗儒，則斥俗學者身自謂耶！」（嵩山集卷十三，頁五儒言。）

（二）宋晁説之曰：「董仲舒曰：『詩無達詁，易無達占，春秋無達辭。』范寧曰：『經同而傳異者甚衆，此吾徒所以不及古人也。』嗚呼！古之人善學如此。今一字詁訓，嚴不可易；一説所及，詩、書無辨。五經同意，三代同時。何其固邪！」（嵩山集卷十三，頁七儒言。）

（三）宋晁説之曰：「五綵具而作繪，五藏完而成人，學者于五經可舍一哉！」（嵩山集卷十三，頁十三儒言。）

（四）宋晁説之曰：「臣竊以聖朝用經術取士，冠越前代，止是不當專用王安石之學，使後生習爲一律，不復窮究聖人之藴，此爲失矣。若謂學經術不能爲文，須學詩賦而後能文，臣以爲不然，夫六經之文，可謂純粹渾厚、經緯天地、光輝日新者也。今使學者不學純粹、渾厚、輝光六經之文，而反學彫蟲篆刻童子之技，豈不陋哉！（下晁氏擬附經術取士條例，未録。）」（載宋元學案補遺卷三十，頁六，臺北世界書局影印四明叢書本。）

（五）宋劉荀曰：「若諸儒之論意義同，而載者似重複，姑以見所造或有淺深，其趨未始不同。後學尊其所聞是也，過之者，稍異乎師説，則互相詆誚，幾成黨與；甚至毁訾先哲，識者有憂之。其流蓋自熙、豐而來。劉荀原註：范忠宣公論王荆公止因喜同惡異，遂至黑白不分。蘇東坡謂：介甫之文，未必不善也，患於好使人同己；自孔子不能使人同，王氏安能以其學同天下？胡衡麓（寅）謂：當時學士大夫意向稍殊乎王氏，則擯斥隨之；必如是説，始堪仕進。百唱千和，率天下出一私户，不亦甚乎！竊謂：學者亦可以監矣！謝上蔡，洛學也；論語解中如臨川諸説，一言之善，亦不廢而取之。豈有意欲救其弊歟！」（明本釋卷下，頁三五「安義命者處困之本」條。）

附録三　三經新義板本與流傳

宋神宗熙寧四年二月，從王安石之請，詔頒科舉新法。新法之試進士也，罷詩賦，考詩、書、易、周禮、禮記兼及論語、孟子七經。時爲因應新制需要，確立取士標準，朝野多欲早修經義，從速頒行，以便傳習。於是安石令沈季長、陸佃作詩義，而親與商定。及六年三月，設立修撰經義局，命安石提舉，吕惠卿、王雱等爲修撰，專司撰事。八年六月，撰成周禮、尚書、詩經三經義，降旨國子監鏤板施行。三經義久佚，清人自永樂大典中輯出周禮義殘文；書、詩二義佚文，散見宋、元及明人著述中舉引，迄無輯本或善輯。余痛斯文沈晦，嘆先賢之學殆絶，比年，蒐檢經籍，得書義、詩義佚文若干條，各會爲一書，又輯周禮義成，共以備方家採擇。顧三經義刊板及其流傳，昔人論者甚尠，是以并考經解、史籍、傳記、文集、筆記等，並參看所輯佚文，釐爲四大節，試爲稽討其端末如下。

一、考正書名

王安石等所修經義，本名周禮義、書義、詩義，總稱三經義。詩義之詩，早已稱爲詩經，如元馬端臨文獻通考、明朱睦㮮授經圖著録〔詳下三、(三)Ⓐ〕;詩,視之爲「經」,戰國晚葉已始。書經之書,稱之爲尚書,起於漢文帝時人伏勝(見尚書僞孔安國大序),而宋晁公武郡齋讀書志著録尚書(新義)〔詳下三、(四)Ⓐ〕。周禮新義之周禮,常作周官,二名又多混用,需加討論。安石稱周禮,常作周官,如劉歆未改前舊名,兹志如下:

周官夏官司勳:「王功曰勳。」(宋林之奇尚書全解卷二,頁二三引。)

周官太卜所謂「凡國大貞:卜立君,卜大封者」。(同上卷二五,頁八引。)

周官以六典待邦國之治。(同上卷二八,頁三三引。)

周官一書,理財居其半。(同上卷三六,頁十四引。)

……與周官「正月始和」同義。(元王天與尚書纂傳卷七,頁二引。)

若周官垂治象……(同上卷二,頁八引。)

……故周官有十二教。(同上卷四三,頁三引。)

周官:有大事,衆庶得至外朝。(元董鼎書蔡氏傳輯録纂註卷四,頁三十引。)

周官八職,一曰「正」……(宋吕祖謙吕氏家塾讀詩記卷二十,頁四九引。)

周官染人「秋染夏」。(同上卷十六,頁八引。)

以上八引,皆出安石尚書新義。

「成」與周官所謂「書其刑殺之成」同。（同上卷二五，頁二五引。）
周官以爲諸侯之地方四百里。（同上卷三一，頁十四引。）
周官追師掌追衡笄。（宋李樗、黄櫄毛詩李黄集解卷三十，頁三十引。）
周官職方氏所謂「河西曰雍州」……（元梁益詩傳旁通卷九，頁十六引。）

以上六引，皆出安石詩經新義。

熙寧五年十一月丁巳（初八日）曰：「周官固已似商……」（宋會要輯稿卷一四九八九，頁十二食貨五五原注引九朝紀事本末載對神宗語。）
制置條例司曰（敏案：視同安石語。）：「周官貸民，明以國服爲息。」（同上卷一七五五一，頁十食貨四。）
周官所謂「府史胥徒」……（臨川集卷四一，頁四上五事劄子。）

安石罕言周禮，如西漢末至北宋初經師所習稱者，見其稱於書、詩二新義者各才一條：曰「周禮『過而未麗於法者……』」（尚書纂傳卷四三，頁七引。）曰「周禮司服所謂『侯伯之服……』」（元劉瑾詩傳通釋卷六，頁十六引。）見於宋會要輯稿（卷一七五五一，頁四食貨四。）載熙寧三年正月對上問一條，曰「前代人主幾人能以周禮決事」？

制置條例司言新法，頗稱周禮，曰「周禮泉府以爲」、曰「周禮泉府之官」、曰「周禮貸民取息」、「即比周禮所取尤少者」、曰「周禮泉府國服爲息之説」、曰「周禮設貸民之法」：雜出宋會要輯稿、韓魏公家傳。

安石答友人曾公立書：「一部周禮，理財居其半。」（臨川集卷七三，頁四。）但同義語，尚書新義却作周官（已見上引）。

安石周禮義序「臣某實董周官」（臨川集卷八四，頁一。），當與書名相應，易爲周禮。

案：據上所舉，除却非安石手著之書，詩二義多稱周官外，其他發於其口、撰於其手者，則絶多稱周禮。周禮新義、新法同聲相應，條例司所言與新義所作，並頒行四國，不容不一，余考：

熙寧八年六月丁未（十七日），經義局同修撰吕升卿言：「周禮、詩義已奏。」［續資治通鑑長編（下文簡稱「續長編」）卷二六五，頁四載。］——是奏上者曰周禮義。

後二日，中書言：「詩、書、周禮義，欲以副本送國子監鏤板頒行。」從之。（同上卷二六五，頁八。）——是刊板頒行者亦名周禮義。

安石改撰詩義序劄子：「……所解撰到詩義并進書、周禮義序，謹隨劄子投進。」（臨川集卷四三，頁六—七。）又安石奏上原書，亦作周禮義序（臨川集卷八四，頁一—二。）——是其書原序作周禮，不作周官。

元豐三年八月，安石乞改三經義誤字劄子，仍作周禮義（臨川集卷四三，頁四。）——是原頒、續改本皆作周禮義也。

三經義，稱之爲三經新義，「新」字後人增益，兹擇要言之：

宋呂陶曰：「（黄）隱亦能誦記安石新義。」（續長編卷三九〇，頁十九載。）

宋楊時曰：「（周禮）新義曰：『無問其欲否，概與之也。』」（龜山集卷六，頁十五神宗日録辨。）

又曰：「（周禮）新義又以：『國服爲之息，則民不輕貸矣。』」（龜山集卷十三，頁十三神宗日録辨。）

宋晁説之曰：「新經義之説，如……」（嵩山集卷一，頁三八。）

宋沈作喆曰：「神宗帝御經筵……侍講官以王氏（周禮）新義對曰：『……』」（寓簡卷二，頁二。）

宋胡洵直曰：「武成之書……王氏新義，嘗加改正。」（蘆浦筆記卷二，頁二載。）

宋陳善曰：「荆公於三經新義，託意規諷。」（捫蝨新話卷一，頁三。）

宋唐仲友曰：「熙寧間，更命儒生爲新義，而王安石實董周官。」（九經發題頁六。）

宋王應麟曰：「新經義云……」（困學紀聞卷三，總頁二六五。）

又有稱之爲新傳，如：

宋王昭禹曰：「掌國之倅……若軍旅之事而已：新傳云云。」（周禮詳解卷二七，頁四。）

又曰：「……師甸皆以遷祖行，視民以用命也：見新傳。」（周禮詳解卷二三，頁三。）

宋黃朝英曰：「余按舒王新傳解綠竹云……」（緗素雜記卷五，頁六。）

又曰：「新傳云：『武，足迹也。』」（緗素雜記卷六，頁二。）

宋易祓曰：「王氏新傳於此數者，以爲『誓其屬』。」（周官總義卷二三，頁二二。）

亦或作新經，而略去「義」、「傳」字，如：

宋王昭禹曰：「新經云：『民也、穀也、器也，在人而已。』」（周禮詳解卷十九，頁五。）

又曰：「新經云：『自三命以下……不言孤，則與六卿同矣。』」（周禮詳解卷十九，頁十三。）

又曰：「羣右之長，所以謂之司右也。……新經云云。……唐之弊也，……又烏知成周之法哉！」（周禮詳解卷二七，頁六。）

宋馬永卿曰：「……而新經與『注』意同。」（嬾真子卷一，頁九。）

宋洪邁曰：「王荊公詩新義『八月剝棗』解云……」（容齋續筆卷十五，總頁一四三。）

宋樓鑰曰：「新經釋『鸛鳴于垤』……」（攻媿集卷六七，總頁六一一。）

元熊朋來曰：「……故王氏周禮新經至六書無可説。」（熊氏經説卷四，頁十一。）

上述各條，稱安石書名以「新」字，乃其人因安石行「新」法，遂意其學應曰「新」學，而其書亦應名「新」義矣：

名臣碑傳琬琰集安石本傳：「初安石提舉修撰經義，訓釋詩、書、周官既成，頒之學官，天下號曰新義。」（卷十四，總頁一四七五；宋史安石本傳、東都事略卷七九，頁四安石本傳皆略同。）

是本不名新義；新義云云者，「天下號」之而已。公私藏書志著録，亦頗從衆稱，作新義云者：

郡齋讀書志：新經周禮義、新經尚書義、新經毛詩義。

直齋書録解題：周禮新義、新經詩義。

玉海：新經毛詩（義）、新經尚書（義）。

宋史藝文志：新經周禮義、新經毛詩義、新經書義。

元、明以後公私文獻志、經籍，據以著録或稱述，作三經新義者，不違枚舉矣。顧溯其初始，書名實不作新義：

熙寧六年三月，上（神宗）曰：「舉人對策，多欲朝廷早修經義。」（續長編卷二四三，頁六。）

八年六月丁未（十七日），呂升卿言：「周禮、詩義已奏。」（續長編卷二六五，頁四。）

六月己酉（十九日），中書言：「詩、書、周禮義，欲以副本送國子監鏤板頒行。」從之。（續長編卷二六五，頁八。）

辛亥（二十一日），王安石等加官，「並以修詩、書、周禮義解畢推恩也。」（續長編卷二六五，頁十。）

原夫籌撰之初，歷進書、頒行，至於轉修撰者官，數言經義，概不稱新義，矧安石手撰周禮義序、詩義序、書義序（載臨川集卷八四，頁一一—一三。）及後乞改三經義誤字劄子（載臨川集卷四三，頁三—一六。）等，見於呈奏文字，亦無一作新義者，可爲確證。

元祐以後，仍有承用舊名，但稱經義者，如元祐元年十月劉摯言：「至其（安石）所頒經義……」（續長編卷三九〇，頁十九。）且陳瓘、楊時、林之奇，皆務三經義是詆，第考其舉此書，亦多作經義：

四明尊堯集：「其年七月，頒三經義于天下。雱所撰書義以謂……」（卷四，頁二六。）

楊時作三經義辨，專辨三經義之失。（書已佚，散見昔人引述。）

拙齋文集上陳樞密劄：「近有請於朝者，欲以王氏三經義復使學者參用其説。」（卷六，頁一。）

困學紀聞：「今按：周禮義云：『牛耳，尸盟者所執。』」（卷四，總頁三八六。）

清皮錫瑞經學歷史（總頁二五九）謂三書：「……名爲三經新義，頒行天下。夫既名爲新義，則明教人棄古説，以從其新説。」皮氏説此書名甚誤，上考足證；復就三經義佚文考之，安石説經固多承用舊解〔二〕，此在宋人已知之，兹舉三家語，以見其要焉：

陳師錫與陳瑩中書曰：「安石……解經奥義，皆原於鄭康成、孔穎達，旁取釋氏，表而出之。」（載宋元學案補遺卷九八，頁五一。）

陳淵答樓仲輝云：「由漢以來，專門之學各有所長，唯荆公取其所長，絢發於文字之間。」（默堂文集卷二二，頁十六。）

魏了翁周禮折衷曰：「王荆公專本此意，以人主當享備物極。至童貫、王黼，專創應奉司，以啓人主侈心，禍至不可勝言。學術誤國，原於康成，先儒未有發此義者。」（天官膳夫，鶴山大全文集卷一〇五，頁十。）

〔二〕三經新義頗用漢、唐古注舊疏，此不暇疏證，請別撰一文王安石之經學詳之。

又師友雅言曰：「周禮國服之法，鄭康成直以王莽二分之息解之。此自康成傳注穿鑿誤引，以禍天下，致得荆公，堅守以爲成周之法。當時諸老雖攻荆公，但無敢自康成處説破；推原其罪，自鄭康成始。」（地官泉府，鶴山大全文集卷一〇九附一一〇，頁二三。）

三陳氏於宋，反對新政，攻擊新學甚烈，觀所討論，皆不以三經義爲「新説」。周禮新義多明用鄭玄注，師錫、鶴山謂安石解經原於鄭注，的是。則皮氏責安石「教人棄古説，以從其新説」，病於失考無疑。

三經義——周禮義、書義、詩義之書名，既經考定如此，今仍題三經新義——周禮新義、尚書新義、詩經新義者，蓋後起名稱沿用已久，爲便於識記，庶免駭世驚俗，故曲從衆説，學者幸垂察焉。

二、板本

（一）三經新義原稿本、底本及初刻本

經局修撰三經義，皆有原稿本，原稿謄定後進呈，謄定後本是爲底本，詔下國子監據底本刊

板傳世，則爲初刻本。尚書、詩經新義原稿本，文獻不載；周禮新義原稿本，則宋蔡京之子絛尚及見之：

蔡絛鐵圍山叢談：「吾後見魯公（蔡京）與文正公（蔡卞）二父相與談往事，則每云：『……周禮新義，實丞相親爲之筆削者。』及政和時，有司上言天府所籍吳氏資居檢校庫；而吳氏者，王丞相之姻家也，且多有王丞相文書。於是朝廷悉命藏諸祕閣，用是吾得見之：周禮新義筆跡，猶斜風細雨，誠介甫親書，而後知二父之談信。」（卷三，頁二一—二二。）

吳資（四庫全書總目提要述作名資），事迹未詳。日本人東一夫氏王安石事典（昭和五五年十月國書刊行會發行）（頁一三四—一三五），考宋金谿吳敏生蒙，蒙女驟貴，適王安石，生長子雱、次子旁、又生次女某適吳安持，所謂「吳氏者，王丞相之姻家」，應爲吳蒙之子孫家或吳安持之家。

安石致通判比部尺牘（載故宮法書第十五輯宋人墨蹟集第七頁）。

荊公手書楞嚴經（明項元汴天籟閣藏本，藝苑真賞社影印。），今尚存，款書曰：「余歸鍾山，道原（敏案：沈季長字道原）假楞嚴本，手自校正，刻之寺中，時元豐八年四月十一日，臨川王安石稽首敬書。」

安石書法：曰清勁，宋李之儀曰：「或謂荆公知骨而不知肉，今見此經，則知傳者不識荆公書，遽以常所見清勁爲瘦也。」（姑溪居士文集卷四十，頁八跋荆公金剛經書。）又劉克莊曰：「此帖……清臞勁峭之狀……」（後村大全集卷一〇三，頁十跋王荆公帖。）曰瀟散高遠，有晉、宋人筆法，李之儀又曰：「（荆公）親作行筆……字畫與常所見不類，幾與晉人不辨。」（姑溪集卷三九，頁七跋元章所收荆公詩。）黄庭堅曰：「荆公率意而作，本不求工，而蕭散簡遠，如高人勝士敝衣敗履行乎大車駟馬之前，而目光在牛背。」（載清卞永譽書畫彙考卷十二，頁二三轉引，山谷又於跋王荆公書陶隱居墓中文云：「荆公書灋奇古，似晉宋間人筆墨。」見豫章黄先生文集卷二五，頁十二。）宋某氏宣和書譜：「公……凡作行字，率多淡墨疾書，初未嘗略經意……而評其書者，謂得晉、宋人筆法，美而不夭饒，秀而不枯瘁。」（卷十二，頁四。）元吴師道曰：「公書字……要爲瀟散高遠。」（吴禮部集卷十八，頁四跋荆公手帖。）曰勁峭淡遠，飄逸飛動，是故李之儀又曰：「然其運筆，如插兩翼，凌轢於霜空鵰鶚之後。此其晚年所作，紙上直欲飛動，信所謂得之心而應之手，左右逢其原者也。」（姑溪集卷四一，頁一跋荆國公書。）朱子題荆公帖，謂其「筆勢翩翩」（朱文公文集卷八二，頁三。）、劉克莊形容其運筆，「回斡開闔之勢，居然不可掩」（同上劉跋）。職是之故，世謂公法書如「横風疾雨」：

宋張邦基（政和、紹興間人）墨莊漫録曰：「王荆公書，清勁峭拔，飄飄不凡，世謂之横風疾雨。」（卷一，頁三。）

「横風疾雨」，猶蔡條言「斜風細雨」，則安石媏家吴氏所藏入於祕閣條所經眼者，誠安石周禮新義手稿本也。

此本熙寧八年六月前撰定，繕正進上，稿留於家，傳至徽宗政和間（一一一一——一一一七）尚存。

周禮新義荆公親筆草稿，既徵實無譌，是此書雖朝廷敕立經義局撰，實安石獨力著成（詳參三經新義修撰人考），宋吕公著家傳（見朱熹編三朝名臣言行後録卷八，頁七。）謂「安石又與其子雱、其徒吕惠卿升卿撰定詩、書、周禮義」，語欠精塙也。

三經新義謄正本，熙寧八年六月丁未（十七日）先後奏上[一]，己酉（十九日）詔以其副份送國子監刊板流行[二]。後六日甲寅（二十四日），安石上三經義序，詔併置三經義解之首[三]，交付剞劂。

三經新義初刻本，約在熙寧八年七月至十月之間印行，續長編：

[一] 見續長編卷二六五，頁四，別詳三經新義修撰通考。

[二] 見續長編卷二六五，頁八，亦別詳三經新義修撰通考。

[三] 見續長編卷二六五，頁二四，亦別詳三經新義修撰通考。

熙寧八年七月庚辰(二十日),詔以新修經義付杭州、成都府路轉運司鏤板。所入錢封椿庫,半年一上。中書禁私印及鬻之者,杖一百。許人告,賞錢二百千;從中書禮房請也。初,進呈條貫,監司失覺察,私印及鬻之者當行朝典。上嫌其太重,命王安石改之。安石謝:誠如聖旨,乃臣鹵莽不細看所奏之罪也。(卷二六六,頁七。)

咸淳臨安志(卷四十「詔令」門)云:「(神宗皇帝)詔以新修經義付杭州鏤板,所入錢封椿庫,半年一上。中書禁私印及鬻之者,杖一百,許人告,賞錢二百千。(熙寧八年七月,從中書禮房請也。)」志或本續長編修。王國維考「杭州府刊本,北宋監本刊於杭州者」(見王觀堂先生全集總頁四四五三兩浙古刊本考卷上)云:「書義十三卷、新經詩義三十卷、周禮新義二十二卷,原注:並熙寧八年。咸淳臨安志:『詔:熙寧八年七月,詔以新修經義付杭州鏤板。』」則轉從方志著録。宋代經書刊版,杭與蜀所刻,同稱善本。[參周駿富先生古代四川刻書考——(二)兩宋時代四川刻書考略。]

仁宗、英宗朝,刻五經本,字體大小適中,謂之「中書五經」,而初雕三經新義,時安石在中書,故人謂先時所刻「中書五經」已識于先矣,上引續長編文李燾自注曰:

呂陶「記聞」云:「嘉祐、治平間,鬻書者爲監本,字大難售;巾箱本,又字小有不便。遂别刻一本,不大不小,謂之『中書五經』,讀者競買。其後王荆公用事,新義盛行,蓋『中書五經』識于先也。」

歷時僅三月，板刻乃竣事，布行天下，呂惠卿熙寧八年九月〔三〕奏讀曰：

（詩義）修寫進呈，得旨刊布，幾及千本。

此本尚書新義與詩經新義久佚，唯周禮新義殘卷至明初猶存，文臣修永樂大典據以採收多條，説詳下第三大節（二）Ⓐ Ⓑ。

（二）詩經新義第一次修正本（即其書第二次刻本）

熙寧七年四月十九日，安石初次罷相挈子居金陵，至次年二月十一日復召入相。其間呂惠卿在京，同提舉經義局，乘閒竄改安石父子等在京及居金陵時所撰草之詩義，而安石返京後，倉卒之間，未加審閲，即進上頒行。未幾，察知所頒詩義非舊本，乃上劄請改復，熙寧八年九月十

〔三〕 先是九月辛未（十二日），安石奏惠卿竄改詩義舊本，惠卿即於帝前辯白，「後月餘」，又具劄至帝前奏讀，此文即在劄中。九月中旬後月餘，當在十月中下旬。唯惠卿於八年十月初二（庚寅日）罷政知陳州，不得争奏此事，則續長編云「後月餘」，必誤。

一日安石論改詩義劄子〔二〕云：

臣子雱奉聖旨撰進經續長編作「詩」義，臣以當備聖覽，故一二續長編作「一」經臣手，乃敢奏御。及設官置局，有所改定。臣以文辭義理，當與人共，故不敢專守己見爲是。既承詔頒行，學者頗謂所改未安。竊惟陛下欲以經術造成人材，而（臣）職業續長編作「董」其事。在臣所見，小有未盡，義難自默。所有經置局改定諸篇，謹依聖旨具録新、舊本進呈；内雖舊本，今亦小有删改處，並略具所以删復之意。如合聖旨，即乞封降。檢討吕升卿所解詩（序）義，依舊本頒行：小有删改。即依聖旨指揮，取進止。（臨川集卷四三，頁六，亦略見續長編卷二六八，頁四。）

據此，王安石、雱父子所主撰詩義，爲「舊本」，不含詩序義解；詩序義解，由吕升卿撰。經義局改定者，爲初頒本。初頒本義固多未安，即「舊本」及升卿所解序義，亦小有未盡，今皆加删正。劄上，詔復安石曰：「並删定升卿所解詩序以聞。」（續長編卷二六八，頁四。）而安石遂奉旨重定，有答手詔言改經義事劄子九月十一日云：

〔二〕此劄既上，即奉手詔，命安石删正以聞；安石乃又有答手詔言改經義事劄子，題「九月十一日」。後劄若爲九月十一日上，則前劄決不在其後。續長編謂前劄辛未（十二日）所上，未詳所本。或文集日誤，或李燾誤繫，俟續考。此姑從文集。

臣伏奉手詔，依違之辠，臣愚所不敢逃。然陛下既推恩惠卿等，而除其所解，臣愚不敢安此。若以其釋説有甚乖誤者，責臣更加刪定，臣敢不祗承聖訓？取進止。（臨川集卷四三，頁六。）[一]

至同年十二月改定進呈（詳本小節末）。

初，安石復召入相，緣呂升卿事，與呂惠卿益不協，及劄乞改已頒之詩義，惠卿於是白上曰：臣意安石在江寧時，心有所疑，故速來如此。既至，必是陛下宣諭，及借臣「奏對日録」觀之，後頗開解。忽兩日前，余中、葉唐懿來，爲臣言安石怒臣改其詩義。中等昔與臣同進呈，安石以爲忘之；當時只進呈詩序，今但用舊義爾。臣意以爲未審，遣升卿往訊之，果然。升卿曰：「家兄與相公同改定進呈。」安石怒曰：「安石爲文豈如此？賢兄亦不致如此，此曾旼所爲訓詁，亦不識。」臣甚怪之，而未喻其怒之意，此必爲人所間爾。……臣雖不肖，麤知性命之理。安石雖不察臣，臣終不與之較。文章、聲名，臣尤不以爲意。且經義雖聖人有不能盡，無不可以增損處。昨以安石既去，據理修定，不敢少改，不意其怒如此。（續長編卷二六八，頁四—五，繫熙寧八年九月辛未十二日。）

[一] 此及前劄，蔡上翔王荊公年譜考略（下簡稱蔡譜），併安石另乞改三經義誤字劄子，皆繫元豐三年，誤。

據上惠卿所辯，經局所進呈詩義，乃安石與彼共同改定；第又據「且經義雖聖人有不能盡，無不可以增損處」之理，而於安石既去（之江寧），「據理修定」，此固已承認嘗私改舊本，蓋安石既以新、舊二本併呈，事實確鑿，不得不俯首供認也。

其後，惠卿具劄復於帝前進讀曰：

臣伏見王安石劄子，奏乞詩序用呂升卿所解，詩義依舊本頒行，其小有删改。……安石稱於新本略論所以當删復之意，不曾降出，臣無由知其故。……臣惟朝廷初置經局，令臣與雱修撰，而安石提舉詳定，皆自陛下發之，非因建請也。苟以爲舊義不刊，則不知設官置局，欲令何爲，宜有增損也。則草創、討論、修飾、潤色，自有次第。（以上作首段。）

而詩義，臣等初奉德音，以謂：舊文頗約，新學不知，今之修定，宜稍加詳。至其進論，多涉規諫，非學者所務，宜稍削去，仍解其序。即不曾令誰訓其辭、誰訓其義也。故自置局以來，先檢討官分定篇目，大抵以「講義」爲本，其所删潤，具如聖旨。（以上作次段。）

草創既就，臣即略爲論次。初解大序及二南，凡五卷。每數篇已，即送安石詳定。一句一字，如有未安，必加點竄，再令修改，如安石意，然後繕寫。安石親書臣名上進。則雱所進義，雖一一經安石之手，不知何以加此？又修邶、鄘、衛以後數卷，安石在此間，或就局，已經數覽。洎去江寧，又送詳定，簽貼鑿書其處非一。自此以後，臣以安石去局，而義已加詳，更不欲删改舊文，只令解序。自安石到京，令檢討官以續所撰義歷呈安石，其餘臣於中書，與安石面讀，皆有修改去處。經局草卷，宜尚有存。檢討官僚，今多在此，皆可驗問。（以上作第三段。）

……矧於是時承詔論撰，欲傳久遠，如能修改，使成全書，豈有彼此？而安石又以相臣董其事，意有未安，留加筆删，不爲稽緩。而修寫進呈，得旨刊布，幾及千本。忽見余中、葉唐懿來，謂臣：安石怒經局改其二南舊義，止令勿責，須得削去。……當初進二南義之時，陛下特開便殿，召延兩府，安石與臣對御，更讀以至終篇。陛下褒稱，聖言可記。安石未耄，何至廢忘？……（以上作第四段。）

今安石乃乞用舊本頒行，若以謂「小有未盡」，當如先降指揮删定，有誰不欲、致使「依違」？若以謂皆不可取也，則以安石之才，於置局之日，國風以前看詳修改，有至於數過者，茍其文至於皆不可取，則曷爲不見，而今日獨賴何人發明而後見之也？（以上作末段。以上五段文，見續長編卷二六七，頁六—七。）

案：首段：惠卿言不知安石論所以删復之故，則何不乞旨降出，以考較是非？是經局果有改動，而所改頗悖謬，故不敢復與安石對御面讀也。又謂設官置局，主司撰事，出自聖上，則修撰即删改舊本，乃屬分内事，不爲越權，即上段所謂「據理修定」，其私改舊本之事，益證其有也。

次段更陳所以删訂乃遵奉神宗本意——以舊文頗簡約，又進論多涉規諫〔二〕，且言帝初未嘗令「誰訓其辭，誰訓其義」，則因安石詩義序「上既使臣雱訓其辭，又命臣某等訓其義」而難之，兼申「經局有權删改」之論，爲其私改設辯。

又案：三、四兩段：謂二南及邶、鄘、衛諸卷義，皆經安石删定——或送彼詳定、或與彼面讀修正、或二人對御論定，唯決不敢檢呈「經局草卷」及請降出「新、舊本詩義」比勘，故卒無以自解其竄改之行也。李壁箋註荆公詩亦謂「時惠卿爲政，已極力傾公，雖經義亦多改定云」（卷四三，頁七）。矧當時徐承禧亦彈惠卿竄改：

至如經義，陛下曾經御覽。既出於中，有所不善，則當明有論列，若私自移易，則孰有不可改者乎？就使其書未進，而易他人之說以著己之謬言，則萬事之欺蔽可見。（續長編卷二六九，頁八，繫熙寧八年十月甲寅二十六日。）

據此，惠卿乘閒私改議定之詩義，無復可疑者矣。

又案：據四、末兩段惠卿之言，知帝從安石意許用舊本頒行，止初印本勿售，惠卿以爲甚不

〔二〕　今存三經義佚文，頗多諷諫之語，不獨詩義也，蓋不免以經解爲新法助，詳詩、書、周禮新義佚文及其評論，而宋陳善捫蝨新話亦云：「荆公於三經新義，託意規諷。」（卷一，頁二。）

可；乃謂第若略加删訂，則無不可。帝欲綏靖惠卿，徐曰：

> 安石無他意，經義只爲三、二十處訓詁未安，今更不動序，只用舊義，亦無害。（續長編卷二六八，頁七。）

惠卿復以言脅帝曰：

> 安石欲並序删定。置局修撰非一日，今既皆不可用，而轉官受賜，於理何安？臣亦當奪官！（續長編卷二六八，頁七—八。）

案：吕升卿主撰詩序解，别詳三經新義修撰人考之「吕升卿」部分下，而惠卿念念於詩序義，前既曰「只令解序」，此又曰「安石欲並序删定」，帝亦洞燭其情，姑曰「今更不動序」。其實詩序解關係詩本文訓詁甚大，斷無「不動序」而但改經詁之理，矧九月辛未詔，明勑安石據所重定之舊本，並升卿詩序解删正之。唯據惠卿言，安石但不滿經局私改者，僅二南義，與安石劄陳不合，當以安石劄爲正。所重定之舊本——即雱主撰、安石詳定及復加删正之本也。

後三月，當熙寧八年十二月辛亥（二十四日），「王安石上再譔詩關雎義解，詔年前改定諸詩序解，付國子監鏤板施行。」（續長編卷二七一，頁十五，亦見通鑑長編紀事本末卷七四，頁五。）殆舊本詩關雎義，需重加撰寫（非如舊本它篇，只需稍予删正），至此，乃併所正各篇詩序義進呈，請付有司刊板。

（三）周禮、尚書新義第一次修正本（即此二書第二次刻本）、詩經新義第二次修正本（即其書第三次刻本）

安石自熙寧九年十月丙午（二十三日）罷政居金陵，日多閒暇，復考三經義解，至元豐三年八月畢事，遂上乞改三經義誤字劄子二道，有云：（全文載臨川集卷四三，頁三—六。）

臣頃奉敕提舉修撰經義，而臣聞識不該，思索不精，校視不審，無以稱陛下發揮道術，啓訓天下後世之意，上孤眷屬，没有餘責。幸蒙大恩，休息田里；坐竊榮禄，免於事累，因得以疾病之間，考正誤失，謹録如右。伏望清燕之間，垂賜省觀。儻合聖心，謂當刊革，即乞付外施行。臣干冒天威，無任云云，取進止。

尚書義：每條上置數碼，取便於論次，下倣此。

①臯陶謨「按見其惡」，當作「按其見惡」。

②益稷「故懋使之化」，當作「則懋使之化」。

③微子「純而不雜，故謂之犧」，「犧」當作「牷」；「完而無傷，故謂之牷」，「牷」當作「犧」。

④洪範「有器也，然後有法。此書所以謂之範者，以五行爲宗故也；五行猶未離于形，

而器出焉者也。擴而大，謂之弘；積而大，謂之丕；合而大，謂之洪：此書合五行以成天下之大法，故謂之洪範也」，已上七十一字，今欲删去。

⑤又云「陶復陶穴，尚矣，後世易之棟宇，而其官猶曰司空，因其故、不忘始也」，已上二十六字，今亦欲删去。

⑥周官「唐、虞稽古」，字上漏「曰」字。

周禮義：

①小宰「其財用」，上「其」字當作「共」。

②大府「受藏之府，則若職内掌邦之賦入是也；受用之府，則若職歲掌邦之賦出是也」，已上三十字，今欲删去。

③黨正「歲屬其民者四」，「四」當作「五」。

④誦訓「以詔王觀事」，當去「王」字。

⑤典瑞「手足腹背」，「手」當作「首」。

⑥冢人「山林之尸，則以山虞」，已上八字，今欲删去。

⑦御僕「掌萬民之復」，「復」當作「逆」。

⑧大馭「有軓也」，「軓」當作「軌」。

⑨大行人「三公八命，出封加一命，則謂之上公」，已上十四字，今欲删去。

詩義：

①北風「北以言其威，雨雪以言其虐，凉者氣也，喈者聲也，雱蓋言聚，霏蓋言散。氣之所被者近，聲之所加者遠。聚則一方而已，散則無所不加，此言其爲威虐，後甚於前也」，已上六十三（敏案：「二」之誤。）字，今欲删去，改云「北風之寒也，而以爲凉；北風之厲也，而以爲喈：此以言其爲威。雨雪之散也，而以爲雱；雨雪之集也，而以爲霏：此以言其爲虐」。

②君子偕老「玼兮玼兮，其之翟也者，服之盛也」，「服之盛」字下，今欲添「質宜之」三字。又云「瑳兮瑳兮，其之展也，蒙彼縐絺，是泄袢也者，亦服之盛也」，「亦服之盛」字上，欲減「亦」字；「服之盛」字下，欲添「文宜之」三字。

③定之方中「説于桑田者」，「者」當作「則」。

④干旄「州里之士所建」，今欲改爲「鄉黨之官所建」。

⑤有女同車「公子五争」，「争」當作「爭」。

⑥駟鐵「駟馬既閑」，「駟」當作「四」。

⑦墓門「食椹而甘」，「椹」當作「葚」。

⑧七月「去其女桑而猗之，然後柔桑可得而求也」，已上十六字，今欲删去，改云「承其

女桑而猗之，然後遠揚可得而伐也」。

⑨又「蠶月者非一月，故不指言某月也」，下添云「蠶女事也，故稱月焉」。

⑩又云「猗薪之也，言猗女桑則遠揚可知矣，言伐遠揚則女桑可知矣：皆伐而猗之也」，已上三十字，今欲删去。

⑪又「剥棗者，剥其皮而進之，養老故也」，十三字，謂亦合删去。（敏案：此條爲安石乞改三經義誤字第二劄，在後，移併於此。）

⑫車攻「言其連絡布散衆多。若奕（敏案：字當作「弈」。）棋然」，已上十二字，今欲删去。

⑬小旻「發言盈廷」，「廷」當作「庭」。

⑭桑扈「受福不郍」，「郍」當作「那」。

⑮生民「麻麦幪幪」，「麦」當作「麥」。

⑯公劉「篤之字，从竹从馬。馬行地無疆，以竹策之，則力行而有所至；篤之爲言力行而有所至也」，已上三十四字，今欲删去。

⑰卷阿「藹藹然盛多」，「然」當作「其」。又云「故次以既醉太平也」，多「太平」二字，今合删去。

⑱召旻「昏非所以爲哲」字上漏「明」字，今合添。

⑲時邁「政之所加，孰敢不動懼」，今欲改云「政之所加，孰敢不震動疊息」。

⑳那「磬管將將」，「管」當作「筦」。

此二劄，據首劄標題下原注，知爲元豐三年八月二十八（蓋「六」之誤，詳下）日稍前進上，至二十八日，旨降：「王安石上改定詩、書、周禮義誤字，詔録送國子監修正。」（續長編卷三〇七，頁十八。）〔二〕

安石乞改經義誤字事，亦見宋邵博邵氏聞見後録：

三經義頒于學官，數年之後，又自列其非是者，奏請易去。（卷二十，頁五。）

而宋洪邁以下，記荆公乞删「剥棗」等字者尤衆，容齋續筆「注書難」條云：

王荆公詩新經「八月剥棗」，解云：「剥者，剥其皮而進之，所以養老也。」毛公本注云「剥，擊也」、陸德明音「普卜反」，公皆不用。後從蔣山郊步至民家，問其翁安在？曰：「去『撲』棗。」始悟前非，即具奏乞除去十三字，故今本無之。（卷十五，總頁一四三。）

其後宋樓鑰攻媿集卷六七，總頁六〇八；元方回桐江集卷二，總頁一四七；明何楷詩經世本古義

〔二〕續長編繫丙辰二十六日，疑臨川集原註「二十八」之「八」爲「六」之形誤。

卷一，頁三四；清全祖望鮚埼亭集外編卷三四，頁三，皆載此事。攻媿集記事小異。）

而神宗亦不厭初頒經義，固樂見有所勘修，宋晁説之元符三年四月十九日奏曰：

臣頃爲蔡州學官，王安禮爲臣言：神宗皇帝天度高遠，常患三經義未副其意，宣諭異日當別刊修。（載嵩山集卷一，頁三九。）

此三經新義修正本書板，藏國子監，元祐、紹聖以及靖康元年（金人破京師之前）尚存，文獻頗載其事；而其印本，則南宋至元末人著書，猶多加舉引（説皆詳下第三大節「流傳」）。

附記：詩經豳風東山篇「鸛鳴于垤，婦嘆于室」，攻媿集曰：「『于垤』之義，惟胡德暉珵（楊時之門人）蒼梧雜志言之最明，云：『新經釋「鸛鳴于垤」，謂「垤」爲「丘垤」，非「螘塚」。蓋荆公未嘗到山東，螘塚有極高大者，如塚墓然，每天將雨，則鸛集螘垤而鳴。』」（卷六七，總頁六一一。）第考朱子語類曰：「王荆公初解『垤』爲自然之丘，不信『蟻封』之説，後過北方，親見有之，遂改其説。」（卷一〇五，頁八。）一謂荆公未見北方蟻塚，故不及改；一謂親見北方蟻封，故遂變舊説，如七月「剥棗」條然。余案：宋呂祖謙（呂氏家塾讀詩記）、段昌武（毛詩集解）、嚴粲（詩緝）引詩經新義解此「垤」皆作「丘垤」，説詳詩經新義佚文第三三五條，朱子語類此條，殆出誤傳。

（四）附音義本

三經新義兼釋字義、字音，如小雅白駒「賁然來思」，詩經新義：「賁，讀爲『奔』字，言其來之速也。」（詳詩經新義佚文第四五〇條）又如楚茨「爇蕭求諸陽」，詩經新義曰：「爇，如悅反。」（詳詩經新義佚文第五九八條）蓋標釋音讀之字甚少（從所輯佚文可概見），不便講論，於是帝令講官編撰，續長編：

元符元年十月癸巳（十九日），三經新義與舊音不同者，令本經講官編纂音義。（卷五〇三，頁十一。）

續長編拾補：

政和元年十一月丙子（十七日），臣寮言：「竊見邇英講經，皆並注入點釋，因襲之久，未及是正。欲乞自今只點正經，其音釋意義，並以王安石等所進經義爲準。」從之。（卷三十，頁十三，亦見長編紀事本末卷一三〇，頁三。）

疑講官所別編「音義」，嘗附刻於三經新義本之後。北宋末人徐安道（蓋名尹平），多用安石詩經新義（見李樗、黄櫄毛詩李黄集解引，詳詩經新義佚文第二七〇、四二〇等條。），而宋姚寬西溪叢語（卷下，頁十。）記安道有「音辯」注；安道殆就三經新義有關音義部分爲注者也。

（五）私家傳刻本

王氏父子門人等解經，坊間摹刻，約當熙寧四至七年間，邵氏聞見後録云：

東坡倅錢塘日，答劉道原書云：「道原要刻印七史，固善；方新學經解紛然，日夜摹刻不暇，何力及此？……」（卷二十，頁八。據王保珍先生增補蘇東坡年譜會證，熙寧四年六月至七年九月，東坡通判杭州。）

熙寧八年七月，令以三經義付梓，同詔禁止私印及售賣，違者杖一百（已詳上第一小節引續長編）。罰則太輕，又利之所趨，於是書估競相摹刻。及政和二年（一一一二）頃，坊間更刻印小字本，校印粗劣，可想而知。唯以廉價銷售，又便於檢閱携持，竟然風行場屋，宋會要輯稿云：

政和二年正月二十四日，臣僚言：「輿論以謂：士人溺於元祐挾書之習者，尚多有之。蠅頭細字，綴成小册，引試既畢，遺編蠹簡，幾至堆積。兼鬻書者以三經新義並莊、老子説等作小册刊印，可置掌握，人競求買，以備場屋檢閱之用。雖其法甚嚴，而前此有司往往愛惜士風，未之舉行，遂致荒唐繆悠之人公然抵冒，無復忌憚。竊謂義理本以待士，彼或冒法，則非士也，尚何恤乎？伏望聖慈，申嚴懷挾之禁，增重巡鋪縱容之責；印行小字三經義，亦乞嚴降睿旨，禁止施行。」從之。（卷一〇六四三，總頁四二九四選舉四之七—八。）

類此粗濫刻板，彼時傳印必甚多，唯當日善本具在，故棄置誠不足惜；今則三經新義原書久佚，雖求劣本，亦無由得，良可歎也！

三、流傳

（一）北宋哲徽欽三朝

宋哲宗元祐元年，司馬光等執政，舊派當塗，議新科舉法，國子司業莆田人黄隱者，小人也，逢迎權要，詆毁三經新義，諷太學生勿用王氏新學，御史中丞劉摯奏劾之：

伏見國子司業黄隱，學不足以教人，行不足以服衆。學之政令，惟考校課試、遷補職掌，最繫奬勸，不可不公。而隱違法徇私，事皆有狀……多於生員試卷之末，妄立詞説，出牓以示衆：變棄義理，疑惑學者，陰附權要，奬進浮薄。故使學衆不伏，怨情洶洶，至有騰爲嘲謗之詞者。

隱微見安石政事多已更改，輒爾妄意迎合附會，因欲廢安石之學，每見生員試卷引用，隱輒排斥其説，此學者所以疑惑而怨之深也。（載續長編卷三九〇，頁十八—十九，繫元祐元年十月。）

案：諸家或謂黄司業欲毁、或云已毁三經新義官板（詳後）。考元豐官制行，國子監置祭酒一人，掌國子太學、武學、律學、小學之政令，而司業爲之貳（見宋史職官志五），國子監主管——祭酒尚無權毁欽定之書板，況司業乎？觀上劉摯言，知隱但排抑王學，未嘗倡言廢毁經板。下殿中侍御史呂陶言亦可證：

臣伏見國子司業黄隱……亦能誦記安石新義，推尊而信嚮之久矣，一旦聞朝廷欲議科舉以救學者浮薄不根之弊，則諷諭其太學諸生，凡程試文字，不可復從王氏新説，或引用者，類多黜降，何取舍之不一哉！（净德集卷四，頁二請罷國子司業黄隱職任狀，續長編卷三九〇，頁十九亦載。）

劾狀亦不及隱欲毁板之罪，矧監察御史上官均劾狀言隱失職，亦並未及毁板，其言云：

自隱初除學職……專以區區私見排詆王安石經義。……朝廷昨來指揮，止禁學者不得援引字説；其於三經新義，實許與注疏並行。而隱學無所主，任意頗僻，以爲朝廷盡斥安石之學，肆言排詆，無所顧忌；妄倡私説，取笑學者。（續長編卷三九〇，頁二一—二二。）

夫「太學每歲公試，以司業、博士主之」（宋史選舉志五），黄隱考校課試，玩法弄權，禁諸生用王氏經義有之，若公然號於衆，曰毀三經新義板，則彼所未敢而力亦有所不逮，乃舊說以爲隱毀板：

清黄宗羲等　宋元學案涑水學案下：「黄隱……元祐初，守國子司業，力排王氏新語，取三經板火之，爲呂陶等所攻，出守泗州。」（卷八，總頁二〇三。）

清全祖望　鮚埼亭集外編荆公周禮新義題詞：「三經新義……國學頒行之板，爲國子司業莆田黄隱所毀，世間流傳遂少。」（卷二三，頁六。）又記王荆公三經新義事附宋史經籍志：「荆公三經新義……莆田黄隱作司業竟焚其書，當時在廷諸公，不以爲然，彈章屢上（下全氏據山堂考索載劉摯、呂陶、上官均之言，此悉從略）。」（卷四九，頁一一三。）

清蔡上翔　蔡譜：「……及司業黄隱不悦，且欲毀安石新經，則有呂陶起而攻之。」

清陸心源　宋史翼黄隱傳謂隱「遷國子司業，取三經新義板火之。」（卷三，頁十七。）

梁啓超　王荆公：「哲宗元祐元年，國子司業黄隱焚三經義之板，禁諸生誦習矣。」（頁一一四。）

此後，徐振亞王安石經學概論初稿、劉伯驥宋代政教史（總頁一一七四）並謂黄隱欲毀新經板。皆沿黄、全二氏之誤也。

三經新義官板固未遭焚，至紹聖間猶完好無損，清波雜志：

章子厚在相位，一日，國子長貳堂白：「三經義已鏤板放行，王荆公字説亦合放行，合取相公鈞旨。」子厚曰：「某所不曉，此事請白右丞。」右丞，蔡元度也。（卷十，頁二。）

案：此紹聖元年十月事（時章惇相，蔡卞爲尚書右丞）。字説，元豐用以取士，但未詔行，而元祐詔禁，故學臣請就安石家取寫定本，付國子監雕板，令頒行之[二]；三經義則早已鏤板頒行，板在，朝廷亦未嘗禁其學，故不需重頒。[三]

板存朝廷，印本則流行天下，士子傳習，以企升登高第：

章宗撰葛勝仲行狀（丹陽集附）：「紹聖三年，（公）復預開封優選。明年試南宮，時再用經義取士，知舉文節林公希……擢寘高等，遂登是歲進士第。」勝仲有謝試宏詞及三經義

[二] 長編紀事本末：「紹聖二年十一月庚子，三省言：國子司業龔原奏請，乞檢詳前奏下贈太傅王安石家取所進字説副本，下國子監校定雕印，以便學者傳習。從之。」（卷一三〇，頁二。）王觀堂先生全集總頁四三五一五代兩宋監本考（卷中）亦載紀事本末此條。關於字説之撰著與行於場屋，詳劉銘恕王安石字説源流考。

[三] 據續長編拾補（卷十一，頁六，長編紀事本末卷一三〇，頁二同。），而柯敦伯王安石：「紹聖元年十月，將王安石字説、洪範傳、三經義及子雱論語、孟子義降付國子監雕印，便學者傳習。」（頁一三二。）案：紹聖元年十月，詔刻字説，已如上述；二年三月甲辰（初九日），從國子司業龔原等請，詔令國子監寫録王雱論語、孟子義進納（續長編拾補卷十二，頁三，長編紀事本末卷一三〇同）。至洪範傳雕印頒行，則在二年正月十七日，亦從龔原之請（見宋會要輯稿總頁二二六〇崇儒五）也。宋史龔原傳，亦謂原請以安石父子所撰字説、洪範傳及論、孟義刊行，而不及三經義。柯氏云紹聖刻三經義，殆誤。

入等啓。（丹陽集卷四，頁三。）

學者但讀三經義；本經及他書，幾至廢置不觀。臣寮因竟上言乞於三經義中出題試舉人，右正言鄒浩論其不可（見續長編卷五〇三，頁十七，繫元符元年十月；宋史本傳亦簡載之）。既而，政和元年十一月，帝從臣寮言，邇英講經，音、義並以三經義爲準。次年，坊間傳刻小字本三經義，風行四海（已詳上第三大節第五小節）。

先是，陳瓘大觀四年上四明尊堯集（據周必大文忠集卷十七，頁六，一云政和元年上。），據三經義本書而條陳其失。其後復有楊時請劈毁三經板之事，靖康元年五月三日兼國子祭酒楊時上疏曰：

……致今日之禍者，實安石有以啓之也。……臣伏望睿斷，正安石學術之繆，追奪王爵，明詔中外，毁去配享之像，使淫辭不爲學者之惑，實天下萬世之幸！（龜山集卷一，頁二一——二三，日月從靖康要録卷六，總頁一一一四。）

以教育首長具文請君上「正安石學術之繆，使淫辭不爲學者之惑」，雖未昌言毁三經義存板，而欲毁板之意已甚顯。朱子語類：

他（龜山）當時一出，追奪荆公王爵，罷配享夫子，且欲毁劈三經板。士子不樂，遂相與聚問：三經有何不可，輒欲毁之？（卷一〇一，頁十五。）

蔡譜用朱子說。宋史楊時本傳（載龜山集卷首。）亦云：

又著三經義辨，請毀三經板。時士子獵取科第，已數十年，不復知其非，議論紛然。敏

案：傳本宋史時本傳不記請毀經板之事。

楊時議廢安石學，欲毀三經義官板，以太學生訩聚，而御史中丞陳過庭及諫議大夫馮澥等又上疏辯論，乃罷時祭酒，僅停安石配享，卒不從其意劈毀三經義板〔二〕。而楊時三經義辨進上朝廷，久之，但付秘府收藏〔三〕，亦可徵王學未禁，經義板完好。日人諸橋轍次氏儒學之目的與宋儒之活動（頁五三七）謂龜山此疏導致欽宗毀三經義板，失之。

據上所述，三經義官板及印本，至靖康元年尚存。及汴破，或毀於兵燹，或爲金人索去丟棄，陳登源中國典籍史略謂：

靖康二年正月，虜須渾天儀、銅人、刻漏、古器、秘閣三館書籍、印本監板。當時宋人何敢求而弗應？故同月，鴻臚卿康執權、少卿元當可等押道、釋經板，校書郎劉才、邵溥、宿國子監主簿葉將、博士熊彥詩、上官悟等五人，押監書印版並館中書籍送納。二月，虜得明堂

〔二〕此小段文，參龜山集答蕭子莊（卷二一，頁十四）、題諸公邪說論後（卷二六，頁十五）、宋陳淵默堂文集三經義辨止載朱公有益學者之詞（卷十七，頁六—七）、宋史選舉志三及御批歷代通鑑輯覽（卷八二，頁六）。

〔三〕見默堂文集與胡康侯侍讀（卷十七，頁二五）、與黃用和宗博（卷十九，頁十四）。

九鼎，觀之不取，止索三館文籍圖書、國子書版。（卷二，總頁一九九—二〇〇，參靖康要録卷十五，總頁三〇三、三〇七。）

靖康要録（卷十六，總頁三三六）載靖康二年四月，金人北去，營中棄珍物甚多，而「秘閣圖書，狼藉泥中」（亦參陳氏中國典籍史）。監板三經義及印本，則爲粘罕棄毁，顧棟高王荆公年譜附「遺事」云：

粘罕在西京……拘刷三館（史館、昭文館、集賢院）書籍，凡王氏經説、字説皆棄去之。

靖康要録亦記：

靖康元年十二月二十五日，虜人入國子監取官書，凡王安石説皆棄之。（卷十四，總頁二八五。）

印本輕便，尚以「偏惡」見棄，三經版笨重，固虜所不取，遂任其傷毁，可慟也夫！

（二）周禮新義之流傳（併考「輯本」）

中原失陷，三經義湮淪北地，幸南方尚保有傳印本，陳淵（？—紹興十五年，一一四五）默堂文集與十弟書：

王氏以熙、豐以來，發明六經，固嘗以孔、孟自任，然六十餘年間，瀆貨害民，開邊生事……遂使夷狄亂華，二聖播越。……今其書具在，可驗也。（卷十九，頁十八—十九。）

「其書具在」，舉子得以誦習不絶，乃有乞科場仍用三經新義答卷者矣，時紹興十二年六月癸未事也。（載建炎以來繫年要録卷四五，頁二一三；中興小紀卷三十，頁八。）

三經新義之流傳，既總述略如上，兹再就其著録、衆家舉引及「輯本」，分書詳考如下。先周禮，次詩經，末尚書者，從安石舊敘也[二]。

Ⓐ 宋、元、明人書著録（鄭宗顔考工記講義併列。）

宋晁公武郡齋讀書志：

新經周禮義二十二卷……皇朝王安石介甫撰，熙寧中設經義局，介甫自爲周官義十餘萬言，不解考工記。按秦火之後，周禮比他經最後出，論者不一。……至於介甫，以其書理財者居半，愛之，如行青苗之類皆稽焉。所以自釋其義者，蓋以其所創新法盡傳著之，務塞異議者之口。（卷二，頁十。）

〔二〕 臨川集（卷八四）存三經義序，先周禮義序（直齋書録解題曰：「周禮新義二十二卷……置之經義之首。」），次詩義序，末書義序。

宋尤袤（宣和六年—紹熙元年）遂初堂書目禮類：

王文公周禮新經。

宋陳振孫直齋書録解題：

周禮新義二十二卷，王安石撰。熙寧八年，詔頒之國子監。……其解止於秋官，不解考工記。（卷二，頁二一。王觀堂先生全集總頁四三四一五代兩宋監本考卷上據以著録，且引續長編熙寧八年七月詔。）

元馬端臨文獻通考：

新經周禮義二十二卷。晁氏（公武）曰……。陳氏（振孫）曰……。（卷一八一，總頁一五五七經籍考八。）

元托克托宋史藝文志一：

王安石新經周禮義二十二卷。

案：晁氏，高宗紹興間人，陳氏，理宗端平間人，皆得見原書而據以著録（詳參下文），通考則顯然據晁志、陳解著録。而宋志，元時撰，其時此書雖尚未佚，然則未必便得原書，依以著録。

又案：晁志等著録，皆作二十二卷，與墨海金壺本、經苑本及臨川集（卷八四，頁二）所載安石周禮義序「……謹列其書爲二十有二卷」合，唯清文淵閣四庫全書本、孔繼涵鈔本此序則並作

「二十有三卷」。余考安石尚書義十三卷，與僞孔傳本尚書卷數相合，經典釋文敘録、隋志、兩唐志、唐石經、日本内野本、宋相臺岳氏本著録僞孔傳皆作十三卷。又考詩經義二十卷，亦與毛、鄭本卷數相合，經典釋文敘録、隋志、兩唐志、唐石經、宋相臺岳氏本、唐修毛詩正義皆作二十卷。是周禮義分卷，亦當從舊，如詩、書之例。舊志著録衆家注周禮，絶多作十二卷：

經典釋文敘録：「馬融注周官十二卷，鄭玄注十二卷，王肅注十二卷。」

隋書經籍志：「周官禮十二卷，馬融注、鄭玄注、王肅注、伊説注、干寶注。」（舊唐書經籍志：馬、王、干注亦皆作十二卷，新唐志：馬、王注亦並作十二卷，兩唐志著録鄭注本皆作十三卷，唐石經周禮鄭注十二卷。）

疑安石周禮新義序「二十二卷」，初作「一十二卷」，「二」爲「一」字之抄誤；至於作「二十三」，又爲「二十二」之誤。

晁、陳並以安石周禮新義不解考工記，其後明周夢暘考工記輯注（載明徐昭慶考工記通卷首述）、清全祖望荆公周禮新義題詞（鮚埼亭集外編卷二三，頁七）、紀昀四庫全書總目提要（卷十九，頁七）、王太岳四庫全書考證（卷八，頁四八—四九）、甘鵬雲經學源流考（卷四，頁五）皆遵其説。

晁、陳倡言安石解不及冬官考工記，殊可疑。考安石周禮義序言「謹列其書爲二十有二卷，凡十餘萬言，上之御府」，與晁氏説合，似晁、陳所見非殘本。考工記雖非周禮冬官之舊，然自漢河間獻王取以補綴五官之後，歷時千年，後人多視之爲周禮之一部分，鄭注、賈疏皆不加排斥，矧安石方尊顯周官，資以推行新法，理應義解全書以頒天下，如詩、書二義之例。若但遺考工不解，貽人口實，中人所不爲，而謂安石爲之乎？

復考安石之徒陳祥道（字用之），師承新學，撰考工記解（見宋王與之周禮訂義卷首引用諸家姓氏下），以推安石禮學，安石似不應舍考工記不解。王昭禹，固亦荆公之學者，著周禮詳解四十卷，宗王氏新説，考其全編，幾至篇篇章章句句字字依傍而發揮之，而亦解考工記。

更考宋王與之周禮訂義前列引用諸家曰：「臨川王氏安石字介父，有『全解』，今作王氏。」而其書考工記直引「王氏曰」者十三條，轉引自鄭鍔周禮全解者（鄭氏直呼王安石云云）五條。王與之、鄭鍔之書，皆全解，而安石又別無周禮考工記解，故二家所引安石説，當出周禮新義之考工記義解。況宋沈作喆（紹興五年進士）嘗述考工記新義：

寓簡曰：「神宗皇帝御經筵，時方講周官，從容問『面朝後市』何義？侍講官以王氏新義對曰：『朝，陽事；市，陰事，故前後之次如此。』」（卷二，頁二。面朝後市，考工記匠人文。）

且安石字説，用考工記畫繢文「赤與白謂之章」（見埤雅卷三，頁十引），而周禮新義前五官，用考工記直稱書名者四條，則非鄙而不解，又得一塙證。（關於安石解考工記參看拙著重輯周禮考工記新義論錢儀吉本，書目季刊十八卷四期。）

明楊士奇文淵閣書目：

周禮王荆公解義，一部，三册闕。

周禮鄭宗顏講義，一部，一册完全。（卷二，頁二八，地字號櫥。）

明孫能傳、張萱「（萬曆重編）内閣書目」：

荆公周禮解義，三册，不全，宋王安石注。

周禮講義，一册，全，宋王安石及鄭宗顏注冬官考工記：鈔本。（卷二，頁十七經部。）

明葉盛菉竹堂書目：

周禮王荆公解義，三册。

周禮鄭宗顏講義，一册。（卷一，頁十一。）

明焦竑國史經籍志禮類：

周禮新經義二十二卷王安石。

鄭宗顏周禮講義□卷。（卷一，頁二七、二八。）

明朱睦㮮授經圖：

周禮解義二十二卷王安石。

周禮講義二卷鄭宗顔。（歷代三禮傳注卷四，頁四。）

案：所謂「周禮解義」，即安石周禮新義，明初存文淵閣地字號櫥，士奇親見殘本，依以著録。清傳維鱗明書經籍志，就士奇内閣書目重編者，著録二書同。葉盛（永樂十八年—成化十年）亦明初人，唯今傳菉竹堂書目，乃後人據文淵閣書目輯編纂定者，非原本書目，故葉盛得見荆公此書與否，未可定也。内閣書目乃萬曆重編，此蓋據文淵閣書目纂入，亦未必獲見安石原編。焦氏史志及朱氏經圖之爲書也，並存佚兼收，未見二家周禮解義，論據詳下第（三）小節詩經新義之流傳。至清莫友芝郘亭知見傳本書目（卷二，頁七）著録，記有萬曆刊本，蓋據内閣書目，以爲當是彼時刊本，亦未見荆公原書也。

明初修永樂大典，多用文淵閣藏書（如文淵閣書目所記）。大典所收安石闕本周官新義及鄭宗顔足本周禮（考工記）講義，當即據閣本。爾時荆公解義、宗顔講義已合爲一書，併鈔入永樂大典中，書題王、鄭合著。意者，永樂之後，王、鄭原編旋即散佚，清儒（如全祖望、周永年、孔繼涵、程晉芳、周震榮、陳竹厂）但據永樂大典抄輯，合附鄭講於王書之後［説參下Ⓒ之（b）］。

大典據閣本周禮新義抄，今閣本固已佚，即大典原卷亦不易見，無從考校其初原。全祖望度閣本乃宋徽宗政和時所藏安石手稿本，其荆公周禮新義題詞曰：

……獨周禮則親出於荆公之筆……蔡絛以爲政和秘閣所藏，其書法如斜風細雨，定爲荆公手蹟。敏案：見鐵圍山叢談，已見上引。其後國學頒行之板，爲國子司業莆田黄隱所毁，敏案：説誤，已詳上。世間流傳遂少，……而明文淵閣書目所有，當猶屬政和底本，顧世人無從見，今則無矣。相傳崑山徐尚書（乾學）雕（通志堂）經解，以千金購之，不能得。雍正乙卯，予於永樂大典中得之。……（鮚埼亭集外編卷二三，頁六。）

案：上第二大節（三），述周禮新義元豐三年第一次修正本第（二）條天官大府，安石請删去三十字；又修正本第（九）條，秋官大行人，請删去十四字。考所删之字，今尚皆見於各傳抄永樂大典本周官新義（詳下清文淵閣本四庫全書周官新義下討論），是大典據以抄收之明文淵閣本果爲未經修訂之初頒本、底本，或安石手稿本（如全氏意）。唯全説不盡然，手稿及底本，藏在秘府，當亡於靖康之難（已詳上文），此蓋舊日初頒本，偶存於民間，傳至明初，爲政府所得者也。

Ⓑ宋、元、明人書稱引

晁公武、尤袤、陳振孫三家，皆實見周禮新義原帙之全，其書志據以著録（已詳上）；是安石書南宋晚葉猶存。又自北宋哲宗至南宋末年，多士直引周禮新義原文者，舉隅如下：

孫升（治平二年進士）孫公談圃：「荆公言：贊牛耳，取其順聽。」（卷中，頁五，見周禮新義輯本佚文第五三八條。）

陳瓘（一〇五七—一一二二）四明尊堯集：「……新經義既取其説……安石欲變宿衛

之法，先於經義創立新説。」（卷一、卷三，輯評第二六條。）

王黼（一〇七九—一一二六）宣和博古圖曰：「王安石釋周官鼓人云：『以錞和鼓……』」（卷二六，頁二七，輯佚第二一二條。）

楊時（一〇五三—一一三五）龜山集：「周官『平頒其興積』，新義曰：『無問其欲否，概與之也。』」（卷六，頁十三，輯評第一〇一條。）

王昭禹（政、宣間人）周禮詳解：「新經云：『自三命以下……』」（卷十九，頁十三，輯佚第三三九條；又引作新傳云云者，多見，詳輯本。）

王十朋（一一一二—一一七一）周禮詳説：「王安石曰：『韋弁，違物性而制之……』」（周禮訂義卷三六，頁六載，輯佚第三四三條。）

沈作喆寓簡述「王氏新義」（已詳上引）。

唐仲友（一一三六—一一八八）九經發題：「熙寧間，更命儒生爲新義，而安石實董周官。……其説多用字説，破碎經義。」（頁六，輯評第七一條。）

朱熹（一一三〇—一二〇〇）朱文公文集：「安石之所謂周禮，乃姑取其附於己意者……」（卷七十，頁十，輯評第一七三條。）

洪邁（一一二三—一二〇二）容齋續筆：「王安石……作三經新義，其序略曰：『……』」

（卷十六，總頁一五七—一五八，輯評第七二條。）

鄭鍔（紹興三十年進士）周禮全解：「王安石謂：『雞於十二辰屬酉……。』」（周禮訂義卷三三，頁十六載，輯佚第三三〇條。）

易祓（淳熙十一年進士）周官總義：「王氏新傳以爲：『……皆誓其屬也。』」（卷二三，頁二二，輯佚第六六七條。）

陳汲（寧宗時人）周禮辨疑：「王介父以爲：孟子據實封言之……。」（周禮訂義卷十五，頁十六引，輯佚第一八五條。）

魏了翁（一一七八—一二三七）周禮折衷：「荆公謂：『治汙謂之汙……。』」（在鶴山大全文集卷一〇四，頁三一，輯佚第四八條。）

衛湜（寶慶間人）禮記集説自序評「王文公新傳」，見輯評第一八六條。

王與之周禮訂義（紹定五年作），卷首引用姓氏，列王安石，卷内直引王氏曰皆謂安石，凡五百零八條次，詳輯本。

王應麟（一二二三—一二九六）六經天文編引「王氏曰」四條、困學紀聞引周禮義一條，並詳輯本。

以上所述，凡明稱安石書名者，固皆親見原書；其稱王安石、王介甫、荆公者，亦出周禮新義。蓋安石周禮專著，只此一書，所引必據是編；所引又多可與文淵閣本周官新義證合，故真出安石原書無疑（參看輯本諸家評論及載引佚文同佚文按書分條考計）。王伯厚已入元，既尚及見此書，則斯編迄宋亡猶未佚也。

馬氏文獻通考據晁志、陳解著録；托克托宋史藝文志，元時撰，其書此時雖尚未佚，然未必便得原書，據以著録。的知周禮新義元初尚未佚者，陳友仁（宋末元初人）元至元二十一年（西元一二八四）撰周禮集説引一百九十四條，絶多稱「王介甫曰」，其有與文淵本相合者，又有超出文淵本之外且未見宋人引述者，顯然皆據安石原書，非出於稗販。熊朋來（一二四六—一三二三）熊氏經説曰：「王荆公字説，則字皆會意，無所謂六書，故王氏周禮新經至六書無可説。」（卷四，頁十—十一。）必親見安石書，確知其未解地官保氏「六書」，乃能爲此言，是其書元代果未佚也。毛應龍（大德間人）亦及見安石書，直引「王氏曰」七條（載所撰周官集傳），皆出是書，可爲佐證。

明人貢汝成、柯尚遷、王應電、丁克卿、鄧元錫、徐即登、郎兆玉、王志長、何楷、陳深著書，載引周禮新義佚文，皆自故書轉録；方孝孺、張瑄、何喬新、唐樞、薛應旂、周夢暘、徐昭慶、陳仁錫、張采著文，評安石周禮學，皆據史傳或故禮籍，不必據安石原書，即可慷慨陳辭；矧張采且云：「家之藏書，此二書（謂安石周禮新義及楊時周禮義辨）杳，無從索借。」（周禮合解序）唯明初人晏璧依託元吳澄三禮考註，增補安石新義兩條，不見宋元人稱引，當出原書（詳輯佚第七一、七三兩條），是安石此書明初猶存也。

Ⓒ 清人書著録及輯本周禮新義

（a）雍正十三年（一七三五）鈔永樂大典本

此本爲全祖望所抄輯，鮚埼亭集外編鈔永樂大典記：

明成祖敕胡廣、解縉、王洪等纂修永樂大典，以姚廣孝監其事，始於元年之秋，成於六年之冬，計二萬二千七百七十七卷，凡例、目録六十卷，冠以御製文序，定爲萬二千册。……嘉靖四十一年，禁中失火，世宗亟命救出此書；幸未被焚。遂詔閣臣徐階照式橅鈔一部，當時書手一百八十人，每人日鈔三紙，一紙三十行，一行二十八字。至隆慶改元始畢。……曁我世祖章皇帝，萬幾之餘，嘗以是書充覽，乃知其正本尚在乾清宫中，顧莫能得見者。及聖祖仁皇帝實録成，詞臣屏當皇史宬書架，則副本在焉，因移貯翰林院，然終無過而問之者。前侍郎臨川李公（紱）在書局，始借觀之，於是予亦得寓目焉。……因與公定爲課，取所流傳於世者概置之，即近世所無而不關大義者亦不録，但鈔其所欲見而不可得者。……會逢今上纂修三禮，予始語總裁桐城方公鈔其三禮之不傳者，惜乎其闕失幾二千册，予嘗欲奏之今上發宫中正本以補足之，而未遂也。（卷十七，頁十——十三。）

案：永樂大典傳至明末，已非完帙。其文淵閣藏正本（即永樂間原寫本）蓋毁於李自成入北京，全氏謂順治時尚在乾清宫中，乃得之傳説，其實書已不存，故終「莫能得見」。而與李穆堂傳抄所據者，乃皇史宬書架之副本——即明嘉靖至隆慶間傳抄之永樂大典副本。此副本，於乾隆間纂抄三禮書時檢點，知闕幾二千册，是祖望抄書之所據，爲殘本大典〔二〕。至於何時鈔出周禮新義，鮚埼亭集外編荆公周禮新義題詞曰：

……周禮則親出於荆公之筆……顧世之人無從見，今則無矣。相傳崑山徐尚書雕經解，以千金購之，不能得。雍正乙卯（十三年，一七三五），予於永樂大典中得之，亟喜而鈔焉。會修三禮，予因語局中諸公，令鈔大典所有經解，而荆公書尤爲眉目。惜其地、夏兩官已佚，終不得其足本也。……荆公之書，五官而已。有鄭宗顔者，采其説别注考工記二卷。今新義已缺其二，而考工尚有存者，並附之。（卷二三，頁六—七。）

案：崑山徐尚書乾學（一六三一—一六九四）讀禮通考（光緒七年四月江蘇書局刊本）引用書目亦未列王安石周禮新義，未見其書，刻通志堂經解購求亦不得，全氏説是也。其自大典鈔輯

〔二〕參近人郭伯恭永樂大典考（頁一一八—一五二）第六章永樂大典之厄運、第七章清乾隆間之永樂大典，據四庫全書總目提要云缺二千四百二十二卷。

周禮新義，當雍正末年〔二〕，次年（乾隆元年）纂修三禮，乃語總裁方苞等，鈔大典所有經解，而特注荆公經解。全氏「地、夏兩官已佚」，蓋謂大典所收周禮新義地、夏二官之卷有佚；四庫提要曰：「今永樂大典闕地官、夏官二卷。」「已缺其二（官之卷）」，故不獲足本。余謂大典所據以收録之周禮新義原爲明文淵閣藏殘本，就使大典卷帙無闕，抄之者無遺漏，所得幾亦不可能爲安石書之全帙。故其後嘉興人錢儀吉自諸家傳義中復輯收六官佚文百三十餘條、余自九十五家八十五書中輯佚文二千三百七十八條次，超出四庫本甚夥，此其諸官皆有闕文之明證也。

又案：鄭宗顔周禮講義（即考工記注二卷），清初已佚，全氏承永樂大典題，又據其書所引，考其注多解字，遂附并安石新義五官之後，欲保存荆公周禮遺説，用心可佩，然鄭義終非王義，不可强附也（詳下）。

綜上所考，全氏據明嘉靖四十一年至隆慶元年鈔本永樂大典，輯王安石周禮新義殘文若干條，次爲若干卷〔三〕，又自大典輯鄭宗顔考工記注二卷，併附其後。書蓋未嘗刻板，知者，因全氏

〔二〕 史夢蛟撰全祖望年譜（存鮚埼亭集卷首），謂與李紱讀鈔永樂大典在次年——乾隆元年，再次年罷官南歸。愚案：始借閲傳鈔，蓋在雍正末，至次年（乾隆初）抄得數本（詳後），故譜繫此年也。

〔三〕 永樂大典考（頁一五四）謂全祖望等此時所輯得之佚書有王安石新義六十卷。敏案：「六十」爲「十六」之筆誤；十六之數，郭氏蓋因四庫本周官新義卷數言之，疑别無它據。

嘗欲覓有力者併陳用之論語解、王昭禹周禮解合梓而未能。（鮚埼亭集外編卷二三，頁十二陳用之論語解序。）

朱彝尊（一六二九—一七〇九）經義考（卷一二二，頁一—三。）著録周禮新義，云未見，又謂萬曆中重編内閣書目尚存荆公周禮義三册。但另著潛采堂兩淮鹽筴書引證書目（頁一）云：「周禮新經義王安石。」（嚴靈峰輯，臺北成文書局影印清宣統晨風閣叢書刊本。）當是傳鈔舊目，因安石原書時佚，永樂大典封屯庫中，朱氏無從鈔録。

（b）乾隆丁酉（四十二年，一七七七）頃鈔永樂大典五本

程晉芳（一七一八—一七八四）勉行堂文集周官新義跋：

……周官（新義）舊二十二卷，此吾友周書滄敏案：即周書昌永年，「滄」蓋「昌」之誤，下同誤。從永樂大典録出者，得十六卷，而地官、夏官缺焉，末附考工記二卷……。余與書滄、孔葒谷各鈔一本。嗣是永清令周篔谷屬鈔一本，而陳上舍竹厂又鈔焉。行于世者有四本（當爲五本），亦難得之數也。（卷五，頁十一。）

周篔谷［名震榮，章學誠周篔谷別傳（載碑傳集補卷二二，頁十五—十七）：「（君）暇日輒讀書。永清去京一舍，購書都市，兼車累篋，或借抄館閣。縣吏無事，多役使繕書，一時文墨之士，聞風過訪，往復討論。君諱震榮，字青在，一字篔谷，浙江嘉善人，乾隆十七年舉人。……卒於乾隆

五十七年壬子冬十月，春秋六十有三。」」、程晉芳（乾隆三十六年進士，爲四庫館纂修官）、陳竹厂（本名不詳，事迹難考）三子，與永年、繼涵同時，殆皆因永年輯校大典中佚書之便而獲借抄，則是各本分卷相同，豈非從永年之意乎？

五本已佚其四，存者唯孔葒谷一鈔本。葒谷事迹：

國朝先正事略：「孔君繼涵，字葒谷……乾隆辛巳（當作卯）進士，官户部郎中。深於三禮，校刻微波榭叢書。」（卷三五，頁三九。）

國朝耆獻類徵初編：「君諱繼涵，字體生，一字誦孟，號葒谷，曲阜人。……乾隆庚辰舉於鄉，辛卯（三十六年）成進士，官户部河南主事。……雅志稽古，於天文、地志、經學、字義、算數之書，無不博綜。官京師七年，退食之暇，則與友朋講析疑義，考證異同。凡所鈔校者數千百帙。……遇藏書家罕傳之本，必校勘付鋟，以廣其傳。……自撰考工車度記、補林氏考工記解、句股粟米法、釋同度記各一卷。……生於乾隆四年正月二日，卒於四十八年十二月十八日。」（卷一四七，頁一；清史列傳卷六八，頁六一略同；清儒學案卷七九，頁四四有傳。）

臺灣圖書館今典藏「周官新義十六卷、附考工記二卷共三册：舊鈔本」，皆題宋王安石撰。

是書每半葉十行，行二十一字。書之卷一大題下自最下而上有「葒谷」印一、「孔繼涵印」一、

「『中央』圖書館收藏」印一（全書别無其他印文）。卷内有朱書點斷句讀、校正訛誤。又時於段落下朱書記述抄校日程及生活瑣事，校記筆迹相同，出於一手，兹併其它有關資料，先列表如下：

首頁　周官新義（安石）原序標題之下方　朱書：「乾隆四十二年秋八月，借周林汲同年大典散篇抄，廿七日寫完。」

卷一，頁四　朱書：「卷四千四百九十九，二十頁。」

卷一末　朱書「八月廿八日，陳伯思仲思兄弟、潘毅堂舍人、宋芝山上舍來飲酒，翌日校完。」

卷二，頁十三　朱書：「九月癸亥朔校，是日申刻陰雲作。」

卷三末　朱書：「九月二日甲子校，是日坐周林汲兄處，聞泰安趙氏書二百箱散失已盡，惋惜久之。」

卷四末　朱書：「初三日早起校於敏事齋。」

卷五末　朱書：「初四日早起校。」

敏案：以上原序及五卷文，共九十一頁，裝一册。覘其墨迹，爲同一書手抄寫。

卷六末　朱書：「丁酉八月二十五日校，是日聞江孝廉筠震蒼、余布衣蕭客仲林皆下世。」

卷七末　朱書：「廿六日，自浙紹會館陪釋奠歸校，是日同年黄編修良棟芝雲來。」

卷八末　朱書：「丁酉八月廿六日鐙下。」

卷九末　朱書：「九月初四日丙寅校，錢篆秋來。」

卷十末　朱書：「初四日校，吴舍人蠡濤俊來。」

卷十一末　朱書：「九月初四日，壽雲簃校。」

敏案：以上文六卷，共一〇四頁，另一書手抄寫。

卷十二末　朱書：「丁酉八月卄一日，坐沈青齋寓同陸丹叔談歸，飯後點此。」

卷十三末　朱書：「八月卄二日早晨。」

卷十四末　朱書：「丁酉九月初五日早起，校于李閣老衚衕之因居。」

敏案：以上三卷，一人抄，共四十四頁。

卷十五末　朱書：「初五日巳刻校。」

卷十六末　朱書：「九月初五日散衙校。」

附考工記卷二末　朱書：「乾隆丁酉秋八月二十日燈下，是日聞放各省學差。」

敏案：以上四卷，共六十六頁，又别令一人抄。

案：林汲山人，周永年也（碑傳集卷五十，頁七載桂馥作周永年傳：「周先生永年……結茅林汲泉側，因稱林汲山人。」）。永年乾隆四十二年爲編修，與修四庫全書，主司自永樂大典中輯佚書，故便宜借出。孔、周皆乾隆三十六年進士，故繼涵稱之爲「同年」（周氏事迹詳下）。

又案：「朱書」所及人事，皆當日實録，如錢篆秋坫，乾隆三十九年進士。余蕭客字仲林，乾隆四十二年卒。所記月朔干支俱合曆書；，讎校非據大典原册莫辨，而據朱書「早起校於敏事齋」、「丙寅校，錢篆秋來」……是皆於私齋校書之證，故此本乃繼涵從永年借出「大典散篇」，於是年八、九兩月抄校完畢者。

又案：任抄書手四人，最多抄一〇四頁，計約三萬八千字，每日千四百字，二十七日可竟工，是朱書「八月借，廿七日寫完」之記可信。

又案：此本分卷及内容與四庫本周官新義同，豈繼涵據閣本轉抄，而矯稱録自大典，以貴其編乎？曰：否，否！考「朱書」記「卷四千四百九十九，二十頁」，據四庫修書時大典存缺一覽表〔二〕，此卷屬「先」韻（洪武正韻），而「天」在「先」韻，所收爲周禮新義「天官一」之文，依大典體例，固宜入先韻。是繼涵手記卷頁，確爲大典卷頁。而四庫本則概不記大典卷數，若據抄録，

〔二〕表見永樂大典考（頁一三四—一四六）第七章清乾隆間之永樂大典。

便無從知悉；非據四庫本，此爲明證。四庫全書，乾隆三十八年二月籌編，周禮新義底本即使完成於乾隆四十二年秋前，但珍藏於翰林院，不許借出，則繼涵所據，亦非四庫底本。且四庫全書第一分書（即文淵閣本），乾隆四十六年乃修竣，而孔鈔本先四年已成，其非據四庫本尤爲塙證。又案：四庫本周禮新義據永樂大典本，但頗有校改，而孔鈔本則一仍大典之舊，考有三例：

①文淵本周官新義：「鄭氏謂『使居其處，待所爲也』。」（卷三，頁二。）四庫全書考證：「原本脱『居』字，今據注疏補。」（卷八，頁三九。）案：原本，謂永樂大典本，四庫館臣據周禮鄭注賈疏改字，改後該行視它行多出一字；而孔鈔仍大典之舊，無「居」字。

②文淵本周官新義：「故宜饗備味，聽備樂。」（卷三，頁七。）四庫全書考證：「原本『味』訛『位』，今改。」（卷八，頁四十。）鈔本仍作「位」。

③文淵本周官新義：「鄭氏謂『土揖，下手揖之』。」（卷八，頁四八。）四庫全書考證：「『下』，原本訛『不』，據鄭注『土揖推手小下之也』，今改。」（卷八，頁四八。）鈔本仍作「不」。

④文淵本鄭宗顔考工記解：「空，聲之所生。」（周官新義附卷下，頁五。）四庫全書考證：「原本『空』作『控』，今改。」（卷八，頁四九。）鈔本仍作「控」。

但鈔本有時亦非盡依大典本，而於原文有所改易，竟與文淵本所改相合：

⑤文淵本周官新義：「則宜使之皆知，不使之不知也。」（卷二，頁十。）四庫全書考證：「原本『不使』訛『皆使』，今改。」（卷八，頁三九。）鈔本與文淵本同，皆已改之本。

⑥文淵本周官新義：「則以物之所以死，有不可察故也。」（卷四，頁六。）四庫全書考證：「原本作『有以物之所以死，不可察』，今據文義改。」（卷八，頁四十。）鈔本、文淵本並已改之本，字同。

⑦文淵本周官新義：「亦不可以一年而足，故不齒三年。」（卷十四，頁七。）四庫全書考證：「原本脱上『年』字，今據經文增。」（卷八，頁四七。）鈔本亦增有『年』字，同文淵本。

⑧見下論地、夏二官闕卷節所舉實例①。

⑨見下論地、夏二官闕卷節所舉實例⑥。

疑孔氏據大典本抄，間亦從四庫底本（乾隆四十二年，上距初修時五年許，周官新義度已編定。）勘誤，蓋賴其同年周書昌永年之力。

又案：此本別無其他私家藏書圖記，顯非全祖望雍正鈔本，程晉芳記繼涵抄書事，甚確。

（c）乾隆四十六年（一七八一）抄永樂大典四庫全書本

清孫馮翼四庫全書輯永樂大典目（見臺北世界書局影印本永樂大典附編）、近人郭伯恭永樂大典内輯出佚書目一覽表(見永樂大典考附録),皆列「周官新義十六卷、附考工記解二卷」。四庫全書總目提要初則於此書題下注曰:「永樂大典本。」(卷十九,頁五、七。)再則曰:「周禮新義……惟永樂大典中所載最夥……今亦並録其解,備一家之書焉。」四庫全書考證(卷八)屢謂四庫全書本周官新義之原據本爲永樂大典本(實例詳下論文淵本爲已改本節)。

四庫全書修書處,乾隆三十八年(一七七三)二月二十八日成立,四庫全書第一部書(文淵閣本),以四十六年修竣[二],而周官新義及附卷在其中焉。其間,任纂輯永樂大典中佚書者三十九人(參看永樂大典考),而周永年出力最多。永年事迹,

國朝先正事略:「周先生永年,字書昌,其先餘姚人也,高祖始遷山東之歷城。生而好學,棄産營書,凡積五萬卷。見藏書家易散,有感於釋、道藏,約桂君未谷(馥)築借書園,祠祀漢經師伏生、叔重諸先生,聚書其中,以招致來學。……乾隆三十六(清史列傳誤作二十六)年成進士,欲入山治儀禮,特召修四庫書,改庶吉士,授編修。……與程君晉芳……善。嘗借館中書,屬未谷爲四部考,鈔胥數十人,昕夕校治;會禁借官書,遂止。」(卷三六,頁一;清代學者象傳永年傳,幾全同。)

[二] 參看郭伯恭四庫全書纂修考、吴哲夫先生四庫全書修書處工作人員之遴選與管理,載幼獅月刊四十六卷五期。

永年抄纂永樂大典中佚書，編入四庫全書，事亦見清史稿載，卷四八一儒林傳二：

周永年……歷城人。……與晉涵同徵修四庫書。在書館……見宋、元遺書湮没者多見采於永樂大典中，於是抉摘編摩，自永新劉氏兄弟公是、公非集以下，凡得十餘家，皆前人所未見者，咸著於録。（清史列傳卷六八儒林傳下，幾全同。）

而章學誠周書昌别傳記厥事尤詳：

宋、元遺書，歲久湮没，畸篇賸簡，多見采於明成祖時所輯永樂大典。時議轉從大典采綴，以還舊觀，而館臣多次擇其易爲功者，遂謂搜取無遺逸矣。書昌固執以争，謂其中多可録。同列無如之何，則盡舉而委之書昌。書昌無間風雨寒暑，目盡九千鉅册，計卷一萬八千有餘；丹鉛標識，摘抉編摩。於是永新劉氏兄弟公是、公非諸集以下，又得十有餘家，皆前人所未見，咸著於録。好古之士，以爲書昌有功斯文，而書昌自是不復任載筆矣。（載章實齋文集總頁一五一。）

永年好經禮學，故傭人鈔周官新義一部（已詳上引程晉芳語），存以自參（抄本已佚）；又依永樂大典輯鈔另一部，編入四庫書，流傳至今。四庫全書總目提要曰：

周官新義十六卷、附考工記解二卷，宋王安石撰。……周禮新義本二十二卷，明萬曆中重編内閣書目尚載其名，故朱彝尊經義考敏案：卷一二二，頁三。不敢著其已佚，但注曰「未見」，然外間實無傳本；即明以來內閣舊籍，亦實無此書。惟永樂大典中所載最夥；蓋內閣書目據文淵閣書目，文淵閣書目即脩永樂大典所徵之書。其時尚有完帙，故采之最詳也。……此書惟訓詁多用字說，病其牽合。……今永樂大典闕地官、夏官二卷，其說遂不可考。……安石本未解考工記，而永樂大典乃備載其說。據晁公武讀書志，蓋鄭宗顏輯安石字說爲之，以補其闕。今亦並録其解，備一家之書焉。（卷十九，頁五—七經部禮類一。）

案：重編內閣書目之人，已不見周禮新義原書，余前已屢言之，提要之說是也。修大典時，新義已非完帙，文淵閣書目著録曰：「闕。」提要說偶誤。至謂「安石本未解考工記至以補其闕」一節，則語多未當。又謂地、夏二官闕卷，語焉不詳，且覘之四庫本周禮新義亦未盡契，不容不辨。

考晁志及陳録「已見本大節（二）Ⓐ小節引」並祇言荆公「不解考工記」，未及鄭宗顏輯字說補安石書之闕，又不著録宗顏書，提要謂據晁志云云，程晉芳謂「末附考工記二卷，蓋鄭宗顏輯安石字說爲之」（勉行堂文集卷五，頁十一），而丁丙謂「考工記解，則鄭宗顏輯安石字說所補也」（善本書室藏書志卷二，頁十一）、錢儀吉謂「荆公注周官未及考工記，鄭宗顏爲之補輯，晁、陳兩家書目皆云爾」（衎石齋記事續稿卷七，頁十二題大兒手校周官新義）。夫王、鄭兩書，明永樂前各自爲編，鄭書非緣補王書而撰。輯永樂大典者，始誤合一，以爲王、鄭兩家合注，全祖望謂鄭采王說別注考工記，提要諸家，則因鄭書多解字，遂謂其輯自字說，傳譌增謬，至於汨鄭氏之名，竟於附卷下直題王安石撰（孔繼涵抄本、四庫本等皆然）。伍崇曜雖知宗顔輯考工記注，可不附安石五官解之後，然以原刻（即錢儀吉刻經苑本）如是，不得不仍其舊；而錢氏長男（寶惠）則先已別二家書，使各自爲卷，分署作者曰王安石、鄭宗顔，錢氏題大兒手校周官新義曰：

予桀宋、元諸儒經解……時大兒寶惠實佐予。此本予校補未竣，付兒終卷。……王與之訂義引荆公説考工記凡十二條（敏案：周禮訂義直引十三條，轉引七條；參看拙著重輯周禮考工記新義論錢儀吉本），皆發明大義，視鄭氏譏譏字説者，殊不相蒙。兒因疑荆公本有注而佚，鄭乃自注，非爲荆公補遺。乃以所輯王氏注别爲卷，而考工記下直注宗顔名。不爲無見。予以史館定本當仍舊貫，未之從也。今以其元校本付長孫枏藏之，並識此於卷首。（衎石齋記事續稾卷七，頁十二。）

案：安石自有冬官義解，余已於本大節（二）Ⓐ小節深致其意。兹因少錢氏之説，更考宗顔冬官講義：多解經字，亦頗言義理，義有時穿鑿，間以陰陽五行學附會經義——有荆公格局，蓋亦荆公學者，如張綱、陸佃之流，置之荆公新學卷，如宋元學案（卷九八，總頁一八四七）則可，謂其書乃輯字説補荆公未備者，余不敢從。——宗顔里貫事迹不可考。錢寶惠元校輯本今又不見矣。全祖望、程晉芳、紀昀咸云大典本周官新義地、夏二官闕（悉見上引），而四庫全書考證（卷八）言之鑿鑿：

①（周禮地官小司徒）「乃經土地，而井牧其田野」，（周官新）義：「至于興兵之際，乃八陣圖之法。」案：地官解義，原本闕；間見于王氏訂義，今以校補。

②安石集乞改三經義誤字劄子云：「黨正『歲屬其民者四』，『四』當作『五』。」今地官原本闕，附訂於此。

③楊時集辨神宗日録云：「周官『平頒其興積』，新義曰：『無問其欲否，概予之也，故謂之平。』」今地官原本闕。據王氏訂義補，不載此二句。

④安石集與人書云：「孟子所謂市廛而不征……」此可補原本地官之闕。

⑤楊時辨神宗日録云：「周官泉府之法……安石乃以爲……」今地官原本闕，其説不可考矣。

⑥（夏官量人周官新）義：「受罼傳之他器，而皆飲之也。」……夏官，永樂大典原闕。今據王氏訂義校補。

⑦安石集乞改三經義誤字劄子云：「御僕『掌萬民之復』，『復』當作『逆』。」今原本闕夏官，此據王氏訂義補録，無此六字。

⑧安石乞改三經義誤字劄子云：「大馭『有軓也』，『軓』當作『軌』。」今原本闕夏官。

案：四庫全書考證所舉纔八條：其中四條出臨川集，二條出龜山集，並但記校語，未將佚文補入四庫本；餘①⑥兩條，乃據王與之周禮訂義引「王氏曰」補入，見於今文淵本（鈔本亦有），則所補纔二條。第考文淵本地、夏二官卷，别存安石新義佚文九十四條，四庫全書考證未言據它書補入，則必係大典本之所原有者。九十四條者，絶多（九十二條）見於周禮訂義載，亦有祇見於欽定周官義疏（兩條，見輯本佚文三一七、三三七）者，皆非館臣補輯，而係大典本原有，則全氏謂「其地、夏兩官已佚」、程氏謂「地官、夏官缺焉」、紀氏謂「今永樂大典闕地官、夏官二卷」，皆未遑深考，率爾出話言也。

又案：大典即使當時完帙無殘，據以輯佚之周官新義，亦未必輯得其全書，近人袁同禮四庫全書中永樂大典輯本之缺點（國立北平圖書館館刊第七卷第五號，民國二十年九月、十月。）：

> 永樂大典輯本之缺點：……（二）永樂大典引用之書，割裂全文，前後不易貫串。……（三）永樂大典分韻編次，入韻之法，參差無緒，凌雜不倫。……（四）四庫館臣採輯大典，棄多取少，菁華未盡。

夫以周永年一人之力，自此編次條理未精之書輯取碎義，必有不能盡者矣。

文淵本抄大典本而有校改（已見上舉①至⑦實例）、有補文（已見上舉實例①⑥），是文淵本非大典本之舊矣。其後文源閣、文溯閣、文津閣、文匯閣、文宗閣及文瀾閣四庫全書本周官新義，同出一源（四庫該書底本），亦皆非大典本之舊矣。

臨川集（卷四三，頁三—四）乞改周禮義誤字劄子九事，其中四條可準以確定四庫各本所據之永樂大典本周禮新義之祖本爲熙寧初頒本抑元豐修正本，綜論於下：

（子）天官大府「受藏之府，則若職内掌邦之賦入是也；受用之府，則若職歲掌邦之賦出是也」，已上三十字，今欲删去。（臨川集文，下倣此。）四庫全書考證（卷八）曰：「……永樂大典仍係未改之本，『入』字『出』字下，又多二『者』字。」敏案：文淵本仍有此三十字（孔鈔本、墨海本、經苑本同），多二「者」字而已。

（丑）春官典瑞「手足腹背」，「手」當作「首」。四庫全書考證曰：「……永樂大典仍係未改本，作『手』字。」（卷八，頁四四。）敏案：文淵本、鈔本、墨海本、經苑本皆作「手」，皆爲未修正之本。

（寅）春官冢人「山林之尸，則以山虞」，已上八字，今欲删去。四庫全書考證曰：「永樂大典仍係未改本，存此八字。」（卷八，頁四四。）敏案：文淵本、鈔本、墨海本、經苑本、周禮詳解（卷二十，頁五。）述、周禮訂義（卷七，頁七—八。）與欽定周官義疏（卷二一，頁四七。）引，一皆無此八字，莫非未修正本。

（卯）秋官大行人「三公八命，出封加一命，則謂之上公」，已上十四字，今欲删去。四庫全書考證曰：「永樂大典仍係未改本。」（卷八，頁四八。）敏案：文淵本、鈔本、墨海本、經苑本咸有此十四字，仍大典之舊也。

（辰）天官小宰「其財用」，上「其」字當作「共」。敏案：文淵本「故先言『共』其財用」，上「其」字已改作「共」，鈔本、墨海本、經苑本、周禮折衷（鶴山大全文集卷一〇四，頁三二載。）引、周禮詳解（卷三，頁十七。）述、周禮訂義（卷四，頁十四。）引皆作「共」。

觀（子）至（卯）條，永樂大典本周禮新義，與已修正本迥異，自是依據初頒之未修正本；從大典本流出之欽定周官義疏本、文淵本、鈔本、墨海本、經苑本。固亦初頒本之支流餘裔；而周禮訂義、周禮詳解與大典本合，所據亦舊之未修正本明矣。至（辰）條，未修正本作「其其財用」，顯然有誤字，諸家據經本文「共其財用」改上「其」字爲「共」，非因見修正本乃知改字也。

（d）傳抄、傳刻、傳影四庫全書本

此類傳本，可分爲兩系——第一系但據閣本抄録，無所增損者；第二系既全録閣本，又自它書補輯佚文添入，且加校評者：

第一系　抄本二、板刻本一、影印本四

①清陳鱣嘉慶抄校本

鱣事迹，碑傳集補陳鱣傳：「陳鱣字仲魚，號簡莊。……嘉慶……戊午（三年）舉人。少承其父許氏說文之學，而兼宗北海鄭氏，於論語注、孝經注、六藝論，皆采輯遺文，并據本傳，參以諸書，排次事實，爲年紀。……好購藏宋、元雕本書及近世罕見之本，與吴槎客騫互相鈔傳，晚營果園於紫薇山麓中，搆向山閣，藏書十萬卷，次第校勘，册首鈐小印二：一曰『得此書甚辛苦，後之人其鑒我』，一爲小像。……後仲魚與（陳）景辰修士相見禮。……其舉孝廉方正也，儀徵阮相國爲舉主，手摹漢隸『孝廉』二字以顔其居。……仲魚既没，遺書散佚。」（卷四八，錢泰吉撰傳；清史列傳卷六九儒林傳下二：「仲魚，浙江海寧人。……客吴門，與黄丕烈定交，取所藏異本，往復異校。……撰述……經籍跋文。……卒年六十五。」）鱣事迹，又見阮元定香亭筆談：「海寧陳仲魚鱣，於經史百家靡不綜覽，嘗輯鄭司農論語注諸書而考證之，浙西諸生中經學最深者也。」（卷二，頁二三。）

周禮新義十六卷、附考工記解二卷，鈔本，陳仲魚校藏。……有「仲魚手校」一印。

喬衍琯先生主編之善本書室藏書志簡目（頁十三）謂斯編爲「鈔永樂大典本」。竊謂應抄自浙江閣本四庫全書，約當嘉慶六年阮元撫浙立詁經精舍之時也（詳第二系「錢儀吉抄本」下）。

此本後亦見於丁丙之子立中（光緒十七年舉人）編八千卷樓書目著録：

周官新義十六卷、附考工記解二卷，宋王安石撰；考工記，鄭宗顔解：抄本。（卷二頁八。）

民初，此本歸江南圖書館，列善本書目（經部卷六）：「周禮新義十六卷，附考工記解二卷：抄本，陳仲魚校藏。」爾後爲江蘇省立國學圖書館所有，編入現存書目，云：「周官新義十六卷，附考工記解二卷，宋臨川王安石，考工記，鄭宗顔解：鈔本，丁書，善甲。」（卷一，頁十六。）此本余未見。

②清顧沅（道光間人）抄本　清朱學勤（咸豐進士）結一廬書目：「周禮新義十六卷，附考工記解二卷，宋王安石撰：藝海樓傳抄閣本。」（卷一，頁二。）沅，長洲人，藝海樓其書室名。所據以抄者，蓋浙江閣本（參下文）。今亦未見。

③清嘉慶十至二十一年海虞張海鵬刊墨海金壺本　此本每半葉十一行，行二十三字，不與閣本同。今存。

海鵬事迹，清黄廷鑑朝議大夫張君行狀：

君姓張氏，諱海鵬，字若雲。……元末，自閩遷虞。……絶意名場，篤志墳素。……矢願以剞劂古書爲己任。迺檢舊藏所有，更廣購自明以來罕見之舊本，互勘去取。其中秘藏書，則倩錢唐何上舍元錫從文瀾閣中寫副儲藏，以備彙刊。以汲古所刊經史外，惟津逮秘書十五集爲書林鉅觀，汰之益之，黜僞崇真，廣爲二十集，名曰學津討原，開雕於嘉慶壬戌（七年，一八〇二）之秋，於甲子（九年，一八〇四）冬竣工。……又於四部中，取有關經史實學、名家論著而傳本將絶者，梓墨海金壺七百餘卷。……君生於乾隆二十年（一七五五）二月十六日，卒於嘉慶二十一年（一八一六）閏六月初十日，年六十二。（第六絃溪文鈔卷四，頁八三—八四。）

海鵬先刊「學津討原，繼又有墨海金壺之刻」（嘉慶十七年張海鵬借月山房彙鈔序），同行狀。二書之梓行，嘉慶二十年八月楊斉銓墨海金壺序曰：「張若雲先生……甲子既刊學津討原一書，流布海内矣，繼復取藏書中有裨經史實學而外間絶少傳本者，彙爲一編，名曰墨海金壺，凡七百餘卷。書成，郵寄京邸，徵敘于銓。」是前書九年冬刊竣，後書——墨海金壺，最早嘉慶十年以後始籌梓，海鵬及覩其成梓，嘉慶二十二年吴韞玉墨海金壺序曰：「墨海金壺剞劂既竣，未及行世，而若雲遽歸道山。」則此叢書嘉慶二十一年閏六月以前刻成也。是叢書凡例曰：「是編悉本四庫所録。……諸書繫文瀾閣本居多，從宋刻、舊抄録出者，什之三。……刊書原以存亡繼絶，故四庫書中所云『原本久佚，從永樂大典録出者』，亟登之。」所收書皆在四庫全書之内，而四庫輯永樂大典之書又在優先采收之列，則此叢書中之周官新義，決爲四庫本（其周官新義卷一題下注「四庫全書原本」，卷首附四庫提要，皆可爲互證）。其依四庫總目著録收書，除十分之三別從宋刻舊鈔録出，餘十之七悉用文瀾閣本四庫全書，乃何元錫代爲寫儲者（已見上行狀），則墨海本周官新義確據寫文瀾閣本刊板。經苑本亦據文瀾閣本刊板（詳下），余取以與此本相校（詳輯本），兩本洵同出一源。

④民國十年（一九二一）上海博古齋據清張氏原刊本影印本　今存。

⑤一九六九年九月臺北文友書局復據博古齋影印本影印　今存。

⑥一九七五年元月臺灣商務印書館影印文淵閣四庫全書珍本别輯本　今存。

⑦一九八三年六月臺灣商務印書館影印文淵閣四庫全書本　今存。

第二系　板刻本二、鉛排本五、影印本五

①清錢儀吉（乾隆四十八年，一七八三—道光三十年，一八五〇）道光二十六、七（一八四六、七）間大梁書院刊同治七年（一八六六）王儒行等印經苑本　今存。

四庫全書文瀾閣本，於乾隆五十二年（一七八七）六月修竣（參看近人郭伯恭四庫全書纂修考）。閣在浙江杭州西湖聖因寺，位「孤山之陽，左爲白隄，右爲西泠橋」，乾隆四十九年（一七八四）建成〔二〕。此閣之受頒貯書竣事、許人鈔閲，乾隆五十五年（一七九〇）六月初一日上諭曰：

四庫全書……不特内府珍藏，藉資乙覽，亦欲以流傳廣播，沾溉藝林。……兹已蕆訂蒇工，悉臻完善。所有江、浙兩省文宗、文匯、文瀾三閣應貯「全書」，現已陸續頒發藏庋。

〔二〕　並參四庫全書纂修考及清丁申武林藏書録卷首「文瀾閣」。

該處爲人文淵藪，嗜奇好學之士自必羣思博覽，藉廣見聞。從前曾經降旨，准其赴閣檢視鈔録，俾資蒐討。但地方有司恐士子翻閲污損，或至過有珍祕，以阻争先快覩之忱，則所頒三分全書亦僅束之高閣。……該督撫等諄飭所屬，俟貯閣全書排架齊集後，諭令該省士子，有願讀中祕書者，許其呈明，到閣鈔閲，但不得任其私自攜歸。……至文淵閣等禁地森嚴，士子等固不便進内鈔閲，但翰林院現有存貯底本，如有情殷誦習者，亦許其就近鈔録。（載四庫全書總目卷首。）

則錢氏就文瀾寫此書，必在乾隆五十五年六月之後，而儀吉刊周官新義「識後」謂阮元撫浙時許士子就閣寫書（詳下），則尤後焉。考阮氏嘉慶二年（一七九七）巡撫浙江，六年（一八〇一）於浙立詁經精舍，錢氏抄文瀾閣四庫書，宜在此頃。

儀吉事迹，清史列傳文苑傳：

錢儀吉，初名逵吉，字衎石，浙江嘉興人。刑部尚書陳羣曾孫，侍讀學士福胙子。……儀吉嘉慶十三年成進士，改翰林院庶吉士。散館，授户部主事，累遷至工科給事中，尋罷歸。儀吉於學無所不通，其治經，先求故訓，博考衆説，而折衷以本文大義。嘗謂欲得經解，必通訓詁，而泛濫訓詁未必遽獲神解。著經典證文雅厭；雅厭者，以十九篇之次寫九百四部之文，而以經籍傳註推廣之。……主講粤東學海堂……晚主河南大梁書院。……著有衎石齋記事稿十卷、續稿十卷、刻楮集四卷、旋逸小稿二卷。（卷七三；清史稿卷四八六亦有傳，謂儀吉治學，不持漢、宋門户。）

錢氏刊經苑，其門人蘇源生書先師錢星湖先生事曰：

先生名儀吉，字藹人，號星湖，浙江嘉興人。……嘉慶辛酉舉人，戊辰進士。……授中憲大夫。庚寅（道光十年），因公累罷官。道光三十年（一八五〇）四月初七日卒，年六十八。先生……於丙申（道光十六年，一八三六）春，應河南巡撫桂公聘，來主大梁講院。……道光辛丑（二十一年，一八四一），黄河决，水圍梁園，紳士皆恃先生以無恐。……康熙中，崑山徐健菴尚書刊宋、元諸儒説經之書百四十種，爲通志堂經解。……先生以其未備，復集同人之資，刊宋司馬光温公易説……王安石周官新義十六卷附二卷……。皆已寫清本末，未及授梓而先生卒矣。（收載於民國閔爾昌編碑傳集補卷十，頁四、八、十一——十二。）

錢氏刊周官新義及它書，亦見自撰經苑小敘曰：

儀吉客授大梁，日惟以温經爲事。辛丑河患，行笥故書瀸漬闕失，其存者僅十五，意甚惜之。河平，再告絃誦日興，曉瞻（張日晸）方伯、素園（王簡）廉訪兩先生思欲刊布古書，廣六藝之教，予因以所藏經解相質，兩先生開卷心賞，任爲剞劂。鵠仁（劉定裕）學使、子仙（庚長）、松君（陶福恒）兩觀察，皆欣然爲之助，郡邑賢大夫開之，亦多分任而樂與有成也。

於是鳩工開局，次第付梓。（載經苑卷首；亦載衎石齋記事續稿卷六，頁一，則題「刻經苑緣起」。）

案：錢氏道光十六年始北來主講大梁書院，蘇氏撰傳。教授「十有餘年」詳後王儒行言，卒於任所。其間黄河決，當道光二十一年六月[一]，學校暫廢[二]；次年河平，又明年，大梁書院絃誦復興[三]，時方因諸公之助籌刊經解也。

籌刊經苑全書，錢氏題大兒手校周官新義謂作始於道光二十五年七月，云：

予栞宋元諸儒經解，始於乙巳（道光廿五年，一八四五）七月，時大兒寶惠實佐予。此本予校補未竣，付兒終卷。今諸經栞未及半，而兒亡也久矣。（衎石齋記事續稿卷七，頁十二。）

案：其次子尊煌識經苑之刊刻，謂自道光乙巳孟秋始梓（詳下引文），與父所記相合。

[一] 錢儀吉代鄂中丞作河南重修省城記曰：「道光二十一年（辛丑）夏六月，河決張灣。」（衎石齋記事續稿卷一，頁二七。）又錢氏河南司備倉記曰：「道光辛丑（二十一年）夏六月，河決祥符之張灣。」（同上，頁三三。）

[二] 蘇源生撰傳曰：「辛丑夏，書院被水，先生避居周中丞第。」（碑傳集補卷十，頁十五。）

[三] 錢氏又代鄂中丞作河南重修賈院記曰：「辛丑之夏，張灣河決。……則此賓興校士之所不可緩也，遂於壬寅（道光二十二年）七月興工，明年四月蕆事。」大梁書院復課，宜亦在壬寅。

依治事常理，錢刊經苑，先周易，後書、詩、禮、春秋……瑟譜參看原著目録等，驗之錢氏「識後」良然：

尚書精義識後曰：「……余得此本四十年……谷仁學使……一見欣賞，輒爲捐俸付梓。……道光丙午（二十六年）應鍾之月（十月）……」（載經苑本原書卷首。）

詩總聞識後曰：「……既竣事，略識其意，以質大雅。道光丙午黄鍾之月（十一月）……」（載衎石齋記事續稿卷六及經苑本原書卷首。）

春秋纂例識後曰：「……予子寶惠得明人舊本於京師。……子仙觀察見而善之，爲付剞劂。因略述此書之可寶貴者。……道光丙午黄鍾之月……。」（同上。）

瑟譜識後曰：「松君觀察……併鐫是譜。……余尤幸先人藏本之流布一時也。刊成，謹識其歲月。道光丁未（二十七年）林鍾之月（六月）……。」（同上。）

案：錢氏一則曰「既竣事」，再則曰「刊成」，復據錢尊煌咸豐元年二月既望記此事云：

先大夫擬刻經解，原集書目凡四十一種，名曰經苑。自道光乙巳孟秋開局授梓，躬事校讎，丹鉛日夕。至庚戌（道光三十年）春夏間，刻成二十五種。至堂河帥所資刊呂氏讀詩記付梓最後，未及校正，先大夫即攖時疾遽捐館舍。……原書集目，未刻尚夥。……爰就原目編次，概列簡端，而另列已刻之目於後。（載經苑原書卷首。）

錢氏道光三十年四月七日卒，蘇氏撰傳，已見前。即尊煌所言「庚戌春夏間」。已刻二十五書（今全存，呂氏家塾讀詩記在內。），二十四書儀吉躬自校讎，及身得觀厥成，而周官新義附考工記在其中焉，則新義等當刊成於道光二十六年十一月詩總聞「既竣事」之後、二十七年六月瑟譜「刊成」之前。而錢寶惠二十六年夏嬰疾，夢寐猶誦周官之書〔二〕，則爾時正助父刊校王氏周官新義也（參看上引文）。至蘇氏撰傳謂儀吉刊經解，僅寫清本未謂錢氏「識後」等，未及付梓而卒，記之誤也；當作未及印行而卒。

經苑全書二十五種校理刊板完竣，王儒行經苑跋曰：

吾師錢新梧先生，愛古情深，尤邃經學。主講大梁十有餘年，諄諄以通經爲多士勖。……謂士欲通經，允宜博古。自書遭秦火，遺經闕如。歷漢、晉、唐、宋諸儒，纂輯注疏，闡發古義，昭如日月，俾遺經晦而復明，有功經學，洵非淺鮮！惟古本流傳汴中，亦未概見，況地瀕大河，河伯肆虐，行篋中書尚半淪瀸漬，何論其他？擬出夙藏古本，鐫補通志堂所未備，與多士共研經畬，粤稽列聖傳心之旨。講求實學，以裕實用。帙廣費繁，未果也。

〔二〕衎石齋記事續稿告亡兒寶惠文曰：「……猶憶汝丙午（道光二十六年）夏書謂：嘗患瘧，體若燔炭，夢誦周官，每至某篇，涊然汗出。」（卷十，頁四七。）

既當路諸賢大夫，資刊古經二十五種，顏曰經苑。版存大梁書院，嘉惠儒林。上爲國家作養人才，下爲中州轉移風化，甚盛事也。詎工方告蕆，吾師遽歸道山；經傳未廣，論者惜之。（載經苑原書卷首。）

曰「詎工方告蕆，吾師遽歸道山」，亦足徵儀吉親見刊板事功竟成。僅呂氏家塾讀詩記未遑校正而已。全書於後十九年乃刷印傳行。經苑卷首載續印經苑姓氏録，列名廿九人，而王儒行其一，彼儒行跋又曰：

戊辰（同治七年，一八六八）春，與諸君子共論經籍，諸君子有志復古，醵金分印，請之書院監院龐星垣（建本）先生，慨然發版，無難色。俾多士得讀遺經，與吾師樂育雅懷，後先同揆焉。儒行總司鳩工，因敬綴數語，誌其顛末云。同治七年春正月，夷門王儒行謹跋。（同上。）

此本每半葉十行，行二十字，不準閣本原制。

錢氏刊周官新義「識後」云：

昔王荆文公以周官泉府一言禍宋，迨南渡後，既已罷從祀，斥新經，盡棄其所學，然當時諸儒釋周禮者猶多稱述，知其言固有不可廢者已。顧傳本人間幾絶，近世藏書家亦鮮著録。往儀徵相國撫浙時，許諸生就杭州文瀾閣寫書，余録得經説十數種，此其一也。是爲永樂大典本。因參攷諸家傳義，有引王氏（安石）説而此本不及者……爰爲補録，凡得百三十餘條，悉注於下，稍爲增多矣。字説久佚不傳，獨見於此注中，其於六書之義，違戾已甚，輒依許氏書正之。……考工記注二卷，爲鄭宗顔輯，前人言之致確，而舊本猶署安石名，豈以中用字説尤多，固爲王氏一家之學邪！校讀一周，因識其後。（載經苑本原書卷首。）

案：此本錢氏所補百卌餘條中，有將安石周禮新義佚文羼入鄭宗顔考工記講義；又依説文解字六書之義，糾正所謂周禮新義中字説之文之謬：此與四庫本最大殊異。其本優劣，此不暇及，別詳拙著重輯周禮新義論錢儀吉本。

由此本衍生十一本，大別爲五支：

②、③第一支兩本——清咸豐三年（一八五三）伍崇曜刊粵雅堂叢書本，伍氏跋曰：「……此殆從永樂大典緝存，而心壺（錢儀吉之號）錢給諫復增補（百）卌餘條，刻於中州者也。」是本每半葉九行，行二十一字，與四庫本異法。一九六五年臺北華文書局、華聯出版社影印粵雅堂叢書本。

④、⑤第二支兩本——民國二十四年（一九三五）上海大東書局鉛排王安石全集本，是本近人沈卓然重編，字旁加標點符號。一九七四年十月臺北河洛圖書出版社據以影印。

⑥至⑩第三支五本——民國二十四—二十六年間上海商務印書館鉛排叢書集成初編本，是本點斷句讀。一九五六年臺灣商務印書館據以重印國學基本叢書本。一九六五年十二月該館又據以重印叢書集成簡編本。一九六八年該館又據以重印國學基本叢書四百種本。一九六

九年五月又據以縮印人人文庫本。

⑪第四支一本——一九七〇年六月臺北大通書局影印經苑本。

⑫第五支一本——一九六五—一九七〇年臺北藝文印書館影印百部叢書集成本。

（三）詩經新義之流傳

Ⓐ宋至清人書著録

余幾徧檢宋、元、明、清四朝公私藏書志目〔二〕，得著録詩經新義者，僅左列八家，兹先備録於下：

宋晁公武郡齋讀書志經部詩類：「新經毛詩義二十卷，右皇朝熙寧中置經義局撰三經義，皆本安石説。毛詩先命王雱訓其辭，復命安石訓其義，書成，以賜太學，布之天下，以取士云。」（卷二，頁三—四。）

〔二〕宋、元人藏書志目，全已檢索；明人藏書志目，關繫考索三經新義存佚至爲重大，幾乎全部查考；清人志目易求而多，所檢亦及十之八、九。

宋陳振孫直齋書録解題經部詩類：「新經詩義三十卷，王安石撰，亦三經義之一也。皆雱訓其辭，而安石釋其義。」（卷二，頁十三；王觀堂先生全集總頁四三四一五代兩宋監本考據以著録。）

宋王應麟玉海：「王安石新經毛詩（義）二十卷。」（見明鍾惺編古名儒毛詩解中之玉海紀詩頁二十「皇祐毛詩大義」。）

元馬端臨文獻通考經籍考六：「新經詩義三十卷。晁氏曰：『熙寧中……』」（卷一七九，總頁一五四六。）

元托克托宋史藝文志一經部詩類：「王安石新經毛詩義二十卷。」

明焦竑國史經籍志：「詩義二十卷王雱。」（卷二，頁十六。）

明朱睦㮮授經圖「歷代四詩傳注」：「王安石詩經新義二十卷。」（卷四，頁三。）

清朱彝尊經義考詩七：「王氏安石新經毛詩義二十卷，佚。……晁公武曰：『熙寧中……』王應麟曰：『……』」（卷一〇四，頁四。）

案：詩經新義卷數，安石自序未述。考毛傳鄭箋本與毛傳王肅注本，舊志著録概作二十卷，經典釋文敘録、隋書經籍志、舊唐書經籍志及新唐書藝文志具是；晉謝沈、江熙注毛詩，亦並作二十卷（見經典釋文敘録）。今傳之毛、鄭本作二十卷者甚多，其顯者，如唐石經本、宋相臺岳氏本；唐修毛詩正義，分卷因仍毛、鄭舊本所分，爲二十卷，別爲子卷，曰卷一之一、卷二之一……而安石書當沿唐正義等之舊，作二十卷，陳氏解題、馬氏通考並作三十卷，字之誤也。

又案：晁、陳二氏皆據原書著録。王應麟詩地理考、六經天文編多引安石詩説，考皆出詩經新義；困學紀聞（卷三，總頁二六五）明引新經義文，且有諸家引所未及（説皆詳詩經新義輯考彙評之「佚文按書分條考計」，下倣此），則是玉海據原書著録。而終宋之世，此書猶存。文獻通考，乃據晁志著録，第嘗引詩經新義佚文（見文獻詩考卷下，頁二）；宋志著録，蓋據舊志，史臣或未見原書。但元人引安石經義者多家（有關宋、元人稱引詳下Ⓑ小節），則元代此書尚存。入明，焦竑所撰國史經籍志著録。四庫提要論焦志曰：

萬曆間，陳于陛議修國史，引竑專領其事；書未成而罷，僅成此志，故仍以「國史」爲名。顧其書叢鈔舊目，無所考核，不論存亡，率爾濫載。古來目録，惟是書最不足憑。（卷八七，頁四史部目録類存目。）

考焦志多載明以前早已亡佚之書，提要所論有據，昌瑞卿先生焦竑國史經籍志的評價（載屈萬里先生七秩榮慶論文集頁三〇七—三一七）計焦志之失，首爲「所云多不實」，有曰：「四庫存目提要譏評他『不論存亡，率爾濫載』、『最不足憑』……擊中了焦氏經籍志最大疏失處。」焦志所著録詩經及周官、尚書新義，皆「叢鈔舊目」，並未悉見原書。至授經圖，述經學源流，以本非藏書目録，故所載「歷代」經解，存佚兼取，但憑史志鈔載安石三經新義目，未見原書，不然，睦㮨萬卷堂書目及聚樂堂藝文類目何以均闕而不録？

余考詩、書二新義，蓋佚於明洪武、建文之間。經義考已斷爲佚書，下節將更由宋、元諸家稱引求徵。

Ⓑ 宋、元人書稱引

余蒐檢宋、元人詩解、筆記、文集，得詩經新義佚文一千零四十條。其中偶有自前人書轉用安石之説，並未直據詩經新義原書者（如楊簡慈湖詩傳引三十餘條），然絶多據本書引文，余别於「輯本」之「諸家評論及載引佚文按書分條考計」詳之。於此，但鈎其要述數家焉：

如宋黄庭堅豫章集評詩經新義説詩穿鑿，據所見原書而論之。

如王黼博古圖，大觀初作也，解大雅文王「有周不顯」及行葦「洗爵奠斝」，皆先録詩經本文，然後著「王安石釋之曰」，又後一條前無詩解稱引，的是直據新義原書引經及釋文。

如楊時龜山集引佚文而評其分文析字。

如黄朝英，王氏之學者也，靖康間著緗素雜記，稱引其説，或作「舒王新傳」、或作「舒王新義」、否則作「舒王經義」云云，前此無有如是稱者，其解衛風淇奧「猗重較兮」，評蔡卞「不詳考舒王詩義」云云，苟未見王舒王（安石封舒王）原書，似皆不得作是言也。

如紹興間陳善捫蝨新話，於小雅采芑「方叔率止，鉦人伐鼓」，先引沈括夢溪筆談説，嗣曰：「觀詩新義云」，此兩説自是一類。且陳氏新話泛評新經義，多深中肯綮，自非通觀全書者莫辦。

如李樗、黄櫄毛詩李黄集解引佚文四百二十二條，評之者一百七十六條；且楊時作詩義辨，專攻安石詩義，而李、黄書多引楊説以破王氏，間亦兩家説並舉，議論上下。乃據兩家全書，非從零縑碎簡取義也。

如吕祖謙吕氏家塾讀詩記載佚文五百五十一條，評之者八條。

如朱熹詩經集傳、文集、語類，引新義佚文多條，多施評論。

如洪邁容齋續筆並列新舊本詩經新義佚文。

如段昌武毛詩集解引佚文三百九十條。

如王應麟三書——詩地理考、六經天文編、困學紀聞載佚文多條，或稱新經義，或作「王介甫詩説」。

如元方回桐江集讀王荆公詩説跋，實見新義原書。

如劉瑾詩傳通釋，多集舊解，引「王介甫曰」多則，且頗有前人書之所未見引者，顯然直據新義原書也。

據此，至元代，學者尚及見詩經新義本書。

ⓒ宋、元人所見之詩經新義傳本

由今存宋、元人書考之，其所據以引用者，乃詩經新義第二次修正本。余於上第二大節（三）述元豐三年詩經新義第二次修訂本，備列安石乞改詩義誤字，凡二十條。其中屬經本文字誤者，爲第⑬、⑭、⑮各條，後世書即使引用，今亦無從知其所引所出於已修正本抑未修正本，因後人録經文，别有善本可據，不必盡依詩經新義所載之經文也，故此三條可以置之不論。其餘十七條，大别爲四類言之：

類一——②、③、⑦、⑰之上半、⑱、⑲、⑳：此六條半，記改正義解者多文，但後人稱引未及此數條，故無從徵其所引詩經新義其它文字出自新本抑舊本；

類二——⑩、⑫、⑯、⑰之下半：此三條半，記修正本已删去若干文字，雖列删之文亦未見後人稱引，但因後世非引詩經新義全文，故亦不能據以考其所引詩經新義其他文字出自新本抑舊編；

類三——⑨，吕氏家塾讀詩記、詩傳通釋、詩經疏義會通引此條僅有其上「蠶月者」云云十三字，而不及修正增添之「蠶女事也」云云八字。愚案：此八字以陰陽五行學附會經義，故祖謙黜去不引〔二〕，而劉瑾、朱公遷承之，非所據必爲舊本，尚無此八文也。

類四——①、④、⑤、⑥、⑧、⑪：此六條，考之宋李樗等毛詩李黄集解、黄朝英緗素雜記、洪邁容齋續筆、樓鑰攻媿集、元方回桐江集，知其所引乃新本。特以⑪「八月剥棗」條，容齋云：「……荆公始悟前非，即具奏乞除去十三字，故今本無之。」（全引文已見上）今本即修正後之重刻本，流傳於南宋者。

綜上所論，宋、元人所引詩經新義，無有出於舊本者；而凡可考者，一皆出於元豐三年修正後之新本。

Ⓓ 明、清人自宋、元人書轉引詩經新義佚文

昔賢論舊籍之存佚，輒舉某人某代書引與不引爲要證，理固然也。第若不博考相關文獻（如公私書志），又不究某書爲直據原書引述，抑從它書稗販，亦不暇查考引文出自其人所著何書，但見此書引某人説，便斷某人某書晚至某代猶傳，則其所考固不免失正；而所得某書佚文，亦未盡可取也。余輯三經新義佚文，嘗先通考相關典籍，窮本溯源，期祛前人之弊。

〔二〕 吕氏家塾讀詩記（卷一，頁二六）載其集解「條例」曰：「諸家解文句小未安者，用啖、趙集傳例，頗爲刪削」云云，可爲明證。

元末明初人梁寅（一三〇九—一三九〇）詩演義引詩經新義一條，自宋人書轉録。永樂間胡廣等纂詩傳大全，悉自元劉瑾詩傳通釋抄襲，微作更定。其後鍾惺詩經備考、朱朝瑛讀詩略記、陳子龍毛詩蒙引，引安石詩説，概自宋、元人書轉録（均詳輯本之「諸家評論及載引佚文按書分條考計」）。萬曆以後人馮應京（一五七三—一六二二）六家詩名物疏引安石詩義七條，皆從宋人詩經學專書轉録，惟解鄭風山有扶蘇篇「荷華」有曰：

王文公云：「蓮華有色有香，得日光乃開。雖生于水，水不能没；雖在汙泥，泥不能汙。即華時有實，然華事始則實隱，華事已則實見。」（卷二一，頁五—六。）

不見宋、元人詩經專書稱引，豈馮氏尚見王文公安石詩義原書而獨據以引乎？曰：否，否！檢宋陸佃埤雅（卷十七，頁二），則此條赫然在焉，考乃安石字説之文，非其詩説也。

崇禎間人何楷詩經世本古義引安石説四十八條，皆自宋人書轉稗。別有四條，或非安石説，或非安石詩義之文（亦均詳輯本佚文分條考計）。又有四條，分別出於安石字説及周官新義，兹析辨如下：

①卷十八之上，頁三八小雅車舝「有集維鷮」下：「王安石云：『鷮字从喬，尾長而走且鳴，則其首尾喬如也。』」諸家皆未引。考此乃安石字説之文，見埤雅卷八，總頁一九二明著「字説曰：『……』」。

②卷一，頁四三小雅甫田題解下：「王安石云：『王業之起，本于豳，而樂之作，始于土鼓，本于籥。逆暑、逆寒、祈年，皆本始民事。息老物，則息使復本反始。故所擊者土鼓，所吹者葦籥，其章用豳詩焉。』」諸家亦皆未引。考乃取自禮書引安石周官新義之文（參輯本），而略加更易者。

③卷五，頁十九—二十周南葛覃篇「言告師氏」下：「有天地此有男女，豈以女子而可無教乎？古者設師傅保姆之官以教王六宮，故葛覃之有師氏，宋姬之待傅姆，民間之有女師：主女教也。」此在葛覃而云「故葛覃之有師氏」，明非本經注文。諸家皆未引，殆亦周官新義之文，今輯本未見。

④卷十七，頁一一二小雅車攻「選徒囂囂」下：「王安石云：『「教茇舍」者，教以草舍之法，「撰車徒」所以具之，「讀書契」所以聲之，皆比軍事也。比軍事爲將茇舍焉。』」諸家亦未收。「教茇舍」、「撰車徒」、「讀書契」，文皆見周禮夏官大司馬，安石爲之解，而並不解詩本經，則明是周官新義之文。今輯本亦未收。

何氏未見詩經新義，解詩則雜取安石它經義解，但著王安石云，若不加鑒別，統收爲詩經新義佚文，而又據以證其書明末猶存，則悖矣！

元人及見詩經新義，至明永樂間編文淵閣書目，其書已不見著録，故其時修大典亦無從采入。余觀殘本大典，所集宋、元諸儒詩解，采收粗濫，至於兔園册子亦不見斥，獨不見安石新義，確已亡佚，則佚時豈非當建文、永樂之際乎？

清初藏書家徐乾學，刻通志堂經解，未見詩經新義，有則必收之；周官新義，徐氏出千金購，不得。全祖望雍正間見大典中周官新義殘文，極喜而鈔之，若藏有詩經新義，則必不默而不言。詎雍正八年（一七三〇）纂成之詩經傳説彙纂，卷首「引用姓氏」列「王氏安石」，卷内引「王安石曰」二百零五條，似若直據安石原書者，其實除下列二十四字外，余皆考定爲從宋、元人，乃至明人書輾轉稗販，二十四字爲：

所謂平王者，猶格王、寧王而已；所謂齊侯者，猶康侯、寧侯而已。（召南何彼襛矣篇。）

考清初經舊注存者，視今爲多，文臣蓋自元人詩解轉抄，固絶無二百餘條皆轉録，獨此一條乃據原書之理。

（四）尚書新義之流傳

Ⓐ 宋至清人書著録

宋、元、明、清四朝公私藏書志目，著録尚書新義者，余檢僅左列十家，備録於下：

宋晁公武郡齋讀書志經部書類：「新經尚書（義）十三卷，右皇朝王雱撰。雱，安石之子也。熙寧六年，命呂惠卿兼修撰國子監經義，王雱兼同修撰，王安石提舉，而雱董是經。頒於學官，用以取士。或少違異，輒不中程，由是獨行於世者六十年，而天下學者喜攻其短。自開黨禁，天下鮮稱焉。」（卷一，頁二四。）

宋尤袤遂初堂書目尚書類：「王文公書傳。」

宋陳振孫直齋書録解題經部書類：「書義十三卷，侍講臨川王雱撰，其父安石序之曰：『……』八年，下其説太學，頒焉。雱蓋述其父之學，王氏三經義，此其一也。初熙寧六年，命知制誥呂惠卿充修撰經義，以安石提舉修定，又以安石子雱、惠卿弟升卿爲修撰官。八年，安石復入相，新傳乃成，雱蓋主是經者也。王氏之學，獨行於世者六十年，科舉之士熟於此，乃合程度。前輩謂『如脱墼然』，案其形模而出之爾。士習膠固，更喪亂乃已。」（卷二，頁四—五；王觀堂先生全集總頁四三四一五代兩宋監本考卷上據以著録，且引續長編熙寧八年七月詔。）

宋王應麟玉海：「王雱新經尚書（義）十三卷。」（卷三七，頁三五。）

元馬端臨文獻通考經籍考四：「新經尚書（義）十三卷，晁氏曰：『……』陳氏曰：『……』朱子語録曰：『……』」（卷一七七，總頁一五三三。）

元托克托宋史藝文志一經部書類：「王安石新經書義十三卷。」

明焦竑國史經籍志經類書：「書王元慶敏案：澤之誤，王雱字元澤。注十卷。」（卷二，頁十。）

明朱睦㮮授經圖「歷代尚書傳注」：「王雱新經書義十三卷。」（卷四，頁三。）

清陳夢雷古今圖書集成：「王安石、子雱新經尚書義十三卷注，通考十三卷，佚。」（理學彙編經籍典卷一一四書經部。）

清朱彝尊經義考書八：「王氏安石、子雱新經尚書義，通考十三卷，宋志卷同，書其父安石名。佚。……」（卷七九，頁五。）

案：尚書新義分卷，從僞孔傳本。經典釋文敘録、隋書經籍志、舊唐書經籍志、新唐書藝文志，皆著録孔安國古文尚書傳十三卷（新唐志晉謝沈尚書注亦十三卷，亦從僞孔本。）；今傳白文或單注（無疏）孔傳本，若唐石經本、日本東京内野氏皎亭文庫藏鈔本與日本天明八年清原氏刊本、兩日本本皆據我國唐本傳鈔。宋相臺岳氏本，亦皆爲十三卷。上列晁志等八家書目悉同作十三卷，唯焦志作十卷，「十」下奪一「三」字，當正。

又案：尚書新義王雱主撰，安石一一爲之論定，且既由國家置官分撰，安石提舉統理全局，故著者當題王安石，如宋志所著録〔一〕。所謂「開黨禁」、「更喪亂」，蓋謂宣、靖間除元祐學術之禁及金虜南侵。自是「天下鮮稱焉」、「士不復膠固於三經義」是矣，然其書仍傳於民間，晁、尤、陳三家皆藏有尚書義。王應麟六經天文編（卷一，頁六七）、困學紀聞（卷二，總頁一六四）、玉海（卷十一，頁二七）引荆公書説凡四條，采自尚書新義，則玉海志目，據原書著録何疑？則終宋之世，此書尚存，亦的然無疑！文獻通考、宋志殆皆據舊志編録，得見原書與否，未可遽定。焦志與朱圖，叢鈔舊目，一爲國史擬志，一述經學源流，皆存亡兼收，二家誠未見原書〔論據已詳上第（三）節Ⓐ〕。

清初康、雍間諸儒，無人曾見此書者，搜求價購，亦不可得。陳氏古今圖書集成（雍正六年撰成）、朱氏經義考著録，皆斷爲佚編。書久佚，雖然，今傳宋、元、明人經解等書，尚引有殘文，由是略考其顯晦存佚，亦或有補於學術研究焉。

Ⓑ宋、元人書稱引

尚書新義方行，子瞻、子由兄弟言語譏詆，文辭詰難未已，大蘇子又別撰書傳十三卷（與安石書義同卷數，據宋志著録。），專攻王氏書義者二十六條。其徒晁説之元符三年上封事，攻尚

〔一〕此意，余別於三經新義修撰通考及三經新義修撰人考言之，較詳。

書新義、字説，條摘其失；而其黨陳瓘誹三經義、神宗日録，竟作所謂尊堯集，多誣安石書解旨義：此數子皆通觀書義全書，非捃摭其片段爲評而已，覆案原文可知也。

宋室南渡，陳善得據原書，引佚文，數加譏短，直斥「新義云」，或「荆公三經新義」不諱。並時有林之奇者，作尚書全解，多集北宋人書説，載尚書新義文二百二十四條，常兼楊龜山書義辨文，議論得失。林氏全解謂安石書義「於逸書未嘗措一辭」，是必通檢新義全書乃能立此言，矧其拙齋文集載其上陳樞密論行三經事，詆「王氏三經義大抵爲新法之地者十六七」，若非得見原書，誠不能作是論也。

淳熙間，黄倫會衆家書説爲一編，曰尚書精義，今傳本雖不全，然尚存尚書新義佚文六十八條，文上多冒「王荆公曰」；作「王雱曰」者纔三條，又頗取荆公學者張綱書解，皆直本二家原帙，非自它書稗販也。

朱子答門人問安石書義，多引其書之説，見語類；作典、謨數篇解，頗采新義，而草學校貢舉私議，主取王安石等十家義解。是朱子師弟子，皆有尚書新義原書在笥，故資以議論也。蔡沈作書集傳，集兩宋人説，引安石説纔十數條，雖然，確已研讀全書，嘗以所見諸家優劣帖陳朱子，答曰：「王氏傷於鑿，然其間儘有好處，諸説此間亦有之。」觀「亦有之」，是蔡氏及朱子，時皆存有是書無疑。

並時學者，如傅寅禹貢説斷「條列諸説，名羣書百考禹貢説」，采新義禹貢篇義者二十五條，自安石原卷。少後，陳大猷既作書經集傳，又倣晦庵四書或問體例，用明其去取之意。集傳早佚（永樂大典殘存其文），或問尚引安石説二十三條，又往往設爲論難，辯取舍安石説之故。自非綜覽新義全書，不能作是言。王若虚（一一七四——一二四三）者，金朝文士也，世當宋孝宗、理宗間。嘗見尚書新義：

滹南遺老集：「王安石書解，其所自見而勝先儒者，纔十餘章耳；餘皆委曲穿鑿，出於私意，悖理害教者甚多。想其於詩、於周禮皆然矣。」（卷三一，總頁一五九。）

北宋三經新義國子監板及三館藏書，盡散毁於金虜，若虚僅見書義，蓋殘傷之孑遺，偶傳北地者，彼考之全編，見其説「勝先儒者十餘章」，又見其餘皆「委曲穿鑿，出於私意」。

王伯厚者，宋遺民也，篤實近朱子，又博覽多聞，表章本朝文獻不遺餘力，著六經天文編、困學紀聞、玉海，嘗引安石詩、周禮二新義，皆直稱書名（已見前），於此三書引尚書新義佚文及評之者，咸作荆公云云，並實見原帙。

元國祚短，儒學未振。書經唯世祖、武宗、明宗朝成書之尚書纂傳（王天與撰）、書蔡氏傳輯録纂註（董鼎）、書蔡氏傳纂疏（陳櫟）集安石書義者，數十百條，所引以考有宋諸書，合多得亦數十條，三家皆自尚書新義原書取材，非一一襲抄前人所引，於此可徵。元代又有鄒季友者，著書集傳音釋，於大誥，「從王荊公讀，屬下句」。則季友親見新義原篇原簡。

綜上所述，兩宋及元代學者，多親見尚書新義書，其詳則參輯本之諸家評論及載引佚文按書分條考計。

宋、元人所見之尚書新義傳本，據元豐三年安石所上乞改三經義誤字劄子，列請改書義誤字六條［已見上第二大節（三）］，其前①、③條，惜不見後世書引用，如見引用，則可從而考定引用者根據新本抑舊本；④、⑤兩條，安石欲刪舊本義解共九十七字，後世書雖亦未引，然亦不足爲其根據新本之確證；末條乃經本文脱字一，尤其不得依以考證傳本［以上論據皆詳本大節（三）©］。幸第二條尚見引於宋陳大猷書集傳（原書久佚），載殘卷永樂大典：「王氏曰：『物不可積，則（懋）使之化；可積以待，則（遷）使之居。』」（卷二〇四二六，頁十六。）與新本相合。且新本既頒令改正鏤板，後世引佚文又未見仍舊本之誤者，意宋、元儒所據，一皆新本，如所據詩義傳本然。

©明永樂以後人及清人自宋、元人書引尚書新義佚文

明太祖時，文臣劉三吾等奉敕撰書傳會選（六卷），四庫提要經部書類二：

考明太祖實録，與羣臣論蔡傳之失在洪武十年三月。其詔脩是書，則在二十七年四月丙戌（十七日），而成書以九月己酉（十二日），僅五閲月。觀劉三吾敍稱：「臣三吾備員翰

林，屢嘗以其説上聞，皇上允請，乃詔天下儒士倣石渠、白虎故事，與臣等同校定之。」則是十七年間，三吾已考證講求，先有定見；特參稽衆論，以成之耳。（卷十二，頁十三。）是三吾考索舊説，約始於洪武十年（一三七七），而定修成編則當二十七年（一三九四）。卷中收尚書新義文十條，可見十四世紀末葉人，猶及見安石原書也。佚文之上皆冒以「王氏曰」，其中三條，與元人書所引重互，猶得謂之出自轉稗；餘七條（分别載於其書卷一，頁十六、頁二二、頁三八；卷三，頁三八；卷四，頁五五；卷六，頁七、頁二七；四庫全書珍本五集本。）都二四六字，皆不見宋、元儒書引用，斷自安石原書采收。

永樂以後，明儒集解尚書，凡引安石説悉自宋、元儒書轉采，絶未見尚書新義原卷。而永樂間胡廣等奉敕撰書傳大全，書首「引用先儒姓氏」列「王氏安石介甫臨川」，實則所用「臨川王氏」七十三條，泰半襲自元董鼎書蔡氏傳輯録纂註，少半襲自陳櫟書蔡氏傳纂疏。其後，嘉靖二十一年馬明衡撰尚書疑義載其佚文二條，大約萬曆間姚舜牧撰書經疑問載其佚文一條、陳禹謨撰引經釋載其佚文一條，皆未得原書采收，轉從舊籍稗販。

唯萬曆二十三年（一五九五）王樵撰尚書日記載尚書新義佚文十五條，其中四條，不見宋、元或明永樂前書籍引用，以彼十六世紀末葉人尚及見安石書義原編乎？曰：不然！余於「輯本」之「諸家評論及載引佚文按書分條考計」章辨曰：

王樵此書，明萬曆著成，時新義雖已佚，然宋、元人著作，存者尚多（而今已不可盡見），樵據以轉引；或竟誤他家之説，作安石語，如其中「乃者，繼事之辭」一條，爲蔡沈傳，殆非安石語；又如其書（卷九，頁五五。）有曰：「王氏曰：『歲、月、日、星辰者，經也；歷數者，推步歲、月、日、星辰之數以爲歷者也。歷象日、月、星辰，敬授人時，緯也。』」此段不見他家引作「王氏曰」，又與書蔡氏傳輯録纂註引安石「歷者，所以紀數」文不合，考乃節取宋程若庸（號徽菴）之説，誤作「王氏曰」，而書蔡氏傳纂疏正引作「徽菴程氏曰」。是樵所引，固未盡可信也。別有茅瑞徵（萬曆進士）禹貢匯疏引安石説三條，其中一條未見宋、元或明初人尚書説專著引，考乃自王與之周禮訂義（卷五六，頁二五——二六。）轉引。

清代藏書家，無人藏有詩、書新義，而學者亦絶未親見此二書。治斯學者，初自宋、元人書轉抄安石遺説（如胡渭禹貢錐指、洪範正論二書共轉抄二十九條，李紱穆堂初稿轉抄一條，朱彝尊經義考轉抄三條皆是）。既而欲自永樂大典中輯收，而所得僅周官新義殘文，故雍正十三年全謝山嘆「今新義已缺其二」（鮚埼亭集外編卷二三，頁七荆公周禮新義題詞），乃先此五年（雍正八年）王頊齡等奉敕撰成之書經傳説彙纂書首「引用姓氏」，列「王氏安石　臨川　介甫」，而書中引「王氏安石曰」者又多至六十二條，或者不察，誤謂頊齡等及據尚書新義引用。余考其中五十七條自宋、元人書轉引。一條襲自上述明王樵尚書日記或清朱鶴齡（一六〇六——一六八三，康熙二十二年）尚書埤傳，朱書載安石書義佚文十四條，其中十二條自宋、元人書轉引，一條（即此條）出於尚書日記。另一條未詳所本。餘二條爲——

卷一，頁七：「曆者，步其數；象者，占其象。」

卷十一，頁三五：「以龜占象之謂卜，以火灼龜其象可占之謂兆。」

案：前一條，蓋删改宋張綱書解（書已佚，見尚書精義引）文，又誤作安石説（詳輯本上編註一），不然則删節尚書日記引程若庸而誤爲安石説之文（方見上述）。後一條纔十八字，宜亦由它書轉引，不然它數十條佚文皆係轉引，獨此寥寥十餘字突有原書可據，絶無是理也。

乾、嘉諸先生，重漢輕宋，或偶於舊籍中見人引安石經解而善，輒掩爲己有；若察一、二失當，則不惜深文詆斥。流風所煽，聞三經義、字説，避走唯恐弗及，則搜輯其遺文，顯揚其學術，繼起無人，固不待言而知矣。

四、結論

三經新義，本名三經義——周禮義（一名周官義）、書義、詩義，後通稱周禮新義、尚書新義、詩經新義。三書，熙寧八年（一〇七五）六月撰成，七至十月間刊板流傳。其中詩經新義約在同年十至十二月間作第一次修訂重板，而元豐三年八月，又於詩經新義及周禮新義、尚書新義誤字加以修正刊行。今傳宋、元人書所引尚書、詩經二新義佚文所據爲元豐修正本；而永樂大典所載周禮新義殘卷，則爲未經修正之初次刊本。

三經新義，朝廷及當時與稍後私家刊刻之書板，大概並亡於靖康之難；而印行之紙本，亦同時遭受嚴重毁傷。傳印紙本三經新義，頗見宋、金、元乃至明初人引載或著録。詩、書二新義，大約亡於明洪武、建文之際，余蒐輯舊籍，考得尚書新義佚文五百五十八條及其評論二百八十二條，詩經新義佚文一千零四十條及其評論二百七十三條。周禮新義，則永樂間修永樂大典文臣，尚及見其殘卷，而據以編入大典之中。清雍、乾間，全祖望、周永年、孔繼涵等皆得據以抄輯。朝廷敕修四庫全書，館臣亦據永樂大典輯綴周官新義十六卷、附考工記二卷，先後抄寫七部，分置南北；衍生多本，嘉慶間，錢儀吉傳抄文瀾閣本，即其一也。錢本因宋、明、清三數書所引佚文，增補百餘條。度非善輯，余所爲輯本曰周禮新義輯考彙評，總收佚文一千三百七十八條次、同佚文十六條次、評論二百二十條。尚書新義、詩經新義及周禮新義三輯考彙評，合稱三經新義輯考彙評，都九十五萬言。

引用書要目

略依本文引述先後爲次序

續資治通鑑長編　宋李燾　臺北世界書局影印本（新定本，有拾補。）
嵩山集　宋晁説之　臺灣商務印書館影印四部叢刊續編本
蘆浦筆記　宋劉昌詩　學海類編本
捫蝨新話　宋陳善　津逮秘書本
困學紀聞　宋王應麟　臺灣商務印書館國學基本叢書本
緗素雜記　宋黄朝英　學海類編本
嬾真子　宋馬永卿　稗海本
攻媿集　宋樓鑰　臺灣商務印書館影印四部叢刊初編本
名臣碑傳琬琰集　宋杜大珪　臺北文海出版社影印鈔本
宋史　元托克托　臺北藝文印書館影印清武英殿刊本
東都事略　宋王稱　臺北文海出版社影印本（宋史資料萃編第一輯。）
郡齋讀書志　宋晁公武　臺北廣文書局影印清王先謙校刊本

直齋書録解題　宋陳振孫　臺北廣文書局影印清武英殿輯永樂大典本
玉海　宋王應麟　臺北文華書局影印元後至元三年慶元路儒學刊本
四明尊堯集　宋陳瓘　明蕭甫重刊本
拙齋文集　宋林之奇　臺灣商務印書館影印文淵閣四庫全書珍本二集本
經學歷史　清皮錫瑞　臺北藝文印書館據排印本影印本
宋元學案補遺　清王梓材　臺北世界書局影印四明叢書本
默堂文集　宋陳淵　商務印書館四部叢刊三編本
鐵圍山叢談　宋蔡絛　知不足齋叢書本
咸淳臨安志　元潛説友　文淵閣四庫全書本
王觀堂先生全集　王國維　臺北文華出版公司影印本
古代四川刻書考——(二)兩宋時代四川刻書考略　周駿富先生　手寫複印本
臨川集　宋王安石　臺灣中華書局四部備要本
箋註王荆文公詩　宋李壁　臺北廣文書局影印元刊本
通鑑長編紀事本末　宋楊仲良　臺北文海出版社影印清光緒十九年廣雅書局刊本
邵氏聞見後録　宋邵博　臺北廣文書局影印本(筆記三編。)

容齋續筆　宋洪邁　臺灣商務印書館國學基本叢書本
桐江集　元方回　臺灣圖書館影印鈔本
詩經世本古義　明何楷　臺灣商務印書館影印四庫全書珍本四集本
鮚埼亭集外編　清全祖望　商務印書館四部叢刊初編本
朱子語類　宋朱熹（宋黎靖德編）　臺北正中書局影明覆刊宋本
吕氏家塾讀詩記　宋吕祖謙　臺灣商務印書館影印四部叢刊續編本
毛詩集解　宋段昌武　臺灣商務印書館影印四庫全書珍本三集本
詩緝　宋嚴粲　臺北廣文書局影印明嘉靖間刊本
毛詩李黄集解　宋李樗、宋黄櫄　通志堂經解本
西溪叢語　宋姚寬　稗海本
宋會要輯稿　清徐松原輯、陳垣編　臺北世界書局據北平圖書館影印本影印本
浄德集　宋吕陶　武英殿聚珍版叢書本
宋元學案　清黄宗羲等　臺北世界書局排印本
王荆公年譜考略　清蔡上翔　臺北洪氏出版社據排印本影印本
宋史翼　清陸心源　臺北文海出版社影印本（宋史資料萃編第一輯。）

王荆公　民國梁啓超　臺灣中華書局排印本
王安石經學概論初稿　徐振亞　學藝雜誌十四卷七號，民國二十四年九月出版
宋代政教史　劉伯驥　臺灣中華書局排印本
清波雜誌　宋周煇　商務印書館四部叢刊續編本
丹陽集　宋葛勝仲　臺灣商務印書館影印四庫全書珍本别輯本
周益國文忠公集　宋周必大　臺灣商務印書館影印四庫全書珍本二集本
龜山集　宋楊時　臺灣商務印書館影印四庫全書珍本四集本
靖康要録　宋某氏　商務印書館叢書集成初編本
儒學之目的與宋儒之活動　日本諸橋轍次　日本昭和四年東京大修館書店鉛排本
中國典籍史　民國陳登源　臺北樂天出版社據排印本影印本
建炎以來繫年要録　宋李心傳　臺灣商務印書館影印四庫全書珍本别輯本
中興小紀　宋熊克　臺灣商務印書館影印四庫全書珍本别輯本
文獻通考　元馬端臨　臺北新興書局影印清武英殿刊本
周禮訂義　宋王與之　通志堂經解本
文淵閣書目　明楊士奇　臺北廣文書局影印讀畫齋叢書本

（萬曆重編）內閣書目　明孫能傳等　臺北廣文書局影印適園叢書本

菉竹堂書目　明葉盛　粵雅堂叢書本

國史經籍志　明焦竑　粵雅堂叢書本

授經圖　明朱睦㮮　臺北廣文書局影印惜陰軒叢書本

明書經籍志　清傅維鱗　臺北世界書局排印本

郘亭知見傳本書目　清莫友芝　臺北廣文書局影印本

周官新義、附考工記解　宋王安石等　清乾隆四十二年孔繼涵鈔校本、又經苑本、又墨海金壺本

清儒學案　民國徐世昌　臺北世界書局影印本

勉行堂文集　清程晉芳　清嘉慶二十三年至二十五年勉行堂刊本

永樂大典（殘卷）　明姚廣孝等　臺北世界書局據多本影印本（新編定本。）

四庫全書總目提要　清紀昀等　臺北藝文印書館影印清同光間刊本

衎石齋記事續稿　清錢儀吉　清道光七年錢彝甫刊本

章實齋文集　清章學誠　臺北文華出版公司據排印本影印本

善本書室藏書志　清丁丙　臺北廣文書局影印清光緒末年原刊本

善本書室藏書志簡目　民國喬衍琯編　臺北廣文書局手寫影印本
八千卷樓書目　民國丁立中　臺北廣文書局影印民國十二年丁仁鉛印本
江南圖書館善本書目　不著撰人　臺北廣文書局影印民國初年江南圖書館排印本
江蘇省立國學圖書館書目　不著撰人　臺北廣文書局影印民國二十二年至二十五年國學圖書館排印本
結一廬書目　清朱學勤　臺北廣文書局影印清光緒二十八年觀古堂書目叢刊本
碑傳集　清錢儀吉　臺北藝文印書館影印江蘇書局校刊本
碑傳續集　清繆荃孫　清宣統二年江楚編繹書局刊本
焦竑國史經籍志的評價　昌彼得先生　屈萬里先生七秩榮慶論文集，一九七八年十月出版
博古圖　宋王黼等　臺北新興書局影印清乾隆十七年黄氏重刊本
詩傳通釋　元劉瑾　臺灣商務印書館影印四庫全書珍本三集本
六家詩名物疏　明馮應京　臺灣商務印書館影印四庫全書珍本三集本
埤雅　宋陸佃　臺灣商務印書館叢書集成簡編本
詩經傳説彙纂　清王鴻緒等　清同治七年摹刻本

遂初堂書目　宋尤袤　臺北廣文書局影印説郛本
古今圖書集成　清陳夢雷　臺北文星書店據「照相影印本」影印本
朱文公文集　宋朱熹　臺灣中華書局四部備要本
滹南遺老集　金王若虚　臺灣商務印書館影印四部叢刊初編本
書傳會選　明劉三吾　臺灣商務印書館影印四庫全書珍本五集本
書傳大全　明胡廣等　明内府刊本
尚書日記　明王樵　臺灣商務印書館影印四庫全書珍本三集本
書經傳説彙纂　清王頊齡等　清雍正原刊本
尚書埤傳　清朱鶴齡　臺灣商務印書館影印四庫全書珍本三集本
王荆公年譜　于大成先生　手寫本
王安石字説源流考　劉銘恕　國立北平師範大學月刊第二期，民國二十二年一月出版。
御批歷代通鑑輯覽　清永城等　龔氏自印本
永樂大典考　郭伯恭　臺灣商務印書館人人文庫本
四庫全書纂修考　郭伯恭　臺灣商務印書館人人文庫本
王安石評傳　民國柯昌頤　商務印書館排印本

四庫全書修書處工作人員之遴選與管理　吴哲夫　幼獅月刊四十六卷五期，一九七七年十一月一日出版。

本文初稿，一九八一年十二月臺灣大學文史哲學報三十期刊行，時余周禮新義輯本未撰。其後，乃圖輯周禮新義，徧蒐資料，至於異邦，所得甚夥。遂援以增訂舊作，視原刊文字，約多三分之一，大抵攸關周禮新義。新稿成，略記其顛末於此。

程元敏謹識

一九八七年十月

圖書在版編目(CIP)數據

周禮新義/(宋)王安石撰;程元敏等整理. —上海:
復旦大學出版社, 2016.9(2017.9 重印)
(王安石全集/王水照主編)
ISBN 978-7-309-12126-1

Ⅰ. 周… Ⅱ. ①王…②程… Ⅲ. ①禮儀-中國-周代②官制-中國-周代
Ⅳ. ①D691.42②K892.9

中國版本圖書館 CIP 數據核字(2016)第 029361 號

責任編輯 張旭輝 杜怡順
裝幀設計 馬曉霞

周禮新義
(宋)王安石 撰 程元敏 等整理

復旦大學出版社有限公司出版發行
上海市國權路 579 號 郵編:200433
網址:fupnet@fudanpress.com
http://www.fudanpress.com
門市零售:86-21-65642857
團體訂購:86-21-65118853
外埠郵購:86-21-65109143
出版部電話:86-21-65642845

浙江新華數碼印務有限公司印刷

開本 890×1240 1/32 印張 25.375 字數 463 千
2017 年 9 月第 1 版第 2 次印刷

ISBN 978-7-309-12126-1
D·794 定價:128.00 圓

如有質量問題,請與承印公司聯繫